정치편
행형제도 감옥(3)
식민지 감옥의 감시와 통제

정치편

일제침탈사
자료총서 12

행형제도 감옥(3)
-식민지 감옥의 감시와 통제

동북아역사재단 일제침탈사편찬위원회 기획

박경목·이승윤 편역

동북아역사재단
NORTHEAST ASIAN HISTORY FOUNDATION

| 발간사

　일본이 한국을 침탈한 지 100년이 지나고 한국이 일본의 지배로부터 벗어난 지 70년이 훌쩍 넘었건만, 식민 지배에 대한 청산은 이루어지지 못하고 있다. 일본의 독도영유권 주장은 도를 넘어섰다. 일본은 일본군 '위안부', 강제동원 등 인적 수탈의 강제성도 인정하지 않고 있다. 일본군 '위안부'와 강제동원의 피해를 해결하는 방안을 놓고 한·일 간의 갈등은 최고조에 이르고 있다. 역사문제를 벗어나 무역분쟁, 안보위기 등 현실문제가 위기국면을 맞고 있다.

　한·일 간의 갈등은 식민 지배의 역사를 어떻게 볼 것인가 하는 역사인식에서 기인한다. 역사는 현재와 과거의 대화이며 이를 기반으로 미래로 나아갈 수 있다. 과거 침략의 역사를 미화하면서 평화로운 미래를 말하는 것은 불가능하다. 식민 지배와 전쟁 발발의 책임을 인정하지 않고 반성하지 않으면 다시 군국주의가 부활할 수 있고 전쟁이 일어날 위험성도 배제할 수 없다. 미래지향적 한일 관계를 형성하고 나아가 동아시아의 평화와 번영의 기틀을 조성하기 위해 일본은 식민 지배의 책임을 인정하고 그 청산을 위해 노력해야 할 것이다.

　식민 지배의 역사를 청산하기 위해서는 식민 지배가 어떻게 이루어졌는지 그 실상을 명확하게 규명하는 일이 긴요하다. 그동안 일본제국주의에 맞서 조국의 독립을 위해 헌신한 독립운동가들의 활동을 찾아내고 역사적으로 평가하는 일에는 상당한 성과를 거두었다. 반면 일제 식민 침탈의 구체적인 실상을 규명하는 일에는 충분한 노력을 기울이지 못하였다. 제국주의가 식민지를 침탈했다는 것은 너무나 당연한 사실로 여겨졌기 때문에, 굳이 식민 지배에서 비롯된 수탈과 억압, 인권유린을 낱낱이 확인할 필요가 없었는지도 모른다. 그러는 사이 일본은 식민 지배가 오히려 한국에 은혜를 베푼 것이라고 미화하고, 참혹한 인권유린을 부인하는 역사부정의 인식을 보이는 데에까지 이르고 있다. 일제의 통치와 침탈, 그리고 그 피해를 종합적으로 조사하고 편찬할 필요성이 여기에 있다.

　일제침탈사를 체계적으로 정리하는 일은 개인이 감당하기 어렵다. 이에 우리 재단은 한국학계의 힘을 모아 일제침탈사 편찬위원회를 꾸렸다. 편찬위원회가 중심이 되어 일제의 식민지 침탈사를 정치·경제·사회·문화 모든 방면에 걸쳐 체계적으로 집대성하기로 하였다. 일제 식민 침탈의 실체를 파악하기 위해 2020년부터 세 가지 방면으로 사업을 추진하고 있다. 하나는 일제 침탈의 실상을 구체적이고 생생한 자료를 통해 제공하는 일로서 〈일제침탈사 자료총서〉로 편찬한다. 다른 하나는 이들 자료를 바탕으로 연구한 결과물을 〈일제침탈사 연구총서〉로 간행한다. 그리고 연구의 결과를 대중들이 이해하기 쉽게 〈일제침탈사 교양총서〉를 바로알기 시리즈로 간행한다. 자료총서 100권, 연구총서 50권, 교양총서 70권을 기본목표로 삼아 진행하고 있다.

〈일제침탈사 자료총서〉에서는 정치·경제·사회·문화 모든 방면에 걸쳐 침탈의 역사를 자료적 차원에서 종합하였다. 침략과 수탈의 역사를 또렷하게 직시할 수 있도록 생생한 자료를 제공하는 데 목표를 두었다. 그동안 관련 자료집이 여러 방면에서 편찬되었지만 원자료를 그대로 간행한 경우가 많았다. 이번에 발간되는 자료총서는 해당 주제에 대한 침탈의 실상을 체계적으로 이해할 수 있는 구성방식을 취했으며, 지배자의 언어로 기록되어 있는 자료들을 독자들이 쉽게 읽을 수 있도록 모두 번역하였다. 자료총서를 통해 일제 식민 지배의 실체와 침탈의 실상을 있는 그대로 이해할 수 있게 되기를 기대한다.

2024년
동북아역사재단 이사장

| 편찬사

    1945년 한국이 일제 지배로부터 해방된 지 79년의 세월이 지났다. 그럼에도 일본 사회 일각에서는 여전히 일제의 한국 지배를 합리화하고 미화하는 주장이 나오고 있으며, 최근에는 한국 사회 일각에서도 일제 지배를 왜곡하고 옹호하는 주장이 나오고 있다. 이는 한국과 일본 사회, 한일 관계와 동아시아 국제관계의 미래를 위해서도 결코 바람직하지 않은 일이다.

    이에 동북아역사재단은 일제의 한국 침략과 식민 지배에 대한 학계의 연구 성과를 총정리한 〈일제침탈사 연구총서〉를 발간하기로 하였다. 이에 따라 2019년 9월 학계의 전문가를 중심으로 편찬위원회를 구성하였으며, 편찬위원회는 학계의 연구 성과를 토대로 정치·경제·사회·문화 부문에서 일제의 침탈이 어떻게 이루어졌는지 정리하여 연구총서 50권을 발간하기로 하였다.

    주지하듯이 1905년 일제는 러일전쟁에서 승리한 뒤, 한국에 군대를 주둔시키면서 한국의 외교권을 빼앗고 통감부를 두어 내정에 간섭하였다. 1910년 일제는 군사력으로 한국 정부를 강압하여 마침내 한국을 강제병합하였다. 이후 35년간 한국은 일제의 식민 통치를 받았다.

    일제는 한국의 영토와 주권을 침탈하였을 뿐만 아니라, 군사력과 경찰력으로 한국을 지배하면서 정치·경제·사회·문화의 모든 부문에서 한국인의 권리와 자유, 기회와 이익을 박탈하거나 제한하였다. 정치적으로는 군사력과 경찰력, 각종 악법을 동원하여 독립운동을 탄압하고, 한국인의 정치활동을 억압하고 참정권을 박탈하였으며, 집회와 결사의 자유를 억압하였다. 경제적으로는 일본 자본이 경제의 주도권을 장악하고 일본인 위주의 경제정책을 수행하였으며, 식량과 공업원료, 지하자원 등을 헐값으로 빼앗아 갔고, 농민과 노동자 등 대다수 한국인의 경제생활을 어렵게 하였다. 사회적으로는 한국인을 차별적으로 대우하고, 한국인의 교육의 기회를 제한하고, 한국인으로서의 정체성을 박탈하여 결국은 일본의 2등 국민으로 만들고자 하였다. 문화적으로는 표현과 창작의 자유, 종교와 사상의 자유를 억압하고, 한글 대신 일본어를 주로 가르치고, 언론과 대중문화를 통제하였다. 중일전쟁, 아시아태평양전쟁을 도발한 뒤에는 인적·물적 자원을 전쟁에 강제동원하고, 많은 이들을 전장에 징집하여 생명까지 희생시켰다.

〈일제침탈사 연구총서〉는 침탈, 억압, 차별, 동화, 수탈, 통제, 동원 등의 단어로 요약되는 일제의 침략과 식민 지배의 실상과 그 기제를 명확히 밝히고자 하였다. 이를 통해 일제의 강제병합을 정당화하거나 식민 지배를 미화하는 논리들을 비판·극복하고, 더 나아가 일제 식민 지배의 특성이 무엇이었는지, 식민 통치의 부정적 유산이 해방 이후에 어떤 영향을 미쳤는지를 밝히고자 하였다.

편찬위원회는 연구총서와 함께 침탈사와 관련된 중요한 주제들에 관하여 각종 법령과 신문·잡지 기사 등 자료들을 정리하여 〈일제침탈사 자료총서〉도 발간하기로 하였다. 아울러 일반인과 학생들이 보다 쉽게 읽을 수 있는 〈일제침탈사 교양총서〉를 바로알기 시리즈로 발간하기로 하였다.

일제의 한국 침략과 식민 지배의 역사는 광복 후 서둘러 정리해 냈어야 했지만, 학계의 연구가 미흡하여 엄두를 내기 어려웠다. 이제 학계의 연구가 어느 정도 축적되어 광복 80주년을 맞기 전에 이와 같은 작업을 할 수 있게 된 것을 다행으로 생각한다. 한일 양국 국민이 과거사에 대한 올바른 역사인식을 갖고 성찰을 통해 미래로 함께 나아갈 수 있기를 기대하면서 삼가 이 책들을 펴낸다.

2024년
동북아역사재단 일제침탈사 편찬위원회

| 차례

발간사	....	4
편찬사	....	6
편역자 서문	....	11

I 신문기사로 본 탄압과 사상통제

	<해제>	....	16
1	교회와 교육을 통한 '교화'	....	38
2	정치·사상범 수감과 증가 현황	....	60
3	항일 독립운동가의 수감과 출옥	....	88
4	항일 독립운동가의 사형, 옥사와 병사	....	158
5	사상범 보호관찰과 예방구금	....	190
6	감옥 내 투쟁	....	238

II 사상범 감시·통제 법령 및 규정

	<해제>	....	270
1	조선행형교육규정	....	274
2	조선행형누진처우규칙	....	280
3	조선사상범보호관찰령	....	290
4	조선사상범예방구금령 및 조선사상범예방구금규칙	....	306

Ⅲ 사상범 수형자 통계와 보호관찰·예방구금 관련 논설

<해제> ·············· 346
1 사상범 수형자 통계 ·············· 352
2 보호관찰·예방구금 관련 논설 ·············· 376

Ⅳ 옥중기로 본 식민지 감옥의 감시와 통제

<해제> ·············· 406
1 김광섭, 「사상범」 ·············· 416
2 이규창, 「재옥중기」 ·············· 446
3 임원근, 「옥중기」 ·············· 522
4 기타 옥중기 ·············· 558

자료목록 ·············· 613
참고문헌 ·············· 626
인명색인 ·············· 628
기타색인 ·············· 637

| 일러두기

1. 일제침탈사 자료총서는 가급적 일반 시민들이 읽고 이해할 수 있는 현대적인 문장과 내용으로 구성했다.
2. 인명 및 지명 등 고유명사는 처음 등장할 때 원어를 병기하고 이후에는 한국어만 표기했다. 한국어 표기는 국립국어원 외래어 표기법에 따랐다.
3. 연도는 서력 표기를 원칙으로 하고 관련 연호는 병기했다. 날짜는 원문 그대로 옮기고 음력과 양력 여부를 알 수 있는 경우에만 '(음)' 또는 '(양)'으로 기재했다.
4. 숫자는 천 단위까지 아라비아 숫자로 표기하고 만 단위 이상은 '만' 자를 넣어 표기했다. 그러나 문맥에 따라 필요한 경우나 도표 안의 숫자는 가급적 그대로 표기했다.
5. 판독이 불가한 글자는 ■로 표기했다.
6. 한자 표기, 자료의 일련번호, 소목차 등은 원문을 존중하되, 가독성을 위해 일관성과 통일성을 고려하여 수정·보완했다.
7. 일제강점기 당대의 시대적 맥락을 반영하기 위해 차별적 표현이라도 순화하지 않고 그대로 번역하여 수록했다. 단, 역사적 사건이나 인물에 대한 설명에서 사실 관계에 오류가 있는 경우에는 편역자 주를 통해 이를 바로잡았다.
8. 낱말이나 문구에 대한 설명이 필요한 경우, 또는 편찬사업의 취지에 따라 자료 해설이 필요한 경우 편역자 주를 적극 활용했다. 단, 편역자 주는 1, 2 등 숫자로, 원 자료의 주석은 *, ** 등 기호로 표기했다.
9. 책, 자료집 제목은 『 』, 논문, 문서 제목은 「 」, 신문, 잡지 제목은 《 》, 기사문 제목은 〈 〉로 구분했다.

편역자 서문

　일제강점기 한국에 설치, 운영되었던 감옥은 일제가 규정해 놓은 '치안'을 유지하는 데 '일익'을 담당하였던 처벌 기관이었다. 살인, 강도, 절도 등 형사법률을 위반한 범죄자뿐만 아니라 보안법, 출판법, 치안유지법(治安維持法) 등 사상법률을 위반한 '사상범'이 다수 수용되었다. 이 가운데 치안유지법은 다수의 사상범을 양산하였다. 일본에서의 치안유지법 시행 목적이 공산주의자에 대한 탄압과 처벌이라면, 국내에서는 공산주의자뿐만 아니라 민족주의자, 아나키스트 등 모든 항일 독립운동가가 탄압과 처벌의 대상이 되었기 때문이다. 1925년 제정 초기 최고 징역 10년으로 제한되어 있던 구형량이 1928년에 최고 사형까지로 개정되면서 치안유지법은 항일 독립운동가를 옥죄는 가장 광범위한 법률이 되었다.

　이후 일제는 사상범을 일반 형사범과 분리·수용하는 데 몰두하였다. 그 결과 이들을 전담 수용하는 구치감이 서울 서대문, 대전, 함흥 형무소에 설치되었다.[1] 그리고 감옥은 이들이 더 이상 독립운동 전선에 참여하지 못하도록 '전향'시키는 데 골몰하는 사상통제의 마지노선이 되었다.

　이 과정에서 그들의 의도를 관철하기 위해 사상범은 수감 중 열악한 처우와 질병의 방치 등에 처했음은 물론, 출옥 후에도 지속적인 보호관찰을 통해 사상범이 독립운동계와 연결되지 못하도록 하였다. 급기야는 사상범 가운데 비전향자는 선고받은 형기를 마치고도 출옥하지 못하고 예방구금소에 재수감되는 사례가 발생하였다. 어떻게 해서든 독립운동의 확산을 방지하려는 고육지책이었다. 이러한 정책을 실무에서 담당하였던 감옥은 일제의 식민지 체제를 유지하는 데 없어서는 안 될 최일선의 기관이었다.

1　박경목, 2022, 「1930년대 경성구치감 설치와 사상범」, 《한국사연구》 199.

지난 2021년부터 총 세 차례에 걸쳐 일제침탈사 자료총서 『행형제도 감옥』편을 기획하였는데, 이 자료집이 마지막 제3권에 해당한다. 권별 구성과 내용은 다음과 같다.

제1권 행형제도 감옥 (1) 식민지 감옥의 설치와 운영, 2021년
제2권 행형제도 감옥 (2) 수감자 관리와 처우, 2022년
제3권 행형제도 감옥 (3) 식민지 감옥의 감시와 통제, 2024년

1936년 12월 12일 공포된 조선사상범보호관찰령(朝鮮思想犯保護觀察令)은 치안유지법 위반자 가운데 보호관찰이 필요하다고 인정된 대상에 대해 보호관찰소 등 적당한 기관이나 사람에게 관찰을 위탁하고, 거주 이전 및 이동, 교우, 통신 등을 제한하도록 한 조치이다. '보호'를 명분으로 사상범의 자유를 제한하여 감옥 내부에서 적용하던 감시와 통제라는 기재를 감옥 밖으로 확장한 것이다.

그리고 1941년 2월 12일에는 조선사상범예방구금령(朝鮮思想犯豫防拘禁令)을 공포하여 치안유지법 위반의 죄로 보호관찰을 받아야 하는 자 또는 받는 자 중 '재범의 우려가 현저한 경우' 2년간 감옥에 가둘 수 있는 제도를 만들었다.

이상의 조치들이 감옥의 통제기능을 외연적으로 확장하는 차원에서 진행된 것이라면, 감옥 내부에서 수감자를 대상으로 한 통제기능의 강화 조치로 조선행형교육규정(1937), 조선행형누진처우규칙(1937) 등이 시행되었다. 일련의 정책을 통해 일제는 사상범의 사상전향을 도모하였고, 이러한 가운데 사상범으로 분류되는 독립운동가들은 더욱 치밀한 감시와 통제하에 놓여 있었다.

다만 이들에게 가해졌던 감시와 통제의 실상을 명확히 밝혀내는 것은 쉽지 않다. 그 실상이 체계적인 자료로 기록되었을 리 만무하고, 1930년대 후반 이후 언론에 대한 통제도 엄격해지면서 신문·잡지의 시각도 다양성을 잃어갔다. 언론 보도는 주로 사상통제의 필요성과 효과를 홍보하는 일변도의 논설이나 기사가 많은 부분을 차지한다.

이러한 부분을 보완할 수 있는 자료가 실제 수감되었던 독립운동가의 옥중기이다. 따라서 이번 자료집에는 다수의 다양한 옥중기를 수록하였다. 이를 통해 일제가 독립운동가에게 자행하였던 옥중 탄압과 통제의 실상을 볼 수 있을 것이다. 주로 사상통제가 극심해진

1930년대 후반 이후의 옥중기를 위주로 선별하였고, 제1차·제2차 자료집에 수록하지 못하였던 1910~1920년대 수감 독립운동가의 옥중기도 수록하여 감옥 내부의 생생한 실상을 전하고자 한다.

이를 위해 자료집의 구성은 I. 신문기사로 본 탄압과 사상통제, II. 사상범 감시·통제 법령 및 규정, III. 사상범 수형자 통계와 보호관찰·예방구금 관련 논설, IV. 옥중기로 본 식민지 감옥의 감시와 통제, 총 4장으로 구성하였다.

I. 신문기사로 본 탄압과 사상통제에서는 당시의 신문기사를 가능한 한 풍부하게 수집하여 소개하였다. 교회와 교육을 통한 '교화', 정치·사상범 증가 현황, 항일 독립운동가의 수감 관련 기사, 사상범보호관찰과 예방구금 및 감옥 내 투쟁 관련 기사 순으로 구성하였다. 《황성신문》과 《대한매일신보》에서 《매일신보》, 《조선중앙일보》까지 총 10종의 신문에서 260여 개의 기사를 선별하였다.

사회적으로 관심을 받는 인물이 수감되었을 때 그 인물의 옥중 근황과 건강 상태에 관해 관심을 가진 언론사와 그들의 '반성'에 초점을 맞춘 언론사와의 차이를 발견할 수 있다. 특히 단식동맹, 작업 거부 등의 방법으로 감옥 내에서 투쟁하는 사례도 적지 않았는데 《시대일보》, 《동아일보》 등은 이를 적극 보도했지만, 조선총독부의 기관지인 《매일신보》나 일본인이 운영하였던 《부산일보》에서는 최대한 축소하여 보도하거나 '소요를 일으켰다' 정도로 가볍게 취급하여 논조의 차이가 드러난다.

II. 사상범 감시·통제 법령 및 규정에서는 조선총독부가 관보를 통해 발표한 각종 법령·규정들을 소개했다. 이러한 법령들은 1936년 말 이래 다양한 내용으로 공포되었다. 1937년 제정된 조선행형교육규정, 조선행형누진처우규칙이 응보행형에서 교육행형으로의 변화를 직접적으로 보여 준다.

조선사상범보호관찰령과 관련해서는 대상자의 선별을 위한 심사회관제, 위탁보호를 위한 보호관찰소관제 등 집행과 운영에 관한 세부적인 내용을 확인할 수 있도록 했다. 조선사상범예방구금령도 1941년 일본 본국보다 일찍 시행된 이후 같은 해 5월 예방구금(제39조~제65조)의 내용을 포함하는 방향으로 치안유지법이 개정되면서 구금령이 폐지되고 조선사상범예방구금규칙으로 변화하는 과정의 법안을 모두 담았다.

III. 사상범 수형자 통계와 보호관찰·예방구금 관련 논설에서는 당시 잡지에 소개된 사상범보호관찰령과 조선사상범예방구금령 관련 논설을 수록했다. 주로 두 법령의 기대 효과와 적용 후 사상적 동향에 관한 내용이 담겨 있다. 법 운영자의 시선에서 이른바 '긍정적'인 면을 담고 있으나, 식민 지배 아래에 놓인 지식인들의 식민정책 동조를 보여 주는 자료로서 의미가 있다.

Ⅳ. 옥중기로 본 식민지 감옥의 감시와 통제에서는 그 실상을 보여 줄 수 있는 장편의 옥중기 3편과 단편의 옥중기 15편, 총 18건을 선별하여 수록하였다. 수감된 독립운동가들은 먹는 것에서부터 수용 감방, 노역에 이르기까지 일반 수감자들과는 다른 처우를 받았다. 장편의 옥중기를 남긴 김광섭·이규창·임원근의 기록에는 체포 및 투옥 과정에서 출옥에 이르는 전 기간에 걸친 경험이 서술되어 있으며, 일제의 사상범 처우와 관리에서 보이는 탄압과 사상통제를 살필 수 있다. 단편 옥중기 15편에서도 3·1운동기, 1920년대부터 해방 직전까지의 수감 실상을 확인할 수 있으며 이를 통해 시기별 식민지 감옥의 항일 독립운동가 탄압 양상을 살필 수 있다.

이상과 같이 이 자료집에 주로 1920~1940년대 감옥을 통해 일제침탈사의 일면을 밝힐 수 있는 자료를 수록하였다.

이번 자료집을 끝으로 일제강점기 감옥을 통해 일제의 침탈사를 살펴보는 작업은 마무리 짓는다. 총 3권에 걸친 『행형제도 감옥』시리즈는 일제강점기 행형제도와 식민지 한국의 감옥 전반에 대한 기초적인 이해를 돕고, 식민지 감옥의 특수성을 이해하는 데에 중요한 사료이다. 궁극적으로는 행형제도와 감옥에 대한 권별 주제에 따라 선별한 언론과 법령, 제도와 정책, 실무, 통계, 옥중기 등의 자료를 통해 일제의 식민지 침탈상이 명확히 인식되기를 바란다. 동시에 식민지를 벗어나기 위해 사투를 벌이다 감옥에 갇혔던 독립운동가의 생생한 모습이 대중에게 기억되기를 기대한다.

박경목·이승윤

I

신문기사로 본
탄압과 사상통제

해제

    일제강점기 식민지 감옥은 항일 독립운동가를 일반 사회와 영구 격리시킴으로써 항일 의지를 좌절시키고 독립운동 세력을 단절시키는 식민지 운영의 중요한 소임을 수행하였다. 이에 따라 이른바 '사상범'이라 불리는 항일 독립운동가들을 '교화(敎化)'하고, 이들이 출옥 후 다시 독립운동에 가담하지 못하도록 '보호관찰'하고, 급기야 '예방구금'을 단행하였다. 체포, 수감된 항일 독립운동가들에 대한 감시와 통제가 식민지 운영의 안정화에 중요한 요소 중 하나였다.

    항일 독립운동가들은 일제강점 초기 보안법 위반을 주로 적용받았으나, 1919년 3·1운동 이후 '대정(大正) 8년 제령(制令) 제7호' 위반(정치범죄처벌에 관한 건)이 추가되었다. 1925년 5월 이후에는 '일체의 국체를 변혁하려는 자' 등에 대한 처벌을 명시한 '치안유지법'의 공포 이후 대부분이 이 법을 적용받았다. 이 법의 실효성이 파급되는 1928년부터 사상범이 급증하였다. 이러한 상황 속에서 당시 신문은 거물급 항일 독립운동가에 대한 체포, 수감, 재판, 이감, 출옥 등 일거수일투족을 시시각각으로 보도하였고 감옥 내 건강 상태나 와병 등에도 귀추를 지켜보며 일제의 수감자 처우를 예의 주시하였다.

    한편, 수감된 사상범들은 작업 거부와 단식동맹 등을 통해 일제의 탄압에 저항하였다. 이러한 사건이 발생할 때마다 각 신문은 촉각을 세워 신문기자가 감옥 소장을 면담하여 취재하는 등 적극적으로 해당 사건을 기사화하였다. 하지만 신문기사 대부분은 감옥 내 사건 발생 사실 자체를 부인하거나 특별한 일이 아니라고 축소, 은폐하는 경향을 보인다.

    위와 같은 항일운동의 탄압과 사상통제를 살펴보기 위해 《황성신문(皇城新聞)》, 《대한매일신보(大韓每日申報)》, 《매일신보(每日申報, 每日新報)》, 《부산일보(釜山日報)》, 《조선일보(朝鮮日報)》, 《동아일보(東亞日報)》, 《시대일보(時代日報)》, 《중외일보(中外日報)》, 《중앙일보(中央日報)》, 《조선중앙일보(朝鮮中央日報)》 총 10종의 신문을 대상으로 기사를 검색하였다. 각 신문의 발행 경위와 특징은 다음과 같다.

《대한매일신보》는 1904년 2월 러일전쟁을 취재하기 위해 방한한 영국인 어니스트 베델(Ernest Bethell)이 양기탁(梁起鐸) 등의 도움으로 1904년 7월 18일 창간하였고, 한국어와 영어 2개 판이 발행되었다. 발행인 겸 편집인 베델, 총무 양기탁, 주필 박은식(朴殷植) 및 신채호(申采浩), 최익(崔益), 장달선(張達善) 등이 경영에 참여하였다. 당시 제1차 영일동맹으로 군사적 동맹을 맺었던 영국인의 명의로 발행되었기 때문에 일본의 사전검열을 받지 않는 유일한 신문이 되었고, 보도와 논평이 사실에 근거하여 정확히 보도되었다. 예컨대 당시 의병(義兵)을 타 신문에서는 사전검열로 '폭도(暴徒)' 또는 '비도(匪徒)'라고 표현하도록 강요받았던 것에 비해 이 신문은 '의병(義兵)'이라고 그대로 보도하였다. 이 때문에 양기탁에게 국채보상의연금 횡령, 사취 혐의를 씌워 구속하기도 했다. 베델이 사장에서 물러나고 영국인 A. W. 만함(A. W. Marnham)이 사장이 되었으나 1910년 6월 판권 일체를 이장훈에게 매도하면서 소유권이 통감부로 넘어갔다. 1910년 8월 29일(1461호)까지 발행되다가 경술국치(庚戌國恥) 다음날부터 제호에서 '대한(大韓)' 두 글자가 없어진 《매일신보》로 발행되었고, 총독부의 기관지로 전락하였다. 해방 후 1945년 11월 10일 정간되었고, 같은 해 11월 23일 《서울신문》이라는 제호로 속간하였다.

《매일신보》는 강제병합 전 통감부에서 《대한매일신보》를 장악하고, 1910년 8월 30일 제호를 '대한'을 뺀 《매일신보(每日申報)》로 바꾸어 창간한 조선총독부의 기관지이다. 한글로 발행되었다. 같은 해 10월 정운복(鄭雲復)이 주필로, 11월 변일(卞一)이 발행인 겸 편집인으로 참여하였다. 경성일보사 구내에 사옥이 위치하였고 일본어판 총독부 기관지인 《경성일보(京城日報)》 편집국 아래 한 개의 부 수준으로 운영되었다. 1920년 《매일신보》 편집국이 설치되었으며, 1938년 4월 29일 경성일보사에서 독립하여 한자명 제호를 《매일신보(每日新報)》로 바꾸어 발행하였다. 이때 사장에 최린(崔麟), 부사장 이상협(李相協), 전무 후쿠에 시카오시(福岡鹿好) 등이 경영진으로 참여하였다. 1941년 사장이 이성근(李聖根)으로 바뀌었고 해방 후 1945년 10월 미군정이 신문사를 접수하여 사장에 오세창(吳世昌)을 임명하고 같은 해 11월 23일부터 《서울신문》으로 제호를 바꾸어 발행하였다. 조선총독부의 기관지인 만큼 '시정(施政)의 부연 철저, 민의의 창달, 문화의 향상' 등의 원칙에 입각하여 일제의 식민 지배를 합리화하고 식민지 정책과 총독의 정치 선전 및 홍보에 앞장섰던 대표적인 신문이다.

《부산일보》는 1905년 2월 부산에서 《조선일보》라는 제호로 창간된 후 《조선시사신보》로 제호를 바꾸었다가 1907년 10월 1일 《부산일보》로 바꾸어 발행되었다. 일본어 신문으로 일본인에게 정보를 제공하는 실업 신문을 지향하며 일간으로 발행되었다. 《부산일보》로 제호를 변경하면서 아쿠타가와 다다시(芥川正)가 초대 사장을 맡았고 1919년 주식회사 체제로 바뀐 후에도 그가 사장 겸 주필을 맡아 경영하였다. 1928년 아쿠타가와가 사망한 이후에는 부산에서 수산업에 종사하면서 자본을 축적한 가시이 겐타로(香椎源太郎)가 대표로 취임하였다. 1940년 일제의 언론 통폐합 조치로 부산과 경남, 마산 지역에 발행되던 《조선시보》, 《남선일보》가 1941년 5월 27일 《부산일보》에 통합되었다. 이로써 《부산일보》는 부산과 경남에서 독점적 지위를 누리는 신문으로 성장하였다. 불편부당(不偏不黨)을 표방하면서 경제 및 산업 정보에 치중하는 편집 방침으로 실업 신문을 지향하였으나 사설에는 일제의 정책선전에 충실한 내용이 다수 게재되었다. 또한 심하게 민족적 편견을 드러내는 기사를 게재하여 한국인 사회의 반발을 불러일으킨 사례가 여러 차례 있었다. 현존하는 기사는 1914년 12월~1944년 3월까지 확인된다.

　《조선일보》는 1920년 3월 5일 서울 종로 관철동에서 창간되었다. 사장은 조진태(趙鎭泰)이고 '신문명진보주의의 선전'을 목적으로 발행되었다. 창간 후 6개월도 안 되어 강우규(姜宇奎) 사형에 대한 논설 등으로 30여 차례의 기사 압수 처분과 수차례 정간 처분을 받고 동시에 경영난을 겪었다. 이후 1921년 4월 남궁훈(南宮薰), 1924년 9월 이상재(李商在), 1931년 7월 안재홍(安在鴻), 1932년 4월 유진태(俞鎭泰), 같은 해 6월 조만식(曺晩植), 1933년 7월 방응모(方應謨)가 사장에 취임하였다. 1930년대부터 전광식 고속윤전기, 자동주조기, 통신용 비행기 등을 도입하여 발전하게 되었다. 1940년 8월 10일 폐간되었다가 해방 후 1945년 11월 23일 복간되었다.

　《동아일보》는 1920년 4월 1일 김성수(金性洙)를 대표로 한 78명의 발기인에 의해 창간되었다. 사장 박영효(朴泳孝), 편집 감독에 유근(柳瑾)·양기탁, 주간에 장덕수(張德秀), 편집국장에 이상협 등이 참여하였다. 민족대변지를 표방하면서 창간 2주 만에 〈평양에서 만세소요〉 기사로 발매·반포 금지를 당하는 등 이후 무기 정간과 여러 번의 발매·반포 금지, 압수, 삭제 등의 탄압을 받았다. 무기 정간은 1920년 9월 일본 왕실의 상징인 3종신기(三種神器) 비판 기사, 1926년 3월 국제농민조합본부에서 보내온 3·1운동 6주년 기념 축사 번역 게재, 1930년 4월 한민족의 항쟁을 고무한 미국 언론인의 서한 게재, 1936년 8월 제11회 베를린올림픽 마라톤 경기에서 우승한 손기정(孫基禎)의 유니폼에서 일장기(日章旗)를 삭제한 사진을 게재 등으로 총 네 차례 받았다. 조선총독부의 폐간 종용으로 1940년 8월 10일 폐간되었다가 해방 후 1945년 12월 1일 복간되었다.

《시대일보》는 1924년 3월 31일 최남선(崔南善)이 창간하였다. 최남선이 발행하던 잡지 《동명(東明)》을 일간신문으로 만들고자 제호를 바꾸어 발행한 것으로 '민족의 단합과 협동'을 제일의 사명으로 표방하였다. 경영난으로 1924년 7월 9일 보천교(普天敎)에서 경영권을 인수한 후 이성영(李成英)이 사장이 되었다가 1925년 4월 홍명희(洪命熹)가 사장을 맡았다. 1925년 대홍수 때 다른 신문들과 함께 수재민 구호운동을 전개했던 것을 비롯해 학술강연회, 전국 농구선수권대회, 전국 자전거대회, 전 조선 축구전 등의 운동경기를 주최하기도 했다. 1926년 8월 경영난으로 발행이 중단되었던 것을 같은 해 9월 19일 이상협이 판권을 인수하여 11월 15일 《중외일보(中外日報)》로 제호를 바꾸어 창간하였다.

《중외일보》는 1926년 11월 15일 발행이 취소된 《시대일보》의 판권을 이상협이 인수하여 창간하였다. 민족의 대동단결론을 펼쳤으며, 1928년 12월 6일 중국의 배일운동에 경의를 표하는 기사로 무기한 발행 정지 처분을 받는 등 조선총독부의 탄압과 경영난을 겪었다. 1929년 9월 안희제(安熙濟)가 출자하여 주식회사 형태로 확대, 개편되면서 안희제가 사장, 이상협이 부사장을 맡았다. 거듭되는 휴간과 조선총독부의 기사 삭제 등으로 더 이상 발행할 수 없어 1493호를 마지막으로 발행하고, 1931년 9월 2일 주주총회의 해산 결의로 자진 폐간하였다.

《중앙일보》는 《중외일보》의 판권과 신문 호수를 그대로 이어받아 1931년 11월 27일 속간한 일간신문이다. 발행인 겸 편집인에 김찬성(金贊成), 노정일(盧正一), 최선익(崔善益) 등이 계승하여 주간(主幹) 중심 체제로 운영하였다. '여론의 대표기관, 정의의 옹호 기관, 엄정한 비판 기관'이라는 3대 신조를 내세우면서 민중의 공기로서의 소임을 다짐한 신문으로 다른 신문들과 달리 일요부록으로 2면을 발행하여 학예, 가정, 운동, 아동, 산업 등을 다루고 독자의 교양과 취미를 넓히고, 값싸고, 가장 좋은 신문이 되고자 노력하였다. 총독부의 탄압과 재정적 운영난으로 1932년 5월 5일에 60일간의 휴간계를 내는 등 사원의 월급을 지급하지 못하여 분규가 일어나는 현상까지 초래하기도 하였다. 그 뒤 1933년 2월 16일 여운형(呂運

휴)을 사장으로 영입하여 새출발하였으나 1933년 3월 6일 1871호를 마지막으로 발행하고 폐간되었다.

《조선중앙일보》는 1933년 3월 7일 여운형이 《중앙일보》의 제호를 변경하여 창간하였다. 제호의 '조선'은 민족지를 표방하면서 '중앙일보'에 '조선'을 넣은 것이다. 《중앙일보》의 발행 호수를 그대로 이어받아 창간호가 1872호부터 시작되었다. 즉, 《시대일보》, 《중외일보》, 《중앙일보》를 이어받은 것이다. 사장은 여운형, 편집인 겸 발행인은 출자자인 최선익이 맡았다. 1935년 5월부터는 새 출자자인 윤희중(尹希重)과 권동진(權東鎭), 윤치호(尹致昊), 이관구(李寬九) 등이 경영에 참여하였다. 1936년 8월 13일 자 조간 4면에 제11회 베를린올림픽 마라톤에서 우승한 손기정의 가슴에 달린 일장기를 말소한 사진을 보도하여 9월 5일부터 무기 정간당하였다. 이후 사장 여운형이 총독부에 의해 강제 사임당하는 등 곤경에 빠져 1937년 11월 5일 발행 허가 효력의 자연 상실로 폐간되었다. 민족반역자의 행태를 폭로 보도하여 사회적으로 경각심을 일으키기도 하고, '조선민란사화(朝鮮民亂史話)'를 연재하는 등 민중의 지지와 여론의 대변 역할을 하였다.

위 신문들에서 1908~1942년 사이 '교회(教誨), 교육', '사상범', '사형', '옥사, 병사', '보호관찰', '예방구금', '단식' 등에 초점을 맞추어 총 260건의 기사를 선별하였다. 각 기사를 항일운동 탄압과 사상통제 그리고 식민지 감옥의 감시와 통제가 선명하게 드러날 수 있도록 다음의 여섯 개 소주제로 분류하였다. 수록 순서는 시간대별로 나열하였다.

    1. 교회와 교육을 통한 '교화'   29건
    2. 정치·사상범 수감과 증가 현황   35건
    3. 항일 독립운동가의 수감과 출옥   75건
    4. 항일 독립운동가의 사형, 옥사와 병사   35건
    5. 사상범 보호관찰과 예방구금   49건
    6. 감옥 내 투쟁   37건

각 기사는 가독성을 위해 최대한 현재의 맞춤법과 문법에 맞게 윤문하였다. 다만, 기사의 어감 전달을 위해 어쩔 수 없이 원문 그대로 수록한 경우도 있다. 주제별로 선별한 기사

내용은 다음과 같다.

1. 교회와 교육을 통한 '교화'

감옥 내 교회(教誨)와 교육은 수감자들의 재범을 방지하기 위한 대책으로 이른바 '교화(教化)' 차원에서 진행되었다. 《매일신보》와 《부산일보》의 기사는 교회와 교육의 효과가 크거나 새로운 방식으로 감옥의 교육 방법이 개선되고 있다는 내용이 다수이고, 《동아일보》의 기사는 그러한 사실의 전달에 치중하는 경향을 보인다. 1920년대 이전에는 관련 기사가 많지 않으며 주로 교회로 인한 '개과천선'이나 은사(恩赦)를 다루었다면, 1930년대부터는 새로운 교육의 시도와 문맹교육, 정신교육에 관한 내용이 기사로 다루어졌다. 1930년대 후반에는 '행형교육령'(1937. 6. 1)이 발표되면서 응보행형(應報行刑)에서 교육행형(教育行刑)으로의 전환에 관한 기사가 나타난다. 한편, 1937년 중일전쟁 이후 전시체제로 접어들면서 교육칙어(教育勅語) 봉독 등 '내선일체(內鮮一體)' 정책이 감옥 내부에서도 시행되는 상황에 대한 기사와 수감자들의 노동력을 이른바 '시국산업'으로 다루는 내용의 기사가 보도되고 있다.

2. 정치·사상범 수감과 증가 현황

강제병합 후 전국 감옥의 수감 인원은 3·1운동 직후 폭발적으로 증가하였다. 일제는 이로 인한 감옥 운영의 난제를 해소하기 위해 단편적으로 은사령(恩赦令)을 통해 수감자를 감소시켰다. 그러나 그 후에도 일제의 예측과는 다르게 식민지 내내 전국 감옥은 늘 수용 인원을 초과하였고 수감자는 지속해서 증가하는 추세였다.

이러한 수감자의 증가 현황에 대한 보도는 1919년부터 집중적으로 기사화되었다. 1919~1920년의 기사는 3·1운동을 이른바 '소요'로, 참여자들은 '보안범인(保安犯人)'으로 표현하면서 〈체포자 5,000명, 2,000명을 감옥에〉, 〈경성에 2,500인〉, 〈현재 1,900인, 서대문감옥의 소요범인들〉 등의 제목으로 급증 현상을 보도하였다. 실제로 1919년 12월 서대문감옥의 경우 초기 수용 정원 500명을 훨씬 넘어선 3,075명이 수용되기도 하였다.

특히 1925년 5월부터 적용된 치안유지법은 이른바 '정치범'과 '사상범'을 양산시켰다. 1920년대 중반 이후부터 정치범, 사상범이라는 용어가 본격적으로 기사에 등장하였다. 〈1만 4,000여 명 중, 정치범 500여〉, 〈사상범 26건에 관계자 260명, 또 한 해를 지내는 예심 중 사건〉 등의 기사를 필두로, 전국 각지 형무소의 정치범 수용 현황과 문제점 등이 시시각각 보도되었다. 이 시기 《매일신보》는 〈사상범 동수(同囚)는 타 죄수가 감염, 형무소의 대(大) 두통〉 등의 제목으로 감옥 운영과 관리에 대한 문제점에 관한 기사만 보도하였던 반면, 《동아일보》는 〈세상엔 봄기운이 들기 시작하였건만, 철창에서 우는 동포는 얼마나 많은가〉 등의 제목으로 사상범의 대우를 거론하거나 예심으로 감옥에서 고생하는 수감자들의 딱한 처지를 소개하는 등 식민 당국에 처우 개선을 문제 삼는 기사도 게재하였다. 1920년대 두 신문의 시각 차이가 드러난다.

사상범의 증가 여파에 따라 1930년대에 들어서면서 감옥 내 독감방의 부족과 이에 따른 증축의 필요성이 자주 기사화되어 문제 제기되었다. 실제로 수감자의 폭증으로 1937년 12월 전국 감옥의 수용 인원은 1만 9,358명에 달했다.[1]

3. 항일 독립운동가의 수감과 출옥

1907년 7월부터 《대한매일신보》를 통해 의병장들의 수감과 심문 상황이 보도되기 시작하였다. 1920년대부터는 〈강우규의 근상, 매우 회개하고 있어〉, 〈죄수가 지극히 근신〉 등의 기사가 《매일신보》에서 게재되었다. 철저하게 식민자(植民者)의 시각에서 본 항일 독립운동가의 옥중 근황이 기사화되면서 그들의 '반성'에 초점이 맞추어져 있었다. 또한 출옥 기사에서는 출옥을 기다리느라 운집한 사람들의 현황 등 말초적인 부분에 관심을 유도하고 있다. 반면 《동아일보》에서는 피식민자의 시각에서 기사가 실리고 있다. 편강렬(片康烈)의 근황 등 독립운동가에 대한 옥중 상황을 기사화하는 한편 〈출옥동지회 환영회도 금지〉와 같이 은연

---

1 박경목, 2019, 『식민지 근대감옥 서대문형무소』, 일빛, 67쪽.

중 조선총독부의 출옥자 정책에 대한 항의성 기사도 게재하였다. 특히 1926년 6·10만세운동을 몇 차례 비중 있게 다루면서 그들의 옥중생활과 근황을 다루었다. 1920년대 후반부터는 박헌영(朴憲永), 채그리고리(채성룡) 등 공산당사건 관련자들과 여운형 등의 수감, 이송 기사가 보인다. 한편 1930년에는 광주학생항일운동 관련으로 지지 시위에 나섰던 학생들에 대한 수감 및 출옥 기사가 있다.

4. 항일 독립운동가의 사형, 옥사와 병사

항일 독립운동가에 대한 사형 기사는 《대한매일신보》 1908년 10월 15일 자 〈이 씨 통곡〉이라는 기사에서 처음 보인다. 의병장 이강년(李康年)의 아들 이승재가 시신을 찾으러 갔다가 강력하게 항의하여 하룻밤 경찰서에 붙잡혔다가 시신을 찾아갔다는 내용으로 '충성', '의병', '오랑캐', '원수' 등 일제에 저항하는 원색적 표현의 단어가 그대로 기사화되었다. 이후 허위(許蔿), 이은찬(李殷瓚), 이인영(李麟榮), 김수민(金秀敏) 의병장의 사형이 보도되었다. 1910년대 들어서는 강제병합 이후 전국 각지에서 의진을 편성해 무장투쟁을 전개한 한수만(韓壽萬), 채응언(蔡應彦)을 비롯하여 이진룡(李鎭龍) 등의 기사가 있다. 1920년대에는 강우규, 최경학(崔敬鶴), 채경옥(蔡京鈺), 송학선(宋學先) 등 의열투쟁을 펼친 인사들과 양승우(楊承雨) 등 독립운동 단체에서 활약한 이들의 사형 기사가 보인다. 이들에 관한 사형 기사는 관보에서도 동일하게 확인된다.[2]

한편 1920년대 중반부터 감옥 내 옥사(獄死)가 보도되고 있다. 의열단원인 고인덕(高仁德)의 사망을 두고 자살인지, 병사인지 문제 삼는 기사와 홍진유(洪鎭裕)와 편강렬의 보석 출소 후 사망 소식이 보도되었다. 이러한 항일 독립운동가의 사망 기사는 《매일신보》에는 보이지 않고 주로 《동아일보》에 의하여 기사화되었다. 1930년대에는 ML당사건을 비롯하여 각종 공산당사건으로 투옥된 인사들의 옥사 소식이 기사화되었다. 일제의 식민 지배에 맞서 투쟁한 독립운동의 시대별 경향이 이처럼 사형이나 옥사, 병사의 신문기사에서 그대로 드러난다.

---

2 이승윤, 2021, 「1908~1945년 서대문형무소 사형 집행의 실제와 성격」, 『서울과 역사』 108.

5. 사상범 보호관찰과 예방구금

1925년 시행된 치안유지법이 최대 사형까지 구형할 수 있도록 1928년 개정되었음에도 사상범이 줄어들지 않자 1930년대에 들어서는 이에 대한 전면적인 개정에 대한 논의가 기사에 실리고 있다. 또한 사상범 전향에 대해 전국 형무소장회의에서 안건으로 다루는 등 형무소 당국의 고심이 기사에 자주 보인다. 그 결과 1936년 12월부터 시행된 '조선사상범보호관찰령(朝鮮思想犯保護觀察令)'에 대한 기사가 6개월 전인 같은 해 5월부터 신문지상에 거론되고 있다. 《조선중앙일보》와 《조선일보》에서는 그것에 대한 우려를 담은 내용의 기사가, 《매일신보》와 《부산일보》에서는 상당한 지면을 할애하여 제도의 취지와 상세하게 내용을 소개하는 기사가 게재되었다. 1940년부터는 예방구금에 관한 기사 일변도이다. 주로 언제 실시될 것인지와 예방구금령(豫防拘禁令)의 구체적인 내용에 대해 언급하면서 한국인이 우려하는 바를 〈공포심을 갖지 마라, 보호교도가 근본정신〉이라는 제목으로 회피하는 기사도 보인다. 이러한 예방구금에 대한 논의는 결국 1941년 3월 치안유지법이 기존의 7개 조항에서 총 65개 조항으로 전부 개정되고, 같은 해 5월 15일 시행되는 것으로 결론지어졌다. 《매일신보》는 이것을 '획기적인 대법령 … 악사상(惡思想)의 전파 방지 … 충량한 일본인으로 돌아오게 하는 것이 목적'이라고 보도를 하면서 대대적으로 선전하였다.

한편, 1930년대 후반에 들어서면서 수감자의 국방헌금 헌납을 '참회와 애국의 정열에 불타고 있다'라고 보도한 《동아일보》나 예방구금소를 '일종의 문화형무소처럼 설비할 모양'이라고 보도한 《조선일보》의 기사 내용은 총독부 기관지인 《매일신보》의 시각과 거의 차이가 없어지는 경향을 보인다. 1930년 후반 전시체제기에 접어들면서 각 신문사에 대한 조선총독부의 압박이 거의 폐간에 이를 정도의 수준이었음을 짐작하게 한다.

6. 감옥 내 투쟁

수감자들은 일제의 부당한 처우에 집단으로 저항하거나 간수의 가혹한 행위에 개별적으로 폭력을 행사하는 등 감옥 내에서 식민 지배에 맞서 투쟁하였다. 이것이 외부에 알려지면서 보도되고 기자들은 감옥 관계자나 소장을 만나 인터뷰를 통해 사실 여부를 확인하면서 기사를 썼는데, 대부분은 감옥 관련 인사들이 그러한 사실을 부인하여 의혹에 싸이는 경우가 많았다.

집단적인 옥중투쟁은 주로 단식동맹의 방법으로 작업을 거부하는 것이었다. 1925년 12월 평양형무소에서 일어난 200여 명의 단식동맹과 1927년 6월 진우연맹의 단식, 1928년 9월 신의주형무소의 200여 명의 단식동맹 등이 대표적이다. 1930년대에는 사상범들의 집단 투쟁이 자주 보도되었다. 1931년 6월 서대문형무소 사상범 60여 명의 단식투쟁과 1933년 5월 개성소년형무소와 서대문형무소 사상범의 메이데이 투쟁 준비, 1936년 5월 함흥형무소 수감자 1,000여 명, 1935년 8월 서대문형무소 사상범 50명 등의 단식동맹 투쟁 등이 그 사례이다.

이러한 기사는 주로 《시대일보》,《동아일보》,《중외일보》,《조선중앙일보》를 통해 보도되었고, 간혹 《매일신보》나 《부산일보》에서도 보도되었지만 그 내용은 '미연에 발각'되었다거나 '소요를 일으켰다'는 정도였다.

신문기사 목차

1. 교회와 교육을 통한 '교화'

순서	자료번호	신문명	보도 일자	면단	제목
1	자료 1	매일신보	1912. 11. 9	3면 1단	황은여천(皇恩如天)을 군지부(君知否)아
2	자료 2	매일신보	1913. 3. 26	2면 7단	재감수인의 희열
3	자료 3	매일신보	1914. 5. 31	3면 4단	은사 감형의 은택을 입어 원관결의 형기 전에 출옥하는 서대문감옥의 죄수와 서대문 분서장의 성지를 훈유하는 상황
4	자료 4	매일신보	1915. 1. 28	3면 3단	회개하라
5	자료 5	조선일보	1927. 10. 11	5면 5단	독감방 부족으로 간수, 교회사 증원
6	자료 6	조선중앙일보	1933. 12. 11	4면 4단	대전형무소 사상범 양계(養鷄)로 소일
7	자료 7	매일신보	1933. 12. 12	4면 6단	사상범이 양계, 정조(情操)교육의 일단으로서 대전형무소에서 실시
8	자료 8	매일신보	1934. 5. 18	5면 5단	재감자 정서교육, 대전형무소에서
9	자료 9	매일신보	1935. 9. 25	4면 10단	전주형무소에 교회용 신문
10	자료 10	매일신보	1935. 11. 28	5면 1단	7,000여 문맹 수인에 행형 중에 간이(簡易)교육
11	자료 11	동아일보	1935. 12. 5	2면 5단	수인 문맹 퇴치와 기술교육을 실시, 기한 6개월로 시험 결과 따라 전 조선 형무소에 시행
12	자료 12	부산일보	1936. 3. 5	2면 11단	부산형무소의 정신교육
13	자료 13	매일신보	1936. 4. 10	7면 6단	대구형무소도 문맹 퇴치 강습 다시 제2회 개시
14	자료 14	매일신보	1936. 11. 19	5면 6단	30세 미만 죄수에 특별교육을 실시
15	자료 15	매일신보	1937. 1. 22	3면 8단	가정십훈(家庭十訓)으로 형무관리 훈양(訓養), 춘천형무소서
16	자료 16	매일신보	1937. 2. 17	4면 4단	전과자에 온정, 춘천형무소 교회사 열성
17	자료 17	부산일보	1937. 3. 20	2면 9단	형무소 교회당 신축
18	자료 18	매일신보	1937. 5. 25	2면 1단	형무소 죄수들에게 초등교육 실시 결정
19	자료 19	동아일보	1937. 7. 16	5면 12단	수인 교육 확대, 평양형무소 계획
20	자료 20	동아일보	1937. 9. 30	2면 4단	조선 행형제도를 전면적으로 개선
21	자료 21	매일신보	1938. 1. 27	2면 5단	수인 교육자 강습회 개최
22	자료 22	매일신보	1938. 2. 5	1면 1단	교육칙어 봉대(奉戴), 전 조선 각 형무소에서
23	자료 23	매일신보	1938. 2. 16	2면 4단	전선(全鮮) 형무소에 레코-드 배부

순서	자료번호	신문명	보도 일자	면단	제목
24	자료 24	부산일보	1938. 3. 16	2면 6단	형무소의 노력을 수산에도 돌린다
25	자료 25	매일신보	1938. 4. 9	2면 4단	수인 교육 정도 무식한(無識漢) 반수 이상, 국어·산술·주산 작년부터 교수, 행형과의 새로운 시험
26	자료 26	매일신보	1939. 12. 29	4면 5단	형무소 재감자에도 성인 교육의 서광, 평양서 제1회 종료식
27	자료 27	매일신보	1940. 6. 20	3면 1단	응보행형에서 교육행형에, 전선(全鮮) 1만 9,000 수형자 지도책 획기적 전환
28	자료 28	매일신보	1942. 6. 10	4면 1단	형무소에도 국어강습

2. 정치·사상범 수감과 증가 현황

순서	자료번호	신문명	보도 일자	면단	제목
1	자료 29	매일신보	1919. 3. 17	3면 3단	체포자 5,000명, 2,000명을 감옥에
2	자료 30	매일신보	1919. 3. 22	3면 4단	취조를 급히 함
3	자료 31	매일신보	1919. 5. 29	3면 2단	경성에 2,500인, 서대문감옥의 소요사건 관계자
4	자료 32	매일신보	1919. 6. 10	3면 4단	현재 1,900인 (1) 서대문감옥의 소요범인들
5	자료 33	매일신보	1919. 6. 11	3면 1단	주도한 감옥의 주의 (2) 서대문감옥의 소요범인들
6	자료 34	매일신보	1920. 4. 27	4면 1단	평양감옥 근황
7	자료 35	매일신보	1920. 6. 10	3면 4단	영어(囹圄) 중의 보안범인
8	자료 36	동아일보	1926. 6. 24	2면 9단	사상범죄자에게 원도형을 부활?
9	자료 37	동아일보	1926. 9. 9	2면 1단	모 중대 사건의 관계자 전후 180여 명
10	자료 38	매일신보	1926. 9. 18	1면 9단	사상범 동수(同囚)는 타 죄수가 감염, 형무소의 대(大)두통
11	자료 39	동아일보	1926. 12. 5	1면 1단	특수범인(特殊犯人) 격리안
12	자료 40	동아일보	1926. 12. 26	2면 4단	1만 4,000여 명 중 정치범 500여
13	자료 41	동아일보	1926. 12. 27	2면 3단	25일 현재 재감 정치범
14	자료 42	조선일보	1927. 2. 7	2면 3단	경성형무소엔 정치범 100명, 기미년 전후 중대범 대사(大赦), 출감자 전무?
15	자료 43	조선일보	1927. 2. 7	2면 3단	평양형무소엔 정치범 20여 명
16	자료 44	동아일보	1927. 4. 4	1면 1단	공산당사건

순서	자료번호	신문명	보도 일자	면단	제목
17	자료 45	동아일보	1927. 10. 10	2면 4단	전 조선 옥중에 독감수 500, 이것도 부족하다 하여 독방을 증설, 간수 증치
18	자료 46	동아일보	1928. 2. 18	2면 3단	수용 죄수 700명 중 시국범 근 300인
19	자료 47	매일신보	1928. 6. 5	2면 4단	미결수 우대안과 사상수 독감문제
20	자료 48	동아일보	1928. 12. 26	2면 1단	사상범 26건에 관계자 260명
21	자료 49	동아일보	1929. 1. 13	2면 6단	옥중의 주의자가 군대에 모종선전
22	자료 50	조선일보	1929. 4. 12	3면 5단	사상범 4,000명 돌파, 독감방 급급 증축
23	자료 51	매일신보	1931. 4. 25	2면 10단	형무소 협애(狹隘)를 기회로 행형제도 온화책
24	자료 52	동아일보	1932. 9. 16	3면 6단	사상범 점증으로 경서(警署)와 감옥 증축
25	자료 53	동아일보	1932. 10. 24	2면 1단	첨예화하는 사상운동 피검자 총수 3,000명
26	자료 54	동아일보	1932. 11. 6	2면 7단	출옥 후 재투족(再投足) 염려, 사상범엔 중형 방침?
27	자료 55	동아일보	1932. 12. 28	3면 4단	함북사상범 180여 명, 미결수만이 이만한 숫자
28	자료 56	매일신보	1933. 3. 7	7면 2단	대전형무소에 사상범 300여
29	자료 57	매일신보	1933. 6. 9	7면 1단	느는 건 죄수, 사상범이 73% ◇현재 수인 600명을 돌파, 청진형무소 확장?
29	자료 58	조선중앙일보	1933. 7. 28	5면 1단	사상범 격증으로 함흥형무소 증축
30	자료 59	조선일보	1933. 8. 30	3면 4단	형무소 증설난으로 가출옥 경찰 처분 장려(勵行)
31	자료 60	매일신보	1934. 8. 12	7면 7단	간도공산당(間島共産黨) 40명, 대전형무소에 9일과 11일 두 차례로써 엄중 경비리 수용
32	자료 61	조선중앙일보	1935. 5. 22	2면 9단	원산적색사건 남중군 등 수(遂) 송국, 9명 함흥형무소에 수용
34	자료 62	조선중앙일보	1935. 7. 2	2면 7단	서대문감옥 수인 신감방으로 이감
35	자료 63	매일신보	1936. 7. 16	2면 7단	"공산주의운동에 참가한 일은 없소" 여자 피고 박진홍의 사실 부인, 용산노조 속행 공판

3. 항일 독립운동가의 수감과 출옥

순서	자료번호	신문명	보도 일자	면단	제목
1	자료 64	대한매일신보	1908. 7. 16	2면 4단	허 씨 심문
2	자료 65	대한매일신보	1908. 7. 21	2면 4단	의장 심문
3	자료 66	황성신문	1908. 10. 25	2면 4단	내란범 월교(越交)

순서	자료번호	신문명	보도 일자	면단	제목
4	자료 67	대한매일신보	1909. 4. 23	3면 1단	의장 탄식
5	자료 68	대한매일신보	1909. 4. 24	2면 3단	의병장 호기
6	자료 69	대한매일신보	1909. 6. 15	2면 4단	사형선고
7	자료 70	대한매일신보	1909. 12. 25	3면 2단	옮겨 가두어
8	자료 71	황성신문	1909. 12. 25	2면 3단	행흉자(行凶者) 옥중 현상
9	자료 72	매일신보	1914. 2. 20	2면 4단	윤치호는 경성감옥으로 전용
10	자료 73	매일신보	1915. 9. 15	3면 3단	채응언은 자살코저
11	자료 74	매일신보	1920. 1. 13	3면 4단	강우규의 근상, 매우 회개하고 있어
12	자료 75	매일신보	1920. 3. 2	3면 7단	재감 중의 손병희는 1일 아침부터 입을 열지 않고 고요히 앉았었다
13	자료 76	매일신보	1920. 3. 4	3면 1단	작년 소요의 중심인물인 손병희의 근상, 지금은 병도 아주 나아서 넉넉히 걸어 돌아다니는 중, 3월 1일은 모든 죄수가 지극히 근신하였다, 서대문감옥 미쓰이(三井) 전옥 담(談)
14	자료 77	매일신보	1920. 4. 1	3면 5단	세브란스 원장 손병희 방문, 스코필드 씨도 이번에 고국에 가기 때문에 찾아보았다
15	자료 78	동아일보	1920. 4. 18	3면 6단	출옥자의 감상(1)
16	자료 79	동아일보	1920. 4. 20	3면 7단	출옥자의 감상(2)
17	자료 80	매일신보	1920. 5. 2	3면 1단	손 일파의 안부? 책 보고 글 짓는 것이 오직 47인의 무상한 벗! 17인은 독방 차지
18	자료 81	매일신보	1920. 9. 14	3면 10단	최남선 씨의 모당(母堂) 숙아(宿痾) 위독
19	자료 82	매일신보	1920. 11. 8	3면 3단	손의암 일파 37명의 복역, 서대문감옥에 처음으로 복역은 하나 대우는 달라
20	자료 83	매일신보	1921. 11. 3	3면 6단	19명 만기 출옥, 독립선언서에 들었던 사람 중 19명은 이번에 만기 출옥됨, 다음 4일 아침 경성감옥에서
21	자료 84	매일신보	1921. 11. 5	3면 1단	작일 아침 출옥 당일의 경성감옥 (출옥인과 모인 사람들)
22	자료 85	매일신보	1921. 11. 5	3면 1단	악수하고 감루만 종횡, 경성감옥 문 밖에는 5~600명의 고구(故舊) 친척이 산같이 모였다, 어제 아침 감옥에서 출옥된 17인
23	자료 86	매일신보	1925. 6. 22	3면 3단	노채필 씨의 출옥
24	자료 87	동아일보	1925. 9. 15	2면 6단	옥중에서 혈루의 시, 신의주형무소에 이감된 의성단장 편강렬의 근상
25	자료 88	동아일보	1926. 1. 15	2면 1단	오이시 다마키(大石環)의 출옥을 기회로 결사조직의 음모

순서	자료번호	신문명	보도 일자	면단	제목
26	자료 89	동아일보	1926. 2. 10	4면 6단	출옥 동지의 환영회도 금지
27	자료 90	동아일보	1926. 6. 5	2면 1단	치유법(治維法)으로 기소, 도쿄서 호송된 중범 김익환
28	자료 91	동아일보	1926. 6. 16	2면 1단	'6월사건'과 '6·10만세' 47명만 수감
29	자료 92	동아일보	1926. 6. 17	2면 8단	중앙교(中央校) 생도 수감, 우선 6명을 형무소에 수감
30	자료 93	동아일보	1926. 6. 20	2면 1단	형무소 수용 전부 70명
31	자료 94	동아일보	1926. 6. 26	2면 1단	6월 10일 조선○○만세사건, 제령·출판법 위반으로 수모(首謀) 11명만 기소
32	자료 95	동아일보	1926. 6. 26	2면 4단	기미(己未)에도 철창, 초지(初志)를 불변, 기미년 당시에도 대구에서 복역, 처음 뜻을 그대로 인산 날에 만세, 6·10만세, 홍종현 공판
33	자료 96	동아일보	1926. 7. 4	2면 4단	17명을 각기 독방에 수용, 검사 취조는 명일부터 개시, 일단락된 6월사건
34	자료 97	동아일보	1926. 7. 23	5면 1단	캄캄한 밤중에 무언극(無言劇)의 일 장면(一 場 面), 눈물 먹은 얼굴로 출영한 주세죽 씨
35	자료 98	동아일보	1926. 7. 24	2면 2단	임경관 씨와 독고전 씨도 작야 7시에 경성역 착
36	자료 99	동아일보	1926. 8. 25	4면 9단	출옥자 환영 금지
37	자료 100	동아일보	1927. 1. 20	2면 8단	김철중 씨 입감, 작일 오후에
38	자료 101	동아일보	1927. 1. 23	2면 3단	삭풍에 떨리는 "아버지!" 소리 ◇장부의 눈에도 찬 이슬 맺혀, 곽재기 씨 어제 아침 출옥
39	자료 102	조선일보	1927. 1. 26	2면 1단	광한단사건 주범 한대홍 씨 출옥
40	자료 103	조선일보	1927. 2. 7	2면 2단	서대문형무소엔 40여 명 출옥
41	자료 104	매일신보	1927. 7. 29	2면 9단	폭행생 주모자 5명 강제처분으로 수용, 27일 서대문형무소에 보성고보 맹휴사건
42	자료 105	매일신보	1927. 10. 13	2면 1단	변호인 측에서 암호를 연구
43	자료 106	매일신보	1927. 10. 13	2면 1단	박헌영 보석 아직도 미결
44	자료 107	동아일보	1927. 10. 17	2면 1단	공산당 피고 5인, 요로(要路) 경관을 고소
45	자료 108	동아일보	1927. 12. 16	2면 4단	평남도청 폭파범 안경신 여사 재작 출옥
46	자료 109	동아일보	1927. 12. 27	5면 2단	남양 3·1사건 3명 전부 출옥
47	자료 110	동아일보	1928. 2. 6	2면 1단	호송된 '채' 교수, 서대문감옥에 4일 오후 8시에 도착

순서	자료번호	신문명	보도 일자	면단	제목
48	자료 111	동아일보	1928. 3. 9	2면 6단	입옥 당년에 홍안 소년, 출옥 금일에 헌헌 장년, 의열단사건에 파옥사건까지 겹쳐 소년과 청춘시대를 철장에서 지내, 밀양폭탄 수범 이성우
49	자료 112	동아일보	1928. 9. 8	5면 4단	"의성단장(義成團長)" 편강렬 고경(苦境)
50	자료 113	동아일보	1928. 12. 31	2면 7단	유림단(儒林團) 거두 김창숙, 극비리 대전 이감
51	자료 114	조선일보	1929. 1. 31	5면 5단	의열단사건의 김시현 씨 출옥
52	자료 115	동아일보	1930. 2. 6	2면 11단	평양만세학생 33명 출옥
53	자료 116	동아일보	1930. 2. 10	2면 1단	희비의 교향, 철문 앞 인파
54	자료 117	동아일보	1930. 2. 10	2면 4단	치안유지법 위반으로 35명 예심 회부
55	자료 118	동아일보	1930. 2. 10	2면 5단	전주신흥교생 23명 출감
56	자료 119	동아일보	1930. 2. 12	2면 1단	기소유예된 여학생 24명 당야 출옥
57	자료 120	동아일보	1930. 3. 8	2면 6단	제1차 격문사건 차재정 병세 위독
58	자료 121	동아일보	1930. 9. 25	2면 9단	여운형 이감 대전형무소로
59	자료 122	동아일보	1931. 1. 10	2면 10단	여운형 옥중 소식
60	자료 123	매일신보	1931. 9. 20	7면 4단	청주농교사건 70명 송국, 지난 17일 아침에 청주형무소에 수용
61	자료 124	매일신보	1931. 9. 23	2면 4단	인천소요사건 22명 송국, 지난번 조중출동사건의 피고 서대문형무소에 수용
62	자료 125	매일신보	1931. 12. 19	7면 4단	정신 상태 감정코저 오동진 비밀 이감, 서대문형무소로
63	자료 126	매일신보	1932. 3. 21	2면 8단	오동진 이감, 19일 아침 차로 평양형무소 옮겨
64	자료 127	동아일보	1932. 6. 22	2면 4단	복심 판결도 오동진 무기
65	자료 128	부산일보	1932. 7. 10	2면 6단	○○가를 고창하며 사상범인 25명 대전형무소에 입소
66	자료 129	매일신보	1932. 8. 20	2면 1단	공산당 재건사건 작일 8명 송국, 그중 5명이 공산대학 출신, 신의주형무소 수용
67	자료 130	동아일보	1932. 9. 4	2면 4단	공작회(工作會)사건 오산세 중태
68	자료 131	조선중앙일보	1933. 12. 27	5면 11단	노농학원적화사건 이원식 출감, 지난 22일에
69	자료 132	조선중앙일보	1934. 7. 18	2면 4단	영흥농조사건의 16명 만기 출옥, 16일 함흥형무소에서
70	자료 133	조선중앙일보	1934. 9. 6	2면 2단	간도공당 관계 6인 만기로 출감
71	자료 134	조선중앙일보	1935. 2. 12	2면 4단	안도산 가출옥

순서	자료번호	신문명	보도 일자	면단	제목
72	자료 135	조선중앙일보	1935. 10. 30	3면 5단	태평양노조 관계 박만식 가출옥, 4년역 복역 중
73	자료 136	조선중앙일보	1936. 6. 27	3면 4단	영흥농조사건 우홍구 출옥, 함흥형무소에서
74	자료 137	조선중앙일보	1936. 7. 2	7면 10단	영흥농조사건 장희동 출옥

4. 항일 독립운동가의 사형, 옥사와 병사

순서	자료번호	신문명	보도 일자	면단	제목
1	자료 138	대한매일신보	1908. 10. 15	2면 4단	이씨 통곡
2	자료 139	대한매일신보	1908. 10. 22	2면 1단	의병장 승천
3	자료 140	대한매일신보	1908. 11. 3	1면 4단	의기 있는 사람
4	자료 141	대한매일신보	1909. 6. 17	2면 4단	의장 사형
5	자료 142	대한매일신보	1909. 9. 22	2면 5단	의장 처교
6	자료 143	대한매일신보	1909. 12. 28	2면 4단	의병장 처교
7	자료 144	매일신보	1914. 12. 19	3면 6단	대적 괴수의 사형
8	자료 145	매일신보	1915. 10. 13	5면 3단	불원한 채의 최후, 집행은 평양감옥에서
9	자료 146	매일신보	1917. 11. 8	3면 4단	사형수 5명, (상) 가을의 평양감옥
10	자료 147	매일신보	1918. 5. 4	3면 2단	소안(笑顔)으로 교수대 상에 오른 이진룡·황봉신·황봉운 3명은 1일 오후에 사형집행, 태연한 이진룡의 태도 웃음 속에 죽었다
11	자료 148	매일신보	1920. 6. 15	3면 3단	강우규 사형집행은 언제 될는지 아직 모른다, 종작없는 세간의 낭설들, 서대문감옥 미쓰이(三井) 전옥 담
12	자료 149	매일신보	1920. 11. 7	3면 5단	폭탄범인 강우규 사형집행 시기 언제, 사형을 집행하려면 서대문감옥으로 옮겨 가는 법이다
13	자료 150	매일신보	1921. 7. 21	3면 4단	경계 엄중한 가운데 사형집행된 최경학 시체 출발
14	자료 151	동아일보	1923. 7. 28	4면 5단	최익룡 유골 도착
15	자료 152	동아일보	1923. 12. 18	2면 7단	일본 밀정을 살해한 채경옥 사형집행
16	자료 153	동아일보	1926. 2. 21	3면 1단	양승우 사형집행
17	자료 154	동아일보	1926. 2. 21	3면 3단	차입(差入)한 석반(夕飯)은 최초의 제찬(祭饌)!
18	자료 155	동아일보	1926. 12. 23	2면 6단	의열단 공범 고인덕은 옥사
19	자료 156	동아일보	1926. 12. 25	2면 3단	자살인가 병사(病死)인가, 옥사 전말은 여차

순서	자료번호	신문명	보도 일자	면단	제목
20	자료 157	동아일보	1927. 5. 19	2면 11단	사형집행, 청진 순사 살해범 3명, 작일 서대문 감옥에서
21	자료 158	동아일보	1927. 5. 22	2면 8단	송학선에 사형집행
22	자료 159	동아일보	1928. 5. 20	2면 8단	흑기연맹(黑旗聯盟)사건 홍진유 군 영면(永眠)
23	자료 160	동아일보	1929. 1. 20	2면 7단	의성단(義誠團) 단장 편강렬 장서(長逝)
24	자료 161	동아일보	1929. 2. 12	3면 4단	집안현 설원에서 밀정 3명 사살, 통의부원 전학수의 범행
25	자료 162	동아일보	1929. 2. 28	2면 3단	이수흥과 유택수, 작일에 사형집행
26	자료 163	동아일보	1929. 3. 1	2면 5단	교수대를 앞두고 최후의 일장 연설
27	자료 164	동아일보	1929. 10. 20	7면 1단	신민부(新民府) 간부 홍순갑 옥사
28	자료 165	동아일보	1929. 11. 28	7면 3단	6년 복역 중 정의부원 옥사
29	자료 166	동아일보	1931. 5. 20	2면 9단	ML당사건 이낙영 영면
30	자료 167	동아일보	1931. 6. 13	2면 5단	이제우 사형집행
31	자료 168	동아일보	1932. 1. 16	2면 7단	홍원(洪原)사건의 박재호 사망
32	자료 169	동아일보	1932. 4. 18	2면 8단	공산당사건 이병의 옥사
33	자료 170	조선중앙일보	1935. 10. 20	2면 4단	공당(共黨) 재건 관계자 장석천 영면, 집행정지로 출옥 정양 중
34	자료 171	매일신보	1936. 7. 24	2면 8단	간도공산당 사형수 18명 전부 형 집행
35	자료 172	조선중앙일보	1936. 7. 24	2면 1단	간공사건 사형수 작일 전부 사형집행

5. 사상범 보호관찰과 예방구금

순서	자료번호	신문명	보도 일자	면단	제목
1	자료 173	매일신보	1927. 3. 19	3면 2단	대혁신 중의 충북유린회(忠北有隣會), 면수(免囚) 보호의 일대 복음
2	자료 174	동아일보	1933. 6. 27	1면 1단	치유 개정안의 윤곽
3	자료 175	동아일보	1933. 9. 13	2면 9단	사상전환자 현재 200명
4	자료 176	동아일보	1933. 9. 29	2면 8단	회의의 중심점은 사상범 문제
5	자료 177	조선일보	1933. 10. 5	2면 6단	사상전향 수인은 특별 대우키로 결정
6	자료 178	매일신보	1934. 5. 19	1면 1단	전 조선에 재(在)한 사상범의 전향 격증, 가정애(家庭愛)에 의한 동기가 필두, 총독부 법무국 조사

순서	자료번호	신문명	보도 일자	면단	제목
7	자료 179	동아일보	1934. 5. 19	2면 6단	전향한 사상수 중엔 가정 관계가 수위
8	자료 180	조선일보	1934. 5. 19	2면 7단	사상전향도 색색
9	자료 181	조선중앙일보	1936. 5. 29	2면 6단	사상범보호관찰법(思想犯保護觀察法) 11월부터 조선에 시행
10	자료 182	매일신보	1936. 5. 31	2면 4단	사상전향자엔 가출옥 특전, 함흥 수인 700여 명 중 1월 내 27명 허가
11	자료 183	조선중앙일보	1936. 6. 4	1면 9단	사상범감찰법안
12	자료 184	조선중앙일보	1936. 6. 10	2면 7단	사상범 감찰소 8개소에 설치 계획
13	자료 185	매일신보	1936. 10. 6	3면 2단	사상전향자 5할, 살인은 여수(女囚)가 7할
14	자료 186	조선일보	1936. 11. 14	1면 1단	사상범보호관찰법에 대하여
15	자료 187	매일신보	1936. 11. 26	1면 2단	보호관찰령 실시 12월 20일로 확정
16	자료 188	매일신보	1936. 12. 9	2면 6단	사상관찰령 결정
17	자료 189	부산일보	1936. 12. 9	1면 6단	조선사상범보호관찰령 최근 정식 공포
18	자료 190	매일신보	1936. 12. 12	2면 2단	사상범보호관찰【상】
19	자료 191	매일신보	1936. 12. 13	1면 4단	사상범보호관찰【하】
20	자료 192	매일신보	1936. 12. 13	1면 1단	조선사상범보호관찰령 금일 공포
21	자료 193	부산일보	1936. 12. 23	5면 1단	드디어 개시된 사상범보호관찰소, 갱생의 문을 나설 때 애호(愛護)의 키를 주는 초대 소장은 사사키(佐佐木) 씨
22	자료 194	매일신보	1936. 12. 24	3면 5단	사상보호관찰소 함흥도 사무 개시, 초대 소장은 오마치(大町) 검사
23	자료 195	매일신보	1937. 1. 16	1면 1단	제도 창설 후 최초의 사상범보호관찰소장회의, 금일 총독부에서 개최【2일간】
24	자료 196	부산일보	1937. 4. 17	1면 10단	가출옥사상범처우규정 공포
25	자료 197	매일신보	1937. 10. 21	4면 1단	사상전향자와 보호관찰사업
26	자료 198	매일신보	1937. 11. 10	1면 11단	행형누진처우규칙을 공포
27	자료 199	매일신보	1937. 11. 10	2면 5단	4등급의 누진처우로 고급자엔 자유 부여, 출소 후 사회생활에 적응토록 수형자들에 희소식
28	자료 200	동아일보	1937. 11. 25	2면 1단	복역, 출감의 치유 위반자 10년간에 2만여 명
29	자료 201	동아일보	1937. 12. 16	2면 10단	적심록(赤心錄) 법무국서 편찬
30	자료 202	매일신보	1937. 12. 20	1면 11단	행형누진처우규칙 시행규칙 결정
31	자료 203	조선일보	1937. 12. 25	2면 7단	영어(囹圄)의 열정 총후적심록(銃後赤心錄)
32	자료 204	매일신보	1938. 3. 1	2면 1단	전선 보호관찰소 작년 중 처리 상황
33	자료 205	동아일보	1938. 6. 17	2면 1단	사상취체의 신방향

순서	자료번호	신문명	보도 일자	면단	제목
34	자료 206	매일신보	1938. 6. 18	3면 8단	전향자 대표 박, 권 양 씨 출발
35	자료 207	매일신보	1938. 7. 17	3면 5단	전 조선 전향자동맹 경성에 지부 설치, 100여 명이 회집 협의
36	자료 208	조선일보	1938. 8. 2	2면 5단	피보호관찰 인물, 경성은 대부분 전향
37	자료 209	매일신보	1940. 1. 5	2면 1단	내지보다 앞서서 사상범예방구금 1940년도(昭和 15)부터 실시
38	자료 210	동아일보	1940. 1. 5	2면 1단	조선의 사상 불온자 상대로 예방구금제도를 실시
39	자료 211	동아일보	1940. 1. 8	2면 1단	문제 중의 예방구금제도 사상범 전과자에 한정
40	자료 212	조선일보	1940. 1. 19	2면 1단	예방구금자 취급할 사상선도소(가칭) 설치
41	자료 213	조선일보	1940. 3. 28	2면 7단	사상범예방구금령 7월부터 실시 내정
42	자료 214	매일신보	1941. 2. 12	2면 1단	사상범 방지에 철망, 예방구금령 명일 공포
43	자료 215	매일신보	1941. 3. 2	2면 1단	비전향자 2년간 수용 황민으로 보호 교도, 예방구금령 3월 10일에 실시
44	자료 216	매일신보	1941. 3. 9	3면 1단	공포심을 갖지 마라, 보호교도가 근본정신, 명일 실시를 볼 예방구금령
45	자료 217	매일신보	1941. 4. 11	3면 5단	9명의 취조를 개시, 제1차로 예방구금령 적용 준비
46	자료 218	부산일보	1941. 5. 16	3면 2단	우리나라 최초의 예방구금 창설, 과격사상 취체에 철저 강화
47	자료 219	매일신보	1941. 5. 16	1면 1단	예방구금이 특색, 작일부터 실시된 개정 치안유지법
48	자료 220	매일신보	1941. 8. 10	2면 1단	악질의 비전향자, 전선서 13명 예방구금

6. 감옥 내 투쟁

순서	자료번호	신문명	보도 일자	면단	제목
1	자료 221	동아일보	1923. 9. 7	3면 10단	합병일에 기념 절식, 함흥형무소에 있는 정치범이
2	자료 222	동아일보	1924. 4. 6	2면 1단	기념만세 부른 자 2명을 형무소에서 악형치사설(惡刑致死說)
3	자료 223	동아일보	1924. 4. 7	2면 4단	죄수 악형치사설, 하늘을 두려워 우리는 부인한다

순서	자료번호	신문명	보도 일자	면단	제목
4	자료 224	조선일보	1923. 3. 4	3면 1단	3월 1일에 기념만세, 서대문감옥에도 만세
5	자료 225	시대일보	1924. 4. 6	1면 1단	평양형무소가 수인 2명을 형살(刑殺)
6	자료 226	동아일보	1925. 1. 10	2면 1단	공소 중의 김지섭 감방에서 단식!
7	자료 227	시대일보	1925. 12. 10	2면 4단	평양감옥 죄수 200명 단식동맹
8	자료 228	조선일보	1925. 12. 12	1면 1단	사설: 수인의 단식동맹
9	자료 229	동아일보	1927. 2. 28	1면 1단	법의 위신과 정의감
10	자료 230	동아일보	1927. 2. 28	2면 7단	진우연맹(眞友聯盟) 절식(絶食)과 대구형무소의 창황(蒼慌)
11	자료 231	매일신보	1927. 6. 6	2면 5단	진우연맹 피고인 옥중에서 단식, 형무소 측은 사실을 부인
12	자료 232	중외일보	1927. 6. 10	2면 4단	진우연맹원 옥중에서 단식
13	자료 233	동아일보	1928. 3. 9	2면 1단	경성형무소 복역 중 장기수 파옥 소동
14	자료 234	동아일보	1928. 9. 2	2면 7단	일한합방 기념일에 200명 미결수 단식
15	자료 235	조선신문	1928. 9. 6	3면 4단	병합기념일에 조선인 수도 단식동맹, 신의주형무소 낭패
16	자료 236	중외일보	1930. 2. 22	2면 10단	함흥형무소서 미결수 100명 단식
17	자료 237	중외일보	1930. 5. 13	2면 9단	유림단 정수기 복역 중 단식 소동
18	자료 238	동아일보	1931. 5. 31	2면 1단	서대문감옥 제1공장 50여 죄수 단식
19	자료 239	중외일보	1931. 6. 10	2면 1단	사상수(思想囚) 60인 공장작업 정지, 단식 소동 일으킨 결과로, 서대문형무소 소동사건
20	자료 240	중앙일보	1932. 1. 31	2면 1단	함흥형무소 수인 단식 의연 계속
21	자료 241	동아일보	1932. 5. 31	3면 1단	대구형무소 수인 대우 문제로 대소동
22	자료 242	동아일보	1932. 7. 20	2면 1단	경성형무소 재감 중 1,000여 명 수인이 소동
23	자료 243	동아일보	1932. 10. 5	2면 8단	서대문감옥 재감수 30여 사상범 단식?
24	자료 244	동아일보	1933. 5. 4	2면 4단	재감 중의 사상수가 노동제(勞働祭) 준비 중 발각
25	자료 245	동아일보	1933. 11. 24	2면 9단	함흥서 구류범 100여 명 소동
26	자료 246	동아일보	1934. 3. 10	2면 5단	주식(晝食) 불결에 분개하여 외역 함흥 수인 소동
27	자료 247	동아일보	1934. 5. 2	2면 1단	금조(今朝) 함흥형무소 사상수가 일시 소동
28	자료 248	조선중앙일보	1934. 7. 18	2면 1단	정의부 수령 오동진 옥중 단식

순서	자료번호	신문명	보도 일자	면단	제목
29	자료 249	동아일보	1934. 8. 24	2면 6단	복역수 결박이 동기로 240명 소동
30	자료 250	매일신보	1934. 8. 27	2면 1단	해주형무소 수인 등 옥중투쟁을 계획, 불온한 격문을 작성하야 회람 중 미연 발각
31	자료 251	동아일보	1934. 12. 17	2면 1단	서대문형무소에서 수인들이 단식 소동
32	자료 252	동아일보	1935. 5. 25	2면 5단	함흥형무소의 수인 단식 소동
33	자료 253	동아일보	1935. 8. 8	2면 9단	서대문감 사상수 50명 단식 소동
34	자료 254	부산일보	1935. 8. 8	3면 6단	사상범 50명 단식투쟁 결행, 30여 명은 투쟁을 멈추고 경성 서대문형무소 내 소요
35	자료 255	조선중앙일보	1936. 1. 26	2면 6단	이감 중의 사상수 등 역두에서 ○○소동
36	자료 256	동아일보	1936. 5. 2	2면 1단	370명 사상수 만세 부르고 소동
37	자료 257	동아일보	1939. 7. 27	2면 6단	경성형무소 수인 오늘 아침까지 계속 단식

1 교회와 교육을 통한 '교화'

자료 1 | 《매일신보》, 1912. 11. 9, 3면 1단

황은여천(皇恩如天)을 군지부(君知否)아

▲ 서대문감옥의 은전식

　은사령(恩赦令)을 발포한 이래로 모처에서는 동령에 기인하여 개개인에 대하여 감옥에 있는 죄수의 행적, 기타 필요한 조건을 조사하여 그 보고에 바쁜 모양인데 향일 재가를 얻은 조선 제1회 은사수 총원 146명의 은사장(恩赦狀)은 지난 4일 총독부에 도달하였으므로 5일 각 감옥에서 각기 전달한 당지 서대문감옥에서는 6일 오후 2시부터 동 작업공장에서 은사 은전식을 거행한지라. 그 전날에 동 감옥서에서는 모처의 은사장 전달을 기다리다가 경성지방법원과 경성복심법원에서 서대문감옥에 있는 수인(囚人) 중 12명에 대하여 은사장을 전달하고 속히 사면의 처분을 행하라는 훈시를 접하고, 부산(富山) 전옥은 각 과장에게 명하여 식장, 기타의 준비를 하게 하고 오후 1시에 식장을 정비한 후 은사 죄인 외에 200여 명의 죄인을 열석하게 하고 각 과장 이하 십수 명의 간수가 앉은바 부산 전옥은 가장 엄숙한 태도로 지금 은사 은전식을 거행한다 하고 특사의 은전에 참여한 죄수의 죄명과 성명을 불러내어 은사장을 교부하고 다시 설유하기를, 황송한 말이지만은 메이지(明治) 천황이 붕어하신 데 대하여 대정(大正) 원년 9월 13일의 조칙으로서 너희들이 범한 죄를 사면하였으므로 본일 사면하노라. 이 은전을 주는 이는 성상밖에 어떠한 사람이든지 감히 행하지 못하니 구한국시대에는 특사가 많이 있었으나 일본 정부에서 이같이 감사한 은전을 행하기는 희한한 일이라. 그런즉 이 감사한 은전에 참여한 자는 다시 죄를 범하여 이 감옥에 들어오는 일이 없게 할 것이오. 만일 다시 죄를 범하여 감옥에 들어오는 일이 있고 보면 그때는 어떠한 중형에 처할는지 알기 어렵도. 너희들의 가족들도 ■■■■■ ■■ 전에 나왔다고 어떻게 기뻐할는지 너희들은 이 감사한 조칙으로서 사면된 이유를 일러드리고 성상폐하의 하늘같은 은택을 죽도록 잊지 말라고 순순히 훈계하니 각 사면 죄수는 다 감격하여 눈물을 흘리는 자 있더라. 폐식하는 동시에 집에 가는 여비와 기타의 등속을 가지고 오후 3시 반에 감옥을 나갔는데 특사의 은전에 참여한 자는

　홍유기(洪裕■) 관문서위조행사사기취체로 징역 2년 ▲ 한광리(韓光履) 간통죄로 징역

1년 ▲ 안윤선(安允先) 약인(略人)죄[3]로 징역 1년 ▲이용우(李容禹) 공갈취재로 징역 1년 ▲ 박승유(朴承裕) 화폐위조죄로 징역 2년 반 ▲ 홍경룡(洪景龍) 강도죄로 징역 2년 반 ▲ 이치학(李致學) 구타 치사죄로 징역 2년 반 ▲ 이윤실(李允實) 강도죄로 징역 3년 ▲조경도(趙敬道) 약인죄로 징역 2년 ▲ 음상운(陰相雲) 공갈취재로 1년 ▲ 강희철(姜熙哲) 약인죄로 1년

이 중에 박승유는 거금 18년 전에 충청남도 연산군에서 처자를 데리고 서울로 왔는데 생활이 곤란하여 화폐위조죄를 범하여 경성지방재판소에서 처형을 받은 사람인데, 감옥에 들어온 후로는 아주 개과천선하여 일반 수도(囚徒)에게 모범이 되므로 금회에 제1착으로 특사의 전달을 하여 모처에서도 이것을 허가하였는데 제일 가련한 것은 그 사람의 처자는 박이 포박되던 동시에 어디로 갔는지 알 수 없는 고로 사면되었으나 갈 집도 없어서 본년 봄에 건설한 포덕문 구호원으로 수용하였다더라.

자료 2 | 《매일신보》, 1913. 3. 26, 2면 7단

재감수인의 희열

서대문감옥에서는 작년에 목조양식의 교회당(教誨堂)을 신축하였으나 아직 입불(入佛)하지 못하였더니, 금회 대곡파(大谷派) 본원사(本願寺)에서 복상 및 불상의 기증이 있는 고로 지난 21일 피안(彼岸)의 중일(中日)로서 도야마(富山) 전옥이 주재가 되고 직원, 수도가 열석(列席)한 후 개비예배(開扉[4]禮拜)한 후 남산(南山) 본원사가 윤번(輪番)에 도사(導師)가 되어 중승(衆僧)의 독경이 있었고, 일동이 소향(燒香)한 후 사사키(佐佐木) 교회사의 표백문(表白文),[5] 전옥의 식사 낭독 후 광릉(廣陵) 윤번의 간독(懇篤)한 교회가 있었더라. 이날 본원사에서는 직원 및 재감인(在監人)에 대하여 어공물(御供物)의 증물(贈物)이 있었던바, 재감인은 이래로 이 성의(盛儀)를 시견하고 홍백(紅白)의 ■[6]를 받은 고로 비상히 희열한다더라.

---

3 약인(略人): 사람을 꾀어서 빼앗는다는 뜻.
4 개비(開扉): 문을 엶.
5 표백문(表白文): 알리는 글.
6 원문 글자가 뭉개져 보이지 않으나, 감옥에서 명절날 떡을 돌렸던 예에 비추어 보면 떡을 뜻하는 '병(餠)' 자로 추정된다.

자료 3 | 《매일신보》, 1914. 5. 31, 3면 4단

은사 감형의 은택을 입어
원판결의 형기 전에 출옥하는
서대문감옥의 죄수와 서대문 분서장의 성지를 훈유하는 상황

자료 4 | 《매일신보》, 1915. 1. 28, 3면 3단

회개하라

사람이 누가 허물없을까?

전라북도 옥구군 옥산면 지곡리에 사는 고진권(高進權), 32세 된 자는 무슨 죄로 인하여 1909년(융희 3) 4월에 공주지방재판소에서 징역 15년에 처해 인천분감(仁川分監)에서 복역하던 중, 1914년(大正 3)에 두 번이나 은사를 입어 징역 6년 6개월을 감형하고 복역하던 중 점점 개전(改悛)하는 실상이 현저하며 또한 다른 죄수의 모범이 되므로 작년 동짓달 중에 옥칙(獄則)에 의하여 상표(賞表)를 받은 후로 더욱 근신하고 회개하는 모양이 나타나므로 이번에도 특전을 받았는데, 본년 10월 27일에 출옥하게 되는 것을 데라우치(寺內) 총독은 그자의 개전한 것을 가상히 여겨 특전으로서 나머지 잔형기(殘刑期) 아홉 달 사흘날 동안 가출옥(假出獄)을 허가하였다는데, 이에 대한 증표가 지나간 24일 도달되어 그 분감에서

▲ 엄숙한 식장을 베풀고 모든 죄수를 모으고 누노무라(布村) 분감장으로부터 가출옥 증표와 작업상여금(作業賞與金) 20여 원을 받고 다시 분감장과 오시마(大島) 교회사가 장래에 주의할 것을 간절히 훈유하자 고진권은 무한 감사하게 여기며 말하기를, 장래에는 결단코 못된 일을 행하지 않겠사오며 이같이 성은을 입어 다시 천일을 머리에 이고 집으로 돌아가서 부모처자를 상면할 생각을 하면 기쁘기 한량이 없다 하며 단단히 맹세를 하는 동시에 눈물을 자꾸 흘려 가며 복기 사례하는 뜻을 표하고 흔연히 출옥하였다는데, 고진권은 그 형 고상근이 데리러 오기까지 인천구호원(仁川救護院)에 두고 보호 감독을 받게 하였는데 지금 인천 축항공사에서 노동하고 있다더라.

자료 5 | 《조선일보》, 1927. 10. 11, 5면 5단

독감방 부족으로 간수, 교회사 증원

독감방이 부족해 정치범을 잡거방에 수용한다고
【형무소장회의에서 결정】

전 조선 형무소장회의에 각 소장으로부터 제출된 의견 진술은 6일로 종료되었는데, 그중 가장 볼만한 것은 사상범인에 대한 형무소 안에서의 취급이었다.

본시 사상범인은 잡거방에 넣어 두면 위험사상을 전파할 염려가 있으므로 될 수 있는 대로 전부 독방에 구치하여 두고 싶으나 전 조선의 형무소 독방은 겨우 600개밖에 없고 서대문형무소 안에는 100개가 있으며 또 어떤 형무소에는 전혀 없기도 한바, 독립만세사건 범인, 사회주의 공판 범인 등 중에 500명만은 독방에 넣어 두었으나 그 외에는 정신변조자와 흉악범인과 모두 서로 섞여서 잡감방에 있으므로 간수는 이 취체에 곤란한 상태라 한다.

법무국으로서는 독방의 증설과 현재의 간수 1,700명을 적어도 200~300명 증가하고 교회사도 상당히 증원하기로 내용을 결정하고 또 각 소장으로부터 희망한 소년형무소 증설 또는 감화원, 교정원의 신설도 예산의 편성에 고려하기로 되었다더라.

자료 6 | 《조선중앙일보》, 1933. 12. 11, 4면 4단

대전형무소 사상범 양계(養鷄)로 소일

【대전】조선에서 모범감옥이오, 또 사상감(思想監)이라는 칭호를 듣는 대전형무소에서는 일반 사상범에게 양계를 시키고 있다는바, 옥중에 있는 자로 가장 사랑하는 것이 동물이라는 데서 그들에게 정조교양(情操敎養)의 일단으로 얼마 전부터 이러한 작업을 시키게 되었다는바, 그들이 암울한 독방에서 노끈이나 꼬고 있는 그것과는 판이한 취미를 가지고 있는 동시에 성적도 매우 양호하다고 한다.

자료 7 | 《매일신보》, 1933. 12. 12, 4면 6단

사상범이 양계, 정조(情操)교육의 일단으로서 대전형무소에서 실시

【대전】대전형무소에서는 금회 신 시험으로 사상범에 대한 정조교육의 일단으로서 사상범에게 양계를 시키고자 계사(鷄舍)를 건축하고 우선 닭 30마리를 교부 사육하게 하는바, 저들은 비상히 기뻐하여 열심히 사육한다는데, 전 조선에서 처음인 계획으로 이 영향 여하(如何)는 일반이 주시하는 중이라 한다.

자료 8 | 《매일신보》, 1934. 5. 18, 5면 5단

재감자 정서교육, 대전형무소에서

【대전】대전형무소에서는 재감자의 정서교육(情舒敎育)에 별반 폐해가 없으리라고 볼 만한 범위 내에서 라디오와 '레코-드'로 그들을 위안하여 왔었는데, 지난 13일 오전 8시부터 동 형무소 교회실에 교회가 끝난 후 대전고등여학교 교유 고코쿠(合谷春人) 씨를 초빙하여 '바이올린' 연주를 하였다 한다.

자료 9 | 《매일신보》, 1935. 9. 25, 4면 10단

전주형무소에 교회용 신문

【전주】전주형무소에서는 수도(囚徒)에 대하여 출감 후의 예비 지식과 소내에서의 정신수양 기관으로 매월 1일과 15일에 전북에 관한 중요 '뉴-스'를 게재한 교회용(敎誨用) 신문을 발행하여 장래의 지침을 삼으리라 한다.

자료 10 | 《매일신보》, 1935. 11. 28, 5면 1단

7,000여 문맹 수인에 행형 중에 간이(簡易)교육

일개 사회인으로 갱생하도록
법무국에서 명년에 실시

범죄자의 대부분이 교육을 받지 못한 문맹자(文盲者)임은 물론인바 작년 1년간 전 조선 각 형무소에 수용된 수인의 총수는 1만 2,379인데 그들의 교육 정도를 보면

고등교육 정도	567명
중등교육 정도	354명
보통교육 정도	2,207명
간이문 해독 정도	2,845명
무교양자	3,424명
무필자	3,493명
계	12,379명

으로, 이상과 같이 무교육자와 아주 쓰지도 보지도 못하는 자가 각각 3,000여 명 이상을 점하고 있는 터이다. 그런데 그들이 소정한 형기(刑期)를 마치고 출소시키는 것만이 능사라면 별문제가 안 되지만 사회에 다시 나가서는 일개 사회인으로서 갱생하여 새 생활을 하게 할 지경이면 무엇보다도 그들의 문맹을 퇴치해 내보내는 것이 큰 도움이 될 것은 물론이라 하여 법무 당국에서는 금후로 전선 각 형무소에 수용된 무식한 수인들에게 적어도 신문, 잡지라도 볼 수 있고 간단한 편지라도 쓸 수 있을 만한 정도의 간이한 교육을 주안으로 한 신교육 제도를 시행하리라 한다. 이에는 수인들의 취업 시간 관계라든지, 예산 관계의 큰 문제가 없지 않으나 될 수 있는 대로는 내년부터 실시할 예정이라 한다.

자료 11 | 《동아일보》, 1935. 12. 5, 2면 5단

수인 문맹 퇴치와 기술교육을 실시, 기한 6개월로 시험 결과 따라 전 조선 형무소에 시행

한순간! 순간에 지은 죄로 말미암아 허구한 세월 긴 형벌을 과하는 형무소가 반드시 수인으로 하여금 어디나 쓸데없는 폐인(廢人)을 만드는 생지옥이 아니요, 일단 형기를 마치고 자유 사회에 나올 때는 생존경쟁에서 밀리지 않을 한 사람으로서의 기능을 가지도록 신인을 만드는 곳이라는 행형상 바꾸어 가는 경향을 보이고 있다.

총독부 법무국 행형과에서는 문맹 퇴치의 신교육 제도를 각 형무소에 실시하려는 계획과 아울러 각 방면의 소질에 따라 그들에게도 실과교육을 시행하기로 되었다 한다.

그리하여 얼마 전부터 조선 각 형무소의 목공의 소질이 있는 죄수 24명을 경성형무소로 모아 그들에게 목공에 대한 학과와 기술을 가르치는 중이라 한다.

그를 가르치는 교사는 작업기사, 작업기수 등으로 수업을 받는 죄수의 대부분이 문맹이므로 우선 가감승제(加減乘除) 등의 산술과 또는 그 수업을 받을 만한 기초학과를 가르치는 동시에 목공에 대한 여러 가지 기술을 실제로 가르치는 중이라 한다.

그리하여 수업 기한은 약 6개월로 수업을 마치는 대로 다시 다른 수인들을 소집하여 계속 개강할 터이라 한다. 그리고 수업은 무엇이나 사회에 나와서 필요한 기술과 또는 어떤 사업이나 독립으로 경영할 만한 사업의 필요 지식을 가르치고, 출감이 되기 전에 완전한 새사람을 만들어 출감하게 하리라는 것이다.

이 실과교육 제도는 그 성적이 나타나는 대로 전 조선 각 형무소에서 순차로 실시하리하 한다.

자료 12 | 《부산일보》, 1936. 3. 5, 2면 11단

부산형무소의 정신교육

부산형무소에서는 심전개발(心田開發)과 함께 국체명징(國體明徵)에 관한 당국으로부터

의 통첩에 기초한 전반적인 취지를 철저히 하기 위해 직원정신 작흥운동(作興運動) 방침을 결정하고 매월 1일, 일출 시 등청(登廳)하여 집합하여 국기를 게양하고, 그 아래에서 궁성요배(宮城遙拜)를 한 후 국민정신 작흥에 관한 조서를 봉독하고, 계속하여 가정오훈(家庭五訓)을 창화(唱和)[7]하며 또 전 직원은 봉급과 가봉(加俸)을 합한 월액의 100분의 1을 자력갱생 저금으로 예입(預入)하고 매월 1회 심전개발에 관한 명사(名士)의 강연회를 여는 등 정신운동 취지를 철저히 하게 되었다.

자료 13 | 《매일신보》, 1936. 4. 10, 7면 6단

대구형무소도 문맹 퇴치 강습 다시 제2회 개시

【대구】전 조선 형무소 중에서 솔선하여 작업훈련소를 창설한 대구형무소에서는 작년 11월부터 이와 동시에 학과교육을 개시하여 6개월의 강습을 마치고 4월 1일로서 제1기를 종료하였다. 학과교육은 문맹을 타파함으로 무지의 범죄를 방지함과 동시에 사회 사업상에 쓰이게 하는 것으로 희망자가 많으나 설비의 관계상 이번에는 초범자로 25세 미만, 잔기 형량 1년 이상의 자에만 한하여 11명을 선발 교육하였는데, 학과는 국어, 산술, 수신(修身)의 세 과로 매일 파업 후 1시간 반씩 교수한다는바 전연 문맹의 수형자도 6개월 후인 금일에는 간단한 편지와 가감승제 등의 산술까지도 습득하게 되어 최근 수업식을 거행한 후 다시 제2회 강습을 개시하리라 한다.

---

[7] 창화(唱和, しょうわ): 한 사람이 선창하고 여러 사람이 그에 따름. 한쪽에서 부르고 다른 쪽에서 화답함.

자료 14 | 《매일신보》, 1936. 11. 19, 5면 6단

30세 미만 죄수에 특별교육을 실시

그들의 장래에 광명을 주고자
춘천형무소의 온정

【춘천】춘천형무소에서는 죄수들에게 특별교육을 실시하고 있어 일반의 호평을 받고 있는데, 내용인즉 징역 1년 이상, 연령 30세 미만의 젊은 죄수 중 남 13명, 여 9명, 합계 22명을 선발하여 매일 1시간씩 특별교육을 실시하고 있는데, 과목은 국어, 산술, 조선어 3종목이라 하며 차등 교육을 받는 죄수는 특별히 한 감방에 수용하여 야간에도 복습 등을 하기에 불편이 없도록 온정의 감화정책(感化政策)을 베풀고 있는데 당국의 말에 의하면 형기 만료 후 출옥할 때에는 간이(簡易)한 대화는 물론 언문 등 편지를 쓸 수 있는 정도의 효과를 내고 있다 한다.

자료 15 | 《매일신보》, 1937. 1. 22, 3면 8단

가정십훈(家庭十訓)으로 형무관리 훈양(訓養), 춘천형무소서

【춘천】형무소에서는 죄수들에게 특별교육을 실시하고 있어서 일반의 호평을 받고 있다 함은 이미 보도한바, 동 형무소에서는 다시 그들 수인을 지도하고 있는 간수 등 직원부터 품위를 향상시킬 필요가 있음을 느끼고 가정십훈이란 훈어(訓語)로 일반 직원에게 실행을 권장하고 있는바 그 내용은 다음과 같다.

◇ 가정10훈

1. 매일 아침저녁 신불(神佛)에 요배할 것
2. 보은감사(報恩感謝)로 생활하자!
3. 가정 화목을 도모할 것
4. 음식물에 주의할 것
　　조기(早起) 조침(早寢)은 몸의 약

5. 매일 가정 내외를 청소하여 정돈을 힘써 행할 것

6. 출근 시간을 엄수할 것

7. 주인(主人)의 극무(劇務)[8]를 마음으로 위로하자!

8. 1전(錢)을 귀중히 알고 경비를 절약할 것

9. 인근과 친목하여 상조 상부를 힘써 행할 것

10. 내조의 공력으로 꽃도 되고 열매도 열린다.

자료 16 | 《매일신보》, 1937. 2. 17, 4면 4단

전과자에 온정, 춘천형무소 교회사 열성

【춘천】춘천형무소에서는 복역 죄수들에게 특별교육을 실시하여 일반 사회의 호평을 받고 있다 함은 이미 보도한바, 이제 또다시 출옥한 죄수에게 취직을 알선해 주고 있는 온정미담이 있다. 원적을 강원도 이천군 안협면 제전리에 둔 김상진(金常眞)(24)은 1933년(昭和 8) 7월에 남의 집에 불을 지른 것이 당지 경찰에 알려져 방화죄로 징역 5년의 언도를 받아 동년 9월 5일부터 춘천형무소에서 복역하여 오던바 지난 8일에 형기 1년여를 남기고 가출옥을 하게 되었다. 그런데 동 형무소에서는 그의 전정을 가엽게 생각하여 혼다(本田) 교회사(敎誨師)가 읍내 각 상점을 찾아다니며 점원으로 채용해 달라고 말해 보았으나 곳곳에서 실패하였는데 급기야 한 곳에 승낙을 얻게 되어 그를 취직시켰으니 지난 11일부터 읍내 본정(本町)에서 식료품상 금정(金井)상점에 취직하게 되어 방금 충실히 일을 보고 있다. 전과자라는 낙인을 맞은 그들을 어떻게 하든지 좋은 길로 지도하고자 갖은 수단으로써 그들을 구해주고 있는데 이 사실을 알게 된 일반은 혼다 씨의 열성에 감격을 마지않는다 한다.

---

8 극무(劇務): 격무. 극심하게 분주한 사무.

자료 17 | 《부산일보》, 1937. 3. 20, 2면 9단

형무소 교회당 신축

부산형무소에서는 작년 가을 이래 교회당을 신축공사 중이었는데, 최근 겉모습이 거의 완성되어 막 내부설비 공사 중으로 4월에 가능하면 완성하여 5월에 낙성식을 거행하게 될 것이다. 새로운 교회당은 연와조(煉瓦造) 2층 건물로 건평(建坪) 100평이다. 2층은 교회당으로 1,200인을 수용하기에 충분하다. 아래층은 사무실로 충당할 것이다.

자료 18 | 《매일신보》, 1937. 5. 25, 2면 1단

형무소 죄수들에게 초등교육 실시 결정

3과를 설치하여 간이(簡易)한 교육
법무국에서 행형교육규정 공포

다난한 이 사파(娑婆)[9] 특히 영어(囹圄)의 생활을 하고 있는 형무소 수인에게 시대의 변천에 따라 각종 대우를 개선하고 있는데, 24일 총독부 법무국에서는 또다시 행형교육의 규정을 공포하여 수인에게도 직업을 교수하는 것 외에 고등한 교육은 못 시키나마 초등교육을 실시하기로 되었다. 행형교육은 소년형무소와 지방에 따라 시키고 있으나 이번에 공포된 규정으로 인하여 지방적으로 하지 않고 일률로 초등교육에는 간이보통과(簡易普通科)와 보통과, 보습과(補習科) 세 가지로 나누어 간이보통과는 수업 연한 2개년에 4학기로 나누고, 보통과는 수업 연한 1년으로 하여 2학기로 나누고, 보습과의 수업 연한은 1년으로 2학기로 나누어 수신, 국어, 산술 및 조선어 또는 직업, 지리, 국사를 교수시키는데, 종래의 취업 시간을 단축하여 교수 시간으로 편입시키고, 취업 시간의 단축은 능률의 향상으로 보충하고 수신은 형무소장이 국민도덕의 이해와 실천에 착안하여 교수시키고, 기타는 교회사와 또는 초

---

[9] 사파(娑婆): 사바. 괴로움이 많은 인간 세계. 석가모니불이 교화하는 세계를 말한다. 감옥이나 군대 등 구속된 생활을 하는 곳에서 사용하는 은어로 바깥의 자유로운 세계를 가리킨다.

등학교 훈도 자격이 있는 자를 초빙하게 될 모양이라 한다.

자료 19 | 《동아일보》, 1937. 7. 16, 5면 12단

수인 교육 확대, 평양형무소 계획

【평양】평양형무소에서는 지난 6월 1일 발포된 행형교육령(行刑教育令)에 의하여 현재 보통학교 3년 수료 정도의 남녀 수인 85명을 3학급으로 나누어 산술, 수신, 창가, 조선어 등을 교수하고 있는데 오는 10월 1일부터는 이를 본격적으로 확대시켜 1학급을 증가시키기로 하였다 한다.

자료 20 | 《동아일보》, 1937. 9. 30, 2면 4단

조선 행형제도를 전면적으로 개선

행형과장 등 각지 형무소를 시찰
응보관념(應報觀念)에서 전환
교육형(教育刑)의 철저 기도

전 조선 내 형무소의 재감자는 매년 평균 약 2만 명에 달하고 사회 각 문화 발전과 병행하여 수형자 수효는 매해 늘어 가는 터인데, 그들에 대한 행형제도의 개선은 연래의 숙제였을 뿐 아니라 만근 치형사(治刑史)상의 발전에 따라서 조선도 새로운 제도를 따라가지 않으면 안 되게 되었다. 그런데 금번 총독부 법무국 행형과에서는 모리우라(森浦) 과장을 비롯하여 공주형무소 도자와(戶澤) 소장, 함흥의 모리타(森田), 인천소년형무소의 우치야마(內山), 해주의 구리모토(栗本) 소장 5명이 도쿄(東京)로 출장하여 금번 개최되는 전국 형무소장회의에 참관한 후 다시 각 반으로 나누어 마쓰에(松江), 미야자키(宮崎), 히로시마(廣島), 나가사키(長崎), 히메지(姬路), 구루메(久留米), 가나자와(金澤), 오사카(大阪), 오카야마(岡山), 고치(高知), 다카마쓰(高松) 등 각지의 형무소와 기타 소속 시설 일체를 시찰하기로 되어 10월 초순

에 출발하기로 되었다.

물론 금번 출장 형식은 도쿄에서 열리는 형무소장회의 출석이나 그 실질에 있어서 각지의 형무소 제도, 설비 등을 참관하여 조선에서도 채택할 것은 채택하여 실시하자는 데 목표가 있다는바, 개선의 목표가 되는 것은 무엇보다 만근 고조되는 교육형(敎育刑)의 실시―즉, 종래 응보관념에서 징벌에 치중하지 않고 될 수 있는 대로 개과천선을 하도록 모든 치형제도를 개선하자는 것이다.

이것의 철저한 개선은 형벌 그 자체를 개정하지 않고서는 완전히 실시할 수 없으되, 현행 제도 밑에서 가능한 범위 내에서 시행하자는 것인바

1. 수인의 대우를 개선 향상시킬 것
2. 형무소 내의 모든 설비를 확충시킬 것
3. 보석, 가출옥의 범위를 확장시킬 것
4. 출옥 후의 보호와 지도에도 주력하여 재범(再犯)을 방지할 것

등등의 원칙 밑에서 각종 구체적 개선을 조사 연구하여 실시에 들어가기로 되었다 한다.

시국 관계로 인해 예산이 문제
모리우라 행형과장 담(談)

이에 대하여 출발을 앞둔 모리우라 행형과장은 다음과 같이 말한다.

물론 금번 도쿄에 가는 것은 형무소장회의에 출석하는 것이나 돌아오는 길에 각지의 형무소를 시찰하게 되었다. 조선 내의 행형제도의 개선에 대하여는 여러 가지 구체안을 마련해 가지고 있고 시급히 실현하여야 할 것이나, 이것을 실현하자면 무엇보다 첫째, 형무소 내의 모든 설비부터 개선하여야 하니 기타 여러 가지 경비가 많이 요구되는데, 작금 시국 관계로 이상의 신규 요구는 무리한 일로서 급속한 실현은 기대할 수 없다. 각지의 행형제도를 충분히 시찰하기 위하여 지방 형무소장 4명도 출장하게 되었다. 운운.

자료 21 | 《매일신보》, 1938. 1. 27, 2면 5단

수인 교육자 강습회 개최

총독부 법무국에서는 수인 교육의 강화 철저를 기도하여 전 조선 각 형무소와 지소에서 교육보조자(간수)를 각각 1명씩 소집하여 오는 2월 중순에 1주간 동안 경성에서 형무소 교육보조자 강습회를 개최하기로 되었다.

자료 22 | 《매일신보》, 1938. 2. 5, 1면 1단

교육칙어 봉대(奉戴), 전 조선 각 형무소에서

전 조선 각 형무소에서는 금회 교육에 관한 칙어 등본(謄本)을 봉대하게 되어 오는 2월 9일에 출두하여 그 전달을 받아 2월 11일의 기원가절(紀元佳節)[10]에 비로소 봉독(奉讀)을 하게 되었는데 이후 4대절(四大節)[11] 등에는 필히 봉독을 하여 재소 수인의 황국신민(皇國臣民)으로서의 정신적 훈육에 양(養)하게 되었다.

자료 23 | 《매일신보》, 1938. 2. 16, 2면 4단

전선(全鮮) 형무소에 레코-드 배부

차디찬 영어(囹圄)에서 자유를 얻은 몸이라 할지라도 이들 수인들에게 정조교육을 시켜 교화에 힘쓰라고 하는 의미에서 작년부터 조선 안 각 형무소에서는 수인들의 교양 시간, 휴양 시간, 집합 시간에 '레코-드'를 들려주어 따뜻하고 경쾌한 '멜로디'로 수인들의 기분을 완

---

10 기원가절(紀元佳節): 일본 기원절. 기원전 660년 2월 11일.
11 4대절(四大節): 일본이 패전하기 전까지 축일로 지정했던 사방배(四方拜: 1월 1일), 기원절(紀元節: 2월 11일), 천장절(天長節: 4월 29일), 명치절(明治節: 11월 3일)을 뜻한다. 이날 관청이나 학교에서 기념식을 하였다.

화시켜 온 결과 그들의 사회에의 적응성 함양에 적지 않은 효과가 드러나고 있으므로 이번에는 다시 전 조선 각 형무소에 비상시국조(非常時局調)를 여실히 들어낸 '레코-드'를 다수히 구입 배부키로 법무국에서는 그 준비를 마쳤다. 그리하여 '레코-드'의 종류는 군가(軍歌)를 필두로 열두 가지의 여러 가지 씩씩한 '리듬'을 갖춘 행진곡 등 336매를 2월 12일부로 배급하였는바, 시국을 상징한 애국의 군국조(軍國調)는 마침내 영어의 장벽을 넘어 들어가 형무소 안의 수인들을 긴장과 흥분으로 감격시킬 것이라 하여 좋은 결과를 많이 기대하게 되었다.

자료 24 | 《부산일보》, 1938. 3. 16, 2면 6단

형무소의 노력을 수산에도 돌린다

생업 훈련 재교육 연구로
반도의 행형 혁신공작

총독부에서는 반도(半島) 행형 혁신공작(革新工作)으로 각종 시설 개선을 잇따라 단행하고 있는 한편 수산업(水産業)을 형무소 재감자에게 직업 훈련으로 실시할 계획이다.

복역자(服役者)로 종래 어업을 생업으로 해 왔던 자에 대해 재교육하여 누진처우적으로, 어부는 어부들의 직업교육을 실시해 석방 후 적응성 함양 및 반도 전 형무소에 수산품 공급, 재감 수인에 대한 영양 증진 등의 관점에서 어로작업을 형무작업의 하나로 신설하기 위해 지금 법무국에서 부산, 청진, 원산, 함흥, 해주, 신의주 등 각 임해(臨海)에 소재한 형무소에 명하여 조사 연구 중이다.

동해안 및 북선(北鮮) 연안에는 종래 정어리(鰯, いわし) 어기(漁期)에는 어부의 노동력 부족을 무릅쓰고 하였기 때문에 이 방면으로도 노력을 보급할 계획이다. 더욱이 형무소의 어로작업은 어부 출신 수인 중심으로 조업시켜 간유(肝油)[12]의 제조 등도 계획되어 있다. 특히

---

12 간유(肝油): 생선의 간에서 뽑은 기름. 주로 대구나 명태 따위 물고기의 간에서 짜낸 노란 기름으로 비타민 A와 비타민 B가 많이 함유되어 있어 영양제로 쓰인다.

소년형무소에서 수산기술의 조련, 수산가공 및 선원으로서의 훈련까지 할 예정으로 이러한 신계획에 대해 각 방면에서 주시받고 있다.

자료 25 | 《매일신보》, 1938. 4. 9, 2면 4단

수인 교육 정도 무식한(無識漢) 반수 이상, 국어·산술·주산 작년부터 교수, 행형과의 새로운 시험

자유를 잃음으로 철창에 들어 있는 전 형무소의 죄수로 교육을 전혀 받지 못하고 있는 자에 대해서는 현재의 형편으로는 정확한 숫자를 드러내기 어려우나 1937년(昭和 12) 중에 입소한 자의 교육 정도로 본다면 고등교육을 받은 자가 32명, 중등 정도가 208명, 보통 정도가 2,238명, 간이 한문자를 터득한 자가 3,348명, 전연 문맹인 자가 3,516명 도합 1만 2,386명으로 되었다.

이러한 숫자로 보아 무식한 죄수가 대부분이라는 것을 짐작하게 되는데 총독부 행형과에서는 여기에 착안하여 작년부터 수인 교육에 새로운 제도를 설치해 각 형무소에서 무교육 수인에 대하여 간이학교 정도의 국어, 산술, 주산을 가르쳐 이들에게도 황국신민의 자격을 주는 동시에 출소한 후에라도 능히 사회의 한 구성원으로서 활약하게 하도록 하고 있다.

자료 26 | 《매일신보》, 1939. 12. 29, 4면 5단

형무소 재감자에도 성인 교육의 서광, 평양서 제1회 종료식

【평양】평양형무소에서는 일반 문맹 수형자들의 출소 후의 갱생 생활에 기여하는 바 있게 하고자 얼마 전 소학교 졸업 정도의 학력을 가르쳐 주고서 초등 정도의 성인 교육을 실시해 왔었는데 여기에 교육을 받은 자 남자 6학급 100명, 여자 4학급 30명에 달하여 열심히 공부들을 하여 상당히 양호한 성적을 나타내고 있었는데, 금월 26일로서 제1회의 종료식을 거행하여 남녀 130명의 문맹을 계몽하였다.

그리고 또 신학기는 1월 10일부터 수업을 개시하기로 되었다.

자료 27 | 《매일신보》, 1940. 6. 20, 3면 1단

응보행형에서 교육행형에,
전선(全鮮) 1만 9,000 수형자 지도책 획기적 전환

시국산업의 인적 자원으로 적극 활용
금일, 형무소장회의 개최 협의

오늘부터 사흘 동안 총독부에서는 형무소장회의를 열고 형무소 재소자들의 보호지도에 대한 것을 여러 가지로 협의하게 되었다.

현재 조선에는 17개소에 형무소가 있으며 여기에 수용되어 있는 죄수는 1만 9,000명에 달하여 국책적인 시국산업에 절대적인 협력을 하고 있는데, 이들의 근로작업은 비상시하에 많은 효과를 거두고 있으므로 이번 회의에서 수형자들의 교화와 보호지도에 적극 방침을 세우자고 구체적 방침을 세우기로 되었다.

이번 회의에는 특히 각 형무소장에게 수형자의 교화지도 방침을 어떻게 개선했으면 좋겠느냐는 것을 자문(諮問)한바, 각 형무소장은 그동안의 실제 성적과 그들의 현상을 살피어 구체적인 방침을 답신할 것으로 그 결론은 극히 주목되고 있는데 총독부 법무국으로서는 전시하에 그만한 인적 자원을 활용하고 그만한 노력을 시국산업으로 운용한다고 하는 중대한 사실에 비추어 이번 회의에서는 종래에 없던 지도방침을 세우리라고 한다.

그래서 지금까지의 응보행형, 즉 지은 바 죄의 대상으로 많은 벌을 받게 하는 소극적인 방침으로부터 떠나 교육행형으로 전향하여 재감 중에 완전한 인격을 갖추는 동시에 비상시하 총후활동(銃後活動)을 한목 볼 수 있을 만한 기술을 가르쳐 훌륭한 인적 자원이 되게 한다는 것이다.

더욱이 현재의 1만 9,000여 명 재소자는 거반 가까이 누범(累犯)으로 되어 있으므로 이러한 좋지 못한 결과가 드러나지 않게 하며 한번 출소하면 두 번 다시 죄의 도탄에 헤매지 않을 만큼 재감 중에 완전한 회오(悔悟)를 하도록 교육적인 행형을 할 터인데, 그 구체적 방

침은 범죄자의 감소와 함께 사회의 암흑면을 명랑화하는 한 가지 사회적 정책으로서도 이 교육행형의 결과에는 많은 기대를 가지고 있다고 한다.

누범자(累犯者)의 방지에는 사회적 협력이 필요
괄목할 재감자의 시국인식
오노(大野) 행형과장 담

수형자의 교화지도에 새로운 목표를 세워 그들에게 재생의 길을 열어 주며 적시하에 중요한 인적 자원으로서 활용할 것에 대하여 오늘부터 형무소장회의를 열기로 한 것에 대하여 총독부 오노 행형과장은 다음과 같이 말하였다.

이번 회의에는 수형자의 교화지도 방침과 형무소 사무의 쇄신 개선에 관한 것을 협의하기로 되었는데, 최근 일반 사회에서는 형무소와 또는 수형자에게 대한 인식을 달리하여 시국산업적으로 재감자들의 노력을 많이 활용하게 된 것을 다행한 일로 생각한다.

이러한 의미에서 재감자들의 시국인식도 월등히 달라지고 있으며 그들의 활동에는 당국자인 우리로서도 기대하는 바가 많은데 이들의 교화지도는 무엇보다도 긴급하므로 이번 회의에서 여러 가지 방침을 정하게 된 것이다.

이들에게는 특히 사회적인 따뜻한 온정이 필요하므로 모처럼 영어(囹圄)의 생활을 하면서 훌륭한 개전(改悛)을 하고 출소한 후 거기에 사회적 지도가 없으면 두 번 다시 죄의 길을 밟게 되므로 이 점에 사회 여러분의 충분한 이해와 지도 협력을 바라는 바이다. 그래서 오는 9월 사법보호일(司法保護日)에는 이것을 사회적으로 외쳐볼 터인데 현재 출소자를 보호하는 보호회니 구호회니 하는 기관이 불과 26개소밖에 없으므로 앞으로 이것도 늘려 사회적 큰 기관으로서 활동케 할 방침이다. 그리고 개성, 인천, 김천에 있는 세 곳 소년형무소를 시급히 학교화하여 이런 범죄자들의 교화지도에 색다른 방법을 실시할 작정이다.

자료 28 | 《매일신보》, 1942. 6. 10, 4면 1단

형무소에도 국어강습

【강릉지사발】 몸은 비록 영어(囹圄)에 있으나 황국신민임은 틀림없다 하여 서대문형무소 춘천지소에서는 사변 이래, 재감자에 대하여 여러 가지로 출감 후에 황국신민으로서의 자각을 환기시키고자 6개월 이상의 형을 받은 자를 비롯해서 연령 20세 이상 30세 미만의 장기수에 대하여 초등학교 정도의 국어, 수신, 산술 등 세 과목을 3년 동안에 수득(修得)시키는 일변 특히 국어 전해(全解)를 목표로 훈육에 힘쓰고 있는데 수형자들이 출감한 후에는 거의 전부가 보통 대화에서는 부자유가 없을 정도에 달한다고 한다.

2 정치·사상범 수감과 증가 현황

자료 29 | 《매일신보》, 1919. 3. 17, 3면 3단

체포자 5,000명, 2,000명을 감옥에

이번 소요사건에 대하여 경찰의 손에 검거된 자는 조선 각 도를 통하여 약 5,000명으로 그중 2,000명은 이미 감옥에 수용되었더라. 경성에서는 본정, 종로 두 경찰서 또 경무총감부 기타에 체포 취조 중인 자는 본정경찰서에서는 이미 전부 취조를 마치고 종로경찰서에서도 수삼 일 전에 재판소로 보내었는데 경무총감부도 14일로서 전부 취조를 마치고 출장 중의 판검사도 15일부터 출장치 않는다는데 그 범인 중 여자는 약 50명이 있다더라.

자료 30 | 《매일신보》, 1919. 3. 22, 3면 4단

취조를 급히 함

미결감 안에 있는 소요자 470

목하 서대문감옥 미결감에는 470여 명의 소요자를 수용하였는데 인천에서 응원하여 온 하촌 검사는 17일부터 그 옥 안에 출장하여 소요자 취조를 급히 하는 중이라더라.

자료 31 | 《매일신보》, 1919. 5. 29, 3면 2단

경성에 2,500인, 서대문감옥의 소요사건 관계자

목하 서대문감옥에 수감되어 있는 소요 범인은 26일 현재 미결 1,791인, 처형 확정된 자가 138인, 공소 중인 것이 514인, 상고한 자가 27인으로 합계 2,470인이라더라.

자료 32 | 《매일신보》, 1919. 6. 10, 3면 4단

현재 1,900인 (1) 서대문감옥의 소요범인들

피고인들이 온순하고 근신도 하거니와
감옥의 친절한 대우에 매우 기뻐하는 중

부어터질 듯한 하늘을 걱정스럽게 쳐다보면서 아현(阿峴)에 이르러 전차에 몸을 담고 서대문감옥을 구경하고자 전차와 더불어 서편만 바라고 나섰다. 아니나 다를까 심술궂은 시어머니 상을 하고 꾸물꾸물하던 하늘로부터 소낙비가 오기 시작하였다. 그러나 다행히 서대문감옥에 들어선 이후에 비가 쏟아지므로 큰 걱정은 하지 아니하였으나 동 감옥은 세상이 거의 아는 바와 같이 서대문 밖 모화관 막바지 산등성이에 있으므로 위치는 시내와 얼마간 떨어져 있으나 하여간 시내보다는 공기도 그리 혼탁하지 아니하며 또는 정신도 그리 쓰라리지 아니한 곳이다. 외관이야말로 벽돌집이므로 그리 보기에 흉하지 아니하나 이 집이 감옥이로구나 하는 생각이 날 때에는 어느덧 마음이 흐려지며 기운이 가라앉아 버린다. 아니 이것이 이생의 지옥이란 생각을 하며 곁문으로 들어서기가 무섭게 서무계로 가서 명함을 내놓으면서 전옥인 가키하라(柿原) 씨를 만나게 해 달라고 청하였다. 이리하고 서 있으려니 나의 옆에 젊은 청년이 있었다. 그는 곧 얼마간 면식이 있는바, 중앙학교의 최두선(崔斗善) 군이었다. 나는 그가 온 것에 대해 약간 물어본 일이 있은 이후 여기저기를 두루 살피고 있노라니 그 서무계의 보이가 나와 인도하는 대로 따라 들어가서 가키하라 씨의 대리로 동 감옥 간수장인 가네코(金子) 씨를 만났다. 그에게 내가 온 까닭을 자세히 말하니 그는 반가운 기색으로 기자의 묻는 바에 대하여 대답하되 "소요사건의 관계자로 현재의 수효가 1,864명에 달하나 이는 서울뿐만 아니라 각 지방에서 본 감옥으로 넘어온 것이지요. 그 가운데에는 여자도 있는바 그 수효는 28명이지요. 이 중에는 학생도 있지만 사립여학교의 선생도 있습니다. 그리하고 이 1,800명에 달하는바 소요범인 중에는 시골 농민이 적지 않게 섞여 있고 또는 야소교 신자가 약 300명 섞여 있으며 그 다음에는 천도교인이 수월찮게 많이 섞여 있습니다. 그리하고 학생이며 선생 또는 서업(庶業)에 종사하던 자가 또한 섞여 있습니다. 그러하나 그중 대다수를 점령해 있는 것은 야소교 관계자며 또는 천도교인이지요. 그러나 이 범인들은 다른 죄인과 같이 조처하지 아니하고 특별히 대접합니다. 이 여러 범인의 행동에

대하여 보건대 일반으로 온화하기도 하며 또는 삼가기도 합니다. 바깥 사람들이 말하는 것처럼 몹시 굴지 않습니다. 그로 말미암아 그들은 항상 기뻐하는 기색을 해서 우리들을 대하는 바인즉, 이것으로써 헤아려 생각할 수가 있겠습니다. 이에 대해 보석된 여러 사람에게 물어보시면 알 수가 있겠습니다.

자료 33 | 《매일신보》, 1919. 6. 11, 3면 1단

주도한 감옥의 주의 (2) 서대문감옥의 소요범인들

피고인의 건강에는 힘을 다하여 주의하며
옷이 더러운 자에게 빨래까지 하여 준다고

간수장은 이따금 이따금 기자를 쳐다보면서 이어 말하되 "그네들이 너무 심심하겠으므로 책들을 보게 합니다. 학생에게는 교과서를 주어 읽게 하며 야소교 신자인 자에게는 성경을 주어 읽게도 하며 기타 여러 사람에게는 정신 수양에 적당한 서책을 주어 읽게도 합니다. 또 그리하고 법률에 관한 서책도 주며 또 서책을 자비로 사보기 어려운 자에게는 감옥의 돈으로 사서 빌려주기도 합니다. 그러하지만, 우리는 피고인의 신체 건강을 어디까지든지 보호하고자 고심 중이올시다. 날만 좋으면 매일 오전과 오후에 운동을 시키는데, 그 운동이란 일정한 규율 아래에서 하는 것은 아니지요. 곧 말하면 본 감옥에 운동장이 있으므로 그곳에서 산보를 하는 것이올시다. 물론 피고인이 끔찍이 많은 고로 한 번에 다 나와 산보할 수는 없지마는 차례차례 얼마씩 나와서 산보를 하지요. 그러하니까 전체가 다 나와 산보는 하게 됩니다. 이번 범인 중에는 병에 걸린 자도 있지마는 그는 큰 병은 아니지요. 곧 말하면 감기 같은 것이 많고 만약 중병에 걸려 본 감옥으로 넘어온 자가 있게 되면 본 감옥의 치료실에서 극진히 치료 보호합니다. 그러나 어찌할 수가 없는 병자는 보석하게 한 후에 자택으로 내보내어 치료하게 합니다. 그러므로 요사이에 이르러 두어 명이나 나갔지요.

그런 중에도 노인은 실로 다스리기가 어렵습니다. 노인의 몸이란 별안간 변하기를 잘하는 고로 이 늙은 범인들을 보호하기가 심히 어렵지요. 폐일언하고 수효가 1,800여 명에 달한즉 실로 간호하기가 쉽지 않소이다. 그러한 까닭에 우리는 밤낮으로 범인의 신체에만 향

해 고심하는 중이지요. 그리하고 감방의 넓이는 2평 7합인데 한 방에 지금은 15인씩 있게 하였습니다. 하도 수감자가 많으니까 그리할 수밖에 없습니다. 그러나 한 방에 한 사람, 두 사람씩 둔 방도 있습니다. 이는 재판소의 부탁으로 그렇게 두는 것입니다. 일반으로 바깥 소문이 감옥에서 범인을 학대한다 하나 이는 아주 거짓말입니다. 어디에 규칙이란 없는 것이 아니지만 감옥은 일층 규칙이 엄숙하므로 말미암아 혹은 나간 자 중에서 까닭 없이 말한 자가 있는 것 같으나 실상 우리에는 그 범인들을 될 수 있기까지는 친절하게 대접합니다. 곧 솜옷을 입고 들어와서 바꾸어 입을 것이 없는 자에게는 겹옷을 빌려주기도 하며 또는 빨래도 하여 줍니다. 요사이는 아침 5시 반에 일어나게 하며 저녁 9시에 자게 합니다. 그리하고 아침은 8시에 먹이고 점심은 새로 1시에 먹이며 저녁은 오후 6시에 먹입니다. 거의 음식물은 저의 집에서 가져오며 혹은 감옥소 근처 앞집에서 가져오기도 하나 조금도 자력이 없는 자는 할 수 없이 감옥의 밥을 먹습니다. 그리하고 일주일에 두 번씩 목욕을 시키며 요사이는 빈대가 나오는 때지만 거의 신축한 새집이므로 빈대는 별로 없습니다. 하지만 목조 감옥으로 오래된 방은 빈대가 있으므로 빈대약을 주어 뿌리게 합니다. 그럼에도 우리는 어디까지든지 친절히 하는 중이지요. 또 감방마다 전기등을 켜 밝게 해 주며 또는 이불과 요를 주지요. 이는 두 사람이나 세 사람에게 이불과 요 하나씩 줍니다. 이도 또한 사람이 많은 까닭이라 하겠습니다. 그리하고 감방 중 큰 방에는 창이 둘씩 있으므로 광선을 취할 수가 있으며 또 감방의 천정에는 공기가 들어오게 하는 장치가 있으므로 끊일 틈 없이 새 공기를 호흡할 수가 있습니다. 그리하고 대소변 하는 그릇은 감방 속 윗목에 있으나 타원형으로 만든 상자이지요. 어찌해 그러냐 하면 뚜껑을 꼭 맞게 만들어 덮은 까닭이올시다" 하고 말해 주었다. 이에 기자는 그에게 감사를 베푼 이후 동 감옥의 전옥인 가키하라 씨를 만나 약간의 담화가 있었다. 기자는 그에게 하직의 인사를 하고 나섰다. 그러하나 오후 1시 이후부터는 소낙비가 폭포와 같이 쏟아졌다.

자료 34 | 《매일신보》, 1920. 4. 27, 4면 1단

평양감옥 근황

여자 살인범이 다수
만세 호창죄(呼唱罪)로 입감(入監)한 수인이 4~500인

평양감옥을 방문하고 최근 상황을 들은즉 현재 수인 수는 1,632인이요, 내에 여자 수인이 91인을 점하였더라. 이들 수인의 죄명은 절도 268인, 강도 227인, 살인 88인, 방화 30인, 사기 6인이며 중죄에 대하여 남녀별 표를 보면 살인 88인 중 여자 약 반수, 즉 41인과 방화 21인이라. 그 여자 범죄의 원인을 연구한즉슨 살인은 전부 본부를 살해하고 방화는 질투에서 나온 듯하더라. 요컨대 구래 관습에 의한 조혼의 결과라 하겠으며 다시 형기 장단은 무기 31인, 15년 이하 53인, 10년 이상 47인, 5년 이상 210인, 동 미만 108인, 3년 미만 460인, 1년 미만 439인이며 작년 이래 만세사건으로 인하여 수감된 수인은 총계 450인인데 196인은 가출옥을 허하였으며 보통 범죄인보다 옥칙을 준수하여 성적이 양호한 중 1인의 위범자가 있어 본년 3월경 다시 수감되었더라.【평양지국 통신】

자료 35 | 《매일신보》, 1920. 6. 10, 3면 4단

영어(囹圄) 중의 보안범인

지금도 400명이 있다고
그들의 회포가 어떠할까

이 세상 생활과는 전혀 별세계의 생활을 하는 감옥에도 지공무사하신 하나님의 은혜로 좋은 봄빛이 이 감옥을 위문하고 간 후에 또 곧 여름이 와서 위문하여 준다. 근래에 특사의 은전을 입어서 235명의 출옥자를 전송한 후 또 얼마나 되어 그 후 약 1개월간에 벌써 252명의 이입이 있어서 재감자가 모두 1,534명에 달한 서대문감옥은 그 충충하고 소름끼치는 감옥 속에서 비교적 건강한 원기 있는 몸으로 검은 얼굴에 흰 눈을 번쩍거리며 일들을 하고 있는 죄인의 대부분은 우리 조선 사람 사나이 죄수요. 조선 여자 86명과 일본 여자 9명

이 옥방에 있는데, 그중에 보안법 위반 죄수 395명도 포함해 있다. 16세 미만이 3명이요, 18세가 4명이요, 20세가 8명이요, 25세가 27명이요, 30세 이상이 58명이다. 또 그들 일동은 각 계급의 사람을 모아 놓았으며 일반의 위생 상태도 전보다 매우 진행된 모양이다. 현재에는 다만 14명의 위장병자가 있을 뿐이라 하며 그중 무서운 피부병의 전염은 사철 없이 그치지 아니하므로 매일 약탕에 100명 이상이 목욕을 하며 그 외에도 날은 점점 더워 오는데 그 고통하고 신음하는 모양은 말할 수 없으며, 6월 1일부터 아침 6시에 일어나고 점심시간은 10분씩 휴식하며 노동 시간은 매일 11시간씩 하며 먹는 것은 좁쌀이나 혹은 콩을 섞은 것인데, 이것으로 간신히 연명만 하고 매일 날이 맑으나 비가 오나 세공물(細工物), 직물, 재봉대 등을 만들면서 금같은 세월을 철창 안에서 허송한다더라.

자료 36 | 《동아일보》, 1926. 6. 24, 2면 9단

사상범죄자에게 원도형을 부활?

형무 당국에서 방금 협의 중

조선이나 일본을 막론하고 사상범죄(思想犯罪)가 점점 늘어 가므로 일향 검거 취체 혹은 형무소로 넘기는 등 형벌 방면에만 주목하던 것을 다른 방면으로 전환시켜 조선에 있어서는 예전에 있던 원도형[13]을 부활시켜 거주제한을 시키거나, 또는 사상범인의 독특한 형무소를 설치하여 형무소장 이하 간수 등도 상당한 사상적 교양이 있는 자로 임용할 두 가지 안(案)을 목하 당국에서는 연구하는 중이라더라.

---

13 원도형(遠島刑): 귀향형을 말함.

자료 37 | 《동아일보》, 1926. 9. 9, 2면 1단

모 중대 사건의 관계자 전후 180여 명

세 번이나 대검거를 한 모 중대한 사건
검사국에 넘긴 사람만 120여 명
제3차 검거 30명 작일 수감

　모 중대 사건으로 시내 종로서에 제3차로 검거되어 취조받은 피의자 31명은 어제 8일 오전에 경성지방법원 나카노(中野) 검사가 친히 종로서에 출동하여 검사국으로 송치한 후 즉시 서대문형무소로 수감하였는데, 이 모 중대 사건의 연루자로 이번까지 검사국에 넘어간 것이 120명이며 아직 잡히지 않았으나 연루되는 사람이 50여 명이나 되어 이번 중대 사건의 연루자는 전부 180명에나 달하는 근래에 드문 사건인바 이 사건의 내용은 그 진상의 발표를 금지하는 것이므로 시기를 기다리지 않으면 정확히 보도할 수가 없으나 비밀결사를 조직하였다가 그렇게 발각된 것이라더라.

자료 38 | 《매일신보》, 1926. 9. 18, 1면 9단

사상범 동수(同囚)는 타 죄수가 감염, 형무소의 대(大)두통

　근년 빈출하는 악사상범(惡思想犯)의 수용에 대해서는 당국은 두통을 하는 중인데, 차등(此等) 사상적 근거를 달리하는 자의 개전(改悛)은 위태로운 절벽으로서 다른 보통수인과 같이 수용할 때 저들은 함께 있는 죄수에 대하여 악사상을 선전한다고 한다. 현재 전 조선 26개 형무소 본소와 지소에 독방은 있으나 도저히 격리 수용은 불가능하다. 특별 형무소의 신설에 대하여 현재와 같은 재정으로는 경비가 없고 당국에서는 이 조치에 대하여 목하 고구(考究) 중인 바, 머지않은 월 초순 5일간의 예정으로 개최할 전 조선 형무소장회의에도 이 문제를 주로 하여 토의하기로 되었다.

자료 39 | 《동아일보》, 1926. 12. 5, 1면 1단

특수범인(特殊犯人) 격리안

당국의 흉량(胸量)

1.

조선에 기미운동(己未運動)이 일어난 후로 제령(制令) 위반자가 속출하여 당국자는 그 처우에 대하여 두통거리가 되어 왔으며 그에 더하여 사회운동이 치열해지면서부터 치안유지법 위반자가 격증함에 따라 재차 그 처치에 곤란하였고, 더욱 형(刑)을 집행받은 그들이 형무소 내에서 기회만 있으면 주의(主義)를 선전하므로 일반범수(一般犯囚)에게까지 영향이 있는 것을 발견하고 당국은 이것을 방지할 계책을 생각하여 왔었다. 그 성안(成案)이라 할 만한 것이 재작(再昨) 본지에 보도되었는바 그 내용을 보건대, 우선 약 2만 원의 경비를 예산(豫算)하여 내년도에 서대문형무소에다 독감방 약 100개를 설치하고 그들을 별거시키리라 하며, 작업까지도 보통 죄수와 공동으로 시키지 아니하리라는데 점차 전 조선에 이와 같은 제도를 실시코자 하는 의향을 가진 모양인바, 수용할 인원은 전 조선의 공산주의자, 무정부주의자 약 300명을 필두로 민족주의자, 기타를 합하여 약 2,000명의 특수범인이라 한다.

2.

차등 특수범인으로 말하면 범죄의 동기가 각 개인의 사리와 사욕을 충족시키려고 한 것이 아닌 만큼 보통 죄수와는 그 성질이 판이하고 사회관념이나 또는 민족관념을 가진 만큼 그들의 인격적 감화력과 지식 정도도 일반 수인과는 다른 점이 있다. 그러한 관계상 자가(自家)의 주의라던가 혹은 계획을 기회 있는 대로 선전하고자 한다는 것도 추측하기가 쉬운 사실일 것이며, 이러한 것을 발견한 당국자로서 그 방어책으로 소극적이나마 독방거처를 안출(案出)한 것도 일리가 없는 것은 아니라고 생각한다. 그러나 조선의 현상을 관찰하건대 그와 같은 전염성을 가진 분자가 어찌 재감 중인 특수범인에게만 그치랴. 위험성이 있다고 본다면 당국으로부터 주목을 받는 소위 '불령선인(不逞鮮人)'이라는 것은 다 그 범주 속으로 들어갈 것이다. 일본 정부에서 적화(赤化)를 염려하여 치안유지법을 만들어 내었으나 사회주의운동자를 전부 초멸(剿滅)시키지 못한 실례를 보는 우리로는 조선의 위정자가 특수범

인을 독거(獨居)시킴으로 말미암아 과연 치안의 효과를 얼마나 나타낼지는 의아(疑訝)한 바이다.

3.

　정치라는 것은 어느 때 어느 사회를 막론하고 대국(大局)에 착안하여야 하는 것이다. 조그마한 일(一) 가정을 유지하여 가는 데도 장래를 잘 관찰하고 가계(家計)를 세워 나가고 사비로서 치패(致敗)치 않는 것이고 하물며 일 국가, 일 민족을 통치함에랴. 민족적 사상과 사회운동은 결코 일 국부적(局部的) 인민(人民)만이 가진 것은 아니다. 세계 도처에 산재해 있는 약소민족 간에는 거의 편만(遍滿)되어 있는 문제이며, 그 근거가 상당히 깊고 그 형세가 조수 밀리듯 하는 이때가 아닌가. 이러한 대세는 일 소부분(小部分)의 개량 혹은 방지로써 좌우할 수 없는 것이다. 이러한 것을 모른다면 말할 것도 없거니와 알고도 일부러 일시적 현상을 유지하려고 몰두한다고 하면 그것은 법규나 엄령(嚴令)에 응하여 잠깐 동안 복종하는 민중 심리의 반면을 보았음에 불과하고 더 중요한 다른 반면의 심리를 보지 못한 것이라 하겠다. 금번에 당국이 이와 같은 정책을 고안한 것은 물론 조선인 3천3백만 명을 통치하여 보려는 여러 책략 중에 일 소부분을 발표한 것이오. 따라서 이 문제 하나로 전부를 율(律)한다 할 수 없으려니와 이러한 일례로 미루어 보아서 당국자의 심리가 그 얼마나 고식적(姑息的)이며 미봉적(彌縫的)인 것을 능히 간파할 수 있다 할 것이다. 비유하건대 제방(堤防)을 쌓으려면 그 수원(水源)의 장단과 수량의 다소를 미리 알고 불의의 홍수를 만나더라도 파괴되지 아니 할 만한 시설을 하는 것이 선견지명을 가진 사람의 소위(所爲)라는 의미에서 당국의 고책(考策)이 너무나 협소한 것을 지적한다.

　이렇게 아이에 유(類)하는 소책에 시간과 정력과 금전을 쓰는 대신 좀 더 고처(高處)에서 근본적 정책을 생각한 굉양대도(宏量大度)는 없을까.

자료 40 ㅣ《동아일보》, 1926. 12. 26, 2면 4단

1만 4,000여 명 중 정치범 500여

제일 많게는 서대문과 경성형무소
11월 말 총독부 행형과에서 조사

총독부 행형과 조사에 의하면 11월 말일 현재 전 조선 형무소와 또는 형무소 지소 등 26개소에 있는 재감자 총수는 수형자 조선인 1만 1,691명, 일본인 494명, 외국인 129명, 합계 1만 2,314명이요, 형사피고인은 조선인 1,208명, 일본인 171명, 외국인 16명, 합계 1,395명이며 그 외 노역장유치자(勞役場留置者)는 조선인 383명, 외국인 8명, 합계 391명으로 그 총계는 조선인 1만 3,283명, 일본인 665명, 외국인 153명, 모두 1만 4,101명인데 그중에 정치범은 확실한 통계 숫자는 아직 알 수 없으나 제령 위반, 보안법 위반, 치안유지법 위반, 신문지법 위반, 폭발물취체규칙 위반, 소요 등 기타를 합하여 약 500명 내외에 달할 모양 같은데 그중에도 정치범이 제일 많게는 시내 서대문형무소에 목하 예심 중에 있는 공산당사건의 피고인 124인을 비롯하여 6월 10일(인산 당일) 조선○○만세사건의 피고 학생 11명을 필두로 그 외 이수홍(李壽興)사건과 또는 기결수 등이 약 170 내외(서대문형무소에서는 그 자세한 숫자를 말하지 않는다)에 달하고 마포(麻浦)에 있는 경성형무소에는 정치범이 약 100명가량에 달한다고 하더라.

자료 41 ㅣ《동아일보》, 1926. 12. 27, 2면 3단

25일 현재 재감 정치범

◇ 평양 24명

평양형무소에서 25일 현재 정치범은 기결, 미결을 합하여 모두 24명이라 하고 또한 동일 현재 일반 수인의 통계는

　　　◇ 수형자 조선인 935명 ▲일본인 43 ▲외국인 15
　　　◇ 형사피고인 조선인 104 ▲일본인 3 ▲외국인 1

◇ 노역장유치자 조선인 12

총계 1,118명이더라.(평양)

◇ 공주는 3명

충남 공주형무소의 25일 현재 정치범은 2명이요, 또한 동일 현재 일반 수인은 기결수와 미결수 등을 합하여 모두 527명이라더라.(공주)

자료 42 | 《조선일보》, 1927. 2. 7, 2면 3단

경성형무소엔 정치범 100명, 기미년 전후 중대범 대사(大赦), 출감자 전무?

수일 전 경성형무소로부터 출옥한 모 씨의 말에 의하면 이번 대사(大赦)로 출옥될 듯하던 경성형무소의 정치범은 대략 100명을 헤아릴 듯하나 그 범위가 폭발물취체 위반과 치안유지법 위반 및 소요죄 등을 제한다고 하면 1명도 나올 사람이 없게 되겠다. 순전히 보안법 위반이나 제령 위반 명목의 죄수는 대개 없고, 모두 폭발물 위반이 아니면 강도살인 또는 소요죄라는 명목과 병합되어 있는 관계라 하며 경성형무소에 수용되어 있는 정치범은 대개 기미년 당시에 중형을 받은 이가 많으므로 혹은 이번에 감형되어 출옥한다고 하면 적지 않을 터라 한다. 이제 경성형무소에 복역 중인 중형의 정치범들 중 몇 가지를 소개하면 다음과 같다.

◇ 기미운동 당년
　수원사건 문상익(文相翊)(35) 징역 10년
　동(同) 홍면옥(洪冕玉)(40)
　안성사건 김중식(金重植)(26)
　동 제령 위반 이호원(李浩源)(36)
　국민대회사건 이홍래(李鴻來) 징역 미상

주의선전(主義宣傳) 전일(全一)(34) 징역 9년

대동단(大同團) 전협(全協) 징역 10년

(단 전협은 은사 재범이라 하여 저번 은사도 입지 못함)

◇ 폭발물 위반

미국의원단 당시 사건

▲ 김성택(金聖澤)(28) ▲ 김최명(金最明)(30) ▲ 김영철(金永哲)(35) 이상 징역 10년

평양 제3부 폭탄사건

▲ 정환도(鄭煥道)(34) ▲ 백규완(白圭完)(42) 무기

강동서(江東署) 투탄사건

▲ 이치모(李致模)(29) 무기

밀양폭탄사건

▲ 이성우(李成宇)(28) 징역 12년 ▲ 윤소용(尹小龍)(28) 징역 10년

은율군수(殷栗郡守) 사살사건

▲ 고두환(高斗煥)(35) 무기

살인강도 제령 위반

▲ 장우량(張斗亮)(32) ▲ 장남섭(張南燮)(29) ▲ 이민준(李民俊)(25) 무기

자료 43 | 《조선일보》, 1927. 2. 7, 2면 3단

평양형무소엔 정치범 20여 명

사(赦)를 기다리는 평양형무소 안의 수인은 현재 기결수만 1,200명가량이 되는데, 그중에는 여자가 70명가량이요, 남자는 1,100여 명이다. 여자 죄인은 그 반수 이상이 살인죄요, 남자 죄수에는 절도가 360명가량이요, 강도가 300명가량인데, 정치범은 한 20명가량밖에 되지 않는다는바, 이 죄인들이 장차 어떠한 범위의 사면을 입을는지 평양검사장을 위시하여 형무소의 직원들까지 '대권(大權)에 관한 일이라' 하여 일절 말을 하지 아니하므로 자세히

알 수 없는 일이지만 평양형무소 안의 정치범으로 주요한 자는 1924년(大正 13) 9월 하얼빈(哈爾濱)에서 잡혀 1925년(大正 14) 1월 23일 평양복심법원에서 7년의 징역을 선고받은 황해도 출생 의성단장(義成團長) 편강렬(片康烈)(35)과 1926년(大正 15) 4월 맹산경찰서(孟山警察署)에서 체포된 참의부 제5중대장 윤성좌(尹成佐) 등이 있으며, 그 외에는

▲ 황해도 봉산군 출생 조승업(趙承業)(36)

▲ 대동군 대동강면 율리 여용렬(呂龍烈) ▲ 동(同) 여기용(呂基龍)

▲ 강서군 쌍룡면 최상선(崔尙善)(27)

▲ 평양부 교구정 이기영(李基榮)(23)

▲ 순천군 선소면 남포리 최경조(崔敬祚)

▲ 안주군 출생 통의부원(統義府員) 안술식(安述植)(32)

▲ 평양 강성리(康聖利)(33)

▲ 대동군 출생 평양 창전리 2-1 윤형도(尹亨道)(55)

▲ 평원군 덕산면 유촌리 정의부(正義府) 총관소(總管所) 검무원(劍務員) 차도흥(車道興)(28)

▲ 영원군 영원면 성장리 태극단 후신 광정단장(光正團長) 한이겸(韓履謙)(44)

▲ 평원군 연호면 동촌리 청년단 안동식(安東植) 부하 김병엽(金柄燁)(33)

▲ 맹산군 애전면 풍림리 현 거주 봉천 참의부원(參議府員) 박제권(朴濟權)[일명 박춘화(朴春和)](29)(7년)

▲ 김정겸(金丁謙)[일명 김철산(金鐵山)](21)(5년)(평양)

자료 44 | 《동아일보》, 1927. 4. 4, 1면 1단

공산당사건

1.

조선공산당(朝鮮共産黨)의 일부 해금(解禁)에 의하여 그 사건의 대략을 파악한 우리는 금번 이 사건이 '데라우치 총독 암살음모사건', '기미만세사건'과 아울러 조선 3대 옥(獄)으로 간주할 수 있는 대사건임을 알 수 있으니, 이는 단지 피고 99명의 기록 1만 2,000매라는 '양

(量)'으로만 보아서 그런 것이 아니요, 피고 전부가 30세 전후의 청년 장년으로 조선 지식계급과 노동계급의 신진투사의 대다수를 점한 것과 그 획책의 성질과 범위가 전국적이오. 또한 국제적이었다는 '질(質)'로 보아 그러한 것이다.

2.

금번 사건에 대하여 우리가 주의할 만한 점은 첫째로 조선 청년의 사상적 변천이니, 기미년경까지 순연한 민족주의 내지 근세 제국주의적 국가의 서투른 모방으로 생긴 부국강민적(富國强民的) 사상으로 지배되던 조선인의 정치사상은 이래의 세계 사조 변화의 영향을 바탕으로 일약 공산주의적 사상에 경도하게 된 것을 알아차리게 할 수 있는 것이오.

둘째로는 그 사상을 실현화하려는 실제적 계획에 있어서 많이 노국(露國) 공산당의 조직을 채용하였음이니 '야체이카', '푸라치크' 등의 용어에서부터 '집행위원(執行委員)', '검사위원(檢査委員)'의 제도, '당(黨)'과 '청년당(靑年黨)'의 이중제 등이 적로(赤露)의 그것을 본뜬 것이 사실이니 아메리카식의 공화사상에 공명하던 10년 전의 조선인에 비하여 시세의 진전을 통감케 하는 바에 있다.

셋째로 주의할 것은 금번 사건의 검거가 전후 3회에 나누어 된 사실이니, 제1차 공산당이 발로되매 즉시 제2차의 결당이 있은 것은 당 조직의 용의로서 의의 있게 관찰되는 것뿐 아니라 사상의 집착력이 얼마나 강렬한 것인가를 알 수 있는 것이다.

3.

소위 '암살음모사건'이 당시에 조선 내의 정치적 중견 단체인 '신민회(新民會)'를 박멸하기 위한 행정자(行政者) 측의 획책에서 나온 것은 지금에 별로 의심할 것 없는 사실이거니와 '신민회'가 박멸을 당한 지 10년이 지나지 못하여 기미운동이 발발하였다. 기미운동은 전국의 감옥을 만원이 되게 하고 조선인 중의 정치적 안목을 가진 청년들 중에는 부득이 해외로 망명하게 된 이도 다수 있었다. 당국자는 경찰, 행정, 사법 각 권의 행사로 사상의 취체를 힘써 행한 결과는 또 10년이 차지 못하여 '공산당사건' 폭로로서 수확(收穫)을 심게 되었다. 금번 사건의 다른 대(大)검거가 조선에 있는 사회주의적 운동에 대하여 심대한 타격을 준 것은 의심 없는 사실이다. 그러나 99인의 검거로서 사상의 전파력을 방지할 수가 있을까. 역사는 다수의 반증을 공급한다. 조선의 사상의 분야는 이 사건을 일기로 하여 재차 전환에 임한 것은 누구나 다 관찰할 수 있으니 그 장래의 여하는 우리로서 기탄없이 논평할 자유가 없거니와 객관적 사실로서 세계적 정조(政潮)의 급류를 노를 젓는 조선인 자체의 각성을 예기(豫期)하는 동시에 동양 평화를 구두선(口頭禪)으로 하는 위정자를 가경(可驚)할 단견(短見)을 가엽게 여겨 웃지 않을 수 없다.

자료 45 | 《동아일보》, 1927. 10. 10, 2면 4단

전 조선 옥중에 독감수 500, 이것도 부족하다 하여 독방을 증설, 간수 증치

법무 당국에서는 이번에 열렸던 형무소장회의 결과를 들어 독거감방을 증설한 것과 간수도 더 늘릴 터라는데, 독감방을 증설하는 이유는 사상범인(思想犯人)을 잡거방에 넣어 두면 사상을 전파시키므로 사상범인은 독방에 두어야만 마음을 놓게 된다는 바, 전 조선 안의 형무소의 독거방은 600개가량으로 독립소요사건과 사회주의·공산주의 사건의 범인 중 현재 500여 명만은 독방에 있고 그 외의 사상범은 다른 죄수와 같이 있으므로 형무 당국이 매우 두통으로 여기어 앞으로 300여 명가량의 간수를 더 두리라더라.

자료 46 | 《동아일보》, 1928. 2. 18, 2면 3단

수용 죄수 700명 중 시국범 근 300인

세상엔 봄기운이 들기 시작하였건만
철창에서 우는 동포는 얼마나 많은가
팽창된 신의주감옥

모진 추위도 어느덧 한 걸음, 두 걸음 물러가서 얼음과 눈이 녹고 쓰러지는 틈으로 따뜻한 봄 입김이 시작한다. 세상엔 봄뜻이 움직이기 시작하였건만 인간 지옥이라 할 만한 감옥에서 봄빛도 못 보고 우는 사람이 얼마나 많은가. 그중에도 국경의 감옥인 신의주형무소의 현상을 들어 보면 조선인 죄수 통계 692명 가운데 제령 위반으로 수형된 사람이 12인, 치안

유지법 위반으로 수형된 사람이 10인, 기타 군자금 모집 ○○단원이 202명이라 한다. 그리고 아직 미결수로 있는 시국범(時局犯)이 50여 명인데 합하여 보면 시국범인이 실로 280여 명이라 하며 그중에는 만주(滿洲)에 있는 정의부(正義府)의 군사부 총사령관 오동진[14]도 한 사람이라 한다.(신의주)

최초엔 23인
20년간 700명

신의주형무소에 수용되어 있는 수인 통계가 조선인만 692인으로 그중 시국범들만 280여 명이라 함은 별항과 같거니와 신의주형무소의 연혁으로 말하면 1909년(융희 3) 2월에 한국감옥관제로 평양감옥 분감으로 처음 설립된 때에는 불과 2~3인의 죄수를 수용하였던 것이 1909년(明治 42) 10월 중에 통감부관제(統監府官制)의 감옥으로 변경되면서부터 죄수의 수가 점점 늘어 가서 1920년도(大正 9)에 신의주감옥으로 승격될 때에는 벌써 4~500명의 죄수를 수용하게 되었다 한다. 그 후 1922년 10월에 현재 신의주부(新義州府)에 조선인의 소유지 2만여 평보다 훨씬 넘는 2만 3,690여 평의 땅을 차지한 형무소로 이전한 후부터는 더욱 죄수가 늘어 가서 지금에는 700여 명이라는 끔찍한 숫자를 헤아리기까지 이른 것이 신의주부 내 조선인 소유 토지 전체보다도 감옥이 더 넓은 셈이다.

201명 옥중 원혼!
감옥을 설립한 지 스무 해 동안에
옥중에서 200여 명이나 죽었다
수용 총계는 2만여 명

그리고 1909년(明治 42)으로부터 1928년(昭和 3)에 이르기까지의 20년 동안의 신의주감

14　오동진(吳東振, 1889~1944): 평북 의주(義州) 출신. 1925년 정의부 군사부 위원장 겸 총사령관으로 항일무장투쟁을 지휘했다. 1926년 양기탁 등과 중국 길림에서 고려혁명당을 조직했다. 1927년 4월 김기풍 등과 농민호조사 조직, 재만 한인 200만의 생활 개선을 도모했다. 12월 체포되어 6년여의 재판 결과 1932년 6월 평양복심법원에서 무기형을 선고받았다. 1934년 7월 징역 20년으로 감형되었으나 수감 중 1944년 옥사로 순국하였다. 1962년 건국훈장 대한민국장이 추서되었다.

옥에 수용된 수는 실로 2만여 명이나 된다는데 감옥 개설 이후에 옥중에서 죽은 사람의 수가 201명이라는 끔찍한 숫자를 보인다.

폐결핵이 만연
현재 환자 40명
작년 17명이 옥사하여
◇요코야마(橫山) 형무소장 담
이에 대하여 요코야마 형무소장은 말하되

"죄수들이 끔찍이도 늘어갑니다. 해마다 달라져 갑니다. 지금 700여 명을 헤아리는 가운데 작년 이래로 17명이 옥중에서 죽었는데, 지금도 앓는 사람이 40여 명이나 됩니다. 기후 관계로 그런지 폐결핵에 걸린 사람이 많습니다. 이 병든 죄수들에게는 될 수 있는 대로 다른 죄수와 달리 취급합니다" 하더라. (신의주)

자료 47 | 《매일신보》, 1928. 6. 5, 2면 4단

미결수 우대안과 사상수 독감문제

미결수 우대, 사상범인 문제를 토의
전선(全鮮) 형무소장회의

전선 형무소장회의는 금 5일부터 5일간 총독부 제1회의실에서 마쓰데라(松寺) 법무국장의 통제하에 관계 직원이 열석한 후 개최할 터인데, 특히 금번 회의에 주목될 사항은 사상범 죄수의 독방감방 증설과 미결수의 우대안 등들을 중요 사항으로 논의할 터인바, 근자 각지 형무소에는 사상범수(思想犯囚)의 독거감방 수가 적어서 부득이 이를 혼거(混居)하게 하는 데도 있으므로 종종 사상을 다른 사람에게 전파할 염려도 없지 아니한 현상이므로 이들의 특수범인만을 별거케 하는 형무소를 시설(施設)할지 또는 독거감방을 증설하여 차종(此種) 수인의 특별 취급을 할 일에 대하여 그 방침을 협의하는 동시에 낭자사법성(曩者司法省)에서 이미 그 우우(優遇)를 실시한 미결수인의 대우 향상에 대하여도 협의할 터라더라.

자료 48 | 《동아일보》, 1928. 12. 26, 2면 1단

사상범 26건에 관계자 260명

또 한 해를 지내는 예심 중 사건
예심에 또 2년 신음

쓸쓸한 감옥의 금년도 저물어 간다. 철창에서 다시 해를 바꾸게 된 기결수의 새로워지는 탄식도 그러니와 궁금한 미결 중의 특히 갑갑한 예심 중에서 해를 거듭하게 되는 사람이야말로 어떠하랴? 수삼 년 이래로 제1, 제2의 조선공산당사건이 발생한 이후로 조선 각처에서 사상적 비밀결사 사건이 격증하여 현재 경성지방법원 사상 전문 제1 예심에 치안유지법 위반, 제령 위반으로 회부되어 있는 것만도 26건에 동 사건 관계자가 260명으로 그중에서 이미 착수한 것은 금년 1월에 모 사건으로 잡힌 김모(金某)외 27명의 사건을 비롯하여 전후 여덟 건에 지나지 못하는 중, 그나마 금년 안으로 예심을 종결할 것은 이수탁(李洙倬) 외 2명의 살인사건도 십상팔구는 금년이라는 해를 넘기게 되리라 하여 동 제1 예심에도 살인강도 또는 사기횡령 등의 약 20여 건이 그중 3~4건만 연내로 예심을 종결할 뿐이요, 그 외인 것은 전부가 해를 넘기게 되리라더라.

자료 49 | 《동아일보》, 1929. 1. 13, 2면 6단

옥중의 주의자가 군대에 모종선전

옥중에 갇힌 주의자가 군대에 편지로
주의를 선전한 혐의로 대활동을 개시
대구헌병대 활동

대구헌병대에서는 얼마 전부터 대원 총동원으로 모 방면에 향하여 대활동을 개시하였는데 사건의 내용을 절대 비밀에 부침으로 아직 판명되지 아니하나 듣는 바에 의하면 목하 대구형무소에 수감 중인 모 주의자가 일찍이 대구 80연대 모 중대 일등졸(一等卒)에게 서신으로써 모종의 선전문을 보낸 행적이 요즈음에 발각되어 그와 같이 활동하는 것으로 선전의

정도가 과연 어느 정도까지 미치었는지, 또 관련된 범위는 어떠한지 사건의 진전은 근래에 드물게 보는 중요성을 띠어 자못 주목을 끄는 터인바 그 주의자는 혹은 조선인이라고도 하나 한편에서는 일본인이 아닌가 추측된다더라.【대구】

자료 50 | 《조선일보》, 1929. 4. 12, 3면 5단

사상범 4,000명 돌파, 독감방 급급 증축

아무리 지어도 모자라서
잡수와 함께 넣고 두통

수년 이래 조선에는 사상범이 매년 격증하여 1,000인의 수를 돌파한 이때에 그들을 수용할 독감방은 대부분 다른 중대범이 수용되어 있어서 현재는 사상범 전부를 독감방에 수용할 수 없게 되어 다른 잡죄수들과 한방에 수용하여 두었으므로 형무소 안에는 점점 위험사상이 전파하게 되어, 당국에서는 서대문형무소 안에 독감방 60개를 새로이 증축하는 동시에 대전 외 두 개 형무소를 증축하여 60개의 독감방과 40개의 잡거방을 건축하기로 하고 서대문형무소의 것은 3월 말일까지 준공이 되었으나 확장공사가 끝이 나더라도 독감방의 정수가 겨우 120여 개밖에 안 되므로 할 수 없이 남은 사상범은 역시 전과 같이 잡거수들과 같이 수용하여 울며 겨자 먹기로 사상범들이 동거범들에게 교묘히 선전하는 것을 보고 있을 뿐이라더라.

자료 51 | 《매일신보》, 1931. 4. 25, 2면 10단

형무소 협애(狹隘)를 기회로 행형제도 온화책

형무소를 늘리기도 할 터이요
우량수의 보호 장려

현재 조선 안 26 형무소에 수용되어 있는 재감자는 그 총수가 1만 6,700여 명이라는 다

수에 달하여 있어 정원 수효보다 약 배나 초과되어 있는 형편이므로 이것은 인도상(人道上) 중대 문제라 하여 일상 당국자 사이에 심려를 마지못하여 오는 사실이다. 그리하여 이 정원 초과 현상을 완화하자면 형무소를 증축하지 아니하면 아니 되겠고, 또 정원대로 수용할 만큼 형무소를 증축하자면 현재의 인원을 비례로 하여 적어도 6~7천만 원의 거액을 요하여야 하겠으므로 국가의 재정 형편상 이는 도저히 일시에 실현할 수가 없어 해마다 점진적으로 증축을 실현하여 오는 중인데, 현재의 형무소 상황으로는 잡거방보다도 오히려 독거방이 한층 더 필요하므로 증축은 독거방 70%, 잡거방 30% 비율로 하여 실행하는 중이요, 또 그 한편으로 법무국 행형과에서는 조선 내 형무소의 인원 수용률과 내지(內地) 기타 각지의 형무소의 재감 인원을 비교 대조하여 조선에도 장차 어느 정도까지 개선하여 가면 적당할는지를 연구하는 중에 있다. 그리고 또 그 일면으로 조선 내 형무소 특수사정에 비추어 행형 정책상 우량수인(優良囚人)을 크게 우대하여 보석을 많이 허락하기로 되었는데, 이것은 우량수인을 우우하는 의미 외에 또 형무소 정원 초과를 완화하는 데 있어서도 일조가 되는 것이므로 금후는 더한층 이를 장려하기로 되었다. 그리하여 작년 중에 전 조선에 있어 보석 출감한 사람은 모두 490명에 달하여 이것만으로도 작년보다 많아진 현상이요, 또 금후로도 더욱 보석을 장려하여 현재의 행형제도를 완화하여 갈 방침이라 한다.

자료 52 | 《동아일보》, 1932. 9. 16, 3면 6단

사상범 점증으로 경서(警署)와 감옥 증축

공비 1,500여 원으로
현재 수용소로는 부족

【함흥】함흥경찰서에서는 공비 1,500여 원을 들여 4~5일 전부터 부지 40여 평에 단층 목조건물을 축조하는 중이라 하는바, 그 이유는 본래에 있는 5감방에 약 80명 수용하는 유치장으로는 도저히 늘어 나가는 사상운동자 취체에 대하여 나가기 곤란하여 그리하는 것이라는데 현재에도 잡범은 별로 없고 사상 관계자만 60여 명이 된다고 한다.

함흥형무소에서도 감방을 늘리기로 하고 50여 평의 37칸을 늘린다고 하는데 현재 형무

소에 수용한 수인 총수는 700여 명이라고 하는데 그중 400여 명이나 미결수라 하며 총괄하여 사상범인이 3분의 2나 된다.

자료 53 | 《동아일보》, 1932. 10. 24, 2면 1단

첨예화하는 사상운동 피검자 총수 3,000명

이론운동에서 실천운동에
검거자가 너무 많아 검찰 당국 대번뇌
좌익운동의 신경향

치안유지법 개정 이래 좌익운동에 대한 조선 경찰 당국의 탄압은 상당히 준열한 바 있었으나 좌익운동의 잠행 진전은 탄압이 심하면 심할수록 수단과 방법을 바꾸어서 또한 첨예화하였다.

이 결과 최근에 이르러 좌익운동의 분자가 검거망에 걸리는 수가 비상히 증가하여 금년에 들어서 10개월 동안에 전 조선 각지에 약 3,000명의 피검거자 수를 보게 되어 실로 조선 좌익운동 사상의 초유의 현상을 지었다.

더욱이 금년에 들어서 이 좌익운동의 동태를 보면 이론운동의 선을 떠나 실천투쟁운동으로 급격히 진출하여 소작인은 지주와 관헌을, 노동자는 공장주와 자본가를 상대로 투쟁하는 바 있어 대중운동의 선을 굵게 형성하여 가는 경향이다. 이 주목할 만한 경향을 여실히 설명하는 사건으로 금년에 들어 일시 597명의 검거자를 낸 홍원(洪原) 농민조합사건을 필두로 201명의 영흥(永興) 농민조합사건, 100여 명의 단천(端川) 농민사건 등과 최근의 도시 공장 노동자사건과 ○○고용인사건으로 역시 100여 명에 가까운 검거자를 낸 동대문서사건 등이다.

이와 같이 확대되어 가는 최근의 좌익운동이 전일과 같이 소수 이론적 지도분자의 결합체인 당운동(黨運動)과 달라 노동자, 농민층에 잠식하여 가는 대중운동으로 변해 가는 것은 꽤 주목을 요하는 점이라 할 것이다.

경찰형무소 대충일(大充溢)

유치비 증액 요구

감옥이 좁아 송국 중지를 요망

감옥 협착 송국도 중지

이와 같이 물 위의 석유처럼 퍼져 나가는 조선의 좌익운동으로 인하여 최근 경찰 당국의 인적활동은 물론 맹렬하나 이에 반하여 이 검거인의 수용에 시설상 부족으로 여러 가지 지장이 적지 않은 터이라 한다.

요컨대 감옥과 유치장이 좁아서 경찰서에서는 검거인 수용에 유치장, 취조실, 사무실까지 사용하고 심한 곳은 민가에 수용하는 곳이 있다.

이러한 상태이므로 경찰서에서 취조가 끝나 검사국에 넘기면 역시 감옥의 협착으로 송국을 중지하여 달라고 하게까지 되었다. 금번 영흥, 함흥 양 서에서도 약 200명의 송국을 중지할 수밖에 없게 되어 목하 양 경찰서 유치장에는 취조가 끝난 피의자가 200명이나 있게 되었다 한다.

이에 따라 금년도 유치인 비용 45만 5,000원의 예산도 이미 떨어져 제2 예비금에서 지출해 달라고 요구하기로 결정하였다 한다.

자료 54 | 《동아일보》, 1932. 11. 6, 2면 7단

출옥 후 재투족(再投足) 염려, 사상범엔 중형 방침?

경찰, 사법 당국에 유력한 의견

우익(尤益) 준엄한 사상 탄압

작년 중 사상범으로 출옥하고 나온 사람 974인 중 573인이 다시 사상운동 선상으로 나아가고 겨우 375명이 물러선 상태에 있으나 이 역시 확실성을 띠지 않은 것으로 볼 수 있어서 사상범은 출옥 후 그 대개가 다시 사상운동에 몸을 던지어 일시적 탄압의 효과는 있을망정 사상범 징치의 효과가 별로 없으므로 경무 당국과 사법 당국에서는 사상범의 수형 기한을 법에 규정된 기한의 최장기를 과함이 득책이라는 의견이 유력하게 되어 장차 공산당 관

계자는 극형에 처하게 되리라고 관측된다.

이렇게 하여 사상범을 장기간 감옥에 넣어 두면 시대의 추이로 신인물이 운동선을 리드하게 되고 이리하여 일반으로부터 떨어져 있는 사상범은 운동선상에서 물러나게 되리라는 견해를 가지고 있다.

자료 55 | 《동아일보》, 1932. 12. 28, 3면 4단

함북사상범 180여 명, 미결수만이 이만한 숫자

◇ 철창 과동(過冬) 또 1년

【나남】광명을 등지고 형무소에서 과동할 함북의 사상범 중 미결수만 180여 명인데, 그 사건의 종류를 보면 성진 농민조합사건 84명, 함북 공산당재건협의회사건 27명, 공산주의자협의회사건 14명, 주을 적색농민조합사건 7명, 합 132명 이외 격문 기타 사건으로 40명이 된다고 한다.

그리고 작일 송국한 주을사건 이외의 단체사건은 전부 예심에 회부되어 있으며 기타 개인사건은 대개가 공판에 회부되어 있다 한다.

자료 56 | 《매일신보》, 1933. 3. 7, 7면 2단

대전형무소에 사상범 300여

【대전】대전형무소에 수용된 수인은 지난 3월 2일 현재로 그 수효가 1,042명인데, 그중에는 치안유지법 위반이 358명이요, 강도가 286명이요, 살인이 49명이요, 그 나머지는 대개가 절도범인데, 이것을 형기별로 보면 무기형이 34명이요, 10년 이상의 징역 자리가 388명이라는바, 북선(北鮮) 지방보다 훨씬 따뜻한 대전형무소는 별반 추위의 고통이 없고, 형무소장 이하 간수가 극히 친절하여 재감자에게는 많은 편의가 되리라 하여 제2차 공산당 사건으로 입옥 중이던 맹두헌(孟斗憲)은 지난 4일 무사 출옥되어 건강한 몸으로 고향인 함북

경성(鏡城)으로 향해 떠났다고 한다.

자료 57 | 《매일신보》, 1933. 6. 9, 7면 1단

느는 건 죄수, 사상범이 73%
◇현재 수인 600명을 돌파, 청진형무소 확장?

청진형무소의 현재 수인 수용 수는 600명을 돌파하여 이를 작년 동기에 비하면 약 200명이 증가한바, 금후도 역시 계속하여 증가할 경향으로 현재 1평에 6인씩 수용하고 있다. 이는 사상범이 증가한 것이 주된 원인으로 전원의 73%는 사상범이 점령하고 있어 머지않아 확장안은 구체화될 것이나 확장한다면 적어도 1만 평, 현재의 3배는 필요하게 되어 부지난으로 도저히 실현의 가능성은 없고 만일 이전한다면 재판소도 이전하지 않으면 안 될 것으로 이도 막대한 재정을 요구하게 되어 시급히 실현할 수는 없다. 그렇다 하되 현재의 상태로 방치할 수는 없어 형무소 당국은 고민하는 중 일시적이나마 일부의 확장안을 고려하는 중이다.

자료 58 | 《조선중앙일보》, 1933. 7. 28, 5면 1단

사상범 격증으로 함흥형무소 증축

날로 늘어 가는 사상범 때문에
[잡방 36실, 독방 36실을 지어]
건축비 4만 8,000원

【함흥】함흥형무소는 수년 내에 격증해 가는 사상범으로 말미암아 현재에 있어서는 비상히 협착하게 되어 종래 수용수의 몇 배를 수용하게 되므로 일반 수인들에게는 비상히 곤란 되어 있던바 금번 동 형무소에서는 4만 8,000원이라는 거액을 들여 증축하기로 되었다는데, 공사는 1934년도(昭和 9)까지 하게 되리라 하며 증설 감방 수는 잡방 36실과 독방

36실로 합 72개 감방을 증축한다고 한다.

자료 59 | 《조선일보》, 1933. 8. 30, 3면 4단

형무소 증설난으로 가출옥 경찰 처분 장려(勵行)

현재도 정원의 배 이상으로 수용
소년형무소안도 삭제

최근 공황으로 인한 일반 범죄와 사상범들의 격증으로 인하여 전 조선 형무소 수용인은 해마다 피고인을 합하여 700~800 내지 1,000여 명이 증가하여 수년 전부터 매년 형무소가 한 곳씩 증가할 형세이므로 법무국에서는 해마다 형무소 확장안을 요구하여 있던바, 명년도 예산에도 자원난으로 삭제되고 말았다. 이에 대하여 법무국에서는 현재 정원의 2배를 수용하고도 아직도 증가하고 있는 수요자를 어떻게 처치하여야 할는지 그 대책을 고려 중인바 가출옥의 여행과 벌금형의 노역 환산을 가급적 경찰에서 처치할 것, 장기노역자도 될 수 있는 대로 경찰서에서 처치할 것 등 소극적 대책 두세 개를 고려한 것뿐으로 이렇다 할 완화방법을 발견하지 못하여 행형 당국은 머리를 썩이고 있다. 또한 소년형무소 신설에 대하여도 예산 70만 원을 요구하였는데 역시 삭제되었다.

자료 60 | 《매일신보》, 1934. 8. 12, 7면 7단

간도공산당(間島共産黨) 40명, 대전형무소에 9일과 11일 두 차례로써 엄중 경비리 수용

【대전 전화】서대문형무소에 수용 중이던 간도공산당사건의 주요범 20명은 9일 오후 1시 10분 대전 도착 제6 열차로 대전에 내려서 대전형무소에 이관 수용되었는데, 당일 역 앞에는 미와(三輪) 고등과장을 비롯하여 대전서 정(鄭) 고등계 주임 2명의 형사와 형무소로부터 김(金) 간수장 외 9명의 간수가 옹호하고 승합자동차 2대에 나누어 형무소로 이송하였

는데, 1시 18분 차로 호송되어 대전형무소에 수용되어 전후 40명을 2회에 나누어 전기와 같이 이감하였다.

자료 61 | 《조선중앙일보》, 1935. 5. 22, 2면 9단

원산적색사건 남중군 등 수(遂) 송국, 9명 함흥형무소에 수용

【함흥지국 전화】원산적색사건(元山赤色事件) 관계자 남중군(南仲軍) 외 8명은 그동안 함흥지방법원 요네하라(米原) 검사가 출장하여 취조 중이던바, 사건은 일단락되어 1건 서류와 같이 21일 오전 8시 27분 함흥 도착 열차로 송국하자 즉시 함흥형무소에 수용하였다.

자료 62 | 《조선중앙일보》, 1935. 7. 2, 2면 7단

서대문감옥 수인 신감방으로 이감

1931년(昭和 6) 10월에 기공한 서대문형무소 신(新)감방이 지난 6월 9일로서 낙성이 되었는데, 금번 신축된 신감방은 660평의 '콘크리트' 2층 건물로서 독방이 242, 잡방이 41 이라는바, 전 조선에서 처음 생긴 대감옥이라 한다. 그런데 시설에 있어서는 재래보다 광선(光線)이 많이 주입되고 또 겨울에는 증기를 사용한다고 한다. 그리하여 1일 동 형무소 재감수는 신감방으로 이감하였다.

자료 63 | 《매일신보》, 1936. 7. 16, 2면 7단

"공산주의운동에 참가한 일은 없소"
여자 피고 박진홍의 사실 부인, 용산노조 속행 공판

속칭 용산적색노조(龍山赤色勞組)사건의 관계자 박영출(朴英出) 등 10명에 대한 치안유지

법 위반 사건의 속행 공판은 15일 오전 10시부터 경성지방법원 형사부 제4호 법정에서 야마시타(山下) 재판장 주심과 가가와(香川) 검사 입회하에 개정되었다. 재판장은 피고 김순진(金舜鎭)과 공성회(孔成檜)의 심리를 일사천리로 마치고 박진홍(朴鎭洪)(여)의 심리에 들어갔다. 피고는 어찌하여 공산주의운동에 공명하였으며 이재유(李載裕)와 동거하여 아들까지 낳게 되었느냐는 재판장의 질문에 대하여, 그는 고향인 함북 명천(明川)에서 보통학교를 마치고 경성에 올라와서 동덕여학교(同德女學校)에 입학하였는데, 그 후 동교 사옥 건축 문제로 진정서를 제출한 것이 말썽이 되어 퇴학 처분을 당하였다가 그만 직업 전선에 나오지 아니하면 아니 될 자기의 가정형편이므로 이곳으로 직업을 구하고 다니던 판인데, 우연히 이재유의 친절한 동정에 끌리어 드디어 동거까지 하게 되었다는 것이다. 그러다가 '알·에스(R·S)'협의회사건에 관련되어 3개월간 서대문형무소 신세를 지고 있다가 예심 면소가 되어 무사히 나왔다는 사실 전폭을 유창하게 답변하고 절대로 이재유와 함께 공산주의운동에 참가한 일은 없다고 부인하였다. 재판장은 이것으로 오전의 심리를 마치겠다고 선언하고 폐정하였는데 오후부터는 다시 심계월(沈桂月)부터 심리를 개시할 터이다.

3 항일 독립운동가의 수감과 출옥

자료 64 | 《대한매일신보》, 1908. 7. 16, 2면 4단

허 씨 심문

감옥서에 갇혀 있는 허위(許蔿) 씨를 평리원에서 일차 심문하였는데 한국 관리가 심문함에 허위 씨가 가로되, "내가 일인에게 잡혔으니 본국 관리는 묻지 말라" 하거늘 일본 보좌관이 나와서 심문하였다더라.

자료 65 | 《대한매일신보》, 1908. 7. 21, 2면 4단

의장 심문

의병대장으로 피착되어 감옥서에 갇혀 있는 이강년(李康年) 씨를 2일 전에 평리원에서 압치(押致)하여 1차 심문하였는데 문서와 인장 등을 수거하였다더라.

자료 66 | 《황성신문》, 1908. 10. 25, 2면 4단

내란범 월교(越交)

내란범으로 일본사령부에 피수하였던 최봉래(崔鳳來)를 어제 감옥으로 월교하였다더라.

자료 67 | 《대한매일신보》, 1909. 4. 23, 3면 1단

의장 탄식

용산경찰서에서 잡혔던 의병장 이은찬(李殷瓚) 씨가 지난 20일에 경성지방재판소로 넘어가서 감옥에서 갇혔는데, 일인 서장에게 대하여 말하기를 "내가 의병을 창기한 것은 한국만 위함이 아니라 동양 대세를 위함이니 뜻을 이루지 못하고 이 지경이 된즉 나의 곤란은 고

사하고 동양제국을 위하여 근심하노라" 하였다더라.

자료 68 | 《대한매일신보》, 1909. 4. 24, 2면 3단

의병장 호기

의병장 이은찬 씨가 용산경찰서에 잡혔다가 경성지방재판소로 넘어가서 감옥서에 체수(滯囚)함은 이미 게재하였거니와, 해당 재판소에서 신문할 때 공초한 말을 들으니 (이은찬) 씨의 말이 강개하고 기색이 늠름하여 왈 "내가 일인과 40여 차례 싸워 일병 470여 명을 죽였노라 하고, 재판소 내 순사에게 대하여 조금도 굴함이 없고 말할 때는 하대하며 또 말하기를 나의 가진 돈이 200여 환이니 이 돈을 다 쓰는 날은 내가 죽는 날이다. 차라리 굶주려 죽을지언정 이곳에서 공급하는 것은 먹지 아니하겠다" 하며 모든 죄수에게도 종종 음식을 사서 먹이고 조금도 국축(跼縮)하는[15] 일이 없다더라.

자료 69 | 《대한매일신보》, 1909. 6. 15, 2면 4단

사형선고

경성감옥에서 사형선고를 받은 의병의 수효가 20명이나 된다더라.

---

15 국축(跼縮): 두려워하거나 삼가고 조심하는 모양.

자료 70 | 《대한매일신보》, 1909. 12. 25, 3면 2단

옮겨 가두어

이재명[16]과 김정익[17]은 엊그제 하오 6시에 감옥서로 옮겨 가두었는데 한인 순사 4명과 일 순사 2명이 보호한다더라.

자료 71 | 《황성신문》, 1909. 12. 25, 2면 3단

행흉자(行凶者) 옥중 현상

감옥서에 이수한 이재명의 상처는 일 의사가 진찰 치료 중이고 매일 세끼를 일본 요리로 공궤(供饋)[18] 한다더라.

자료 72 | 《매일신보》, 1914. 2. 20, 2면 4단

윤치호는 경성감옥으로 전용

음모사건 관계자 윤치호(尹致昊)는 건강이 예전보다 우량하여 작년 봄 이래로 대구감옥 내에 기와(起臥)하는 중 질병에 함위(咸胃)된 일이 없이 감방 편의상 내지인과 동거하는데 극히 온순하여 정신상의 불안 등은 다시없고 일상의 어업망 작업에 노역하며 성서(聖書)를 탐독하여 만기 출옥의 날을 기대하더라.

---

16 이재명(李在明, 1887~1910): 평남 평양(平壤) 출신. 1906년 미국으로 건너가 공립협회에 가입해 활동하다가 1907년 일제 침략 원흉과 매국노 처단을 위해 귀국했다. 1909년 12월 22일 명동성당에서 이완용을 공격하여 상해를 입혔으나 현장에서 체포되었다. 1910년 9월 30일 사형으로 순국하였다. 1962년 건국훈장 대통령장이 추서되었다.

17 김정익(金貞益, 1890~?): 평남 평양 출신. 1909년 이재명과 함께 을사오적을 처단할 계획을 세우고 동지를 규합했다. 이용구 암살 책임을 맡아 준비하던 중 1909년 12월 22일 이완용 처단 의거를 행한 이재명이 체포된 후 다른 동지들과 함께 체포되었다. 1910년 4월 13일 경성지방재판소에서 징역 15년 형을 받고 옥고를 치렀다. 1962년 건국훈장 독립장이 추서되었다.

18 공궤(供饋): 윗사람에게 음식을 드림.

금회 수도 수용력의 형편으로 125명의 재감수와 같이 경성감옥에 전용하게 되어 18일 미명 찬비가 내리는 중에 대구역을 출발하여 경성에 송치되었다더라.

자료 73 | 《매일신보》, 1915. 9. 15, 3면 3단

채응언은 자살코저

강도라는 말에 폭행

목하 평양감옥에 수감 중인 채응언(蔡應彦)은 지난번 평양지방법원에서 사형선고를 받을 때 판결문에 살인 및 강도라 한 강도죄에 불복이라 하고 폭행을 행하더니, 그 후에 평양감옥에 수감되어 매일 두런두런하며 회포를 위로하기 어려워하는 모양이더니 7, 8일 전에 동인은 간수가 없는 틈을 타서 자기가 입은 옷을 찢어 새끼를 꼬아 감방 들보에 목을 매달고자 하다가 간수에게 들켜 목적을 달성하지 못하였는데, 지금은 감방 안에서도 수갑을 찼다더라.

자료 74 | 《매일신보》, 1920. 1. 13, 3면 4단

강우규[19]의 근상, 매우 회개하고 있어

지난 초가을에 신총독과 정무총감이 입경할 때 남대문역에서 폭탄을 한 번 던져 죽은 자가 두 사람이요, 중경상 당한 자가 수십 명을 내고 일시 조야를 놀라게 한 폭탄범인 강우규는 목하 서대문감옥 종로구치감에 있어 영도판사의 손에서 예심 중인데 지금 옥중에 대한

---

[19] 강우규(姜宇奎, 1855~1920): 평남 덕천(德川) 출신. 1910년 경술국치 후 길림성(吉林省) 요하현(遼河縣)으로 망명하여 광동학교(光東學校)를 설립했다. 1919년 5월 러시아에서 노인동맹단(老人同盟團) 참가, 노인단 대표로 조선총독 폭살을 계획했다. 1919년 9월 2일 남대문 정거장(현 서울역)에서 조선총독 사이코 마코토(齋藤實) 일행의 마차에 폭탄을 투척, 9월 17일 체포되어 1920년 11월 19일 서대문감옥에서 사형으로 순국하였다. 1962년 건국훈장 대한민국장이 추서되었다.

강우규의 상황을 들은즉 강은 야소교 신자이기 때문에 자못 어떻게 할 수 없는 태도로 근신하는 모양을 보이는데, 그 완고한 강우규도 수십 일 오랫동안 감옥 속에서 냉정히 생각한 결과인지 깊이 회개하는 모양이 있는 듯하며 65세의 늙은 몸이지만 신체가 지극히 강건하여 식사 같은 것도 보통과 같이 먹으며 친절해 오노(大野) 간수장이 주선하여 주는 것을 비상히 기뻐하던바 동 간수장이 수일 전에 유행성감기로 결근할 때는 상심이 된 듯 불안히 지내더니 동 간수장이 병이 나은 뒤 출근한 것을 보고는 매우 기뻐한다더라.

자료 75 | 《매일신보》, 1920. 3. 2, 3면 7단

재감 중의 손병희는 1일 아침부터 입을 열지 않고 고요히 앉았었다

서대문감옥에 있는 손병희(孫秉熙)는 그동안 몸에 병이 있던바 요사이는 아주 병이 완전히 나았으며 매우 근신한 태도로 있는 중 지난 1일은 자기가 소요를 일으키던 날이라 그러한지 아침부터 조금도 입을 열지 아니하고 정좌(正坐)하여 진중한 태도로 앉아 있었다고 그 감옥 미쓰이(三井) 전옥은 말하더라.

자료 76 | 《매일신보》, 1920. 3. 4, 3면 1단

작년 소요의 중심인물인 손병희의 근상, 지금은 병도 아주 나아서 넉넉히 걸어 돌아다니는 중, 3월 1일은 모든 죄수가 지극히 근신하였다, 서대문감옥 미쓰이(三井) 전옥 담(談)

조선 독립운동의 중심인물 33인을 포용한 서대문감옥 안의 경황이 어떠한지 알고자 우리 인생 사회와 격리된 듯한 서대문감옥을 향하고 들어서기가 무섭게 감옥의 전옥인 미쓰이 씨를 찾았다. 그때 마침 무슨 회의가 있다고 하므로 약 1시간가량 기다리고 있었더니, 보이의 안내가 있으므로 미쓰이 씨를 만나 보게 되었다. 씨는 지극히 온후한 얼굴과 부드러운

태도로 기자의 묻는 말에 대하여 대답하여 가로되. 지나간 하룻날이 소위 독립운동 기념일이었지만 우리 감옥에 수용되어 있는 일반 재감자의 태도는 매우 근신하고 있었소. 곧 바꾸어 말하면 감옥 안이 지극히 평온무사하였지요. 손병희로 볼지라도 병감에서 치료받고 있는 터인데, 요사이는 매우 신병이 나아가는 까닭에 제법 걸어다니는 모양이오. 동시에 이를 매우 기뻐하는 모양이므로 손도 지금에 이르러서는 아주 안심하고 있으며 동시에 지극히 근신하고 있는 터이요. 지금 병감에 있는 병자는 15명쯤 되나 모두 그리 혹독한 병은 아니며, 여자 재감자로는 이화학당의 학생으로 기결된 자가 한 사람이 있고 그 외에 미결수가 5명쯤은 있는 터이요. 하여간 우리 감옥 안의 지금 상황은 아무 이상이 없이 평온히 지나가는 터이요 하고 말하더라.

자료 77 | 《매일신보》, 1920. 4. 1, 3면 5단

세브란스 원장 손병희 방문, 스코필드 씨도 이번에 고국에 가기 때문에 찾아보았다

부내(府內) 남대문 밖 세브란스 병원 원장 에비슨 씨와 그 병원 의사 스코필드, 2명은 오는 4월 23일에 그의 고국인 미국으로 건너갈 터인데, 지난 29일에 서대문감옥에 가서 손병희 이하 재감자를 방문하였다더라.

자료 78 | 《동아일보》, 1920. 4. 18, 3면 6단

출옥자의 감상(1)

신관빈 여사의 말
별로 이렇다는 특별한 감상을 말할 것이 없습니다. 원래 작년[20] 3월 이래로 수백 명의 여

---

20 1919년을 말함.

자가 입옥하였으나 대개는 방면되고 지금 소요 범인으로 남은 사람은 10여 인밖에 남지 못하였습니다. 옥중에서 지내는 생활은 의례히 그러할 줄 알았으나 별로 놀랄 것도 없고 별로 고통을 느낄 것도 없었습니다. 저는 작년 3월 초순에 개성에서 선언서를 배부하고 그 이튿날 예배당에 갔다가 잡혀 옥중에 들어가 1개년 동안 복역하고 나왔습니다. 마룻바닥 위에 다다미를 깔고 그 위에서 자는데 사람 4명 앞에 일본 이불 하나씩을 주옵니다. 그러나 어떻게 추운지 몸이 모두 얼어서 죄 터지고 아파 차마 견딜 수 없었습니다. 그러한 중 더욱이 간수의 가혹한 품은 무엇이라 말해야 좋을지, 그도 사람인가 인정을 가진 동물인가 의심할 만큼 냉혹하옵니다. 물론 그 속에서 하고 지내는 품이나 대우받는 것은 사람으로는 받지 못할 만큼 망측하옵니다. 이제 우리의 할 일은 아무쪼록 청년 남녀 교육을 많이 시켜 수용할 인재를 양성하여야 하겠습니다. 우리가 제일 통절히 느낀 것은 우리의 사회에 인재의 결핍이올시다. 돈 많이 가진 부자들은 쓸데없는 사치를 좀 덜 하고, 비단옷 좀 덜 입고, 자동차에 싣고 다니는 기생 좀 덜 싣고 다니고, 아무쪼록 절약하여 우리의 자제를 교육할 만한 학교를 많이 설립하고 수용할 청년을 뽑아서 해외로 유학을 보내야 하겠습니다. 어서어서 우리도 남과 같이 배워야 하겠습니다. 조선 사람들의 쓸데없이 관혼상제에 성대히 음식을 설비하고 기생을 몇씩 부르는 것을 보면 참 통분하옵니다. 그들은 왜 지금 세상이 어떠한 것인지를 깨닫지 못하는 지요? 왜 좀 사람답게 살 줄은 모르는지요? 스코필드 씨가 조선 사람의 흉을 잘 보지요. 그래서 조선 사람들은 그 사람은 조선 사람 흉만 보는 사람이라고 하지만은 사실이 그런 것을 어찌하옵니까. 도리어 용서 없이 말해 주어 우리로 하여금 반성하게 해 주는 것이 도리어 고맙습니다.

자료 79 | 《동아일보》, 1920. 4. 20, 3면 7단

출옥자의 감상(2)

이애주 여사의 말

나의 지낸바 감상은 너무도 뒤숭숭하여 대양에 흉흉히 움직이는 파도 모양으로 수란하므로 질서 없는 말로 몇 말씀 여쭙겠습니다. 저는 그 쓸쓸하고 냉랭한 철창 속에서 지독한

괴로움을 당할 때에 설상가상으로 감기와 위병으로 더욱더욱 괴로움을 당하였습니다.

짐승과 같은 대접을 받아 가며 7~8개월 동안 예심인지 무엇인지 걸려 있다가 13개월 되는 달에 몸에 붉은 옷을 걸게 될 때에 나는 다만 한번 고달프게 받았습니다. 붉은 옷을 입힌 후에 죽 둘러앉히더니 "네가 소위 조선 여자이냐, 네까짓 것들이 건방지게 웬 정치에 상관을 하느냐. 아직 조선 여자는 정치에 상관할 정도가 못 된다. 너희는 지금 겨우 가정이나 개량하고 자녀나 잘 양육하여라" 할 때에 조선 여자 중 일 분자인 저는 가슴을 칼로 베이는 듯이 느끼었습니다. 그래서 붉은 옷을 입은 후에 때를 따라 들어오는 콩밥 한 줌과 소금물과 구린내 나는 무 몇 쪽을 주는데, 처음에는 저것을 먹고 어떻게 사나. 이전에 우리 집 개도 저러한 대접은 아니 받았을 터인데 어떻게 사람들을 이렇게 대접하나 하고 이제는 꼭 죽었다 하였으니, 모진 것은 목숨이요, 배고프니 아니 먹을 수 없어서 차차 행습이 되니까 평소에 우리 집에서 고량진미 먹을 때보다 맛이 나서 꿀보다도 만난 것은 그 콩밥이옵니다. 이것을 먹고 날마다 목숨을 보전하여 나가는 중 날마다 하는 일은 피아노 테이블 위에 놓는 '레이스'를 만드는 것인데, 별별한 공상으로 가슴이 찢어지는 듯하고, 끊어질 듯이 고픈 배를 쥐고 홀로 울 때에는 금할 수 없이 세상의 무정함을 느끼게 되더이다.

아아, 인정도 모르고 의리도 모르는 그 간수들? 다시 생각하여도 이가 갈립니다. 지리한 세월이 유수 같아 어언간 엄동설한이 되니까 사정없이 올라오는 인왕산의 혹독한 바람! 칼날 같은 눈보라는 애처로운 우리의 살을 에는 듯할 때 수족의 감각은 없어지고 갈 바를 모르고 나오는 애련한 생각은 끝이 없이 배회하옵디다. 철창을 새이니 들어오는 밝은 달은 외로운 우리의 강산을 두루 비추고 고향의 부모형제도 비추려마는 부모의 소식을 몰라 홀로 더운 눈물로 베개를 적실 때에 고개를 숙이고 묵묵히 주님의 기도를 올리어 스스로 위로하였나이다. 백두산에 쌓인 눈과 같이 쌓이고 쌓인 나의 원한을 다 말할 수 없음이 원통합니다. 옥중에서 지은 글 한 귀를 외우겠습니다.

    해는 지고 바람은 찬데
    몰려오는 눈조차
    아리고 매웁도다
    정숙한 이내 몸에

포박이 웬일인가?

무죄한 이내 몸에

악형이 웬일인가

귀히 기른 이내 몸에

철창생활 웬일인가

북악산 머리에 눈이 쌓이고

반야 중천에 달은 밝은데

청춘의 끓는 피 참기 어려워

느껴 울음에 목 맺히도다

자료 80 | 《매일신보》, 1920. 5. 2, 3면 1단

손 일파의 안부? 책 보고 글 짓는 것이 오직 47인의 무상한 벗! 17인은 독방 차지

작년 3월 1일에 돌연히 조선의 독립을 선언하고 오랫동안 예심 중에 있는 손병희 이하 47인은 오랫동안 서대문감옥에 깊이 있어 푸른 하늘의 해와 달도 구경하지 못하고 철창의 생활을 해 오는 바는 우리 일반이 모두 아는 바이다. 그네들의 요즘 안부가 어떠하며 또는 어떠한 것에 취미를 붙이고 지내는가? 이것은 우리 일반이 그네들의 안부를 주소로 알고 싶은 바이다. 감옥 대문을 썩 들어서면 남으로 엄청나게 높은 붉은 담이 가슴이 답답하게 막혀 있다. 그 붉은 담 안에 있는 감방을 이르러 신감(新監)이라 한다. 그 안의 감방이 일익(一翼), 이익(二翼), 삼익(三翼)으로 구별된바 그중에 제일 고급이 삼익이며 손병희 일파가 기거하는 곳이다. 그런데 그중에도 혼자 있게 하지 않으면 안 될 만한 사람은 한 방에 1명씩만 거처하게 하는바 손병희는 작년 이래로 오른편 반신(半身)을 쓰지 못하여 아주 반신불수가 되었다 하였으나 그간에 주도한 치료를 하여 아주 회복되고 지금은 다만 오른편 다리의 무릎 아래부터 발끝까지 부어서 그편 다리만 자유를 얻기 어려울 뿐이다. 불과 몇 날 아니하여 아주 전쾌되겠으나 아직까지도 병감의 생활을 면치 못하였고 그 외에 최린(崔麟), 권동진(權東鎭),

오세창(吳世昌), 이종일(李鍾一), 이인환(李寅煥), 박희도(朴熙道), 길선주(吉善宙), 이갑성(李甲成), 한용운(韓龍雲), 최남선(崔南善), 함태영(咸台永), 송진우(宋鎭禹), 박인호(朴寅浩), 노헌용(盧憲容), 강기덕(康基德) 이상 17인은 모두 독방에 거처하며 그 외에는 모두 한 방에 2명 혹은 3명씩 거처하여 몸에는 아주 이상이 없이 모두 안부가 평안한데 그네들은 대개 종교 서류로 무상한 취미를 붙이는, 최린은 법률에 관한 서류 또는 기타 수양상에 필요한 서류에 재미를 붙이며 최남선은 저작에 전력하여 자기의 천직을 어디까지든지 발양하는 것은 우리가 실로 감심할 일이며 현상윤(玄相允)은 독일어를 부지런히 자습하여 또 그 외에 서양철학사를 연구하기에 무상한 취미를 붙이고 길고 긴 세월을 안정히 보내는 바이다. 그런데 규율은 극히 엄숙하여 이웃 방과 구멍이 통하였으나 그 구멍으로 무슨 말을 통한다 하여 그 구멍을 유리로 박아서 한 방에는 유리로 비추는 광선을 받아서 지내게 되었다 하며, 매양 아침 6시면 기상하여 곧 각 방이 일시에 하나님께 거룩한 기도를 드리는 것이다. 그러나 일반이 기거하는 규모는 어떠한가? 아침에 일어나는 길로 감방문에 나와서 달음질을 한참씩 하여 들여보내며 목욕을 시킨다는 것은 말뿐이요, 실상은 때도 밀어 볼 수가 없는 것이다. 왜 그러냐 하면 도무지 때는 씻지 못하게 하고 다만 '들어가!' 하는 간수의 호령에 의지하여 얼른 물속으로 들어가면 불과 2~3분도 못 되어 '나와!' 하는 호령이 있으면 그만 할 수 없이 나오고 만다. 또 그중에도 어서 하루바삐 개량하기를 희망하는 바는 감옥 안에 있는 감옥병일 듯하더라.

| **자료 81** | 《매일신보》, 1920. 9. 14, 3면 10단

최남선 씨의 모당(母堂) 숙아(宿痾)[21] 위독

서대문감옥 철창하에서 신산한 생활을 하고 있는 최남선 군의 심사야말로

조선의 독립을 선언한 손병희 일파의 큰 인물이며 우리 조선 청년계에 일의를 꼽는 청년 재사 최남선(崔南善) 군의 대부인이 수개월 전부터 병환으로 지금까지 신고(辛苦)하는 가운데 있으므로 온 집안은 수심이 첩첩한 중에 지내는 중이라. 이 소식을 들은 본사는 최남선 군의

---

21 숙아(宿痾): 오래전부터 앓고 있는 병.

백씨[22] 최창선(崔昌善) 씨가 다년간 경영하는 신문관(新文館)으로 씨를 방문하였다. 씨의 풍부하고 화려하던 얼굴은 그간 신병으로 대단히 수척하여 전말의 안색을 거의 잃어버린 듯한 중에 더욱 대부인의 병환으로 인하여 근심이 가득한 모양이 현저히 드러나 보인다. 기자가 씨를 찾아온 뜻을 말하니 씨는 말하되 '나의 동생이 옥중에 들어간 이래로 한시도 염려를 놓으시지 못하고 지내시며 여러 가지로 집안 걱정 중에 지내 오시던 끝에 수개월 전부터 우연히 병환이 나신 것인데, 나 역시 아시는 바와 같이 병이 들어서 어찌할 수가 없이 시탕은 나의 끝 아우 두선(斗善)에게 맡기고 석왕사로 가서 정양[23]을 하던 중 병환이 점점 위독하시다는 기별을 듣고 겸하여 내 아우의 공판 날도 불원하였으므로 곧 집으로 돌아왔는데, 과연 자친의 병세는 일시 위독해져서 일전에는 곧 무슨 일을 당할 것 같았습니다. 그러나 요행히 조금 돌리신 듯하나 아직까지도 일시도 마음을 놓을 수 없는 때이올시다. 물론 의약은 잠시도 떠나지 않는 바이지만 아무쪼록 우리 삼 형제를 앞에 앉히시고 별세를 하셔도 하시기만을 빌고 바라는 바올시다. 금년 9월이 62회 수신이시지마는 물론 금년에는 아주 제례하기로 작정하였던 바이올시다. 또한 당신께서 조용한 곳으로 옮기시려 하시므로 계동(桂洞) 나의 아우 집에 가 계신 터라'라고 말하더라.

자료 82 | 《매일신보》, 1920. 11. 8, 3면 3단
손의암 일파 37명의 복역, 서대문감옥에 처음으로 복역은 하나 대우는 달라

지나간 30일에 독립선언사건 피고 48인 중에 37명은 유죄판결 언도를 받고 금월 3일까지 피고 일동은 그 피고인들이 복역하는 상황을 서대문감옥 미쓰이(三井) 전옥에게 물어본즉 동 씨는 말하되, "네, 요즘은 감옥 안에서 복역하는바 별도로 무슨 일을 시키는데 종류는

---

22 백씨(伯氏): 다른 사람의 맏형을 존대하여 부르는 말.
23 정양(靜養): 몸과 마음을 안정하여 휴양함.

아직 정하지 않았으나 감옥 안에서만 복역하는 중이며, 그중에 이종훈[24]은 위장병이 있어서 판결을 언도하던 당일에도 출정하였다가 도로 퇴정하였는데, 지금까지도 쾌유하지 못하고 아직도 신음 중에 있으므로 이러한 사람은 병중이라도 감옥 안에 있으므로 즉 형(刑)을 집행 중과 다름이 없는 고로 상당히 복역하는 것과 동일하게 인정하나, 손병희 같은 사람은 보석이 되어서 있으니 지금 감옥으로 들어오더라도 같은 3년 징역이면 다른 죄수보다는 반드시 뒤에 나가게 될 것입니다. 이것은 한갓 생각하면 현재 형을 집행함에 착수하지 아니한 까닭인데 다른 죄수와는 달라서 손병희 외에 36인으로 말하면 대우라든지 사역함에 대하여는 좌우간 조금 다를 것이라고 동정하는 안색으로 말하더라.

> **자료 83** | 《매일신보》, 1921. 11. 3, 3면 6단
> ## 19명 만기 출옥, 독립선언서에 들었던 사람 중 19명은 이번에 만기 출옥됨, 다음 4일 아침 경성감옥에서

1919년(大正 8) 3월 1일에 시내 명월관 지점에서 손병희 이하 33인이 조선독립선언서를 낭독하고 이에 대한 일장 강연을 한 후 조선독립만세를 고창한 제1차 조선독립사건의 피고들은 연루 관계인까지 합하여 48인이 되어 대 공판이 열렸던 결과 모두 유죄 판결을 받아가지고 서대문감옥에서 복역 중이더니 그중에 몇 부분은 경성감옥으로 이감되었던바 전기 피고 중에 2년 징역형의 언도를 받은 피고 19명은 오는 4일에 만기 출옥이 되는데, 출옥인의 성명을 열거하면

이필주, 신홍식, 김원벽, 김완규,
나용환, 홍기조, 박동완, 이명룡,
권병덕, 박희도, 박준승, 강기덕,

---

24 이종훈(李鍾勳, 1856~1930): 서울 출신. 민족대표 33인 중 천도교계 대표 중 한 사람이다. 3·1운동으로 징역 2년 형을 선고받고 옥고를 치렀다. 1922년 7월 천도교인 중심의 고려혁명위원회의 고문으로 활동하였다. 1930년 만주에서 병사하였다. 1962년 건국훈장 대통령장이 추서되었다.

최성모, 홍병기, 나인협, 임예환,

양전백, 이종훈, 유여대

앞의 19인인데, 3일에는 출옥 준비를 하였다가 4일 오전 9시에 출옥된다더라.

그 외는 내년 11월 4일 만기

앞의 17명은 3일까지가 만기가 됨에 4일에 출옥할 것이오. 기독교 장로파 목사 유여대 씨는 5일까지가 만기이며 6일에 출옥될 터이며, 권동진, 오세창, 김창준, 최린, 이인환, 한용운 등 제 씨는 내년 11월 3일이 만기이며 내년 11월 4일에 출옥될 것이라더라.

특전 전에 만기
다행히 만기 출옥하게 됨은 다행한 일
이무타(蘭牟田) 전옥 담

별항에 보도한 바와 같이 이필주 씨 외 16인이 만기 출옥됨에 대하여 경성감옥 이무타 전옥은 말하되 '서대문감옥으로부터 경성감옥으로 이감된 후 매일 작업으로는 대개 그물을 뜨고 있었고, 옥칙을 잘 지켜 오다가 날이 점점 추워 옴에 될 수 있는 대로는 특전을 주려고 하였더니 이미 그다지 일기가 춥기 전에 만기가 되었음에 마침 잘된 일이라고' 말하더라.

자료 84 | 《매일신보》, 1921. 11. 5, 3면 1단

작일 아침 출옥 당일의 경성감옥(출옥인과 모인 사람들)

자료 85 | 《매일신보》, 1921. 11. 5, 3면 1단

악수하고 감루만 종횡, 경성감옥 문 밖에는 5~600명의 고구(故舊) 친척이 산같이 모였다, 어제 아침 감옥에서 출옥된 17인

지난 4일 오전 9시로부터 아현리 경성감옥 앞에는 남녀 합하여 4~500명의 인원이 감옥으로 들어가는 전찻길 옆으로부터 감옥 문 앞까지 사람이 파다하여 다닐 수 없이 섞여 서 있고 자동차 7, 8대는 감옥 들어가는 입구에서 누가 나오기를 기다리고 있다. 사람 사람의 얼굴에는 오랫동안 그리웠던 사람을 1분 1초라도 얼른 좀 보았으면 하는 빛이 나타난다. 이

일은 다른 일이 아니라 이미 본지로 보도되었던 바와 같이 손병희 일파 중에 2년 징역의 언도를 받고 장구한 사이에 춥고 더운 것을 참아 가면서 또는 엄밀한 옥칙을 지켜 가면서 말할 수 없는 고생살이를 하다가 금월 3일까지가 만기가 되어 지난 4일에 출옥되는 날이었는데, 오전 9시 반이 되어 출옥하는 분들의 가족은 의복 일습을 가지고 들어와서 감옥에 들이며 제1회로 박희도, 박동완, 이필주, 김원벽 4인을 감방으로부터 나오게 하여 의복을 바꾸어 입히는 모양이더니 10시에 이르러서 앞의 4인은 청백색이 된 얼굴빛에 오랫동안 걸어 보지 못하던 걸음으로 휘적휘적 전후하여 나왔다. 간수의 호명으로 옥문 밖에 나가니 피차간에 그립고 사모하는 그 정을 한꺼번에 풀기 어려워서 말을 하려다가 없이 손목을 잡고 떨어지니 눈물뿐이었다. 이제는 사는 세상에 나왔는가 하는 출옥된 몇 분들은 가족과 고구 친척의 옹호로 한편으로는 기다리고 있던 자동차에 몸을 의지하여 생각에 어슴푸레한 자택으로 향하는데 그 뒤로 제2회에는 신석구, 나용환, 임예환, 나인협 4인이 나왔고 제3회로는 김완규, 최성모, 박준승, 홍병기 4인이 감방으로부터 함께 나와서 앞서거니 뒤서거니 옥문 밖을 나왔다. 제4회로 권병덕, 양전백, 이명룡, 신홍식 4인이 나왔는데, 시원하게 옥문을 벗어 나오면서도 아직 1년이나 고생살이할 다른 분들을 애처롭게 여기면서 2년 전에 들어갔던 옥문을 다시 아주 나와 버리기는 11시 20분경이었더라.

전옥의 유고
출옥하기 전날에 간독히 유고했다

출옥하기 전날 되는 3일 오후 2시에는 이무타 전옥의 유고가 있은 후 4일 오전 10시에 출옥되는 야소교 목사 신홍식 씨는 그동안 감옥에서 감기로 인하여 1달간이나 신고하였으며 더욱이 파리한 얼굴에 말하되 '나는 꼭 감옥에서 죽을 줄 알았던 것이 요행이 만기가 되어 이 세상을 다시 보게 된 것은 첫째로는 하나님의 은혜이고 둘째로는 여러분이 기도하여 주신 덕택으로 생각하는 바'라고 너무 기쁜 얼굴로 말하며 천도교 도사 권병덕 씨는 감옥문에서 나오자 참을 수 없는 눈물이 흘러 손수건으로 눈물을 씻으면서 '나는 이번에 깊이 감격한 것은 조선 동포끼리 서로 잡아먹고 싸우고 하는 것은 사랑(愛)이 없는 것이니 첫째에 우리는 사랑이란 것이 있어야 하겠다'라고 말하는데, 실로 동 씨는 우리끼리 사랑이 없는 것을 너무도 감격한 바와 같이 말하더라.

서대문감옥에 이종훈 씨 한 사람뿐

그리고 별항에 보도한 바와 같이 손병희 일파 중에 2년 징역의 언도를 받았던 20명 중 16명은 경성감옥으로부터 출옥되고 유여대, 강기덕, 홍기조 3인은 수속의 관계로 5일까지 만기로 되어 있고 그 외에 이종훈은 지금 서대문감옥에 있는바 역시 2년이었으므로 지난 4일 오전 10시에 만기 출옥되었더라.

만면희색으로 천도교 총부에 가서 서로 만나 보고 갔다

별항에 보도한 바와 같이 천도교 측으로부터 입감되었던 천도교 장로 홍병기 씨와 이종훈 씨와 천도교 도사 나용환 씨와 임예환 씨, 나인협 씨와 권병덕 씨와는 감옥으로부터 나오자 자동차로 경운동 중앙총부에 향하여 일반 교도들과 면회하고 오랫동안 그리웠던 정회를 말한 후 기쁜 가운데에 산회하였다더라.

자료 86 | 《매일신보》, 1925. 6. 22, 3면 3단

노채필 씨의 출옥

5개 성상(五個星霜)[25]을 신음하다가

광주군 읍 금계리(錦溪里) 당대의 재사요, 한학의 선생님 노채필(盧採弼) 씨는 1921년도(大正 10)에 군자금 모집을 실행하고자 활동을 개시하다가 당국의 채탐으로 인하여 즉시 처형 복역하게 되었는데, 대구형무소에서 대전형무소로 이감된 이래 철창의 고생을 받더니 본월 17일은 씨가 새로 세상의 맛을 얻게 된 출옥일에 해당하였다. 씨의 친족과 친우 중으로 10여 인이 대전까지 참석해 와서 씨의 출옥과 동시에 즉시 그곳을 출발하여 같은 날 오후 9시 55분 광주역에 도착하는 열차로 광주에 돌아오게 되었다. 씨를 마중할 광주 인사 중 호남선 송정역까지 50여 명이 먼저 와서 기다리더니 씨의 형용이 같은 시간에 출현되자 일반의 악수례(握手禮)로부터 즉시 광주행 차로 갈아타 광주에 도착하니 광주역 구내외에는

---

25 5개 성상(五個星霜): 성상(星霜)이 1년 동안의 세월을 뜻하므로 총 5년이라는 의미이다.

무려 200여 명의 출영자가 규칙적으로 정렬해 서서 울다가 일일이 예를 표한 후 씨는 인력거로 몰아 집으로 돌아갔다 하며 어두운 밤임에도 불구하고 광주역 구내외에는 일시 대혼잡을 이루었다더라.(광주)

자료 87 | 《동아일보》, 1925. 9. 15, 2면 6단

옥중에서 혈루의 시, 신의주형무소에 이감된 의성단장 편강렬의 근상

의성단장 편강렬은 한 열흘 전에 평양형무소로부터 신의주형무소로 비밀히 넘겨져 왔다는데, 신의주형무소에서는 사상선전을 겁내 함인지 독방에 넣어 두었다 하며, 혹 그 옆방에 갇혀 있는 사람들에게 조선 강산에도 영광의 날이 있으리라고 권면한다는데 근일에는 시를 200여 수나 지어 가지고 형무소장이 허락만 하면 발포하겠다고 한다는데 그 시는 실로 피눈물이 엉긴 것이라더라.(신의주)

자료 88 | 《동아일보》, 1926. 1. 15, 2면 1단

오이시 다마키(大石環)의 출옥을 기회로 결사조직의 음모

경찰 당국자는 크게 경계 중

평양숭실전문학교 역사 교수 일본인 무정부주의자 오이시 다마키가 3년 전에 동교에서 역사 수업 중에 일본 국체에 대한 불온한 말을 하며 또는 일본 국가의 신성을 모독하였다고 불경죄로 평양형무소에서 지금까지 복역하는 중임은 일반이 다 아는바, 그는 오는 3월 15일로 형기가 만료되어 출옥하게 될 터이므로 그를 숭배하는 조선인 모 주의자들 사이에서는 그의 출옥을 기회로 하여 비밀결사를 조직하고자 암암리에 계획하는 일이 있다 하여 경찰 당국에서는 크게 경계하고 있는 중이라더라.(평양)

자료 89 | 《동아일보》, 1926. 2. 10, 4면 6단

출옥 동지의 환영회도 금지

◇… 상주경찰서에서

경북 상주(尙州)에서 지난해 개최했던 사회운동자 간친회(懇親會) 후 조선일보사건으로 대구감옥에서 안동감옥까지 이감 복역하여 많은 고통을 받은 강택진(姜宅鎭), 허일(許一) 양 군은 기간 형기가 지나 지난 6일 아침 안동에서 출옥하게 되어 경성 각 지방 동지 제군들은 양 군을 맞기 위해 당지(當地)를 거쳐 안동으로 향했다는데, 당지에서도 여러 동지가 회집하여 양 군 환영회를 열려고 하였으나 경찰 당국에서는 동 양 군이 당지에 도착도 하기 전에 미리 그 회합을 금지한다고.(상주)

자료 90 | 《동아일보》, 1926. 6. 5, 2면 1단

치유법(治維法)으로 기소, 도쿄서 호송된 중범 김익환

치유법 위반으로 기소될 터

누보=도쿄로부터 호송된 중대범으로 방금 서대문형무소에 수용되어 경성지방법원 검사국에서 사토미(里見) 차석 검사에게 취조를 받는 충남 아산(牙山) 출생의 김익환(金翼煥)(28)은 치안유지법 위반으로 기소가 될 모양인데 기소는 구류 기간(열흘)이 지난 뒤에 될 듯하더라.

자료 91 | 《동아일보》, 1926. 6. 16, 2면 1단

'6월사건'과 '6·10만세' 47명만 수감

종로서에 검거된 90여 명 학생
재작일에 47명만 우선 수감
'6·10만세'사건 속보

6월 10일 조선○○만세[26]사건으로 종로서에 검거된 학생 90여 명 중 일부 경찰의 취조가 끝난 학생들은 재작 14일 오전부터 경성지방법원 검사국으로 넘기기 시작하였다 함은 어제 기보한바어니와 그날 검사국으로 넘어간 학생들은 모두 47명으로 그들의 성명과 학교별은,

◇ 연희전문학교(延禧專門學校)

▲ 문과(文科) 4학년생 이관희(李觀熙), 이은택(李恩澤), 윤지련(尹至鍊)

▲ 동 2학년생 김규봉(金奎鳳), 이금산(李金山), 이광준(李光俊), 이병립(李柄立), 박안근(朴安根), 채우병(蔡祐炳)

▲ 동 1학년생 김세진(金世鎭), 김영하(金永廈), 김윤근(金潤根), 박봉래(朴鳳來), 박영준(朴英駿), 안태희(安泰熙), 원종뢰(元鍾雷), 장홍식(張弘植), 홍명식(洪明植)

▲ 상과(商科) 3학년생 김근배(金根培), 김낙기(金洛基), 김명진(金鳴鎭), 김영근(金瀛根), 김지삼(金持三)

▲ 2학년생 김영소(金永昭), 장희창(張熙昌)

▲ 1학년생 임병철(林炳哲), 송운순(宋運淳)

▲ 수문과(修文科) 3학년생 박영규(朴榮奎), 조대벽(趙大闢), 최창일(崔昌鎰)

▲ 1학년생 김영기(金榮基), 김영식(金榮植), 이석영(李錫永), 계 33명

---

26 일제강점하에서 '독립'이라는 표현을 신문지상에 쓰기 어려웠으므로 '독립'이란 단어가 들어갈 자리에 '○○'로 표시하여 비워둔 것이다.

◇ 중동학교(中東學校)

▲ 특과(特科) 3학년생 황세환(黃世煥), 김재문(金載文)

▲ 동 2학년생 곽대경(郭戴烔)

▲ 동 1학년생 장희주(張喜周), 김인오(金仁梧), 박항복(朴恒福) ▲ 계 6명

◇ 경성제대(京城帝大)

▲ 예과생(豫科生) 이천진(李天鎭)

◇ 신문 배달부 김낙환(金洛煥) 외 1명

◇ 중앙기독청년회 학관(學館) 학생 박두종(朴斗鍾) 외 기타 청년 4명
(성명 미상)

등으로 그들은 모두 인산(因山) 당일인 6월 10일에 관수교(觀水橋) 근변을 중심으로 황금정(黃金町) 4정목과 동대문 내외에서 격문서를 산포하며 조선○○만세를 고창한 사람들이라는데, 그날 검사국으로 넘길 때에 본래의 규정은 넘어가는 사람들이 검사국을 한 번씩 거쳐 형무소로 가는 것이나 사람 수효가 많은 관계로 검사국을 거처가려면 매우 번잡하겠다 하여 후쿠다(福田) 검사가 서기 두 사람을 데리고 종로서에 출정하여 거기서 일일이 구인장(拘引狀)을 발부해 가지고 전기 47명을 서대문형무소로 수용하였는데, 그들은 목하 동 형무소 남쪽에 있는 미결감(未決監)에 들어 있는 중이며, 사식(私食) 차입(差入)을 먹는 사람은 어제 15일 오전까지 연희전문 학생 중 3명밖에 없었더라.

중앙교(中央校) 생은 금명간(今明間)으로

별항 보도와 같이 6월 10일 조선○○만세사건으로 중앙고등보통학교 학생을 제외한 외 47인을 검사국으로 넘긴 종로경찰서에서는 목하 동 서에 유치 중에 있는 전기 중앙학교 학생 38명에 대해서 동 서 사법계에서 목하 취조를 계속하는 중인데 중앙학교 학생들 중에도 사건이 두 계통으로 나뉘어 있어 이미 검사국을 넘어간 학생들과 서로 관련이 된 사람도 없

지 않으나 중앙학교 학생은 원체 많으므로 이미 보도한 바와 같이 사건을 별개로 분리시켜 취조하게 된 것이다. 동 학생들 중에는 관수교 부근과 기타에서 만세를 부르고 격문서를 뿌린 행동에 대해서는 관계가 없는 것은 아니나 그 학생들 중 대다수는 단성사 앞에서 만세를 부르며 격문을 산포한 모양인데, 이에 대하여 동 서장의 말하는 바를 들으면 중앙학교 학생들도 급히 취조를 마치고 금명간으로 검사국으로 넘길 예정이라 하며 또한 그 외에 6월 6일부터 동 서에 검거된 천도교의 모모 단체의 6월사건은 그 후에야 검사국으로 넘기게 될 모양이라고 하더라.

중앙학교 등 10명 석방

시내 종로경찰서에서 취조를 받은 시내 중앙고등보통학교 학생과 또한 동교 학생과 관계가 있다고 취조받은 청년 등 10명은 엊그제 14일 밤에 종로서로부터 석방되었더라.

6월사건의 방면된 제(諸) 씨(氏)

천도교 외 모모 단체의 '6월사건'으로 그동안 시내 종로경찰서에서 또는 도(道) 경찰부에서 혹은 본정서(本町署)에 검거되어 취조를 받던 여러 사람 중 최근 3~4일 동안 방면된 사람은 다음과 같더라.

◇ 천도교회(天道敎會) 측: 나용환(羅龍煥), 이인숙(李仁淑), 최석연(崔碩連), 최단봉(崔丹鳳), 이두성(李斗星), 홍일창(洪一昌), 이종린(李鍾麟), 김승주(金承周), 최준모(崔駿模)

◇ 개벽사(開闢社) 측: 김기전(金起田), 방정환(方定煥), 차상찬(車相瓚), 박달성(朴達成), 민영순(閔泳純), 허익환(許益煥) ▲ 기타 제본부(諸本部) 일동

◇ 불교(佛敎) 측: 한용운(韓龍雲), 송세호(宋世浩)

◇ 사상단체(思想團體) 측: 김병일(金炳一), 이단(李團), 박제영(朴齊榮), 허일(許一), 김유선(金有善), 이지택(李枝澤), 신봉(申奉), 조옥봉(趙玉奉), 조원숙(趙元淑), 이명원(李明源), 권태동(權泰東), 이준태(李準泰)

자료 92 | 《동아일보》, 1926. 6. 17, 2면 8단

중앙교(中央校) 생도 수감, 우선 6명을 형무소에 수감

이번 6월 10일 조선○○만세사건으로 그동안 시내 종로경찰서에서 취조를 받던 학생 중 연희전문학교 학생 등 47명을 지난 14일 오후에 검사국으로 넘기어 서대문형무소에 수감되었다 함은 이미 보도하였거니와 그와 동시에 시내 중앙고등보통학교 학생 6명도 수감되었는데 그 학생들의 성명은 다음과 같더라.

5학년 이선호(李先鎬), 4학년 유면희(柳冕熙), 동 이현상(李鉉相), 동 최제민(崔濟民), 3학년 권태성(權泰成)

취조 중의 중앙생 선생 외 23명

방금 시내 종로경찰서에서 취조를 받고 있는 시내 중앙고등보통학교 선생 조철호[27] 씨와 그 학교 학생 40여 명 중 그동안 몇 사람은 즉시 나오고 어제 16일에는 조철호 씨와 학생 23명만 그대로 종로서에 유치되었고, 재작 15일에도 13명이 나왔다는데 그들의 성명은 다음과 같다더라.

안민식(安敏植), 최중호(崔重浩), 강병도(姜炳度), 김성동(金聖東), 하봉길(河奉吉), 최창기(崔昌耆), 권유근(權遺根), 신기창(申基昌), 이동환(李東煥)(2학년)

연희전문생 또 인치(引致)

시외 연희전문학교 학생 33명은 그동안 종로서에서 취조를 마치고 지난 14일 오후에 검사국으로 넘어갔다 함은 기보하였거니와 시내 서대문경찰서에서는 엊그제 15일 오후 5시

---

27 조철호(趙喆鎬, 1890~1941): 서울 출신. 1907년 대한제국 무관학교 입학, 1909년 일본육군사관학교에 입학하여 1914년에 졸업했다. 1917년 조선군 용산 제20사단에 배속, 만주로 망명을 시도하다가 신의주에서 체포되어 징역 1년을 복역했다. 퇴역 후 평북 정주(定住) 오산학교에서 체육 교사로 부임하여 학생들에게 독립정신을 고취하고, 1919년 정주의 만세운동을 지도했다. 1922년 10월 일명 조선소년군(현 보이스카우트한국연맹의 전신)을 창설하여 청소년들의 독립사상과 민족적 단결을 고취하면서 소년운동을 주도했다. 1926년 6·10만세운동 당시 중앙고등보통학교 학생대표들을 배후에서 지도하다가 일제 경찰에 체포된 후 6월 26일 기소유예로 석방되었다. 1990년 건국훈장 애국장(1977년 건국포장)이 추서되었다.

반경에 시내 냉천동(冷泉洞) 방면에 있는 연희전문학교 문과 3년생 한용구[28](28)를 검거하여 대강 취조를 마친 후 어제 16일 오전 11시경에 종로서로 넘겼다는데, 역시 이번 '6·10만세' 사건의 관련자로 그같이 검거된 것이라더라.

자료 93 | 《동아일보》, 1926. 6. 20, 2면 1단

형무소 수용 전부 70명

불구속으로 서류 넘긴 것이 20명
작일까지 수감하니 전부가 70명
'6·10만세' 사건 일단락

6월 10일 조선○○만세사건으로 그동안 종로경찰서에서 취조를 받고 있던 시내 중앙고등보통학교 선생 조철호 씨 외 그 학교 학생 19명이 어제 19일에 검사국으로 넘어가게 되리라 함은 이미 보도한바, 과연 어제 19일 오후에 경성지방법원 후쿠다(福田) 검사가 동 서에 출동하여 어제 보도한 학생 19명(성명은 어제 기사 참조) 외에 정종근(鄭鍾根), 박광옥(朴光玉), 오근태(吳根泰) 3명을 더하여 도합 20명과 전기 조철호 씨를 일일이 구인장과 함께 그날 오후에 전부 서대문형무소로 보냈다는데, 요전에 넘긴 학생 47명과 어제 보낸 23명 도합 70명 이외에 불구속 20여 명도 서류만 검사국으로 송치하게 되어 이전 6월 10일 조선○○만세사건도 이로써 일단락이 된 듯싶더라.

---

[28] 한용구(韓用求, 1899~1960): 본명 한일청(韓一淸), 이명 한세(韓世). 경북 예천(醴泉) 출신. 연희전문학교 2학년 재학 중 1926년 6·10만세운동에 참가했다. 1927년 조선학생과학연구회 집행위원으로 활동하였다. 1929년 5월《중앙일보》예천지국을 경영했다. 제4차 조선공산당사건에 연루되어 체포, 1930년 6월 경성지방법원에서 징역 1년 6월을 선고받고 서대문형무소에서 옥고를 치렀다. 1932년 6월 예천적색농민조합을 조직하여 활동하였다. 1934년 예천농업보습학교 동맹휴교를 지도하다가 3월 일제 경찰에 체포되어 1935년 5월 10일 대구지방법원에서 징역 5년을 선고받고 옥고를 치렀다. 2009년 건국훈장 애국장이 추서되었다.

자료 94 | 《동아일보》, 1926. 6. 26, 2면 1단

6월 10일 조선○○만세사건, 제령·출판법 위반으로 수모(首謀) 11명만 기소

**연전과 중앙 중심 사건을 합병하여
공판은 금월 내로 개정?**

인산(因山) 당일 6월 10일에 학생들이 중심으로 태극기를 들고 조선○○만세를 고창하며 격문서 다수를 산포한 사건에 대하여 그 피의자로 서대문형무소에 수용되어 있던 72명 중 십수 명만 기소되리라 함은 어제 보도한바이니와 과연 엊그제 24일 오후에 경성지방법원 검사국에서는 연희전문학교 학생 중심의 만세사건과 중앙고등보통학교 생도 중심의 만세사건을 동시에 기소하기로 하고 그 두 사건의 가장 주모로 인정된,

◇ 연희전문학교 문과 2년생 이병립(李柄立)(조선학생회 회장) ▲ 동 2년생 박하균(朴河均)
   (도주하였다 일전 체포된 학생)
◇ 중앙고등보통학교 5년생 이선호(李先鎬) ▲ 동 이동환(李東煥) ▲ 동 박용규(朴龍圭)
   ▲ 동 4년생 유면희(柳冕熙)
◇ 경성제대 예과생 이천진(李天鎭)
◇ 중동학교 학생 곽재경(郭載熉) ▲ 황정환(黃廷煥) ▲ 김재문(金載文)

등 11명만 '대정 8년 제령 제7호' 위반과 및 '출판법' 위반으로 기소하여 동 법원 형사단독부 공판에 부쳤는데 그 기록은 실로 방대한 것으로 두께가 한 자가 넘는 모양이며 이에 대한 공판은 전기 두 사건을 합병하여 되도록 금월 내로 개정할 터라더라.

61명 석방
61명은 재작일에 석방
반삭간(半朔間)의 옥중생활

엊그제 24일 오후에 전기 11명을 기소하는 동시에 그 관계 피의자로 그동안 서대문형무소 철창 밑에서 신음하고 있던 연희전문학교 학생 32명, 중앙고등보통학교 선생 조철호 씨 외 학생 19명, 중동학교 학생 1명 외 기타 8명, 합계 61명은 기소유예 혹은 불기소로 그날 오후 5시부터 시작하여 다수한 경관들이 동 형무소 부근을 엄중히 경계하는 가운데, 2명 혹은 3명씩 순차로 출감시켜 그날 해가 저물 때까지

이병립(오른쪽 위), 박하균(오른쪽 아래), 이천진(왼쪽 위), 박두종(왼쪽 아래)

전부 출감되었는데, 6월 10일 만세사건이 일어난 그날부터 비롯하여 경찰서 유치장을 거쳐 동 형무소에서 이래 반삭(半朔)이라는 360여 시간을 철창 밑에서 신음하다가 오래간만으로 형무소 밖을 나서며 자유의 세상을 다시금 대하는 그들은 오히려 감개가 무량한 듯이 옥문 밖에 와서 눈이 감기도록 기다리고 있던 친척들과 함께 암루(暗淚)에 잠겨 돌아들 갔는데, 그 광경은 형무소에 들어가던 때와 같이 매우 비장하였더라.

옥리(獄裡)에 남은 친구 생각하니 가슴 아파
◇ 석방된 학생의 말

근 보름 동안 서대문형무소에서 '6·10만세사건'으로 철창생활을 하다가 엊그제 오후에

다행히 출옥한 연전 문과 2년생 이광준(李光俊) 군을 방문한즉 "감옥생활이라야 얼마 동안 되지 않았으므로 별로 감상은 없습니다만, 옥중 대우가 다른 죄수와 좀 다른 것과 그중 주모자라고 해서 독방에 있게 된 몇 사람 외에 우리 몇몇은 일곱씩 한방에 있게 되어서 때때로 서적과 이야기로 적지 않은 위안으로 있었습니다. 우리는 나왔습니다만 한 가지로 철창 속에 있다가 10여 명 동무를 그대로 남겨 두고 나온 것이 그대로 가슴이 아픕니다" 하고 말하더라.

제2의 6·10만세 사건 작일 검사국으로 송치

누보=경기도 경찰부에 검거되어 취조를 받던 서대문 내 피어선성경학원(皮魚善聖經學院) 내에서 계획한 제2차 6·10만세사건의 배재고보생 문창모(文昌模)(21), 동 김동석(金東石), 동 최영식(崔永植), 전기 성경학원 생도 류재헌(劉載獻), 노응벽(魯應壁) 외 8명은 어제 25일 아침에 '제령 제7호' 위반으로 등사판과 및 기타 모든 압수된 증거품과 함께 경성지방법원 검사국으로 넘어갔는데, 그중 주모자인 이봉진(李鳳珍)은 도망하여 종적을 감추었으므로 우선 그들만 넘기고 다시 그를 수색 중이라더라.

제2공산당사건

'6월사건'을 비롯하여 그 취조 중에서 단서가 드러난 제2차로 계획된 조선공산당 조직사건 등으로 종로서 고등계에서는 아직까지 취조를 계속하는 한편으로 그 관계 혐의자들을 검거하고자 대구(大邱), 원산(元山) 등에 지급통지를 하였으나, 그곳에 있는 관계자들은 이미 종적을 감추고 있는 중이었으므로 1명도 잡지 못한 모양이다. 이미 동 서에 검거되었던 여성농우회 주세죽(朱世竹) 여사는 25일 중으로는 석방하리라 하며, 또한 동일 정오경에는 역시 사건의

이선호, 박용규, 이동환

관계자를 검거하고자 동계의 형사 3명이 서대문 밖 모 방면으로 출동한 모양이었는데 전기 사건은 이제로부터 수일 내로는 권오설[29] 이하 관계자 20인가량을 전부 검사국으로 넘기리라더라.

자료 95 | 《동아일보》, 1926. 6. 26, 2면 4단

기미(己未)에도 철창, 초지(初志)를 불변, 기미년 당시에도 대구에서 복역, 처음 뜻을 그대로 인산 날에 만세, 6·10만세, 홍종현 공판

기보=6·10만세사건의 최초 공판인 홍종현[30](37)의 공판은 오는 28일에 개정되기로 지정되었으나 24일 오후에 갑자기 변경되어 어제 25일 오후 2시 경성지방법원 제7호 법정에서 오노(小野) 판사의 심리와 사토미(里見) 검사의 입회하에 제1회 공판이 열렸었는데, 심리가 시작되기 전에 피고는 자기가 경찰에 잡힌 이래 고초를 많이 받아서 귀도 성치 못하니 분명히 말해 달라고, 심리가 시작되어 판사로부터 주소 성명과 공훈 유무와 전과 유무를 물으매 공훈은 없었다며 1919년(大正 8)도 역시 이번과 같이 대구지방법원에서 보안법 위반으로 1년 징역을 하다가 집행 중에 가출옥이 되었다고 진술한 후, 직업은 농업이요, 학교는 다닌 일이 없고 글도 배운 일이 없다고 하였으며, 다음에 사실심리에 들어가서 약 20분의 심리가 있었는데, 판사의 심문에 대한 피고의 답변을 종합하여 듣건대, 피고는 반만년의 역사를 가진 조선민족으로 오늘날 같은 경우에 있는 것을 늘 비관하다가 1919년(大正 8)경부터 우

---

[29] 권오설(權五卨, 1897~1930): 경북 안동(安東) 출신. 1923년 풍작소작인회 조직, 농민운동을 전개했다. 1924년 4월 조선노농총동맹 상무집행위원으로 선출되었다. 1925년 2월 김찬, 김재봉, 김단야, 박헌영 등과 조선공산당 창당을 결의, 4월 조선공산당 및 고려공산청년회를 창설했다. 고려공산청년회 책임비서에 선임되어 활동하였다. 1926년 4월부터 6·10만세운동 계획 중 6월 7일 체포, 징역 5년을 선고받고 서대문형무소에 수감 중 1930년 4월 17일 옥사로 순국하였다. 2005년 건국훈장 독립장이 추서되었다.

[30] 홍종현(洪鍾顯, 1890~1977): 경북 군위(軍威) 출신. 1919년 4월 12일 경북 영천에서 만세운동을 주도하다가 일제 경찰에 체포되어 징역 1년을 선고받고 옥고를 치렀다. 1926년 6·10만세운동 당시 서울 숭인동에서 혈서를 쓰고 태극기를 휘두르며 독립만세를 외치다가 체포되어 징역 10월을 선고받고 옥고를 치렀다. 1990년 건국훈장 애족장(1977년 대통령 표창)이 추서되었다.

리도 남과 같이 자유롭게 살겠다는 생각으로 그 당시에도 감옥에 들어가서 징역을 하였는데, 징역을 하는 중이나 또는 가출옥되어 나와서 늘 먹은 생각은 그칠 때가 없었던 중 이번에 국상(國喪)으로 말미암아 경성에 다수한 민중이 모여드는 것을 기회로 자기 주소인 경북도 의성군(義城郡) 소문면(召文面) 노리(露里)로부터 6월 8일에 서울에 올라와서 총독부 뒤 이모라는 사람의 집에 묵으며 국장 당일이 오기를 기다려 일변으로 조선종이 한 장을 사다가 오른편 엄지손가락과 무명지를 찍어서 피를 내어 그 피로 ○○○○만세라고 쓰고 한가운데는 태극기를 그리고 그 가에는 '우리는 자유를 얻고자 싸우자'라는 글을 써서 기를 만들어 두었다가 국장 당일에 깃대는 지팡이 삼아 짚고 기는 접어서 품속에 감춘 후 동대문 부근에 이르러서 인산 행렬이 통과하기를 기다리다가 행렬이 통과하는 것을 보고 군중 속으로부터 뛰어나와서 ○○○○만세를 부르며 전기 깃발을 휘두르다가 경관에게 잡힌 것이라 하며,

10개월을 구형
언도는 28일

심리가 그친 후 검사로부터 보안 제7조에 의지하여 징역 10개월을 구형한 후 판사로부터 판결 언도는 오는 28일 오전에 동 법원 안에서 할 것을 선언하였던바,

조상과 자손 위해
일신을 희생
구형을 받고 반항을 한
피고의 최후 진술

피고는 자기는 자기 조상과 자손을 위하는 일이었으며 자기 나라를 위하여 하였으므로 징역을 받을 이유가 없다는 등 과격한 말로 법정에서 잠시 동안 반항을 하였으나 간수에게 끌려 나간 후 동 2시 15분에 폐정되었다더라.

현종홍선에뎡법
법정에 선 홍종현

자료 96 | 《동아일보》, 1926. 7. 4, 2면 4단

17명을 각기 독방에 수용, 검사 취조는 명일부터 개시, 일단락된 6월사건

'6월사건'의 관계 피의자 중 10여 인은 종로서에 의연히 유치하고 17인만 검사국으로 넘겼다 함은 작보한바이어니와 이에 대하여 다시 한 번 그 상세한 것을 보도하건대, 검사국으로 넘어간 사람들은 노농총동맹위원(勞農總同盟委員) 경북 안동군 출생 주소 부정 권오설(權五卨)(28), 인공조합위원(印工組合委員) 경성 숭인동 157번지 박내원(朴來源)(23), 동 안국동 26번지 민창식(閔昌植)(28), 동 이용재(李用宰)(21), 동 평양 출생 양재식(楊在植)(28), 인공청년동맹원(印工靑年同盟員) 평남 중화군 상원면 출생 경성 황금정 1정목 명심당(明心堂) 백명천(白明天)(32), 신흥청년동맹(新興靑年同盟) 박민영(朴珉英)(25), 동 염창렬(廉昌烈)(24), 정우회원(正友會員) 안동현(安東縣) 운송점 강연천(姜然天)(28), 정우회원 평북도청원(平北道廳員) 김항준(金恒俊)(30), 《조선일보》기자 정우회원 홍덕유(洪悳裕)(37), 《동아일보》기자 정우회원 이봉수(李鳳洙)(35), 신흥청년 동맹위원장 김경재(金璟載)(27), 천도교청년당위원(天道敎靑年黨委員) 경운동 천도교당 구내 손재기(孫在基)(38), 러시아(露西亞)에서 귀래한 이지택(李智澤)(24), 의학전문학교 학생과학회위원 박의양(朴儀陽)(25), 경성 장사동 이수원(李壽元)(26) 등 17사람[작지에 이상우(李相宇)도 넘어 갔다 함은 오보임]인데, 그들은 모두 지금 서대문형무소 미결감 독방에 각기 나누어 수용되어 있는 중이며 그들에 대한 취조는 사토미(里見) 검사가 맡아 하게 되었는데, 어제 3일에는 아직 취조를 시작하지 않았으며 금 4일은 일■■임으로 내일 5일부터 취조를 개시할 예정이라더라.

89인은 계속 취조?
종로경찰서에 남아 있는 사람

별항 사건에 대하여 의연히 종로서에 유치되어 있는 사람은 《시대일보》기자 정우회원 홍남표(洪南杓)(35), 동 구연흠(具然欽)(36), 정우회원 전해(全海)(26), 노농총동맹위원 ■태(■泰)(27), 대구수■(大邱堅■) 이■■(李■■)(■■) 신흥청년동맹 김창준(金昌俊)(24) 외 기타 수 명인 듯한데 이에 대하여 종로서 당국자의 말은 조금 더 물어볼 말을 묻고는 일간 석방하

겠다고 모호한 말을 하나 그들도 역시 '6월사건'에 관계가 있으리라는 경찰의 선입주견(先入注見)을 가지고 검거하여 취조하여 보았으나 하등의 증거가 없으므로 검사국에 넘기지는 못하고 지금 구류(拘留)의 형식으로 유치시켜 둔 후 계속하여 사실을 조사하는 모양인데 그 결과가 어떻게 될는지는 아직 예상할 수 없는 상태에 있더라.

자료 97 | 《동아일보》, 1926. 7. 23, 5면 1단

캄캄한 밤중에 무언극(無言劇)의 일 장면(一 場面), 눈물 먹은 얼굴로 출영한 주세죽 씨

어두운 밤 그리운 남편을 만나는 찰나
【박윤(朴尹) 양 씨 호송 당야(當夜) 광경】

신의주공산당사건의 윤덕병(尹德炳), 박헌영(朴憲永) 양인이 경성으로 호송되어 와서 서대문형무소에 수감되었다 함은 작일 호외에 대개 보도한바어니와 그들을 호송해 오는 순사들은 사람의 번잡한 안목을 피하기 위해 낮임에도 불구하고 3등 침대차실 한 모퉁이에 그들을 태우고 왔는데, 연도에는 각 중요 정거장마다 다수한 경관들이 나와 경계를 하고 있었다 한다. 문산(汶山)역에서 신문기자와 사진반들에게 발견당하고는 호송해 오는 순사들도 매우 의외로 생각하는 듯이 경이(驚異)의 눈을 굴리는데 박헌영 씨는 아직 하얀 서양목 두루마기에 무명 고이적삼을 입고 수염 많은 얼굴에 대모테 안경을 썼으며, 윤덕병 씨는 모시적삼 갈포고이에 경쾌하게 입고 역시 수염은 특특하게 되었는데, 윤 씨는 다소 침묵한 태도로 수색이 어린 듯이 보이나 박 씨는 모든 것을 단념한 듯이 오히려 쾌활한 듯한 태도로 "자기보다 밖에 있는 여러 동무들의 안부와 또는 그날 밤 자기네가 오는 줄을 알고 경성역에는 필시 많은 동무들이 나왔을 터인데 그들을 비록 찰나 같은 새에라도 만나볼 수가 없게 된 것이 무엇보다도 유감이라"는 말을 순사에게 재삼하는 모양이었다. 신촌역에서 하차할 때에는 주의자 7~8인 중에 특히 박헌영 씨의 부인 주세죽[31] 여사가 눈물 먹은 얼굴로 그리운 남편과 말

---

31 주세죽(朱世竹, 1899~1950?): 함남 함흥(咸興) 출신. 1924년 5월 서울에서 사회주의 여성단체 여성동우회 집행위원

한 번 못하고 섰는 정경은 그야말로 비감한 무언극(無言劇)의 일 장면이었다.

임원근[32] 외 1명
작일 오전 출발

경성으로 호송되어 오는 신의주공산당사건의 관계 피의자 중 임원근(28) 씨 외 한 사람은 작 22일 오전 9시 18분에 신의주역을 출발하는 열차로 그곳을 출발하여 경성으로 향하였는데, 신의주역에는 그 동지들의 전송자가 다수하였으므로 경계는 일층 엄중해져 형무소 마차로 그들을 정거장까지 호송하였다가는 조역실(助役室)에 들어가 있다가 열차가 도착하자 석탄 짐을 싣는 곳으로 승차하여 2등차를 타고 떠났더라.(신의주지국)

| 자료 98 | 《동아일보》, 1926. 7. 24, 2면 2단

임경관 씨와 독고전 씨도 작야 7시에 경성역 착

신의주공산당사건의 피의자 동만청년동맹(東滿靑年同盟) 독고전(獨孤銓)(28), 전 화요회원(火曜會員) 임경관(林炯寬)(30) 양 씨도 작 23일 새벽 4시 50분에 신의주형무소 문을 나서 경관의 호위로 신막행(新幕行) 혼합 열차로 경성을 향해 오던 중 안주(安州)에서 급행열차를 바꾸어 타고 올라와 경성역에서 내려 서대문형무소로 수감되었는데, 경계는 더욱이 엄중하였

으로 선임, 1925년 1월 경성여자청년동맹(京城女子靑年同盟) 결성을 주도하였다. 4월 고려공산청년회에서 활동하다 조선공산당에 가입했다. 1927년 5월 근우회(槿友會) 임시집행부에서 활동 중 병보석으로 출감한 박헌영과 1928년 8월 블라디보스토크로 탈출했다. 모스크바 동방노력자공산대학에 입학, 1931년 졸업했다. 1932~1933년까지 중국 상해(上海)에서 조선공산당 재건운동에 참여하던 중, 박헌영이 일본영사관 경찰에 체포되자 모스크바로 돌아갔다. 이후 소련에서 '사회적 위험분자'로 낙인찍혀 카자흐스탄으로 강제 이주당하는 등 박해를 받았다. 2007년 건국훈장 애족장이 추서되었다.

32 임원근(林元根, 1899~1963): 경기도 개성(開城) 출신. 1922년 1월 모스크바에서 개최된 극동인민대표대회(極東人民代表大會)에 김규식(金奎植)·여운형 등과 함께 조선대표단의 일원으로 참석했다. 같은 해 4월 2일 김단야[金丹冶, 김태연(金泰淵)]·박헌영과 함께 귀국 도중 일제 경찰에 체포. 5월 30일 신의주지방법원에서 제령 제7호 위반으로 징역 1년 6월을 선고받아 옥고를 치렀다. 출옥 후 1925년 4월 박헌영·김단야 등과 함께 고려공산청년회를 조직, 중앙집행위원회 선전부 위원으로 선임되어 활동했다. 12월 4일 다시 체포, 징역 3년 6월을 선고받고 옥고를 치르다 1930년 1월 1일 출옥했다. 1936년 여운형이 사장으로 있던《조선중앙일보》의 지방부장이 되어 계몽운동을 전개하였다. 1992년에 건국훈장 애국장이 추서되었다.

었고 더욱이 출발 당시에 두 씨에게 용수를 씌웠으므로 방문하던 가족들과 동지 수삼 명도 감옥 앞에서 밤을 새워가며 처참한 광경을 이루었다더라. (신의주지국 전보)

자료 99 | 《동아일보》, 1926. 8. 25, 4면 9단

출옥자 환영 금지

기보=민중운동자동맹(民衆運動者同盟)사건으로 장구한 세월을 두고 군산형무소에 복역 중인 임표(林豹) 씨와 조용관[33] 씨 만기 출옥에 대하여 군산노동청년회(群山勞動靑年會)에서는 출옥 동지 환영회를 발기하였다 함은 기보한 바어니와 지난 31일에 군산경찰서 고등계에서는 동 회 상무집행위원 전영률(全榮律), 김일(金一) 양 씨를 소환하여 동 환영회를 일절 금지하였다는데 일반은 경찰의 가혹함을 비난한다더라.(군산)

◇호송되는 윤덕병, 박헌영 양 씨 =차중에서=

---

[33] 조용관(趙容寬, 1885~1950): 전북 익산(益山) 출신. 1920년 8월 군산노동공제회(群山勞動共濟會)를 창립했고, 1924년 군산노동연맹(群山勞動聯盟) 대표를 맡았다. 1925년 1월 군산민중운동자동맹(群山民衆運動者同盟)사건으로 징역 8월을 선고받고 군산형무소에서 옥고를 치렀다. 출옥 후 1926년 10월 군산철도노동회(群山鐵道勞動會) 위원장, 1927년 3월 군산노동연맹회(群山勞動聯盟會) 회장에 선임되어 활동하였다. 5월 조선사회단체중앙협의회(朝鮮社會團體中央協議會) 창립대회에서 임시의장으로 회의 진행을 주관하다가 체포되었다. 1927년 9월 조선노동총동맹(朝鮮勞動總同盟) 중앙검사위원으로 선임, 1929년 3월 조선공산당 전북도당을 결성한 혐의로 체포되었다. 2005년 건국포장이 추서되었다.

자료 100 | 《동아일보》, 1927. 1. 20, 2면 8단

김철중[34] 씨 입감, 작일 오후에

본사의 필화사건으로 송진우[35] 씨와 더불어 금고 4개월의 판결을 받았으되 신병으로 인하여 입감을 유예하고 있던 본사 전 편집 겸 발행인 김철중 씨는 작일 오후에 서대문형무소로 입감하였더라.

자료 101 | 《동아일보》, 1927. 1. 23, 2면 3단

삭풍에 떨리는 "아버지!" 소리 ◇장부의 눈에도 찬 이슬 맺혀, 곽재기[36] 씨 어제 아침 출옥

1921년(大正 10) 경성지방법원에서 폭발물취체벌칙 위반으로 징역 8년의 판결을 받고 즉시 상소권을 포기한 이래 시외 마포 경성형무소에서 복역하고 있던 밀양폭탄(密陽爆彈)사건의 주범 곽재기(34)는 그동안 형기를 마치고(감형 1년 10개월) 어제 22일로서 만기 출옥을 하였다.

---

[34] 김철중(金鐵中, 1883~1962): 전북 옥구(沃溝) 출신. 1926년 3월 송진우와 함께 국제농민회 본부로부터 '조선농민에게 전하는 글'을 전달받고 3·1운동 7주년을 맞아 이 글을 《동아일보》에 게재, 이 일로 금고 4월을 선고받았다. 1926년 8월 《동아일보》 '횡설수설(橫說竪說)'란에 실린 "주의자(主義者)는 검거, 언론기관은 정지가 아니면 금지… 간판만은 문화정치"라는 내용의 최원순(崔元淳)의 글을 게재하도록 하였다가 재차 체포되었다. 이 필화사건으로 금고 4월을 받고 옥고를 치렀다. 2007년 건국포장이 추서되었다.

[35] 송진우(宋鎭禹, 1890~1945): 전남 담양(潭陽) 출신. 1919년 3·1운동 당시 천도교와 기독교의 연합을 추진하였다. 3·1운동으로 서대문감옥에 수감되었다. 1921년 9월 《동아일보》 3대 사장, 1927년 10월 6대 사장에 취임하였다. 1926년 3월 '국제농민회 본부로부터 조선농민에게 전하는 글'을 《동아일보》에 게재하여 체포, 징역 6월을 선고받고 서대문형무소에 수감되었다. 1936년 8월 손기정 선수 일장기 말소사건으로 사장직을 사임했다. 1963년 건국훈장 독립장이 추서되었다.

[36] 곽재기(郭在驥, 1893~1952): 충북 청주(青州) 출신. 1919년 11월 9일 김원봉(金元鳳)·이성우(李成宇)·강세우(姜世宇)·이종암(李鍾岩)·한봉근(韓鳳根)·한봉인(韓鳳仁)·김상윤(金相潤)·신철휴(申喆休)·배동선(裵東宣)·서상락(徐相洛) 등과 의열단(義烈團)을 조직했다. 1920년 서울에 잠입하여 동지들과 조선총독부·동양척식회사·경성일보사 등을 폭파하고자 정황을 밀탐하던 중 경기도경찰부에 동지 6명과 함께 체포, 징역 8년을 선고받고 옥고를 치렀다. 출옥 후 1930년 다시 국외로 망명하여 만주·상해·노령 등지에서 독립운동을 계속하다가 1945년 광복으로 11월 귀국하였다. 귀국 후 한국 '에스페란토' 어학회를 운영하는 한편 교육사업에 종사하였다. 1963년에 건국훈장 독립장이 추서되었다.

◇

　찬 기운이 살을 에일 듯한 그날 새벽 형무소 문 앞에는 벌써 보름부터 경성에 올라와 있던 노모 차 씨(72)를 비롯하여 그의 맏아들 대현(大鉉)(16) 군과 양부 곽지엽(郭芝燁)(72) 씨를 비롯하여 그의 친척, 고우(故友) 등 십수 인이 추위에 떨며 기다리고 있었는데, 오전 7시 40분쯤 되어 곽재기는 자기 모친이 가지고 들어간 자회색 외투에 검은빛 양복을 입고 중절모자에 도수 안경을 쓴 후 매우 씩씩스러워 보이는 태도로 만 6년 동안이나 그 안에서 신음하고 있던 영어(囹圄)를 뒤로 두고 옥문을 나서게 되었다.

◇

　옥문을 나선 씨는 여러 사람들과 감격에 넘치는 악수로 인사를 마친 후, 그의 아들이 "아버지!" 하고 인사를 할 때에는 눈물을 흘릴 듯하며 그의 등을 잡고 "오, 너 많이 자랐구나" 하는 말 한마디를 하고 감개무량한 듯이 더 말이 없었다. 그는 즉시 미리 준비하여 가지고 나왔던 자동차로 시내 인의동(仁義洞) 37번지 이제하[이종하(李鍾夏)] 씨 댁을 향하고 들어갔는데, 그 집에서 며칠 동안 휴양을 하고 2~3일 후에 고향으로 내려가리라 한다.

◇

　그의 고향은 충북 청주군(淸州郡) 강외면(江外面) 상봉리(上鳳里)로 가정에는 전기 모친 차 씨와 맏아들 대현 군 외에 곽신엽(郭信燁) 씨라는 당년 69세의 실부와 사랑하는 아내 윤씨(35) 외 봉현(鳳鉉)(9)이라는 아들이 또 하나 있어 자작농과 소작농으로 여유 있는 생활을 하여 가는 중이라 한다.

독방에서 6년간 그물뜨기, 봉투 붙이기

◇ 곽재기 씨 담 ◇

　별항 곽재기 씨는 기자의 묻는 말에 대하여 "날더러 세상에서 밀양폭탄사건의 주범이라고 한다는 것은 까닭을 알 수가 없습니다. 나는 그때(1920년) 상해(上海)에서 폭탄 3개를 가져다가 애국부인단사건의 이병철(李秉徹) 씨를 주어, 그는 또한 그 폭탄을 이일몽(李一夢)이라는 사람에게 주었었는데, 3주일 이내에 던지마 한 약속을 어겼기에 그 후로는 폭탄을 안 가지고 들어와 있다가 부산서(釜山署)에 잡혔었습니다. 옥중에 있는 동안 만 6년을 지금까지 독방에 있으며 그물뜨기와 봉투 붙이는 일로 갑갑한 세월을 보내고 있었는데 그동안 우리의 장래 일을 생각하고는 많이 울고 많이 웃고 하였습니다. 바깥세상일은 모르고 있었으나 늘 궁금한 생각은 다름이 없었습니다. 장차 집으로 돌아가서 어머님의 아들 노릇이나 잘할 생각입니다" 하고 말하더라.

◇곽재기 씨와 가족 - 어제 마포에서

자료 102 | 《조선일보》, 1927. 1. 26, 2면 1단

광한단사건 주범 한대홍[37] 씨 출옥

**7년 동안 철창생활 마치고
석일엔 나석주의 동지**

　만주 관전현(寬甸縣)에 본부를 둔 통의부(統義府)의 전신인 광한단(光韓團) 의원(議員)으로 단원 10여 명을 인솔하여 관공리(官公吏) 암살, 군자금 모집 등을 계획하다가 뜻을 이루지 못하고 평양에서 체포되어 수범(首犯)으로 7년 징역을 받고 이래 경성형무소에 전감(轉監)되어 복역 중이던 한대홍(27) 씨는 그동안 1년 9개월이 감형되어 금 25일로서 만기 출옥되었다. 씨는 평남 평원군(平原郡) 공평면(公平面) 퇴현리(退峴里)에 원적을 둔 이로 열아홉 살 되는 기미년(1919년)에 만주에 가서 군사정치학교를 졸업 후 여러 차례 국경을 넘어 들어 군자 모집과 대관 암살을 목적하고 40여 명으로 광한단을 조직하여 활동하였는데, 그중에는 최근 천하의 이목을 놀라게 한 동척 저격 후 자살한 나석주(羅錫疇)도 당시 사리원(沙里院)에서 동지가 되었다 하며, 그 후 1921년(大正 10)에 10여 명을 지휘하여 권총을 일제히 휴대하고 조선 내지에 들어와 거사하다가 체포되었던 것이라더라.

동지 소식 듣고 추억에 잠기어

　씨는 출옥 즉시 동지의 출영을 받아 가며 시내 문화여관(文化旅館)에서 출옥 후 첫날을 보내게 되었는데 씨는 말하되, 나의 옥중생활 7년은 전혀 망극 중에 있었으니 이것은 홀로 살아계시는 부친이 입옥한 지 1년 만에 별세하신 것이다. 맏아들로서 부친의 상(喪)을 못

---

37 한대홍(韓大弘, 1901~1948): 평남 평원(平原) 출신. 1919년 중국 봉천성(奉天省) 관전현(寬甸縣)에서 통의부(統義府) 의원(議員)으로 군자금 모집 및 친일관리 처단 활동을 하였다. 대한독립광한단(大韓獨立光韓團)을 조직하여 1920년 10월부터 최제균(崔濟均)과 함께 평안도와 황해도 일대에서 군자금 모집, 일본 순사 처단 활동 중 체포 평양지방법원에서 제령 제7호 위반 등의 혐의로 징역 7년을 선고받고 경성형무소에서 옥고를 치렀다. 2008년 건국훈장 애국장이 추서되었다.

입었으나 7년 후 이제라도 관계치 않다는 듯이 흰 모자에게 흰옷을 전부 몸에 감았다. 그리고 나석주가 동척사건을 일으킨 후 자살하였다는 말을 듣고 그는 깜짝 놀라며 문득 그의 얼굴에 7년 전 옛날의 추억이 새로운 듯이 고개를 끄덕이면서, 나석주는 사리원에서 같이 일을 하게 되었으며 만주에서 헤어진 후로 그의 안부는 전혀 알 수 없게 되었다고 하면서, 내일 아침 차로 고향인 평원에 갔다가 다시 상경하여 휴양하리라 하더라.(사진은 한대홍 씨)

자료 103 | 《조선일보》, 1927. 2. 7, 2면 2단

서대문형무소엔 40여 명 출옥

학생만세사건을 비롯해
출판 위반, 허무당(虛無黨)

서대문형무소의 재감자 중에 사상과 정치의 범죄자는 대개 아래와 같은바, 금회에 출옥할 이는 약 40명가량 되리라 하며 이 중에서 제1 의열단(義烈團)[38]사건의 피고 열 사람과 제2 의열단사건의 피고 구여순[39]과 현금(現今) 미결수로 예심 중에 있는 공산당사건의 피고 백예닐곱 명은 은전(恩典)을 입지 못할 것이오, 제3 국제공산당사건과 허무당 사건과 아직 공소 중에 있는 학생만세사건 등은 모두 출옥될 모양이며 사건별과 피고의 성명을 들면 다음과 같다.

---

[38] 의열단(義烈團): 1919년 11월 만주 길림에서 김원봉, 곽재기, 윤세주, 이성우, 강세우, 이종암, 한봉근 등에 의해 결성된 독립운동 단체.
[39] 구여순(具汝淳, 1892~1946): 경남 의령(宜寧) 출신. 1919년 3·1운동 당시 3월 12일 최정학(崔正學)과 함께 의령지방의 독립만세운동을 주도하였다. 3월 15일 일제 경찰에 체포되어 대구복심법원에서 징역 2년을 선고받고 옥고를 치렀다. 출옥 후 1923년 초 중국으로 건너가 의열단에 가입, 12월 국내에 잠입하여 거사를 추진하던 중 일제 경찰에 체포되었다. 경성지방법원에서 징역 4년을 선고받고 옥고를 치렀다. 출옥 후 시베리아로 건너가 1928년 동지들과 함께 반제지방단부(反帝地方團部)를 조직하여 독립운동에 필요한 군자금을 모금하는 등의 활동을 전개했다. 1940년에 귀국 후 1941년 4월 경남 고성군 개천면에서 고려구국동지회(高麗救國同志會)를 조직하여 활동했다. 1990년 건국훈장 애국장(1977년 건국포장)이 추서되었다.

◇ 은전만 입을 것

제1 의열단사건

1923년(大正 12) 7월 판결

▲ 김시현(金始顯) 10년(안동으로 이감)

▲ 황옥(黃鈺) 10년(가출옥)

▲ 유석현(劉錫顯) 8년

▲ 유시태(柳始泰) 7년

▲ 유병하(柳秉夏) 6년

▲ 이현준(李賢俊) 5년

▲ 조황(趙晃) 5년

▲ 홍종우(洪鍾祐) 6년

▲ 백영무(白英武) 5년

▲ 남영득(南寧得) 8년

제2 의열단사건

1924년(大正 13) 2월 판결

▲ 구여순(具汝淳) 4년

군자금 모집사건

▲ 오복영(吳福泳) 7년

▲ 이영주(李永周) 7년

◇ 대사(大赦) 입어 출옥될 것

제3 국제공산당사건

1925년(大正 14) 판결

▲ 정재달(鄭在達), 이성(李星)

허무당사건
▲ 윤우열(尹又烈) 2년

학생만세사건
▲ 이선호(李善鎬) ▲ 박용규(朴龍圭) ▲ 김재문(金載文) ▲ 곽재형(郭載炯) ▲ 황정환(黃廷煥) ▲ 이병립(李炳立) ▲ 박하균(朴河均) ▲ 이천진(李天鎭) ▲ 유면희(柳冕熙) ▲ 이병환(李秉煥) ▲ 박두종(朴斗鍾)

필화사건(筆禍事件)
▲ 송진우(宋鎭禹) ▲ 김철중(金徹中)

출판법 위반
▲ 강영균(姜英均) ▲ 신용표(申鏞彪) ▲ 강한섭(姜漢燮) ▲ 박기성(朴己成)

기타 보안법 위반

◇사진설명◇
대사를 기다리는 현 대활지옥
(위)마포감옥, (아래)서대문감옥

자료 104 | 《매일신보》, 1927. 7. 29, 2면 9단

폭행생 주모자 5명 강제처분으로 수용, 27일 서대문형무소에 보성고보 맹휴사건

보성고등보통학교(普成高普通學校) 맹휴생(盟休生)의 폭행사건에 대하여 동대문서에서 그동안 약 50명의 생도를 엄밀히 취조한 결과 그중 주모자로 인정할 만한 생도 5명은 폭력행위 취체규칙 위반죄로 일건 서류만 경성지방법원 검사국으로 송치하였던바(기보), 그동안 다섯 학생은 나카노(中野) 검사의 손에서 취조를 받는 중이더니 27일 오후에 이르러 돌연 전기 5명의 생도에 대하여 영장을 발부하여 검사국으로 데려다가 간단한 취조를 하고 즉시 그들을 강제처분으로 서대문형무소에 수감하였다더라.

자료 105 | 《매일신보》, 1927. 10. 13, 2면 1단

변호인 측에서 암호를 연구

**암호 번역이 잘되었는지
한번 연구해 본다고
문제 다단한 공산 공판**

후세 다쓰지[40] 변호사가 건너와서 지난 10일에 처음으로 공산당 공판에 출정한 이래 그 사건의 변호사단에서는 한층 더 긴장한 태도를 가지고 '매일 개정, 병중 피고 보석, 중요 피고의 자필 공술서 제출, 박헌영 보석' 등의 5개 조건을 제출하고 그 뒤를 이어 또 무슨 중대 문제를 일으키고자 함인지? 하루에 두세 번씩 비밀회의를 열고 구수회의를 하며 일변으로

---

40 후세 다쓰지(布施辰治, 1987~1953): 일본 도쿄 출신. 1919년 2·8독립선언을 한 재일 한국인 유학생을 변호했다. 1923년 의열단원 김시현(金始顯), 1924년 도쿄 이중교(二重橋) 투탄의거를 거행한 김지섭(金祉燮) 등 다수의 한국 독립운동가도 변호했다. 1926년 일왕 및 왕족을 폭살하려는 거사를 계획하다가 체포된 박열(朴烈)과 가네코 후미코(金子文子)를 변론하고, 1927년 조선공산당사건으로 체포된 권오설, 강달영 등의 고문경관 고소사건을 지원했다. 1911년 「조선의 독립운동에 경의를 표함」이라는 글을 게재하여 일본 경찰의 조사를 받고, 이후 변호사 자격정지 3회, 투옥 2회 등 고초를 겪었다. 2004년 건국훈장 애족장이 추서되었다.

공판이 열리지 않는 날이면 변호사들이 형무소에 가서 주요 피고들을 면회하여 사건 진행에 대하여 여러 가지 문답을 하고 그것을 자료로 하여 재판관에게 요구도 하며 질문도 하여 오는 중이며, 12일에도 아침 9시에 후세 다쓰지, 김병로[41] 양 변호사와 후루야(古屋), 김태영(金泰榮) 양 변호사가 두 파로 나누어 자동차를 몰아 서대문형무소에 가서 오후 3시가 지나도록 여러 피고를 면회하고 돌아왔다는데, 변호사단에서 그와 같이 긴장한 태도로 구수회의를 거듭하는 내용에 대하여는 사건 진행상 중대한 관계가 있으므로 잘 말하지 아니하나, 탐문한 바에 의한즉슨 이번 공산당사건이 그와 같이 철두철미하게 내용이 폭로되고 그와 같이 많은 피고가 모두 검거된 것은 공산당원 중 가장 주요한 임무와 모든 비밀을 가지고 있던 강달영(姜達永)이 검거되는 동시에 그의 수첩에서 암호(暗號) 문서가 발각되어 그것을 번역해 본 결과 사건의 내용이 전부 탄로된 것이라는데, 그 암호를 번역한 것이 과연 바로 번역이 된 것인지 아닌지를 명확히 밝히는 것이 일반■에게 가장 주요한 문제라 하여 변호사단에서는 강달영의 암호 수첩을 가지고 이 사건의 열쇠로 여기고 연구를 거듭하는 중이라는 바, 그 암호 번역의 여하에 따라 이 사건은 의외로 번복될는지 알 수 없다더라.

자료 106 | 《매일신보》, 1927. 10. 13, 2면 1단

박헌영[42] 보석 아직도 미결

형무소의 진단서 지연과
재판장이 출근치 않아
변호인 측 계속 요청

공산당사건 피고의 한 사람으로 병중에 신음하는 박헌영에 대하여 변호사 일동이 연대

---

41 김병로(金炳魯, 1887~1964): 전북 순창(淳昌) 출신. 1923년 허헌, 김태영 등과 함께 형사변호공동연구회를 설립하여 수많은 독립운동가를 변호했다. 1927년 신간회 가입, 1929년 7월 신간회 전국복대대표회 조사부장 겸 회계, 1930년 신간회 중앙집행위원장으로 선출되었다. 1929년 11월 광주학생항일운동을 변호했다. 해방 후 1948년 제1대, 제2대 대법원장을 역임했다. 1963년 건국훈장 독립장이 추서되었다.
42 박헌영(朴憲永, 1900~1956): 경북 영해(寧海) 출신. 1925년 4월 조선공산당 창당대회를 개최하고 조선공산당 조직을 창설했다. 1925년 11월 제1차 조선공산당사건으로 체포되어 수감되었다. 1927년 11월 병보석으로 가석방

책임을 가지고 보석케 하려고 책부원(責付願)을 제출한 사건에 대하여는 야모토(矢本) 재판장으로부터 11일 오후 4시까지 회답을 하여 주마하고 약속을 하였던바, 형무소에서 진단서를 미처 가져오지 못하였다는 이유로 그날에는 회답을 하지 못하고 연기하였던 바 12일에는 야모토 재판장이 재판소에 등청하지 아니하기 때문에 이날에도 역시 결정하지 못하였다 하며 변호인 측에서 요구한 바 5개 조건에서 재판장이 들어주지 않은 조건에 대하여는 변호사단에서 철저히 교섭하여 그 목적을 관철하고야 말겠다는 방침이라더라.

자료 107 | 《동아일보》, 1927. 10. 17, 2면 1단

공산당 피고 5인, 요로(要路) 경관을 고소

변호사 7씨를 대리인으로
작일 경성지방법원에 제출
만목주시의 문제 전개

재작 16일 공판 휴정 시에 열린 변호사단의 비밀회의는 모 중대 사건의 폭발될 전제인 듯하다 함은 작보와 같거니와 과연 작일 오후에 변호사 후루야(古屋) 씨가 대리가 되어 경관을 고소하는 공산당 피고의 고소장을 경성지방법원 검사국 숙직에게 제출하였는데 그 고소장의 내용은 방금 서대문형무소에 재감 중인

▲ 권오설(權五卨) ▲ 강달영(姜達永) ▲ 전정관(全政琯) ▲ 홍덕유(洪悳裕) ▲ 이준태(李準泰) 등 5명이 변호사 후세 다쓰지(布施辰治), 후루야 사다오(古屋貞雄), 김병로(金炳魯), 이인,[43] 김태영

된 후 1928년 블라디보스토크로 망명했다. 1932년 상해에서 활동 중 1933년 7월 체포, 징역 6년을 선고받고 복역, 1939년 출소하여 경성콤그룹 조직, 공산주의 계열의 독립운동을 전개했다. 해방 후 1946년 9월 월북, 1948년 9월 북한 부수상 및 외상으로 취임했다. 1955년 12월 미국의 첩자라는 죄목으로 사형을 선고받고 1956년 7월 19일 사형집행으로 사망하였다.

43 이인(李仁, 1896~1979): 경북 대구(大邱) 출신. 1927년 2월 신간회 중앙위원으로 선출되었다. 1929년 10월 조선어연구회의 조선어사전편찬위원회 발기위원이 되었다. 1929년 광주학생항일운동 변호 등 수많은 독립운동가를 변호했다. 1935년 조선변호사회 회장이 되었다. 1942년 10월 조선어학회사건으로 체포, 함흥형무소에서 2년 3개월간 옥고를 치렀다. 해방 후 대법관, 검찰총장, 법무장관을 역임했다. 1963년 건국훈장 독립장이 추서되었다.

(金泰榮), 허헌,[44] 한국종(韓國鍾) 등 일곱 변호사를 대리인으로 하여 종로경찰서 고등계 주임 경부 미와 와사부로,[45] 동 경부보 요시노 도조(吉野藤藏), 동 경부보 김면규(金冕圭), 동 순사부장 오모리 히데오(大森秀雄)의 4명을 걸어 형법 제195조 폭행능학독직(暴行陵虐瀆職)죄로 고소한 것으로 고소인(공산당 피고) 등은 치안유지법 위반 사건의 피의자로 종로경찰서에 검거되어 그 취조를 받는 1926년(大正 15) 6월 14일부터 8월 10일경까지 종로경찰서 2층 신문실과 경찰부 신문실에서 전기 피고소인 외의 우메노(梅野), 류(劉), 한(韓) 형사 등과 같이 갖은 폭행을 다하여 권오설은 앞니 두 개가 부러지고, 기타 피고도 중상을 당했다는 것인데 같이 수감되었던 다른 피고의 증인까지 세웠다고 한다. 이와 같이 경찰관의 주요한 자를 걸어 많은 변호사가 대리인이 되어 고소를 제출하는 것은 근래에 드문 중대 사건으로 그 사태가 어떻게 전개될는지 그 결과는 장차 큰 영향을 미치게 하리라더라.

'헌법과 법률로 보장된 인권을 유린'
【대리변호사 후루야 사다오 씨 담】
용대(容貸) 못할 중대범죄

이에 대하여 후루야 사다오 씨는 "종로경찰서 경관이 그와 같은 폭행을 피고에게 가하여 답변을 강요한 것은 헌법에 보장된 인권을 유린하고 형사소송법에 보호된 피의자의 변호권을 무시하고 다시 사법재판의 공평 진실을 그릇되게 하는 법률 파괴로 법률상이나 인도상으로 결단코 용서치 못할 중대범죄로 확신하여 이 고소를 제출하게 된 것이외다. 이런 일은 자꾸 폭로하여 공평한 비판을 받아야 될 것인 줄 압니다"라고 하더라.

---

44 허헌(許憲, 1884~1951): 함북 명천 출신. 1923년 김병로, 김태영 등과 함께 형사변호공동연구회를 설립하여 수많은 독립운동가를 변호했다. 1927년 2월 신간회 중앙집행위원장이 되었다. 해방 후 월북, 1948년 8월 북한 최고인민회의 의장, 10월 김일성대학 총장으로 취임했다.

45 미와 와사부로(三輪和三郎, 1884~?): 1908년 경기도 경찰부 조사계 주임. 이후 고등경찰관으로 근무하면서 독립운동가 체포에 앞장섰던 인물이다.

나가오(長尾) 검사정과

재판장 역방(歷訪)

매일 개정과 공판 공개 요구

◇ 작일 변호단 활동

공산당 공판 제14일인 15일의 공판이 끝난 4시경에 다시 변호사회의를 열고 밀의한 결과 변호사 후세 다쓰지, 후루야 사다오 양 씨는 나가오 검사정과 야모토 재판장을 방문하고 재판을 매일 개정할 것과 공개할 것과 병중 피고의 보석을 열렬히 요구하고 피고에 대한 종로경찰서 폭행사건에 대하여 나가오 검사정에 대하여 요구한 바가 있었더라.

다수 경관 감시 중

강개무량한 정담

모인 사람은 70여 명

【피고 가족 위로연 광경】

후세 다쓰지, 후루야 사다오, 이인, 허헌, 김병로, 김용무(金用茂), 김태영 씨 등의 주최로 된 공산당 피고 가족 위안회는 예정과 같이 15일 오후 7시부터 명월관에서 열렸는데 손님은 피고 가족 남녀로 30명과 배빈으로 각 사회단체 대표자, 신문기자 등 합하여 70여 명에 달하였다. 주인 측을 대표하여 김병로 씨가 식사(式辭)를 하고, 유명준(劉英俊), 박일병(朴一秉) 부친, 후세 다쓰지, 이낙영(李樂永), 후루야 사다오, 김익두(金益斗), 인동철(印東哲), 허헌 씨 등이 혹은 주인 측으로 내빈 측으로 전후하여 혹은 감상담 혹은 격려사로 밤이 깊은 줄 모르고 11시까지 흉금을 헤칠 환담을 바꾸었는데 그중에 제일로 열린 박일병 부친의 답사 "우리는 비판은 커녕 무산계급을 위한 운동에 수금된 것을 광영으로 알고 배가 부르도록 먹겠다"라는 말은 꾸미지 않은 말이면서도 일반을 감동케 하였다. 이 사이에 종로서 형사 다수는 엄중히 감시하였으나 무사하였더라.

'폭압과 전횡을 정부 당국에 항의'
일본 민중의 여론에도 호소
【경성 떠나며 후세 다쓰지 씨 담】

공산당사건 공판에 진력하던 변호사 후세 다쓰지 씨는 도쿄에 남겨 둔 긴급한 변호사건의 해결을 지을 필요가 생겨 15일 밤 9시 50분발 남행으로 경성역을 떠나 도쿄로 향하였는데, 역 앞에는 변호사, 각 사상단체 대표자 등의 전송이 많았다. 씨는 떠나면서 기자에 대해 "나는 공산당사건의 변론을 마치고 떠날 예정이었으나 지금과 같이 성의 없는 재판의 진행 상태를 보아서는 언제나 변론이 될는지 알 수 없고 도쿄에 남겨 둔 일은 급하여 떠나긴 합니다만 변론 기일을 임박하여 다시 오겠습니다. 도쿄에 가 있는 동안에도 재판소의 무성의한 공판 진행과 중병 피고에 대한 보석 문제에 무정한 것, 경찰 관헌의 사법권 침해 문제, 이 문제에 관계된 언론 집회 일체의 금지 등 전횡 무쌍한 폭압 문제에 대하여 일본에 여론을 일으킬 작정이외다. 그리고 정부 당국에도 엄중히 항의하여 공산당사건의 공판을 중심으로 한 총독정치를 피압박 민중 무산계급의 항쟁 전에 전개시킬 작정이외다. 조선 관헌은 조선에서만 조선 문제를 폭압하면 될 줄 아는 모양입니다마는 조선 문제는 결코 조선 내의 문제에 그치지 않고 일반 무산계급 민중의 공통적 문제이니 피압박 민중의 단결이 굳고 무산계급의 관헌의 폭압을 탄핵하는 용감이 많은 만큼 그 문제는 넓어질 것입니다"라고 하였는데, 일행은 같이 입경하였던 법률전선사 사토 요시카즈(佐藤義和) 씨와 박열(朴烈)의 조카 박형래(朴炯來) 군이 있는데 박군은 고향 상주(尙州)까지 후세 다쓰지 씨가 데려다 준다더라.

보석된 조이환(曹利煥), 이성용(李星鎔) 의원에

폐결핵으로 보석 청원을 하고 100원의 보증금을 변호사 수 씨의 주선으로 출옥되기로 된 조이환은 이인(李仁) 변호사와 다수 남녀 동지의 환영을 받으며 15일 오후 5시경에 자동차로 출옥하여 즉시 정동(貞洞) 이성용 병원으로 입원하였는데, 의사의 말을 들으면 폐결핵 제3기로 매우 위중하다고 하더라.

경성역 앞에서 이동재(李東宰) 씨 검거

조경서(曹景敍) 씨가 무산자 신문 호외를 배부하였다는 혐의로 본정경찰서에 검속되었다 함은 작보와 같거니와 이동재 씨가 15일 밤에 후세 다쓰지 변호사를 정거장까지 전송하고 돌아오는 길에 바로 역 앞에서 본정서원에게 발각되어 본정경찰서에 검속되었는데 내용은 미상이나 전기 조경서 씨 사건과 관련된 듯하다더라.

자료 108 | 《동아일보》, 1927. 12. 16, 2면 4단

평남도청 폭파범 안경신[46] 여사 재작 출옥

한 해도 못 치르고 감옥에 들어간 아들은
여덟 살이나 되었건만 앞을 못 보는 병신
철창 신음 8개 성상(星霜)

10여 년 전 평안남도청에 폭탄을 던진 유일한 여자 안경신(40)은 1923년(大正 12)에 함흥(咸興) 만세교(萬歲橋) 근처에서 잡혀 평양지방법원에서 사형선고를 받고 다시 복심에 공소하여 10년의 판결을 받은 이래 평양감옥에서 복역 중이더니, 14일 오후에 형기 몇 달을 남겨 놓고 출옥되어 방금 평양 신양리(新陽里) 그 오라버니 되는 안세균(安世均) 씨 집에 체류 중인데 안경신은 세상에서 다 아는 바와 같이 기미년 운동이 있은 후 상해에서 5인 동맹을 맺어 가지고 남자가 믿지 못할 용기로 폭탄을 품고 국경을 넘어 들어와 평남도청에 던져 세상을 놀라고 하고 몸을 함흥으로 피해 있던 중 만삭되어 어린애를 낳은 지 열이틀 만에 경관의 손에 잡히게 되어 귀여운 그 어린애의 눈 뜨는 것도 채 보지 못하고 철창에 갇힌 몸이 되고, 감옥에 구금된 지 석 달이 못 되어 그 늙은 어머니가 세상을 하직하여 눈물과 한숨으로 철창에 몸을 썩힌 지 8개 성상 만에 겨우 가출옥이 되어 이와 같이 나오게 된 것인데, 여사의

---

46 안경신(安敬信, 1888~?): 평남 대동(大同) 출신. 1919년 대한애국부인회를 조직, 평양본부 교통부원 겸 강서지회 재무를 담당했다. 군자금을 대한민국 임시정부에 보내는 활동을 전개했다. 1920년 상해로 망명하여 광복군총영 국내 결사대 제2대에 가담했다. 국내로 파견되어 8월 3일 평양경찰서에 폭탄을 투척하였으나 도화선이 빗물에 젖어 실패했다. 1921년 3월 일제 경찰에 체포되어 징역 10년 형을 선고받고 옥고를 치렀다. 1962년 건국훈장 독립장이 추서되었다.
신문기사에 '평남도청 폭파범'으로 표현된 것은 함께 파견된 결사대원이 3개조로 분산되어 각각 1조는 평남도청, 안경신이 포함된 2조는 평양경찰서, 3조는 평양부청에서 의거를 일으켜 이를 통틀어 사건화하였기 때문이다.

불행은 전생의 운명이든지 그 귀여운 아들을 8년 만에 만나는 그때에 그 아들은 눈을 뜨지 못하는 병신이었다고 한다. 여사는 눈물 머금은 두 눈에 광채를 발하며 "어머니도 돌아가셨고, 자식은 병신이오니 어느 것이 설지 않겠습니까마는 동지 장덕진 씨의 비명을 듣고는 눈물이 앞을 가려 세상이 모두 원수같이 생각됩니다" 하며 긴 한숨을 쉬더라.

자료 109 | 《동아일보》, 1927. 12. 27, 5면 2단

남양 3·1사건 3명 전부 출옥

9년 만에 세상 구경

지금으로부터 9년 전 3·1운동 당시에 세상을 놀라게 했던 경기도 남양(南陽) 만세사건으로 징역 12년을 받고 경성형무소에서 복역하던 문상익[47](35), 홍면옥[48](43), 왕광연[49](55) 3명은 그간 3년이 감형되어 이래 철창생활을 하다가 지난 23일 상오 10시에 만기 출옥이

---

[47] 문상익(文相翊, 1893~1960): 경기도 화성(華城) 출신. 송산면 서기로 근무하던 중 1919년 3월 26일 사강리(沙江里) 소재 면사무소에서 태극기를 게양하고 독립만세운동에 참여, 사강 장날인 3월 28일 만세운동에 참여했다. 약 1,000여 명이 모인 시위 도중 일본인 순사부장 노구치 고조(野口廣三)의 강제 진압과 홍면옥에 대한 가혹행위에 대해 분노하여 홍준옥·김명제(金命濟)·김교창(金敎昌)·왕광연·김용준(金容俊) 등과 노구치를 처단했다. 1920년 7월 5일 고등법원에서 소요·살인 및 보안법 위반 혐의로 징역 12년 형을 선고받고 옥고를 치렀다. 1977년에 건국훈장 독립장이 추서되었다.

[48] 홍면옥(洪冕玉, 1885~?): 일명 홍면. 경기도 화성 출신. 화성군 송산면 3·1운동을 주도했다. 1919년 3월 26일 홍명선의 집에 호세를 납부하려고 모인 140여 명에게 "다른 마을에서도 만세운동이 시작되었으니 우리도 만세를 부르자"라고 주장하여 당일 오후 5시경 송산면사무소에 태극기를 게양하고 만세운동을 전개하는 데 결정적 역할을 했다. 사강리 장날인 3월 28일 오전 10시~11시 사강장터 등지에서 독립만세운동을 이끌고, 오후 2시경 송산면사무소 뒷산 및 부근에서 1,000여 명을 군중을 이끌며 다시 만세운동을 전개하다가 일본인 순사부장 노구치 고조에 의해 동지 2명과 함께 체포당했다. 무릎이 꿇리어진 채 노구치에게 저항하다가 총격을 받아 부상을 입었다. 이 모습을 본 시위 군중들이 격분하자 노구치가 도주하고 그를 뒤쫓아가 수백 명의 주민들이 처단하였다. 이 과정에서 체포되어 1920년 징역 12년을 선고받고 10년의 옥고를 치른 뒤 출옥하였다. 이후 송산면 육일리에서 한문을 가르치며 학생들에게 애국가를 가르치는 등 민족의식 고취 활동을 전개했다. 해방 후 송산면 치안대장을 맡아 활동하다가 건국준비위원회와 인민위원회에서 활동했다.

[49] 왕광연(王光演, 1872~1951): 경기도 화성 출신. 1919년 3월 26일부터 화성군 송산면 사강리 소재 면사무소에 태극기를 게양하고 100여 명의 군중과 함께 독립만세운동 전개, 사강 장날인 3월 28일 홍면옥 등과 함께 독립만세운동에 참여했다. 약 1,000여 명이 모인 시위 도중 일본인 순사부장 노구치 고조의 강제 진압과 홍면옥에 대한 가혹행위에 대해 분노하여 홍준옥·김명제·김교창·왕광연·김용준 등과 도망가는 노구치를 추격하여 처단했다. 1920년 7월 5일 고등법원에서 소요·살인 및 보안법 위반 혐의로 징역 12년 형을 선고받고 옥고를 치렀다. 1977년에 건국훈장 독립장이 추서되었다.

되어 다시 세상을 구경하게 되었다는바, 감옥 문밖에서는 그의 가족과 동지 20여 인이 모여 반가움에 넘친 눈물로 맞아 곧 원적지인 남양으로 돌아왔다더라.(남양)

자료 110 | 《동아일보》, 1928. 2. 6, 2면 1단

호송된 '채' 교수, 서대문감옥에 4일 오후 8시에 도착

역두(驛頭)엔 동지 다수 출영

조선 안의 사회운동을 진작할 차로 해외에서 들어오다가 신의주서에 체포되어 취조를 받던 공산대학 교수 '채(蔡)그리고리'[50]는 경성지방법원 검사국의 구인장으로 돌연 경성으로 호송된다 함은 작보와 같거니와, 그는 지난 4일 오전 8시에 신의주를 떠나는 남행열차를 타고 순사 2명의 호위하에 동 오후 8시 40분 경성역에 내렸는데 당일 역두에는 다수한 북풍계(北風系) 인물이 출영하였었다 하며 그는 도착 즉시로 서대문형무소에 수감되었다는바, 그의 약력은 대개 다음과 같다더라.

그는 조선 사람이나 노국(露國: 러시아) 태생으로 금번 처음으로 조선에 발을 들여놓았다. 10여 년 전부터 공산주의에 헌신하여 막사과(莫斯科: 모스크바) 공산대학 교수, 연해도(沿海道) 공산학교 교장을 역임하고 해도위원(海道委員) 고려부장(高麗部長) 등을 역임하였고, 특히 공산주의 이론에 밝다 하며 조선 내의 운동이 미미부진(微微不振)하는 것을 보고 입국을 결심한 후 우선 중국 북경성(北京城)에서 1년간을 머무르면서 북풍회(北風會) 계통의 인물과 자주 연락을 취하고 있다가 금번 입국을 하던 길이었다 하며, 지금 40에 가까운 그의 슬하에는 6남매가 있다는바, 장남과 장녀는 목하 모스크바 노동대학에 재학 중이라 한다.

---

50 채그리고리(1892?~1930): 러시아 출신. 본명 그리고리 니콜라예비치 채. 한국 이름 채성룡(蔡成龍). 1920년 7월 러시아 이르쿠츠크 전로고려공산단체 대표자대회에서 중앙위원으로 선임, 한인 혁명군사위원회 회원으로 활동했다. 1923년 북경고려공산당 총무로 활동, 1926년 5월 북경 북풍회 공산주의그룹 중앙위원회를 조직했다. 1928년 1월 국내 공작을 위해 입국하다 신의주에서 체포, 징역 2년을 선고받고 만기 출옥 후 폐병으로 사망하였다. 2006년 건국훈장 애족장이 추서되었다.

경성에 내리는 채그리고리. (×)표와 타원형 내

자료 111 | 《동아일보》, 1928. 3. 9, 2면 6단

입옥 당년에 홍안 소년 출옥 금일에 헌헌 장년, 의열단사건에 파옥사건까지 겹쳐 소년과 청춘시대를 철장에서 지내, 밀양폭탄 수범 이성우

기미운동 이후로 가장 세상의 이목을 놀라게 했던 제1차 의열단 사건(일명 밀양폭탄사건)의 주인공으로 1920년(大正 9) 6월에 경성에서 체포되어 동범 10명 중 곽재기와 함께 8년 징역의 언도를 받고 그 후로 청진형무소에서 파옥사건으로 인하여 2년의 가형을 받아 전후

10년이란 장형을 경성형무소에서 복역 중이던 이성우[51](30) 씨는 동범이던 9명을 먼저 만기 출옥시키고 오직 홀로 남아 긴 형기를 보내던 중 그동안 감형되어 어제 8일 오전 9시경에 만기 출옥하였다.

감옥 문 앞에는 멀리 북만주와 노령 접근지인 중동선(中東線)에서 생후 처음으로 형을 찾아 조선 땅을 밟아 가며 입경한 실제(實弟) 이성련(李成璉)(22) 군을 비롯하여 다수 동지의 출영이 있었으며, 즉시 준비한 자동차로 시내 문화여관에 투숙하여 2~3일 휴양 후 사건 당시의 발생지이던 경남 밀양(密陽)에 있는 친지들의 후의로 그곳에 가서 정양 후 자택을 찾아 차디찬 중동지방으로 돌아갈 터라더라.

폭발물 13개 권총 2자루를 운입(運入)

사건이 일어난 지 이미 9년이 지났으되 오히려 일반의 기억이 새로운 이 밀양폭탄사건의 당시 주인공이던 이성우 씨의 이야기를 듣건대, 당시 나이 스물두 살이란 젊은 청년이 적수 단신으로 폭탄 13개와 권총 두 자루를 몸에 품고 상해로부터 만주를 거쳐 안동현(安東縣)에 이르러 그곳에서 철도편으로 경상남도 밀양에 보내어 놓고, 수만 리 타향에서 나서 성장하던 그는 처음으로 고국에 돌아와 경성에 두류하면서 무슨 기회를 엿보다가 1920년(大正 9) 6월에 인사동(仁寺洞)에서 체포되어 그 이듬해 6월에 경성지방법원에서 수범으로 8년의 언도를 받고,

청진감옥 파괴
중병 신음 3개년

청진형무소에서 1922년(大正 11) 8월에 4명이 공모하고 파옥하여 2명은 도주 후 만주 모 방면에서 ○○단의 사관으로 있다 하며, 이 씨는 간수와 격투하다가 체포되어 이 때문에

---

51 이성우(李成宇, 1900~?): 함북 경원(慶源) 출신. 1919년 11월 김원봉·윤치형(尹致衡)·황상규(黃尙奎) 등 13명과 함께 만주 길림성 파호문(巴虎門) 화성여관에서 의열단을 조직했다. 1920년 3월 무기를 국내 부산으로 밀반입시키고 5월 13일 황상규·곽재기 등과 함께 서울로 잠입했다. 5월 19일 서울에 와 있던 김기득(金奇得)과 상해에서 온 이낙준(李洛俊) 등과 함께 거사를 계획하던 중 조선인 형사 김태석(金泰錫)에 의해 1920년 6월 체포되었다. 징역 8년 형을 선고받고 청진형무소에서 옥고를 치르던 중 탈옥하다가 발각되어 2년 형이 추가되었다. 경성형무소에서 옥고를 치르다가 1928년 3월 출옥했다. 1968년에 건국훈장 독립장이 추서되었다.

2년의 가형을 받아 즉시 경성형무소로 이감되어 복역하는 동안에 복막염(腹膜炎)과 늑막염(肋膜炎) 등의 병으로 3년 동안이나 영어(囹圄)의 그중에서 남달리 신음을 하여 1년 반 동안은 병감에서 형기를 보내었다 한다.

얼굴 잊은 아내
낯설고 물선 고국

전기 이성우 씨의 가정은 원래 함북 경원(慶源)에 원적을 두고 30여 년 전에 노령과 북만주 접경인 중동선 지방에 이주하여 방금 73세인 노령의 조모와 부모가 있으며, 결혼한 지 얼마 안 되어 남북만주를 무대 삼고 종횡하느라고 얼굴도 모를 정도의 아내와 또 스물두 살 된 아우와 누이동생이 있을 뿐인데, 이 씨는 원래 20이 되기 전부터 남만주 통화현(通化縣)에 있는 신흥학교(新興學校)에서 군사교육을 받다가 이따금 그의 집인 중동선 소수분(小綏芬)에 돌아가면 그의 늙은 조모는 "학교가 다 무엇이냐, 학교가 없을 그때가 오히려 우리의 집은 고국에 있었느니라"라면서 이역(異域) 객지에서 보내는 가정의 창자가 끊기는 만류도 듣지 않고, 기미운동이 일어나매 상해로 떠나서 그와 같이 중대 사건을 거사할 계획으로 온 고국이언만 오히려 낯설고 물 다른 조선에 생후 처음으로 돌아왔다가 체포된 것이라더라.

감옥 문전 비극
형제 포옹코 통곡

출옥한 이성우 씨는 이역에서 나고 이역에서 자라난 실제(實弟) 이성련 군에게 안기어 목을 놓아 우는 아우의 눈물을 씻어 주며 왕방한 기자에게 말하되 "감상이 무엇 있겠습니까. 잘 휴양한 것뿐입니다. 휴양의 의의야 물론 이후로 나타날 것이겠지요마는 나의 아우를 10여 년 전 어렸을 때 보고 이제 보매 정말 내 아우인지 도무지 모르게 되었습니다. 내가 이럴 때에 내 집에 계신 칠십 당상의 조모님을 뵈면 오죽 하시겠습니까" 하더라.

◇사진은 출옥한 이성우 씨

자료 112 | 《동아일보》, 1928. 9. 8, 5면 4단

"의성단장(義成團長)" 편강렬[52] 고경(苦境)

병든 몸 고칠 여망 없어
◇ 정처 없이 만주로

의성단장 편강렬은 신의주형무소에서 병으로 인하여 출감 후 선천(宣川) 미동병원(美洞病院)에 입원 치료 중이라 함은 기보하였거니와, 그동안 약 1년 반 동안이나 치료를 하였으나 병세는 낫는 기색이 없고 최후로 척수 수술까지 하였으나 치료의 불완전으로 인함인지

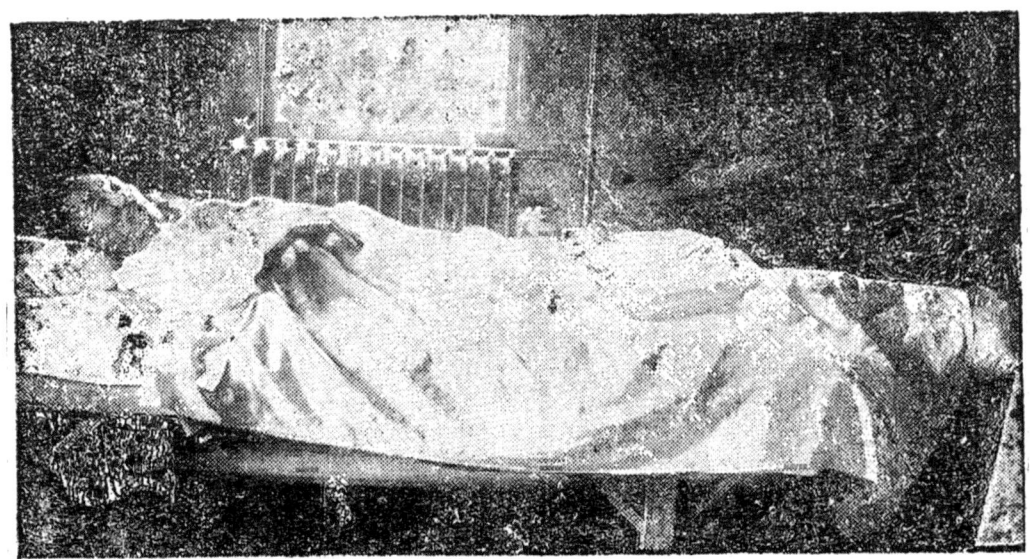

---

52 편강렬(片康烈, 1892~1929): 황해도 연백(延白) 출신. 1907년 이강년 의병장 휘하에서 소모장과 선봉장으로 활약했다. 1908년 13도창의대진소에서 허위의 휘하에서 서울진공작전에 참여했다. 안악사건으로 1910년 12월 체포, 3년간 복역했다. 출옥 후 광복회에 가입, 활동했다. 1919년 황해도 3·1운동 주도, 군사주비단을 조직하여 군자금 모집 중 체포, 1년 6개월을 복역했다. 출옥 후 1923년 11월 만주에서 의성단 조직, 단장으로 활동하였으며, 중국 장춘 일본영사관 습격 등 항일 무장투쟁을 전개했다. 1924년 독립운동단체를 통합하기 위해 중국 각지를 순방하던 중 8월 하얼빈에서 체포되어 징역 7년을 선고받고 신의주형무소에 수감되었다. 1926년 12월 척수염으로 형 집행정지로 출옥하였으나 1929년 1월 16일 중국 안동(安東, 현 단동)에서 사망하였다. 1962년 건국훈장 대통령장이 추서되었다.

별 효과를 보지 못하고 지내 오던 중 얼마 동안은 여러 친고의 도움과 미동병원의 호의로 병중이나마 그리 쓸쓸하지 않게 지냈으나, 날이 점점 오래될수록 친고 간의 도움도 적어 가고 병원에서도 입원료 지불을 요구하는데 응하지 못하게 되니, 자연 냉대를 하게 되어 최근 수개월 동안에는 참으로 곤란 중에 지내 오던바, 아무리 생각해도 그냥 미동병원에 몸을 의탁하고 있을 형편도 못 되고 다른 곳으로 갈 곳도 없어 피골이 상접하고 반신불수가 된 병구를 끌고 다시 만주 안동현으로 가게 되어 지난 6일 오후 7시 차로 떠났다는데, 역시 일정한 주소도 없고 다만 자기 동생이 일시 머물고 있는 안동현 4번통으로 임시 주소를 정하고 있을 모양이라는데, 그는 찾아간 기자에게 웃는 얼굴로 그동안 선천 여러 친고와 사회 인사의 많은 동정을 받음에 대해 감사하고 앞으로 정처 없이 떠나가는 자기의 병구가 어떻게 될는지요 하며 창연한 빛이 있더라. (사진은 병상에 누운 편강렬)

자료 113 | 《동아일보》, 1928. 12. 31, 2면 7단

유림단(儒林團) 거두 김창숙,[53] 극비리 대전 이감

가족, 지우(知友)의 간권(懇勸)을 안 들어서
14년 징역으로 결정

가족과 지우들의 간권도 듣지 않고 14년 징역의 1심 판결을 그대로 복역하기로 하고 공소를 기각해 버린 의열단 고문이요, 유림단 거두(巨頭)인 김창숙(53)은 그동안 대구형무소에서 복역 중이던바, 일량 일전 비밀리에 대전형무소로 이감 복역케 하였다더라. (대구)

---

[53] 김창숙(金昌淑, 1879~1962): 경북 성주(星州) 출신. 1919년 3·1운동이 일어나자 전국의 유림을 규합해서 130여 명의 연명으로 한국독립을 호소하는 유림단의 진정서를 작성하여 중국 상해로 망명한 뒤 프랑스 파리에서 개최된 만국평화회의에 우편으로 제출하여 이른바 '제1차 유림단사건'을 주도했다. 1924년 만주와 몽고 접경지대의 황무지를 빌려서 개간하여 새로운 독립운동기지 건설계획을 추진하기 위해 국내에 잠입하여 모금운동을 전개한 이른바 '제2차 유림단사건'도 주도했다. 1927년 상해 공공조계(公共租界)의 영국인 병원에서 일본 영사관원에게 체포되어 국내로 압송, 징역 14년을 선고받고 대전형무소에서 옥고를 치렀다. 해방 후 1946년 봄 전국유림대회가 서울에서 개최되자 유도회총본부(儒道會總本部) 위원장에 선출되었고 성균관장을 겸임하였다. 1946년 9월 25일 성균관대학의 설립을 인가받고 초대학장에 취임했다. 1953년 2월 6일 전국에 흩어져 있는 향교재단을 규합하여 성균관대학의 종합대학 승격을 인가받고, 초대총장에 취임했다. 1962년 건국훈장 대한민국장이 추서되었다.

자료 114 | 《조선일보》, 1929. 1. 31, 5면 5단

의열단사건의 김시현[54] 씨 출옥

**징역 10년 판결받고 복역 후
은사 감형되어 다섯 해 만에
원기 왕성하여 출감**

지난 1923년(大正 12) 8월에 경성에서 의열단사건으로 징역 10년의 판결을 받고 복역 중이던 김시현 씨는 예정과 같이 지난 29일 오전 9시에 대구형무소에서 약 5년 5개월 만에 출옥하였는데, 당일 형무소 앞에는 그의 가족과 친지 수십 명이 먼 지방에서까지 온 까닭에 감옥 앞은 저자를 이루었으며, 씨는 오랫동안 철창에서 햇빛을 보지 못하고 기막히는 살림을 하였으되 조금도 피로한 빛이 없이 매우 건강한 태도로 출감하여 방금 대구 하해여관(河海旅館)에 투숙 중인데, 그동안 은사를 세 번 입어 약 5년 5개월 만에 겨우 해를 보게 되었다 하며, 대구에서 며칠을 조리하여 가지고 고향인 안동군(安東郡) 풍북면(豊北面) 현애동(玄厓洞)으로 가리라는바, 감상을 물은즉 아무 말도 없이 다만 안방에서 사랑방을 나아오는데 무슨 별 감상이 있겠느냐고 하면서 미소를 띠더라.(대구)

◇사진은 출옥한 김시현 씨

---

54 김시현(金始顯, 1883~1966): 경북 안동 출신. 1919년 3·1운동 후 의열단에 입단하였다. 1923년 국내에 잠입하여 일제 식민통치기관 파괴, 일제 요인 암살 등을 계획하고 경기도 경찰부의 황옥(黃鈺)과 제휴하여 거사를 계획 중 체포, 징역 10년을 선고받고 옥고를 치렀다. 출옥 후 1929년 만주로 망명하여 길림에서 독립동맹을 조직하여 활동하였다. 1931년 북경에서 활동하던 중 체포되어 일본 나가사키(長崎)로 압송되어 5년간 옥고를 치렀다. 출옥 후 북경으로 건너가서 독립운동을 계속하던 중 1942년 북경 일본총영사관 경찰에 체포되어 투옥되었다. 1945년에 일본헌병대에 잡혀 수감되었다가 광복으로 석방되었다. 광복 후 귀국하여 고려동지회 회장, 전보통신사 회장을 역임했다. 민주국민당에 입당하여 고문으로 있다가 1950년 제2대 국회의원에 당선되었다. 1952년 대통령 이승만(李承晩) 암살 미수로 사형선고를 받았으나 무기형으로 감형되었다가 1960년 4·19혁명으로 석방되었다. 같은 해 민의원의원에 당선되었다가 1961년 5·16쿠데타 뒤 정계에서 은퇴하였다.

자료 115 | 《동아일보》, 1930. 2. 6, 2면 11단

평양만세학생 33명 출옥

3일 오후에 방면이 되어
구류 기간 만기 전에

【평양】평양학생만세사건으로 구류처분을 받고 평양형무소, 기타에 수용되어 복역 중이던 생도 123명 중

▲ 숭중(崇中) 40명, 평고(平高) 7명, 광고(光高) 6명, 숭인(崇仁) 6명, 계 33명

을 3일 오후 2시 구류 기간이 차지 아니한 채로 돌연 석방을 하여 처음 겪은 옥고에 창백한 얼굴로 출옥 즉시 각기 자기 학교로 돌아갔다.

자료 116 | 《동아일보》, 1930. 2. 10, 2면 1단

희비의 교향, 철문 앞 인파

중동학생 네 사람이 못 나와
출영자로 일대 혼잡

당일 200여 명의 학생 구속자를 토해 내는 서대문형무소 문전에는 의외의 소식을 듣고 달려간 그들의 가족들과 각 학교 교원들을 비롯하여 동창생들을 합하여 무려 500명의 출영한 사람들이 굳게 닫힌 옥문이 열리기를 기다리고 있어서 일시 대혼잡을 이루며 이제나저제나 하고 기다리고 있었는데, 소관 서대문서의 정사복 경관 다수가 출동하여 만일을 경계하고 있었으며 정각 5시가 되자 굳게 닫힌 옥문이 열리며 보따리를 꾸려 안은 학생들이 나오기 시작하자 기다리고 섰던 부형들은 각기 자기 자제를 찾아 이름을 부르며 너무 기쁨에 눈물을 흘리는 사람이 많았고, 동창생들은 친한 친구를 여기저기에서 찾아내어 뜨거운 악수를 교환하는 등 일장의 인정극(人情劇)이 연출되었다.

◇무거운 옥문이 열린다! 나오는 이, 맞는 이

자료 117 | 《동아일보》, 1930. 2. 10, 2면 4단

치안유지법 위반으로 35명 예심 회부

8명은 결정 없이 석방되어
격문사건 결정 상보

　차재정(車載貞) 이하 학생격문사건의 기소, 불기소 결정은 작보한 바와 같이 작 8일 사건을 담임한 경성지방법원 검사국 사상 전문 모리우라(森浦) 검사로부터 신체 구속자 43명 중 차재정 이하 35명은 치안유지법 위반 및 보안법 위반으로 기소 결정을 하여 동 법원 예심으로 회부하고, 그 밖에 8명은 기소, 불기소 미정으로 신체만을 석방하고, 그 밖에 동 사건 관계로 불구속자 80여 명은 구류집행 중에 또는 미체포로 기소중지 또는 기소유예 혹은 기소, 불기소가 결정되지 않은 채 그대로 사건을 검사가 계속 심리 중인데 당일 신체구속자 중 석

방된 8명은 다음과 같다.

▲ 구봉환(具奉桓) ▲ 강상덕(姜相德)(중앙고) ▲ 권오덕(權五德)(중동학교) ▲ 하공현(河公鉉)(제2고보) 외 4명

자료 118 | 《동아일보》, 1930. 2. 10, 2면 5단

전주신흥교생 23명 출감

【전주】전북 전주 신흥학교생(新興學校生) 70여 명은 삐라를 산포하며 만세를 부르는 동시에 시위를 하고자 하다가 당지 경찰에 검거되어 즉결로 최고 29일, 최하 15일 구류처분을 받고 전주형무소로 넘어갔다 함은 기보한 바와 같거니와 지난 9일 오전 9시경에 15일에 처분된 23명은 출감하였다 한다.

자료 119 | 《동아일보》, 1930. 2. 12, 2면 1단

기소유예된 여학생 24명 당야 출옥

**8명만은 기소해 공판으로 회부
남은 25명 중 24명이 줄어**

시내 여학생 만세사건의 검사국 처분은 작보한 바와 같이 11일 오후 3시경에 신체 구속자 34명 중에 근우회(槿友會)의 간부 허정숙(許貞淑), 이화전문의 이순옥(李順玉), 이화여고보의 최복순(崔福順), 최윤숙(崔允淑), 임경애(林敬愛), 김진현(金鎭賢), 경성여상의 송계월(宋桂月), 여자미술의 박계월(朴桂月) 등 8명만 보안법 위반으로 기소하여 당일로 직접 동 법원 형사 합의부 공판에 넘기고 그 밖에,

◇ 이화여고보=함덕훈(咸德勳) ▲ 윤옥분(尹玉粉) ▲ 김복림(金福林) ▲ 최현수(崔賢守) ▲ 안임순(安壬順) ▲ 이옥련(李玉連) ▲ 양원준(梁元浚)

◇ 동덕여고보=홍옥인(洪玉仁) ▲ 고옥경(高玉璟) ▲ 박선숙(朴璇淑) ▲ 한정희(韓貞姬)

▲ 허복록(許福祿)

◇ 숙명여고보=박선봉(朴先奉) ▲ 조금옥(趙金玉) ▲ 조종옥(趙終玉)

◇ 경성여상=김귀임(金貴任)

◇ 실천여학교=김경숙(金瓊淑)

◇ 정신여학교=하운학(河雲鶴)

◇ 근화여학교=김귀인복(金貴仁福) ▲ 김순례(金順禮) ▲ 최성반(崔聖盤) ▲ 김금남(金錦南) ▲ 김연봉(金蓮峯) ▲ 이충신(李忠臣)

◇ 태화여학교=정태이(鄭泰伊)

등 각 학교 학생 25명은 기소유예 또는 불기소로 각각 결정되어 전기 25명 중 구류집행 중에 당일(10일)이 만기일인 전기 하운학을 제한 외의 24명은 당일로 출옥이 되고 그 밖에 하운학은 금 11일 출옥되었는바 그들은 각각 학교로 가서 선생들의 어떤 지시를 받고 자기 집으로 돌아갔다 한다.

한월(寒月) 빗긴 철문
열루(熱淚) 젓는 수용(瘦容)
수십 대 자동차도 모여
여학생 등 출옥 광경

음력 세전(歲前)에 경찰에 잡혀 환세(換歲)의 밤이 밝는 날 검사국의 손을 거쳐 서대문형무소에 수용이 되었던 만세사건의 여학생들이 기소유예라는 검사의 처분으로 감옥 문을 나서게 된 당일 서대문형무소 문 앞에는 알뜰살뜰히 사랑하는 그들의 가족들은 물론 관계 각 학교의 선생들을 비롯하여 한 교문에서 책상을 같이한 동창생들은 별항과 같이 작 10일 오후 3시경 사건 담임검사의 처분 결정이 발표되자 동 오후 4시부터 수십 대 자동차로 몰려들어 굳게 잠긴 감옥소 철문을 지키게 되었다. 이미 입춘을 지난 봄은 봄이언만 잔한(殘寒)에 무학재를 넘는 쌀쌀한 바람은 오히려 쌀쌀하다. 검사의 출감 지령은 동 오후 6시 반에야 겨우 서대문형무소에 떨어졌으나 무겁게 닫힌 철문은 오히려 움직일 줄을 모른다. 보름을 바라보는 중순 달은 이미 반공에 높았다. 때는 밤 8시! 때는 이때다 덜컹! 옥문은 열린다. 각각 보퉁이 든 여학생들은 밀려 나온다. 옥분아! 복림아! 인옥아! 이렇게 어머니들의 자기 딸 부르는 소리가 터져 나온다. 그 소리는 반가움이 지나쳐 울음 섞인 소리다. 옥문 앞은 부산하였다. 월색은 더욱 밝았다.

여학생 출옥 광경
(위)오후 3시부터 철문 앞에 쇄도한 군중
(아래)수십 대 자동차로 출옥자를 싣는 광경

자료 120 | 《동아일보》, 1930. 3. 8, 2면 6단

제1차 격문사건 차재정 병세 위독

경찰서에서부터 우연히 병을 얻어서 요사이는 위독함으로 감옥의가 간섭
변호사도 면회 거절

제1차 격문사건의 수모자로 시내 종로서에 검거되어 엄중한 취조를 받고 경성지방법원 검사국의 손을 거쳐 동 법원 제3 예심에 회부되어 있는 차재정(車載貞)은 검거된 이래 경찰서에서부터 병으로 생명까지 위독하다고 전하여 작 6일 사건을 담임한 변호사 김병로 씨는 그가 수용되어 있는 서대문형무소 면회를 나아갔었으나 그의 병을 맡아 가지고 목하 치료하는 동 형무소 담임 의사는 병이 면회할 만한 정도를 지나칠 만큼 위독하다 하여 변호사의 면회까지를 거절하였다는데, 병이 그같이 위독하다고 하면 보석이라도 하려 하여 사건을 담임한 변호사들은 수일 내로 그의 보석 청원을 하리라 한다.

자료 121 | 《동아일보》, 1930. 9. 25, 2면 9단

여운형[55] 이감 대전형무소로

조선민족운동의 거두로 징역 3년의 판결 언도를 받고 시내 서대문형무소에서 복역 중이던 여운형은 지난 22일 오전 7시경 경성역 출발 열차로 대전형무소에 이감되었는데, 법무국에서는 그의 이감 이유 발표를 보면 피고는 신체가 허약한 관계상 겨울 추위에 견디기가 곤란할 것이므로 기후가 비교적 따뜻한 전기 대전으로 이감을 시키는 것이라는 것이다.

---

55 여운형(呂運亨, 1885~1947): 경기도 양평(陽平) 출신. 1919년 상해 대한민국 임시정부 외무부 차장, 임시의정원 의원 등을 역임했다. 1921년 중한호조사를 결성하여 한·중 양국의 공동투쟁을 모색했다. 1922년 10월 김구 등과 한국노병회 조직, 군사적 투쟁을 준비했다. 1926년 2월 주의자동맹 조직, 무산운동과 민족운동과의 연합을 표방하면서 사회주의운동을 진작했다. 1929년 영국의 식민정책을 비난하다가 상해에서 영국 경찰에 체포되어 국내로 압송, 3년여 옥고를 치렀다. 출옥 후 1933년 《조선중앙일보》사장에 취임하여 언론을 통한 항일운동을 전개했다. 1936년 8월 일장기 말소사건으로 사장직을 사임했다. 1944년 8월 건국동맹을 조직하여 광복을 준비하였다. 2005년 건국훈장 대통령장, 2008년 건국훈장 대한민국장이 추서되었다.

자료 122 | 《동아일보》, 1931. 1. 10, 2면 10단

여운형 옥중 소식

◇불여퇴이결망(不如退而結網)

작년 4월 3일 경성지방법원에서 징역 3년의 판결 언도를 받고 검사의 공소가 있었으나 복심에서 역시 동년 5월 18일에 공소가 기각되어 복역 중 대전형무소로 이감이 된 여운형은 그동안 일신의 별고는 없이 철창에서 무사히 과세(過歲)를 하였다는데 그가 최근 그의 아우 여운홍(呂運弘) 씨에게 보낸 서신에 의하면 그는 동 형무소에서 하는 일이 매일 하루 같이 '그물'을 뜨고 있으며 임연선어(臨淵羨魚) 불여퇴이결망(不如退而結網)[56]이란 옛글을 생각한다고 한다.

자료 123 | 《매일신보》, 1931. 9. 20, 7면 4단

청주농교사건 70명 송국,
지난 17일 아침에 청주형무소에 수용

【청주】지난 4일 미명에 다수한 불온 격문을 청주 시내에 산포하고 일어난 청주공립농업학교사건은 청주 경찰서에 수사본부를 두고 이래 30여 명의 혐의자를 혹은 검거하며 혹은 소환하여 취조를 거듭하며 혹은 도(道) 경찰부와 밀의하고 혹은 검사국과 밀의한 결과 지난 6일에는 유치원 보모와 모-던 빵 장사 등 8명을 석방하고 더욱 취조를 진행하여 16일에는 6명을 또다시 석방하고 나머지 17명은 17일 오전 10시부터 동 11시 40분까지에 공주지방법원 청주지청 검사국으로 송국한바, 검사국에서는 즉시 간단한 취조를 마친 후에 자동차로 청주형무소에 수용하였다는바, 그들의 씨명은 다음과 같다.

---

56 임연선어(臨淵羨魚) 불여퇴이결망(不如退而結網): '연못가에서 물고기를 부러워하느니, 돌아가 그물을 만드는 것만 못하다'라는 뜻으로 남의 성공을 부러워 말고 스스로 노력하라는 의미로 쓰임.

▲ 16일에 석방된 자 6인

유정렬(柳正烈), 김중옥(金中玉), 신호(申浩), 민영건(閔泳健), 오창화(吳昌化), 김건조(金建曹)

▲ 17일에 송국된 자 17인

조중만(趙重晩), 송재린(宋在獜), 유장렬(柳壯烈), 이철순(李喆淳), 김낙기(金樂基), 이수영(李壽永), 남정진(南廷鎭)=이상 7인 청주농교생

신원직(申元直), 이광복(李光馥), 조진구(趙振九)=이상 3인 청주고보생

민영종(閔泳鍾), 신영환(申榮煥), 노병석(盧秉錫), 도영희(都永熙), 신형식(申亨植), 최흥양(崔興良), 김경동(金慶東)=이상 7인 민간 측

> **자료 124** | 《매일신보》, 1931. 9. 23, 2면 4단

인천소요사건 22명 송국, 지난번 조중출동사건의 피고 서대문형무소에 수용

【인천】지난 달 29일부로 인천지청에서 예심이 종결되어 경성지방법원 합의부 공판에 회부된 인천소요사건의 아래 피고 22명은 이때까지 인천경찰서 유치장에 수용되어 내려오던바 22일 오전 인천경찰서원의 엄중한 경계하에 경성에 압송되어 서대문형무소에 수용되었다 한다.

▲ 소요살인 송용봉(宋用奉)

▲ 소요방화 정백만(鄭百萬), 이만길(李萬吉), 양규성(梁奎星), 지산봉(池山奉)

▲ 소요 서복남(徐福男), 강상기(姜相基), 천선동(千先東), 김태준(金泰俊), 전명준(田明俊), 이삼복(李三福), 정용낙(鄭用洛), 김만운(金萬運), 김영진(金英鎭), 박대흥(朴大興), 윤승의(尹承儀), 김인학(金仁學), 김광언(金光彦), 최보하(崔普夏)

| 자료 125 | 《매일신보》, 1931. 12. 19, 7면 4단

정신 상태 감정코저 오동진 비밀 이감, 서대문형무소로

【신의주】기보=정의부(正義府)의 거두 오동진은 과대망상광(誇大妄想狂)의 행동이 현저하여 그대로 공판을 다시 진행할 수 없었으므로 저번 신의주지방법원 공판정에서는 호리베(堀部) 재판장으로부터 하시모토(橋本) 검사와 상의하여 오던 결과 신의주형무소로부터 지난 14일 경성 서대문형무소로 극비밀리에 이감하고 경성의 정신병 전문의에게 감정하기로 하였다 한다.

| 자료 126 | 《매일신보》, 1932. 3. 21, 2면 8단

오동진 이감, 19일 아침 차로 평양형무소 옮겨

【신의주】신의주지방법원에서 무기징역을 받고서 여기에 불복하여 평양복심법원에 공소하였던 정의부 군사부(軍士部) 집행위원장(執行委員長) 오동진(44)은 19일 오전 9시 3분발 남행열차로 신의주에서 후카야(深谷) 순사부장 이하 경관에게 경계되어 평양에 호송되었다.

| 자료 127 | 《동아일보》, 1932. 6. 22, 2면 4단

복심 판결도 오동진 무기

떠들지 않고 피고는 출정
상고 여부는 아직 불명

【평양지국 전화】복심 공판에서 역시 여러 가지 말썽을 일으키며 공술을 거절한 까닭에 필경 서면 심리로 결심을 하고 검사로부터 1심과 같이 무기징역의 구형을 받은 오동진은 금 21일 오전 10시경 복심법원의 판결 언도를 받고, 저번과 달리 몸에 푸른 미결수 옷을 입고 머리에는 용수를 깊이 쓰고 평양복심법원 제1호 법정에 나타났었다.

이토(伊藤) 재판장은 요코타(橫田) 검사의 관여하에 역시 무기징역을 언도하였는데 그는 다른 때 같이 떠들지도 않고 아주 조용하게 판결을 받은 후 감옥으로 호송되었는데 상고 여부는 아직 결정이 없는 모양이라 한다.

자료 128 | 《부산일보》, 1932. 7. 10, 2면 6단

○○가를 고창하며 사상범인 25명 대전형무소에 입소

○○공산당사건에 관련된 사상범인 25명은 경성형무소에서 대전형무소에 수감되었다. 8일 오전 11시 53분 대전착 열차로 도착 직후 대전서의 가와카미(川上) 고등주임 이하 다수 간수의 호송으로 대전형무소로 이송하였는데, 대전 춘일정(春日町) 2정목 경찰관파출소를 지날 무렵부터 선두의 범인이 음정을 높여 ○○가[57]를 부르며 형무소에 들어왔다. 【대전】

자료 129 | 《매일신보》, 1932. 8. 20, 2면 1단

공산당 재건사건 작일 8명 송국,
그중 5명이 공산대학 출신, 신의주형무소 수용

【신의주】지난 4월 상순부터 평북경찰부에서 극비리에 전선적(全鮮的)으로 검거하기 비롯한 '조선공산당 재건'사건은 약 5개월 만인 지난 18일 오전 10시경 신의주서 유치장으로부터 신의주지방법원 검사국으로 미체포자와 석방자 등의 총 관계자 60여 명 중 김종렬(金鍾烈)(23) 등 8명만 2,000여 매의 기록과 증거품으로 가득한 행리짝과 함께 엄중한 경계리에 자동차로써 송치되어 다니다(谷田) 차석 검사의 대강 취조를 받은 후 신의주형무소로 호송 수용되었는데, 워낙 미체포자가 많은 관계상 사건의 수사는 오히려 속행 중이어니와 이로써 우선 1단만을 지은 셈이라 하며 송국된 8명 중에는 공산대학 출신이 5명이며 역시 동 졸업생으로 오

---

57 적기가(赤旗歌)를 말한다.

직 하나의 양장미인이 있어 이채를 발하는 바 있었는데, 타니다 검사로부터 현 주소를 물음에 대하여 천연스러운 태도로 인제 갈 터인 '신의주형무소 올시다요!'라고 유창한 일본말로 대답하는 등 여협(女俠)다운 태도를 끝까지 발하면서, 검사국 유치장으로 잠휴(暫休)하러 들어가던 길에 은닉 혐의로 잡혔다가 놓인 부내 미륵동(彌勒洞) 147번지 박은혁(朴殷赫)의 처 김명화(金命嬅)(28)에게 심려하지 말라고 웃고, 다시 그의 데리고 온 아들을 쓸어 안아 키스하면서 "내가 들어갔다가 나오는 동안에 잘 크라이!" 하고 감격스러운 장면을 연출시켰다.

▲ 인천 송현리 노동 김명산(金明山)(24)

▲ 전남 장성군 북상면 수성리 무직 변진풍(邊鎭豊)(29)

▲ 경기도 부천군 다주면 장의리 406 정미직공 김점권(金點權)(26)

▲ 황해도 해주군 읍서영정 320 잡지기자 원봉수(元鳳洙)(20)

▲ 상해 법계 하비로 429호 재봉업 이계고(李啓高)(48)

▲ 마산부 오동리 무직 김종렬(金鍾烈)(23)

▲ 마산(?) 여자 김생각(金生刻)(26)(가명)

▲ 인천부 율목리 91 사법대서 보조 김기양(金基陽)(21)

자료 130 | 《동아일보》, 1932. 9. 4, 2면 4단

공작회(工作會)사건 오산세[58] 중태

공작회사건으로 지금 서대문형무소에 수용되어 예심 미결로 있는 오산세는 신병이 매우 위중하여 동소 병감에서 치료 중인데 2일에는 그 병세가 돌연 험악하여 형무소에서는 그의 고모인 시내 관훈동(寬勳洞) 19번지 오 씨에게 서대문경찰서 순사를 밤중에 급히 파견하여

---

[58] 오산세(吳祠世, 1907?~1932): 함남 단천(端川) 출신. 1927년 12월 중국 용정에서 전간도조선인단체 시민대회의 집행위원으로 활동했다. 1929년 3월 만주 돈화에서 조선공산당재건설준비위원회를 조직하고, 10월 고려공산청년회 만주부 책임자로 동지규합과 혁명운동을 했다. 1930년 귀국, 1932년 체포 직전까지 국내에서 조선공산당재건설정리위원회, 조선공산당재건공작위원회 등에서 활동하였다. 서대문형무소 수감 중 1932년 11월 8일 새벽 폐결핵으로 옥중에서 순국하였다. 2006년 건국훈장 애국장이 추서되었다.

면회를 오라고 하였다고 한다.

자료 131 |《조선중앙일보》, 1933. 12. 27, 5면 11단

노농학원적화사건 이원식 출감, 지난 22일에

【오산】 작년 가을에 오산노농학원적화사건(烏山勞農學院赤化事件)으로 수원경찰서에 검거되었던 이원식(李元植) 씨는 1년 2개월의 형기를 마치고 이달 22일에 서대문형무소에서 단수 친지의 출영리에 출옥했다는바, 이 사건에 연좌되었던 변기재(邊基在)는 대전형무소에서, 조명재(趙明載)는 서대문형무소에서 각각 오는 봄에 만기 출옥되리라고 한다.

자료 132 |《조선중앙일보》, 1934. 7. 18, 2면 4단

영흥농조사건의 16명 만기 출옥, 16일 함흥형무소에서

【함흥】 영흥 농민조합사건은 1932년(昭和 7) 6월경에 함흥지방법원에서 공판되어 채수철(蔡洙轍) 외 20여 명은 공소하였고 나머지 피고들은 함흥형무소에서 복역 중이던바, 그중 2년 징역의 형을 받아 복역 중이던 이두섭(李杜燮) 외 15명은 지난 16일 오전 8시경 출옥하여 동 9시 50분 차로 친족들과 같이 영흥으로 행하였다고 한다.

만기출옥인(滿期出獄人)

이두섭(李杜燮), 황택율(黃宅律), 장문행(張文行), 장창우(張昌禹), 김중극(金重極), 김태길(金泰吉), 윤승진(尹承瑨), 조창형(趙昌衡), 김정관(金正寬), 황장홍(黃章洪), 진기재(陳基在), 김인철(金仁哲), 윤상필(尹尙弼), 장형동(張瀅東) 외 2명

자료 133 | 《조선중앙일보》, 1934. 9. 6, 2면 2단

간도공당 관계 6인 만기로 출감

『우리동무』 관계 3인도 출감
모두 5일 서대문형무소에서

간도공산당사건 관계자로 작년 9월 경성지방법원에서 3년 언도에 미결통산(未決通算) 750일을 받은 정두환(鄭斗煥), 이복동(李福童), 윤중걸(尹中杰), 엄흥섭(嚴興燮), 유일환(兪日煥) 등 6인은 이래 서대문형무소에서 복역 중이던바 5일에 만기가 되어 오전 9시에 출감하여 시내 교북동(橋北洞) 교북여관에 투숙하였는데 23일 내로 전부 고향으로 돌아가리라 하며,

『우리동무』 잡지 배포사건으로 지난 달 경성지방법원세서 금고 6개월에 미결통산 170일의 판결을 받은 이찬(李燦), 김태진(金兌鎭), 강윤희(姜潤熙) 등 3인도 5일 오전 9시 서대문형무소로부터 출감되어 각각 시내 친척의 집으로 돌아갔다.

자료 134 | 《조선중앙일보》, 1935. 2. 12, 2면 4단

안도산 가출옥

10일 대전형무소에서
경성 1박 후 평양 향발(向發)

해외에서 다년간 민족운동에 분주하다가 지금으로부터 3년 전에 상해영사관 경찰의 손에 체포, 압송된 이후 경성지방법원에서 징역 4년의 판결 언도를 받고 이래 대전형무소에서 복역 중에 있던 도산(島山) 안창호(安昌浩)(56)는 10일 오후 1시 20분에 대전형무소에서 가출옥이 되었는데, 안도산은 경성에서 대전형무소까지 출영하러 내려간 주요한(朱耀翰), 박흥식(朴興植), 김동원(金東元) 제 씨와 도산의 질녀(姪女) 안맥결(安麥結) 양 등으로 더불어 당일 오후 3시 35분 대전발 열차로 경성으로 향하여 동 7시 25분에 경성역에 도착하였다. 역 앞에는 언론계와 실업계, 기타 각 방면 유지 100여 명의 출영이 있어 모두 굳은 악수를 교환하였는데, 안도산은 고동색 두루마기에 '로이드' 안경을 쓰고 감개무량한 표정으로 각 방면 인

경성역에 도착한 안도산(×표)

사들을 대했다.

경성역에서는 곧 미리부터 준비하였던 박흥식 씨의 자동차로 박흥식 씨 집으로 가서 그곳에서 저녁 음식을 마친 후 부내 삼각정(三角亭) '중앙호텔'에서 1박 하고 11일 아침 8시 경성역발 열차로 평양으로 향하였는바, 평양에는 도산의 질녀 안맥결 양에게서 당분간 정양(精養)하리라 한다.

자료 135 | 《조선중앙일보》, 1935. 10. 30, 3면 5단

태평양노조 관계 박만식 가출옥, 4년역 복역 중

【청진】청진부 신암동에 있는 박만식(朴萬植)(27)은 함남 중심의 태평양노조(太平洋勞組) 사건에 관련되어 함흥감옥에서 4년 동안 철창생활을 하다가 지난 10월 21일 가출옥이 되어 그동안 경성에 체재하다가 지난 24일 청진 자택에 와서 지금 정양 중이라 한다.

자료 136 | 《조선중앙일보》, 1936. 6. 27, 3면 4단

영흥농조사건 우홍구 출옥, 함흥형무소에서

【영흥】영흥 농민조합사건에 관련되어 함흥지방법원에서 5년의 형을 받고 불복 공소 후 경성복심법원에서 역시 치안유지법 위반으로 3년 징역을 받고 이래 서대문형무소를 거쳐 함흥형무소에서 복역 중이던 순영면 원천리 우홍구(禹洪九)는 지난달 5일에 만기 출옥이 되었다 한다.

자료 137 | 《조선중앙일보》, 1936. 7. 2, 7면 10단

영흥농조사건 장희동 출옥

【영흥】영흥 농민조합사건에 연좌되어 19633년(昭和 8)에 함흥지방법원에서 치안유지법 위반으로 5년의 형을 받고 이래 함흥형무소에서 복역 중이던 순영면 중양리 장희동(張羲東)은 만기 3개월을 앞두고 지난 26일 가출옥이 되었다 한다.

4 항일 독립운동가의 사형, 옥사와 병사

자료 138 | 《대한매일신보》, 1908. 10. 15, 2면 4단

이씨 통곡

의병장 이강년 씨를 처교하였다는 말은 이미 게재하였거니와 그 처교하던 날에 이 씨의 아들 이승재 씨가 감옥서 문 앞에 와서 그 처분을 기다리다가 처교하였다는 말을 듣고 그 감옥서 문을 발로 차며 통곡하며 가로되 "이놈 왜적 관리야 나의 부친을 무슨 죄로 처교하였느냐, 너희 왜수가 우리 황상을 협박하고 우리 땅을 빼앗으므로 나의 부친이 충성을 다하여 의병을 일으켜 너희 오랑캐를 죽여 위로는 나라 원수를 갚고 아래로 백성의 원망을 신원코자 함이거늘 오늘날 어찌 감히 이러한 혹형을 하느냐" 하며 그 광경이 심히 위험한지라. 그 서에서 경찰서에 통기하여 하룻밤을 가두었다가 방송하고 이 씨 부친의 시체를 찾아다가 장사 지내게 하였다더라.

자료 139 | 《대한매일신보》, 1908. 10. 22, 2면 1단

의병장 승천

경성감옥서에 갇혀 있던 허위 씨의 아들이 대심원에 상고한다더니 작일 오전 10시경에 감옥서에서 교형을 실행하였다더라.

자료 140 | 《대한매일신보》, 1908. 11. 3, 1면 4단

의기 있는 사람

감옥서 압뢰[59] 두 사람이 의병장 이강년 씨와 허위 씨를 처교함을 보고 울분함을 이기지 못하여 썼던 모자를 찢고 자퇴하였다더라.

---

59 압뢰(押牢): 조선시대에 죄인을 맡아서 지키던 사람. 여기서는 간수를 뜻한다.

자료 141 | 《대한매일신보》, 1909. 6. 17, 2면 4단

의장 사형

의병대장 이은찬 씨는 작일 오후 1시에 경성감옥서에서 사형을 집행하였다더라.

자료 142 | 《대한매일신보》, 1909. 9. 22, 2면 5단

의장 처교

의병총대장 이인영 씨는 작일 경성감옥서에서 교형을 집행하였다더라.

자료 143 | 《대한매일신보》, 1909. 12. 28, 2면 4단

의병장 처교

의병장 김수민 씨는 부하 2,000여 명을 거느리고 13도 총도독의 기를 세우고 장단 등지로 출몰하다가 본년 8월에 피착되어 서대문 밖 감옥서에 수감되어 있다가 지방재판소에서 사형선고를 받고 지난 17일 교형에 처하였다더라.

자료 144 | 《매일신보》, 1914. 12. 19, 3면 6단

대적 괴수의 사형

일찍이 황해도와 평안남북도로 돌아다니며 흉악한 짓을 하던 황해도 평산군 세곡면 광평 한수만[60]은 방화, 모살, 고살미수, 불법체포, 강도살상인죄로 지난 9일 평양복심법원에서

---

60 한수만(韓壽萬, 1889?~1914): 황해도 평산(平山) 출신. 1910년 이후 한정만 의진에 참가해 황해도 일대에서 의병 투

사형선고를 받은바 금월 9일 평양감옥에서 사형을 집행하였다더라.

자료 145 | 《매일신보》, 1915. 10. 13, 5면 3단

불원한 채의 최후, 집행은 평양감옥에서

평양복심법원에서 사형을 선고한 채응언은 고등법원에 상고하여 지금 동 법원에서 심리 중인즉 불원간에 마지막 판결을 내린다는데, 들은 바에 의하면 채는 생명을 아깝게 여기지 않으나 강도살인의 죄명하에 교수대 위에서 죽기는 싫고 자기는 의적(義賊)인즉 의적으로 사형에 처하여 달라고 신립을 하였는데, 그는 적괴답지 않은 변변치 못한 것을 보이는 것은 어떻든지 목숨을 아깝게 여기는 것은 물론이라. 목숨을 아깝게 여기지 않는 허세와 태도를 보이려고 8월 중순 평양지방법원에서 사형을 언도한 2, 3일 후에 미결감방에서 목을 매어 죽고자 하던 사실도 있었는데, 어떻든지 고등법원에서 사형으로 확정되면 절차를 마치는 대로 평양감옥에서 집행하리라더라.

자료 146 | 《매일신보》, 1917. 11. 8, 3면 4단

사형수 5명, (상) 가을의 평양감옥

자작지얼(自作之孽)[61]이라 당연히 받을 것이라 하지마는 그래도 불쌍한 것은 옥중에서 신음하는 죄수들이다. 요사이 평양이 발전된다고 모든 사람이 즐겨 하여도 이 좋은 바람이 서문 밖 옥문 안에야 불어 갈 수 있으랴. 힘없이 떨어지는 낙엽이 철장 앞에 떨어지는 이때에 그네들 심사가 어떠할까. 나는 그들의 꼴이 보고 싶고 그들이 어떻게 되어 가는 모양이 알

쟁을 벌였다. 군자금을 모집하는 한편 일제 헌병파출소를 습격해 일본인 헌병을 저격하는 등 활동을 했고, 1914년 일본군과 총격전을 벌이던 중 체포되었다. 1914년 9월 29일 평양복심법원에서 사형을 선고받아 같은 해 12월 9일 평양감옥에서 사형으로 순국하였다. 1999년 건국훈장 애국장이 추서되었다.

61 자작지얼(自作之孽): 자기가 저지른 일 때문에 생긴 재앙.

고 싶어 30일 석양이 서산을 향할 때 서문 밖 평양감옥을 찾았다. 높은 판장 대문 정면에 붙은 커다랗게 쓰여 있는 '평양감옥' 네 글자는 보는 자의 마음을 이상히 느끼게 한다. 저 문을 열고 들어서면 사자같이 험상스러운 것이 달려들 것 같고, 위엄이 당당한 염라왕을 대할 듯하다. 문 지키는 간수에게 명함을 보이고 그 안을 쑥 들어서니 이 목 저 목에는 긴 칼 찬 간수들이 늘어섰고 붉은 옷을 입은 두어 명의 죄인은 석탄을 나르느라고 분주하다. 나는 대문에서 정면으로 우뚝하게 보이는 큰 집으로 곧 들어갔다. 여기가 본 감옥의 서무실이다. 서무주임을 찾아온 뜻을 말하고 감옥의 현상을 물었다. 이 감옥의 현 죄수는 미결, 기결을 합하여 1,015명이오. 그중에 여인이 97인이다. 또 그중에 내지인이 남녀 50인, 조선인이 남녀 907인, 지나인 58인이다. 그리고 이 중에는 이미 사형을 받고 총독의 '죽여라' 하는 지령만 있으면 이제고 내일이고 교수대 위에 한 점 이슬이 될 자도 5명 있다 한다. 나는 주임에게 "죄 중에는 어떠한 죄를 범한 자가 가장 많은가" 한즉 "통계상으로 보면 절도가 제일이요, 강도가 그다음이요, 사기가 또 그다음이오. 그러나 실제 범죄가 생기는 양을 보면 한 3년 전까지는 강·절도가 제일이었으나 근년 몇 해까지는 사기죄가 제일 많아요. 이것은 사람의 마음은 전과 마찬가지로 착하지 못한데, 거기에 여간한 새 지식을 얻은 것이 모든 사람으로 사기 같은 것을 감행케 하는 듯하오. 보시오, 그런 범인으로 권리이니 의무이니 지껄이지 못하는 자기 어디 있나요. 그러니까 지식이란 것은 양심의 줄기 위에 서 있어야 비로소 착한 열매를 맺는 것이오" 하며 의기 만당의 빛이 보인다.

자료 147 | 《매일신보》, 1918. 5. 4, 3면 2단

소안(笑顔)으로 교수대 상에 오른
이진룡[62]·황봉신·황봉운[63] 3명은 1일 오후에 사형집행,
태연한 이진룡의 태도 웃음 속에 죽었다

재작년 10월 6일 평북 영변군 팔원면에서 운산금광 운송마차를 습격하여 그 금광 재배인의 아우 되는 미국인 및 호위해 가던 순사 1명을 참살하고 지나인 1명, 영국인 1명을 중상케 하고 수송금 7만여 원을 강탈하고자 하여 일시 세상 사람의 이목을 놀라게 했던 소위 운산금광사건의 주모자 황해도 출생 이진룡(40)을 위시하여 동 황봉신(31), 그 아우 황봉운(27)의 3명에 대한 강도살인죄는 제1, 2심에 모두 불복하고 상고 중이더니, 본년 1월 19일 경성고등법원에서 사형의 선고를 받았는데 그 후 피고 등은 평양감옥에서 죽을 때만 오기를 기다릴 뿐이었는데, 사형집행의 명령을 접한 평양감옥에서는 5월 1일 오후 1시 30분에 3명의 사형수를 사형장으로 끌고 가서 전과 같이 세키구치(關口) 검사정, 미쓰이(三井) 검사, 서기 등이 입회한 후 교회사는 마지막 교회가 있음에 대하여 이진룡은 유연히 웃음을 웃으며 가로되 그런 일은 지금까지 귀가 닳도록 들었으니 얼른 사형이나 진행하여 달라고 하였더라. 과연 모 음모사건에 쓰기 위하여 큰돈을 모집하려고 흉행을 하던 자라 조금도 비루한 태도가 없이 태연히 가진 자세는 당장에 죽을 사람 같지도 아니하더라. 그리고 전옥이 묻는 말에 대하여 이진룡은 말하되 "지금 새삼스럽게 잔말을 하기는 싫으나 고향에 있는 장남에게 나 죽은 뒤에 ■도내에게 큰 은혜 있는 선생의 사당(충청남도에 있다)에 참례하여 아비의

---

62 이진룡(李鎭龍, 1879?~1918): 황해도 평산 출신. 유인석의 문인. 1905년 을사늑약 이후 의진을 편성하여 황봉신, 황봉운 등과 함께 의병운동을 전개했다. 1911년 장백 무송현 등지에서 조맹선, 홍범도 등과 포수단을 조직하여 군사훈련을 했다. 1916년 음력 9월 9일 운산금광의 송금마차를 습격했다. 1918년 1월 비밀 결사 충의사를 조직했다. 1918년 밀정의 밀고로 관전현에서 체포, 평양지방법원에서 사형을 선고받고 1918년 5월 1일 평양감옥에서 사형으로 순국하였다. 1962년 건국훈장 독립장이 추서되었다.

63 황봉신(黃鳳信, 1887?~1918): 황해도 평산 출신.
황봉운(黃鳳雲, 1889?~1918): 평남 성천(成川) 출신.
두 사람은 형제로 1905년 을사늑약 이후 이진룡 의진에 가입하여 함께 의병 투쟁을 전개하였다. 이후 이진룡과 함께 만주 등지에서 독립운동을 전개했다. 1916년 음력 9월 9일 운산금광 송금마차를 습격했다. 이진룡이 체포되어 여순감옥(旅順監獄)으로 이송되는 도중 그를 탈출시키려고 하다가 체포, 1917년 12월 15일 평양복심법원에서 사형선고를 받고 1918년 5월 1일 평양감옥에서 사형으로 순국하였다. 1995년 건국훈장 독립장이 추서되었다.

죽은 것을 고하라고 전해 달라고 말하며 다시 말을 내어 하수인이 아닌 황봉운을 사형에 처하는 것은 실로 부당한 일이다"라고 말하더라. 다음 황봉운은 자기가 죄가 중하지 아니한데 사형이 집행된다고 원통히 여기는 말을 하고 오후 2시에 황봉운을 위시하여 이진룡, 황봉신을 차례로 교수대 위에 올렸는데, 다 12분 내지 14분에 절명되었더라. (평양)

자료 148 | 《매일신보》, 1920. 6. 15, 3면 3단

강우규 사형집행은 언제 될는지 아직 모른다, 종작없는 세간의 낭설들, 서대문감옥 미쓰이(三井) 전옥 담

세간에서 풍문이 돌기는 폭탄범인 강우규가 사형선고를 받은 지가 이미 오래되었으나 사형을 집행하였다는 말은 없으니 이것은 아마 당국에서 사형집행이 지나고도 은닉하는 것이라고 소문이 자자하며 또 어떠한 사람들은 사형선고를 받은 지 5일 만에는 꼭 사형집행을 하는 것인데 지금 사형집행을 아니하였다 하는 것은 어디로 보든지 의심스럽다고 하는 세상 풍설이 매우 자자한 데 대하여 지난 14일 서대문감옥에 가서 미쓰이(三井) 전옥을 방문하고 이후에 말한 바와 같이 세간에서는 그러한 소문이 있으니 대관절 어찌 된 까닭인지 물어보았다. 미쓰이 전옥은 허허 웃으면서 하는 말이 사형선고를 언도한 이후 5일 이내에 꼭 사형집행을 한다는 것은 전혀 없는 말이니 가령 닷새 만에 꼭 사형집행을 한다고 하면 그 사형집행 하는 당일이 대제일(大祭日)에나 당할 것 같으면 어찌할 터이며 또 사형집행을 맞추고도 일반 세간에 공포치 아니하고 은닉한다 하면 민적(民籍)에 강우규는 언제까지든지 죽지 않은 것으로 되어 있을 터이니 그것은 도무지 횡설 중에도 종작없는 말이며 또 사형집행을 하기 전에 수형자의 유언이 있는 때에는 이번 강우규로 말하면 강중건(姜重健)을 부를 터이요, 또 유언이 없으면 사형을 집행하였든지 혹은 사망하였든지 성명만 없어지면 공명정대히 관보로 발표하는 것이니 은닉한다는 것은 아주 종작이 없는 말이오. 사형집행을 언제 하는가 함에 대하여는 나도 알 수 없을 뿐만 아니라 재판소에서도 그 당시가 아니면 알 수 없고 요즘 강우규의 태도로 말하면 나이 많은 노인이지만 원기가 대단히 왕성하다고 말하더라.

자료 149 | 《매일신보》, 1920. 11. 7, 3면 5단

폭탄범인 강우규 사형집행 시기 언제, 사형을 집행하려면 서대문감옥으로 옮겨 가는 법이다

새로이 총독부령으로 형사자에 대한 분묘와 제사, 기타 여러 가지의 취체규칙이 생기었으며 일반은 모 중대 범인에 대한 사형집행도 머지않았나 보다 하여 제일 먼저 폭탄범인 강우규를 의심하게 되었으므로 이에 종로구치감에 대하여 오노(大野) 간수장을 찾아본즉 원래부터 친절한 오노 씨는 간친한 얼굴로 웃어 가면서 '아직 강우규에 대하여 사형을 집행하라는 명령은 없을 뿐만 아니라 만약 사형집행을 하게 되면 이 구치감에서 서대문감옥으로 옮겨 보내되 옮겨 보낸다고 곧 사형집행을 하는 것은 아니요. 혹은 며칠 있다가 집행하는 수도 있으므로 실상은 사형을 집행하는 그때가 아니면 여기에서도 알 수 없는 것이외다' 하며 또 요즘 기후는 점점 추워지는데 건강 상태는 어떠하냐고 물어본즉 '네, 본래 신체가 장대한 위에 또 건강하여 아들이 들여보내는 음식도 여전히 잘 잡수며 언제든지 열심히 서적을 탐독하여 오는바 여간한 감기는 이따금 있을 때가 있으나 별로 그것으로는 건강을 해한다고 할 수 없을 만큼 도무지 60세나 된 노인의 기색은 보이지 아니합니다'. 그리고 그 길로 서대문감옥으로 미쓰이 전옥을 방문하고 강우규에 대한 사형집행이 머지 아니하였는가 하고 물어본즉 '그것은 아직 알 수 없는 바이고, 새로이 반포된 부령으로 말하면 아시는 바와 같이 사형자에 대한 것만은 아니오, 일반 형사자 즉 사형 확정된 이외에도 무기징역이라든지 또는 기타 형을 집행하는 동안에 죽은 자에 대한 취체인즉 그것으로 강우규만 의미할 것은 아니며 또 아직은 언제쯤 될는지 알 수 없소이다' 하고 말하더라.

자료 150 | 《매일신보》, 1921. 7. 21, 3면 4단

경계 엄중한 가운데 사형집행된 최경학 시체 출발

지난 8일에 대구감옥에서 사형집행을 당한 밀양폭탄범인 최경학(崔敬鶴) 사체가 그날 새벽차로 대구를 떠나 밀양을 향하는데 밀양 청년계에서는 이 사체의 장례식을 성대히 거행

하고자 일변으로 조위금을 모집하고 일방으로 대구까지 올라와서 사체의 수행을 하는데, 밀양역에서 경관의 경계가 엄중하겠다는 것을 예측하고 청도역에 내려서 밀양까지 도보로 수상(隨喪)한 자도 있었는데, 당일 밀양경찰서에서는 서원 전부가 출동하여 읍내로부터 정거장까지 길 좌우에 경계가 엄중하여 한 사람도 출영치 못하였고, 그 이튿날에 조위금 모집자 및 거출자 100여 명을 호출하여 일일이 조사한 후 모집자 10여 명은 범죄인 사체 취체규칙 위반으로 목하 밀양경찰서에서 검거 취조 중이라더라.(대구)

자료 151 | 《동아일보》, 1923. 7. 28, 4면 5단

최익룡 유골 도착

본월 2일 청진형무소에서 탈옥 도주하려는 최익룡(崔翊龍) 군은 옥리의 총탄에 즉사하였는데, 군은 함경북도 성진군 계상면 옥덕동 최주학(崔周學) 씨의 독자로서 군의 소생은 본년 10세의 남자 1인뿐이며 군은 일찍이 경성 오성학교를 통학하는 동시에 밤에는 보성전문학교 법률과를 통학하여 우수한 성적으로 졸업한 후 한 때는 철리치료법(哲理治療法)을 연구하다가 몇 년 조선 각지에 만세 소리가 진동하자 군은 북간도에 가서 뜻이 있는 활동과 구사일생의 모험으로 민족운동에 심력을 다하였으며 그 후 용정 동흥중학교가 설립되려 한 때에 비상한 활동을 하여 금일의 광장한 동흥중학교를 굴출하였다. 남으로 북으로 학교 설립운동에 진심갈력하고 또한 교편생활을 하던 중에 1년 전 제령 위반이라는 명목으로 청진지방법원지청에서 검사의 사형 논지의 판결에 무기 판결로 전 생활을 철창에서 지내게 되었더니 이번 탈옥사건도 군의 제창이라 하여 주목받던 군은 드디어 옥리의 총탄에 죽음에 이르렀는데 사체는 본월 20일 남행선 편으로 당지에 도착된바 선두에는 군의 오랜 친구와 천도교인 등이 다수 출영하여 곧바로 원적지로 향하였더라.(성진)

자료 152 | 《동아일보》, 1923. 12. 18, 2면 7단

일본 밀정을 살해한 채경옥 사형집행

작일 오후 1시 서대문형무소에서

북간도에서 일본 밀정을 살해하였다는 죄명으로 지난 10월 15일에 경성복심법원에서 사형선고의 공소기각을 당한 중국 연길현 용지사에 사는 조선인 채경옥(蔡京鈺)(33)은 즉시 상고를 하였으나 마침내 11월 12일에 고등법원에서도 사형이 확정되어 서대문형무소에 수감 중이더니 지난 17일 오후 1시 19분경에야 노무라(野村) 전옥보와 이와키(岩城) 검사가 입회하고 사형을 집행하였는데, 19분 만에 절명하였으며 시체는 형무소에서 가매장을 하고 유언으로는 '자기는 아무 양심에 부끄러움이 없다'라고 말하였다더라.

자료 153 | 《동아일보》, 1926. 2. 21, 3면 1단

양승우[64] 사형집행

지난 18일 세상을 마친
【교수대의 벽창의용단장】
세상에 끼쳐 둔 가지가지 사실
제령 위반, 살인강도, 방화, 공갈협박, 상해

---

[64] 양승우(楊承雨, 1894?~1926): 평남 평양 출신. 이명 양세진(楊世振). 1918년 만주 유하현(柳河縣)에서 대한독립단(大韓獨立團)에 가입, 제2대대장을 역임했다. 러시아 백군(白軍)에 참가하여 하얼빈에서 활동하였다. 1920년 8월 대한독립단이 대한민국 임시정부를 지원하는 광복군사령부로 확대 개편될 때 제6대장이 되어 활동하였다. 광복군사령부의 별동대로 부하들을 이끌고 국내에 잠입하여 1920년 8월 벽창의용단(碧昌義勇團)을 조직, 단장에 선임되어 평안도 일대에서 군자금 모집 활동을 했다. 1920년 8월 평북 창성군(昌城郡) 창주면 사창동에서 일제 경찰의 밀정 처단, 10월 대동군(大同郡) 일대에서 군자금 모집 중 일제 경찰 3명 사살, 대동군 전촌(全村)주재소 습격, 1923년 6월 중국 관전현(寬甸縣)에서 친일파 김용국(金用國) 사살, 8월 창성군 일대에서 군자금 모집 및 금융조합 습격 등 무력 항일투쟁을 전개했다. 1924년 한동진(韓東振)과 함께 중국 장춘(長春)에서 일본 영사관 경찰에 체포되어 신의주로 압송되었다. 1925년 평양복심법원에서 사형을 선고받았고, 1925년 12월 4일 고등법원에서 '구차하게 살고 싶지 않다'라고 하며 상고 취하로 사형이 확정되었다. 1926년 2월 18일 평양형무소에서 사형으로, 순국하였다. 1968년 건국훈장 독립장이 추서되었다.

작년 12월 4일에 경성고등법원에서 사형 확정판결이 난 이래 평양형무소에서 죽을 날을 기다리고 있던 벽창의용단(碧昌義勇團) 단장 양승우(36)는 지난 18일에 총독부 법무국으로부터 평양형무소로 사형을 집행하라는 총독의 명령서가 도착하여 그날 오전 11시 15분에 동 형무소 교수대 위에서 오누마(大沼) 검사의 입회 아래 사형을 집행하였다는데, 양승우는 13분 만에 절명되었다 하며 그때에 유언도 있은 모양이나 이것은 형무소에서 절대 비밀에 부친다더라.(평양)

그는 1918년(大正 7) 이래 시국에 대한 큰 불평을 품고 장사한다는 명목 아래 남북만주 각지로 두루 다니다가 기미운동이 발발하자 북만주의 유력한 무장단에 가입하여 군사에 관한 교련을 받은 후로 한때는 러시아 군사에 가입하여 실제 전장에 출전까지 하였다가, 다시 그 후로는 무장한 부하들을 거느리고 평안북도와 기타 각지에서 군자금 모집과 여러 가지 일에 활동하다가, 상해 임시정부의 절대적 신임을 얻어 가지고 벽창의용단이라는 무력 단체를 조직하여 그 단장이 된 후, 평안남북도와 기타 각지에서 군자금 및 부하 모집에 크게 활동하는 한편으로, 경관과 친일파와 밀정들은 자기 사업에 방해된다고 의주군(義州郡) 보민회장(保民會長) 오모(吳謀)와 대동군(大同郡) 전촌(全村)주재소 순사와 7~8명을 사살하고, 그 밖에도 다수한 친일파를 상해하며 또는 그 같은 사람의 집에 불을 놓는 등 일시에 세상을 굉장히 소란하게 하다가, 1923년(大正 12년)경에 그의 부하 한동진[65]과 같이 장춘(長春) 일본영사관 경찰서에 체포되어 신의주지방법원에서 제령 위반, 살인강도, 방화, 공갈협박, 상해 등의 무서운 죄명으로 심문되어 사형의 판결을 받고 불복한 후 평양복심법원에 공소하였다가 역시 사형의 판결을 받고 다시 경성고등법원에 상고하였으나 작년 12월 4일에 마침내 상고 기각을 당해 사형이 확정된 이후 평양형무소 철창 속에서 죽을 날만 기다리고 있다가 그와 같이 교수대 위의 놀란 혼이 된 것이더라.(평양)

---

[65] 한동진(韓東振, 1896?~?): 평북 영변(寧邊) 출신. 1921년 5월 벽창의용단에 가입했다. 양승우와 함께 평안도 일대에서 일제 경찰 및 친일파 처단, 군자금 모집 등의 활동을 전개했다. 1924년 중국 장춘에서 양승우와 함께 체포되어 신의주로 압송, 1925년 12월 17일 고등법원에서 무기징역이 확정되어 옥고를 치렀다. 2009년 건국훈장 애국장이 추서되었다.

자료 154 | 《동아일보》, 1926. 2. 21, 3면 3단

차입(差入)한 석반(夕飯)은 최초의 제찬(祭饌)!

죽은 줄도 모르고 저녁밥을 차입
끝까지 정성 들인 양승우의 외동딸
【사형집행한 이면의 애화】

◇ …양승우의 사형집행은 그의 유족에게까지 알려 주지 않고 비밀에 부쳐 오다가 그 이튿날인 19일에야 동 형무소의 조선인 간수로부터 비로소 사실을 알게 된 것인데, 그 이면에는 실로 인생 최대의 비통한 사실이 가지가지로 감추어 있었다 한다. 양승우는 본래 평양 출생으로 전처와 사별한 이후 다시 후처를 얻었으나 만주로 들어갈 때 이혼을 하였으므로 지금 그의 유족으로는 함씨(咸氏)라는 당년 74세의 노모와 양탄실(楊彈實)이라는 당년 16세의 귀여운 외동딸이 있을 뿐인데, 그 두 여자는 생활이 극히 곤란하여 근일에는 평양(平壤) 신양리(新陽里) 김찬종(金燦鍾) 씨의 집에서 침모와 식모 노릇을 하고 지내며 양승우에게는 매일 두 때씩 차입을 들여오다가 요사이에는 그것조차 곤란하여 하루에 한 때씩 차입을 들여왔다 한다.

◇ …그 차입은 양승우의 딸 탄실이가 옥중의 부친을 그리는 생각으로 정성을 다하여 손수 밥을 지어 가지고 눈이 오나 비가 오나 몇 해를 하루같이 형무소로 가지고 가던 중 사형이 이미 집행된 18일 오후에도 자기의 부친이 이미 교수대 위의 슬픈 혼이 된 줄을 모르고 차입을 가지고 갔는데, 간수들에게도 눈물이 있었던지 아버지를 위하는 온갖 정성으로 차입을 가지고 오는 그 소녀의 가련한 태도에 차마 너의 아버지가 죽었다는 놀라운 소식을 들려주어 그를 절망케 하기는 너무도 애처로운 일이었던지 그날은 죽지 않았다는 듯이 그대로 차입을 받아 주었었다.

천만 이외에 "벌써"의 흉답(凶答)
간수도 외면한 탄실의 호곡성(號哭聲)

◇ …'행여나 아버지가 살아 나오셨으면' 하는 어린 마음에 실낱같이 맺혀 있는 어리석은 희망으로 보기에도 무서운 생지옥을 부친이 그 안에 있는 탓으로 매일 왕래하던 그 소

녀는 이미 그 아버지가 저세상 사람이 되어 혼령은 어디로 사라지고 시체는 창광산(蒼光山) 기슭에 묻혀 있는 줄은 꿈에도 생각지 못하고 일기가 몹시 춥던 지난 19일에도 여전히 그 이튿날인 21일에 또 차입을 가지고 온 것을 볼 때는 불쌍하기 그지없는 그 소녀를 내내 속일 수는 없다 하여 조선인 간수로부터 "너의 아버지는 죽었다" 하고 비통한 소식을 알려 주었다. 뜻밖으로 이 같은 말을 들은 그 소녀는 눈앞이 아득해지고 잡았던 차입 그릇을 힘없이 땅 위에 떨어뜨리고 구슬 같은 두 줄 눈물을 하염없이 흘리며 형무소 내부를 향하여

◇ …"아버지! 아버지!"를 두어 번 찾다가 금창[66]이 메이는 목소리로 "이 밥을 가지고 어떻게 할머니 앞에 돌아가나" 하고 슬피 통곡하여 그 앞에서 광경을 보는 간수들도 쏟아지려는 눈물을 억지로 참고 외면을 하면서 돌아섰다 한다. 그 후 그 소녀는 차마 그 같은 비통한 사실을 자기 할머님에게 직접 알려 드리기는 차마 못할 일이라고 그 길로 자기 고모에게 가서 그 같은 말을 하여, 다시 그 고모는 전기 김찬종 씨에게 가서 그 같은 말을 하였으므로 동 씨로부터 형무소에 전화로 사실 여부를 묻는 동시에 "어찌하여 사형을 집행하고도 유족에게 알려 주지 않았느냐"라고 강경한 질문까지 하였다 한다.

사기(死期)를 앞에 모자의 최후 면회
새 옷을 차입하니 그때가 바로

◇ …그보다 며칠 전 지난 16일에 양승우의 모친은 형무소로 찾아가서 아들을 면회한 일이 있었는데, 이것이 모자간 최후의 면회로, 그때에 양승우로부터 "요새가 음력 정초라 어머님 생각이 더욱 간절하였는데 마침 잘 오셨습니다"라고 한 후 명절을 어떻게 지냈느냐는 여러 가지 말을 물은 후 "내가 죽는 것은 조금도 염려 말으시라"라고 모친을 위안시키고 "의복을 입은 지가 오래되었으니 이것 좀 고쳐 지어다 달라"라고 입었던 옷을 벗어 주어 그 모친은 눈물을 삼키어 가며 그 옷을 받아 가지고 돌아가서 다시 급급히 밤을 새워가며 옷 한 벌을 지어가지고 18일 정오경에 형무소로 가지고 가매

◇ …그때는 바로 사형을 집행한 뒤였으나 무정한 형무소원은 그 가련한 노파를 속이고 지금은 차입을 받을 수가 없으니 한 10여 일 뒤에 들이라고 하여 그대로 돌려보냈다 한다.

---

66 금창(金瘡): 칼이나 창, 화살 따위로 생긴 상처를 말함.

지금 그의 집에는 늙은 할머니와 어린 손녀와 그의 고모 등 세 사람이 비통한 울음으로 지내는 중인데 창광산 기슭에 매장되어 있는 양승우의 유해는 형무소에 청원하여 유해를 찾아다가 그의 죽은 전처와 합장하리라 한다.

자료 155 | 《동아일보》, 1926. 12. 23, 2면 6단

의열단 공범 고인덕[67]은 옥사

재작일 밤중에 돌연히 죽어
재작 야(夜) 대구형무소에서

기보=경북 의열단사건 이종암[68]의 공범자로 폭발물취체벌칙 위반으로 예심의 결정을 받아 대구지방법원 공판에 부쳤으나 병으로 인하여 지난 18일 공판에도 출정하지 못하고 분리하여 심리하게 되었던 경남 밀양군 밀양면(密陽面) 가곡동(駕谷洞) 고인덕(40)은 그동안 병세가 더욱 침중하여진 모양이더니 재작 21일 밤 대구형무소 병감에서 사망하였는데 상세한 것은 아직 미상하다더라.(대구지국 전화)

67　고인덕(高仁德, 1887~1926): 경남 밀양 출신. 의열단에 가입하여 1920년 12월 27일 밀양경찰서에 폭탄을 투척했다. 대구형무소에서 복역, 출옥 후 1925년 11월 재차 독립운동을 준비하던 중 체포되었다. 1926년 12월 21일 대구형무소에서 복역 중 심장병으로 옥사, 순국하였다. 1963년 건국훈장 독립장이 추서되었다.

68　이종암(李鍾岩, 1896~1930): 경북 대구 출신. 1916년 대구은행에 은행원으로 취직하여 출납계주임(出納係主任)이 되어 금고 열쇠를 맡아 2년간 재직했다. 1917년 12월 은행 금고 속에 있는 1만 900원의 돈을 꺼내 동지들과 함께 상해를 거쳐 만주로 갔다. 만주 길림성 영안현(寧安縣) 동경성(東京城)의 간민소학교(墾民小學校)에 주소를 두고 1918년 2월 봉천성 통화현(通化縣)에 있는 무관학교(武官學校)에 입학했다. 1919년 3·1운동이 발발하자 직접 독립운동에 참여하기 위해 무관학교를 그만두고, 1919년 11월 9일 길림성 파호문 밖에서 김원봉·이성우(李誠宇)·황상규 등과 함께 의열단을 조직했다. 1922년 3월 김원봉·김익상(金益相)·오성륜(吳成崙) 등과 함께 필리핀에서 상해로 오는 일본 육군대장 다나카 기이치(田中義一)를 처단하기로 결정하고 3월 28일 상해 황포탄에서 거사를 단행하였으나 실패하였다. 1925년 9월 국내에서 군자금을 모을 계획을 세우고, 신채호가 작성한 의열단선언서[義烈團宣言書, 일명 조선혁명선언(朝鮮革命宣言書)]를 가지고 대구로 잠입했으나 일제 경찰의 추적으로 1925년 11월 5일 체포되었다. 1926년 12월 28일 대구지방법원에서 징역 13년을 선고받고 옥고를 치르던 중 1930년 옥사로 순국하였다. 1962년에 건국훈장 독립장이 추서되었다.

자료 156 | 《동아일보》, 1926. 12. 25, 2면 3단

자살인가 병사(病死)인가, 옥사 전말은 여차

정신 이상으로 여러 가지 위험 행동
필경은 수갑까지 채우고 특별 가심
[고인덕 옥사와 고마쓰(小松) 소장 담]

　의열단사건의 공범 고인덕(40)이 대구형무소 병감에서 세상을 떠났다 함은 이미 보도한바어니와, 그가 세상을 떠난 데 대한 경과에 대해 고마쓰 형무소장은 말하되, "고인덕은 퍽 얌전한 사람인데 지난 10일에 갑자기 정신에 이상이 생겨 여우 흉내를 내다가 그 이튿날(11일)은 개 흉내를 내었습니다. 그러고는 약병을 깨뜨려서 날카로운 유리 조각으로 목과 머리를 찌르려 하므로 11일부터 병감으로 옮기고는 꼼짝을 못하게 장갑을 끼운 뒤에 수갑을 채웠습니다. 그리하여 간병부(看病夫)로 하여금 간호케 하였는데, 그렇게 이상한 짓을 하다가는 정신을 차려 간수나 간병부에게 너무 괴롭게 하여 미안하다는 말까지 하더랍니다. 음식은 우유나 밀크 같은 것을 잘 먹고 별로 중하지도 않게 지내 오다가 공판 날(18일)에는 열이 좀 있기에 나가지 못하였고, 19일에는 변소에 가서 또다시 이상증이 생겨 수갑으로 변기(便器)를 깨어 그 조각으로 국부 근처를 함부로 찔렀으나 별로 많이 상하지는 않았었습니다. 21일 밤에도 밤 7시 반까지 간병부와 아무렇지도 않게 잘 이야기하고 있다가 8시 20분경에 갑자기 이상스럽게 되어 감독자로부터 즉시 의사를 불러왔으나 동 30분에 그만 심장마비로 절명하여 여간 딱하지 않았습니다. 원래 그는 심장이 퍽 약하였다 하며 시체를 가족에게 건네줄 때 가족들의 슬퍼하는 모습을 보고 나도 눈물을 흘렸습니다"라고 말하더라.

판사는 대답 회피

의열단사건의 담임 재판 담당 가나가와(金泉) 판사는 죽은 지 이틀이나 지난 23일에 "글쎄 그렇다고 하는데 아직 자세한 일은 모른다" 하고 말하기를 꺼리는 태도를 보이더라.(대구)

당일 밀양으로
시체를 운반하여

고인덕이 옥사하였다는 급보를 들은 그 부인 이씨(李氏)의 친족 5~6인과 친구 10여 인은 18일[69] 즉시 형무소로 가서 전후 경과에 대한 형무소장의 말을 듣고 오후 4시경에 시체를 받아 동 6시 30분 남행 차로 대구를 떠나 오후 8시 반에 밀양역에 내려 미리 준비하였던 밀양청년회 상여에 운구되어 수백 명의 호위로 동 9시 반경에 밀양 내이동(內二洞) 자택에 이르렀더라.(밀양)

목불인견(目不忍見)의 참흔(慘痕)
아래위로 전신에 참혹한 흔적
시체를 밀양 공의(公醫)가 검사

친족들은 시체를 검사하고자 대구를 떠나기 전에도 의사를 청하였으나 기차 시간 관계로 그냥 밀양으로 왔던바, 다시 검사를 받고자 밀양 사이토(齋藤) 공의를 청하여 삼성의원장(三省醫院長) 김형달(金炯達) 씨와 지방단체 측 몇몇 사람과 모리시타(森下) 형사와 본보 지국 기자의 입회로 시체를 검사하였는데 목은 길이 약 네 치가량에 한 치 깊이로 찢어져서 뼈가 하얗게 보이고, 또 바른편 넓적다리와 국부 부근에는 다섯 치 길이에 한 치 오 푼 깊이로 찢어져 있으며, 왼편 넓적다리와 복부(腹部)에는 길이 약 5, 6, 7촌씩 깊이 3~4푼씩 난자한 흔적이 15~16처나 되어 차마 눈으로 바로보기가 어려웠는데 사이토 공의는 말하되 "자살을 하려고 한 것은 확실한 듯하나 그 상처로 죽지는 아니한 듯합니다. 자살을 도모하기 때문에 쇠약에 빠져서 죽은 듯합니다" 하더라.(밀양)

---

[69] 22일의 오기.

24일 안장

고인덕의 유해는 24일에 그의 어린 아들딸과 사랑하는 부인을 두고 영원히 돌아오지 못할 길을 떠나 그 선산 하에 매장되었더라.(밀양)

자료 157 | 《동아일보》, 1927. 5. 19, 2면 11단

사형집행, 청진 순사 살해범 3명, 작일 서대문감옥에서

지난 1925년(大正 14) 12월 청진 염진온천(鹽津溫泉) 부근에서 범인을 압송 중이던 일본 순사를 살해한 김일송(金日松)(25), 황일천(黃一千)(32), 방봉준(方奉俊)(32)의 3명은 사형선고를 받은 후 서대문형무소에 재감 중이던바 필경 18일에 사형을 집행하게 되어 경성지방법원에서 마쓰자키(松肌) 검사의 입회로 3명이 한가지로 교수대의 이슬로 사라졌다더라.

자료 158 | 《동아일보》, 1927. 5. 22, 2면 8단

송학선[70]에 사형집행

**작년 금호문(金虎門) 사건의 송학선
사형이 집행되어 시체는 화장**

순종효황제(純宗孝皇帝)의 승하 당시에 총독부 고관들이 창덕궁(昌德宮)에 자주 출입하는 것을 기회로 사이토(齋藤) 조선총독을 암살하고자 작년 4월 28일에 창덕궁 앞에

---

70 송학선(宋學先, 1897~1927): 서울 출신. 조선총독 사이토 마코토를 처단하기 위해 1926년 4월 28일 금호문 앞에서 대기하던 중 자동차가 금호문 밖으로 나오자, 사이토가 탄 것으로 생각하고 자동차에 뛰어올라 승객 2명을 사살했다. 그 후 뒤쫓는 기마순사 사토(藤原經一)와 서대문경찰서 순사 오필환(吳弼煥)을 칼로 찔러 사살 후 체포되었다. 차내에서 사살한 2명은 서울 길야정(吉野町)에 살던 국수회(國粹會) 지부장 다카야마(高山孝行)와 경성부협의원(京城府協議員) 사토 코타로(佐藤虎太郎)이다. 이 일로 경성지방법원에서 사형선고를 받고 1927년 5월 19일 사형으로 순국하였다. 1962년 건국훈장 독립장이 추서되었다.

서 비수를 들고 섰다가 경성부협의원 다카야마(高山孝行) 씨를 사이토 총독으로 잘못 알고 찔러 즉사케 하고 동승하였던 사토(佐藤虎次郎) 씨와 자기를 체포하고자 하던 오(吳), 후지와라(藤原) 양 순사에게 중상을 입힌 금호문사건의 송학선(32)은 금년 2월경에 고등법원에서 사형이 확정되어 그동안 은사 감형에 불가하여 법조계나 일반의 주의를 끌던 터인바, 필경은 은사 범위에도 들지 못하고 지난 19일 오후 경성 서대문형무소에서 경성복심법원 이하라(井原) 검사의 입회하에 쥐도 새도 몰래 그의 사형이 집행되었다는데, 재판소 당국에서는 이 사건을 발표하기를 꺼리나 송학선의 동리인 시외 아현북리(阿峴北里) 사람들의 말을 들으면 재작 20일 오전 10시경에 서대문형무소로부터 송학선의 가족에게 시체를 찾아가라는 통지가 왔으므로 그 가족들은 그때야 죽은 줄 알고 대경실색하여 즉시 서대문형무소로 달려가서 그 시체를 찾아다가 경관의 엄중한 경계하에 시외 대현리(大峴里) 화장장에서 화장을 마쳤다더라.

자료 159 | 《동아일보》, 1928. 5. 20, 2면 8단

흑기연맹(黑旗聯盟)[71] 사건 홍진유[72] 군 영면(永眠)

전 반생을 민족운동과 사회운동에 바쳤던 홍진유(31) 군은 한 많은 이 세상을 18일 오후 5시 시내 총독부의원에서 떠났다는바, 군은 민족운동에 무정부사상으로 전환하고 다시 사회주의자로 전환하였었다 하며, 금번 죽은 원인은 3년 전에 세상을 놀래던 흑기연맹사건으로 서대

---

71 흑기연맹(黑旗聯盟): 1924년 홍진유, 서상경 등이 조직한 무정부주의 독립운동 단체.
72 홍진유(洪鎭裕, 1897~1928): 충남 논산(論山) 출신. 1921년 11월 일본에서 박열 등과 함께 흑도회 결성하였다. 1922년 흑우회, 1923년 불령사를 조직하여 무정부주의운동을 전개했다. 귀국 후 1925년 4월 흑기연맹발기인회를 개최, 흑기연맹을 조직했다. 이 일로 체포되어 징역 1년을 선고받고 서대문형무소에서 수감 중 병보석으로 가출옥하였으나 1928년 5월 18일 사망하였다. 1998년 건국훈장 애족장이 추서되었다.

문형무소에서 복역하다가 병을 얻어 보석 출옥 후 지금까지 치료하다가 마침내 세상을 떠난 것이라 하며, 장의는 여러 동지들이 인수하여 19일 오후 6시경에 수철리 화장장에서 화장하였더라.(사진은 홍진유 군)

자료 160 | 《동아일보》, 1929. 1. 20, 2면 7단

의성단(義誠團) 단장 편강렬 장서(長逝)

16일 안등현 객창에서
[파란중첩(波瀾重疊)한 40 평생]

황해도 연백군(延白郡) 봉서면(鳳西面) 현죽리(玄竹里) 출생으로 1923~1924년(大正 12~13)경에 만주로 건너가 의성단을 조직하고, 자기가 단장이 되어 많은 활동을 하던 편강렬(37)은 1925년(大正 14) 5월에 경성고등법원에서 7년의 언도를 받고 신의주형무소에서 1년 8개월 동안을 복역하다가 1926년(大正 15) 12월에 척수염(脊髓炎)으로 집행정지가 되어 출옥한 후 선천(宣川) 미동병원에서 작년 8월까지 치료를 받다가 그 후 안동현(安東縣) 4번통(四番通) 자기 동생 집으로 전지치료(轉地治療)를 하던 중 4~5일  전부터 그의 병세가 갑자기 항진하여 지난 16일 오후 7시에 드디어 운명하였다는데, 그는 16세 때 강원도로 들어가 광복단(光復團)이라는 의병의 선봉장이 된 것을 비롯하여 남북만주의 방랑생활과 철장생활을 치른 뒤 40세를 일기로 파란중첩한 일생을 이역에서 마치게 된 것이라더라.(사진은 편강렬)(신의주)

자료 161 | 《동아일보》, 1929. 2. 12, 3면 4단

집안현 설원에서 밀정 3명 사살, 통의부원 전학수[73]의 범행

과세한 평양감옥 사형수
중국 통화현 팔도구(八道溝) 출생
전학수
대정 8년 제령 제7호 위반, 살인, 강도사건

　피고 전학수는 일찍이 만주 땅에서 출생하여 농사를 하여 오다가 1923년(大正 12) 4월에 통의부에 가담하여 가지고 ○○운동을 시작하여 각 방면으로 많은 활동을 하던 중 집안현 상화보(尙和堡) 노상동(老祥洞)에 거주하는 홍국준(洪國俊), 유봉수(劉鳳水), 홍석찬(洪石贊), 김원조(金元祚) 및 그의 누이(妹), 고운학(高雲鶴) 등이 일본 관헌과 밀통하여 오는 밀정임을 탐지하고 그들을 처치하고자 이듬해 1월 19일에 집안현으로 동지 3명을 인솔하고 가서 먼저 홍국준을 붙들어 암살한 후 부근 산속에 끌고 가서는 눈에 파묻어 버린 후,

◇ 그 이튿날 다시 유봉수를 역시 같은 방법으로 죽여 버리고 동년 4월 25일에 홍석찬을 또한 같은 수단으로 처치하여 버렸으나 그 나머지 사람들은 감금 중에 도주하여 버렸으므로 목적을 수행하지 못한 뒤,

◇ 1924년(大正 13) 정월에 통의부 제1중대 백광운(白狂雲)에게 군자금 모집의 명령을 받고 동지 5명과 함께 무기를 휴대한 후 일본 관헌의 눈을 피하여 그는 비로소 처음으로 고국 땅을 밟아 평북 각 지방으로 다니며 군자금을 모집하다가 필경 강계군(江界郡)에서 체포되어 신의주 1심에서 사형의 선고를 받고 평양복심으로 넘어온 것이니 그의 복심 공판은 오는 26일이라 하며 오숭은(吳崇殷) 변호사가 변호를 담임하

---

[73] 전학수(田學秀, 1896?~1929): 평북 자성(慈城) 출신. 1920년부터 만주에 거주하다가 대한독립단에 가입 후 활동하였다. 1년 동안 대한독립단에서 통신원으로 활동하며 문서 연락 업무 등을 담당했다. 1922년 5월경 중대장 백광운(白狂雲)의 명령으로 이화주(李華周)·안정길(安貞吉)·양봉제(梁鳳濟) 등과 함께 군자금을 모집하기 위하여 국내에 잠입했다. 평남 강계군(江界郡) 문옥면(文玉面)에서 일본인 순사 67명과 교전을 벌였다. 그 후 대한통의부(大韓統義府)에서 활동 중 일제 경찰에 체포되었다. 1929년 6월 27일 평양복심법원에서 홍국준(洪國俊), 유봉수(劉鳳水)를 살해한 혐의로 사형을 선고받고 7월 27일 평양형무소에서 사형으로 순국하였다. 1995년에 건국훈장 독립장이 추서되었다.

였다 한다. (하략)

자료 162 | 《동아일보》, 1929. 2. 28, 2면 3단

이수흥[74]과 유택수,[75] 작일에 사형집행

◇ 닥쳐오는 봄빛도 등지고 ◇
30세 미만 청춘을 일기로

재작년 가을 근기(近畿)를 중심으로 관공서를 습격하고 수처에서 부호를 사살하여 일시 세상의 이목을 소연케 하던 주범 이수흥(25)은 작년 여름에 경성지방법원에서 공범 유택수(26)와 더불어 각각 사형 언도를 받고, 그는 판결 직후에 공소를 포기하고 공범 유택수만 동 복심법원에 공소를 하였으나 복심에서 역시 공소기각이 내리자 상고권을 포기하고 주범, 공범이 모두 한가지로 이미 각오한 사형의 날만 고대하여 오던 중 2명의 사형은 어제 27일 동시에 서대문형무소 교수대에서 동 형무소장과 동 형무소 교회사 관여 아래 1, 2심 판결에 관여하였던 와타베(渡部) 검사의 입회로 필경 집행이 되고 말았다는데, 그같이 공소나 상고권을 포기하고 대담하게도 사형집행을 당하기는 삶에 애착이 좀 더 굳세어지는 보통 사형

---

[74] 이수흥(李壽興, 1905?~1929): 경기도 이천(利川) 출신. 19세 때 만주로 망명하여 김좌진(金佐鎭)이 사관 양성을 목적으로 길림성에 세운 신명학교(新明學校)를 졸업했다. 1923년 7월경 대한통의부에 가입하여 무장투쟁을 전개했다. 대한민국 임시정부 직할의 육군주만참의부(陸軍駐滿參議府)에 가담하여 활동, 제2중대 특무정사(特務正士)에 임명되어 1926년 5월에 일제 고관을 처단하기 위하여 국내에 잠입하였다. 7월 10일 서울 동소문(東小門)파출소 습격, 보초 근무 중인 일제 경찰 도쿠나가(德永勝次)를 저격하여 중상을 입혔다. 9월 9일에는 안성(安城)에서 유택수와 함께 군자금 요청을 거절하는 부호 박승육(朴承六)의 아들 박태병(朴泰秉)을 사살했다. 10월 20일 이천군 현방(玄方) 경찰주재소 습격, 그 후 백사(柏沙)면사무소를 습격하여 면서기 송천의(宋天義)를 사살했다. 1927년 11월 6일 유택수와 함께 체포되어 3년의 예심 끝에 1928년 7월 10일 경성지방법원에서 사형을 선고받고 1929년 2월 27일 서대문형무소에서 사형으로 순국하였다. 1962년 건국훈장 독립장이 추서되었다.

[75] 유택수(柳澤秀, 1901?~1929): 경기도 이천 출신. 1926년 5월 이수흥이 일제 고관 암살 및 군자금 모집 등을 목적으로 국내에 들어오자, 동소문파출소 습격 2개월 후인 1925년 9월 10일 이수흥을 도와 경기도 안성에서 부호 박승육(朴承六)으로부터 군자금을 모집하려고 하다가 불응하자 그의 아들 박태병 등을 사살하였다. 10월 20일 이수흥이 이천의 현방 주재소 등을 습격한 뒤에는 동생 유남수(柳湳秀)와 함께 그를 도피시켰다. 10월 25일 서울 수은동(授恩洞) 전당포 습격, 군자금을 모집하려고 하다가 주인을 사살, 1926년 11월 일제 경찰에 체포되어 1928년 12월 20일 경성복심법원에서 사형이 확정되었다. 1929년 2월 27일 서대문형무소에서 사형으로 순국하였다. 1968년 건국훈장 독립장이 추서되었다.

수들로서는 여생을 단념하기는 어려운 일이라 하겠으며 2명은 이미 철창에 몸을 담은 지 전후 4년 만에 닥쳐오는 봄빛도 등지고 괴로운 최후의 숨을 지기도 주범 이수흥과 공범 유택수가 모두 16분만이라더라.

부모와도 생이별 사별
유족은 손위 누이 1인
고단한 주범 이수흥 가정
유택수는 부모 구존

별항과 같이 사형집행을 당한 이수흥은 그가 잡히던 재작년 여름에 80에 가까운 아버지를 여의고 그가 열한 살 되던 해에 모자가 생이별을 하게 된 어머니는 살았는지? 죽었는지? 아직 종적을 몰라 그에게는 손위의 누이와 매부가 있을 뿐이나, 그 밖에 공범 유택수는 부모 형제가 구존한 터이므로 2명의 시체는 모두 유족에게 인도될 모양이라는데 2명의 건강 상태는 그같이 사형을 당하는 때까지도 별 이상이 없었던 것이라더라.

주범 이수흥
경력과 범행

1. 이수흥은 이천(利川) 연안(延安) 이씨(李氏) 이일영(李日瑩)(83)(호 雪山) 한학자의 만득(晩得) 귀동자로 출생. 11세에 이천공립보통학교 2학년을 수료하고 그해 봄 경성 방산정(芳山町)으로 이사하여 어의동(於義洞) 공립보통학교에 전학, 동년 실부(實父)의 연령에 상당치 않은 30세 전후의 젊은 실모(實母)가 노부(老夫)에 불만을 가지고 거처가 불명하여 학업을 중도에 그만두고 그는 각지에 유리(流離)하다가 소년에 중이 되어 이천군 백사면(栢沙面) 원적산(圓寂山) 영원암(靈源庵)에 입산수도하다가 2년 만에 다시 상경하여 경성 안등사진(安藤寫眞) 통신사에 고용이 되었다.

19세 되던 해 봄에 그는 중국으로 들어가서 관전현(寬甸縣)에 근거를 둔 주만(駐滿) 참의부(參議府) 제1중대 부사(副士)가 되고, 그 후 김좌진(金佐鎭)이 창립한 사관학교에 입학하여 21세에 동교를 졸업하고 동년 주만 참의부 제2중대 특무정사(特務正士)가 되었다.

▲ 1926년(大正 15) 7월 6일=평산군(平山郡) 안성면(安城面) 발참리(撥站里) 함성호(咸聖鎬)

집 침입, 군자(軍資) 청구(미수)

동년 7월 초 만주 환인현(桓仁縣)에서 조선에 잠입

동년 7월 10일=동소문(東小門)파출소 습격 동소 도쿠나가(德永) 순사 사상(射傷)

동년 9월 9일=박태병(朴泰秉)(55) 집에서 동인 사살(射殺), 같은 집 고용인 김춘명(金春明)(54), 임원일(林元一)(55) 총상

▲ 동년 9월 28일=여주군(驪州郡) 홍천면(興川面) 외계리(外系里) 이민흥(李敏興) 집 침입, 군자 청구(미수)

동년 10월 20일=이천군 백사면 현방리(玄方里) 경찰관주재소 습격, 모리마쓰(森松), 고이타(小板) 순사에게 총을 발사(미수)

동지 면사무소 습격, 송천의(宋天義)(37) 사살

동지 공립보통학교 교장의 처 이노우에(井上花惠)(27)에게 총을 발사(미수)

▲ 동년 10월 25일=경성 수은동(授恩洞) 대성호(大成號)[76] 전기영(全基榮)(38) 사살(판결은 유택수의 소위라 함)

▲ 동년 11월 5일 이천에서 피착

◇교수대에 동행한 양명: (위)이수흥, (아래)유택수

---

[76] 대성전당포.

자료 163 | 《동아일보》, 1929. 3. 1, 2면 5단

교수대를 앞두고 최후의 일장 연설

**이수홍은 감상록 수백 페이지 끝에
그날 아침에 마지막 한시(漢詩)를 적었다
이수홍 등 최후 광경**

25세의 꽃다운 청춘을 일기로 27일 오전 서대문형무소 교수대에서 최후의 목숨을 진 이수홍은 최후를 마치던 날 아침 어떠한 예감이 있었던지 최후에 세상에 남겨 둔다는 한시 한 수를 지어 작년 여름 1심에서 사형 판결을 받은 이후로 날마다 써 놓은 감개 깊은 수백 페이지의 감상록(感想錄)과 아울러 동 형무소 요코타(橫田) 소장에게 일임하였다는데, 그는 최후로 교수대에 오르기 전에 '위스키' 술 두 잔을 마시고 동 형무소 히라쓰카(平塚) 교회사 앞에서 장시간 자기의 가슴에 품은 민족주의적 연설을 열렬히 하고 최후의 집행을 당하였다는 바, 그와 같이 사형집행을 당한 공범 유택수(29)도 집행을 말하자 그는 쾌쾌히 교수대에 올라 최후 집행을 받을 때까지 태연자약한 태도로 그에 당하였다더라.

**양인의 시체는 유택수 실부에
오늘 찾아가기로 작정해**

그같이 태연자약한 태도로 최후의 사형집행을 당한 이수홍과 유택수의 시체에 대해서는 동 형무소에서 집행 후 즉시 그의 유족이 있는 이천(利川)에 통지하여 2명의 시체는 전기 유택수의 아버지 되는 유창규(柳昌珪) 씨가 3월 1일 상경하여 찾겠다는 회답이 왔다는데, 전기 유택수의 아버지 유창규 씨도 이미 아들의 신상을 단념하고 얼마 전 자기 아들에게 "너는 그같은 죽음을 쾌쾌히 당하라"라는 비절한 편지까지 발송하였던 것으로 동 형무소에서도 그의 찾아가기를 기다려 2명의 시체를 내어 주리라더라.

자료 164 | 《동아일보》, 1929. 10. 20, 7면 1단

신민부(新民府) 간부 홍순갑[77] 옥사

형무소 공동묘지에 묻힌 것을
친제(親弟) 홍순무(洪淳茂) 씨가 이장(移葬)

(신의주) 본적 익산군(益山郡) 왕궁면(王宮面) 용화리(龍華里) 홍순갑(34)은 일찍이 와세다(早稻田)대학 정경제과(政經濟科)에서 수학하다가 기미년 운동 당시에 상해로 가서 ○○운동을 하다가 길림성(吉林省) 오주현(烏珠縣) 양자하(亮子河) 한인촌(韓人村)에 가서 주소를 정하고, 그 한인촌 고려국민당(高麗國民黨) 집행위원과 또 신민부 중앙집행위원으로 있으면서 조선○○운동에 활동하다가 신의주경찰의 손에 잡혀 금년 3월에 신의주지방법원에서 치안유지법 위반으로 징역 7년의 언도를 받고 평양복심에 공소하여 지난 4월에 징역 5년의 언도를 받고 평양형무소에서 복역하다가 지난 5월 하순경에 신의주형무소에 이감되어 복역하던 중 얼마 전부터 폐결핵으로 병감에서 많은 고통을 하다가 지난 6일에 불귀의 객이 되고 말았는데, 멀리 떠나 있던 그의 아우 홍순무 씨는 최근에야 비로소 알고 신의주에 와서 자기 형의 시신을 신의주형무소 묘지에서 다시 신의주 공동묘지로 안장코자 제반 수속을 마치고 작일 윤하영(尹河英) 목사 사회하에 신의주 공동묘지에서 안장식을 거행하였다더라.

---

[77] 홍순갑(洪淳甲, 1896~1929): 전북 익산 출신. 중국 상해 광동군관학교 졸업, 길림성에서 고려국민당 중앙검사부 집행위원으로 항일운동을 전개했다. 1929년 1월 하얼빈에서 체포되어 신의주로 압송, 4월 평양복심법원에서 징역 5년을 선고받고 신의주형무소에서 수감 중 1929년 10월 6일에 옥사로 순국하였다. 1990년 건국훈장 애국장(1977년 건국포장)이 추서되었다.

자료 165 | 《동아일보》, 1929. 11. 28, 7면 3단

6년 복역 중 정의부원 옥사

[만주서 활동하던 이광한[78]]

【신의주】정의부원(正義府員)으로 해외에서 다년 활동 중 체포되어 신의주지방법원에서 징역 6년을 받고 이래 2년 남아 복역 중이던 이광한은 지난달 26일 오래 신음하던 병으로 인하여 마침내 철문 밖 세상에 나오지 못하고 사망하였다는바, 형무소에 가매장(假埋葬)을 한 채 아직 친족도 찾아오지 아니하였다더라.

자료 166 | 《동아일보》, 1931. 5. 20, 2면 9단

ML당사건 이낙영[79] 영면

[유족은 부인과 4남매]
34세를 일기로

ML당사건으로 투옥되어 장기의 형을 받고 서대문형무소에서 복역하다가 신장염과 늑막염에 걸려 위독함에 이르자 복역의 집행 중지를 얻어 출옥 치료하던 이낙영(34)은 금 19일 오전 11시 시내 협화의원에서 사망하였다고 한다.

동 이낙영은 북청(北靑) 출생으로 일찍이 오성학교를 졸업하고 여러 학교에서 교편을 잡으며 사회운동에 관한 연구를 거듭하다가 직접 전선에 서서 운동하던 사회운동의 투사였다

---

78 이광한(李光翰, ?~1929): 출신지 미상. 정의부에 가입하여 항일운동을 전개했다. 1927년 체포되어 신의주지방법원에서 징역 6년을 선고받고 옥고를 치르던 중 1929년 10월 26일에 옥사로 순국하였다. 1995년 건국훈장 애국장이 추서되었다.

79 이낙영(李樂永, 1897~1931): 함남 북청(北靑) 출신. 1920년부터 북청에서 청년운동 등 사회주의 단체에서 활동했다. 1921년 4월 조선청년회 의장, 1923년 시천교청년회장, 1924년 고려공산동맹 함경남도 책임자, 사회주의자동맹회 서기 및 집행위원으로 활동했다. 1927년 조선노동총동맹 재경위원 및 중앙집행위원장으로 노동운동을 주도했다. 1927년 조선공산당 제3차 대회 의장 및 전형위원, 조직부 위원으로 선정되어 활동했다. 1928년 2월 체포되어 1930년 8월 경성지방법원에서 징역 5년 6월을 선고받고 옥중에서 병으로 쇠약해져 출옥, 치료를 받던 중 1931년 5월 사망하였다. 2007년 건국훈장 애국장이 추서되었다.

고 한다.

동인의 가족으로는 부인과 자녀 4남매가 있으며 장의에 관한 것은 방금 그의 동지들이 협의 중이라 한다.

34세를 일기로 세상을 떠난 이낙영은 가난한 집에서 출생하여 오성학교를 졸업한 후 여러 곳에서 교원 생활을 하고 직접 사회운동으로 발을 디딘 후에는 노동학원 경영, 서울청년회 간부, 청년당대회 위원, 노동대회 위원 등을 경유하여 검거 당시에는 조선노동총동맹(朝鮮勞動總同盟) 중앙집행위원장으로 있었다고 한다.

단체장(團體葬)으로
명일(明日)에 거행

이낙영의 장의는 사회단체장으로 그 동지들이 작정하는 동시에 화장키로 하였다 한다.

만약 사회단체장이 되지 아니하는 경우에는 동지장으로 하여 명 20일 오후경에 거행하리라 한다.

자료 167 | 《동아일보》, 1931. 6. 13, 2면 5단

이제우[80] 사형집행

정의부원 이제우(29)에 대한 사형 상고 심리는 저간 고등법원에서 진행 중이던바, 필경 그 상고가 기각되어 11일 오후 3시에 경성복심법원 야나기와라(柳原) 검사의 입회로 서대문형무소에서 사형을 집행했다.

---

80 이제우(李濟宇, 1905?~1931): 황해도 수안(遂安) 출신. 1926년 9월경 중국 봉천성 무송현(撫松縣)에서 정의부(正義府)에 참여했다. 장백현(長白縣)에 있으면서 재만 동포의 호구 조사를 진행하던 중 최산호(崔山虎)와 함께 밀정 길성룡(吉成龍)과 전모(全某)를 사살했다. 1928년 8월 장백현에서 김경근과 함께 밀정 강영섭(姜永燮)을 처단, 일제 경찰에 체포되어 1931년 5월 11일 치안유지법 위반·살인·강도 등의 혐의로 경성복심법원에서 사형을 선고받았다. 1931년 6월 11일 서대문형무소에서 사형으로 순국하였다. 1995년에 건국훈장 애국장이 추서되었다.

사형 당한 이제우는 황해도 수안(遂安) 출생으로 일즉 만주에 건너가서 ○○운동에 종사하는 일방 정의부 소속이 되어 군자 모집, 밀정 사살 등을 하다가 혜산진 경찰의 손에 잡혀 살인방화죄로 경성지방법원에서 사형을 받았던 것이다.

자료 168 | 《동아일보》, 1932. 1. 16, 2면 7단

홍원(洪原)사건의 박재호[81] 사망

【홍원】함남 홍원군(洪原郡)은 작년 5월경부터 '홍원농민 데모사건'과 금전 관계 서류소각 사건이 3차나 발생하여 홍원서원은 신년 벽두에도 검거에 또 활동 중인데, 보청면(甫靑面) 화동리(和洞里) 박재호 씨는 홍원농민 데모사건으로 작년 8월경에 경찰의 손에 체포되어 5, 6~8개월 동안이나 엄중한 취조를 받는 동안 수년 전 함남기자대회사건 당시 감옥에서 얻은 소화불량증(消化不良症)이 재발하여 오랫동안 신음하던 중 설상에 가상으로 뜻하지 않은 달독증(疸毒症)[82]이 왼쪽 볼 편에 나타났으므로 경찰서에서 지난 5일에 석방되어 전기 본댁으로 나갔으나 원래 빈곤한 생활이라 병은 시시로 더 깊고 푼돈의 용수가 없으므로 자기가 평소에 극진히 믿고 지내던 읍내 모 의원을 방문하고자 지난 8일에 갔다가 입원을 거절당하고 다시 달독증에 적당한 약을 요구하였는데 의사 말이 "병원에서 신약을 가지고 가는 것 보다 구(舊) 의원(醫員)들에게 좋은 약방문들이 많으니 그런 약을 쓰는 것이 좋다" 하며 투약까지 거절하므로 할 수 없이 병원 문을 등지고 떠나서 본 댁으로 돌아갔다는데 10일 오전 7시에 24세를 일기로 필경 세상을 떠났다 한다.

---

81 박재호(朴在鎬, 1899?~1932): 출신지 미상. 1930년경부터 함남 홍원군에서 홍원농민조합을 주도하며 농민운동을 전개했다. 1931년 8월 홍원군 농민조합원들의 시위운동을 주도했다. 이 일로 체포되어 예심 대기 중 지병으로 석방되었고, 1932년 1월 10일 오전 7시경 사망하였다. 2009년 건국훈장 애족장이 추서되었다.
82 달독증(疸毒症): 황달증.

자료 169 | 《동아일보》, 1932. 4. 18, 2면 8단

공산당사건 이병의[83] 옥사

[15일 평양감옥에서]
30세 청춘을 일기로

조선의 사회운동 투사로서 기미운동의 감옥생활을 비롯하여 애국단사건으로 2년 복역을 마치고 나온 뒤 5년 전 3월에 제4차 공산당사건으로 검거되어 재작년 4월에 4년의 형을 받은 이래 평양형무소에서 복역 중이던 이병의는 30여 세를 일생으로 재작 15일 형무소에서 옥사하였다. 그는 일찍이 부모를 여의고 가족으로는 그 부인뿐이라고 하며 장례는 조선노동총동맹에서 준비 중이라 한다. 그의 약력은 다음과 같다.

◇사진은 이병의

1922년 조선노동대회 간부, 자유노동자대회 개최위원, 경성자유노동자조합 발기위원, 서울청년회 입회 ▲1923년 청년당대회 준비위원, 노동총동맹 발기단체 대표, 청총동맹 발기단체 대표 ▲1925년 경성노동자 간부, 사회운동자동맹 준비위원, 사회단체중앙협의회 대회위원 ▲1926년 사회주의자동맹 간부, 민흥회 발기위원 ▲1928년 신간회경성지회 간부

---

83 이병의(李丙儀, 1896~1932): 경기도 파주(坡州) 출신. 1919년 11월 고형진 등과 독립을 목적으로 하는 결의단을 조직했다. 1920년 6월경 대한민국 임시정부 독립운동자금을 모집했다. 1924년 4월 조선노농총동맹 중앙위원으로 선출, 10월 고려공산동맹 노동부 책임자로 선임되었다. 1926년 12월 조선공산당 중앙위원 후보로 선임, 1927년 12월 조선공산당 제3차 대회 경기도 대표가 되었다. 1928년 4월 신의주경찰서에 체포, 1930년 5월 평양복심법원에서 징역 4년을 선고받고 평양형무소에 수감 중 1932년 4월 15일 옥사로 순국하였다. 2009년 건국훈장 애국장이 추서되었다.

자료 170 | 《조선중앙일보》, 1935. 10. 20, 2면 4단

공당(共黨) 재건 관계자 장석천 영면, 집행정지로 출옥 정양 중

장석천(張錫天)은 대전형무소에서 복역 중 1932년(昭和 7) 11월에 신병으로 잔형 8개월을 남기고 집행정지가 되어 전남 광주 누문정에 있는 자택에서 요양 중 불행히 18일 오전 3시경에 별세하였다는바, 그는 일찍이 보성고등보통학교를 졸업하고 수원고등농림학교를 다니다가 사회주의 사상 관계로 퇴학을 하게 된 후, 조선 내 각처를 돌아다니며 실제 운동에 활동하다가 광주학생사건이 발생하자 중요 지도자로서 활동하다가 경찰에 검거되어 징역을 치른 후 또다시 조선공산당 재건사건에 관련되어 대전형무소에서 복역 중 그와 같이 된 것이라 한다.

자료 171 | 《매일신보》, 1936. 7. 24, 2면 8단

간도공산당 사형수 18명 전부 형 집행

6월 18일 고등법원에서 사형의 최후 판결을 받은 중국공산당 간도총국(間島總局)사건은 그 후 사형수 18명 중에서 16명의 수가 재심 청구까지 하였다가 마침내 증거서류의 불비로 재심 청구 기각의 선언을 받은 주현갑(周現甲) 등 사형수 18명은 22일 부내 서대문형무소에서 모두 사형의 집행을 당했다고 한다.

▲ 주현갑(周現甲)(33) ▲ 고하경(高河鯨)(27) ▲ 김광묵(金光默)(31) ▲ 김봉돌(金鳳乭)(24)
▲ 류태순(劉泰順)(30) ▲ 노창호(盧昌浩)(27) ▲ 권태산(權泰山)(33) ▲ 이동선(李東鮮)(31)
▲ 박동필(朴東弼)(28) ▲ 민창식(閔昌植)(31) ▲ 박금철(朴金哲)(31) ▲ 이종립(李鍾立)(27)
▲ 김응수(金應洙)(34) ▲ 조동율(曺東律)(28) ▲ 박익섭(朴翼燮)(34) ▲ 김용진(金龍震)(29)
▲ 김동필(金東弼)(27) ▲ 지연호(池蓮浩)(31)

자료 172 | 《조선중앙일보》, 1936. 7. 24, 2면 1단

간공사건 사형수 작일 전부 사형집행

간도 일대를 경동(驚動)한 대사건
서대문형무소에서

지난 6월 18일 고등법원에서 사형의 최후 판결을 받은 중국공산당 간도총국 사형 피고 주현갑 등은 작 22일에 부내 서대문형무소에서 모두 사형의 집행을 당하였는데, 그 성명은 아래와 같다.

▲ 박익섭(朴翼燮)(34) ▲ 류태순(劉泰順)(30) ▲ 민창식(閔昌植)(31) ▲ 이동선(李東鮮)(31)

▲ 조동율(曺東律)(28)

▲ 김봉돌(金鳳乭)(24) ▲ 이종립(李鍾立)(27) ▲ 지연호(池蓮浩)(31) ▲ 김응수(金應洙)(34)

▲ 김광묵(金光默)(31)

▲ 박금철(朴金哲)(31) ▲ 김동필(金東弼)(27) ▲ 권태산(權泰山)(33) ▲ 고하경(高河鯨)(27)

(이하 호외 재록)

▲ 김용진(金龍震)(29) ▲ 노창호(盧昌浩)(27) ▲ 주현갑(周現甲)(33) ▲ 박동필(朴東弼)(28)

5 사상범 보호관찰과 예방구금

자료 173 | 《매일신보》, 1927. 3. 19, 3면 2단

대혁신 중의 충북유린회(忠北有隣會), 면수(免囚) 보호의 일대 복음

【청주】충북 청주형무소의 사업으로 면수 보호기관인 청주출옥인보호회는 1911년(明治 44) 12월에 창립되어 그 후 15년이 경과하고 1926년(大正 5) 7월에 충북유린회로 개칭한 이래 기초의 확립에 노력하던 결과 현재 그 재산이 1만 수천 원에 달하여 금회 조직을 재단법인으로 바꿀 기운에 도달하였다. 이에 대하여 회장 리키다케 다케이치(力武竹一) 씨는 다음과 같이 말하더라.

    청주에 출옥인 보호기관이 창설되기는 실로 1911년(明治 44) 12월로서 청주 공전의 드문 일일 뿐 아니라 조선 일반사회사업으로서도 그 선구라 할 만하여 장차 우리 충북유린회의 향수(享受)할 만한 명예라고 생각한다. 이래 15년을 두고 그 사명을 다하여 형사사회정책과 많은 공헌을 한 실적은 일반 유지의 동정의 사물(賜物)이라 할 수 있다. 바라건대 면수 보호의 사상과 그 사업은 세계의 문명권에서 이미 상당한 고조(高調)로써 건영(建營)한바, 현재의 사회 상태 특히 우리 조선의 현상을 살펴 특별히 보급하고 진흥해야만 될 필연의 사정을 통감한 바이다. 총독 시정 당시는 전 조선에 근근이 1개 보호기관이 있음에 불과하였지만 1913년(大正 2) 이르러 본부에서 면수 보호사업 보조금 하부(下附) 수속을 제정할 때에는 이미 17개의 기관이 각지에 설립되어 지금은 실로 27개소의 보호기관이 활약하는 실황이다.

    우리 충북유린회도 시세의 진운(進運)에 따를 기능의 완비에 관하여는 종래 예의불태(銳意不怠)한 바이지만 과거 15년간에 축적한 실력은 감히 재단법인으로서 그 세계에 관섭할 정도에 달할 것일 뿐 아니라 장래 더욱더 적극적이고 활발한 운영을 하는 점보다도 차제에 조직을 법인으로 고칠 필요가 있다. 이상 당회가 순조롭게 발달한 것은 발기창설 이래 최선을 다하신 관민 선배 각 위(位)의 원조와 당회 역원 및 평의원으로서 긴 세월을 맡아 열심히 노력하신 사물(賜物)에 도외시하지 않음으로써 이 조직 개신(改新)의 기회에 있어 감사의 성의를 표하고, 금후 재단법인으로서 신생의 희열에 꽉 찬 우리 충북유린회는 다시 일층 포부로써 귀한 사명에 맹진(猛進)하려는 각오이다.

자료 174 | 《동아일보》, 1933. 6. 27, 1면 1단

치유 개정안의 윤곽

법률기능의 기형적 발전

1.

도쿄 사법성 당국자 간에서 논의되고 있던 개정 치안유지법 재개정안은 최근 그 심의가 점차로 구체화하게 되었으므로 사법성 형사국에서는 그 개정에 관한 대체의 범위를 성안(成案)하여 사법성회의에 제출하고 그것을 토대로 삼아 동 안을 토의하게 되었다. 이제 동국 안의 요령(要領)을 들면 1. 사실심리의 1심제도 채용, 2. 외곽단체의 취체, 3. 선전행위 처벌, 4. 기소유보처분규정 명시, 5. 부정기 혹은 예방구금 채용 등이라는 바이니, 이것은 과거에 볼 수 없는 횡적 법역(法域)의 대확장을 기도한 것일 뿐 아니라 재판제도의 특수 변개(變改)를 요구하는 것인 것만큼 특히 심심한 주의를 기울이지 않을 수 없는 일이다.

2.

만일 이것으로써 동법이 개정된다면 그 결과는 과연 어떻게 될 것인가. 첫째 사실심리라는 것은 피고의 필요에서 생겨난 것이 아니라 법의 재정상 필요로서 생겨난 것인즉, 사실심리의 1심제도를 채용한다면 사법관의 권한을 침해할 우려가 있는 동시에 재심에 소(訴)한 사건의 공명한 심리와 재정(裁定)을 내리기가 곤란할 것이다. 따라서 피고의 불리(不利)는 혹은 행위 이상의 것을 입게 될는지도 모르는 것이니 이는 근본적으로 재고를 요할 점이요, 둘째 외곽단체의 취체라는 것과 선전행위의 처벌이란 것도 너무나 말이 간단하여 그 진의를 밝게 알기가 어려우나 일 피고의 소속 단체가 아니요, 그 주위에 근접된 제3단체까지를 취체한다는 것을 의미한다든지, 연구와 보고 이상에 아무것도 아닌 것에 혹은 선전행위의 광의적 해석을 내린다든지 하는 경우가 있을 것을 상상한대도 '법 자체의 위태'와 인권 유린의 폐(弊)가 상반되지나 않을까 하는 것이 걱정되는 일이다.

3.

그리고 부정기 구금 혹은 예방구금제는 종래에도 경찰이 요시찰인(要視察人) 등에게 어느 정도까지 실행하여 온 바이니, 말만은 그대로 새로울 것이 없다 할지라도 종래는 경찰법 및 동 규칙에 의한 단기적 신체구금에 불과하였던 것을 이제는 치유법 일 항으로 집어넣어 그것의 실시에 사법권을 출동시키는 동시에 일층 준엄한 불시감금, 예방감금을 기도하려는 것 같이 추측되는 것인 고로, 언뜻 생각나는 것은 이에 대한 무고자(無辜者)의 불안이 일층 증대되리라는 것이다. 원래 이것은 행위의 발생을 미연에 방지하고자 하는 것이매, 행위를 다스리는 현대 법률로서 비행위적 요소를 다스린다는 것은 스스로 모순된 일이라 할 수 있고 또 '공명(公明)'한 법의 효과를 인민에게 인식시키기도 거의 불가능한 일이라고 볼 수밖에 없나니, 이것을 효과적으로 운용하기 위하여 치유법의 일 항으로 고려하게 된다는 것은 너무나 법률의 본질적 의의를 과대평가하는 것이 아닐까 한다.

4.

측문(仄聞)한 바에 의하면 사법성 당국자들도 이에 대하여 신중한 고려를 거듭하고 있다는 바이니, 반드시 여상(如上)한 형사국 안이 그 개정안에 기본이 되리라고는 믿기 어려우나 오인(吾人)은 법률 자체를 위태에 빠지게 하여 재정의 공명한 기능을 거세(去勢)하게 되리라는 것과 하나를 다스리기 위하여 십백을 어지럽게 할 폐단이 발생되리라는 것과 특정 사상의 불법행위를 응징하기 위하여 허다 무고의 인권 유린을 범하게 될 우려가 있다는 이 몇 가지 점에 있어서 그 재개정의 근본적 고려를 이에서 일전(一轉)시키는 것이 차라리 옳지는 않을까 하는 것을 제언하고자 하는 것이며, 민심의 치밀적 방면에 법률적 효능을 과대평가하는 근래의 일반적 경향은 반드시 삼가지 않으면 안 될 점인 것을 일언하여 두고자 하는 것이다.

자료 175 | 《동아일보》, 1933. 9. 13, 2면 9단

사상전환자 현재 200명

법무국에서 감옥에 명령
전 조선적으로 조사 중

일본에서 사노(佐野)와 나베야마(鍋山) 등 공산당 거두들이 사상을 전향하기 시작한 이래[84] 전 일본과 조선에서도 재감한 공산당원들로서 사상을 전향하는 사람의 수효가 나날이 늘고 있다 한다. 이 까닭에 이에 대한 인원을 조사하고자 총독부 법무국에서는 전 조선 안 형무소에 명령하여 세밀한 조사를 진행하는 중에 있어 불원한 장래의 그 통계가 드러날 것이라 한다. 대체로 현재에 드러난 것만으로 본다고 하면 사상 관계의 재감자 2,600명가량 중에서 200명가량은 사상전향의 선언을 하고 있다 하며 이런 소식을 감옥 당국자나 교회사 등이 재감 수인들에게 알려 주며 혹은 권세도 하는 관계상 앞으로 더욱더욱 늘어 갈 경향이 농후하다고 한다.

자료 176 | 《동아일보》, 1933. 9. 29, 2면 8단

회의의 중심점은 사상범 문제

이 앞으로 전향에 전력 계획
금일 형무소장회의 개최

전 조선 형무소장회의는 28일 오전 10시부터 총독부 제1회의실에서 예정과 같이 개최되었다. 개회 벽두의 총독 훈시가 있고 난 뒤 법무국장의 주의사항이 있고 휴게하였는데 기보와 같이 이번 회의는 여러 가지 토의 사항 중에서 논의 초점이 사상범의 사상전향 문제가 되리라 한다.

---

84 일본공산당의 최고 이론가이자 일본공산당 중앙위원 사노 마나부(佐野學)와 나베야마 사다치카(鍋山貞親) 및 미타무라 이치로(三田村一郎) 등이 1933년 전향한 것을 말한다.

아직까지의 방향을 전환한 사상수인이 없는 것도 아니나 그들은 대부분이 훈회사(訓誨師)를 통하여 전향한 것이었으므로 철저치 못하였고 따라서 현하의 정세를 수인들에게 잘 알리지 못하였었다.

이번 형무소장회의에서 이 문제를 토의 결정한 후에는 훈회사에만 일임할 것이 아니요, 형무소 당국자가 직접으로 그 층에 당하여 현하의 정세와 전향의 효력 등을 알아듣도록 하여 그 수확이 크도록 할 작정이라 한다.

자료 177 | 《조선일보》, 1933. 10. 5, 2면 6단

사상전향 수인은 특별 대우키로 결정

**감방에 보온 장치와 '라디오' 등을
설치하여 일반 수인을 우대할 터
형무소장회의에서 결의**

9월 28일부터 10월 2일까지 5일간 총독부에서 열린 전 조선 형무소장회의에서 여러 가지 행형상(行刑上) 문제를 토의하였다는데, 그중 중요한 것은 수형자와 미결수 등의 대우 개선 문제와 정치범, 사상범의 사상전환 문제라 한다. 재감자 대우 문제에 대해서는 조선은 엄동(嚴冬)이 되면 설혹 감옥이라 할지라도 보온 설비가 없이는 지내지 못한다 하여 예산만 있으면 될 수 있는 대로 감방에 보온 설비를 하게 하며 또 감방에 '라디오'를 설비하여 수인들의 거친 감정을 위로하여 행형상의 효과를 얻고자 하며 정치범, 사상범 등에 대해서는 재래와 같은 소극적 방책으로부터 적극적 교회(敎誨) 방책을 가지고 일본 내지의 중요한 사상범들의 전향 성명서와 진정서 등을 출판, 배포하는 일방, 만주사변 이후 더욱 맹렬하여 가는 국가주의적 사상을 배양시키며 종교사상을 고취하여 공산주의적 사상을 버리게 형무소 직원을 총동원하여 대대적으로 실행하게 되었다 한다.

그리하여 일본 내지는 물론이어니와 특수사정하에 있는 조선에서는 근래 사상범이 격증하여 가는 형세이므로 이것을 재래와 같이 탄압주의로만 나가지 말고 엄중한 취체와 엄벌을 하는 동시에 사상전환자에게는 기소 전에 있어서는 기소유예, 기소보류, 불기소 등의 처

분을 하여 피의자의 반성을 기대하고 기소자는 공판에서 집행유예의 은전(恩典)을 주며 복역자는 될 수 있는 대로 가출옥을 시키는 등 여러 가지에 대하여도 결정하였다는데 이와 같은 정책이 실행될 때에 결과가 어찌 될까 자못 주목된다 한다.

자료 178 | 《매일신보》, 1934. 5. 19, 1면 1단

전 조선에 재(在)한 사상범의 전향 격증, 가정애(家庭愛)에 의한 동기가 필두, 총독부 법무국 조사

5·15사건이 계기? 사상범의 전향시대(轉向時代), 가정애에 의한 동기가 필두. 중대 전 조선 26개 형무소 수인의 사상전향 상황 및 그 공기로 지난 3월 말일 현재로 법무국에서 조사한 바에 의하면, 각 형무소 수형자 중 전향한 자는 치안유지법 위반자에 있어서는 349명, 전향 소망(所望)이 있는 자가 307명, 소망 없는 자가 87명이요, 기타 수인에 있어서는 전향한 자가 110명, 전향 소망이 있는 자가 159명, 소망이 없는 자가 285명인데, 사상범인 사상전향의 동기를 보건대, 문헌(文憲)의 연구에 인한 자 31명, 가정애에 인한 자 205명, 구금의 고통에 인한 자 96명, 시국 관계에 인한 자 20명, 건강 관계에 인한 자 14명, 종교단체에 관한 자 16명, 교회 훈유에 인한 자 93명, 내성(內省)에 인한 자 24명, 보석 또는 감형을 얻고자 함에 인한 자 2명, 내지 공산당원 전향에 의한 반성에 인한 자 3명, 은사 감형에 인한 자 1명, 은사의 권고에 인한 자 1명, 기타가 1명으로 가정애에 인한 전향이 단연 필두를 점하고 있음은 주목되는 바이다. 또 재감자로서 국방, 기타 사회사업 등에 헌금한 것을 보건대, 국방비가 284명에 228원 90전, 재만 동포 출정(出征) 장사(將士) 위문이 82명에 138원 6전, 삼육(三陸) 비당 의연금이 12명에 19원 77전, 조선 나(癩) 예방이 311명에 182원 38전, 보호회 기부가 2명에 11원 90전을, 합계 677명, 581원 1전에 달하였는데, 이로써 보더라도 5·15사건을 일 계기로 아연(俄然) 사상범 전향 시대를 현출하였다 볼 수 있다.

자료 179 | 《동아일보》, 1934. 5. 19, 2면 6단

전향한 사상수 중엔 가정 관계가 수위

전향 349명 중 205명
3월 중의 법무국 조사

전 조선 26개 형무소 수인의 사상전향 상황과 그 통계를 지난 3월 말일 현재로 법무국에서 조사한 바에 의하면 각 형무소 수형자 중 전향한 자는 치안유지법 위반자에 있어서는 349명, 전향 소망자가 307명, 소망 없는 자가 87명, 기타 수인에 있어서는 전향한 자가 110명, 소망이 있는 자가 59명, 소망이 없는 자가 285명이라 한다.

사상수의 전향의 동기를 보건대 문헌의 연구에 인한 자가 31명, 가정애에 인한 자가 205명, 구금의 고통에 인한 자가 96명, 시국 관계에 인한 자가 20명, 건강 관계 14명, 종교 관계에 인한 자 16명, 교회 훈유에 인한 자 93명, 내성에 인한 자 24명, 석방 또는 감형을 얻고자 한 자 2명, 일본공산당 당원 전향에 의한 자 1명, 은사의 권고 1명, 기타 1명으로 가정애에 인한 것이 단연 필두라 한다.

또 재감자로서 국방, 기타 사회사업에 헌금한 사람도 적지 않다 한다.

자료 180 | 《조선일보》, 1934. 5. 19, 2면 7단

사상전향도 색색

1,600 사상범 중 태반 전향
국가주의적 경향 태무(殆無)

지난 3월 말 이래 사상 관계 재감 인원에 대하여 총독부 행형과에서는 오로지 사상전환 상태를 조사한 결과, 전 조선 26개소 형무소의 치안유지법 위반 관계 등의 사상범 재감자 1,606명 중 치안유지법 위반 관계자만 전향하려는 사람은 507명이고, 전향할 가망이 있는 자는 511명이며, 좌우간 분명치 못한 자가 370여 명이며, 전연 전향을 하지 않겠다는 사람

이 208명이라 한다. 그들이 전향한 동기를 보면 문헌 연구의 결과로 인한 자가 31명, 가정 관계로 인한 자가 305명, 구금의 고통을 참지 못하여 전향한 자가 96명, 시국 관계로 인한 전향자가 26명, 건강 관계로 인한 자 44명, 종교·교회 관계로 인한 자 109명, 기타 재외자(在外者)의 권고로 인한 전향 표명자가 32명에 달한다.

이들 사상범들 가운데는 재감 중 국방 혹은 재만 조선인, 기타 재해지에 의연금을 낸 사람이 695명으로 그 금액이 652원 80전에 달한다. 전기와 같이 전향한 동기가 모두 구구하나 전체로 보아 일본 내지의 공산당 관계의 전향은 거의 전부 국가의식에 대한 태도의 변경 또는 국가 사회주의로 전향하는 것과는 반대로 조선 내의 그것은 각기 개인적 사정에 얽매여 전향한 것이 특히 주목되는데 이것 역시 조선 특수사정의 반영이라 하겠다.

> **자료 181** | 《조선중앙일보》, 1936. 5. 29, 2면 6단

사상범보호관찰법(思想犯保護觀察法) 11월부터 조선에 시행

주목되는 그 내용의 여하!

이번 특별의회에서 '패스'된 일본 내지의 사상범보호감찰법(思想犯保護監察法)은 오는 11월 1일부터 이것을 실시하게 되었는데 조선에서도 이것을 제령으로 공포하여 실시하게 될 터인바, 그 구체안(具體案)은 아직 명시되지 않음으로 알 수 없으나 대체에 있어서 조선의 특수사정을 가미하여 이름부터도 사상범보호관찰법으로 하리라 한다.

그리하여 방금 법무국에서 입안(立案) 중인데 성안이 되는 데로 심의실(審議室)에 회부하여 조선에서도 역시 11월부터 실시하리라 한다.

'관찰법' 권내의 사상범과 운동자
그 수 2만을 넘는다

별항과 같이 11월부터 조선에서도 사상범보호관찰법을 실행하게 될 터인데, 이 보호법 권내에 들어오게 될 사상범의 작년 말 재감자 수는 854인에 달하며 그 외에 일반 사상 운동자 수는 2만을 훨씬 초과하리라 한다. 그런데 전기한 사상범 재감자 수에 있어 남자가

848명이요, 여자가 6명인데, 소위 전향을 한 자가 남자 259명에 여자 1명, 준전향자 남자가 239명, 비전향자가 남자 188명에 여자 3명, 기타 불명이 남자 132명에 여자 2명이 있다 한다.

자료 182 | 《매일신보》, 1936. 5. 31, 2면 4단

사상전향자엔 가출옥 특전, 함흥 수인 700여 명 중 1월 내 27명 허가

【함흥】사상운동 중심지에 있는 함흥형무소에는 현재 약 700명의 수인이 있는데 그중 과반수가 사상범이라고 한다. 금년 1월 이래 5월 25일까지의 가출옥자 수가 발표되었는데 가출옥이 허가된 자만 27명의 다수에 달한다고 한다. 이에 형무소 당국은 금후 사상전환하는 사람에 대하여는 철저하게 가출옥의 특권을 얻도록 노력할 터이라고 하는데 일반 사상범의 동향이 주목된다고 한다.

자료 183 | 《조선중앙일보》, 1936. 6. 4, 1면 9단

사상범감찰법안

사법성에서 제안한 사상범보호감찰법안은 일찍 의회에 제안된 치안유지법 개정안 중의 예방구금의 1절을 적출(摘出)하여 단행법으로 한 것이다.

정부는 1930년(昭和 5) 이래 치안유지법 위반 사건의 검거에 노력하여 그 탄압의 전력을 경도한 결과, 집요(執拗)를 극한 공산주의운동도 점차 낙조의 경향을 보이게 되었으나 1928년(昭和 3) 이래 치안유지법 위반의 죄로 검거된 자 중에는 기소유예의 처분 또는 집행유예의 언도를 받고 또는 형의 집행을 종료하고 출옥한 자가 상당한 수에 달하는바, 이들의 심정은 극히 구구하여 그중에는 참으로 전향한 자도 있으나 의연히 불온사상을 포회(抱懷)하고 치열한 투쟁의식을 표시하는 자도 있다. 특히 최근에 이르러 가출옥자와 집행유예자

가 현저히 많아서 내외의 정세와 종합 고찰하여 이들 사상범인에 대하여 만전의 방책을 수립하여 재범 방지에 노력함은 이러한 사상운동을 근절함에 긴요하다 하여 이들에 대하여 사상 및 행동을 관찰하고 비전향자에 대하여는 전향을 촉진하고 또 전향자에 대하여는 이 전향을 확보하는 방법을 취할 목적으로 이 법률을 제정하게 된 것이라 한다.

자료 184 | 《조선중앙일보》, 1936. 6. 10, 2면 7단

사상범 감찰소 8개소에 설치 계획

지난번 의회에서 통과된 사상범보호감찰법은 일본 내지에서는 이를 오는 11월 1일부터 실시하기로 되었으며 조선에서도 여기에 따를 법령을 제령으로 만들어 대체로 11월부터 실시하기로 되어 그 법안을 법무국에서 만드는 중이다. 내용은 아직 알 수 없으나 이 법령에 준해서 사상범을 감찰할 사무소는 복심법원이 있는 경성, 평양, 대구의 세 곳이며 그 외에 신의주, 해주, 전주, 광주, 부산, 함흥, 청진의 일곱 곳 중 다섯 곳을 택하여 출장소를 설치하리라는바, 세 곳 감찰소에는 전임(專任) 보도관(補導官)을 1명씩 두고 출장소에는 검사를 둔다 한다. 전 조선을 통하여 사상 관계자로 되어 있는 사람은 2만여 명을 계산하나, 실제에 있어서는 작년 말 조사에 의한 사상범 전과자 4,973명과 기소유예 기타 1,227명, 도합 6,200명이 있으나 그중에서도 생활과 기타 사정으로 사상 관계가 멀어진 사람이 많아서 순전히 요시찰로 지명을 받게 될 사람은 2,500명밖에 안 되므로 이 요시찰인에게 대해서만은 적극적으로 이 감찰법을 적용하리라는바, 적용할 구체적 방법은 아직 알 수 없다 한다.

자료 185 | 《매일신보》, 1936. 10. 6, 3면 2단

사상전향자 5할, 살인은 여수(女囚)가 7할

9월 말 현재 함흥형무소의 재감자 1,917명

【함흥】9월 말일 현재 함흥형무소 재감인 총수를 보면 1,917인으로 수형자 957인, 미결 115인, 노역 25인인데, 범죄별로 보면 의연 사상범이 최다수로 318인, 절도 299인, 강도 94인, 사기 54인 등인데, 살인 38인 중 여수인(女囚人)이 7할 이상을 점하고 있다고 하며 사상범 중에 전향자가 약 5할가량 된다고 한다.

자료 186 | 《조선일보》, 1936. 11. 14, 1면 1단

사상범보호관찰법에 대하여

인권, 직업, 명예를 존중하리

1.
　과반 의회를 통과한 사상범보호관찰법은 마침내 11월 20일부터 일본 내지에 실시하게 되었거니와 총독부 당국에서도 전번 사법관회의의 심의를 경유한 사상범보호관찰령의 연장 실시에 따르는 일체의 수속을 완료하고 목하 도동(渡東) 중에 있는 오하라(大原) 법무과장 및 미네(美根) 심의실 사무관에 의하여 중앙정부 당국과 법령 실시에 대한 절충을 계속하고 있으므로 일본 내지보다는 다소 늦게 오는 12월부터 조선에도 실시하리라 한다.
　사상범보호관찰법은 그것이 법안으로 의회에 제출되었을 때부터 일부 정당의 비판과 반대를 받아 왔고 일찍이 본 란에도 그 결함을 지적한 바 있거니와 이제 우리는 동 법령의 조선 적용에 앞서 그 운용에 관하여 당국에 몇 가지 주의를 환기하는 바이다.

2.

사상범보호관찰법은 일단 치안유지법의 죄를 범하여 기소유예, 형의 집행유예 또는 체형(體刑) 언도를 받고 형을 종료하였거나 가출옥 허가를 받은 자로 의연(依然) 위험사상을 포회(抱懷)한 비전향자 또는 준전향자 그 외에 전향하였지만 환경에 지배되어 재범의 위험성이 있는 전향자에 대하여 각기 처지에 따라 보호, 관찰과 사상의 선도를 도모한다는 것이다. 그리하여 사상범을 보호관찰 하기 위하여는 경성, 평양, 대구에 보호관찰소를, 신의주, 청진, 광주, 함흥에는 지소를 설치하고 이에 사상보도관(思想輔導官)과 사상보호사(思想保護司)를 두어 보호관찰에 부치게 된 자로 보호자가 있는 자는 이를 보호자에게 인도하고, 없는 자 또는 있어도 부적당하다고 인정할 경우에는 일정한 장소에 수용하여 거주, 교우, 통신의 제한과 기타 적당한 조항의 준수를 명하는 동시에 사상 추이에 유의하고 훈육 지도에 노력하게 하는 것인데, 이에는 많은 부자연한 점이 있지 않을까 한다.

3.

인간생활에 있어 자유는 의식주와 같이 필요한 것이다. 특히 집행을 받고 출소한 자가 신체의 자유를 희구(希求)하는 정도는 일반 사회인보다 몇 배나 강할 터인데, 이제 그에게 거주, 교유, 통신에 제한을 가하고 일반 사생활까지 감시를 엄중히 한다고 하면 그것은 도리어 행형의 의의를 감살(減殺)할 우려가 있는 동시에 출소자로 하여금 갱생의 도를 차단하여 재출발의 희망에 불타면서 석방의 날을 손꼽아 기다리던 보람도 없이 그들에게 실망과 자포자기의 악결과를 초래할 염려가 있지 않을까 사유된다. 더욱 사상범은 파렴치죄나 폭력범과 달라 사물의 이해와 판단력이 있고 사회제도를 기저로 한 사상체계를 신봉하고 있으므로 그들의 사상선도는 단순한 구속과 감시로써만 될 것이 아니요, 그 사상의 근저가 되어 있는 사회제도의 개선을 기하는 데에서 발본색원적(拔本塞源的) 효과를 얻을 수 있는 것이다.

4.

사상범보호관찰령의 입법 정신이 '사상 완성과 생활 확립'에 있다 할지라도 법령 그 자체에 이러한 모순을 포함하고 있는 이상 그 운용 여하에 따라서는 예기(豫期)하던 바와는 전연 배치되는 결과를 유치(誘致)할 수도 있는 것이다. 보호관찰에 부치게 될 인물은 대개 전향할 희망이 적은 사람으로 인정될 자일지니, 그런 인물일수록 반감을 가질 가능성이 많을 것이 아닌가. 그러므로 본 법 실시에 있어서는 구속과 감시의 소극적 방면에만 주력할 것이 아니라 특히 피보호인의 인권과 명예를 존중하여 갱생의 의기를 조장하는 동시에 직업을 가진 사람에 대하여는 직업에 영향을 미치지 않도록 유의할 것이며, 직업을 얻지 못한 자에게는 직업에 종사할 수 있는 기초를 주선하여 생활의 안정을 부여하기에 신중 노력할 것이다.

자료 187 | 《매일신보》, 1936. 11. 26, 1면 2단

보호관찰령 실시 12월 20일로 확정

조선사상범보호관찰령 및 이의 관제(官制)에 대하여는 목하 동상(東上) 중의 총독부 오하라(大原) 법무과장, 미네(美根) 심의실 사무관이 중앙 당국과 협의 중인데 오는 12월 20일부터 실시하기로 결정하였으므로 12월 10일경 공포를 보게 되었다. 그리고 동령 시행에 따라 법무국 내에 전임 사무관을 두는 것 외 경성, 대구, 평양 각지에 보호관찰소를 신설하고 청진, 함흥, 신의주, 광주, 부산에는 각각 지소를 설치하기로 되었다. 관찰소장은 전임으로 하고 지소장은 당분간 법원 직원을 겸임으로 하는 곳도 있을 터인데, 신관제에 의한 직원 중의 보도관은 전임으로 하고 보호사, 서기, 통역생 등은 전임 또는 법원 직원의 겸임으로 충당할 터이다. 이의 실시에 따른 사법계의 이동은 가급적 소범위에 그칠 방침으로서 목하 법무국에서 신 관찰소장 이하를 전형(銓衡) 중이다.

자료 188 | 《매일신보》, 1936. 12. 9, 2면 6단

사상관찰령 결정

작일 내각에서

【도쿄 전화】내각 결정 사항(관계분)
1. 조선총독부보호관찰소관제 제정 건

1. 조선총독부보호관찰심사회관제 제정 건
1. 조선사상범보호관찰령(제정안)
조선총독부 내인시 직원 설치령 중 개정 건

자료 189 | 《부산일보》, 1936. 12. 9, 1면 6단

조선사상범보호관찰령 최근 정식 공포

【도쿄 전화】조선총독부는 최근 내지와 같이 조선사상범보호관찰령을 제정, 공포하고 8일 각의에서 관련 관제의 판정과 개정을 결정하였다.

자료 190 | 《매일신보》, 1936. 12. 12, 2면 2단

사상범보호관찰【상】

제도 실시에 제(際)하여
마스나가(增永) 법무국장 담

조선사상범보호관찰령은 마침내 12일부 관보로써 제령으로 발포되어 21일부터 시행하게 되었다. 이 법령의 실시에 대하여 마스나가 법무국장은 아래와 같이 말한다.

내지에 있어 제69회 제국의회를 통과한 사상범보호관찰법은 지난 5월 29일 법률 제29호로서 공포되고, 뒤이어 이 법 실시에 필요한 기관의 조직, 권한과 보호관찰의 실행에 관한 세칙을 규정한 제(諸) 칙령의 발포가 있어 지난 11월 20일부터 본 제도의 실시를 보게 되었는데, 조선에서도 전부터 본 제도의 필요를 통감하고 있으므로 이것의 실시를 급히 하고 있던 중 본일 드디어 제령 제16호 조선사상범보호관찰령과 조선총독부보호관찰소관제, 조선총독부보호관찰소심사관제의 칙령 공포를 보게 되어 본월 21일부터 실시하기로 되었다.

본 제도 제정의 이유

공산주의운동, 기타 사상범죄가 국가에 미치는 해독(害毒)이 심대한 것은 물론이다. 조선의 사상범죄는 1928년(昭和 3) 이래 일약 격증하여 그때부터 증가되는 경향이어서 참으로 우려할 형편이었으나 부단(不斷)의 준엄한 검거 또는 만주사변 이래 사회정세의 변천 등 특히 국민정신의 앙양, 기타 모든 사정에 지배되어 1932년(昭和 7)이 정점이 되고 그때부터 점차 몰락 도중에 있는 것은 기쁜 현상이다. 그러나 이것은 단순히 형사사건으로 숫자에 나타난 경향일 뿐에 불과하여 혹은 작년 '코민테른' 제7회 대회에서 정한 운동방침, 제 외국에 있어서의 공산당의 활동, 혹은 조선의 지리적, 기타 내부적 특수사정 등 현하 내외(現下內外) 제반 정세를 볼 때는 조선 사상범죄의 장래가 반드시 낙관은 못 된다. 더욱이 1928년(昭和 3) 이래 동 10년까지 치안유지법 위반 사건으로 검거된 것은 실로 1만 6,000명을 돌파하고 그중 기소유예의 처분을 받고, 형의 집행유예의 언도를 받고 또는 형의 집행을 마치고, 혹은 형행 중 가출옥이 된 자들의 수는 약 6,400명이라는 다수에 달하고 있다. 그리하여 이들의 심정을 보면 극히 구구하여서 그중에는 완전히 전향한 자도 있으나 혹은 전향의 의사를 표명하면서도 그 지조가 견고하지 못한 자, 혹은 그 태도가 완미하여 전향할 의사 유무가 분명하지 못한 자, 혹은 아직도 의연 불령사상을 버리지 않고 치열한 투쟁의식을 표명하는 자도 있는 형편이므로 비전향자가 재차 죄를 범할 위험성이 있는 것은 물론인데, 기타의 자도 이대로 방임하여 둔다면 그 환경 또는 사회정세에 좌우되어 재차 범죄할 염려가 충분히 있다.

이러한 까닭으로 내지, 조선을 통하여 사상범인에 대한 만전의 방책을 세우고 일면에서는 국민정신의 작흥을 도모하고, 기타 모든 시설을 강구하여 불령사상의 유입과 발생을 방지하는 동시에 타면으로는 일단 흉악한 사상에 침범된 사상범인을 선도하여 완전한 사상전향과 사회복귀를 확보하지 아니하면 이러한 불령운동의 근절을 기대하기가 어렵다. 즉 사상범 중 전향자에게 대해서는 전향을 확보하게 하고 비전향자와 준전향자에게 대하여서는 사상전향을 지도 촉진시켜 그들로 하여금 완전한 국민적 자각과 생활의 확립을 얻게 하여 사회정세의 변화 여하에 불구하고 국민으로서의 정도를 확보하게 하기 위한 적절한 시설이 필요한 것이다. 이 제도를 제정한 까닭이 이에 있는 것이다.

사상범보호관찰제도의 경개(梗槪)[85]

(1) 보호관찰의 목적

이 제도에 사상범인에 대한 보호관찰의 목적은 보호관찰에 부친 자의 재범을 방지하기 위하여 그 사상과 행동을 관찰하고 이에 대한 적절한 보호를 가하는 점에 있다. 따라서 이 보호관찰은 내지에서 기왕에 단순한 범죄를 방지하기 위한 감찰 감시 등과는 본질적으로 달라 적극적으로 본인을 지도 유액(誘掖)[86]하여 국체에 대한 정확한 인식을 얻게 하고, 일면 생활을 확립시켜 물심양면으로 충분한 보식(保識)을 가하여 국민으로서의 정도에 복귀시키고 또는 이것을 확보시키게 하는 것이 목적이다. 이와 같이 사상범에 대한 보호관찰은 그 결과에 있어 사상범죄의 방지와 동시에 다시 적극적으로 국체명징, 국민정신을 강화하여 장래 국운의 흥륭(興隆)에 자익(資益)하게 하자는 것이다.

(2) 보호관찰의 대상

(누구를 보호관찰에 부칠 것인가)

보호관찰에 부칠 자는 우선 (가) 치안유지법의 죄를 범한 자에 국한되어 있다. 치안유지법에 저촉하지 않고 타 죄를 범한 자에 대하여는 본 제도는 적용하지 않는다. 다음에 (나) 치안유지법의 죄를 범한 자 전부가 보호관찰에 부치는 것이 아니고 그중 검사로부터 기소유예의 처분을 받은 자 혹은 재판소에서 형의 집행유예 언도를 받은 자 또는 형무소에 수용을 당한 후에 가출옥을 허가받은 자, 혹은 만기 출옥한 경우에 한하여 적용되는 것이다. (다) 위 조건을 갖춘 자 전부가 보호관찰에 부쳐지는 것이 아니고 그중 보호관찰소에서 본인을 보호관찰에 부칠 필요가 있다고 인정하고 또는 조선총독의 감독에 속한 보호관찰심사회에서 심사한 결과 보호관찰에 부칠 뜻의 결의를 한 자에 한하여 보호관찰에 부친다. 보호관찰소에서 본인을 보호관찰에 부칠 필요가 없다고 인정한 혹은 보호관찰소에서는 그 필요가 있다고 인정하였으나 보호관찰심사회에서 그 필요가 없다고 인정하고 보호관찰에 부칠 것이 아니라는 결의를 한 경우는 보호관찰에 부치지 않는다.

---

85 경개(梗槪): 전체 내용을 간단하게 정리한 줄거리.
86 유액(誘掖): 이끌어 도와줌.

(3) 보호관찰의 방법

보호관찰을 행함에는 (가) 보호관찰소의 보호사의 관찰에 부칠 것인가 (나) 보호자에 인도할 것인가 (다) 보호단체 사원, 교회, 병원, 기타 적당한 자에게 위탁할 것인가의 세 가지 방법이 있다. 그런데 위 세 방법은 본인의 연령, 성격, 환경, 사상 정황, 기타의 사정을 참작하여 그 특수성에 순응한 방법을 택하고 혹은 단일의 방법에 의하여, 혹은 각 방법을 병합하여 이를 적용할 수가 있는데 더욱 필요하다고 인정되는 경우에는 다시 부수(附隨) 처분으로 본인에 대하여 거주, 교우 또는 통신을 제한하고 기타 적당하다고 인정되는 조건의 준수를 명함을 득한다. 이 부수 처분은 본인으로 하여금 전향의 장해가 될 환경으로부터 이탈하게 하여 보호관찰의 목적 달성을 용이하게 하기 위한 수단에 불외(不外)한 것이며 만고 본인이 차등 제한 조건에 불복한다고 할지라도 별도로 제재, 기타 불이익을 가하려는 것은 아니다. 그런데 위 보호관찰의 방법과 부수 처분은 언제든지 본인 정황에 응하여 취소 변경함을 득한다.

이상은 보호관찰의 방법을 형식적으로 본 것인데, 이를 실질적으로 논하면 항상 본인의 가정 관계, 생계 상태, 교우, 통신 관계, 사상의 추이, 부수 처분을 당하였을 때는 처분 분수의 상황, 보호자 보호단체 등에 위탁한 때는 수탁자의 감독 지도의 상황 등 기타 제반의 사정을 관찰 조사하고 개별적으로 그 사상의 지도, 생활의 확립을 필요로 적절한 훈육 보호를 가하는 것인데, 예를 들면 직접 훈계를 가한다든가 수양의 기회를 부여한다든가, 혹은 직업의 전도, 취직, 취학, 복교, 결혼의 알선, 가정과의 연락 등 보호관찰의 목적 달성에 적당한 범유 처치를 강(講)하는 것이다. (계속)

자료 191 | 《매일신보》, 1936. 12. 13, 1면 4단

사상범보호관찰【하】

제도 실시에 제(際)하여
마스나가(增永) 법무국장 담
(4) 보호관찰 기간

　보호관찰은 전술한 바와 같이 본인의 보호 지도를 목적으로 하는 것이나 일종의 자유 제한이 따르는 처분이므로 기간을 정할 필요가 있다고 하여 그 기간을 2년으로 정하였다. 사상범에 있어서도 재범자의 약 70%가 석방 후 2년 이내에 죄를 범하는 고로 그 점을 고려하여 정한 것이다. 전술한 바와 같이 언제든지 본인의 정황에 응하여 보호관찰처분을 취소할 수 있으며 또 일면 필요에 응하여 보호관찰심사회의 결의에 의하여 위 2년의 기간을 갱신할 수도 있다. 이와 같이 기간에 탄력성을 인정한 것은 필요하고 충분한 보호관찰을 하기 위하여서다.

(5) 보호관찰의 기관

　보호관찰을 행하는 기관으로서 보호관찰소와 보호관찰심사회가 있다. (가) 보호관찰소는 보호관찰을 행하는 독립의 관청으로서 전선(全鮮) 7개소(경성, 평양, 대구, 신의주, 청진, 함흥, 광주)에 설치된다. 각 보호관찰소에 보도관, 보호사, 서기, 통역생을 두고 소장(보도관으로써 이에 충당)이 이를 통할하여 감독한다. 보도관은 보호사를 독려하여 보호관찰의 요부(要否)를 결정함에 필요한 조사를 행하게 하고, 일응(一應) 보호관찰의 요부를 단독히 결정하여 그것이 필요하다고 인정한 자에 대하여 보호관찰심사회의 심사를 청구하여 보호관찰에 부칠 뜻의 결의가 있을 때는 보호관찰의 방법과 부수 처분을 단독히 결정하고 필요에 응하여 보호관찰과 부수 처분의 취소, 변경을 행하며 보호사를 지휘하여 보호관찰의 실행에 적정을 도모하고 필요가 있을 때는 본인에 대하여 심사회의 결의 전에 보호관찰처분을 하며 혹은 후술의 보급비(補給費)와 급여위탁비(給與委託費)의 징수 가부 또는 그 금액을 결정하며 기타 보호관찰소에 관한 일체의 행정 사무를 행한다. 보호사는 보도관의 지휘를 받아 보호관찰의 준비, 조사와 보호관찰 실행의 임무를 담당한다.

서기는 상사의 명을 받아 서무에 종사하고 통역생은 통역과 번역에 종사한다.

(나) 보호관찰심사회는 보호관찰의 요부와 보호관찰의 기간 갱신의 요부를 심사 결의하는 관청으로서 각 보호관찰소 소재지에 이를 설치한다. 위 각 심사 사항은 어떠한 사람이나 사람의 자유를 제한하는 것인 까닭에 특히 심사회의 결의를 요하는 사항으로 한 것이다. 그리고 심사회는 회장 1인 및 위원 6인으로서 이를 조직하고 회장 및 위원은 사법부 내 고등관, 기타 학식, 경험이 있는 자로서 이에 충당한다.

(6) 위탁비의 보급 및 보급비의 징수

본인을 보호단체, 사원, 교회, 병원 또는 적당한 자에 위탁할 때에는 수탁자에 대하여 이로 인해 발생하는 비용의 전부 또는 일부를 국고로부터 충당하여 지급할 수 있고, 또 그 비용은 보호관찰소의 명령에 의하여 본인 또는 본인을 부양할 의무가 있는 자로부터 전부 또는 일부를 징수할 수도 있다.

(7) 본 제도의 소급 및 효력

전술과 같이 1928년(昭和 3) 이래 치안유지법 위반 사건의 기소유예자, 형 집행유예자, 가출옥자, 만기 석방자의 수는 실로 6,400명에 달하는데, 조선사상범보호관찰령 제정의 취지에 비추어 본령 시행 전 본령 소정의 사유가 발생한 전술한 자 등에 대하여도 이를 적용할 필요가 있으므로 특히 본령에 소급 및 효력을 인정한 것이다.

결어

범죄 방지의 방법으로 범인에 대한 보호관찰의 중요한 일은 최근 형사정책상 일반이 확인하는 바로서 검찰, 재판, 행형의 효과를 최후로 보호의 기능을 가하여 비로소 완벽을 기할 수 있는 것이다. 번(飜)하여 조선의 범인 보호의 현상을 보건대, 일반 범죄에 대한 보호단체는 각지에 설립되어 있으나 전선에 겨우 27단체에 불과하고 더욱이 자산 설비 등도 극히 불충분하여 특히 사상범에 대한 보호 사업에 있어서는 최근 겨우 경성에 소도회(昭道會), 충청남도 논산, 부여, 예산, 청양 및 당진의 각 군 사상선도위원의 설립을 보았을 뿐이니 실로 미미한바이어서 일반 사회에 보호 사업의 발전과 국가적 보호제도의 확립이 각하(刻下)의 급무이다. 그런데 이제 사상범 보호의 분야에서 국가적 제도가 확립된 것은 형정사상 획기적 사실로 본 제도의 의의에 대하여는 널리 사회 전반의 이해와 지지를 높여 보호단체의 정비 확대를 도모하는 동시에 본 제도의 충분한 성과를 거두고 다시 일반범죄자에 대한 보호 제도의 확립에 진전하지 않으면 안 될 것이다. 본 제도의 운영 여하는 국가의 치안 확보, 국운의 진전에 영향을 주는바, 극히 중대한 고로 이것의 운영에 미쳐 관민 각 위(位)도 진심으로 협력해 주기를 간절히 바라는 바이다.

자료 192 | 《매일신보》, 1936. 12. 13, 1면 1단

조선사상범보호관찰령 금일 공포

조선사상범보호관찰령은 칙재(勅裁)를 득(得)하여 금 12일 제령 제16호로 공포, 12월 21일부터 시행하게 되었는데 동령은 내지에서 지난 11월 20일부터 시행된 사상범보호관찰법에서 제11조 제2항, 제12조 및 14조를 제외하고 동법에 의하고, 또 동법 중 보호관찰소, 심사회, 보호사 등에는 조선총독부를 관(冠)하며, 비송사건(非訟事件)[87] 수속법이라 함은 조선민사령에 의한 동법이요, 보호관찰에 관하여 필요한 사항은 조선총독이 이를 정한다고 규정된 것인바, 참고로 사상보호관찰법의 전문을 다음과 같이 열거한다.

사상범보호관찰법

제1조 치안유지법의 죄를 범한 자에 대하여 형의 집행유예의 언도가 있는 경우 또는 소추(訴追)를 필요로 하지 않기 때문에 공소를 제기하지 않은 경우에 있어서는 보호관찰 심사회의 결의에 의하여 본인을 보호관찰에 부침을 득함. 본인 형의 집행을 마치고 또는 가출옥이 허가된 경우 역시 동(同).

제2조 보호관찰에 있어서는 본인을 보호하여 다시 죄를 범하는 위험을 방지하기 위하여 그

---

[87] 비송사건(非訟事件): 법원 관할에 속하는 민사사건 중 소송절차로 처리하지 않는 사건. 소송 이외의 절차에 따라 처리되는 민사사건. 법인 해산, 청산 감독, 가사 심판, 민사 조정 따위를 말한다.

사상 및 행동을 관찰하는 것으로 함.

제3조 보호관찰은 본인을 보호관찰소의 보호사의 관찰에 부치고 또는 보호자에 인도하며 혹은 보호단체, 사원, 교회, 병원, 기타 적당한 자에 위탁하여 이를 함.

제4조 보호관찰에 부친 자에 대하여는 거주, 교우 또는 통신의 제한, 기타 적당한 조건의 준수를 명함을 득함.

제5조 보호관찰의 기간은 2년으로 함. 특히 계속할 필요가 있는 경우에 있어서는 보호관찰심사회의 결의에 의하여 이를 갱신함을 득함.

제6조 제1조에 정한 사유가 발생한 경우에 있어서 필요가 있을 시는 본인에 대하여 보호관찰심사회의 결의에 임시로 제3조의 처분을 함을 득함.

제7조 제3조 또는 제4조의 처분은 그 집행 중 언제든지 이를 취소하고 또는 변경함을 득함. 전조의 처분에 있어서도 또한 동.

제8조 보호관찰소는 필요가 있을 시는 보호사로 하여금 본인을 동행케 함을 득함.

제9조 보호관찰소 및 보호사는 그 직무를 행함에 당하여 공무소 또는 공무원에게 대하여 촉탁(囑託)을 하고 기타 필요한 보조를 구함을 득함.

제10조 본인을 보호단체, 사원, 교회, 병원 또는 적당한 자에게 위탁한 시는 위탁을 받은 자에 대하여 일로 인하여 발생한 비용의 전부 또는 일부를 급부(給付)함을 득함.

제11조 전조의 비용은 보호관찰소의 명령에 의하여 본인 또는 본인을 부양할 의무 있는 자에게서 그 전부 또는 일부를 징수함을 득함. 이 명령에 있어서는 비송사건 수속법 제208조의 규정을 준용함. 전항의 명령에 불복이 있는 자는 명령의 고지를 받은 날로부터 1개월 내에 통상 재판소에 출소(出訴)함을 득함. 이 출소는 적행정지(適行停止)의 효력을 갖지 못함.

제12조 소년으로서 치안유지법의 죄를 범한 자에게는 소년법의 보호처분에 관한 규정을 적용하지 아니함.

제13조 본 법은 육군형법 제8조, 제9조 및 해군형법 제8조, 제9조에 게(揭)한 자에게는 이를 적용하지 아니함.

제14조 보호관찰소 및 보호관찰심사회의 조직 및 권한과 보호관찰의 실행에 관하여 필요한 사항은 칙령으로 이를 정함.

부칙

본 법 시행의 기일은 칙령으로 이를 정함.

본 법은 본 법 시행 전에 제1조에 정한 사유가 발생한 경우에도 또한 이를 적용함.

자료 193 | 《부산일보》, 1936. 12. 23, 5면 1단

드디어 개시된 사상범보호관찰소, 갱생의 문을 나설 때 애호(愛護)의 키를 주는 초대 소장은 사사키(佐佐木) 씨

【대구】사상전향의 최대 보호사업으로 사법관찰소가 21일 드디어 개소되어 소장 이하 직원들이 동시에 임명되었는데, 대구관찰소의 초대 소장에는 대구복심법원 판사 사사키 요시히사(佐佐木義久) 씨, 주임 보호사는 함흥형무소 교회사 후지이(藤井人保) 씨, 판임 보호사는 경주법원지청 감독서기 도미이(富井愛治) 씨, 서기는 대구지방법원 서기 미우라 수이치(三浦秀一) 씨, 고원(雇員) 아라카와 후미오(荒川文男)로 결정되었다. 이 관찰소는 독립 관청으로서 위의 직원을 두고 경찰, 학교, 직업소개기관, 재판소, 검사국, 형무소 등과 연락을 취해 보호상 필요한 일체의 실행적 임무를 맡아 출옥을 허가한 자에 대한 재범을 미연에 방지하는 한편, 그들의 사상 및 행동을 관찰하여 적당한 처치를 하는 제도로, 즉 갱생의 출항에 애호의 방향타(舵)를 주어 사상전향의 완성이 기대된다.

자료 194 | 《매일신보》, 1936. 12. 24, 3면 5단

사상보호관찰소 함흥도 사무 개시, 초대 소장은 오마치(大町) 검사

【함흥】함흥사상범관찰소는 21일부터 정식 사무를 개시하게 되었다는데, 초대 소장으로 오마치 검사가 겸임하게 되었다고 한다.

자료 195 | 《매일신보》, 1937. 1. 16, 1면 1단

제도 창설 후 최초의 사상범보호관찰소장회의, 금일 총독부에서 개최【2일간】

제1회 사상범보호관찰소장회의는 15일 오전 10시부터(2일간) 총독부 제1회의실에서 일곱 관찰소장, 오가와(小川) 고등법원장, 가사이(笠井) 동 법원 검사장, 이토(伊東) 경성, 후지와라(藤原) 대구, 노무라(野村) 평양 각 복심법원장. 오카모토(岡本) 경성, 가와무라(河村) 대구, 미즈노(水野) 평양 동 검사장. 미야모토(宮本) 경성지방법원장, 후쿠다(福田) 동 검사정, 총독부 관계 각 과장, 사무관 등이 회동하여 마스나가(增永) 법무국장 총재하에 개최되어 벽두(劈頭) 미나미(南) 총독의 별항과 훈시와 법무국장의 지시, 주의사항이 있고 아래와 같은 자문사항의 답신이 있는 다음, 오후 4시 제1일의 일정을 완료하였다. 그리고 제2일의 일정은 자문사항, 관계 국장 희망, 보호관찰소장 제출 의견 및 협의가 있을 터이다.

▲ 일정
▲ 15일 총독 훈시, 법무국장 주의 자문사항
▲ 16일 보호소장 제출 의견 및 협의

자문사항
1. 보호관찰의 요부 결정에 관한 기준 여하
2. 본인의 사상지도의 구체적 방법 여하
3. 본인의 생활 안정의 구체적 방법 여하
4. 본인을 보호단체, 기타에 위탁할 경우에 관하여 고려할 사항 여하
5. 보호관찰과 경찰 시찰과의 관계의 조정 여하
6. 위탁보호사에 대하여 훈련의 방법 여하
7. 위원비 보급에 관하여 고려할 점 여하

운영의 적부(適否)는
반도 치안에 영향
미나미 총독 훈시

새해 일찍 보호관찰소장 각 위(位)를 회동하고 친히 소회를 술하고 또 의견을 청취할 기회를 득한 것은 기쁘고 다행스러운 바이다.

지금에 황국은 내외(內外)가 함께 극히 다사다난하며 국제관계는 더욱더 복잡하고 또 긴박함이 더해졌다. 특히 소련 내에 근거를 두는 '코민테른' 계통의 세계적 활약은 재작년 그 제7회 대회가 소위 인민전선주의에 의하는 행동강령을 채택한 후 얼마 되지 않아 불란서,[88] 서반아[89]에서 서로 이어 현저하여 현재 서반아 내란과 구주(歐洲)의 국제적 정치의 불안한 원인을 양성한 것으로서 국제전쟁에 앞서 목적국의 사회의 혼란과 황폐로 인도하려고 하는 음험한 사상전술의 해악은 실로 가공할 바 있다. 그리고 이 사상은 문화가 저급하고 저항력이 박약한 방면에 대하여 침투가 기도되고 있어 동아(東亞)에서도 이미 외몽고(外蒙古) 신장(新疆)이 그 희생이 되고 변경지대로부터 점차 지나(支那)의 중앙부에 미치려는 위태한 정세에 있음은 만주국과 특수 관계에 있는 우리 제국으로서 이상(異常)한 관심이 없을 수 없는 바로서, 지난해 12월 체결한 일독방공협정(日獨防共協定)은 동아가 서로 호응하여 악사상(惡思想)에 대하는 방벽(防壁)이 되기를 기대하는 취지에 벗어나지 않는다.

아국(我國)에서는 만주사변 이후 거국일치(擧國一致), 서정일신(庶政一新)의 기운에 동하여 이미 공산주의의 사상운동은 낙조기에 들어갔다고 하지만 소위 인민전선주의와 같이 미채(迷彩)[90]적 가면을 채용하는 집요한 운동방침이 존재함은 크게 경계하는 바이요, 특히 조선에서는 그 특수사정과 민도(民度)[91]에 비추어 엄격하게 그 동향을 사찰하고 다른 면으로 국민정신의 작흥으로서 사상의 강화를 도모함과 동시에 우리 국체(國體)의 변혁 또는 사유재산제도의 부인을 목적으로 하는 것 같은 사상운동은 그 주의 계통 여하를 불문하고 단호히 근절을 기하지 않으면 안 된다. 지난해 실시된 사상범보호관찰제도는 이미 그러한 종류

---

88 프랑스.
89 西班牙: 스페인.
90 미채(迷彩): 위장 도색.
91 민도(民度): 국민의 생활이나 문화 수준의 정도.

의 죄를 범하고 기소유예 혹은 형의 집행유예 언도를 받고 또는 형의 집행을 마치고 또는 가출옥을 허용한 자에 대하여 재차 죄를 범할 위험을 방지하기 위하여 그 사상 및 행동을 관찰하고 이에 대하여 적절한 보호를 가하여 그 사상의 완성과 생활의 확립을 얻게 하기를 목적으로 하는 것으로서 엄밀한 검거, 적정한 재판과 행형을 맞물려 사상범죄의 절멸을 기하는 취의(趣意)에 벗어나지 않는다.

종래 조선에서 이러한 종류의 범죄에 의하여 검거된 인원은 1,700여 명을 초과하고 그중 기소유예, 기타의 처분을 받은 자로서 보호관찰의 대상이 될 인원은 실로 6,000여 명에 달하는 상황인데 그들의 심정은 극히 구구하여 진심으로 전향한 자가 없는 게 아니나, 환경 또는 사회정세의 변천 등에 따라 재차 범죄를 생각할 염려가 있는 자도 적지 아니하다. 그리고 이와 같은 사상범은 최근 낙조의 경향을 밟고 있다고 하지만 지금까지 불령, 과격한 사상을 품은 패거리가 전역 각지에 준동의 흔적을 막지 못할 뿐 아니라 더욱 집요하고 또 잠행적으로 되어 아직 아연히 낙관을 허락지 않는 정세이다.

이들 사상범은 모두 우리 국가사회에 대한 정당한 인식을 오해하고 국법을 범하기에 이른 자이므로 이를 지도하고 이끌어 도와줌에 당해서는 극히 황도정신을 철저하게 이해하게 하여 우리 국체와 사회제도에 대한 정확한 인식을 파악하게 하는 동시에 동아에 있는 황국의 지위와 사명을 마음속으로 이해하게 하고 다시 본인의 성격과 행동, 경력, 기타 제반 사정을 참작 판단하여 실제에 적응한 보호를 가하고, 생활의 안정을 얻게 하여 진정으로 충량한 황국신민의 정도를 밟게 함으로써 그 요의(要義)라고 믿는다.

보호관찰의 실행에 관하여는 감화, 교양을 주지(主旨)로 하고 또 관계 관청, 기타 일반 사회 인사의 이해와 협력에 기대하지 않을 수 없음으로써 진실로 직(職)을 보호관찰소에 봉(奉)하는 자는 평상시 인격의 도야(陶冶)와 식견의 함양(涵養)을 게을리하지 않고 엄정 그리고 관용 또 명랑한 태도를 유지하여 피보호자인 본인으로부터는 물론이고 일반 민중으로부터도 전폭의 신뢰를 전할 의기(意氣)가 있음을 요하는 동시에 보호관찰소에 위임한 권한 또한 상당히 광폭에 달하는 것이 있으므로써 만일의 과오가 없기를 기하기를 바라는 바이다.

생각컨대 본 제도는 전연 신규사업이고 더욱이 운영의 적부 여하는 즉시 반도 치안에 영향을 주는 바가 심대하므로 각 위는 맡겨진 책임의 중대함에 비추어 부하 직원과 함께 운영의 요체(要諦)를 탐구하여 유감없이 그 성과를 이루도록 정려(精勵)하기를 일절 희망하는 바이다.

자료 196 | 《부산일보》, 1937. 4. 17, 1면 10단

가출옥사상범처우규정 공포

가출옥사상범처우규정은 부령 제49호로 4월 14일 발표되어 즉일부터 시행되었다. 전문 22조와 부칙을 통하여 치안유지법의 죄를 범한 자의 가출옥에 관해 규정한 것이다.

자료 197 | 《매일신보》, 1937. 10. 21, 4면 1단

사상전향자와 보호관찰사업

전과자의 낙인(烙印) 묵살(默殺)
그들의 전도는 광명
취직과 복교 거절의 내규 폐지를
관청과 학교에 통첩

적화운동(赤化運動)에서 발을 씻고 아주 방향을 전환한 사람이나 1차 전과자로 되었던 사람, 또 금후 그러한 경향을 지속하기 쉬운 사람을 완전히 구원하여 참된 방향으로 인도한다는 것은 무엇보다도 취직시키는 것과 중도 퇴학한 학생을 복교시킨다는 것이 가장 첩경이고 또 그 방법이 가장 시기에 적응한 것이라 하여 지난 8월 10일에 제1회 경성보호관찰소 촉탁보호사 60여 명이 회집하였을 때에도 '취직', '복교' 이 두 가지가 사상범 방지책의 유일의 길이라 하여 만장일치로서 각 관청과 학교에서 종래로 법규상으로는 없다고 하더라도 내규(內規) 혹은 임시 변법으로서 사상범 전과자를 채용 또는 복교시키지 않기로 되었던 것을 전부 해소하도록 하는 것이 좋겠다는 의견이었음을 참작하여 경성보호관찰소에서 내선일체를 부르짖는 작금에 여러 가지 사정도 참작하여 전기와 같은 내규 등을 폐지하여 달라

고 각 관공서와 학교에 정식으로 통첩을 발송하였는데 동 관찰소의 증명이 있는 사람은 복교와 취직에 전과자라는 것을 이유로 거절당하지 않도록 되었다.

자료 198 | 《매일신보》, 1937. 11. 10, 1면 11단

행형누진처우규칙을 공포

자(自) 명년 1월 1일 시행

범죄 수형자의 개전(改悛)에 의하여 사회인에 복귀하게 하는 행형의 목적이 점차 처우 본위의 경향에 있음에 감(鑑)하여 총독부 법무국에서 전부터 조선행형누진처우규칙(朝鮮行刑累進處遇規則)을 제정 중이던바, 성안(成案)을 득하였으므로 9일 공포, 명년 1월 1일부터 시행하기로 되었다. 동 규칙은 1934년(昭和 9) 내지에서 시행된 행형누진처우규칙의 실적에 감하여 작업 편중의 폐를 고쳐 수형자의 작업 및 인격에 합리적 고사점(考查點)을 설(設)하고 이에 의하여 수형자의 개전을 촉구하여 그 갱생을 도모하며, 발분 노력의 정도에 따라 누진적으로 처우를 완화하여 점차 사회생활에 적응하게 함을 목적으로 하고 있는데 본 규칙은 다음의 각항에 해당하는 자를 제하고 징역 수형자에 적용하기로 되었다.

집행할 형기 1년 미만자
만 65세 이상으로서 입업(立業)에 불감(不堪)하는 자
임산부
불구(不具), 폐질(廢疾), 기타 심신장애(心身障害)에 의하여 공동동작을 하지 못하고 또 작업에 부적한 자
궤격(詭激)한 사상의 포회자(抱懷者)로서 그 사상을 방기하지 아니한 자

자료 199 | 《매일신보》, 1937. 11. 10, 2면 5단

4등급의 누진처우로 고급자엔 자유 부여, 출소 후 사회생활에 적응토록 수형자들에 희소식

본부 법무국에서는 9일부로 조선행형누진처우규칙을 발포하였다. 이것은 내년 1월 1일부터 전 조선 각 형무소에 수용한 수형자에게 실시하게 되었다는데, 이 법령은 수형자가 수형 기간 중에 점차 회개하여 갱생하기 위하여 발분 노력을 함에 있어 그 정도에 따라 누진적으로 처우를 완화하여 수형자가 점차 사회생활에 적응하게끔 교화하려는 것이 목적이다. 이 법령을 적용함에는 형기 1년 미만자, 만 65세 이상으로 입업(立業)에 감당하지 못할 자, 임산부, 기타 중병자와 위험사상범 등을 제외하고는 수형자에게 제4급으로부터 제1급까지 4등급으로 나누어 점차 승진시켜 제1급의 처우를 받게 되면 형무소 안에서 상당한 자유를 주게 하는 것으로 이것은 조선행형사상 일대 개혁으로 주목된다.

자료 200 | 《동아일보》, 1937. 11. 25, 2면 1단

복역, 출감의 치유 위반자 10년간에 2만여 명

전향 2할, 요(要)보호시찰 7,000명
지식층이 6할 점령

국체변혁과 사유재산제도를 부인하는 과격 사상과 그 불온 행동을 철저히 탄압하기 위하여 1928년(昭和 3)부터 치안유지법이 실시되어 조선 공산운동을 취체하였을 뿐 아니라 조선의 민족주의운동도 국체변혁으로 해석된다는 고등법원의 결의에 의하여 조선 민족주의운동자의 그 일부분에는 치안유지법을 적용하고 있는데, 이제 동법을 실시한 1928년(昭和 3)부터 동법을 적용하여 검거한 상태로 총독부 조사에 의하여 보면, 재작년 1935년도(昭和 10) 말까지 기소유예 혹은 형의 면제자, 복역 출감자 또는 현재 복역 중의 것을 전부 통합하여 1만 6,000여 명으로서, 매년 2,000명씩 검거한 셈이 되고 작년과 또 금년 간의 검거 수를 가산하면 만 10년간에 실로 약 2만 명의 다수에 달한다. 다시 검거된 사람을 구별하여 보

면 노동자 출신의 무지식 계급 사람도 많으나 보통학교 졸업 정도 이상의 사람이 약 6할, 중등 정도 이상의 사람이 약 3할, 기타가 약 1할이어서 조선의 지식 수준으로는 비교적 지식계급의 사람이 많이 참가하였다 할 수 있고, 또 일시는 그 세력이 상당히 왕성하였으나, 만주사변 이래 정세가 많이 변하였고 금번 지나사변(支那事變)[92]이 발생한 이후부터 일층 정세가 변하여 그 세력이 점차 쇠퇴해 갈 뿐 아니라 벌써 완전히 전향한 사람이 약 2할이고 그 나머지 8할은 전향 중의 사람도 있고 또 태도 미정의 사람도 있으며 의연히 종래의 주의를 고집하던 사람도 있는바, 당국에서는 현재부터 실시 중인 사상보호관찰제도를 더욱 활용하여 그들의 구호와 교도에 주력할 터라는 바, 현재 요(要)보호관찰자로 인정되는 사람은 기보한 바와 같이 약 7천여 명의 다수라고 한다.

자료 201 | 《동아일보》, 1937. 12. 16, 2면 10단

적심록(赤心錄) 법무국서 편찬

영어(囹圄)의 몸일지라도 총후(銃後)의 적성(赤誠)에는 변함이 없이 전 조선의 형무소 재감자가 작업상여금을 나누어 가지고 헌금한 1만 수천 원으로 된 중기관총 5정의 헌납식은 오는 23일 서대문형무소에서 성대히 거행될 터인데, 이번의 재감자 헌금자는 만주사변 당시의 25배에 달하여 그중에는 과거의 그릇된 사상을 청산하여 전향을 신청하며 또는 황군(皇軍)의 활약에 감격하여 단연 참다운 인간으로 돌아가라는 눈물 어린 동기 등등 옥창에서 나오게 된 여러 가지의 미담과 화가 있으므로 총독부 법무국에서는 이를 편찬하여 적심록을 만들어 이 귀여운 체험을 영구히 조선행형사상에 남겨 두는 동시에 일반에게도 그 적성을 전하기로 되었다.

---

92 1937년 중일전쟁을 일컬음.

자료 202 | 《매일신보》, 1937. 12. 20, 1면 11단

행형누진처우규칙 시행규칙 결정

조선행누진처우규칙은 11월 9일 부부령(附府令) 제178호로서 제정 공포되어 1938년(昭和 13) 1월 1일부터 실시를 보게 되었는데, 본 제도 운용의 통일을 기하고자 이번에 그 시행세칙(施行細則)을 정했으므로 부하 직원과 한가지 협력 연찬(研鑽)하여 본 제도의 목적 달성에 매진하도록 12월 9일부로서 각 형무본소와 지소장에게 통첩을 발한 바가 있었다.

자료 203 | 《조선일보》, 1937. 12. 25, 2면 7단

영어(囹圄)의 열정 총후적심록(銃後赤心錄)

총독부 법무국서 편찬

반도행형사상에 획기적 기록을 남긴 전 조선 28개 형무소의 수형자 1만 7,000명이 바친 고사기관총 다섯 대의 헌납식이 23일 성대하게 거행된 이때 총독부 법무국에서는 이를 영어의 사람이 심정을 모아서 『총후적심록』을 편찬하여 요즈음 그것이 완성되었다. 그 내용을 보면 적화사상을 청산하고 전향을 서약한 자, 사기횡령, 살인 등의 죄악을 범한 자로 황군 장병의 눈물겨운 활동에 의하여 개전(改悛)하여 가는 그 심정 등이 상세하게 기록되어 있다. 그중에도 서대문형무소의 사상범 전향자 35명이 각각 서명한 명부를 첨부한 진충보국(盡忠報國)의 성명을 미나미 총독에게 제출한 내용과 같은 것은 당당한 논문으로서 그 적성을 보이고, 또 해주형무소의 살인수가 23원 27전의 국방헌금을 신청하여 오고, 전과 4범의 살인수가 작업상여금 30전을 헌납하게 된 동기 등은 독자로서 눈물을 흘리게 하며, 이밖에 전편 백수십 편의 실화는 참회와 애국의 정열에 불타고 있는 것이다.

자료 204 | 《매일신보》, 1938. 3. 1, 2면 1단

전선 보호관찰소 작년 중 처리 상황

1937년(昭和 12) 중의 전 조선 보호관찰소의 처리 상황을 보면 심사를 청구하지 않은 자가 253명이고, 심사를 청구한 자가 518명으로 심사위원회를 개최하기를 46회이고, 보호관찰에 부친 인원이 509명이다. 이것을 연령별로 보면 그 8할 5푼인 435명까지가 20세로부터 35세이고, 그중에서도 25세 내지 30세가 총수의 4할을 점령하고 있다.

자료 205 | 《동아일보》, 1938. 6. 17, 2면 1단

사상취체의 신방향

과거 10만의 사상범
전향지도 정책강화

일시 사회·민족운동 등이 격심하던 조선의 사상운동은 만주사변 이래 그 정세가 일변한 바 있고 또 현재 지나사변 발생 이래 더욱이 대변동을 가져왔으며, 당국의 취체도 엄중한 바인데, 총독부에서는 지난 도지사회의와 경찰부장회의에서 미나미 총독 시정의 5대 강령 중의 하나인 국체명징을 더욱 강조하였을 뿐 아니라 내선일체의 정신을 더욱 강화하여 만일에 내선일체의 방책에 조금이라도 방해하는 혐의가 있다면 단호한 처단을 할 것을 지시한 바 있었다. 그러므로 이것이 조선 사상운동의 취체와 또는 일반민중 사상의 귀추를 지도하는 근본원칙이 되었거니와 사실에 있어서 오늘 조선 사상계를 보면 전에 보던 표면운동은 없다고 할 수 있고 치안유지법을 실시한 이래 근 10만 명의 위반자를 내었던 공산운동도 이제 와서는 점차 감퇴되어 가는 터이므로 앞으로도 일부 위반자에 대하여는 취체와 처벌을 계속하는 동시에 그보다도 한 걸음 나아가서 전향과 지도 정책을 더욱 강화할 필요가 있다 하여 보도(保導) 방면에도 일단 주력하기로 될 터라 한다. 그러므로 종전에는 어떠한 범죄 행동을 범하는 자를 처벌하는 데 그쳤으나 앞으로는 범죄행위를 현행하지 않더라도 그 소극적 행동이지마는 사회적으로 온당치 못할 때에는 역시 보도하는즉 사상적으로 탈선된 행동

이면 작위(作為), 부작위(不作為) 행동을 물론 하고서 취체와 지도를 해 가리라 한다.

구미 의존의 기독교
자립의 신단계로
민족, 인민전선계통 철저 처단
총독의 사상 대책

이상을 요약하면 현재 총독부 당국의 사상 대책은 내선일체를 구현하기 위한 것인데, 그 원칙이 있는데 작금 그 실현을 위하여 주력하고 있는 구체적 방면을 크게 구별하면 다음과 같은 세 가지 원칙 밑에서 나아가리라 한다.

첫째로 종교 방면으로 유사종교의 취체는 물론 불교, 기독교, 유교 등을 순전히 일본화시키는 데 주력하고, 더욱이 기독교는 이때까지 구미 의존에서 독자적 계통을 이루고 있었다고 하여 앞으로 이 기독교도 일본화시키기에 각종 취체와 보도(保導)책을 강화할 것.

둘째로 문화 방면, 사상 방면에 있어서 민족적 색채가 있는 것이면 엄중히 탄압과 지도를 하여 가리라 하고, 셋째로 인민전선계통의 기운이 있다든지 또는 사상적으로 타국과 연락의 혐의가 있다면 단호한 처치와 지도를 하여 가리라 한다.

관계자 반성에 따라
관대와 엄격을 구별하겠다
경무국 시타스(下寸) 보안과장 담

이에 대하여 총독부 경무국 시타스 보안과장은 다음과 같이 말하였다.

작금 사상사건이 건수로 훨씬 감소된 것은 사실이다. 그만치 일반이 자각하였다고 믿는다. 사상대책 특별히 또는 그렇다고 종래 방침을 전환하는 일은 없겠지만 총독 시정의 대방침인 내선일체의 원칙에 의하여 우리 경찰관도 그에 조금도 어그러짐이 없도록 취체와 지도를 하여 갈 것이다. 물론 어떠한 사상사건이 있다면 그 사건 자체의 규명은 엄중히 하지마는 관계자의 반성 여하에 따라서 관대히 하고 또는 엄격하게 할 것이 다를 것이다. 예를 들면, 천도교사건과 같이 스스로 전향을 한다면 구태여 처벌할 필요는 없는 것이다. 요컨대 내선일체의 원칙대로 미나미 총독의 대방침대로 내선일체의 구현을 위하여 노력할 것이다.

그러니 대책도 종래와 달라지는 점도 있겠지마는 그렇다고 방침을 전환하는 일은 없을 것이다. 운운.

자료 206 | 《매일신보》, 1938. 6. 18, 3면 8단

전향자 대표 박, 권 양 씨 출발

오는 20일부터 3일간 도쿄 명치신궁외원 일본청년회관에 개최되는 좌익사상전향자 '시국대응준비위원회'에 조선 대표로 선발된 박영희(朴英熙), 권충일(權忠一) 양 씨는 17일 오후 2시 10분에 경성역을 떠나는 열차로 출발하였다.

자료 207 | 《매일신보》, 1938. 7. 17, 3면 5단

전 조선 전향자동맹 경성에 지부 설치, 100여 명이 회집 협의

전선사상전향자연맹(全鮮思想轉向者聯盟) 결성식을 오는 24일로 앞두고 경성지방전향자를 중심으로 동 연맹 경성지부(京城支部)를 결성하기로 되어 지난 15일 오후 7시부터 경성보호관찰소 강당에 전향자 100여 명이 모여 지부결성 준비대회를 개회하고 15명의 준비위원을 선정한 다음 24일의 결성식에는 경성지부 전원이 참가할 것과 대표를 파견할 것을 결의하였다.

전향자동맹의 간부 선출 방침

전 조선 1만 6,000명의 사상전향자로 조직되는 전선사상전향자연맹의 결성식은 오는 24일 경성부민관(京城府民館)에서 거행하여 1대 애국운동의 '스타-트'를 하게 되었다는 것은 기보한 바와 같거니와 동 단체의 총무는 민간 측에서 선출할 방침으로 목하 경성보호관찰소에서 인선 중이며 총무차장에는 경성보호관찰소장 제량명(堤良明) 씨가 취임할 모양이다.

자료 208 | 《조선일보》, 1938. 8. 2, 2면 5단

피보호관찰 인물, 경성은 대부분 전향

236명의 경향 양호
6할 이상이 유직자

민족주의, 공산주의, 무정부주의 등 사상 관계 사건으로 형무소를 거쳐 나온 사람으로 경성보호관찰관 내에서 관할에 부쳐 있는 수효는 현재 236명인데, 그 가운데서 남자가 228명이요, 여자가 8명이다. 그들의 대부분은 전향 혹은 준전향자이며, 비전향자는 수 명에 불과한 현상이다. 보호자에게 인도한 것이 남자 6명이며, 단체에 위탁한 것이 남자 9명이고, 병원에 위탁한 것이 남자 1명이며, 그 밖에 적당한 사람에게 위탁한 사람이 4명이다. 보호관찰에 부쳐 있는 사람들의 성적은 양(良)이 남자 52명과 여자 1명이며, 초량(稍良)이 남자 22명이고, 보통이 남자 130명과 여자 5명이다. 불량(不良)은 남자 4명뿐이다. 이들 보호관찰에 부쳐 있는 사람들 236명 중에서 약 6할가량은 상업, 기타 봉급생활 등으로 직업에 종사하고 있다 한다.

자료 209 | 《매일신보》, 1940. 1. 5, 2면 1단

내지보다 앞서서 사상범예방구금 1940년도(昭和 15)부터 실시

총후 조선의 사상전(思想戰)의 예방을 강화시키는 한 가지 방책으로 총독부에서는 사상범의 전향보호를 위하여 많은 노력을 하고 있는데, 이번 법무국에서는 내지 보다 앞서서 새로운 제도로서 예방구금제도라는 것을 실시하기로 하고 1940년도(昭和 15)에 예산에 20만 원을 청구하였던바, 드디어 통과되었다.

그래서 앞으로 조선예방구금령(朝鮮豫防拘禁令)을 실시하기로 하고 방금 입안 중에 있는데, 사법성에서는 1941년도(昭和 16)부터나 실시할 모양이고 조선은 특히 사상범죄를 미리 방지하지 않으면 안 될 중요성에 비추어 이번에 솔선하여 실시하게 된 것이며, 이 제도를 신중히 실시한다고 하는 만큼 극히 주목되고 있다.

자료 210 | 《동아일보》, 1940. 1. 5, 2면 1단

조선의 사상 불온자 상대로 예방구금제도를 실시

전과자에 한할지 일반인에 한할지 주목
예산액 20만 원 통과

1940년도(昭和 15) 예산이 1939년도(昭和 14)보다 1억 8천2백만 원 증가한 신규사업 개요를 4일에 총독부에서 발표하였는데, 사회 시설 등 방면과 평화산업적 시설 방면에는 두드러진 예산이 보이지 아니하고 대개는 시국 관계, 특히 사변처리를 목적한 생산력 확충에 주력을 둔 것이 드러나고, 일편 국내 치안확보와 재정경 제 정책의 수행 확충을 위한 방침도 드러났는데, 일반의 주목을 끄는 것은 예방구금제도비로 20만 원의 신규 사업비가 통과된 것이다.

당국의 설명을 들으면 병참기지 조선의 치안을 확보하기 위하여 사상범의 예방구금을 목적한 것으로 원래 30만 원을 청구한 것이 20만 원의 인정을 보게 되었다. 이 예방구금에

는 그 제도의 발동상 제령(制令)이 있어야 하므로 조선예방구금령을 현재 입안 중으로 근근 발표 실시를 보게 되었고, 내지에서는 이 예산을 제출하여 삭제를 보았다. 따라서 조선의 특수성을 가미하여 실시되는 것인데 이 점에는 내지에 앞서서 실시를 보았고 보호관찰제도로서 소기의 목적을 달성치 못할 적에는 예방구금을 하게 되었는데 감옥을 거쳐 나온 소위 전과자에만 한할 것인지, 또는 일반 사상 불온한 자에까지 미칠지는 아직 법령의 발포를 보지 않고는 내용을 확신키는 어렵다.

이 20만 원의 예산은 구금제도 실시 기관의 기구 확충에 사용할 것인데 인원의 증원 등에 쓸 터이다.

구금은 원래 형사피고인이나 수형자를 일정한 기간 특별한 장소에 수금하여 유치하는 것으로 감옥법에 보면 징역에 처한 자는 징역감, 금고에 처한 자는 금고감, 구류에 처한 자는 구류장, 형사피고인과 사형 언도를 받은 자는 구치감금을 말하는 것이다.

자료 211 | 《동아일보》, 1940. 1. 8, 2면 1단

문제 중의 예방구금제도 사상범 전과자에 한정

운용 내용은 제령으로 발포

신년도 총독부 예산에 법무국 관계의 신규 예산으로 20만 원을 계상하고 새로 예방구금제도를 창설하는 동시에, 동 제도의 운용을 위하여 총독부 제령으로서 예방구금령을 제정한다 함은 기보한 바와 같다. 그런데 이 예방구금제도는 아직 내지에도 없는 것으로서 금번에 사법성에서 소요예산을 요구하였으나 예산 사정에서 삭감되었고, 조선은 여러 가지 사정으로 특수성이 있다 하여 조선에서만 솔선하여 실시하게 되었다. 그래서 이 예방구금제도의 내용이 과연 어떠한가? 즉 앞으로 제정되는 예방구금령의 적용 범위가 어떨는지 일반의 궁금증이 자못 큰데 어제 도쿄에서 귀임한 오노(大野) 정무총감의 언명에 의하면 대체로 치안유지법 위반자인 사상전과자에게만 적용할 것이 판명되었다. 이 예방구금제도가 아니라도 사상범의 전과자에 대해서는 보호관찰에 부쳐서 감독, 지도하여 오는 중이나, 이것으로써는 도저히 개전할 희망이 없고 또는 전향의 태도가 분명치 않아서 전연 어떻게 할 수 없는 불온한 자를 상대로 예방구금령을 적용하여 갈 것이라고 한다. 그리고 그 적용에 대한 상세한 내용은 새로운 제령이 발표되지 않으면 아직 알 수 없으나 금번 동 제도의 목표는 불온사상범을 이 사회로부터 격리시켜서 사상의 정회를 도모하는 동시에 일방으로 그 본인을 개전시키는 데 있다 한다.

자료 212 | 《조선일보》, 1940. 1. 19, 2면 1단

예방구금자 취급할 사상선도소(가칭) 설치

수용소는 현재의 형무소보다 문화적으로 시설할 터로
대상자는 사상범 전과 중심

예방구금령을 내지보다 조선에 먼저 실시할 필요가 있다 하여 총독부에서는 이에 대한 예산을 1940년(昭和 15)에 요구하였던바 20만 원이 이미 통과되었다. 이 예비구금령이란 획기적 법령을 실시하기 위하여 총독부 법무국에서는 그 법안과 관제안(官制案)을 방금 작성 중인데, 늦어도 오는 75회 의회가 막이 닫힐 때까지 완성하여 가지고 법제국에 회부하기로 되었는데 오는 9월경부터는 실시하게 될 모양이다.

그 내용의 대개를 듣건대, 총독부 직속하에 독립 관청으로 사상선도소(가칭)를 경성에 설치하고 각지 형무소와 보호관찰소의 협력하에 사상의 전향과 시국의 인식을 철저히 하기 위하여 예방구금 할 필요가 있다고 인정되는 사람을 수용할 터이다. 그 수용할 대상자는 사상범 전과자를 중심으로 시국문제를 헛되이 선전하여 총후(銃後)의 치안을 문란케 하는 자 등을 수용할 터인데, 그 수용할 기관은 현재 있는 형무소가 아니라 따로 형무소 비슷하되 형무소보다는 시설 대우, 기타 모든 것이 훨씬 낫도록 하여 일종의 문화형무소처럼 설비할 모양인데, 이것은 조선에서 처음으로 시설되는 것인 만큼 각 방면의 크나큰 주목을 끌고 있다.

전향 촉진이 위주

모리우라(森浦) 법무국 형사과장 담

이에 대하여 법무국 모리우라 형사과장은 다음과 같이 말한다.

예방구금령은 내지보다 조선에 먼저 실시할 필요가 있어서 예산을 요구하였던바, 이것이 통과되었으므로 방금 법령안과 관제안을 작성하는 중이다. 이 예방구금령은 현재 조선의 사상 경향이 나빠서 실시하는 것이 아니라 시국인식과 사상전향을 이층 더 철저히 하기 위하여 실시하려는 것이다.

그 기관으로는 총독부 직할하에 독립 관청을 설치한 후 고등관 이하의 직원을 임명한다. 예방구금의 대상자를 수용할 기관도 형무소 비슷한 기관을 설치하고 전문으로 이 방면 관계자를 수용하려고 하는데, 물자 관계로 어찌 될는지 아직 명언할 수가 없다. 구금할 대상자의 수용 기간에 대하여는 사람에 따라서 유기도 무기도 있을 것이다. 가령 2개년 동안만 구금하여 두면 선량한 국민이 될 것으로 판정이 되는 사람이면 물론 2개년으로 유기 구금이 되지만, 몇 해나 구금해야만 선량한 국민이 되는지 예측할 수 없는 사람은 언제까지든지 선량한 국민이 될 때까지 구금할 수밖에 없으므로 불가불 무기 구금이 될 것이다.

자료 213 | 《조선일보》, 1940. 3. 28, 2면 7단

사상범예방구금령 7월부터 실시 내정

명칭은 교도소(敎導所) … 경성에 설치

전시하에 사상사건을 미리 방지하고 사상전에 필승을 기하기 위하여 신년도부터 내지에 앞서 실시하는 사상범예방구금제도(思想犯豫防拘禁制度)는 법령, 기타 준비 관계가 있어 오는 7월 1일부터 실시하기로 내정되었다. 총독부 법무국에서는 제령인 구금령과 주관청 관제를 만드는 중인데 이름은 교도소로 결정될 모양이고 실시 첫해에는 교도소는 한군데 두고 점차 필요에 따라 주요지에 두게 될 터인데, 우선 경성에 두게 될 터이다. 관직제는 보호관찰소와 흡사하여 첫해에는 교도관(敎導官) 4명, 교도관보(補) 10명, 교도 60명이 예산에 통과되었다.

자료 214 | 《매일신보》, 1941. 2. 12, 2면 1단

사상범 방지에 철망, 예방구금령 명일 공포

전시하 사상범 방지의 중요한 입법으로 얼마 전부터 총독부 당국에서 신중히 준비 중이던 조선사상범예방구금령(朝鮮思想犯豫防拘禁令)은 드디어 기원가절의 봉축 직후를 기하여 12일 공포하고 불일 중으로 실시하기로 되었다.

이제 고도국방국가 건설에 1억만 민이 협찬에 일심이 되는 이때 한 사람의 반국가적 사상과 행동을 미연에 방지하려는 우리나라의 사법사상(司法史上)과 사상사상(思想史上) 획기적 제도로서, 치안유지법의 죄를 범한 자로 개전함이 없이 다시 범죄할 위험 분자에 적용하게 되었고 이 적용을 받으면 일정한 구금소에 2년 동안 수용되어 반(反)황국사상(皇國思想)을 청산하여 황국신민이 되도록 교화훈련(交火訓練)을 시키는 것이 그 골자이다. 이제 이 예방구금령의 주요 내용을 보면 다음과 같다.

구금 기한은 2년
1. 예방구금에 부칠 자
예방구금에 부칠 자는 치안유지법의 죄를 범한 자로서
(1) 형에 처하여 복역 중인 자
(2) 형의 집행을 마친 자라도 조선사상범보호관찰령에 의하여 보호관찰에 부쳐 있는 자
(3) 형의 집행유예를 언도받고 그와 같이 보호관찰에 부쳐 있는 자 등으로 금후 다시 치안유지법의 죄를 범할 염려가 현저한 자에 한하여 있다.(제1조)

2. 예방구금의 수속
예방구금에 부칠 필요가 있을 때는, 검사는 보인과 그 외에 필요한 취조를 하고 또한 공무소에 조회를 하고,(제3조) 더욱이 예비구금위원회(각 지방법원 검사국에 설치함)의 의견을 구한 후에 재판소에 대하여 예방구금의 청구를 행함.(제2조) 이상의 청구를 받은 재판소에서는 본인의 출두를 명하고 혹은 이를 구인하며 기타 참고인의 취조와 필요가 있는 경우는 감정을 행하게 함.(제6조, 제7조, 제10조)

이를 취조할 때는 검사는 물론 재판소에서 보좌인으로서 허가된 본인의 친족도 이에 입회하며 의견을 개진하고 참고자료를 제출할 수 있음.(제8조, 제9조)

또한 재판소는 공무소에 조회하고 필요한 조사를 행함.(제7조 제2항)

혹 본인이 재판소에 대하여 진술하지 않고 또는 도망하는 때는 재판소는 본인의 진술을 듣지 않고 결정할 수 있다.(제6조 제3항)

그리하여 재판소가 검사의 청구를 상당하다고 인정하면 본인을 예방구금에 부칠 뜻을 결정함.(제6조)

그리고 이 결정에 대하여서는 본인 및 보좌인으로부터 즉시항고를 할 수 있음. 또한 재판소가 검사의 청구를 이유 없다고 예방구금에 부치지 않을 뜻을 결정한 때는 검사가 즉시항고를 할 수 있음.(제13조)

3. 예방구금의 내용

예방구금에 부치게 된 자는 모두 2년 동안 예방구금소에 수용하고 본인으로 하여금 반황국사상을 청산하게 하고 충량한 황국신민이 되게 함. 필요한 교화훈련의 처치를 강구함.(제15조, 제17조)

그러나 그 목적을 달하고 구금의 필요가 없는 때에는 언제든지 행정 관청의 처분으로서 퇴소시키고 사회에 돌아가도록 한다.(제20조)

그러나 이와 반대로 예방구금 2년에 달하더라도 그 목적이 달하지 않고 이를 계속할 필요가 있을 때에는 재판소가 결정을 지어 그 기간을 갱신할 수가 있음.(제17조)

더욱이 예방구금소에서 도주한 경우는 1년 이하 또는 3개월 이상 5년 이하의 징역에 처하기로 되어 있다.(제23조, 제24조)

최후의 1인까지
일본정신을 체득케
미야모토(宮本) 법무국장 담

획기적인 사상범예방구금 제도의 공포에 대하여 총독부 미야모토 법무국장은 다음과 같은 담화를 발표하였다.

지금 우리 제국은 세계 신질서 건설에 있어 혁신적 세국에 대처하고 대동아 공영권 확립의 대업에 매진하고 있는 이때, 적성(敵性) 영미(英米)의 대일 공격은 날로 가하며 동아의 위기를 점차 긴박해 가고 있다. 이런 때일수록 총력전에 필승을 기하기 위하여 총후 1억 국민이 거국일치의 체제를 철저 강화해야 할 것이요, 또한 병참기지 반도는 일소련(日蘇聯)과 국경을 접하여 국방상 특히 중요한 위치에 있는데, 한편으로는 일본정신을 체득하여 반도 민중이 황국신민화하여 애국운동이 철저한가 하면, 아직도 일부에서는 위 국체의 본의에 어그러진 공산주의, 기타 반황국사상에 심취하는 자가 없지도 않다. 이러한 무리들을 상대로 이번 사상범예방구금제도를 창설한 것으로 이로써 최후 1인까지 일본정신의 체득과 진도실천에 철저케 할 터이다. 운운.

자료 215 | 《매일신보》, 1941. 3. 2, 2면 1단

비전향자 2년간 수용 황민으로 보호 교도, 예방구금령 3월 10일에 실시

황도정신을 벗어나 그릇된 사상을 가졌던 사람으로 아직 시국을 인식하지 못하고 있는 사상범을 상대로 하는 조선사상범예방구금령을 드디어 오는 3월 10일부터 실시하기로 이를 오는 1일부터 관보에 정식으로 발표하였다.

이 예방구금령은 이미 1940년도(昭和 15) 예산으로 20만 원을 계상하여 모든 준비를 해 오던바, 이번에 관제가 통과되어 이에 대한 법령을 지날 달 20일께 관보에 발표하였고, 실시 기일과 시행세칙만은 발표되지 않았던바, 오늘은 시행하는 기일만 발표하고 시행세칙은 오는 10일 이전에 발표할 작정이다.

이 법령에 의하여 전향하지 않은 사상범을 수용할 곳은 아직 신설되지 않아서 우선 임시로 서대문형무소 구치감을 이용하기로 하였고, 앞으로는 이상적인 농민도장과 같은 훌륭한 보호교도소를 만들 터이고, 순전히 보안처분을 하고서 이 시설을 하는 것이요, 또한 형을 집행하는 것이 아니므로 수용된 이후에도 상당한 자유를 인정하여 독서실에서의 독서 혹은 체위 향상을 위하여 여러 가지 운동경기도 시키고 그 외에 상당한 수산(授産)도 시켜서 2년

동안을 유용하게 지나게 하며 따라서 수양을 쌓게 하여 참된 황국신민으로서 재출발을 시키기로 되었다.

그리고 이 교도소에는 보도관 3명, 보도관보 8명, 그 외에 직원 7~80명을 두고 수용된 이의 지도에 힘쓸 터이며 금년 안으로 경성 근방에 새 교도소를 기공할 터라고 한다.

성적 좋은 수용자
2년 이내에 출소 허락

별항과 같이 사상범예방구금령을 오는 3월 10일부터 실시할 터인데, 우선 직원만 배치하고 서서히 이 법령의 대상이 될 사람을 수용할 작정이다.

이 법령의 대상이 되는 사람은 사상범으로,

1. 복역 중 형기의 만료가 됨에 있어 전향을 하지 않은 사람
2. 현재 출감을 한 사상범으로 보호관찰소의 대상으로 되어 있으며 아직도 전향을 하지 않은 사람
3. 사상 관계로 집행유예 중에 있는 사람

대개 이 세 가지를 상대하여 수용할 터이며, 검사가 재판소에 구금을 하도록 청구하기 전 먼저 예방구금위원회에 자문한 후 참고로 의견을 듣는데, 이 위원회는 각 지방법원 검사국 내에 설치하리라고 한다.

그리고 수용 기간은 2년이라 하지만 그 안에 훌륭히 전향을 하였다면 출소할 수 있으며, 구금 중에도 전향의 정도에 따라 거의 자유로운 행동을 취하게도 된다고 한다.

자료 216 | 《매일신보》, 1941. 3. 9, 3면 1단

공포심을 갖지 마라, 보호교도가 근본정신, 명일 실시를 볼 예방구금령

오노(大野) 행형과장 담

오는 10일부터 실시되는 조선사상범예방구금령은 지난달 12일에 본령을 발표하였고,

다시 지난 7일에 시행세칙을 발표하였으므로 이 예방구금령이란 어떠한 것이며 구금이 된 후에도 어떻게 처우한다는 것도 자세히 알 수 있는데, 이 법령의 운용 여하에 따라 사상 대책은 훨씬 고도화(高度化)할 것이며 따라서 한 번 그릇된 사상에 사로잡혔던 사람이라 하더라도 이 법령 실시로 말미암아 훌륭한 황국신민으로서 인생의 재출발도 할 수 있고 총후봉공도 새로이 할 수 있게 되는 것이다.

그러면 이 법령의 실무자라 할 수 있을 직접 관계자들은 어떻게 이것을 운용할지 이제 관계자들의 이야기를 들어 보기로 한다.

"이번 이 법령을 실시하기까지에는 상당한 시일이 걸렸는데 사회적으로 어떻게 해석되고 있는지?" 하고 일반 사회의 여론을 기자에게 묻는 것은 총독부 법무국 오노 행형과장이다. 오노 행형과장은 이 법령을 운용하는 데에 직접 관계를 가지고 처음부터 이것을 기안한 한 사람인데 씨에게 이 운용론을 들으니 다음과 같이 말한다.

이번 법령에 의하면 예방구금소라는 곳이 있어서 여기에 이번 법령의 대상자를 수용하나 법률상 명칭은 그들의 교화지도에 적당치 않으므로 보호교도소라는 명칭으로 할지 모르겠다. 이 보호교도소라는 이름이 가리키는 바와 같이 지금까지 공산주의라든지 혹은 민족주의 같은 시대에 맞지 않은 사상에 물들었던 사람으로 아직도 이것을 청산 못한 사람을 여기에 수용하고 보호 지도하는 것이므로 이 법령을 처음부터 강제적으로 구금만을 하는 것이 목적이 아니므로 공연한 공포심을 가진다는 것은 필요치 않을 줄 안다.

그리고 이 구금령에 부친다는 것도 상당한 수속이 들며, 또한 신중을 기하기 위하여 위원회에다 자문을 하고 여러 가지로 조사도 하는 것이므로 이 수용령의 대상이 되는 사람도 그렇게 많으리라고는 생각되지 않는다.

그리고 수용이 된다고 하더라도 2년 동안의 기한 안에 훌륭히 황국신민으로서 전향을 한다면 2년 안에 출소도 되며 농민도장과 같은 시설을 해 가지고 정신생활과 근로생활에 이상적 결과를 거두도록 하고 있으니까 수용된 후라도 전향의 길을 쉽게 찾을 수 있는 것이다. 하여간 그릇된 사상으로 치안을 방해할 염려가 있는 사람을 상대로 하니까 일정한 직업에 옛날의 그릇된 사상을 청산하고 떳떳한 황국신민으로서의 길을 밟는다면 조금도 걱정할 필요는 없는 것이다.

자료 217 | 《매일신보》, 1941. 4. 11, 3면 5단

9명의 취조를 개시, 제1차로 예방구금령 적용 준비

한 번 그릇된 사상에 물들었던 사람으로 아직도 이것을 청산하지 못하고 그와 같은 죄를 또 범할 염려 있는 사람들을 일정한 기간 동안 수용, 구금시켜 사회를 방위하고 동시에 수용자 자신을 교화훈련시켜 충량한 황국신민에 복귀시키자는 목적으로 지난 2월 12일에 발표된 조선사상범예방구금령은 지난 3월 10일로서 실시를 보게 되고, 그 이튿날인 11일에는 적용자를 수용할 보호교도소를 서대문형무소 안에 개소한 후 교도관, 기타 인원, 설비까지 다 갖추고 각 지방 형무소와 보호관찰소에서는 구금령 실시 즉시로 관내의 사상범으로 처형받은 자로 완강하게 전향을 하지 않고 있는 사람의 내사를 거듭하고 있는데, 실시 후 만 1개월 만인 어제 10일까지 경성지방법원 검사국에 보고된 건수가 벌써 9건이나 된다.

이들 9명은 담임 사상검사 스기모토(杉本) 검사가 극히 신중히 취조를 거듭하고 있는데 취조의 결과에 따라 이들 중 구금하여야 될 사람은 검사국 안에 설치된 위원회를 거쳐 곧 지방법원 형사부에서 항의한 다음 교도소로 구금케 될 모양이다.

이로써 머지않아 수 명의 최초 입소자가 있을 것이다.

자료 218 | 《부산일보》, 1941. 5. 16, 3면 2단

우리나라 최초의 예방구금 창설, 과격사상 취체에 철저 강화

【도쿄 전화】 과격사상의 철저한 취체를 기하는 벌칙을 부과 – 검사에게 강제 수사권을 부여하고 공판 수속의 간단화를 도모하는 우리나라 최초로 시도되는 예방구금을 창설하였다. 개정 치안유지법은 지난 15일부터 실시되었고 해당 법이 제정되어 실시된 전문은 새로운 법률로 전문 65개조에 이른다. 서기적 대법령으로 그 특색도 색색으로 먼저 본 법의 제1장 형벌 규정에서,

1. 국체변혁을 목적으로 한 범죄에 대해 구금형을 삭제하고 형벌을 가중했다.
2. 이와 더불어 외부단체의 처벌을 규정했다.

3. 또 준비결사 그룹의 처벌을 규정하고,

4. 다시 불온, 유사종교 단체에 대한 처벌 규정을 신설하여 취체를 엄하게 하고,

제2장 형사 수속에 관해서는 국방보안법의 경우와 동 검사의 수사상 광범위한 권한을 부여하고 또 변호인 수를 제한 – 사법 대신이 지정할 것을, 지정 이외의 변호사는 법정에 입장을 허가하지 않는다.

제3장 예방구금은 전문 32개조로 구성되어 본방의 대특색으로 과격사상을 가진 재범의 우려가 있는 비전향 분자에 대해 위험방지를 위해 사회로부터 격리하고, 악사상의 전파를 방지하고 나아가 교정의 방법에 의해 사상 개선을 도모하고, 충량한 일본인으로 세워 나가는 데 목적이 있다.

최근 이 예방구금에 부쳐진 경우를 보면 10년의 형기를 마치고 금년 가을경 비전향 출소로 3·15사건 거두 도쿠다 규이치(德田球一) 등이 있다. 일찍이 예방구금소로 취급되는 도요타마(豊多摩)형무소 내에 설치하고 감방 일부를 개조하여 보충하였다. 직원은 나고야(名古屋)공소원으로부터 도쿄공소원에 전출한 나카무라 요시히로(中村義郎) 검사를 초대 소장으로, 또 교도관에는 요코하마(橫濱)형무소 전옥보 고 마사히데(古政英) 씨가 임명되었다. 나카무라 신소장은 다년 사상 검사에 복무해 최근 도쿄보호관찰소 보도관으로서 명명받았다.

자료 219 | 《매일신보》, 1941. 5. 16, 1면 1단

예방구금이 특색, 작일부터 실시된 개정 치안유지법

【도쿄 전화】과격한 사상에 철저하게 취체를 기하여 벌칙을 중과하고 검사에게 행정 수사권을 부여하여 광범한 수속의 간단화를 도모하고, 다시 우리나라 최초의 시험인 예방구금을 창설한 개정 치안유지법은 드디어 15일부터 실시를 보았다. 해당 법은 이름은 개정이나 실질은 전혀 새로운 입법으로 전문 65조에 미치는 획기적 대법령으로서 그 특색도 여러 가지이나 우선 본 법의 제1장 형벌제정에서,

1. 국체변혁을 목적으로 하는 범죄에 대하여 금고형을 삭제하고 형벌을 가중하고,

2. 소위 외곽단체의 처벌을 규정하고,

3. 또 준비, 결사 혹은 '그룹'의 처벌도 규정되고,

　　4. 다시 불령, 유사종교 단체에 대한 처벌 규정의 신설로 취체가 엄중히 되고,

　제2장 형사 수속에는 국방보안법의 경우와 같이 검사에게 광범한 권한을 부여하고 또 변호인의 수를 제한하여 사법대신이 지정하기로 되고, 지정 이외의 변호사는 법정에 서는 것을 불허하기로 되었다.

　제3장의 예방구금은 전문 32조로 되어 있는데 이것이야 말로 본 법의 대특색으로서 과격사상을 포기하지 않고 재범의 우려가 현저한 비전향 분자에 대하여 위험 방지차 이를 사회에서 격리하여 악사상의 전파를 방지하고 아울러 행정의 방법에 의하여 사상의 개선을 도모하여 충량한 일본인으로 돌아오게 하는 것이 목적이다. 최초에 이 예방구금에 부칠 듯한 것은 10년의 형기를 마치고 금년 가을경 비전향인 채로 출소할 3·15사건의 거두 도쿠다 규이치(德田球一) 등이다. 그리고 예방구금소는 우선 도요타마형무소 내에 설치하고 감방의 일부를 개조하여 이에 충당하기로 되었는데, 직원은 나고야공소원에서 도쿄공소원으로 전출한 나카무라 요시히로(中村義郎) 검사가 초대 소장으로, 또 교도관에는 요코하마형무소 전옥보 고 마사히데(古政英) 씨가 임명되었다. 나카무라 신소장은 다년 사상검사로 근무했고 최근은 도쿄보호관찰소 보도관으로서 명성이 있었다.

자료 220 | 《매일신보》, 1941. 8. 10, 2면 1단

악질의 비전향자, 전선서 13명 예방구금

　그릇된 사상을 품고 황국에 대하여 활을 쏘려다 형을 받은 자, 혹은 형의 집행유예를 받은 자 중에서 아직도 어리석은 꿈을 깨지 않고 전향을 하지 않은 자들을 사회에서 격리하는 동시에 황국신민으로서 재출발을 시키고 황도정신을 철저히 수련시킬 예방구금령이 지난 3월 10일부터 공포 실시를 보게 된 이래 경성지방법원 검사국에서는 보호관찰소 소장과 형무소장의 신고를 중심으로 극히 신중히 조사 취조를 진행하여 10월까지 다섯 달 동안에 극히 악질의 완미한 사상범 6명을 위원회에 부의한 결과 이들은 모두 지방법원 합의부 판결로써 모두 서대문형무소 안에 있는 보호교도소에 구금되어 있다. 동 보호교도소에는

전기 6명 외에 전선 각 지방법원에서 송치되어 온 사상범 7명을 합하여 현재 13명이 구금되어 있다.

6　감옥 내 투쟁

자료 221 | 《동아일보》, 1923. 9. 7, 3면 10단

합병일에 기념 절식, 함흥형무소에 있는 정치범이

8월 29일 곧 합병기념일에 함흥형무소에서 복역하는 정치범인 50여 인이 만세를 부른 후 이날에 밥을 먹는 것은 우리의 본의가 아니라고 하루 동안 절식하였더라.(함흥)

자료 222 | 《동아일보》, 1924. 4. 6, 2면 1단

기념만세 부른 자 2명을 형무소에서 악형치사설(惡刑致死說)

3월 1일 독립기념만세 부른 범인 2명을 매일 펌프로 냉수를 벗은 몸에 뿌려 죽였다

3월 1일 평양형무소의 죄수 일부가 3·1운동 기념만세를 부르고 추운 날 냉수 목욕의 중벌을 받은 풍설이 있다 함은 이미 보도한 바와 같지만 이에 대하여는 근일 그 감옥으로부터 새어 나온 말을 들건대, 3월 1일 오전 10시경에 제령 위반범 최, 백모 등 2명이 주모가 되어 형무소 안에 있는 제1공장으로부터 제6공장의 죄수 중 약 10여 인이 대표로 솔선하여 만세를 높이 불렀으며 그 공장의 죄수 중 약 100여 명은 단식을 하였다는데 이에 크게 놀란 그 형무소에서는 그 이튿날부터 만세 부른 대표자 6명을 잡아내어 매일 한 차례씩 추운 아침에 옷을 벗겨 세우고 펌프로 찬물을 끼얹어 주는 악형을 해 왔는데 3월 7일에는 평양지방법원 진남포 지점에서 절도죄로 징역 2년의 판결을 받고 복역 중이던 강서군 보림면 간성리 김숙(金淑, 44세)이라는 죄수와, 또한 평양지방법원에서 역시 절도죄로 징역 7년의 판결을 받고 작년 4월에 입감한 경기도 개성군 송도면 고우원 이동일(李東一, 34세)이라는 죄수 등 두 사람이 그 가혹한 형벌에 죽었다는 말이 있다.

당국자 사실 부인
죽기는 하였으나 병으로 죽었다

별항 사건에 대하여는 그것이 과연 사실이라 하면 도저히 용서할 수 없다고 일부의 비난

이 매우 비등된 모양인데, 이에 대하여 평양형무소장의 말을 들어 보자.

"그럴 리가 있소. 내가 형무소에 온 이후로는 모든 것에 수도들이 감탄할 만큼 친절히 하여 왔는데, 3월 1일에 만세를 부른 일도 없었고 또한 그날에 병으로 인하여 밥을 적게 먹은 죄수는 있었으나 단식한 사람은 결고 없었고 요새 죄수가 죽었다는 것도 나는 모르오."

이에 대하여 그 형무소 계호계 주임 이리에(入江) 씨는 이렇게 말한다.

"그날(3월 7일) 죄수 2명이 죽은 일은 있으나 김숙이라는 죄수는 뇌일혈로, 이동일이라는 죄수는 신장염으로 죽었소."

자료 223 | 《동아일보》, 1924. 4. 7, 2면 4단

죄수 악형치사설, 하늘을 두려워 우리는 부인한다

평양형무소에서는 지난 3월 1일에 독립기념만세를 부른 죄수에게 사람으로는 차마 못할 악형을 가하여 마침내 2명의 죄수가 무참한 죽임을 당하였다고. 이에 대하여 당국자는 '죽은 것은 사실이나 병으로 죽었고 그러한 일은 절대로 없었다'라고 부인하였다 한다.

그럴 것이다. 도쿄 진재(震災) 통에 생긴 사건 같은 것은 원래 특별한 예외라 말할 것도 없거니와 적어도 인류의 양심이 안에서 호령하고 세상의 이목이 밖에서 감시하는 청천백일 사람의 무리 속에서 이같이 악독 무도한 사건이 생겼으리라고는 누구든지 믿지 아니할 것이니 당국자의 '사실 부인'도 지당하다 할 것이다.

그러나 만일 이것이 풍설이 아니고 정설이면 어찌할까. 이것이 만일 일반의 추측이 아니고 명명백백한 사실이면 어찌할까. 진실로 이것이 사실이라 하면 비참한 원혼을 위하여서뿐만 아니라 인류의 공분을 위하여 피가 끓고 살이 떨릴 것이나 우리는 다행히 아직도 인류에게는 인류를 사랑하고 '생(生)'을 사랑하는 양심이 있음을 알고 아울러 평양형무소 당국자들도 이 같은 인류의 일 분자임을 믿고 어디까지든지 사실이 아니기를 바란다.

평양형무소 당국자가 이 사실을 '부인'하기는 고사하고 설혹 '시인'하더라도 우리는 우리에게 양심을 준 하늘을 두려워서 인류계의 체면을 위하여서 억지로라도 사실이 아님을 믿고자 한다. 우리는 다만 이 같은 악독한 '풍설'과 '추측'이 한때 한 번일망정 귀에 들리는 것

을 애처로워 할 뿐이니, 하나님이여! 이따위 사람의 세계에 없을 풍설이 다시는 들리지 말게 하소서.

자료 224 | 《조선일보》, 1923. 3. 4, 3면 1단

3월 1일에 기념만세, 서대문감옥에도 만세

3월 1일 오후 3시경에 30여 명이 만세를 부르는 고로
경계 중에 있던 간수는 황황급급

해마다 3월 1일을 당하면 경성 시가에는 경계로 인함인지는 알 수 없으나 온평히 지내되 감옥에 있는 정치범인은 반드시 이날을 기념하는 고로 금년에도 이것을 염려하여 감옥에서는 경계를 더하던바 서대문감옥에서도 역시 비상경계를 하던 중 오후 3시경에 돌연히 어떤 감방에서 독립만세를 부르자 이어서 각 감방으로부터 30여 명이 만세를 부르므로 경계하고 서 있던 간수들은 크게 놀라 진무한 결과 다행히 큰일은 없이 진무되었다는데 이에 대하여 주모자 몇 사람은 상당히 처벌하리라더라.

자료 225 | 《시대일보》, 1924. 4. 6, 1면 1단

평양형무소가 수인 2명을 형살(刑殺)

만세를 부르고 단식동맹을 한 주모자 2명이 혹형을 받다가
기진치사(氣盡致死)한 희유(稀有)의 대참사
당국자의 모호한 부인

평양형무소에서 복역 중이던 죄수 2명은 지난 3월 1일에 밥을 아니 먹었다는 사실로 1주간이나 냉수징벌(冷水懲罰)을 받다 못해 결국 죽어버렸다는 참혹한 소문이 있는데, 사실이 발생한 지가 1개월이나 된다 하나 아직 오리무중에 쌓여 그 사실의 진가를 판단하기 어렵게 된 이유는 여러 가지가 있지만 소문에 나타난 그 내용을 소개하건대, 지난달 1일 오전

8시경에 평양형무소에서 복역 중이던 정치범 11명은 최명현(崔明鉉)의 주모로 3·1운동을 기념하기 위하여 '일, 이, 삼, 사, 오, 육' 도합 여섯 공장에서 조선독립만세를 세 번씩 부른 일이 있었는데 그날 오후부터는 정치범 외에 잡범까지 합하여 약 100명이 3·1운동이 일어나던 때의 형편을 생각하면 차마 밥을 먹을 수 없다는 생각으로 단식(斷食)을 한바, 평양형무소에는 그 이튿날 오전 9시부터 전기와 같은 행위를 한 죄수 중에서 주모자로 인정하는 죄수 8명을 뽑아 약목욕탕(藥沐浴湯)이 있는 곳에 세우고 '고무'로 만든 '펌프'로 냉수징벌을 하기 시작하여 매 명 1시간씩 매일을 계속하되 모두 독방에 넣고 침구도 주지 아니하였으므로 7일 오전 10시에 강서군 보림면 간청리에 원적을 둔 절도범 징역 2년의 김숙(金淑)(44)이 목욕탕에서 자진하여 죽어 버리고, 또 개성군 송도면 고우원 45번지에 사는 절도범 징역 7년의 이동일(李東一)(24)은 현장에서 졸도하여 응급치료를 받다가 필경 11시경에 죽어버렸다는데, 이 소문을 엿들은 죄수들은 너무나 억울하고 분함을 이기지 못하여 그날 오전부터 운반역(運搬役) 40명과 지균역(地均役) 30명의 합계 70명의 죄수가 단식하고 다음 날 8일에 제1공장 부속 공장에서 연각역(烟殼役) 죄수 12명이 또한 단식을 하였으며, 그다음 날 9일에는 각 공장에서 1명, 2명씩의 대표를 뽑아 형무소장을 면회하고 사실을 질문하였으며, 일면으로 총독부와 평양검사국에 탄원서를 제출한다고 야단을 하는 중이라 한다.

없다고 했다 있다고 했다 하여
형무소장의 둔사(遁辭)[93]
죽은 사람들의 주소를 안 가르쳐 주는 것은 무슨 까닭

전기와 같은 소문에 대하여 기자는 지난 4일 오전 10시경에 평양형무소장 오카 도모미치(岡友道) 씨에게 책임 있는 답변을 요구한바 씨는 말하되, '그럴 리가 있습니까. 감옥이란 곳은 죄수를 감화시키는 곳인데 그런 일이 있을 수 있습니까. 죄수가 금식을 하였거나 엄벌을 하여 죽었거나 한 일은 물론 없으며, 독립만세를 부른 일까지도 전연 없습니다. 3월 중에는 죽은 사람도 없습니다' 하고 절대로 부인하였으나 다시 한 번 따지매 혹은 있는지는 또 모르겠소 하면서 김숙과 이동일이란 이름만 들어도 몹시 놀라는 것 같았다. 그리하여 다

---

93 둔사(遁辭): 관계나 책임을 회피하려고 억지로 꾸며서 하는 말.

시 소메다(染田) 서무주임을 찾아가서 김숙과 이동일이라는 두 죄수가 목하 형무소 안에 있는가 하고 물은즉, 3월 7일에 죽었다고 대답한다. 그러면 죽은 2명의 주소와 죽은 원인을 말할 수 있는가 하고 물은즉, 소메다 씨는 죽기는 병으로 죽었습니다 하고 밖으로 나가 어디를 거쳐 오더니 죄인의 주소는 비밀이라 하고 절대로 알려 주지 않았다.

만세를 불렀다
검사장의 답사

3월 1일에 죄수가 독립만세를 부른 일까지도 부인하는 평양형무소 당국자의 말은 아무리 들어도 모순과 의문이 더욱 심할 뿐이거니와 다시 평양복심법원의 세키구치(關口) 검사장을 방문한즉 김숙과 이동일의 주소와 연령이며 자세한 것을 평양형무소에 전화로 물어 가르쳐 주면서 3월 1일에 평양형무소 죄수가 독립만세를 부른 것은 사실이나 엄벌하여 김숙, 이동일이 죽었다는 것은 전연 없는 일이라고 하였다.

자료 226 | 《동아일보》, 1925. 1. 10, 2면 1단

공소 중의 김지섭 감방에서 단식!

4일간 계속 빈사 상태
구류 기한이 넘어도 모른 체
불법감금이라고 분개하여
형무소 당국 황황급급

재작년 가을 북경에서 의열단을 조직하여 요로의 대관을 암살할 목적으로 일본에 건너갔으나 목적을 이루지 못하고 궁성(宮城)[94] 이중교(二重橋)에 폭발탄 세 개를 던져 세상의 이목을 놀래이던 김지섭(金祉燮)(36) 외 5명에 관한 폭발물취체벌칙과 선박침입사건에 대하여 도쿄지방재판소에서 김지섭을 무기징역으로 판결 언도를 하였었으나 불복하고 상소를 하

---

[94] 궁성(宮城): 도쿄에 있는 일본 왕궁을 말함.

였다 함은 누보한 바와 같거니와 이 사건은 목하 공소원에서 심리 중인데 수모자 김지섭에 대한 구류 기한은 금년 1월 5일로 그 효과를 잃고 출옥을 시키지 않으면 안 되겠으므로 공소원에서는 구류장을 다시 발행하는 준비를 이치가야(市谷)형무소에 의뢰하였는데, 형무소에서는 법규에 의한 수속을 하지 않았으므로 드디어 지난 5일로부터 오늘까지 불법감금을 한 것이 되어 공소원과 형무소 간에 일대 문제를 일으키고 있는 중, 피고 김지섭은 무모한 처치에 분개하여 1통의 유서를 써 놓고 지난 5일 아침부터 돌연히 단식을 결심하고 만 나흘 되는 지난 8일까지 계속하여 비상히 쇠약해지고 거의 죽어 가는 상태에 빠졌으므로 감옥 의사의 진찰을 받게 하였으나 벌써 목숨이 끊어졌는지도 알 수 없는 상태에 있으므로 형무소에서 야마자키(山崎) 변호사에 급전을 하여 불러 올리어 김지섭과 간신히 필담을 하게 되었는데, 이 사건이 돌발하자 오노(大野) 형무소장은 사법 당국과 선후책을 강구하기에 노력하는 중이라더라.(도쿄 전보)

자료 227 | 《시대일보》, 1925. 12. 10, 2면 4단

평양감옥 죄수 200명 단식동맹

간수의 혹독한 학대에 못 이겨
죄수도 사람이라고 부르짖어

【평양】평양형무소에서는 얼마 전에 형무소 제6공장에서 작업하는 죄수 약 200명이 단연 단식동맹을 하고 공장에서 일을 하지 아니한 일이 있었다는데, 그 내용은 제6공장의 당직 간수가 너무도 죄수들에게 핍박이 혹독하므로 아무리 감옥에 갇혀 있는 죄수들이라도 참고 견딜 수 없다고 하여 마침내 그런 행동까지 취하였던 것이라는바, 결국에는 단식동맹을 하였던 200명의 죄수 중에 선동자로 인정되는 사람 몇 명이 처벌을 당하고 일은 무사하였다고 한다.

자료 228 | 《조선일보》, 1925. 12. 12, 1면 1단

사설: 수인의 단식동맹

조선의 일 축도(縮圖)인 감옥의 정태(情態)

1.

평양형무소에 수용된 기결수 100여 인은 어떠한 참지 못할 억울한 사정으로 인하여 동맹단식을 결행하였다 한다. 동 형무소 제6공장에서 노역하는 수인들이 그의 담당간수인 일본인의 태도가 매우 무리 가혹함으로 인하여 차라리 아사를 결심하게 된 것이라 하며, 이로 인하여 선동의 혐의자로 십수 인은 엄중한 처벌을 받는 중이라 한다. 두어 겹의 철관이 다만 구름 산천만리뿐이 아닌 듯한 느낌이 있는 형무소 안의 숨긴 일은 밖의 사람들이 용이하게 알아볼 수 없는 별세계의 일과 같은 것이거니와 그이사 굶기를 먹기보다 가하다 하고 죽기를 살기보다 달게 생각할 수밖에 없는가 생각하면 그 의견 낼 수 없는 압박이 우리의 상상에 넘치는 바 있었을 것을 단정함에 주저치 아니할 바이다.

2.

나의 형(兄)이 감옥에 간 지 벌써 7년째인데 언제나 나올는지 하는 것은 요사이 조선 사람들의 거리낌 없는 근심이다. 설설(緤紲)의 재앙과 남은 형벌의 사람은 남들에게 머리를 쳐들고 말하지 못하는 바이거늘 조선인으로 이를 말함에 일종의 비장한 기색이 위연히 듣는 자를 느끼게 하는 바 있게 하니 감옥이 조선인의 당연한 운명이냐? 하물며 세간에는 파렴치한 죄를 지은 자도 그로 하여금 범죄케 한 사정인즉 대부분이 모두 사회적, 정치적 환경에 원인한 바인 것을 생각할 때는 누가 홀로 감옥에서 고생하는 다수의 동포들로 가를 수 없는 흉악한 무리들로 돌리고 말 수 있으랴. 그러나 감옥에 전사(典司)된 자와 그 수졸(守卒)들이 그에 대한 몰이해와 비인정인 냉혹 또는 괴로운 처지는 세상 사람들의 상상하는 것 이상이다. 일반 세상 사람들의 이에 대한 태도도 자못 냉랭 또는 범연하여 아무 아픔도 느끼지 못하는 것과 같은 형편이다.

3.

형을 부과하고 감옥에 가두는 것은 그 목적이 어디에 있는가? 복수냐 배상이냐 격리냐 혹은 감화냐? 우리는 그의 단일한 무엇이라고 고르기는 쉽지 않다. 그러나 감옥 안에서 생겨나는바 온갖의 사태는 혈성이 남아 있는 자로서 드디어 냉연하게 지낼 수 없는 바이다. 차별, 억압, 모멸, 유린은 그러한 정형을 요약하는 말이 되는 것이다. 벽 하나를 사이에 둔 두 개의 감방에 수용되는 사람 수로부터 피복, 식료, 침구, 좌석의 종류와 개수에 이르기까지 또는 그의 시간적 조절의 방편까지도 조선인과 일본인 사이에 자못 비교하지 못할 차별을 가지는 것은 물론이며 그 일반적 대우에 가서 조선인에 한하여 언어도단의 비도(非道)를 항상 벌이는 것은 감옥 안의 정황을 한번 흘끗 본 자들의 일반으로도 심각한 인상을 가지는 바이다.

4.

일본인이 그 전과가 여럿인 상습적인 사기, 절도 등임에도 불구하고 그 인격 존중이 자못 융성한 바가 있다. 조선인으로서는 어떠한 종류의 신분이고 자못 그를 바랄 수 없는 바가 많다. 조선인이 초석도 없는 판상마루 위에서 힘들고 고된 시일을 보내는 동안 일본인은 완비한 침구까지 사용하고 있는 것은 기괴함이 없는 현상이었다. 음료수를 요구한 수인의 방에 석탄가루를 섞은 난로의 더러운 물을 살포하는 것은 수졸의 쾌감을 가지는 모멸이었다. 짚(藁)을 취급하는 공장의 수인이 그 근소한 식료에 목마름을 못 견디어 짚을 훔쳐먹은 것이 죄목으로 정해진 식사량의 3분의 1을 감식하여 수삼 일간의 처분을 당하는 것도 그 정황의 일반이었다. 아침으로 저녁에, 저녁으로 아침에 비명하는 소리가 통봉(痛棒)[95]의 소리와 함께 수삼 일을 계속하는 것도 수인으로 하여금 불안과 공포를 느끼게 하는 드물지 아니한 사태였다. 목격자에 의한 정확한 고백은 물론 틀림이 없는 사실일 것이다. 이러한 종류의 일은 다만 그 소소한 예증에 지나지 않는 바이다.

---

95 통봉(痛棒): 좌선할 때 스승이 마음을 잡지 못하는 사람을 징벌할 때 쓰는 몽둥이.

5.

감옥을 설치함이 복수나 응징을 위함이라고 할지라도 그는 필요한 정도를 넘었다. 격리와 감화라 할진데 그는 도리어 그들을 격하고 악화하게 하여 범죄를 선동 혹은 촉진하는 결과를 지을 뿐이다. 이를 정치적 범죄자에 보건대, 그들로 차라리 골수에 사무치는 원한이 종생의 반항을 결심케 한다. 그의 일반적인 범죄자로는 도리어 범죄와 악행의 온습 공연한 처소인 감이 있게 한다. 그리고 이러한 사태는 그들 수인들의 성질로 인함이라기보다 그의 당로자 및 수졸들의 비도덕 또는 가혹한 처우가 모두 그를 격하게 만든 것이다. 차별, 억압, 모멸, 유린과 기아 또는 최후적인 반항으로 설명되는 감옥 내의 정황! 현 조선의 일반적인 정황에 비추어 보아 과연 어떠한 감상이 있는가?

자료 229 | 《동아일보》, 1927. 2. 28, 1면 1단

법의 위신과 정의감

옥중의 단식

1.

법률의 이상은 법률이 없어도 법률이 있는 이상으로 공동생활의 안녕과 질서 보유되게 하는 데 있는 것과 같이 형(刑)의 목적은 형이 없더라도 형이 있는 때보다도 공동의 생활이 원만하게 되어 갈 수 있는 데에 있는 것이다. 그러므로 형을 주는 자는 형을 받는 자로 하여금 그 형에 관하여 정의적 수긍과 굴복이 있게 하여야 할 것이다. 그리하여 그 형을 받으면서도 비록 육신상으로나 정신상으로 고통을 당할지라도 엄연한 정의적 판단에 대하여 양심상으로 감복하는 바가 있지 아니하면 아니 될 것이다. 만일 그렇지 아니하고 법에 의하여 형을 받는 자가 양심상으로, 즉 정의감에 비추어서 하등의 감복이 없고 그 형을 받을지라도 양심상 정의감에 있어서는 오히려 법률과 형벌을 주저(呪咀)하게 된다면 그 형이 형의 원래 목적을 가지게 되는 근거인 정의감의 부지(扶持)를 잃어버리게 되나니 법률과 형벌이 이에 이르면 법률과 형이 사회를 오히려 해롭게 하는 결과를 많이 짓게 되기 쉬운 것이다. 법과 형을 맡은 자는 항상 이 점에 유의하여 그 원래 목적에 벗어나지 아니하게 힘써야 할 것이다.

2.

　대구형무소에 수용되어 있는 진우연맹원(眞友聯盟員)은 지난 21일 밤에 구치감 벽을 두드리며 고함을 질러 "1년이 넘은 오늘날에 이르도록 아직 예심 종결이 막연하고 가족에게 면회도 시키지 아니하는 것은 순연히 우리를 미워서 일부러 고생시키려고 함이라" 하여 그다음 날 22일부터 절식을 계속한다 하니 만일 그것이 적확(適確)한 사실이라면 이것은 법을 맡은 당국자나 또는 일반이 법에 의하여 생명과 재산을 보유하고 있는 사람들은 크게 생각하여야 할 일이다. 그 진우연맹원이라는 사람들의 범죄 내용과 또는 이번에 절식을 단행하였다는 내용 여하가 전부 세간에 발표되지 아니하였으니, 그 법률상 해석이나 행정상 적부 여하는 논평하지 못할 바이니, 이 점에 대하여는 오인(吾人)이 다시 논급하지 아니하거니와 자못 법률과 형벌의 원래 목적이나 이상에 비추어서 이것이 만일 사실일 것 같으면 어떻게 보아야 될 것인지를 지적해 둘 필요가 있는 줄 믿는다.

3.

　옥중의 절식. 듣기만 해도 소름이 끼칠 일이다. 이것을 타력의 강제에 의하여 한다면 별 문제이지만은 자진하여 이것을 단행하는 사람에게는 그 행동이 법률상으로 더 못 되는 죄를 범할는지 알 수 없으나, 그 단행자 자신에 있어서는 어느 큰 각오가 있지 아니하면 하기 어려운 일이니 더욱이 그 이유가 어느 합법적 범위 ■■행정에 관한 부당과 실책을 ■■하고 한 것이라 하면 어찌 큰 문제가 아니랴. 오인은 행정상 어느 책임 문제라고 하는 것보다도 그 인원수가 여러 사람인 만큼 인도상으로 보아서 경시하지 못할 문제이다. 물론 전단에서 오인이 말한 바와 같이 범죄의 내용이 발표되지 아니하였으므로 그 예심이 금일에까지 종결되지 못한 것도 어느 누구에게 어떠한 책임이 있다는 것을 말하지 못할 바이니, 그러므로 예심 시일이 길다고 불평을 말하였다는 데에 대하여도 오인은 그 가부와 시비를 말할 재료가 없는 터이니 이것은 말하지 아니하거니와 자못 그 가부와 시비는 어느 편에 있든지 간에 한 사회적 사실로 또는 한 행정상에 나타난 사실로 이것을 정시(正視)할 때에 법의 위신과 정의감의 합치 여부를 연상(聯想)하고 그 관련된 인도 문제, 치안 문제를 종합할 때에 결코 경시하여 버릴 바가 아니라는 것을 절언(切言)하여 둔다.

자료 230 | 《동아일보》, 1927. 2. 28, 2면 7단

진우연맹(眞友聯盟) 절식(絕食)과 대구형무소의 창황(蒼慌)

면회도 안 시키고 심문도 안 하므로
피고들이 분노하여 단식을 결행해
큰일 없다는 고마쓰(小松) 소장의 변명

재작년 겨울에 대구경찰서의 손에 검거되어 이후 오늘까지 대구지방법원의 예심에 부쳐 있는 무정부주의 단체 대구 진우연맹 신재모[96]외 일인(日人) 2명까지 합 12명 일단은 지난 21일 밤에 구치감 벽을 두드리며 고함을 질러 서로 호응하여 1년이 넘은 오늘날에 이르러도 아직 예심 종결이 막연하고 가족에게 면회도 시키지 않는 것은 순전히 우리를 미워하여 일부러 고생을 시키자는 것에 불과한즉, 이와 같이 얽매이고 눌리고 짓밟혀 가면서 살면 무엇 하랴 하여 맹렬히 부르짖어 일대 소동을 일으키고 일제히 그다음 날인 22일 아침부터 본고를 초하는 26일 저녁까지 밥 한술, 물 한 모금을 입에 대지 아니하는 절식을 계속해 온다는데 이에 황황한 대구형무소와 대구지방법원 검사국과 예심판사는 이 일을 절대 비밀에 부치고 여러 가지 방법으로서 후책(後策)에 분주한 모양이라는바, 이에 대하여 고마쓰 형무소장은 "그 일단 중 몇 명이라 하기는 어려우나, 극히 일부의 피고가 절식을 한 것과 조금 떠든 것은 사실이나, 떠들어 대는 것은 곧 진무했으며 절식은 잘못된 줄 알고 그 후 곧 밥을 먹게 되어 아무 일 없이 되었다"라고 일을 무사에 부치면서 다소 선명치 못한 어조로 말하며, 한편 대구에 있는 가족들은 선후책을 의논하는 중이라더라. (대구)

---

[96] 신재모(申宰模, 1885~1858): 경북 칠곡(漆谷) 출신. 1925년 9월 방한상 등과 진우연맹을 조직했다. 대구 시내의 도청, 경찰서, 우편국, 법원 및 일제 수뇌부 처단을 계획하던 중 체포되었다. 징역 5년을 선고받고 대구형무소에 수감되었다. 1990년 건국훈장 애국장(1977년 건국포장)이 추서되었다.

자료 231 | 《매일신보》, 1927. 6. 6, 2면 5단

진우연맹 피고인 옥중에서 단식, 형무소 측은 사실을 부인

【대구】오는 9일 제2회 공판을 앞에 두고 대구 진우연맹사건 우해룡(禹海龍), 박한상(朴漢相) 등은 지난 30일 아침부터 일제히 단식하기로 하였다는데 이에 대하여 형무소 측에서는 부인한다더라.

자료 232 | 《중외일보》, 1927. 6. 10, 2면 4단

진우연맹원 옥중에서 단식

재판장이 자기네들에게 경어를 쓰지 안 했다 하여
경어(敬語) 사용 외 수조 요구

세상의 이목을 놀래이던 대구 진우연맹 공판은 9일에 개정하기로 결정이 되었었던바, 담임 야마자와(山澤) 검사의 병으로 인하여 개정하지 못하고 오는 14일로 연기되었는데 진우연맹원들은 그동안 대구형무소 안에서 단식을 행하였다. 단식한 이유는 공판시에 재판장이 경어를 안 썼다는 것과 그 외 몇몇 조건이라더라.【대구】

자료 233 | 《동아일보》, 1928. 3. 9, 2면 1단

경성형무소 복역 중 장기수 파옥 소동

간수의 칼을 빼어서 간수를 무수히 난자
필경은 진압되고 형무소에서 취조 중
간수 칼로 간수 난자

듣는 바에 의하면 지난달 21일 오후 5시경에 경성형무소 제6공장에서 무기징역 수인 3명과 15년 수인 1명이 그 공장 담당 일본인 간수의 칼을 빼어서 그 간수의 목을 찌르고 무

슨 계획을 일으키려다가 뜻대로 되지 않은 동시 곧 진압되고 말은 일이 있어 그 후 20여 명의 장형기 죄수들이 방금 형무소 안에서 취조를 받고 있는 중이라는데 그 공장은 직조하는 공장으로 120여 명의 장형기 죄수 중의 몇 명이 오래전부터 무슨 계획을 세워 가지고 있다가 그중 어떠한 죄수의 밀고로 일이 어그러지매 드디어 전기 4~5명의 무기징역수가 직접 행동을 하려다가 그리된 듯하다 하며 부상된 간수는 방금 시내 모 병원에 입원 치료 중이라더라.

"제6공장 전부가 참가치 않았다" 주동자는 몇 사람에 불과
모 형무 당국자 담

이에 대하여 믿음직한 동 형무소 모 당국자는 말하되 "사건이 있기는 있었으나 원래 이 형무소는 장형기를 받은 죄수들이 많으므로 이따금 이와 이 자기의 앞일을 비관한 끝에 적은 충돌이 일어남은 면할 수 없는 사실입니다. 그런데 이번 일도 제6공장 100여 명의 전체가 행한 일도 아니며 또 부상된 간수의 상처도 대단치 않으므로 벌써 퇴원하였습니다" 하더라.

자료 234 | 《동아일보》, 1928. 9. 2, 2면 7단

일한합방 기념일에 200명 미결수 단식

감옥에서 단식동맹을 조직
신의주형무소에서

지난 29일 밤 신의주형무소 미결감의 미결수 200여 명은 ○○(○○)의 주모 아래 동일(同日)이 일한합병(日韓合併)의 기념일이므로 그를 기념코자 그날 하루 동안을 금식하고자 절식동맹(絶食同盟)을 하기로 하였으나 동 감방 안의 잡범 중의 일본인이 이것을 알고 밀고하여 그네들이 잇몸의 피를 내어 휴지에 혈서를 쓴 것이 당소 이(李) 간수에게 발견되어 29일 30여 명의 간수가 주모자의 감방을 엄중히 경계한 까닭에 목적을 달성하지 못하였으나 11감(監) 약 200명 만은 결속하고 단식을 하였더라.(신의주)

자료 235 | 《조선신문》, 1928. 9. 6, 3면 4단

병합기념일에 조선인 수도 단식동맹, 신의주형무소 낭패

(신의주) 신의주형무소 조선인 수인 170명은 조선병합기념일(朝鮮倂合記念日)인 8월 29일 조식(朝食)부터 일제히 동맹단식을 하였다. 형무소에는 불령선인 거두 오동진도 예심 중에 수용되어 있으므로 크게 낭패 경계 중이었으나, 그 후 아무런 불온한 기미가 보이지 않지만 지금 남아 있는 한 가지 문제는 옥칙(獄則)이 엄한 형무소 내에서 어떻게 이렇게 많은 수인이 연락을 취해 일제히 단식할 수 있었는가이다.

자료 236 | 《중외일보》, 1930. 2. 22, 2면 10단

함흥형무소서 미결수 100명 단식

간수와 감정 불호(不好)가 원인

20일 저녁부터 함흥형무소에 있는 미결수 100여 명이 일제히 단식을 하여 당국자는 목하 낭패 중인바, 원인은 금번 학생사건으로 입감된 함흥청년동맹원 이몽웅(李夢雄)이가 점심을 먹으면서 자기의 사식(私食)을 곁에 있는 다른 미결수에게 나누어 주었다고 숙직하는 간수는 즉시 그를 불러내어 무수히 난타하였으므로 이에 분개한 것이라고 하며, 본보 고흥분국장 최병권(崔秉權)도 단식동맹을 선동하였다는 혐의로 암실(暗室)에 넣어 징벌 중이라더라.【함흥지국 전화】

자료 237 | 《중외일보》, 1930. 5. 13, 2면 9단

유림단 정수기 복역 중 단식 소동

절식 후에 병감에 있다고
대구형무소장은 부인

대구형무소에서는 경북유림단(慶北儒林團)사건으로 현재 복역 중인 정수기(鄭守基)를 사소한 이유로 때렸다 하여 이에 분개한 정수기는 굳은 결심으로 단식을 하여 아무리 식사를 권하여도 먹지 않으므로 형무소 당국은 창황망조히 그 친구로 현재 동 형무소에서 복역 중인 죄수들을 한 감방에 넣어 식사를 권하는 등 그의 고향으로부터 정수기의 늙은 어머니를 불러다가 면회를 시켜 식사를 권하는 등 일대 소동을 일으키고, 결국 닷새 동안을 단식한 뒤 병감에서 치료를 받고 있다는데 이에 대하여 기요하라(淸原) 대구형무소장은 그것은 절대로 사실이 없는 것이외다 하더라.【대구】

자료 238 | 《동아일보》, 1931. 5. 31, 2면 1단

서대문감옥 제1공장 50여 죄수 단식

대우 개선을 부르짖고 단식동맹
형무소는 사실 부인

사상범의 대다수가 수용되어 있는 서대문형무소의 제1공장의 수인 52명은 지난 28일부터 작업을 폐지하고 돌연 단식동맹을 하였다는 설이 전한다.

그들이 단식동맹을 시작하게 된 이유는 동 형무소에서 수인들에게 주는 밥이 조겨[속강(粟糠)][97]가 섞인 것이 되어 먹기에 곤란할 뿐만 아니라 그 밖에 여러 가지 대우가 좋지 못하다 하여 주로 대우 개선을 형무소 당국에 요구하였으나 그를 들어주지 아니하므로 마침내 작업을 쉬고 단식을 동맹한 것이라 한다.

---

97 속강(粟糠): 탈곡한 좁쌀의 겉겨.

폐업 단식은 금 30일까지도 계속 중인데 이 영향은 형무소 안 다른 공장에까지 파업될 염려가 있다고 전한다.

이에 대하여 서대문형무소 요코야마(橫山) 소장은 말하되, "전한다고 하는 휴업 단식동맹과 같은 사실은 우리 형무소 안에 결코 없습니다."

자료 239 | 《중외일보》, 1931. 6. 10, 2면 1단

사상수(思想囚) 60인 공장작업 정지, 단식 소동 일으킨 결과로, 서대문형무소 소동사건

서대문형무소 제1공장에서 작업 중이던 사상수 60여 명이 조밥 반대(粟食反對), 대우 개선 등의 요구 조건을 제출하고 작업을 거부하여 일시 단식 소동이 있었다 함은 기보하였거니와 모처를 들은 바에 의하면 그 소동이 맺은 후 형무소에서는 제1공장 작업을 일시 정지하고 소동을 일으킨 죄수 60여 명을 모두 감방에 수용하고 있는 중이라 한다.

자료 240 | 《중앙일보》, 1932. 1. 31, 2면 1단

함흥형무소 수인 단식 의연 계속

한 죄수의 '무병졸사(無病卒死)'로
수인들이 결속 대항

【함흥】지난 17일 오후 1시 30분경 함흥형무소에서 복여하던 죄수 1명이 돌연히 죽은 일로 죄수들은 단식동맹을 계속하는 중인데, 이제 들은 바에 의하면 죽은 사람은 경기도 안성군 일죽면 고소리에 원적을 둔 이석준(李錫駿)(30)이라는 사람으로 작년 1월 30일부터 절도범으로 3년간 형을 받고 원산형무소에서 복역하다가 작년 9월 6일에 함흥형무소로 이감된 수인인바, 지난 16일 오후에 그가 일하고 있던 제2공장에서 어떠한 수인과 말다툼을 하였다 하여 당직하던 간수들이 불러내어 간 사실이 있은 후 그 이튿날인 지난 17일에 전기

감옥 병감에서 사망한 사실이 발견되었는데, 함흥지방법원 곤도(近藤) 검사는 의학박사 김명학(金明學) 씨를 대동하고 지난 18일 오후 2시에 현장에 가서 사체를 해부까지 하였다. 이와 같은 사실이 발생하자 전기 사망한 이석준과 같이 공장에서 일하던 제2공장과 연와공장의 수인들은 '즉시 형무소장과 검사를 면회시켜 달라, 만일 면회를 시키지 아니하면 파업을 단행하겠다' 하고 17일부터 전기 두 공장 전부가 단식 ■■을 4일간이나 하고 지금 ■■중인바, 이에 대하여 기자가 동 형무소 소장 스즈키(鈴木) 씨를 방문한즉 아래와 같이 대답하였다.

[문] 지난 17일에 수인 한 사람이 죽은 일이 있었소?
[답] 있습니다.
[문] 작업 중에 사소한 일로 모 죄수와 싸운 일이 있다지요?
[답] 그런 일이 있었소.
[문] 그리하여 당직하는 간수가 그 사람을 불러낸 일이 있는가.
[답] 이 사건은 지금 검사국에서 조사 중이므로 나로서는 일체 말할 수 없소.
[문] 그 사람의 평소 건강은 어떠하였소?
[답] 보통이지요.
[문] 사건이 발생되자 같은 공■ (이하 원문 훼손)

자료 241 | 《동아일보》, 1932. 5. 31, 3면 1단

대구형무소 수인 대우 문제로 대소동

음식, 의료에 대한 불평으로
100여 명이 만세까지 고창

【대구】대구형무소에서 기결, 미결의 죄수가 대우 문제로 소동이 있었다 한다.

지난 25일 오후 6시경 제2구(區) 구치감 미결수 약 100명이 대우 문제로 소동을 일으켜 종래에는 만세까지 고창하여 형무소에서는 비상출동을 하여 진압에 야단이었다는 것이다.

전하는 바의 대우 문제란 여러 가지가 있는데 그 주요한 것으로는 첫째, 음식, 다음 의료

문제 그리고 또 사상범의 이감 등이라 한다.

음식에 대한 불편에 있어서는 이 소동이 있기 2~3일 전에 외역(外役) 기결수 약 250여 명이 일제히 저녁밥 한 끼를 먹지 않은 데서 출발한 것이라 한다.

더욱 의료 문제는 벌써부터 병자에 대한 치료가 여간 등한하지 않은 데서 죄수의 대부분이 불평을 품고 오던 터이며 사상범의 이감에도 많은 불편을 가진 나머지 이번의 폭발을 본 것이라 한다.

원래 동 형무소의 구치감은 제1구, 제2구, 제3구의 구치감이 있는데 그중 제2구는 순연히 사상범의 미결수와 기결수가 있고, 제1구는 사상범의 약간과 잡범 그리고 제3구는 전연 잡범 이와 같은 구별로 되어 있다는바 소동은 제2구의 사상범 측에서 한 것이라 한다.

전기 제2구의 미결 가운데는 목하 예심 중에 있는 사범학교 현교유(玄敎諭)사건 관계자를 비롯하여 각처에 공범이 있는데 이번의 수모자 20여 명은 각 엄중한 처분을 받았다는 것이다.

| **자료 242** | 《동아일보》, 1932. 7. 20, 2면 1단

경성형무소 재감 중 1,000여 명 수인이 소동

소장의 훈시에 반감 품고
부근 주민 다수 위집(蝟集)[98]

18일 오후 8시 20분경 시외 고양군(高陽郡) 용강면(龍江面) 공덕리(孔德里)[99] 경성형무소 재감수인 1,100여 명이 돌연 만세를 호창하여 이 떠드는 소리가 형무소 벽돌담을 넘어 바깥에까지 새어 나와 그 부근 주민들이 형무소 주위로 모여들어 용산경찰서에서 비상출동을 하여 해산하는 등 형무소 내외로 대소동을 하다가 11시 반경 형무소 내가 진압됨에 따라 바

---

98 위집(蝟集): 고슴도치의 털과 같이 많은 것이 한곳에 모여든다는 뜻으로, 사물이 한꺼번에 많이 모이는 것을 비유하는 말.
99 현 서울특별시 마포구 공덕동.

깥도 정돈하여졌다.

소동의 이유는 17일 일요일에 요코야마(橫山) 형무소장으로부터 수인 일동에 훈계가 있었는데 수인 중 사상범들은 이것을 반감에 품고 다른 수인을 선동하여 그 이튿날 18일 아침밥에 82명이 단식동맹을 하고 점심도 먹지 않으므로 그중 주모자 몇 명을 다른 감방에 옮겼더니 나머지 52명은 저녁밥을 또 먹지 않으므로 형무소에서는 또 주모자 몇 명을 다른 감방에 옮기자 나머지 재감인들이 8시 20분경에 만세를 호창하자 다른 감방의 수인들까지 추종호창한 것이라 한다.

"음식에 불만? 단식과 별개로 처벌"

가사이(笠井) 법무국장은 "원인은 음식에 불만을 가진 것인 듯하외다. 사상범은 특별히 자기네가 사회적 지위나 가진 듯이 형무소 대우가 다른 죄수와 같게 하여 준다는 불평을 가지는 듯하외다마는 형무소는 그야말로 차별이 없는 곳인데 그 생각을 잘 못하는 모양이외다. 오늘은 취조하느라고 작업을 중지한 듯한데 취조한 결과에 의하여 단식한 수인과 소동한 수인을 따라 따로 처벌할 작정이외다. 형무소에서 떠들면, 떠드는 것이 자기에게 불리하지요."

주모는 단천(端川)사건 범인
작업을 중지 취조
신문기자의 면회도 사절하고 부근의 경계는 엄중

죄수가 이렇게 소란하게 되어 형무소에서는 극력 진압에 활동하였으나 1,100여 명이라는 다수의 수인의 소동이므로 속히 진압하지 못하고 11시 반경에 이르러 겨우 진정하였다.

이 사건의 수모자는 함남 단천사건의 범인으로 함흥형무소로부터 이송되어 온 사람들이라고 한다.

죄수의 소동을 진압한 경성형무소에서는 사건을 진압한 때는 이미 밤 11시 반경이었으므로 취조를 일시 중단하고 19일 아침부터 하루 종일 작업을 중지하고 취조 중이요, 신문기자의 면회도 일체 사절했는데 부근 일대에는 엄중한 경계를 하고 있다.

자료 243 | 《동아일보》, 1932. 10. 5, 2면 8단

서대문감옥 재감수 30여 사상범 단식?

대우 개선과 음식 개량을 요구
형무소 당국은 부인

서대문형무소 채석장에서 복역을 하고 있는 사상범 기결수 30여 명은 지난 28일부터 대우 개선과 음식물 개량을 부르짖고 단식을 시작하여 29일, 30일, 1일까지 4일간을 계속하였는데 그중 수모자 정윤필(鄭允弼) 등 3인은 필경 독방에 수용되었다고 전한다.

이에 대하여 다나카(田中) 서무과장은 "그러한 일은 전연 없었습니다"라고 부인을 하였다.

자료 244 | 《동아일보》, 1933. 5. 4, 2면 4단

재감 중의 사상수가 노동제(勞働祭) 준비 중 발각

◇… 개성소년형무소 재감자와 서대문형무소 수인이

조선의 메이데이는 경찰의 경계가 비상히 엄중하였던 탓으로 모임과 시위 행렬 같은 것은 못하고 오직 수처 도시에 격문 살포가 있었을 뿐이나 이상하게도 형무소 안에 메이데이 준비 행동이 있었던 것이 그 후에 알려졌다.

하나는 개성소년형무소 재감 중인 소년수 1명이 메이데이 날 수인 전부에 단식을 선동하다가 미연에 발각되어 목적을 달성하지 못하고, 하나는 서대문형무소에 있는 사상범 1명이 혈서를 써 가지고 메이데이 기념을 선동하다가 역시 미연에 발각되어 목적을 달성하지 못하였다.

자료 245 | 《동아일보》, 1933. 11. 24, 2면 9단

함흥서 구류범 100여 명 소동

21일 ○○가를 고창하면서
감방 협착(狹窄)이 원인

【함흥】 함흥경찰서에 구류되어 있는 100여 명은 지난 21일 오후 6시경 일제히 ○○가를 고창하여 큰 소동을 일으켰다는데, 그러한 이유는 감방이 협착하므로 그리한 것이라는 바, 현재 10여 명밖에 더 수용할 수 없는데 20여 명씩 수용하고 있는 형편이라고 한다.

자료 246 | 《동아일보》, 1934. 3. 10, 2면 5단

주식(晝食) 불결에 분개하여 외역 함흥 수인 소동

도청 신축장에서 200여 수인 무장 간수 출동으로 진압

【함흥지국 전보】 함흥 산수정 함남도청 신축장에서 일을 하던 함흥형무소의 수인 200여 명은 지난 8일 오후 2시경에 별안간 만세를 부르려 일대 소동을 일으켰다.

이 급보를 접한 동 형무소에서는 즉시 간수 10여 명을 현장에 출동시켜 겨우 진압케 하였다 한다. 그 소동의 원인은 동일 수인들의 점심밥을 덮어 놓지 않아 밥에 모래가 들어가 먹지 못하게 되었다 한다.

이에 수인들은 금후로는 밥 먹을 곳을 임시로라도 지어 달라고 하였으나 이에 간수는 그 소리를 들은 체 만 체하므로 그에 분개한 까닭이라 한다.

자료 247 | 《동아일보》, 1934. 5. 2, 2면 1단

금조(今朝) 함흥형무소 사상수가 일시 소동

조반(朝飯) 안 먹고 메이데이가(歌) 합창
경형(警刑) 당국이 출동 진압

【함흥지국 전화】금 1일 아침 함흥경찰서에 유치된 70여 명의 사상범들은 금일이 '메이데이'라 하여 밥도 먹지 않고 아침 8시 반부터 '메이데이'의 노래를 일제히 불렀다 한다.

이에 경찰 당국은 대경실색하여 그의 진무에 노력하였으나 그들의 연호하는 '메이데이'의 노래는 동 10시에야 진압되었다 한다.

그들은 대부분이 태평양노조조합(太平洋勞組組合)사건과 흥남(興南)사건, 격문사건 등의 피의자들로서 동 서에서는 아직 비상한 경계를 하고 있다고 한다.

자료 248 | 《조선중앙일보》, 1934. 7. 18, 2면 1단

정의부 수령 오동진 옥중 단식

단식 계속한 지 벌써 26일
경성형무소에서

경성형무소에서 복역 중인 정의부 수령 오동진은 지난 6월 22일부터 단식하기 시작하여 26일을 경과한 17일까지도 아직 계속 중인데, 오동진은 26일간이나 단식을 하였으나 생명에는 아직도 위험한 상태가 아니라 한다.(사진은 오동진)

"신앙상(信仰上)의 체험 얻고자" 그같이 단식을 하는 것이라고
요코야마(橫山) 경성형무소장 담

별항 정의부 수령 오동진의 단식에 대하여 요코야마 경성형무소 소장은 다음과 같이 말하였다.

"오동진이가 26일 전부터 단식을 계속하는 중입니다. 오동진은 신의주형무소에 수감되었을 때에는 30일간을 단식한 기록을 가지고 있으나 이 단식은 형무소에 대한 불평으로 행하는 것이 아니오, 신앙상으로 행하는 것으로 '석가모니'나 '그리스도' 등 옛날 성현들의 단식으로 인한 청신한 정신 상태의 체험을 얻고자 하는 것인 줄 압니다. 형무소로서는 매일 식사를 준비하여 아무 때라도 식욕만 있으면 먹도록 하게 하는 중이며 오동진 자신도 생명이 위험할 때에는 식사를 하겠다 합니다. 만일 생명이 위험하되 음식을 섭취치 아니하면 인공 섭양이라도 시킬 방침이나 아직은 그럴 필요가 없습니다." 운운.

자료 249 | 《동아일보》, 1934. 8. 24, 2면 6단

복역수 결박이 동기로 240명 소동

재작(再昨) 함흥감옥에서

【함흥지국 전화】죄수 중에 일하지 않은 사람을 간수가 기둥에 붙들어 매었다고 하여 240명 복역 죄수가 일대 소동을 일으킨 일이 22일 오후 0시 반경에 함흥형무소 벽돌공장에서 발생하였다.

사건의 내용을 듣건대, 부내 서정(曙町)에 있는 형무소 벽돌공장에 작업하는 죄수 240여 명 중 사상 죄수가 대부분이었던 중 단천 출신 김모(金某)(25)는 일을 하지 않고 있으므로 간수가 임시로 만든 헛간 기둥에 붙들어 매어 두었던바, 다른 죄수들이 소동을 일으켰다고 한다.

이 사건이 돌발하자 형무소에서는 간수 30여 명이 무장하고 출동하여 간신히 진압하였는데 경찰에서도 배후에 책동 여부를 내사 중이라 한다.

자료 250 | 《매일신보》, 1934. 8. 27, 2면 1단

해주형무소 수인 등 옥중투쟁을 계획, 불온한 격문을 작성하야 회람 중 미연 발각

【해주】해주형무소에 재감 수인 중 치안유지 위반범 신천 출생 이덕주(李德柱)(26)와 해주 출생 원봉수(元鳳洙)(24) 등이 주동으로 오는 9월 2일 국제무산청년데이를 기하여 제국주의 전쟁 반대, 독서 자유와 대우 개선 등을 조건으로 단식동맹을 단행하고 감옥투쟁을 계획코자 지난 15일 비밀히 격문을 작성하여 동 형무소 내 각 작업공장에 회람시키던 중 발각되어 방금 형무소 당국에서는 비밀리에 주동자를 엄중 취조 중이라 한다.

미연 방지가 다행이외다
도쓰기(戶次) 형무소장 담

이번에 발각된 해주형무소 내 수인들의 소동계획에 대하여 도쓰기 소장은 다음과 같이 말하였다.

감옥 내에서 한두 불온 분자의 주동으로 소동을 계획한 사실은 있으나 이를 미연에 방지한 것은 형무소 당국으로나 주동자 자신을 위하여 다행한 일이다. 방금 그 주동자 되는 자들의 배후 연락 관계 등을 엄중 조사하므로 그 조사 판명을 보아 조치할 것이나 되도록 당국자로는 금후를 경계하는 정도에서 선처하고자 한다. 운운.

자료 251 | 《동아일보》, 1934. 12. 17, 2면 1단

서대문형무소에서 수인들이 단식 소동

원인은 간수의 구타에 분개
주동(主動)은 영흥농조 관계자

지난 5일 아침 영흥 농민조합사건으로 현재 서대문형무소에 수감 중인 김모(金某)(27)가 옴으로 앓는 중이나 피부병이므로 노동을 계속하는데 간수의 잘못으로 죽을 쑤어 주었던바

속병이 아니라 하여 죽 먹기를 거절하였던 것에 발단하여 처벌을 당하자 같이 동 형무소에 수감 중인 동 조합사건 죄수와 어울려 7일에는 정원모(鄭元模) 외 40여 명이 일제 단식을 하고 취업을 하지 않았다 한다.

이러자 동 형무소 당국에서 엄중하게 단속을 하였는데 9일에는 수천 명이 모인 교회실에서도 역시 이것을 문제로 일시 소동을 일으킨 일이 발생하였었다고 하며 10일에는 역시 전기 조합사건의 죄수가 중심이 되어 또 60여 명의 소동이 있었다 한다.

사건의 발단은 노동하는 죄수에게는 죽을 주면 기운이 지쳐 일할 수 없는데도 불구하고 배급하는 간수의 잘못으로 노동하는 죄수에게 죽을 주었다는 것이 원인이 되었고 여기에 대한 간수들의 취체(取締)가 엄하였던 것이 도화선이 되었다 한다.

1일간은 단식, 간수의 실수가 있던 모양
도이(土居) 서대문형무소장 담

이에 대하여 도이 형무소장은 다음과 같이 왕방한 기자에게 말하였다.

"10일 전이라고 기억됩니다. 옴으로 앓던 죄수는 피부병이므로 노동작업을 해야 하는데, 일하는 사람에게 죽은 준 것은 간수의 실수이겠습니다. 그러나 워낙 많으니까요. 그런데 죽을 안 먹는다고 간수가 좀 때린 모양입니다. 기회를 기다리던 농민조합원들이 소동을 일으켜 하루 단식한 일이 있었습니다." 운운.

자료 252 | 《동아일보》, 1935. 5. 25, 2면 5단

함흥형무소의 수인 단식 소동

당국은 사건을 비밀에 부치고
사태 진무(事態鎭撫)에 고심 중

【함흥】요즘 함흥형무소에 수감되어 있는 1,000여 명의 기결 죄수들은 옥리(獄吏)들의 가혹한 대우 개선을 부르짖어 단식동맹과 작업 태만을 계속하는 등 자못 불온한 상태에 빠져 있다 한다.

그런데 그 내용을 탐문한 바에 의하면 지난 19일 정례 교회 시간에 일당에 모였던 죄수들은 일제히 손을 들어 가혹한 대우를 즉시 철폐하라고 외치며 소동을 일으키고자 하여 즉시 간수들의 적극적 노력으로 겨우 진압하고 주동자 3~40명을 독방에 수감하여 징계하고자 하였으나 그 후 각 공장에서는 일제히 2일간이나 단식을 계속하는 중으로 사태는 자못 심상치 않은 상태로 당국자들은 사태의 진전을 엄중 경계 중으로 금후 어떻게 전개될지 자못 주목을 끌고 있는 것이라 하며 형무소 당국은 소동 원인이 사상범들의 책동이 아닌가 하여 극비밀에 부치고 진무 회유 중이라 한다.

자료 253 | 《동아일보》, 1935. 8. 8, 2면 9단

서대문감 사상수 50명 단식 소동

사형집행 반대, 대우 개선 요구
경형(警刑) 당국 엄중 경계

경성 서대문형무소에서 사상범 죄수 50명이 단합하여 지난달 25일부터 ▲ 대우를 개선하라 ▲ 사형집행을 반대함이란 슬로건을 내걸고 단식동맹을 결행하였다. 처음에는 20명이 일어서고 이튿날에 다시 30명이 가담하여 태도가 극히 강경하여 형무소 당국은 진압에 노력 중인데 그중 34명은 누그러져 27일부터 중지하였으나, 그러나 이옥윤(李玉潤) 외 15명은 아직도 단식동맹을 계속하는 중인데, 형무소 당국에서는 무한히 우려하고 이를 극비밀리에 해결에 노력하고 있는 중이다.

자료 254 | 《부산일보》, 1935. 8. 8, 3면 6단

사상범 50명 단식투쟁 결행, 30여 명은 투쟁을 멈추고 경성 서대문형무소 내 소요

【경성 특전】경성 서대문형무소에 수용 중인 사상범 20명이 지난 7월 25일 대우 개선,

사형집행 반대운동을 일으키고 26일 다시 30명이 가담하여 총원 50명으로 같은 날부터 헝거 스트라이크(단식투쟁)를 감행하였다. 형무소 당국자는 진압에 노력하여 50명 중 34명은 배고픔을 이기지 못하고 27일부터 중지하였으나 이옥윤 외 15명은 완강히 단식을 계속하고 있다. 형무소 당국은 매우 우려하여 극비리에 해결하려고 노력하고 있다.

자료 255 | 《조선중앙일보》, 1936. 1. 26, 2면 6단

이감 중의 사상수 등 역두에서 ○○소동

24일 오후 5시경에
함흥역 내 일시 혼란

【함흥지국 전화】음력 정월 초하룻날인 24일 오후 5시 44분 함흥역 도착 제501 열차로 경성 서대문형무소로부터 함흥형무소로 이감수(移監囚) 30명이 내려왔는데, 그중에는 사상범 13명이 있어 역 앞은 함흥서원의 특별 경계로 자못 삼엄하였었다.

그런데 전기 13명 사상범 중 3명은 문천 적색농민조합(文川赤色農民組合)사건에 관계하였던 이택구(李澤九)(24)(함흥서 2년 판결), 장종한(張鍾漢)(23)(함흥서 1년 반 판결), 임민호(林民鎬)(34)(함흥서 6년 판결)의 세 사람도 있었는데 이들 10여 명은 역 앞에 내리자 ×××××× 만세를 고창하여 역 앞을 소란케 하였다. 그리하여 곧 현장을 경계하던 경관대들이 이들을 포위하여 일은 더 크게 벌어지지 않았으나 곧 이들을 경찰서로 인치하여 다시 보안법 위반으로 엄중한 취조를 하는 중이라 한다.

자료 256 | 《동아일보》, 1936. 5. 2, 2면 1단

370명 사상수 만세 부르고 소동

작야(昨夜) 취침 전 함흥형무소서
금조(今朝) 소장 등 대책강구

【함흥지국 전화】작 30일 오후 8시 함흥형무소에서 수감된 수인들이 취침전에 정좌를 하고 있을 때 돌연 수인 중 1명이 만세를 부르매, 수감되어 있던 370여 명 사상수가 모두 일시에 만세를 고창하여 일대 소동을 일으켰다.

때가 메이데이를 하루 앞둔 때이라 형무소 간수들은 이를 진정시키고자 비상소집을 하고 겨우 진정을 시켰다.

오늘 아침에는 모리타(森田) 소장 이하 간부급 회의를 열고 이에 대한 대책을 강구 중이라 한다.

자료 257 | 《동아일보》, 1939. 7. 27, 2면 6단

경성형무소 수인 오늘 아침까지 계속 단식

검사가 출동 · 100여 간수 경계

25일 오후 6시경에 경성형무소 목공장에서 장기수 김모(金某)가 물품검사를 하려던 간수 야마히라 모(山平 某)(34)를 길이 한 자가량 되는 칼로 찔러서 빈사의 중상을 입히고, 자기도 그 칼로 자살하려던 사건은 기보한 바와 같거니와 그 후에 전기 야마히라 간수는 성대(城大)병원에 입원 치료 중인데 생명이 위독하다 하며 한편 경성형무소 죄수들이 계속하여 26일 오전 8시부터 9시 반까지에 또다시 단식을 하며 소리를 지르는 등 불온한 행동을 일으키므로 형무소 당국에서는 긴급히 구두협의를 한 결과, 서대문형무소에서 100명의 응원 간수를 청하여 형무소 내외를 엄중히 경계하는 중이다.

경성형무소 부근에는 곳곳에 무장한 간수가 경계할 뿐 아니라 부근 산 위에까지 간수가 경계망을 펴고 있어 긴장미가 한층 더하다.

형무소 당국에서는 외래객과의 면회를 일체 거절하고 죄수들의 진무에 노력 중이다. 그리고 경성재판소 검사국에서는 사카모토(坂本) 검사와 이(李) 검사가 직접 출장하여 취조 중이다.

II

사상범 감시·통제 법령 및 규정

해제

1930년대 들어 조선총독부의 행형 기조는 일대 변화를 맞이하게 된다. 그것은 1920년대 이후 확산된 사회주의 사상과 밀접한 관계가 있다. 비밀결사 방식으로 은밀하게 세력을 확산하는 사회주의자들의 검거 및 처벌을 위해 일제는 1925년 4월 21일 치안유지법을 제정하였다.

치안유지법은 '국체를 변혁하거나 사유재산제도를 부인할 목적으로 결사를 조직하거나 사정을 알고 이에 가입한 자'를 핵심적인 적용 대상으로 한다. 이뿐만 아니라 실질적으로 결사를 조직하거나 가입하지 않았고 미수에 그친 경우나 그 실행에 대해 협의하거나 선동한 경우, 활동을 목적으로 재산상 이익을 공여하거나 약속한 자 등도 처벌 대상에 포함하여 광범위하게 사회주의운동가들을 통제 처벌하는 법령으로 작용했다. 특히 한국에서 이를 적용할 때는 '한국의 독립을 목적으로 하는' 모든 행위에 대해 치안유지법을 적용하며 독립운동을 탄압하는 수단으로 활용했다. 1928년에는 치안유지법을 개정하여 최고형을 기존 징역 10년 형(또는 금고형)에서 사형까지 가능하도록 규정함으로써 '사상범'에 대해 엄벌주의 원칙을 고수했다.

엄벌주의적 정책 기조가 이어지는 가운데 사상범은 지속해서 증가했고, 감옥은 만성적인 포화 상태가 되었다. 감옥 내 사상범의 증가는 또 다른 문제를 일으켰는데, 바로 '사상의 전염' 문제였다. 포화 상태의 감옥 내에서 사상범과 일반 수감자를 분리 수용하는 것이 불가능하였기 때문에 감옥 내 사상범들이 일반 죄수들에게 사상 선전을 하는 것을 효과적으로 차단하기 어려웠다.

이러한 상황은 행형 기조의 변화로 이어졌다. 일제는 사상범을 무조건 구금해 두는 것보다 그들을 전향시키는 방안을 고민하게 되었고, 1936년 5월 사상범보호관찰법이 일본에서 제정되면서 그 일단이 마련되었다. 조선총독부는 1936년 12월 12일 조선사상범보호관찰령(제령 제16호)을 공포하였고, 이를 통해 사상범보호관찰법을 한국 내에 실행하게 되었다.

이 자료집에서는 조선사상범보호관찰령의 적용과 시행을 이해하는 데 필요한 법률 및 규정 사항들을 시기순으로 정리하였다. 조선사상범보호관찰령의 적용 대상은 치안유지법의 죄를 범한 자 중 집행유예 처분을 받았거나 기소유예 상태에 있는 자 그리고 만기 출옥하거나 가출옥 처분을 받은 자로 규정되었다. 이들에 대해 보호관찰심사회의 결의에 따라 보호관찰에 부칠 수 있도록 한 것이다. 사법 당국은 이들을 '보호'하여 다시 죄를 범하는 우려를 없앨 목적으로 보호사(保護司)의 관찰을 받게 하거나 또는 보호자, 보호단체, 사원, 교회, 병원, 기타 적당한 자에 위탁하도록 했다.

곧이어 12월 15일에는 이를 실행할 기구로 조선총독부보호관찰소관제(칙령 제432호) 및 조선총독부보호관찰심사회관제(칙령 제434호)를 발표하였다. 12월 18일 조선사상범보호관찰령 시행규칙을 조선총독부령 제128호로 발표해 세부 사항을 확정하였다. 시행규칙에는 보호관찰에 부치는 수속과 보호관찰처분의 집행에 대한 상세 내용을 포함하고 있다. 보호관찰소의 명칭, 위치, 관할구역도 지정해 시행했다. 보호관찰소는 총 7개소가 설치되었는데 경기도, 충청북도, 충청남도(서천군 제외), 강원도 일부 지역을 관할하는 경성보호관찰소를 포함해 함흥, 청진, 평양, 신의주, 대구, 광주에 각각 설치되었다. 1937년 1월 25일에는 고시 제34호를 통해 보호관찰을 위탁할 수 있는 보호단체의 지정이 이루어졌다. 경성구호회, 개성대성회, 춘천동포회 등 재단법인 형태의 17개소가 그것이다.

조선총독부는 동년 4월 14일 가출옥사상범처우규정(조선총독부 부령 제49호)을 제정해 발표했다. 가출옥사상범처우규정은 치안유지법 위반자가 가출옥하는 경우 그 주거지를 제한하는 내용으로 구성되어 있다. 즉 가출옥하는 사상범에 대해 형무소장이 주거지를 관할하는 보호관찰소에 직접 통지하여 주거지 안에서의 생활을 통제하고 철저히 감시한다는 것이다. 석방된 사상범이 허가 없이 주거지를 옮기거나 여행 등을 할 수 없도록 했다. 1936년 이래의 사상범 보호관찰 법령들은 보호를 명분으로 사상범의 자유를 제한함으로써 행형을 감옥 밖으로 확장하는 형태로 나타났다.

반면 감옥 내에서도 재감자를 대상으로 조선행형교육규정(1937년 5월 24일, 훈령 제35호)과 조선행형누진처우규칙(1937년 11월 9일, 조선총독부령 제178호)이 제정되었다. 이른바 응보행형에서 교육행형으로의 전환을 전면적으로 내세운 조치였다. 총 23개 조항으로 구성된 조선행형교육규정은 20세 미만 형기 6개월 이상의 수형자와 30세 미만 형기 1년 이상의 수형자 중에서 필요가 있다고 인정되는 자를 대상으로 일상생활에 필요한 보통의 지식 기능을 가르쳐서 국민 도덕의 이해 및 실천에 바탕이 되는 것을 목적으로 내세웠다. 이전에도 소년형무소와 지방 형무소 단위로 교육이 이루어졌으나 이를 공식적인 행형 집행의 내용으로 포함한 것이다. 일반 형무소에는 수학 수준에 따라 간이보통과와 보통과, 소년형무소에는 보습과를 설치하여 수신·국어·산술·직업·조선어·지리·국사를 교수하도록 하였다.

조선행형교육규정은 1944년 9월 30일 개정이 되었다. 개정 사항에서는 교육의 목적이 선명하게 드러나는데, '황국의 도를 모범으로 하여 수형자에게 일상에 필요한 보통의 지식 기능을 교수하여 황국신민으로서 연성하는 것'을 표방하였다. 학력 수준에 따라 초등과와 고등과로 나누어 교육을 실시하였는데, 교수 과목은 국민과(수신·국어·국사·지리), 이수과(산술·이과), 체련과(체육·교련·무도)로 구분해 교수했다.

1937년 11월 9일 발표된 조선행형누진처우규칙(조선총독부령 제178호)은 수형자 개개인의 평가 척도를 세분화하여 각자의 분발 노력 정도에 따라 제1급에서 제4급까지의 4단계로 등급을 나누고 처우를 달리하도록 한 법령이다. 매월 인격점(개전의 상태, 품행의 좋고 나쁨, 책임 관념 및 의지의 강약)과 작업점(작업의 근면 여부, 작업 성적)으로 점수를 획득하여 그에 따라 진급이 결정되는바, 4단계로 나눈 계급은 구금 및 계호 정도, 작업상여금 비율, 문서 및 도서 열람 허용 여부, 접견 및 서신 횟수, 급양, 가석방 여부 등에 직접적으로 작용했다. 조선총독부는 조선행형누진처우규칙의 목적이 수형자의 개전, 갱생을 유도하고 나아가 수형자들의 사회 적응을 돕는 것이라고 표방하였다.

사상범에 대한 감시 통제 정책은 1941년을 기점으로 보다 강화되는 양상을 보인다. 조선총독부는 아시아태평양전쟁을 앞둔 1941년 2월 12일 조선사상범예방구금령(제령 제8호)을 발표했다. 그 요지는 치안유지법의 죄를 범한 자 중 가출옥, 만기 출옥자와 집행유예, 기소유예 등을 받아 조선사상범보호관찰령에 의해 보호관찰을 받는 자 중 '재범의 우려가 현저한 경우' 검사의 청구에 따라 2년간 감옥에 구금할 수 있는 것이었다. 2년의 기간은 필요한 경우 재판소의 결정에 따라 갱신할 수 있었으므로 사상범에 대해 제한 없는 구금이 가능해진 것이다.

일반적으로 법령 제정은 일본에서 먼저 정해진 후 한국 등 식민지로 전해지는 양상이었던 데 반해 조선사상범예방구금령은 일본 본토보다 먼저 제정되었는데, 전쟁의 확전을 앞두고 사상범의 통제 정책 강화 필요성에서 나온 것이었다. 이어 동년 3월 7일 조선사상범예방구금 시행규칙(조선총독부령 제52호)을 발표하여 수속 규정, 처우 규정(수용, 교화, 면회와 통신, 상벌, 급양) 등을 세부적으로 제시하였다. 3월 8일에는 조선총독부예방구금소관제(칙령 제166호) 및 조선총독부예방구금위원회관제(칙령 제167호)를 발포하여 예방구금 추진 기관의 기본 운영 지침을 확정하였다.

그러나 조선사상범예방구금령은 얼마 되지 않아 폐지되었다. 일본에서 오랫동안 난항을 겪었던 치안유지법의 개정이 이루어졌기 때문이다. 1941년 3월 8일 법률 제54호로 발표된 치안유지법은 그 안에 예방구금을 포함하고 있었고, 조선에서도 곧 치안유지법의 개정이 이루어져 1941년 5월 1일 제39조~제65조 해당 예방구금을 포함하게 되었다. 치안유지법 개정 이후인 5월 15일 조선사상범예방구금규칙(조선총독부령 제140호)이 새롭게 제정되면서 조선사상범예방구금령과 동 시행규칙은 폐지 수순을 밟게 되었다.

1 조선행형교육규정

자료 258 | 《조선총독부관보》 제3104호, 1937. 5. 24.

조선행형교육규정

○ 훈령

◎ 조선총독부 훈령 제35호

조선총독부감옥 조선행형교육규정을 다음과 같이 통정(通定)함.

1937년 5월 24일

조선총독 미나미 지로(南次郎)

제1조   수형자의 교육은 별도로 정한 것을 제외하고는 본령에 의한다.

제2조   본령에 의한 교육은 수형자에 일상생활상 필요한 보통의 지식 기능을 가르쳐 국민 도덕의 이해 및 실천에 바탕이 되는 것을 목적으로 한다.

제3조   연령 20세 미만 형기 6개월 이상의 수형자에게는 교육을 실시한다. 단 성능이 저열한 자는 이에 제한을 두지 않는다.

연령 30세 미만 형기 1년 이상의 수형자에게는 학력이 보통학교 제4학년 수업 정도에 이르지 않거나 기타 형무소장이 교육의 필요가 있다고 인정하는 자에게 교육을 실시할 수 있다.

제4조   교육은 간이보통과 및 보통과의 2개 과로 나눈다. 소년형무소에는 별도로 보습과를 둔다.

제5조   간이보통과의 수업 연한은 2년으로 하며 4학기로 나눈다.

간이보통과의 학교 과정은 간이학교 정도로 하며, 그 교과서에 의하여 수신, 국어, 산술 및 조선어의 네 과목을 교수한다. 단 내지인에게는 조선어를 부과하지 않을 수 있다.

간이보통과를 제1학급 내지 제4학급에 편제한다.

제6조   보통과의 수업 연한은 1년으로 하며 2학기로 나눈다.

보통과의 학과 과정은 보통학교 제5학년 및 제6학년의 과정으로 한다. 그 교과서에 의해 수신, 국어, 산술 및 직업의 네 과목을 교수한다.

보통과를 제5학급 및 제6학급에 편제한다.

제7조　보습과의 수업 연한은 1년으로 하며 2학기로 나눈다.

보습과의 학과 과정은 고등소학교의 과정으로 하며 그 교과서에 의하여 국어, 산술, 지리, 국사 및 직업의 다섯 과목을 교수한다.

보습과를 제7학급 및 제8학급에 편제한다.

고등소학교 졸업 정도 이상의 학력을 가진 자를 위해 특별학급을 편제할 수 있다.

제8조　형무소장은 전 제3조에서 규정하는 교과목 외에 특별히 필요하다고 인정되는 과목을 더할 수 있다. 다만 그 교수 시수는 제11조의 표준 시수 내에서 안배해야 한다.

제9조　각 학기는 6개월로 하되 매년 4월 1일 및 10월 1일에 시작한다. 9월 30일 및 다음 해 3월 31일에 종료한다.

제10조　면업일(免業日), 일요일, 기타 형무소장이 특별히 필요하다고 인정하는 경우에는 교수를 중지할 수 있다.

제11조　각 과 교과목의 매주 교수 시수의 표준은 다음과 같다.

(단위: 시간)

	수신	국어	산술	직업	조선어	지리	국사	계
간이보통과	2	8	4	-	2	-	-	16
보통과	2	6	4	2	-	-	-	14
보습과	-	4	2	2	-	2	2	12

제12조　교육을 받지 않은 자는 그 학력에 따라 상당하다고 인정되는 학급에 편입한다.

간이보통과를 수업한 자는 보통과에, 보통과를 수업한 자는 보습과에 편입하는 자격을 가진 것으로 한다.

제13조　교수의 도합에 의해 필요가 있을 때는 동일 학급에 대하여 둘 이상의 학조(學組)를 둘 수 있다.

취학 인원이 적은 경우에는 둘 이상의 학급에 대해 복식(複式) 교수를 행할 수 있다.

제14조　각 학기 말에는 고사를 행하며 이에 합격한 자는 진급 또는 수업해야 한다.

전항의 고사에는 평소 학업성적을 참작하지 않으며 성적은 갑을병정으로 나눈다. 병이상을 합격으로 한다.

제15조 학기 중에라도 학업성적이 우수한 자는 임시로 진급 또는 수업해야 한다.

제16조 행장이 불량하고 기타 사유로 인하여 다른 취학자의 교육을 방해한다고 인정되는 자에 대해서는 취학을 정지시킬 수 있다.

제17조 취학자에게는 감방 내에서 자습 시간을 부여해 적당하게 지도해야 한다.

제18조 교과서, 기타 학교품은 급여 또는 대여해야 한다.

제19조 교사 또는 교회사는 교육을 담임하여 교육부, 교안부 및 출석부를 정리해야 한다.

교육부, 교안부 및 출석부는 별기 제1호 양식 내지 제3호 양식에 의해 만들어야 한다.

제20조 형무소장은 교사 또는 교회사 외에 적당하다고 인정되는 직원으로 하여금 교육을 담당하게 할 수 있다.

제21조 학기의 개시 및 종료는 상당한 식을 통해 이를 고지해야 한다.

학기를 개시 또는 종료하는 때에는 형무소장이 그 개요를 조선총독에게 보고해야 한다.

전항의 보고서는 별기 제4호 양식 및 제5호 양식에 의해 작성해야 한다.

제22조 형무소장은 본령 시행을 위해 필요한 세칙을 정하여 조선총독의 인가를 받아야 한다.

제23조 형무소지소에 있어서는 교육 사무는 형무소지소장에게 전행하는 것으로 한다.

자료 259 | 《조선총독부관보》 제5298호, 1944. 9. 30.

조선행형교육규정 개정

○ 훈령
◎ 조선총독부 훈령 제84호
조선총독부형무소
조선행형교육규정을 다음과 통개정함.
1944년 9월 30일

조선총독 아베 노부유키(阿部信行)

제1조 수형자의 교육은 별도로 정한 것을 제외하고는 본 규정에 의한다.

제2조 본 규정에 의한 교육은 황국의 도를 모범으로 하여 수형자에게 일상에 필요한 보통의 지식 기능을 교수하여 황국신민으로서 연성하는 것을 목적으로 한다.

제3조 연령 20세 미만 형기 6개월 이상의 수형자에게는 교육을 실시한다. 다만 필요하다고 인정되는 경우에는 25세까지 그 교육을 계속할 수 있다.

제4조 교육은 초등과 및 고등과의 두 과로 나누어 이를 행한다.

초등과의 수업 연한은 3년으로 하고 이를 제1학급 내지 제6학급으로 편제한다.

고등과의 수업 연한은 1년으로 하고 이를 제1학급 내지 제2학급으로 편제한다.

제5조 취학하지 않은 자는 그 학력을 조사하여 상당 학급에 편입하도록 해야 한다.

제6조 각 학급의 수학 기간은 6개월로 하고 4월 1일 및 10월 1일부터 시작하여 9월 30일 및 다음 해 3월 31일에 종료한다.

제7조 교과는 초등과 및 고등과를 통틀어 국민과, 이수과(理數科) 및 체련과로 한다.

국민과는 이를 나누어 수신, 국어, 국사 및 지리의 과목으로 한다.

이수과는 이를 나누어 산술 및 이과의 과목으로 한다.

체련과는 이를 나누어 체육, 교련, 무도의 과목으로 한다.

제8조 각 학급의 교과목은 초등학교의 각 학년의 교과목으로 한다.

제9조 교과목 도서는 조선총독부 및 문부성에서 저작권을 가진 것으로 해야 한다.

제10조 각 과의 매주 교수 시수의 표준은 다음과 같다.

(단위: 시간)

	국민과	이수과	체련과	계
초등과	8	4	4	16
고등과	7	3	4	14

제11조 교수는 교사가 이를 행한다. 다만 필요하다고 인정되는 경우에는 교회사, 기타 적당한 직원으로서 이를 담당하게 할 수 있다.

제12조 성적 고사는 학기 말에 이를 시행하며 성적이 가량(佳良)[1]한 자를 진급 또는 수업하게 한다.

성적의 평정은 십점법(十點法)에 의해 6점 이상을 성적 가량으로 한다.

성적이 특히 우수하다고 인정되는 자는 제1항의 규정에 구애받지 않고 수시로 이를 진급 또는 수업하게 할 수 있다.

제13조 행장이 불량하거나 기타 사유로 인하여 다른 취학자의 교육에 방해가 된다고 인정되는 자에 대해서는 취학을 정지시킬 수 있다.

제14조 교과서, 기타 학용품은 이를 급여 또는 대여해야 한다.

---

[1] 가량(佳良): 아름답고 착함. 좋음.

2 조선행형누진처우규칙

자료 260 | 《조선총독부관보》 제3246호, 1937. 11. 9.

조선행형누진처우규칙

○ 조선총독부령 제178호

조선행형누진처우규칙을 다음과 같이 통정함.

1937년 11월 9일

조선총독 미나미 지로

제1장 총칙

제1조 본령은 수형자의 개전을 촉구하고 그 갱생을 얻기 위해 분발 노력 정도에 따라 누진적으로 처우를 완화하여 수형자로 하여금 점차 사회생활에 적응하도록 하는 것에 그 목적을 둔다.

제2조 본령은 다음 각 호의 1에 해당하는 자를 제외한 징역 수형자에게 이를 적용한다.

1. 집행해야 할 형기가 1년 미만인 자
2. 만 65세 이상으로 입업(立業)에 견디지 못할 자
3. 임산부
4. 불구나 고칠 수 없는 질병(不具廢疾), 기타 심신장애로 인해 공동동작을 할 수 없고 작업에 적합하지 못한 자
5. 과격한 사상을 가진 자로서 그 사상을 포기하려 하지 않는 자

제3조 본령의 적용을 받는 자의 처우에 관해서는 본령에 규정하는 것 외에는 조선감옥령 시행규칙에 따른다

제2장 수형자의 분류

제4조 새로 입감하는 자가 있을 때에는 그 개성, 심신의 상황, 경우, 경력, 교육 정도, 기타 신상에 관한 조사를 행하기 위해 가능한 한 이를 독거구금에 처해야 함.

전항의 규정에 의한 조사 기간은 2개월을 넘어선 안 된다.

제5조 수형자의 개성 및 심신 상황에 대해서는 의학, 심리학, 교육학, 사회학 등 그 판단을

위해 필요한 지식을 기초로서 이를 조사해야 한다.

제6조 신상 조사 중 수형자의 취급은 다음 각 호에 따라야 한다.

1. 가능한 한 개성의 발현을 저지하지 않도록 주의할 것
2. 수공(手工) 작업을 부여하여 적성, 능력 등 부과할 작업을 정하는 데 필요한 사항을 관찰할 것
3. 작업의 부과 및 전업(轉業)에 관한 희망은 이를 허락할 것

제7조 형무소장은 신상 조사상 필요할 때에는 소송기록을 빌려 보거나 부청(府廳), 읍면사무소, 재판소, 검사국, 경찰관서, 학교, 보호단체, 친족, 고용 관계자 등에 조회하여 필요한 사항의 보고를 요청할 수 있다.

제8조 신상 조사에 대해서는 신상 조사표를 갖추고 이들 필요 사항을 기입해야 한다.

제9조 신상 조사를 종료했을 때 형무소장은 본인에 대한 본령의 적용 여부를 결정해야 한다.

형무소장은 본령의 적용을 받는 자에 대하여 본령의 취지를 설명해야 한다.

제10조 본령을 적용해야 할 수형자는 이를 초범자 및 누범자로 분류하고 죄질, 연령, 형기, 기타 신상 조사에 의해 인정된 결과에 근거하여 처우상 적절한 분류를 행하여야 한다.

제11조 제1항에 제시된 제2급 이상의 수형자에 대해서는 전항의 규정에 의해 분류를 해야 한다.

제3장 누진처우

제1절 계급 및 편입

제11조 처우는 다음 계급으로 나눠 이를 행한다.

제4급
제3급
제2급
제1급

전항의 계급을 표시하기 위해 각 수형자에게 휘장(徽章)[2]을 사용하게 한다.

제12조 수형자는 제4급부터 순차로 각 계급을 거쳐 이를 진급시킨다.

두터운 책임 관념과 공동생활에 적합한 모습이 보이는 자는 형무관회의의 논의를 거쳐 전항의 규정에 구애받지 않고 이를 상위 계급에 진급시킬 수 있다.

제13조 본령의 처우를 받는 수형자의 이송을 받았을 때는 이를 이전 형무소와 동일한 계급으로 편입을 해야 한다. 단 형무소장이 필요하다고 인정할 때에는 형무관회의의 논의를 거쳐 별도로 소속 계급을 정할 수 있다.

제14조 형 집행정지의 취소로 인해 수용된 수형자 또는 제2조 제3호 내지 제5호의 사유로 정지된 자로서 본령에 따른 처우를 하게 된 자의 계급편입에 대해서는 전조의 규정을 준용한다.

가석방 취소로 인한 수용된 수형자는 새로 입감한 자로 간주한다.

제2절 누진

제15조 계급의 누진은 각 계급에 대해 정해진 일정의 책임점수 전부를 제17조의 규정에 따라 매월 행형성적에 의한 소득점수를 가지고 소각(消却)할 때 이를 행한다. 단 인격점의 합계점수가 그 계급에서의 책임점수의 2분의 1에 미치지 못할 때는 예외로 한다.

제16조 각 계급에서의 책임점수는 다음 구분에 따라 이를 정한다.

1. 초범자: 형기를 월로 환산한 것을 2점으로 곱하여 얻은 값으로 각 계급의 책임점수로 한다.

2. 누범자: 형기를 월로 환산한 것을 2.5점으로 곱하여 얻은 값으로 각 계급의 책임점수로 한다.

전항의 규정에 의해 책임점수를 정할 경우에는 무기형은 이를 12년 형기로 간주한다.

제1급에서 책임점수의 전부를 소각한 자에 대해서는 특별히 책임점수를 정하지 않는다.

---

2   휘장(徽章): 신분, 직업, 소속 등을 나타내기 위해 옷에 붙이는 표식.

제17조 매월 행형성적에 의한 소득점수는 다음 구분에 따라 이를 정한다.

    1. 인격점 최고 6점

    2. 작업점 최고 6점

    인격점은 개전의 상태, 조행(操行)의 양부(良否), 책임 관념 및 의지의 강약을, 작업점은 작업의 근면 여부 및 그 성적을 표준으로 하여 이를 정해야 한다.

    18세 미만의 수형자(이하 '소년 수형자'라 한다)에 대해서는 작업 및 학업의 면부 및 그 성적을 표준으로 작업점수를 정해야 한다.

제18조 책임점수 소각의 방법은 책임점수에서 매월 소득점수를 점차 공제하여 소득점수에 잉여가 생기더라도 다음 계급에서의 책임점수에서 이를 공제하지 않는다.

제19조 진급의 결정은 늦어도 익월 말일까지로 이를 행하여야 한다. 단 진급이 결정된 때에는 그달 초에 진급한 것으로 간주한다.

    전항의 규정에 의한 결정은 즉시 이를 본인에게 고지해야 한다.

제20조 진급한 자에 대해서는 그 소속 계급에 있어서 처우 내용을 개시하고 각자 부담해야 할 책임에 대하여 이들 수행을 서약시켜야 한다.

제21조 형무소장은 책임점수를 전부 소각하지 않는 수형자에 대하여 정상(情狀)에 따라 형무관회의 의제(議題)를 거쳐 일정 조건하에 임시로 진급시킬 수 있다. 수형자가 그 조건을 이행하지 않을 때는 원급으로 돌려보내고 그 조건을 이행했을 때는 진급을 확정해야 한다.

제22조 책임점수를 전부 소각한 수형자에 대하여 진급이 이르다고 판단할 때에는 형무관회의를 거쳐 약 6개월 이내로 체급(滯級)시킬 수 있다. 이 경우에는 소득점수의 계산을 하지 않는다.

제23조 수형자에 대해서는 일정 소득표를 교부하여 본인이 매월 소득점수를 기입하도록 한다.

제4장 구금 및 계호

제24조 제4급 및 제3급의 수형자들은 잡거구금에 부친다. 단 특별히 필요한 자에 대해서는 이를 예외로 한다.

제25조 제2급 이상의 수형자는 주간에 잡거시키고 야간에는 되도록 독거구금에 부친다.

제26조 제1급 수형자는 특별한 장소에 수용시킬 수 있다. 전항의 장소 내에서는 그 거처하는 방(居房)을 잠그지 않을 수 있다.

제27조 제1급 수형자에 대해서는 특별한 사정이 없는 한 검신 및 거방 검사를 하지 않는다.

제28조 제1급 수형자는 형무소의 기준에 어긋나는 범위 내에서 교담을 할 수 있다.

제29조 제1급 수형자에 대해서는 휴식시간 중 형무소 내 지정한 장소에서 자유로이 걸을 수 있다.

제30조 제1급 수형자는 형무소장에 대하여 그 계급에서의 질서유지에 관하여 전 책임을 진다.

수형자 중 전항의 규정에 의한 책임을 이행하지 않는 자가 있을 때에는 이들 전원 또는 일부에 대하여 일정한 기간 동안 본령에서 정하는 처우의 전부 또는 일부를 정지시킬 수 있다.

제5장 작업

제31조 신상 조사를 끝낸 수형자에 대해서는 그 수형 기간 중 취업시켜야 할 작업을 부과한다.

제32조 제4급 및 제3급 수형자에 대해서는 전업(轉業)을 허락하지 않는다. 단 처우상 기타 특별히 필요하다고 인정될 때에는 예외로 한다.

제33조 수형자에 대해서는 매월 작업상여금 월액 계산고 중 다음 범위 내에서 이를 자기 용도로 사용하게 할 수 있다.

    1. 제4급 수형자에 대해서는 5분의 1 이내

    2. 제3급 수형자에 대해서는 4분의 1 이내

    3. 제2급 수형자에 대해서는 3분의 1 이내

    4. 제1급 수형자에 대해서는 2분의 1 이내

제34조 제2급 이상의 수형자에 대해서는 자기 작업용구를 사용하도록 할 수 있다.

전항의 규정에 의한 작업용구를 구입하기 위해 필요한 경우 작업상여금 계산고를 사용하게 할 수 있다.

제35조 제2급 이상의 수형자로서 그 과해진 작업을 배워 익숙해진 자에 대해서는 필요에 따라 특별히 전업을 허락할 수 있다.

제36조 제1급 수형자의 취업에 대해서는 계호자를 붙이지 않을 수 있다.

제6장 교화

제37조 제4급 및 제1급 수형자에 대해서는 주로 개별 교회를 해야 한다.

제38조 라디오 및 축음기 청취는 제3급 이상의 수형자에 한하여 이를 허락하고 그 횟수는 제3급에 대해서는 매월 2회로 계급이 올라갈 때마다 매월 1회를 추가하는 것으로 한다.

교화상 특별히 필요하다고 인정될 때에는 전항의 규정에 의한 제한에 따르지 않을 수 있다.

제39조 제2급 이상의 수형자에 대해서는 매월 2회 이내로 집회를 하게 할 수 있다. 단 소년 수형자에 대해서는 횟수를 제한하지 않을 수 있다.

집회에는 형무소장, 교회사, 교사, 기타 직원이 입회해야 한다.

제40조 제1급 수형자에 대해서는 도서실에서 문서도서의 열독을 허용한다.

도서실에는 적당한 신문지 및 잡지를 배치할 수 있다.

제41조 제2급 이상의 수형자에 대해서는 매월 2회 이내로 경기(競技), 유희 또는 운동회를 여는 것을 허락한다. 단 소년 수형자에 대해서는 횟수 제한에 따르지 않는다.

제42조 제3급 이상의 소년 수형자에 대해서는 자기 학용품을 사용하는 것을 허용한다.

전항의 규정에 의한 학용품을 구입하기 위해 필요한 경우에는 제34조 제2항의 규정을 준용한다.

제43조 제2급 이상의 수형자의 독거방에서는 직계존속, 배우자 또는 직계비속의 사진 비치를 허용할 수 있다.

교화상 특별히 필요로 하는 경우에는 전항에서 규정한 자 이외의 자의 사진에 대하여 동일하게 한다.

제44조 제2급 이상의 수형자에 대해서는 정상에 의해 자기 사진을 촬영하여 그 가족에게 송부하는 것을 허용한다.

전항의 규정에 따른 사진 송부에 필요한 비용에 대해서는 제34조 제2항의 규정을 준용한다.

제7장 접견 및 서신

제45조 접견 및 신서 발송의 횟수는 제4급 수형자에 대해서는 매월 1회 1통, 제3급 수형자에 대해서는 매월 2회 2통, 제2급 수형자에 대해서는 매주 1회 1통으로 하고, 제1급 수형자는 수시 접견 또는 신서 발송을 허락한다.

제2급 이하의 수형자라고 해도 특별히 필요하다고 인정될 때에는 전항의 규정에 의한 제한을 따르지 않을 수 있다.

제46조 제1급의 수형자에 대해서는 접견 시 특별히 입회자를 붙이지 않을 수 있다.

제8장 급양

제47조 수형자의 급양은 계급 진급에 따라 상응시킨다. 단 그 양식, 음료, 기타 건강을 유지하기 위해 필요로 하는 것은 계급에 따라 이를 구별하지 않는다.

제48조 제2급 이상의 수형자가 착용할 의류는 엷은 남빛 색으로 한다.

제49조 제1급 수형자에 대해서는 그 거방에 화병 또는 서화의 배부를 허용할 수 있으며, 제2급 이하의 소년 수형자에 대해서도 마찬가지이다.

제50조 자기 용도로 사용할 수 있는 물품의 품목 및 수량에 대해서는 각 계급의 구분에 따라 형무소장 및 조선총독의 인가를 받아 이를 정하는 것으로 한다.

제9장 누진심사

제51조 누진에 관한 형무관회의에서 논의할 사항을 심사하기 위해 형무소에 누진준비회를 설치한다.

누진준비회는 매월 1회 이상 정시(定時) 및 임시로 이를 개최하여 주로 수형자의 신상 관계 및 인격, 소득점수를 심사하고 수형자의 분류, 계급의 편입, 진급, 진급 정지 및 계급의 저하에 관한 의견을 정하도록 한다.

제52조 누진준비회는 간수장, 보건기사, 보건기수, 교회사, 교사, 작업기사, 작업기수 및 간

수들로 이를 조직한다.

제53조 누진준비회의 결의는 다수결에 따른다.

전항의 결의는 신속하게 형무소장에게 이를 보고해야 한다.

제54조 본 장에 규정하는 것 외에 누진준비회에 관하여 필요한 사항은 형무소장이 이를 정해야 한다.

제10장 진급 정지 및 계급 저하

제1절 진급 정지

제55조 수형자가 규율을 위반하는 경우에는 정상에 의해 형무관회의의 논의를 거쳐 3개월 이내에 진급을 정지할 수 있고 이 경우에는 소득점수의 계산을 하지 않는다.

제56조 형무소장이 진급 정지를 하고자 할 때 그 사정(情狀)에 동정의 여지가 있을 때는 상당 기간을 정하여 진급 정지의 언도를 유예할 수 있다. 유예 기간 중 다시 기율을 위반했을 경우에는 진급 정지 언도를 하고, 기율 위반 없이 그 기간을 경과할 경우에는 그 언도를 하지 않는다.

제57조 진급 정지의 처분을 받는 자로 특별히 뉘우치는 모습이 현저할 때에는 정상에 따라 그 처분의 전부 또는 일부를 면제할 수 있다.

제2절 계급 저하

제58조 수형자 다음 각 호의 1에 해당할 때에는 정상에 따라 일 계급 또는 수 계급을 저하시킬 수 있다.

1. 진급 정지에 처해진 자가 다시 기율을 어길 경우
2. 소속 계급에 체류시킴으로써 특별히 그 계급의 질서를 흩뜨릴 우려가 있을 경우

제59조 제4급 수형자로서 기율을 무너뜨리고 누진처우에 적합하지 않다고 인정되는 경우에는 본령의 적용을 받지 않게 할 수 있다.

제60조 계급을 저하시킨 자로서 특별히 뉘우치는 모습이 현저한 경우는 소득점수의 계산에 따르지 않고 원래의 계급으로 복귀시킬 수 있다.

전항의 규정에 따라 원계급으로 복귀시킨 자에 대해서는 복귀한 날로부터 새로 소

득점수를 계산한다.

전 2항의 규정은 전조의 규정에 따라 본령의 적용을 받지 않는 자에 대하여 이를 준용한다.

제61조 본 절의 처분을 하는 경우에는 형무관회의의 논의를 거쳐야 한다.

제11장 가석방

제62조 제1급 수형자로서 가석방에 적합한 자라 인정되는 경우에는 신속하게 그 수속을 행한다.

제63조 제2급 이하의 수형자라고 하여도 개전의 모습이 현저하여 사회생활에 적응할 수 있는 자로 인정될 경우에는 특별히 가석방 수속을 할 수 있다.

부칙

본령은 1938년 1월 1일부로 이를 시행한다.

3 조선사상범보호관찰령

자료 261 | 《조선총독부관보》제2975호, 1936. 12. 12.

조선사상범보호관찰령

○ 제령

조선사상범보호관찰령

1911년(明治 44) 법률 제30호 제1조 및 제2조에 의해 칙재를 받아 이에 이를 공포함.

1936년 12월 12일

조선총독 미나미 지로

제령 제16호

조선사상범보호관찰령

사상범의 보호관찰에 관하여는 사상범보호관찰법 제11조 제2항, 제12조 및 제14조의 규정을 제외하고 동법에 의한다. 단, 동법 중 보호관찰소는 조선총독부 보호관찰소로, 보호관찰심사회는 조선총독부 보호관찰심사회로, 보호사는 조선총독부 보호관찰소보호사로, 비송사건 수속법은 조선민사령에 의할 것을 정한 비송사건 수속법으로 한다.

보호관찰의 실행에 관하여 필요한 사항은 조선총독이 정한다.

부칙

본령은 1936년(昭和 11) 12월 21일부터 이를 시행한다.

〈참조〉

1936년 법률 제29호

사상범보호관찰법

제1조   치안유지법의 죄를 범한 자에 대하여 형의 집행유예의 언도가 있는 경우 또는 소추를 필요로 하지 않기 때문에 공소를 제기하지 않는 경우에 있어서는 보호관찰심사

회의 결의에 의하여 본인을 보호관찰에 부칠 수 있다. 본인 형의 집행을 종료하거나 또는 가출옥을 허락하는 경우에도 역시 같다.

제2조 보호관찰에 있어서는 본인을 보호하여 다시 죄를 범하는 위험을 방지하기 위하여 그 사상 행동을 관찰하는 것이다.

제3조 보호관찰은 보호사의 관찰에 부치며 또는 보호자에 인도하며 또는 보호단체, 사원, 교회, 병원, 기타 적당한 자에 위탁하여 이를 행한다.

제4조 보호관찰에 부치는 자에 대하여는 거주 제한, 교우 또는 통신의 제한, 기타 적당한 조건의 준수를 명할 수 있다.

제5조 보호관찰의 기간은 2년으로 특히 계속의 필요가 있는 경우에 있어서는 보호관찰심사회의 결의에 의하여 이를 갱신할 수 있다.

제6조 제1조에 정한 사유가 발행한 경우에 필요 있을 때는 본인에 대하여 보호관찰심사회의 결의 전 임시로 제3조의 처분을 할 수 있다.

제7조 제3조 또는 제4조의 처분은 그 집행 중 언제든지 이를 취소하며 또는 변경할 수 있다. 전조의 처분에 대하여도 역시 같다.

제8조 보호관찰소는 필요가 있을 때에는 보호사로 하여금 본인을 동행하게 할 수 있다.

제9조 보호관찰소 및 보호사는 그 직무를 행함에 있어 공무소 또는 공무원에 대하여 촉탁을 하며 기타 필요한 보조를 구할 수 있다.

제10조 본인을 보호단체, 사원, 교회, 병원 또는 적당한 자에게 위탁하였을 때는 위탁을 받은 자에 대하여 이에 의하여 발생하는 비용의 전부 또는 일부를 급부할 수 있다.

제11조 전조의 비용은 보호관찰소의 명령에 의하여 본인 또는 본인을 부양할 의무가 있는 자로부터 전부 또는 일부를 징수할 수 있다. 이 명령에 대해서는 비소송사건 수속법 제208조의 규정을 준용한다. 전항의 명령에 불복하는 자는 명령의 고지를 받은 날로부터 1개월 내에 통상 재판소에 출소하게 할 수 있다. 이 출소는 집행정지의 효력을 가지지 못한다.

제12조 소년으로서 치안유지법의 죄를 범한 자에는 소년법의 보호처분에 관한 규정을 적용하지 아니한다.

제13조 본 법은 육군형법 제8조, 제9조 및 해군형법 제8조, 제9조에 해당하는 자에게는 이

를 적용하지 않는다.

제14조 보호관찰소 및 보호관찰심사회의 조직 및 권한, 보호관찰의 실행에 관하여 필요한 사항은 칙령으로 이를 정한다.

부칙

본 법 시행의 기일은 칙령으로서 이를 정한다.

본 법은 본 법 시행 전에 제1조에 정한 사유가 발생한 경우에도 역시 이를 적용한다.

자료 262 | 《조선총독부관제》제2917호, 1936. 12. 15.

조선총독부보호관찰소관제

○ 칙령 제432호

제1조 조선총독부보호관찰소는 조선총독의 관리에 속하여 조선사상범보호관찰령에 의거해 보호관찰에 관한 사무를 관장한다.

제2조 보호관찰소에는 다음의 직원을 둔다
　　　소장 7인
　　　보도관 전임 3인 주임
　　　보호사 전임 11인 판임(이 중 3인을 주임으로 할 수 있다)
　　　서기, 통역생 전임 15인 판임

제3조 소장은 보도관으로 충당하여 조선총독의 지휘·감독을 받아 보호관찰소의 사무를 장리(掌裏)하며 소부의 직원을 지휘·감독한다. 소장 사고 시에는 상석의 보도관이 그 사무를 대리한다.

제4조 보도관은 소장의 명을 받아 보호관찰소의 사무를 관장한다.

제5조 보호사는 소장의 명을 받아 조사 및 관할 사무를 관장한다. 보호사의 직무는 사상범의 보호관찰에 경험이 있는 자 및 기타 적당한 자 중에서 조선총독이 이를 촉탁할 수

제6조 서기는 상사의 지휘를 받아 서무에 종사한다.

제7조 통역생은 상사의 지휘를 받아 번역 및 통역에 종사한다.

제8조 보호관찰소의 명칭, 위치 및 관할구역은 조선총독이 이를 정한다.

있다. 보호사의 직무를 위탁받은 자는 주임관의 대우로 할 수 있다.

부칙

본령은 1936년 12월 21일부터 시행한다.

자료 263 | 《조선총독부관보》 제2917호, 1936. 12. 15.

조선총독부보호관찰심사회관제

○ 칙령 제434호

제1조 조선총독부 보호관찰심사회는 조선총독의 감독에 속하여 조선총독부 보호관찰소의 청구에 의하여 조선사상범보호관찰령에서 의거하는 것으로 정한 사상범보호관찰법 제1조 및 제5조의 규정에 의하여 그 권한에 속한 사항을 심의한다.

제2조 심사회는 각 보호관찰소에 이를 둔다.

제3조 심사회는 회장 1인, 위원 6인으로 이를 조직한다. 심사회에 예비위원 4인을 둔다.

제4조 회장, 위원 및 예비위원은 조선총독부 사법부 내 고등관 및 학식 경험이 있는 자 중에서 조선총독이 임명한다.

제5조 회장, 위원 및 예비위원의 임기는 2년으로 한다.

제6조 회장은 회무를 총관리한다. 회장 사고 시에는 그가 지명한 위원이 그 사무를 대리한다.

제7조 위원 중 사고가 있거나 결원이 있을 때에는 회장이 예비위원 중에서 대리를 임명한다.

제8조 심사회는 회장 및 위원을 합하여 5인 이상 출석하지 아니하면 회의를 개최할 수

없다.

심사회의 의사는 과반수에 의하여 이를 결정하고 가부 동수일 때는 회장이 이를 결정한다.

제9조 심사회는 서기를 두고 조선총독이 이를 임명한다. 서기는 회장의 지휘를 받아 서무에 종사한다.

제10조 본령에 규정된 것 이외에 심사회에 관하여 필요한 사항은 조선총독이 이를 정한다.

부칙

본령은 1936년 12월 21일부터 이를 시행한다.

자료 264 | 《조선총독부관보》 제2980호, 1936. 12. 18.

조선사상범보호관찰령 시행규칙

○ 조선총독부령 제128호

조선사상범보호관찰령 시행규칙을 다음과 같이 개정한다.

1936년 12월 18일

조선총독 미나미 지로

제1장 총칙

제1조 조선사상범보호관찰령에 의거 보호관찰에 대해서는 본인의 사상전향을 촉진하고 또는 이를 확보하기 위하여 그 사상의 지도 및 생활의 확립에 대해 적당한 처치를 해야 한다.

보호관찰을 할 때에는 온건 온당하게 하여 본인의 명예를 훼손하지 말고 또 그 취업 또는 업무에 지장을 미치지 않도록 한 것에 유의해야 한다.

제2조 조선사상범보호관찰령에 의해 정해진 사상범보호관찰법(이하 '사상범보호관찰법'이라 한다) 제3조의 규정에 의한 위탁을 하는 보호단체는 조선총독이 이를 지정한다.

제2장 보호관찰에 부치는 수속

제3조 사상범보호관찰법 제1조에 정한 사유가 생겼을 경우에는 관계 관청은 그 사유를 본인의 현재 주소 또는 귀주지를 관할하는 보호관찰소에 통지해야 한다.

전항의 통지에는 보호관찰에 관한 의견을 붙이고 또한 범죄사실의 요지, 기타 참고해야 하는 자료를 첨부해야 한다.

제4조 보호관찰소는 전조의 통지를 받은 때에는 기타 보호관찰에 부쳐야 하는 자라고 인지한 때에는 조속히 본인의 경력, 경우, 성행(性行), 심신의 상황, 사상의 추이, 기타 필요한 사항을 조사해야 한다.

제5조 보호관찰소는 보호사에게 명하여 필요한 조사를 해야 한다.

제6조 보호관찰소는 사실의 취조를 보호자에게 명하거나 또는 보호단체에 위탁할 수 있다. 보호자 또는 보호단체는 참고해야 하는 자료를 차출할 수 있다.

제7조 보호관찰소는 참고인에게 출원을 명하여 조사를 위해 필요한 사실의 공술 또는 감정 또는 통역 혹은 번역을 하게 할 수 있다.

참고인은 별도로 정한 바에 의해 비용을 청구할 수 있다.

제8조 보호관찰소는 조사 결과에 따라 보호관찰에 부쳐야 한다고 사료되는 때에는 보호관찰심사회의 심사를 요구해야 한다.

보호관찰소는 전항의 심사를 구해야 하는 때는 그 취지를 본인에게 통지해야 한다.

제9조 보호관찰심사회에 보호사, 기타 적당한 자의 출석을 요구하여 그 의견을 구할 수 있다.

제10조 보호관찰심사회의 심의는 이를 공공연히 행하지 않는다. 단 본인, 보호자, 기타 적당하다고 인정되는 자의 참석을 허할 수 있다.

제11조 보호관찰심사회는 심사의 결과에 의해 보호관찰에 부쳐야 하는지 아닌지를 결의한다.

전항의 결의에는 이유를 첨부해 서면으로 이를 보호관찰소에 통지해야 한다.

제12조 보호관찰소는 보호관찰에 부쳐야 하는 취지의 결의를 통지받았을 때에는 사상범보호관찰법 제3조 및 제4조의 규정에 의한 처분을 해야 한다.

제13조 보호관찰소는 거주 제한의 처분이 있는 경우 본인 및 그 가족 및 생계상 사정을 짐작

해야 한다.

제14조 다음의 경우에 있어 보호관찰소는 그 취지를 본인 및 관계 관청에 통지해야 한다.

① 보호관찰소가 보호관찰심사회의 결의를 구하고자 결정하였을 때

② 보호관찰심사회가 보호관찰에 부치거나 그렇지 아니하는 취지의 결의를 하였을 때

③ 사상범보호관찰법 제3조, 제4조 또는 제6조의 규정에 의한 처분을 하였을 때

④ 사상범보호관찰법 제7조의 규정에 의한 처분의 취소 또는 변경을 하였을 때

제15조 전조의 경우와 사상범보호관찰법 제8조의 처분을 한 경우에 보호관찰소는 그 취지를 보호자에게 통지해야 한다.

제16조 보호관찰을 계승한 경우에 새로 보호관찰에 부치는 경우에 관한 규정을 준용한다.

제3장 보호관찰처분의 집행

제17조 보호관찰소는 사상범보호관찰법 제3조 또는 제4조의 규정에 의한 처분을 하는 때에는 제18조 내지 제21조의 규정에 의거해 바로 그 집행을 해야 한다.

제18조 본인에 대하여 처분의 의견을 설명하고 또한 장차 경계해야 하는 적당한 훈유를 해야 한다.

전항의 경우에 정해진 보호자, 기타 적당하다고 인정되는 자를 입회시켜야 한다.

제19조 보호사의 관찰에 부치는 처분을 하는 때에 보호사에 대해 특별히 요구하는 사항을 지시하여 본인을 감독·지휘하게 해야 한다.

제20조 보호자에게 인도하는 처분을 한 경우에는 보호자에 대하여 본인의 감독·지휘에 대해 참고해야 하는 사항을 지시하여 본인을 인도해야 한다.

제21조 보호단체, 사원, 교회, 병원, 기타 적당한 자에게 위탁하는 처분이 있는 경우에는 위탁을 받는 자에 대하여 본인의 처분에 대해 참고해야 하는 사항을 지시하여 감독·지휘의 임무를 위탁해야 한다.

제22조 보호관찰소의 처분에 대하여 조서를 작성하여 처분의 내용 및 그 집행을 명확하게 하며 기타 필요하다고 인정되는 사항을 기재해야 한다.

제23조 보호관찰소는 제20조 또는 제21조의 규정에 의거해 집행을 해야 하는 때에는 보호자 또는 위탁자에 대하여 성적 보고를 구하거나 또는 보호사로 하여금 성적을 시찰

하여 적당한 지시를 하게 할 수 있다.

제24조 보호사는 보호관찰소에 대하여 다음의 사항에 대하여 그 시찰한 결과를 보고해야 한다.

① 가정 관계
② 직업의 유무 및 생계 상황
③ 건강 상태
④ 교우 관계, 통신 상황, 기타 동정
⑤ 조건 준수의 상황
⑥ 사상의 추이
⑦ 보호자 또는 위탁자의 감독 지휘 상황
⑧ 기타 참고해야 하는 사항

제25조 보호사는 사상범보호관찰법 제3조 또는 제4조의 규정에 의한 처분을 취소하거나 또는 변경하거나 또는 보호관찰을 계속해야 하는 사유가 있다고 사료되는 때에는 조속히 그 취지를 보호관찰소에 보고해야 한다.

제26조 가출옥을 허락받은 자에 대한 보호관찰처분의 집행에 관해서는 본 장에 정한 것 외에는 별도로 정한 바에 의한다.

부칙

본령은 1936년(昭和 11) 12월 21일부터 이를 시행한다.

본령 시행 전에 사상범보호관찰법 제1조에 정한 사유가 생기는 경우에 제3조의 규정에 의하여 통지는 관계 관청이 필요하다고 사료되는 자에 대하여 하는 것으로 한다.

자료 265 | 《조선총독부관보》 제2980호, 1936. 12. 18.

조선총독부보호관찰소의 명칭, 위치 및 관할구역

○조선총독부령 제129호

조선총독부 보호관찰소의 명칭, 위치 및 관할구역은 별표와 같이 통정한다.

부칙

본령은 1936년 12월 21일부터 이를 시행한다.

조선총독 미나미 지로

1936년(昭和 11) 12월 18일

조선총독부 보호관찰소의 명칭, 위치 및 관할구역표

명칭	위치	관할구역
경성 보호관찰소	경성	경기도, 충청북도, 충청남도(서천군 제외), 강원도(통천군, 강릉군, 회양군, 고성군, 울진군 및 삼척군 제외)
함흥 보호관찰소	함흥	강원도 내 통천군, 강릉군, 회양군, 고성군, 울진군 및 삼척군, 함경남도
청진 보호관찰소	청진	함경북도
평양 보호관찰소	평양	황해도, 평안남도
신의주 보호관찰소	신의주	평안북도
대구 보호관찰소	대구	경상북도, 경상남도
광주 보호관찰소	광주	충청남도 서천군, 전라북도, 전라남도

자료 266 | 《조선총독부관보》 제3006호, 1937. 1. 25.

조선총독부보호관찰령 시행규칙 개정

○ 조선총독부 고시 제34호
　조선총독부보호관찰령 시행규칙 제2조의 규정에 의거 다음의 보호단체를 지정한다.
　1937년 1월 25일
　조선총독 미나미 지로

재단법인 경성구호회
재단법인 개성대성회
재단법인 춘천동포회
재단법인 공주관업회
재단법인 대전자강회
재단법인 충북유린회
재단법인 함흥박인회
재단법인 청진제성회
재단법인 평양유항회
재단법인 해주제미회
재단법인 신의주자제회
재단법인 대구상성회
재단법인 부산보성회
재단법인 광주유린회
재단법인 목포성미회
재단법인 전주유종회
재단법인 군산성지회

자료 267 | 《조선총독부관보》 제3072호, 1937. 4. 14.

가출옥사상범처우규정

○ 조선총독부령 제49호

가출옥사상범처우규정을 다음과 같이 통정함.

조선총독 미나미 지로

1937년 4월 14일

제1조 치안유지법의 죄를 범한 자의 가출옥에 대하여는 본령에 정한 것 이외에는 일반의 예에 따른다.

제2조 형무소의 장은 조선총독부에 가출옥 구신(具申)을 하였을 때는 조속히 그 취지를 본인의 주거지를 관할하는 보호관찰소에 통지해야 한다.

제3조 석방되는 자에게 교부하는 증표에는 주거지에 도착해야 하는 기한을 정하여 이를 기재하여야 한다.

제4조 본인을 석방하는 경우에는 가급적 보호사 또는 보호를 인수하는 자에게 이를 인도해야 한다.

제5조 가출옥이 허락된 자로 조선사상범보호관찰령에 따른 보호관찰에 부치기로 확정된 자를 제외하고는 그 주거지를 관할하는 보호관찰소의 감독을 받아야 한다.

가출옥이 허락된 자를 보호관찰에 부칠 것이 확정된 때는 보호관찰소는 조속히 그 요지를 본인의 주거지를 관할하는 경찰서에 통지해야 한다.

전항의 경우에 본인은 바로 그 주거지를 관찰하는 경찰서에 출두하여 증표에 확인 도장을 받아야 한다.

제6조 보호관찰소의 감독을 받는 자의 처우에 대하여는 제7조 내지 제21조에 따른다.

제7조 본인은 도착하여 지체 없이 증표를 관찰사에 보여 주어 확인 도장을 받아야 한다.

천재, 질병, 기타의 사유로 인하여 전항의 규정을 따를 수 없을 때는 지체 없이 그 사유를 가까운 경찰서에 신고하여 증명서를 받아서 이를 관찰사에게 제출해야 한다.

제8조 보호관찰소가 본인에 대하여 사상범보호관찰법 제3조 또는 제4조의 처분을 하였을

때는 그 요지를 본인의 주거지를 관할하는 지방법원의 검사 및 경찰서 또는 석방한 형무소에 통지해야 한다.

제9조 보호관찰소는 6개월마다 본인의 가정 관계, 직업의 유무, 생계 상태, 행장의 좋고 나쁨, 조건 준수의 상황, 사상의 추이, 기타의 사항에 대하여 조사서를 작성하여 본인의 주거지를 관할하는 지방법원의 검사 및 경찰서 또는 석방한 형무소에 통지해야 한다.

제10조 본인이 3일 이상 10일 미만의 여행을 할 때에는 보호사에게 그 사유, 행선지와 여행 일수를 제출해야 한다.

제11조 본인이 주거지 이전을 하거나 10일 이상의 여행을 하려면 그 사유와 옮겨 가는 장소 또는 행선지와 여행 일수를 명백히 하여 보호관찰소의 허가를 얻어야 한다.

제12조 주거지 이전 또는 10일 이상의 여행을 허가하였을 때는 보호관찰소는 여권을 교부하여야 한다.

단, 주거지 이전 또는 여행이 동일 지역 또는 동일 경찰서의 관할구역에 포함될 때에는 이에 따르지 않는다.

제3조 및 제7조의 규정은 전항의 경우에 이를 준용한다.

제13조 거주지 이전을 허가하였을 때 보호관찰소는 그 취지를 본인의 주거지를 관할하는 지방법원의 검사와 경찰서, 형의 언도를 한 재판소의 검사, 석방을 한 형무소와 새로운 주거지를 관할하는 지방법원의 검사, 경찰서 및 보호관찰소에 통지해야 한다.

전항의 경우에는 관계 서류를 새롭게 본인을 감독하게 된 보호관찰소에 송부해야 한다.

제14조 제11조의 규정에 의해 거주지 이전 또는 여행의 허가는 받은 자는 거주지 이전 또는 여행을 중지하거나 행선지로부터 주거지에 도착하였을 때에는 지체 없이 보호관찰소에 여권을 반납해야 한다.

본인이 거주지 이전을 중지하였을 때는 보호관찰소는 전조의 관계 관청에 대하여 그 취지를 통지해야 한다.

전항의 경우에 있어서는 전조 제2항의 보호관찰소는 관계 서류를 반송해야 한다.

제15조 본인이 조선 밖으로 거주지를 옮기거나 여행을 하려할 때는 그 사유를 옮겨 가는 지

역 또는 행선지와 여행 일수를 밝혀 보호관찰소를 경유하여 조선총독의 허가를 얻어야 한다.

전항의 경우에 있어서는 보호관찰소는 사실을 조사하여 의견을 붙여야 한다.

제16조 조선 밖으로 거주지를 옮기거나 여행을 허가하였을 때 보호관찰소는 그 증명서를 교부하여야 한다.

전항의 경우에 있어서는 보호관찰소는 그 취지를 주거지를 관할하는 지방법원의 검사와 경찰서, 형의 언도를 한 재판소의 검사 그리고 석방을 한 형무소에 통지해야 한다.

제17조 조선 밖으로 거주지를 옮기거나 여행을 허가받은 자가 이전 혹은 여행을 중지하거나 행선지로부터 주거지로 돌아왔을 때에는 지체 없이 그 취지를 보호관찰소에 제출하여 증명서를 돌려주어야 한다.

조선 밖으로 이주한 자가 다시 조선에 왔을 때는 지체 없이 주거지를 정하여 전항의 수속을 이행해야 한다.

제18조 전조의 제출을 받은 보호관찰소는 그 취지를 조선총독부에 보고하고 또 제16조 2항의 검사, 경찰서, 형무소에 통지해야 한다.

제19조 검사, 경찰서 및 보호관찰소는 본인이 형법 제29조 1항에 해당하는 것을 알았을 때에는 의견을 구비하여 조선총독에게 보고해야 한다.

경찰서에서 하는 보고는 주거지를 관할하는 지방법원의 검사를 경유해야 한다.

제20조 가출옥의 취소가 있을 때는 그 집행을 한 형무소의 장은 그 취지를 제16조 제2항의 검사, 경찰서 및 형무소 또는 보호관찰소에 통지해야 한다.

제21조 가출옥이 허락된 자가 사망한 때에는 보호관찰소는 이를 제16조 2항의 검사, 경찰서 및 형무소에 통지해야 한다.

전항의 통지를 받은 형무소는 그 취지를 조선총독에게 보고해야 한다.

제22조 본령에 의해 교부하는 증명서 및 여권은 가출옥 취체규칙 제22조에 정한 양식에 준거해야 한다.

부칙

본령은 발포일로부터 이를 실시한다.

자료 268 | 《조선총독부관보》제4355호, 1941. 7. 30.

조선사상범보호관찰령 시행규칙 제2조에 의한 보호단체 지정

○ 조선총독부 고시 제1142호

조선사상범보호관찰령 시행규칙 제2조의 규정에 의하여 다음과 보호단체를 지정한다.

1941년 7월 30일

조선총독 미나미 지로

재단법인 경성대화숙
재단법인 함흥대화숙
재단법인 청진대화숙
재단법인 평양대화숙
재단법인 신의주대화숙
재단법인 대구대화숙
재단법인 광주대화숙

자료 269 | 《조선총독부관보》 제5551호, 1945. 8. 4.

조선사상범보호관찰소관제 중 개정

○ 짐은 조선총독부보호관찰소관제 중 개정의 건을 재가하여 이에 이를 공포한다.

어명 어새

1945년(昭和 20) 6월 18일

내각총리대신 남작 스즈키 간타로(鈴木貫太郎)

내무대신 아베 겐키(安倍源基)

○ 칙령 제375호

조선총독부보호관찰소관제 중 다음과 같이 개정한다.

제2급 중 보도관 전임 3인을 보도관 전임 4인으로 개정한다.

부칙

본령은 공포하는 날로부터 이를 시행한다.

(6월 19일 관보)

4 조선사상범예방구금령 및 조선사상범예방구금규칙

자료 270 | 《조선총독부관보》제4215호, 1941. 2. 12.

조선사상범예방구금령

○ 제령 제8호

조선사상범예방구금령

1911년(明治 44) 법률 제30호 제1조 및 제2조에 의하여 칙재를 받아 이에 이를 공포함.

1941년 2월 12일

조선총독 미나미 지로

제1조 치안유지법의 죄를 범하여 형에 처하여진 자가 집행을 종료하여 석방되는 경우에 석방 후 다시 동법의 죄를 범할 우려가 현저한 때에는 재판소는 검사의 청구에 의하여 본인을 예방구금에 부친다는 취지를 명할 수 있다.

치안유지법의 죄를 범하여 형에 처하여져 집행을 종료한 자 또는 형의 집행유예 언도를 받은 자가 조선사상범보호관찰령에 의하여 보호관찰에 부쳐져 있는 경우에 보호관찰을 하여도 동법의 죄를 범할 위험을 방지하기 곤란하고 재범의 우려가 현저하게 있는 때에도 전항과 같다.

제2조 예방구금의 청구는 본인의 현재지를 관할하는 지방법원의 검사가 그 재판소에서 그것을 행하여야 한다.

전항의 청구는 보호관찰에 부쳐져 있는 자에 관계된 경우에는 그 보호관찰을 하는 보호관찰소의 소재지를 관할하는 지방법원의 검사가 그 재판소에서 할 수 있다.

예방구금을 청구하기 위하여 사전에 예방구금위원회의 의견을 구하여야 한다.

제3조 검사는 예방구금의 청구를 함에 있어서는 필요한 취조를 행하거나 공무소에 조회하여 필요한 사항의 보고를 요구할 수 있다.

전항의 취조를 위하여 필요한 경우에는 사법경찰관리에게 본인을 동행하도록 할 수 있다.

제4조 검사는 본인이 일정한 주거를 갖고 있지 아니한 경우 또는 도망하거나 도망할 우려가 있는 경우에 예방구금의 청구에 필요한 경우에는 본인을 예방구금소에 임시 수

용할 수 있다. 다만, 부득이한 사유가 있는 경우에는 감옥에 임시 수용하는 것을 방해하지 못한다.

전항의 임시 수용은 본인의 진술을 들은 후가 아니면 이를 할 수 없다. 다만, 본인이 진술을 외면하거나 도망한 경우에 한하여 그러하지 아니하다.

제5조 전조의 임시 수용 기간은 10일로 하며, 그 기간 내에 예방구금의 청구를 하지 아니한 경우에는 조속히 본인을 석방하여야 한다.

제6조 예방구금 청구가 있는 경우에는 당해 재판소의 합의부에서 결정을 하여야 한다.

재판소는 전항의 결정을 하기 전에 본인의 진술을 들어야 하며, 이 경우에 재판소는 본인에게 출두를 명할 수 있다.

본인이 진술을 외면하거나 도망한 경우에는 진술을 듣지 아니하고 결정할 수 있다.

형의 집행종료 전에 예방구금 청구가 있은 경우에는 재판소는 형의 집행종료 후라 하더라도 예방구금에 부치는 취지의 결정을 행할 수 있다.

제7조 재판소는 사실의 취조를 위하여 필요한 경우에는 참고인에게 출두를 명하여 사실을 진술 또는 감정을 하도록 할 수 있다.

재판소는 공무소에 조회하여 필요한 사항에 대한 보고를 요구할 수 있다.

제8조 검사는 재판소가 본인에게 진술을 행하도록 하거나 참고인에게 사실의 진술 또는 감정을 하도록 하는 경우에 입회하여 의견을 개진할 수 있다.

제9조 본인이 속한 가족의 호주, 배우자 또는 4촌 내의 혈족 혹은 3촌 내의 인족(姻族)은 재판소의 허가를 받아 보좌인이 될 수 있다.

보좌인은 재판소가 본인에게 진술을 하도록 하거나 또는 참고인에게 사실의 진술 또는 감정을 하도록 하는 경우에 입회하여 의견을 진술하거나 참고가 되는 자료를 제출할 수 있다.

제10조 다음 각 호의 경우에 재판소는 본인을 구인할 수 있다.

1) 본인이 일정한 주거를 가지고 있지 아니한 경우

2) 본인이 도망한 경우 또는 도망할 우려가 있는 경우

3) 본인이 정당한 이유 없이 제6조 제2항의 출두 명령에 응하지 아니한 경우

제11조 전조 제1호 또는 제2호에 규정하는 사유가 있는 경우에는 재판소는 본인을 예방구금

소에 임시 수용할 수 있다. 다만, 부득이한 사유가 있는 경우에는 감옥에 임시 수용하는 것을 방해하지 못한다.

본인이 감옥에 있는 경우에는 전항의 사유가 없다고 하더라도 이를 임시 수용할 수 있다.

제4조 제2항의 규정은 제1항의 경우에 준용한다.

제12조 별도의 규정이 있는 경우를 제외하고 조선형사령에 의할 것을 정한 형사소송법(이하 '형사소송법'이라 한다) 중 구인에 관한 규정은 제10조의 구인에, 구류에 관한 규정은 제4조 및 전조의 임시 수용에 대하여 준용한다. 다만, 보석 및 책부(責付)에 관한 규정은 그러하지 아니하다.

제13조 예방구금에 부치지 아니하는 취지의 결정에 대하여 검사는 즉시항고할 수 있다.

예방구금에 부치는 취지의 결정에 대하여는 본인 및 보좌인은 즉시항고할 수 있다.

제14조 별도의 규정이 있는 경우를 제외하고 형사소송법 중 결정에 관한 규정은 제6조의 결정에, 즉시항고에 관한 규정은 전조의 즉시항고에 대하여 준용한다.

제15조 예방구금에 부쳐진 자는 예방구금소에 수용하여 개전시키기 위하여 필요한 처치를 하여야 한다.

제16조 예방구금에 부쳐진 자는 법령의 범위 내에 있어서 타인과 접견하거나 서신, 기타 물건을 수수할 수 있다.

예방구금에 부쳐진 자에 대하여는 서신 및 기타 물건의 검열, 차압 혹은 몰취하거나 보안 또는 징계를 위하여 필요한 처치를 할 수 있으며, 임시 수용된 자 및 이 영에 의하여 구인장의 집행을 받아 유치된 자에 대하여도 또한 같다.

제17조 예방구금의 기간은 2년으로 하며, 특별히 계속할 필요가 있는 경우에는 재판소는 결정을 하여 이를 갱신할 수 있다.

예방구금의 기간 만료 전에 갱신의 청구가 있은 경우에는 재판소는 기간 만료 후라 하더라도 갱신의 결정을 할 수 있다.

갱신의 결정은 예방구금의 기간 만료 후에 확정한 경우라 하더라도 이를 기간 만료 시 확정한 것으로 본다.

제2조, 제3조 및 제6조 내지 제14조의 규정은 갱신의 경우에 대하여 준용하며, 이

경우에 제11조 제2항 중 감옥은 예방구금소로 한다.

제18조 예방구금의 기간은 결정 확정일부터 기산한다.

구금된 일수 또는 형의 집행을 위하여 구금된 일수는 결정 확정 후라 하더라도 전항의 기간에 산입하지 아니한다.

제19조 결정 확정시 본인이 수형자인 경우에는 예방구금은 형의 집행종료 후 이를 집행한다.

감옥에 있는 본인에 대하여 예방구금을 집행하고자 하는 경우에 이송의 준비, 기타 사유로 인하여 특별히 필요한 경우에는 일시적으로 구금을 계속할 수 있다.

예방구금의 집행은 본인에 대한 범죄의 수사, 기타 사유로 인하여 특별히 필요한 경우에는 결정을 한 재판소의 검사 또는 본인의 현재지를 관할하는 지방법원 검사의 지휘에 의하여 이를 정지할 수 있다.

형사소송법 제534조 내지 제536조 및 제544조 내지 제552조의 규정은 예방구금의 집행에 대하여 준용한다.

제20조 예방구금에 부쳐진 자가 수용 후 그 필요가 없어진 때에 이른 자는 제17조에 규정하는 기간 만료 전이라 하더라도 행정관청의 처분에 의하여 퇴소시켜야 한다.

제2조 제3항의 규정은 전항의 경우에 대하여 준용한다.

제21조 예방구금의 집행을 행하지 아니하고 12년에 이른 경우에는 결정을 행하는 재판소의 검사 또는 본인이 현재지를 관할하는 지방법원의 검사는 사정에 의하여 그 집행을 면제할 수 있다.

제2조 제3항의 규정은 전항의 경우에 대하여 준용한다.

제22조 천재지변 시에 예방구금소 안에 피난 수단이 없는 것으로 인정되는 경우에는 수용된 자를 타소(他所)로 호송하여야 하며, 만약 호송할 틈이 없는 경우에는 일시 해방할 수 있다.

해방된 자는 해방 후 24시간 내에 예방구금소 또는 경찰관서에 출두하여야 한다.

제23조 본령에 의하여 예방구금소 혹은 감옥에 수용된 자 또는 구인장 혹은 체포장을 집행 받은 자가 도주한 경우에는 1년 이하의 징역에 처한다.

전조 제1항의 규정에 의하여 해방된 자가 동 조 제2항의 규정을 위반한 경우 또한 전항과 같다.

제24조 수용설비 또는 기구를 손상하거나, 폭행 또는 협박하거나 2인 이상이 통모하여 전조 제1항의 죄를 범한 자는 3월 이상 5년 이하의 징역에 처한다.

제25조 전 2조의 미수죄는 이를 벌한다.

제26조 이 영에 규정한 사항 외에 예방구금에 관하여 필요한 사항은 조선총독이 정한다.

부칙

본령 시행의 기일은 조선총독이 정한다.

자료 271 | 《조선총독부관보》제4230호, 1941. 3. 1.

조선사상범예방구금령 시행

○ 부령

◎ 조선총독부령 제48호

조선사상범예방구금령은 1941년(昭和 16) 3월 10일부터 이를 시행한다.

1941년 3월 1일

조선총독 미나미 지로

자료 272 | 《조선총독부관보》제4235호, 1941. 3. 7.

조선사상범예방구금령 시행규칙

○ 부령

◎ 조선총독부령 제52호

조선사상범예방구금령 시행규칙을 다음과 같이 통정함.

1941년(昭和 16) 3월 7일

조선총독 미나미 지로

제1장 수속규정

제1절 구금에 부치는 수속

제1조 　치안유지법의 죄를 범하여 형에 처해진 자가 그 집행이 끝나 석방해야 하는 경우에 있어서 형무소장은 그 석방 전에 본인의 현재지를 관할하는 지방법원의 검사에게 그 내용을 통지해야 한다.

　　　조선사상범예방구금령(이하 '영'이라 한다) 제1조 제2항에 규정된 자에 대해 동 항에서 정한 사유가 있다고 인정될 때에는 보호관찰소장은 본인의 현재지 또는 보호관찰소의 소재지를 관할하는 지방법원의 검사에게 그 내용을 통지해야 한다.

　　　전 제2항의 규정에 의한 통지에는 예방구금에 관한 의견을 첨부한다. 또한 범죄사실의 요지, 기타 참고로 해야 하는 자료를 첨부해야 한다.

제2조 　검사는 전조 제1항 또는 제2항의 규정에 의해 통지를 받은 때, 그 밖에 예방구금에 부쳐야 하는 자가 있다는 것을 인지한 때에는 조속히 본인의 경력, 경우, 성행, 심신의 상황, 사상의 추이, 기타 필요한 사항의 취조를 해야 한다.

　　　검사는 전항의 취조를 다른 검사 또는 사법경찰관에게 명령하거나 또는 촉탁할 수 있다.

제3조 　검사의 취조 결과에 의하여 예방구금에 부쳐야 하는 것으로 사료될 때에는 관계 서류 및 자료를 예방구금위원회에 송부하여 그 의견을 구해야 한다.

제4조 　예방구금위원회가 필요하다고 인정하는 때에는 검사에 대하여 사항을 지시하여 취조를 청구할 수 있다.

　　　검사가 전항의 청구에 응해야 하는 때는 다시 그 취조에 관한 서류 및 자료를 예방구금위원회에 송부하여야 하며 청구에 응하지 않을 때에는 조속히 그 취지를 통지해야 한다.

제5조 　예방구금위원회가 전 제2조의 규정에 의하여 서류 및 자료의 송부를 받은 때에는 조속히 예방구금에 부쳐야 하는 사유가 있는지 그렇지 않은지 심의하여 의견을 붙여 이를 검사에게 환부해야 한다.

제6조　예방구금의 청구는 서면으로 이를 해야 한다.

전항의 청구에는 이유를 붙이며 예방구금위원회의 의견서, 기타 서류 및 자료를 첨부해야 한다.

제7조　다음의 경우에 있어서는 검사는 그 내용을 형무소장 또는 보호관찰소장에게 통지해야 한다.

1) 예방구금의 청구를 한 때 또는 이를 하지 않는 처분을 한 경우

2) 전 호의 청구에 대한 결정 확정이 있는 경우

제8조　영 제6조 제2항 및 제7조 제1항의 규정에 의하여 출두 명령은 서면으로써 이를 해야 한다.

전항의 서면은 이를 송달한다.

제9조　영 제9조의 규정에 의해 보좌인이 되고자 하는 자는 예방구금의 청구가 있은 후 서면에 의해 당해 재판소에 허가의 신청을 할 수 있다.

전항의 신청에는 영 제9조에 규정된 신분 관계를 증명하는 서면을 첨부해야 한다.

제10조　재판소는 본인의 진술을 청취한 경우 또는 참고인으로서 사실의 진술과 같은 감정을 하게 한 경우에는 조서를 작성해야 하며 검사 또는 보좌인 의견을 개진하는 경우에도 역시 같다.

제11조　검사는 재판소의 심리를 방해하지 않는 한도에서 서류 및 자료를 열람할 수 있다.

보좌인은 재판장의 허가를 받아 서류 및 자료를 열람할 수 있다.

참고인이 감정을 할 때에 필요한 경우에 있어서 재판장의 허가를 받아 서류 및 자료를 열람하거나 또는 등사한다. 재판소가 본인 또는 다른 참고인으로 하여금 진술을 하는 경우에 입회하거나 또는 이들에 대하여 직접 질문을 할 수 있다.

제12조　예방구금을 계속할 필요가 인정되는 경우에 예방구금소장은 본인의 현재지를 관할하는 지방법원의 검사에게 그 내용을 통지해야 한다.

제1조 제3항의 규정은 전항의 경우에 이를 준용한다.

제2조 내지 전조의 규정은 예방구금의 기간을 갱신하는 경우에 이를 준용한다.

제2절 구금의 집행 수속

제13조 구금 중인 자에 대하여 예방구금에 부치거나 혹은 예방구금의 기간을 갱신하려는 내용의 결정을 확정한 경우에 검사는 조속히 예방구금소장에게 그 집행을 지휘해야 한다.

전항의 결정 확정 전일지라도 그 결정 확정이 있은 때에는 집행해야 하는 내용으로 지휘할 수 있다.

본인이 감옥에 있는 때에는 집행 지휘에 관한 서류는 형무소장을 경유하여 예방구금소장에게 송부해야 한다.

제14조 전조 제2항의 규정에 의하여 행하는 집행 지휘는 법정 기간 내에 즉시항고의 신청이 있는 때에는 그 효력을 상실한다.

전항의 즉시항고 신청이 본인 이외의 사람에 의해 행해지는 때에 검사는 신속히 그 신청이 있는 것을 형무소장 또는 예방구금소장에게 통지해야 한다.

제15조 제13조 제3항의 경우에 있어서 형무소장은 신속히 집행 지휘에 관한 서류를 첨부하여 본인을 예방구금소에 이송해야 한다.

본인이 형의 집행 중에 있는 경우에는 그 종료 후 전항의 처치를 해야 한다.

제16조 구금할 수 없는 자에 대하여 예방구금에 부치거나 또는 예방구금의 기간을 갱신하는 취지의 결정이 확정된 경우에 검사는 신속히 이를 검사국에 소환하여 집행 지휘에 관한 서류를 첨부해 사법경찰관리로 하여금 예방구금소에 호송하도록 해야 한다.

본인을 체포장에 의하여 인치하는 때에도 역시 전항과 같다.

제17조 예방구금소장은 예방구금에 부쳐진 자에 대하여 영 제18조 제3항의 규정에 의거하거나 또는 동 조 제4항의 규정에 의해 준용되는 형사소송법 제544조 또는 제546조의 규정에 의해 예방구금의 집행을 정지해야 하는 사유가 있다고 인정되는 경우에는 그 내용을 결정한 재판소의 검사 또는 본인의 현재지를 관할하는 지방법원의 검사에게 통지해야 한다.

제18조 제16조의 규정은 예방구금의 집행정지를 취소한 자 또는 예방구금에 부쳐진 도주한 자에 대하여 예방구금의 잔여기간에 대하여 집행을 해야 하는 경우에 이를 준용한다.

제19조 영 제20조의 규정에 의한 퇴소 처분은 예방구금소장이 이를 한다.

제20조 예방구금에 부쳐진 자에 대하여 영 제20조의 규정에 의해 퇴소하게 할 사유가 있다고 인정되는 경우에는 예방구금소장은 본인의 경력, 경우, 성행, 심신의 상황, 사상의 추이, 기타 참고해야 하는 사항에 관한 조사서류 및 자료를 예방구금위원회에 송부하여 그 의견을 구해야 한다.

제4조 및 제5조의 규정은 전항의 규정에 의한 청구가 있는 경우에는 이를 준용한다.

제21조 예방구금소장이 제19조를 처분하기 위해서는 예방구금위원회의 의견을 구한 후 조선총독에게 품의해야 한다.

제22조 제20조 및 전조의 규정은 검사가 예방구금에 부쳐진 자에 대하여 영 제21조의 규정에 의해 그 집행을 면제해야 하는 사유가 있다고 인정되는 경우에 이를 준용한다.

제2장 처우규정

제1절 통칙

제23조 조선총독은 적어도 매년 1회 관리에게 예방구금소를 순열하게 한다.

판사, 검사, 전옥, 전옥보, 교회사, 보호관찰소 보도관, 동 보호사, 예방구금위원회 회장 및 동 위원은 예방구금소를 순시할 수 있다.

제24조 예방구금소를 참관하고자 하는 자는 조선총독의 허가를 받아야 한다.

제25조 예방구금소에 남자구역 및 여자구역을 설치해 이를 분리 격리한다.

제26조 수용자는 이를 다음의 계급에 의하여 누진처우한다.

　　제3급

　　제2급

　　제1급

제27조 수용자는 제3급부터 순차적으로 이를 진급하게 한다.

진급은 사상 상황을 심사하여 이를 정한다.

제28조 상급에 속한 자가 그 계급에 상당하지 않다고 인정될 때에는 계급을 저하시킬 수 있다.

제29조 수용자는 심신의 상황에 따라 부적당하다고 인정되는 자를 제외하고는 이를 독거하

게 해야 한다.

제2급 이상의 수용자는 이를 잡거하게 할 수 있다.

제30조 수용자가 구금으로 인하여 질병에 걸리거나 또는 창상을 입음으로써 사망 또는 업무를 영위하기 어렵게 된 데에는 정상(情狀)에 의하여 수당금(手當金)을 지급할 수 있다.

전항의 수당금의 액수는 예방구금소장이 이를 정하며 퇴소할 때에 본인에게 이를 급여한다. 사망의 경우에 있어서는 사망자의 배우자, 아들, 부모 가운데 적당하다고 인정되는 사람에게 이를 지급한다.

제31조 본 장 중 제26조 내지 제28조, 제29조 제2항, 제36조 제2항, 제37조 내지 제39조, 제40조 제1항 및 제41조 내지 제43조의 규정은 영 제4조 및 제11조의 규정에 의해 예방구금소에 임시 수용된 자의 처우에 대해서는 이를 적용하지 않는다.

제2절 수용

제32조 수용해야 하는 자가 있는 때에는 영장 또는 집행 지휘에 관한 문서를 사열(査閱)한 후 수용 수속을 해야 한다.

제33조 수용해야 하는 자에 대하여 건강진단과 함께 신체 및 의류 검사를 해야 한다.

부녀자의 신체 및 의류의 검사는 부녀의 관리가 이를 해야 한다.

제34조 수용해야 하는 자에 대하여 그 신상에 관한 사항을 조사하여 그 결과를 기록해야 한다.

제3절 보안

제35조 예방구금소에서는 출입의 경계를 엄중히 하고 필요하다고 인정되는 경우 출입자의 착의 및 휴대품의 검사를 할 수 있다.

전항의 검사는 상당한 예의를 갖추어 은닉물 발견에 필요한 범위에 그쳐야 한다.

제36조 예방구금소장은 관리로 하여금 마땅한 수용자의 신체 및 거처하는 방의 검사를 해야 한다.

제1급의 수용자에 대하여는 특별한 필요가 있지 않는 한 전항의 검사를 하지 않는다.

제33조 제2항의 규정은 제1항의 검사에 이를 준용한다.

제4절 교화

제37조 수용자의 교화는 국체에 대한 명징한 관념과 황국의 도에 대한 확고한 신념을 파악하게 하고 또한 이를 실천에 옮기게 하는 것을 목적으로 한다.

제38조 수용자에게는 엄격한 기율 아래 전조의 목적을 달성하기 위해 그 계급에 호응해 필요한 교양 및 훈련을 시행해야 한다.

제39조 교화상 필요하다고 인정되는 경우에는 학식과 덕망이 있는 자를 위촉하여 강화를 하게 할 수 있다.

제40조 예방구금소에는 교화상 유익한 도서를 비치하여 이를 수용자에게 열람하게 한다.

수용자에게는 교화상 방해가 된다고 인정되는 때에는 개인 책의 열독을 허락하지 아니한다.

제41조 초등 보통교육과정의 교양이 없는 수용자에게는 교육을 시행해야 한다.

제42조 수용자에게는 농업 훈련을 시행해야 한다. 단 심신의 상황, 기타 사정에 의해 다른 작업 훈련을 시행하거나 또는 작업 훈련을 시행하지 아니할 수 있다.

전항의 단서 규정에 의한 작업 훈련의 종류에 대하여는 조선총독의 허가를 받아야 한다.

제43조 작업 훈련을 받는 자에게는 별도로 정한 바에 의해 장려금을 급여할 수 있다.

제5절 면회 및 통신

제44조 수용자는 예방구금소장의 허가를 받아 면회 및 문서를 수발신할 수 있다.

제45조 면회는 면회실에서 이를 해야 한다. 단 특별한 사유가 있는 경우에는 다른 장소에서 이를 하게 할 수 있다.

면회에는 예방구금소 관리가 입회하여야 한다. 단 예방구금소장이 특별히 그 필요가 있다고 인정하는 때에는 이에 제한을 두지 않는다.

제46조 수용자가 수발신하는 문서는 예방구금소장이 이를 검열해야 한다.

검열의 결과 부적당하다고 인정되는 것은 이를 차압하거나 또는 몰취한다.

제47조 공무소에서 수용자 앞으로 보낸 문서는 열어서 검열하고 이를 본인에게 교부한다.

제6절 상벌

제48조 수용자에 대하여 특별히 권장해야 하는 행위가 있는 것에 대하여는 별도로 정한 바에 의거해 상여를 행할 수 있다.

제49조 수용자가 기율을 위반하는 때에는 예방구금소장이 이를 징계할 수 있다.

제50조 징계의 종류는 다음과 같다.

1) 질책
2) 3개월 이내의 지필묵 사용 금지
3) 3개월 이내의 도서 열독 금지
4) 2개월 이내의 병거(屛居)[3]

전항 각호의 징계는 이를 병과(倂科)할 수 있다.

제51조 징계는 정상에 의해 그 집행을 면제할 수 있다.

제7절 급양

제52조 수용자에게는 본인이 자변(自辨)하는 경우를 제외하고는 의류, 침구 및 잡품을 대여하여 음식물 및 일상 필요품을 급여한다.

제53조 수용자에게는 처우상 방해가 된다고 인정되는 경우에는 물품의 자변을 허락하지 아니한다.

제8절 위생

제54조 거실 및 공장, 기타 다수가 잡거하는 장소는 보건상 필요한 기적(氣積)[4]을 지킬 수 있도록 채광, 채난(採暖) 및 환기를 적당하게 하여야 한다.

---

3   병거(屛居): 세상에서 물러나 집에만 있음. 여기서는 구금 감방 밖으로 나올 수 없도록 하는 격리 조치를 말한다.
4   기적(氣積): 실내 공기량을 뜻한다.

제55조 수용자에게는 보건상 적당한 운동을 하도록 해야 한다. 단 작업 훈련의 종류에 의하여 그 필요가 없다고 인정되는 경우에는 이에 제한을 두지 아니한다.

제56조 수용자가 질병에 걸린 경우에는 의사에게 치료를 받도록 해야 한다.

병자가 자비로 의사를 지정하여 치료의 보조 또는 약제의 사용을 요구하는 때에는 특별히 필요가 있다고 인정되는 경우에 한하여 이를 허락할 수 있다.

제57조 예방구금소에서 수용자에 대하여 적당한 치료를 실시하는 것이 가능하지 않을 때에는 이를 병원에 이송할 수 있다.

전항의 규정에 의하여 병원으로 이송한 자는 이를 수용자로 간주한다.

제1항의 경우에 있어서 그 취지를 조선총독에게 신보해야 한다. 예방구금소에 환송하는 때에도 역시 같다.

제58조 전염병이 발생하거나 또는 발생의 우려가 있을 때에는 그 예방을 엄격하게 하고 응급 적절한 처치를 해야 한다.

제9절 차압 및 몰취

제59조 수용자에 대하여 또는 수용자로부터 물품을 수수하는 것에 대하여는 예방구금소장의 허가를 받아야 한다.

제60조 수용자가 휴대하거나 또는 수수하는 물품은 예방구금소장이 이를 검열해야 한다.

검열의 결과 부적당하다고 인정되는 것은 이를 환부하거나 또는 차압 또는 몰취한다.

제61조 차압물은 퇴소할 때에 본인에게 이를 교부한다. 다만 예방구금소장이 상당한 사유가 있다고 인정되는 경우에는 수용 중이라도 본인에게 이를 교부할 수 있다.

제10절 퇴소 및 사망

제62조 수용자는 명령서의 도달 또는 영 제20조의 규정에 의해 퇴소 처분 또는 기간 종료 이후 신속하게 이를 퇴소하게 해야 한다.

제63조 수용자가 사망한 경우에는 예방구금소장이 사체의 검시를 해야 한다.

자살, 기타 변사의 경우에는 그 내용을 경찰관서에 통지하여 검시를 받도록 해야 한다.

제64조 예방구금소장은 병명 또는 사인 및 사망의 일시를 조속히 사망자의 가족 또는 친족에게 통지하여 사체를 인수하게 해야 한다.

제65조 사체를 인수하는 사람이 없을 경우에는 이를 예방구금소 묘지에 토장한다. 다만 필요가 있다고 인정되는 때에는 화장하고 유골을 매장할 수 있다.

사체 또는 유골은 매장 후 2년을 경과하면 이를 합장할 수 있다.

부칙

본령은 조선사상범예방구금령 시행일부터 이를 시행하다.

자료 273 | 《조선총독부관보》 제4236호, 1941. 3. 8.

조선총독부예방구금소관제

○ 칙령 제166호

제1조 조선총독부예방구금소는 조선총독의 관리에 속한다.

제2조 예방구금소에는 다음의 직원을 둔다.

　　　　소장

　　　　교도관 전임 3인 주임

　　　　교도관보 전임 8인 판임

　　　　서기, 통역생 전임 6인 판임

제3조 소장은 교도관으로 충원하며 조선총독의 지휘·감독을 받아 예방구금소의 사무를 장리하여 부하 직원을 지휘·감독한다.

　　　　소장에게 사고가 있을 때에는 상석의 교도관이 그 직무를 대리한다.

제4조 교도관은 소장이 된 자를 제외하고는 소장의 명령을 받아 예방구금소의 사무를 장리한다.

제5조 교도관보는 상관의 지휘를 받아 예방구금소의 사무에 종사한다.

제6조 서기는 상관의 지휘를 받아 서무에 종사한다.

제7조 통역생은 상관의 지휘를 받아 번역 및 통역에 종사한다.

제8조 제2조에 규정한 직원 외에 예방구금소에 교도를 두고 판임관의 대우로 한다.

교도의 정원, 직무 및 징계에 관한 규정은 조선총독이 이를 정한다.

제9조 예방구금소의 명칭 및 위치는 조선총독이 이를 정한다.

부칙

본령은 1941년 3월 10일부터 이를 시행한다.

자료 274 | 《조선총독부관보》 제4236호, 1941. 3. 8.

조선총독부예방구금위원회관제

○ 칙령 제167호

제1조 조선총독부예방구금위원회는 조선총독의 감독에 속하여 조선사상범예방구금령 제2조, 제17조, 제20조 및 제21조의 규정에 의거해 그 권한에 속한 사항을 심의한다.

제2조 각 위원회는 회장 1인 및 위원 6인으로 조직한다.

각 위원회에 예비위원 4인을 둔다.

제3조 회장, 위원 및 예비위원은 조선총독부 사법부 내 고등관 및 학식과 경험이 있는 자 중에서 조선총독이 이를 명한다.

제4조 회장, 위원 및 예비위원의 임기는 3년으로 한다.

제5조 회장은 회무를 총괄한다.

회장에게 사고가 있을 때에는 그 지명을 받은 위원이 그 직무를 대리한다.

제6조 위원 중 사고가 있는 때 또는 결원이 발생한 때에는 회장이 예비위원 중에서 대리를 명한다.

제7조 위원회는 회장 및 위원을 합쳐 5인 이상이 출석하지 아니한 경우에는 회의를 개최할 수 없다.

   위원회의 의사는 과반수에 의해 이를 결정한다. 가부 동수가 있는 경우에는 회장이 이를 결정한다.

제8조 위원은 그 직무를 집행하는 데 필요할 때에는 감옥의 장 또는 예방구금소장의 동의를 얻어 관리의 입회하에 재감자 또는 수용자와 면담을 할 수 있다.

제9조 각 위원회에 서기를 두고 조선총독이 이를 명한다. 서기는 회장의 지휘를 받아 서무에 종사한다.

제10조 본령에 규정된 것 이외에 위원회에 관해 필요한 사항은 조선총독이 이를 정한다.

부칙

본령은 1941년 3월 10일부터 이를 시행한다.

자료 275 | 《조선총독부관보》 제4278호, 1941. 5. 1.

치안유지법 개정

○ 법률 제54호

제1장 죄

제1조 국체를 변혁하는 것을 목적으로 결사를 조직한 자 또는 결사의 역원, 기타 지도자의 임무에 종사한 자는 사형 또는 무기나 7년 이상의 징역에 처하고, 결사에 가입한 자 또는 결사의 목적수행을 위한 행위를 한 자는 3년 이상의 유기징역에 처한다.

제2조 전조의 결사를 지원하는 것을 목적으로 결사를 조직한 자 또는 결사의 역원, 기타 지도자의 임무에 종사한 자는 사형 또는 무기나 5년 이상의 징역에 처하고, 결사에 가입한 자 또는 결사의 목적수행을 위한 행위를 한 자는 2년 이상의 유기징역에 처한다.

제3조 제1조의 결사의 조직을 준비하는 것을 목적으로 하여 결사를 조직한 자 또는 결사의 역원, 기타 지도자의 임무에 종사한 자는 사형 또는 무기나 5년 이상의 징역에 처하고, 결사에 가입한 자 또는 결사의 목적수행을 위한 행위를 한 자는 2년 이상의 유기징역에 처한다.

제4조 전 제3조의 목적으로 집단을 결성한 자 또는 집단을 지도한 자는 무기 또는 3년 이상의 징역에 처하고, 전 제3조의 목적으로 집단에 참가한 자 또는 집단에 관하여 전 제3조의 목적수행을 위한 행위를 한 자는 1년 이상의 유기징역에 처한다.

제5조 제1조 내지 제3조의 목적으로 그 목적사항의 실행에 관하여 협의 또는 선동을 하거나 그 목적사항을 선전하고 기타 그 목적수행을 위한 행위를 한 자는 1년 이상 10년 이하의 징역에 처한다.

제6조 제1조 내지 제3조의 목적으로 소요·폭행, 기타 생명·신체 또는 재산에 해를 가할 수 있는 범죄를 선동한 자는 2년 이상의 유기징역에 처한다.

제7조 국체를 부정하거나 신궁 또는 황실의 존엄을 모독할 수 있는 사항을 유포하는 것을 목적으로 결사를 조직한 자 또는 결사의 역원, 기타 지도자의 임무에 종사한 자는 무기 또는 4년 이상의 징역에 처하고, 결사에 가입한 자 또는 결사의 목적수행을 위한 행위를 한 자는 1년 이상의 유기징역에 처한다.

제8조 전조의 목적으로 집단을 결성한 자 또는 집단을 지도한 자는 무기 또는 3년 이상의 징역에 처하고 전조의 목적으로 집단에 참가한 자 또는 집단에 관하여 전조의 목적수행을 위한 행위를 한 자는 1년 이상의 유기징역에 처한다.

제9조 전 제8조의 죄를 범하게 하는 것을 목적으로 금품, 기타 재산상의 이익을 공여하거나 그 신청 또는 약속을 한 자는 10년 이하의 징역에 처한다. 공여를 받거나 그 요구 또는 약속을 한 자도 같다.

제10조 사유재산제도를 부인하는 것을 목적으로 결사를 조직한 자 또는 결사에 가입한 자나 결사의 목적수행을 위한 행위를 한 자는 10년 이하의 징역 또는 금고에 처한다.

제11조 전조의 목적으로 그 목적사항의 실행에 관하여 협의를 하거나 그 목적사항의 실행을 선동한 자는 7년 이하의 징역 또는 금고에 처한다.

제12조 제10조의 목적으로 소요·폭행, 기타 생명·신체 또는 재산에 해를 가할 수 있는 범

죄를 선동한 자는 10년 이하의 징역 또는 금고에 처한다.

제13조 전 3조의 죄를 범하게 하는 것을 목적으로 금품, 기타 재산상의 이익을 공여하거나 그 신청 또는 약속을 한 자는 5년 이하의 징역 또는 금고에 처한다. 공여를 받거나 그 요구 또는 약속을 한 자도 같다.

제14조 제1조 내지 제4조·제7조·제8조 및 제10조의 미수죄는 벌한다.

제15조 이 장의 죄를 범한 자가 자수한 때에는 그 형을 감경 또는 면제한다.

제16조 이 장의 규정은 이 법 시행지 외에서 죄를 범한 자에게도 적용한다.

제2장 형사 수속

제17조 이 장의 규정은 제1장에 제기한 죄에 관한 사건에 대하여 적용한다.

제18조 검사는 피의자를 소환하거나 그 소환을 사법경찰관에게 명령할 수 있다.

검사의 명령으로 사법경찰관이 발부하는 소환장에는 명령을 한 검사의 직·성명 및 그 명령으로 인하여 발부한다는 취지도 기재하여야 한다.

소환장의 송달에 관한 재판소 서기 및 집달리에 속하는 직무는 사법경찰관리가 행할 수 있다.

제19조 피의자가 정당한 사유 없이 전조의 규정에 의한 소환에 응하지 아니하거나 형사소송법 제87조 제1항 각호에 규정한 사유가 있는 때에는 검사는 피의자를 구인하거나 그 구인을 다른 검사에게 촉탁하거나 사법경찰관에게 명령할 수 있다.

전조 제2항의 규정은 검사의 명령으로 사법경찰관이 발부하는 구인장에 대하여 준용한다.

제20조 구인한 피의자는 지정된 장소에 인치한 때부터 48시간 내에 검사 또는 사법경찰관이 신문하여야 한다. 그 시간 내에 구류장을 발부하지 아니하는 때에는 검사는 피의자를 석방하거나 사법경찰관에게 석방하게 하여야 한다.

제21조 형사소송법 제87조 제1항 각호에 규정한 사유가 있는 때에는 검사는 피의자를 구류하거나 그 구류를 사법경찰관에게 명령할 수 있다.

제18조 제2항의 규정은 검사의 명령으로 사법경찰관이 발부하는 구류장에 대하여 준용한다.

제22조 구류에 대하여는 경찰관서 또는 헌병대의 유치장으로 감옥을 대용할 수 있다.

제23조 구류의 기간은 2월로 한다. 특별히 계속할 필요가 있는 때에는 지방재판소 검사 또는 구재판소 검사는 검사장의 허가를 받아 1월마다 구류의 기간을 갱신할 수 있다. 다만, 총 1년을 초과할 수 없다.

제24조 구류의 사유가 소멸하여 기타 구류를 계속할 필요가 없다고 사료되는 때에는 검사는 신속히 피의자를 석방하거나 사법경찰관에게 석방하게 하여야 한다.

제25조 검사는 피의자의 주거를 제한하여 구류의 집행을 정지할 수 있다.

형사소송법 제119조 제1항에 규정한 사유가 있는 경우에는 검사는 구류의 집행정지를 취소할 수 있다.

제26조 검사는 피의자를 신문하거나 그 신문을 사법경찰관에게 명령할 수 있다.

검사는 공소 제기 전에 한하여 증인을 신문하거나 그 신문을 다른 검사에게 촉탁하거나 사법경찰관에게 명령할 수 있다.

사법경찰관은 검사의 명령으로 피의자 또는 증인을 신문한 때에는 명령을 한 검사의 직·성명 및 그 명령으로 신문한 취지를 신문조서에 기재하여야 한다.

제18조 제2항 및 제3항의 규정은 증인신문에 대하여 준용한다.

제27조 검사는 공소 제기 전에 한하여 압수·수색 또는 검증을 하거나 그 처분을 다른 검사에게 촉탁하거나 사법경찰관에게 명령할 수 있다.

검사는 공소 제기 전에 한하여 감정·통역 또는 번역을 명하거나 그 처분을 다른 검사에게 촉탁하거나 사법경찰관에게 명령할 수 있다.

전조 제3항의 규정은 압수·수색 또는 검증의 조서 및 감정인·통사 또는 번역인의 신문조서에 대하여 준용한다.

제18조 제2항 및 제3항의 규정은 감정·통역 및 번역에 대하여 준용한다.

제28조 형사소송법 중 피고인의 소환·구인 및 구류, 피고인 및 증인의 신문, 압수, 수색, 검증, 감정, 통역과 번역에 관한 규정은 별도의 규정이 있는 경우를 제외하고는 피의사건에 대하여 준용한다. 다만, 보석 및 책부에 관한 규정은 그러하지 아니하다.

제29조 변호인은 사법대신이 미리 지정한 변호사 중에서 선임하여야 한다. 다만, 형사소송법 제40조 제2항의 규정을 적용할 수 있다.

제30조 변호인의 수는 피고인 1인에 대하여 2인을 초과할 수 없다.

변호인의 선임은 최초로 정한 공판 기일에 관련된 소환장의 송달을 받은 날부터 10일을 경과한 때에는 할 수 없다. 다만, 부득이한 사유가 있는 경우에 재판소의 허가를 받은 때에는 그러하지 아니하다.

제31조 변호인은 소송에 관한 서류의 등사를 하고자 하는 때에는 재판소장 또는 예심판사의 허가를 받아야 한다.

변호인의 소송에 관한 서류의 열람은 재판장 또는 예심판사가 지정한 장소에서 하여야 한다.

제32조 피고사건이 공판에 부쳐진 경우에 검사가 필요가 있다고 인정하는 때에는 관할 이전의 청구를 할 수 있다. 다만, 제1회 공판 기일의 지정이 있은 후에는 그러하지 아니하다.

전항의 청구는 사건이 계속되는 재판소 및 이전지 재판소에 공통하는 가까운 상급 재판소에서 하여야 한다.

제1항의 청구가 있을 때에는 결정이 있을 때까지 소송 수속을 정지하여야 한다.

제33조 제1장에 제기한 죄를 범한 것으로 인정된 제1심의 판결에 대하여는 공소를 할 수 없다.

전항에 규정한 제1심의 판결에 대하여는 직접 상고를 할 수 있다.

상고는 형사소송에서 제2심의 판결에 대하여 상고를 할 수 있는 이유가 있는 경우에 할 수 있다.

상고재판소는 제2심의 판결에 대한 상고사건에 관한 수속에 의하여 재판을 하여야 한다.

제34조 제1장에 제기한 죄를 범한 것으로 인정한 제1심의 판결에 대하여 상고가 있는 경우에 상고재판소가 동 장에 제기한 죄를 범한 것이 아니라는 것을 의심할 수 있는 현저한 사유가 있는 것으로 인정한 때에는 판결로 원판결을 파훼하고 사건을 관할 공소 재판소에 이송하여야 한다.

제35조 상고재판소는 공판 기일의 통지에 대하여는 형사소송법 제422조 제1항의 기간에 의하지 아니할 수 있다.

제36조 형사 수속에 대하여는 별도의 규정이 있는 경우를 제외하고는 일반 규정의 적용이 있는 것으로 한다.

제37조 이 장의 규정은 제22조·제23조·제29조·제30조 제1항·제32조·제33조 및 제34조의 규정을 제외하고는 군법회의 형사 수속에 대하여 준용한다. 이 경우에 형사소송법 제87조 제1항은 육군군법회의법 제143조 또는 해군군법회의법 제143조, 형사소송법 제422조 제1항은 육군군법회의법 제444조 제1항 또는 해군군법회의법 제446조 제1항으로 하고, 제25조 제2항 중 형사소송법 제119조 제1항에 규정하는 사유가 있는 경우에는 모두에 해당하는 것으로 한다.

제38조 조선에서는 이 장 중 사법대신은 조선총독, 검사장은 복심법원 검사장, 지방재판소 검사 또는 구재판소 검사는 지방법원 검사, 형사소송법은 조선형사령에 의할 것을 정한 형사소송법으로 한다. 다만, 형사소송법 제422조 제1항은 조선형사령 제31조로 한다.

제3장 예방구금

제39조 제1장에 제기한 죄를 범하여 형에 처하여진 자가 그 집행을 마치고 석방될 경우에 석방 후에 다시 동 장에 제기한 죄를 범할 우려가 있는 것이 현저한 때에는 재판소는 검사의 청구로 인하여 본인을 예방구금에 부치는 취지를 명할 수 있다.

　제1장에 제기한 죄를 범하고 형에 처해져 그 집행을 마친 자 또는 형의 집행유예의 언도를 받은 자가 사상범보호관찰법에 의하여 보호관찰에 부쳐져 있는 경우에 보호관찰에 의하여도 동 장에 제기한 죄를 범할 위험을 방지하기가 곤란하고 다시 이를 범할 우려가 있는 것이 현저한 때에도 전항과 같다.

제40조 예방구금의 청구는 본인의 현재지를 관할하는 지방재판소의 검사가 그 재판소에 하여야 한다.

　전항의 청구는 보호관찰에 부쳐져 있는 자에 관련된 때에는 그 보호관찰을 하는 보호관찰소의 소재지를 관할하는 지방재판소의 검사가 그 재판소에 할 수 있다.

　예방구금의 청구를 하기 위하여는 미리 예방구금위원회의 의견을 구하여야 한다.

　예방구금위원회에 관한 규정은 칙령으로 정한다.

제41조 검사는 예방구금의 청구를 함에 있어 필요한 취조를 하거나 공무소에 조회하여 필요한 상항의 보고를 요구할 수 있다.

전항의 취조를 함에 있어 필요한 경우에는 사법경찰관리에게 본인을 동행하게 할 수 있다.

제42조 검사는 본인이 정한 주거를 가지지 아니한 경우 또는 도망하거나 도망할 우려가 있는 경우에 예방구금의 청구를 함에 있어 필요한 때에는 본인을 예방구금소에 가수용할 수 있다. 다만, 부득이한 사유가 있는 경우에는 감옥에 가수용할 수 있다.

전항의 가수용은 본인의 진술을 들은 후가 아니면 할 수 없다. 다만, 본인이 진술을 승낙하지 아니하거나 도망한 경우에는 그러하지 아니하다.

제43조 전조의 가수용의 기간은 10일로 한다. 그 기간 내에 예방구금의 청구를 하지 아니하는 때에는 신속히 본인을 석방하여야 한다.

제44조 예방구금의 청구가 있는 때에는 재판소는 본인의 진술을 듣고 결정을 하여야 한다. 이 경우에는 재판소는 본인에게 출두를 명할 수 있다.

본인이 진술을 승낙하지 아니하거나 도망한 때에는 진술을 듣지 아니하고 결정을 할 수 있다.

형의 집행종료 전 예방구금의 청구가 있은 때에는 재판소는 형의 집행종료 후라도 예방구금에 대한 취지의 결정을 할 수 있다.

제45조 재판소는 사실의 취조를 함에 있어 필요한 경우에는 참고인에게 출두를 명하여 사실의 진술 또는 감정을 하게 할 수 있다.

재판소는 공무소에 조회하여 필요한 사항의 보고를 요구할 수 있다.

제46조 검사는 재판소가 본인에게 진술을 하게 하거나 참고인에게 사실의 진술 또는 감정을 하게 하는 경우에 입회하여 의견을 개진할 수 있다.

제47조 본인이 속한 집안의 호주·배우자 또는 4친등 내의 혈족 또는 3친등 내의 인족은 재판소의 허가를 받아 보좌인이 될 수 있다.

보좌인은 재판소가 본인에게 진술을 하게 하거나 참고인에게 사실의 진술 또는 감정을 하게 하는 경우에 입회하여 의견을 개진하거나 참고가 될 만한 자료를 제출할 수 있다.

제48조 다음 각호의 경우에는 재판소는 본인을 구인할 수 있다.

    1. 본인이 정한 주거를 가지지 아니한 때

    2. 본인이 도망한 때 또는 도망할 우려가 있는 때

    3. 본인이 정당한 이유 없이 제44조 제1항의 출두 명령에 응하지 아니한 때

제49조 전조 제1호 또는 제2호에 규정한 사유가 있는 때에는 재판소는 본인을 예방구금소에 가수용할 수 있다. 다만, 부득이한 사유가 있는 경우에는 감옥에 가수용할 수 있다.

    본인이 감옥에 있는 때에는 전항의 사유가 없다고 하더라도 가수용할 수 있다.

    제42조 제2항의 규정은 제1항의 경우에 대하여 준용한다.

제50조 별도의 규정이 있는 경우를 제외하고 형사소송법 중 구인에 관한 규정은 제48조의 구인에, 구류에 관한 규정은 제42조 및 전조의 가수용에 대하여 준용한다. 다만, 보석 및 책부에 관한 규정은 그러하지 아니하다.

제51조 예방구금에 부치지 아니하는 취지의 결정에 대하여는 검사는 즉시항고를 할 수 있다.

    예방구금에 부치는 취지의 결정에 대하여는 본인 및 보좌인은 즉시항고를 할 수 있다.

제52조 별도의 규정이 있는 경우를 제외하고 형사소송법 중 결정에 관한 규정은 제44조의 결정에, 즉시항고에 관한 규정은 전조의 즉시항고에 대하여 준용한다.

제53조 예방구금에 부쳐진 자는 예방구금소에 수용하여 개전하게 하기 위하여 필요한 처치를 하여야 한다.

    예방구금소에 관한 규정은 칙령으로 정한다.

제54조 예방구금에 부쳐진 자는 법령의 범위 안에서 타인과 접견하여 신서, 기타 물건의 수수를 할 수 있다.

    예방구금에 부쳐진 자에 대하여는 신서, 기타 물건의 검열·차압 또는 몰취를 하거나 보안 또는 징계를 위하여 필요한 처치를 할 수 있다. 가수용된 자 및 이 장의 규정에 의하여 구인장의 집행을 받아 유치된 자에 대하여도 같다.

제55조 예방구금의 기간은 2년으로 한다. 특별히 계속할 필요가 있는 경우에는 재판소의 결

정으로 갱신할 수 있다.

예방구금의 기간 만료 전에 갱신의 청구가 있은 때에는 재판소는 기간 만료 후라도 갱신의 결정을 할 수 있다.

갱신의 결정은 예방구금의 기간 만료 후에 확정된 때라도 기간 만료 시 확정된 것으로 본다.

제40조·제41조 및 제44조 내지 제52조의 규정은 갱신의 경우에 대하여 준용한다. 이 경우에 제49조 제2항 중 감옥은 예방구금소로 한다.

제56조 예방구금의 기간은 결정 확정일부터 기산한다.

구금되지 아니한 일수 또는 형의 집행으로 인하여 구금된 일수는 결정 확정 후라도 전항의 기간에 산입하지 아니한다.

제57조 결정 확정시 본인이 수형자인 때에는 예방구금은 형의 집행종료 후에 집행한다.

감옥에 있는 본인에 대하여 예방구금을 집행하고자 하는 경우에 이송의 준비, 기타 사유로 인하여 특별히 필요한 때에는 일시 구금을 계속할 수 있다.

예방구금의 집행은 본인에 대한 범죄의 수사, 기타 사유로 인하여 특별히 필요한 때에는 결정을 한 재판소의 검사 또는 본인의 현재지를 관할하는 지방재판소의 검사의 지휘로 정지할 수 있다.

형사소송법 제534조 내지 제536조 및 제544조 내지 제552조의 규정은 예방구금의 집행에 대하여 준용한다.

제58조 예방구금에 부쳐진 자가 수용 후 필요 없게 된 때에는 제55조에 규정한 기간 만료 전이라도 행정관청의 처분으로 퇴소하게 하여야 한다.

제40조 제3항의 규정은 전항의 경우에 대하여 준용한다.

제59조 예방구금의 집행을 하지 아니한 것이 2년에 달한 때에는 결정을 한 재판소의 검사 또는 본인의 현재지를 관할하는 지방재판소의 검사는 사정으로 인하여 그 집행을 면제할 수 있다.

제40조 제3항의 규정은 전항의 경우에 대하여 준용한다.

제60조 천재사변에 있어 예방구금소 안에서 피난의 수단이 없다고 인정되는 때에는 수용된 자를 타소로 호송하여야 한다. 만약, 호송할 여유가 없는 때에는 일시 해방할 수

있다.

　　해방된 자는 해방 후 24시간 내에 예방구금소 또는 경찰관서에 출두하여야 한다.

제61조　이 장의 규정에 의하여 예방구금소나 감옥에 수용된 자 또는 구인장이나 체포장이 집행된 자가 도주한 때에는 1년 이하의 징역에 처한다.

　　전조 제1항의 규정에 의하여 해방된 자가 동 조 제2항의 규정을 위반한 때에도 전항과 같다

제62조　수용설비 또는 계구를 손괴하고, 폭행 또는 협박을 하거나 2인 이상 통모하여 전조 제1항의 죄를 범한 자는 3월 이상 5년 이하의 징역에 처한다.

제63조　전 제2조의 미수죄는 벌한다.

제64조　이 법에 규정한 것 외에 예방구금에 관하여 필요한 사항은 명령으로 정한다.

제65조　조선에서는 예방구금에 관하여 지방재판소가 하여야 하는 결정은 지방법원의 합의부에서 한다.

　　조선에서는 이 장 중 지방재판소의 검사는 지방법원의 검사, 사상범보호관찰법은 조선사상범보호관찰령, 형사소송법은 조선형사령에 의할 것을 정한 형사소송법으로 한다.

부칙

이 법의 시행 기일은 칙령으로 정한다.

제1장의 개정규정은 이 법 시행 전 종전의 규정에서 정한 죄를 범한 자에게도 적용한다. 다만, 개정규정에서 정한 형이 종전의 규정에서 정한 형보다 중한 때에는 종전의 규정에서 정한 형에 의하여 처단한다.

제2장의 개정규정은 이 법 시행 전 공소를 제기한 사건에 대하여는 적용하지 아니한다.

제3장의 개정규정은 종전의 규정에서 정한 죄에 대하여 이 법 시행 전에 형에 처하여진 자에게도 적용한다.

이 법 시행 전 조선형사령 제12조 내지 제15조의 규정에 의한 수사 수속은 이 법 시행 후에도 그 효력을 가진다.

전항의 수사 수속에서 이 법에 상당하는 규정이 있는 것은 이 법에 의한 것으로 본다.

이 법 시행 전 조선사상범예방구금령에 의한 예방구금에 관한 수속은 이 법 시행 후에도 그 효력을 가진다.

전항의 예방구금에 관한 수속에서 이 법에 상당하는 규정이 있는 것은 이 법에 의한 것으로 본다.

〈참조〉
개정 전의 치안유지법

《조선총독부관보》제3807호, 1925. 4. 27.

○ 법률 제46호

제1조 국체를 변혁하거나 사유재산제도를 부인하는 것을 목적으로 결사를 조직하거나 이에 가입한 자는 10년 이하의 징역 또는 금고에 처한다.
전항의 미수죄는 벌한다.
제2조 전조 제1항의 목적으로 그 목적이 되는 사항의 실행에 관하여 협의를 한 자는 7년 이하의 징역 또는 금고에 처한다.
제3조 제1조 제1항의 목적으로 그 목적이 되는 사항의 실행을 선동한 자는 7년 이하의 징역 또는 금고에 처한다.
제4조 제1조 제1항의 목적으로 소요·폭행, 기타 생명·신체 또는 재산에 해를 가할 수 있는 범죄를 선동한 자는 10년 이하의 징역 또는 금고에 처한다.
제5조 제1조 제1항 및 전 제3조의 죄를 범하게 할 것을 목적으로 하여 금품, 기타의 재산상의 이익을 공여하거나 그 신청 또는 약속을 한 자는 5년 이하의 징역 또는 금고에 처한다. 공여를 받거나 그 요구 또는 약속을 한 자도 같다.

제6조 전 제5조의 죄를 범한 자가 자수한 때에는 그 형을 감경 또는 면제한다.

제7조 이 법은 이 법의 시행 구역 외에서 죄를 범한 자에게도 적용한다.

부칙 〈제46호, 1925. 4. 21〉

1923년 칙령 제403호는 폐지한다.

〈치안유지법 개정 중〉

《조선총독부관보》 제454호, 1928. 7. 4.

○ 칙령 제129호

치안유지법을 다음과 같이 개정한다.

제1조 국체를 변혁하는 것을 목적으로 결사를 조직한 자 또는 결사의 역원, 기타 지도자의 임무에 종사한 자는 사형 또는 무기 혹은 5년 이상의 징역 또는 금고에 처하고, 사정을 알고 결사에 가입한 자 또는 결사의 목적수행을 위한 행위를 한 자는 2년 이상의 유기징역 또는 금고에 처한다.

사유 재산제도를 부인하는 것을 목적으로 결사를 조직한 자, 결사에 가입한 자, 또는 결사의 목적수행을 위한 행위를 한 자는 10년 이하의 징역 또는 금고에 처한다.

제2조 중 '전조 제1항'을 '전조 제1항 또는 제2항'으로 고친다.

제3조 및 제4조 중 '제1조 제1항'을 '제1조 제1항 또는 제2항'으로 고친다.

제5조 중 '제1조 제1항 및'을 '제1조 제1항 제2항 또는'으로 고친다.

부칙

본령은 공포일부터 시행한다.

자료 276 | 《조선총독부관보》 제4289호, 1941. 5. 14.

조선사상범예방구금령 폐지

○ 제령

　　조선사상범예방구금령 폐지의 건

　　1911년(明治 44) 법률 제30호 제1조 및 제2조에 의해 칙재를 받아 이에 이를 공포함.

　　1941년 5월 14일

　　조선총독 미나미 지로

제령 제21호

조선사상범예방구금령은 이를 폐지함.

부칙

본령은 1941년 5월 15일부터 이를 시행함.

자료 277 | 《조선총독부관보》 제4290호, 1941. 5. 15.

조선사상범예방구금규칙

○ 부령

　　조선총독부령 제140호

　　조선사상범예방구금규칙을 다음과 같이 통정함.

　　1941년 5월 15일

　　조선총독 미나미 지로

제1장 수속규정

제1절 구금에 부치는 수속

제1조 치안유지법의 죄를 범하여 형에 처해진 자가 그 집행이 끝나 석방해야 하는 경우에는 형무소장은 그 석방 전에 본인의 현재지를 관할하는 지방법원의 검사에게 그 내용을 통지해야 한다.

치안유지법(이하 '법'이라 한다) 제39조 제2항에 규정된 자에 대하여 동 항에서 정한 사유가 있다고 인정될 때에는 보호관찰소장은 본인의 현재지 또는 보호관찰소의 소재지를 관할하는 지방법원의 검사에게 그 내용을 통지해야 한다.

전 제2항의 규정에 의한 통지에는 예방구금에 관한 의견을 부기한다. 또한 범죄사실의 요지, 기타 참고로 해야 하는 자료를 첨부해야 한다.

제2조 검사는 전조 제1항 또는 제2항의 규정에 의해 통지를 받은 때, 그 밖에 예방구금에 부쳐야 하는 자가 있다는 것을 인지한 때에는 조속히 본인의 경력, 경우, 성행, 심신의 상황, 사상의 추이, 기타 필요한 사항을 취조해야 한다.

검사는 전항의 취조를 다른 검사 또는 사법경찰관에게 명령하거나 또는 촉탁할 수 있다.

제3조 검사의 취조 결과에 의하여 예방구금에 부쳐야 한다고 사료되는 때에는 관계 서류 및 자료를 예방구금위원회에 송부하여 그 의견을 구해야 한다.

제4조 예방구금위원회는 필요하다고 인정하는 때에는 검사에 대하여 사항을 지시하여 취조를 청구할 수 있다.

검사가 전항의 청구에 응해야 하는 때는 다시 그 취조에 관한 서류 및 자료를 예방구금위원회에 송부하여야 하며 청구에 응하지 아니하는 때에는 조속히 그 취지를 통지해야 한다.

제5조 예방구금위원회가 전 제2조의 규정에 의하여 서류 및 자료의 송부를 받은 때에는 조속히 예방구금에 부쳐야 하는 사유가 있는지 그렇지 않은지 심의하여 의견을 붙여 이를 검사에게 환부해야 한다.

제6조 예방구금의 청구는 서면으로 이를 해야 한다.

전항의 청구에는 이유를 부기하며 예방구금위원회의 의견서, 기타 서류 및 자료를 첨부해야 한다.

제7조 　다음의 경우에 있어서는 검사는 그 내용을 형무소장 또는 보호관찰소장에게 통지해야 한다.

　　　1) 예방구금의 청구를 한 때 또는 이를 하지 않는 처분을 한 경우

　　　2) 전 호의 청구에 대한 결정 확정이 있는 경우

제8조 　법 제44조 제1항 및 제45조 제1항의 규정에 의하여 출두 명령은 서면으로써 이를 해야 한다.

　　　전항의 서면은 이를 송달한다.

제9조 　법 제47조의 규정에 의하여 보좌인이 되고자 하는 자는 예방구금의 청구가 있은 후 서면에 의해 당해 재판소에 허가 신청을 할 수 있다.

　　　전항의 신청에는 법 제47조에 규정된 신분 관계를 증명하는 서면을 첨부해야 한다.

제10조 　재판소는 본인의 진술을 청취한 경우 또는 참고인으로서 사실의 진술과 같은 감정을 하게 한 경우에는 조서를 작성해야 하며 검사 또는 보좌인 의견을 개진하는 경우에도 역시 같다.

제11조 　검사는 재판소의 심리를 방해하지 않는 한도에서 서류 및 자료를 열람할 수 있다.

　　　보좌인은 재판장의 허가를 받아 서류 및 자료를 열람할 수 있다.

　　　참고인이 감정을 할 때에 필요한 경우에 있어서 재판장의 허가를 받아 서류 및 자료를 열람하거나 또는 등사한다. 재판소가 본인 또는 다른 참고인으로 하여금 진술을 하게 하는 경우에 입회하거나 또는 이들에 대하여 직접 질문을 할 수 있다.

제12조 　예방구금을 계속할 필요가 인정되는 경우에 예방구금소장은 본인의 현재지를 관할하는 지방법원의 검사에게 그 내용을 통지해야 한다.

　　　제1조 제3항의 규정은 전항의 경우에 이를 준용한다.

　　　제2조 내지 전조의 규정은 예방구금의 기간을 갱신하는 경우에 이를 준용한다.

제2절 구금의 집행 수속

제13조 　구금 중인 자에 대하여 예방구금에 부치거나 혹은 예방구금의 기간을 갱신하려는 취지의 결정을 확정한 경우에 검사는 조속히 예방구금소장에게 그 집행을 지휘해야

한다.

전항의 결정 확정 전일지라도 그 결정 확정이 있은 때에는 집행해야 하는 내용으로 지휘할 수 있다.

본인이 감옥에 있는 때에는 집행 지휘에 관한 서류는 형무소장을 경유하여 예방구금소장에게 송부해야 한다.

제14조 전조 제2항의 규정에 의하여 행하는 집행 지휘는 법정 기간 내에 즉시항고의 신청이 있는 때에는 그 효력을 상실한다.

전항의 즉시항고 신청이 본인 이외의 사람에 의해 행해진 때에는 검사는 신속히 그 신청이 있는 사실을 형무소장 또는 예방구금소장에게 통지해야 한다.

제15조 제13조 제3항의 경우에 있어서 형무소장은 신속히 집행 지휘에 관한 서류를 첨부하여 본인을 예방구금소에 이송해야 한다.

본인이 형의 집행 중에 있는 경우에는 그 종료 후 전항의 처치를 해야 한다.

제16조 구금할 수 없는 자에 대하여 예방구금에 부치거나 또는 예방구금의 기간을 갱신하는 취지의 결정이 확정된 경우에 검사는 신속히 이를 검사국에 소환하여 집행 지휘에 관한 서류를 첨부해 사법경찰관리로 하여금 예방구금소에 호송하도록 해야 한다.

본인을 체포장에 의하여 인치하는 때에도 역시 전항과 같다.

제17조 예방구금소장은 예방구금에 부쳐진 자에 대하여 법 제57조 제3항의 규정에 의거하거나 또는 동 조 제4항의 규정에 의해 준용되는 형사소송법 제544조 또는 제546조의 규정에 의해 예방구금의 집행을 정지해야 하는 사유가 있다고 인정되는 경우에는 그 내용을 결정한 재판소의 검사 또는 본인의 현재지를 관할하는 지방법원의 검사에게 통지해야 한다.

제18조 제16조의 규정은 예방구금의 집행정지를 취소한 자 또는 예방구금에 부쳐진 도주한 자에 대하여 예방구금의 잔여기간에 대하여 집행을 해야 하는 경우에 이를 준용한다.

제19조 법 제58조의 규정에 의한 퇴소 처분은 예방구금소장이 이를 한다.

제20조 예방구금에 부쳐진 자에 대하여 법 제58조의 규정에 의해 퇴소하게 할 사유가 있다고 인정되는 경우에는 예방구금소장은 본인의 경력, 경우, 성행, 심신의 상황, 사상의

추이, 기타 참고해야 하는 사항에 관한 조사서류 및 자료를 예방구금위원회에 송부하여 그 의견을 구해야 한다.

제4조 및 제5조의 규정은 전항의 규정에 의한 청구가 있는 경우에는 이를 준용한다.

제21조 예방구금소장이 제19조를 처분하기 위해서는 예방구금위원회의 의견을 구한 후 조선총독에게 품의해야 한다.

제22조 제20조 및 전조의 규정은 검사가 예방구금에 부쳐진 자에 대하여 법 제21조의 규정에 의해 그 집행을 면제해야 하는 사유가 있다고 인정되는 경우에 이를 준용한다.

제2장 처우규정

제1절 통칙

제23조 조선총독은 적어도 매년 1회 관리에게 예방구금소를 순열하게 한다.

판사, 검사, 전옥, 전옥보, 교회사, 보호관찰소 보도관, 동 보호사, 예방구금위원회 회장 및 동 위원은 예방구금소를 순시할 수 있다.

제24조 예방구금소를 참관하고자 하는 자는 조선총독의 허가를 받아야 한다.

제25조 예방구금소에 남자구역 및 여자구역을 설치해 이를 분리 격리한다.

제26조 수용자는 이를 다음의 계급에 의하여 누진처우한다.

제3급

제2급

제1급

제27조 수용자는 제3급부터 순차적으로 이를 집금(集禁)하게 한다.

진급은 사상 상황을 심사하여 이를 정한다.

제28조 상급에 속한 자가 그 계급에 상당하지 않다고 인정될 때에는 계급을 저하시킬 수 있다.

제29조 수용자는 심신의 상황에 따라 부적당하다고 인정되는 자를 제외하고는 이를 독거하게 해야 한다.

제2급 이상의 수용자는 이를 잡거하게 할 수 있다.

제30조 수용자가 구금으로 인하여 질병에 걸리거나 또는 창상을 입음으로써 사망 또는 업

무를 영위하기 어렵게 된 때에는 정상(情狀)에 의하여 수당금(手當金)을 지급할 수 있다.

전항의 수당금의 액수는 예방구금소장이 이를 정하며 퇴소할 때에 본인에게 이를 급여한다. 사망의 경우에 있어서는 사망자의 배우자, 아들, 부모 가운데 적당하다고 인정되는 사람에게 이를 지급한다.

제31조 본 장 중 제26조 내지 제28조, 제29조 제2항, 제36조 제2항, 제37조 내지 제39조, 제40조 제1항 및 제41조 내지 제43조의 규정은 법 제42조 및 제49조의 규정에 의해 예방구금소에 임시 수용된 자의 처우에 대해서는 이를 적용하지 않는다.

제2절 수용

제32조 수용해야 하는 자가 있는 때에는 영장 또는 집행 지휘에 관한 문서를 사열(查閱)한 후 수용 수속을 해야 한다.

제33조 수용해야 하는 자에 대하여 건강진단과 함께 신체 및 의류 검사를 해야 한다.

부녀자의 신체 및 의류의 검사는 부녀의 관리가 이를 해야 한다.

제34조 수용해야 하는 자에 대하여 그 신상에 관한 사항을 조사하여 그 결과를 기록해야 한다.

제3절 보안

제35조 예방구금소에서는 출입의 경계를 엄중히 하고 필요하다고 인정되는 경우 출입자의 착의 및 휴대품의 검사를 할 수 있다.

전항의 검사는 상당한 예의를 갖추어 은닉물 발견에 필요한 범위에 그쳐야 한다.

제36조 예방구금소장은 관리로 하여금 마땅한 수용자의 신체 및 거처하는 방의 검사를 해야 한다.

제1급의 수용자에 대하여는 특별한 필요가 있지 않는 한 전항의 검사를 하지 않는다.

제33조 제2항의 규정은 제1항의 검사에 이를 준용한다.

제4절 교화

제37조 수용자의 교화는 국체에 대한 명징한 관념과 황국의 도에 대한 확고한 신념을 파악하게 하고 또한 이를 실천에 옮기게 하는 것을 목적으로 한다.

제38조 수용자에게는 엄격한 기율 아래 전조의 목적을 달성하기 위해 그 계급에 호응해 필요한 교양 및 훈련을 시행해야 한다.

제39조 교화상 필요하다고 인정되는 경우에는 학식과 덕망이 있는 자를 위촉하여 강화를 하게 할 수 있다.

제40조 예방구금소에는 교화상 유익한 도서를 비치하여 이를 수용자에게 열람하게 한다.

수용자에게는 교화상 방해가 된다고 인정되는 때에는 개인책의 열독을 허락하지 아니한다.

제41조 초등 보통교육과정의 교양이 없는 수용자에게는 교육을 시행해야 한다.

제42조 수용자에게는 농업 훈련을 시행해야 한다. 단 심신의 상황, 기타 사정에 의해 다른 작업 훈련을 시행하거나 또는 작업 훈련을 시행하지 아니할 수 있다.

전항의 단서 규정에 의한 작업 훈련의 종류에 대하여는 조선총독의 허가를 받아야 한다.

제43조 작업 훈련을 받는 자에게는 별도로 정한 바에 의해 장려금을 급여할 수 있다.

제5절 면회 및 통신

제44조 수용자는 예방구금소장의 허가를 받아 면회 및 문서의 발수신을 할 수 있다.

제45조 면회는 면회실에서 이를 해야 한다. 단 특별한 사유가 있는 경우에는 다른 장소에서 이를 하게 할 수 있다.

면회에는 예방구금소 관리가 입회하여야 한다. 단 예방구금소장이 특별히 그 필요가 있다고 인정하는 때에는 이에 제한을 두지 않는다.

제46조 수용자가 수발신하는 문서는 예방구금소장이 이를 검열해야 한다.

검열의 결과 부적당하다고 인정되는 것은 이를 차압하거나 또는 몰취한다.

제47조 공무소에서 수용자 앞으로 보낸 문서는 열어서 검열하고 이를 본인에게 교부한다.

제6절 상벌

제48조 수용자에 대하여 특별히 권장해야 하는 행위가 있는 것에 대하여는 별도로 정한 바에 의거해 상여를 행할 수 있다.

제49조 수용자가 기율을 위반하는 때에는 예방구금소장이 이를 징계할 수 있다.

제50조 징계의 종류는 다음과 같다.

    1) 질책

    2) 3개월 이내의 지필묵 사용 금지

    3) 3개월 이내의 도서 열독 금지

    4) 2개월 이내의 병거(屛居)

    전항 각호의 징계는 이를 병과(倂科)할 수 있다.

제51조 징계는 정상에 의해 그 집행을 면제할 수 있다.

제7절 급양

제52조 수용자에게는 본인이 자변하는 경우를 제외하고는 의류, 침구 및 잡품을 대여하여 음식물 및 일상 필요품을 급여한다.

제53조 수용자에게는 처우상 방해가 된다고 인정되는 경우에는 물품의 자변을 허락하지 아니한다.

제8절 위생

제54조 거실 및 공장, 기타 다수가 잡거하는 장소는 보건상 필요한 기적(氣積)을 지킬 수 있도록 채광, 채난(採暖) 및 환기를 적당하게 하여야 한다.

제55조 수용자에게는 보건상 적당한 운동을 하도록 해야 한다. 단 작업 훈련의 종류에 의하여 그 필요가 없다고 인정되는 경우에는 이에 제한을 두지 아니한다.

제56조 수용자가 질병에 걸린 경우에는 의사에게 치료를 받도록 해야 한다.

    병자가 자비로 의사를 지정하여 치료의 보조 또는 약제의 사용을 요구하는 때에는 특별히 필요가 있다고 인정되는 경우에 한하여 이를 허락할 수 있다.

제57조 예방구금소에서 수용자에 대하여 적당한 치료를 실시하는 것이 가능하지 않을 때에

는 이를 병원에 이송할 수 있다.

전항의 규정에 의하여 병원으로 이송한 자는 이를 수용자로 간주한다.

제1항의 경우에 있어서 그 취지를 조선총독에게 신보해야 한다. 예방구금소에 환송하는 때에도 역시 같다.

제58조 전염병이 발생하거나 또는 발생의 우려가 있을 때에는 그 예방을 엄격하게 하고 응급 적절한 처치를 해야 한다.

제9절 차압 및 몰취

제59조 수용자에 대하여 또는 수용자로부터 물품을 수수하는 것에 대하여는 예방구금소장의 허가를 받아야 한다.

제60조 수용자가 휴대하거나 또는 수수하는 물품은 예방구금소장이 이를 검열해야 한다.

검열의 결과 부적당하다고 인정되는 것은 이를 환부하거나 또는 차압 또는 몰취한다.

제61조 차압물은 퇴소할 때에 본인에게 이를 교부한다. 다만 예방구금소장이 상당한 사유가 있다고 인정되는 경우에는 수용 중이라도 본인에게 이를 교부할 수 있다.

제10절 퇴소 및 사망

제62조 수용자는 명령서가 도달하거나 또는 법 제58조의 규정에 의해 퇴소 처분 또는 기간 종료 이후 신속하게 이를 퇴소하게 해야 한다.

제63조 수용자가 사망한 경우에는 예방구금소장이 사체의 검시를 해야 한다.

자살, 기타 변사의 경우에는 그 내용을 경찰관서에 통지하여 검시를 받도록 해야 한다.

제64조 예방구금소장은 병명 또는 사인 및 사망의 일시를 조속히 사망자의 가족 또는 친족에게 통지하여 사체를 인수하게 해야 한다.

제65조 사체를 인수하는 사람이 없을 경우에는 이를 예방구금소 묘지에 토장한다. 다만 필요가 있다고 인정되는 때에는 화장하고 유골을 매장할 수 있다.

사체 또는 유골은 매장 후 2년을 경과하면 이를 합장할 수 있다.

부칙

본령은 치안유지법 개정 법률 시행일로부터 이를 시행함.

조선사상범예방구금령 시행규칙은 이를 폐지함.

Ⅲ

사상범 수형자 통계와
보호관찰·예방구금 관련 논설

해제

1920년대 이후 정치범·사상범이 급격하게 증가하면서 일제 사법 당국은 기민하게 그 동향을 주시하고 있었다. 경성지방법원과 고등법원 등에 사상사건을 전담하는 검사가 배치되고 이것이 사상계, 사상부 등 주요한 조직으로 발전하였고, '사상범죄'의 동향과 추이를 공유하는 간행물의 발간도 이루어졌다. 통계연보와 같이 일반에 공개되는 자료에는 사상사건 혹은 사상범 관련 통계가 발표되지 않았지만, 사법 당국자들 사이에 비밀리에 공람하는 자료에는 간헐적으로 사상범에 대한 통계가 정리·공유되고 있었다. 조선총독부 고등법원 검사국 사상부에서 발간한 《사상월보(思想月報)》와 《사상휘보(思想彙報)》가 그것이다. 이번 장에서는 두 자료에 수록된 사상범 수형자 통계자료를 제시하여 그 수적 추이를 확인할 수 있도록 하였다.

이와 함께 사상범 수형자에 대한 전향정책 및 출옥 후 통제책으로 시행된 보호관찰령 및 예방구금령에 대한 당대의 논설자료를 함께 소개하고자 한다.

1. 사상범 수형자 통계

《사상월보》와 《사상휘보》는 모두 조선총독부 고등법원 검사국 사상부에서 발간한 자료이다. 《사상월보》는 1931년 4월 15일 제1호를 발간한 이래 1934년 9월 15일 제4권 6호까지 매월 총 44차례 발간되었고, 후속으로 발간한 《사상휘보》는 3달 뒤인 1934년 12월 제1호를 시작으로 3개월 단위로 1940년 12월 제25호까지 발간되었다가, 1943년 10월 속간본을 마지막으로 더 이상 간행되지 못하였다.

연속하는 두 잡지는 1925년 치안유지법 시행, 1928년 고등법원 검사국과 경성지방법원 검사국에 사상사건을 전담하는 사상계 검사 배치, 1929년 경성지방법원, 경성복심법원 및 고등법원 그리고 평양·대구 소재 법원 등 주요 사법기관에 사상부가 설치되는 등의 조치와 관련이 있다.

조선총독부 고등법원 검사국 사상전담 검사였던 이토 노리오(伊藤憲郎)는 사상범죄와 관련 주요 동향을 사법 당국 관계자들과 공유하기 위해 《사상월보》를 발간하기 시작하였다. 《사상월보》의 표지 상단에는 '비(秘)'라는 글자가 뚜렷이 표시되어 있어 극비자료임을 알 수 있다. 소수의 관련자들만 열람할 수 있었는데, 조선총독부 법무국, 각 복심법원 검사국, 각 지방법원 검사국 등 사상 범죄자의 취조와 기소 업무를 맡은 조선총독부 사법 관료들로 한정되어 있었다. 그리하여 처음에는 철필로 작성하여 등사판으로 인쇄하다가 제2권 제11호(1933년 2월)부터 활판인쇄로 바꾸어 발간했다. 《사상월보》는 1934년 9월 제4권 제6호까지 매월 발간하였다가 잠깐 정간하였고. 동년 12월 '사상휘보'로 이름을 바꾸어 발간했다. 이는 1934년 7월 일본 사법성 형사국에서 《사상월보》를 간행하면서 제명의 중복을 피하기 위한 조치로 보인다.

《사상월보》 안에는 조선총독부 산하 각급 법원에서 생산한 판결문과 예심종결결정서, 검사국 취조 과정에서 생산한 신문조서, 피고인 진술서, 감상록 등을 게재하였다. 조선공산당, 신간회, 대한민국 임시정부 등 사회주의 계열에만 한정된 것이 아니라 민족운동의 동향도 폭넓게 담고 있다. 제2호부터는 '조선사상사건월표'를 고정적으로 수록하여 경성·공주·함흥·청진·평양·신의주·해주·대구·부산·광주·전주 등 지역별 검사국에서 취급하고 있는 주요 사상사건의 수나 해당 인원수 등을 표시해 사상사건의 수적 추이를 확인할 수 있다.

행형과 관련해서도 통계가 정리되어 있다. 법무국 행형과에서 정리한 사상범 수형자 관련 통계가 제1권 제5호(1931년 8월 15일)부터 확인되는데, '특수범죄자에 관한 죄명별 조사'와 '특수범죄자 형무소별 조사'로 나뉘어져 제시되어 있다. 여기서 명명하는 '특수범죄자'는 '무정부주의, 공산주의, 사회주의, 민족주의, 노동운동, 농촌운동에 해당하는 자들로 그 죄명은 황실에 대한 죄, 소요죄, 방화 등의 형법범과 정치에 관한 범죄처벌, 치안유지법, 보안법 등의 특별법범 등으로 그 죄목을 나누어 표시하였다.

특수범죄자 형무소별 조사는 동일한 대상이 어떠한 형무소에 수감되어 있는지를 피고인/수형자, 조선인/내지인, 남자/여자로 나누어 표시한 것이다. 해당 통계는 제3권 제2호 (1933년 5월 15일)에 이르면 '통계: 특수범죄자표'로 제목이 바뀌지만 조사항목은 동일하다.

《사상휘보》에는 《사상월보》와 달리 피고인을 배제하고 수형자에 대한 통계만 표시되었다. 명칭도 '사상범 수형자 ○○○ 조사'로 변경되었다. 반면 조사 항목은 통계 사상범 수형자의 범수(犯數)별 죄정 조사, 사상범 수형자의 연령별 주의 조사, 사상범 수형자의 전향 동기 조사, 사상범 수형자의 형무소별 전향 상황 조사, 사상범 수형자의 죄명별 형기 조사, 생계 상태 및 가정의 양부 조사 등 5~6개 항목으로 증가하였다.

사상범 수형자에 대한 통계는 제3호(1935년 6월), 제12호(1937년 9월), 제15호(1938년 7월)에 수록되어 있다. 항목을 보면 수감 현황 자체보다는 전향에 초점을 두고, 전향 상태, 동기나 배경 등이 중요하게 다루어지는 것을 확인할 수 있다.

이상 《사상월보》와 《사상휘보》에 정리되어 있는 사상범 수형자 통계자료의 현황을 정리하면 아래 표와 같다. 모든 통계항목을 정리·제시하기에는 지면의 한계가 있어 수감현황을 직접 파악할 수 있는 지표만 선별하여 수록하였음을 밝힌다(이 자료집에 수록한 자료는 진하게 표시하였다).

제호	권호	발행일	통계항목	기준시점
사상월보	제1권 제5호	1931. 8. 15	**특수범죄자에 관한 죄명별 조사 특수범죄자 형무소별 조사**	1931년 6월 말
	제1권 제8호	1931. 11. 15	특수범죄자에 관한 범죄별 조사 특수범죄자 형무소별 조사	1931년 9월 말
	제2권 제2호	1932. 5. 15	특수범죄자에 관한 범죄별 조사 특수범죄자 형무소별 조사	1932년 3월 말
	제2권 제5호	1932. 8. 15	**특수범죄자 형무소별 조사** 특수범죄자에 관한 범죄별 조사	1932년 6월 말
	제3권 제2호	1933. 5. 15	통계: 특수범죄자표 1) 형무소별 2) 범죄별	1933년 3월 말
	제3권 제5호	1933. 8. 15	**특수범죄자표** **1) 형무소별** 2) 범죄별	1933년 6월 말
	제3권 제8호	1933. 11. 15	통계: 특수범죄자표 1) 형무소별 2) 범죄별	1933년 9월 말
	제4권 제2호	1934. 5. 15	통계: 특수범죄자표 1) 형무소별 2) 범죄별	1934년 3월 말
	제4권 제6호	1934. 9. 15	**통계: 특수범죄자표** **1) 형무소별** 2) 범죄별	1934년 6월 말

제호	권호	발행일	통계항목	기준시점
사상휘보	제3호	1935. 6	사상범 수형자의 범수별 죄정 조사 사상범 수형자의 연령별 주의 조사 사상범 수형자의 전향 동기 조사 **사상범 수형자의 형무소별 전향 상태 조사** 사상범 수형자의 죄명별 형기 조사	1935년 2월 말
	제12호	1937. 9	사상범 수형자 제표 1) 죄명 형기별 조사 **2) 형무소별 전향 상태 조사** 3) 전향 동기 조사 4) 연령별 주의 조사 5) 범수별 죄정 조사 6) 생계 상태 및 가정의 양부 조사	1937년 6월 말
	제15호	1938. 7	사상범 수형자 제표 1) 죄명 형기별 조사 **2) 형무소별 전향 상태 조사** 3) 전향 동기 조사 4) 연령별 주의 조사 5) 범수별 죄정 조사 6) 생계 상태 및 가정의 양부 조사	1938년 3월 말
	제20호	1939. 9	**치안유지법 위반 수형자에 관한 통계** **1) 죄정별 누년 비교** **2) 범죄지역별 누년 비교** **3) 범수별 누년 비교** **4) 교육 정도별 누년 비교** **5) 연령별 누년 비교** **6) 생계 상태별 누년 비교** **7) 전향 상태별 누년 비교**	1934~1938년

2. 보호관찰·예방구금 관련 논설

1936년 보호관찰령의 시행 그리고 1941년 예방구금령의 시행은 당시 언론의 비상한 관심을 받았을 뿐 아니라 한국인들에게 일정한 공포감을 주었다. 정해진 수형 생활 이후에도 언제 끝날지 모르는 감시와 통제 그리고 감금·격리 생활의 연속을 의미하였기에 언론에서는 그 배경과 목적, 시행 내역에 대해 면밀히 주시하고 있었다. 그리하여 신문뿐 아니라 주요 언론사가 발행하는 잡지 등에도 그 시행에 대해 상세히 소개한 자료들이 적지 않다.

이 자료집에서는 《삼천리(三千里)》, 《조광(朝光)》, 《중앙(中央)》 등 당시 발행 부수가 많거나 주요 언론사에서 발간한 잡지류에 게재된 보호관찰·예방구금 관련 논설을 소개하여 당시의 분위기를 가늠해 보고자 했다. 그리하여 조선중앙일보사에서 창간한 월간 종합잡지 《중앙》, 1929년 시인 김동환이 창간, 편집인으로 활약한 《삼천리》, 1935년 11월 조선일보사에서 창간한 《조광》 등 주요 잡지에 수록된 기사 몇 건을 선별 수록하였다.

《중앙》은 1933년 조선중앙일보사에서 《조선중앙일보》 속간 1주년을 기념하여 창간한 월간종합잡지이다. 1931년 1월 동아일보사가 《신동아》를 창간한 이래 주요한 신문사들이 잡지를 발간하기 시작했다. 사장 여운형의 주도하에 주필 이관구 및 정치부장 배성룡, 학예부장 이태준과 보성전문학교, 연희전문학교 등 각 교수들이 집필에 참여했는데, 1936년 일장기 말소사건으로 《조선중앙일보》가 발행 정지되면서 동년 9월 1일 통권 35호 이후 폐간되었다. 폐간되기 한달 전에 실린 〈사상범보호관찰법 검토〉에는 보호관찰령의 조항 하나하나를 검토하면서 당국자의 말을 빌어 '법률을 만든 것은 사상범에 대한 보호, 지도에 있고 강압이 목적이 아니라'라고 하면서도 '평범한 일개의 법률 조항일지라도 그 실제상 운용에 있어서 그를 선용(善用)할 수도 역용(逆用)할 수도 있는 경우'라며 경계를 보이고 있다.

반면 《삼천리》의 관련 논설들은 일관되게 보호관찰령의 실시를 긍정적으로 평가하고 있다. 《삼천리》는 1929년 6월 창간되었으며 김동환이 편집인 겸 발행인으로 활약하였다. 취미 중심의 잡지로 일반인들의 호기심을 끌 만한 기사들을 잘 포착하여 일제강점기에 가장 널리 읽혔던 잡지로 평가된다.

《삼천리》는 초기에는 월간으로 발행하였는데, 다소 민족적 입장을 취하였으나 1937년 이후 점차 친일적인 경향으로 바뀌기 시작했고, 1942년 3월에는 친일잡지 《대동아》로 제명을 바꾸었다. 1942년에 3월호와 7월호를 더 내고 폐간하였다. 이 자료집에 《삼천리》 기사는 총 3건을 수록하였는데, 그중 2건은 1936년 사상범보호관찰령 시행 전후의 것이며, 나머지 1건은 1938년 발표된 것이다. 앞의 2건에는 사상범보호관찰령에 대한 다소 호의적인 뉘앙스로 보호관찰령 시행이 합리적이고 매우 긴요한 방법이라는 간결한 평가 정도가 있었다면, 1938년 기사에는 보호관찰령이 '사상범으로 낙인찍힌' 사람들을 위해 꼭 필요한 제도라며 그 실적을 적극적으로 소개하였다. 글에서는 보호관찰령이 확실하게 전향에 초점이 맞추어져 있는 제도라며, 1930년대 이르러 사회운동이 쇠락하는 경향을 보이지만 사상범으로 낙인찍힌 사람들은 이렇다 할 보호장치가 없이 사회에 내던져졌다며, 정책 시행의 배경을 언급했다. 즉 사상범이라 하더라도 일정한 직업을 가지고 정신적 안정을 찾을 수 있도록 간독한 보호를 제공해야 한다는 취지를 선명하게 말하고 있다. 이와 함께 보호관찰소의 취직 알선 실적을 소개하고 '보호객'에 대한 생활비 보조를 통해 생활을 안정시키고 종국에는 국민정신 총동원으로 연결할 수 있다며 보호관찰령 시행을 매우 긍정적으로 평가하였다.

《조광》은 조선일보사에서 창간한 종합잡지로, 1935년 11월 1일에 창간하여 1945년 6월 1일까지 발간되었고 통권 113호가 발행되었다. 광복 후 1946년 3월 25일 속간되어 1949년 5월 31일까지 발간되었다. 여기에는 1941년 예방구금령의 시행에 대한 법학 전문가의 논설이 담겨 있다. 정촌광현[定村光鉉, 정광현(鄭光鉉)]이 기술한 〈조선사상범예방구금령 해설〉이 그것이다. 정광현은 예방구금령 시행에 대한 일반인, 수형인 등의 두려움을 인지하고 해당 제도가 형벌을 목적한 제도는 아니며 감호소, 교정원과 같이 보안 처분의 일환이라고 강조했다. 또한 '전향 촉진의 위대함'을 예방구금령의 강점으로 꼽았다. 그는 예방구금령을 긴박한 중대 시국에 고도 국방국가체제를 확립할 수 있는 가장 필요한 제도라고도 평가했다. 이 글을 서술한 정광현은 도쿄제국대학 영법과를 졸업하고 숭실전문학교, 연희전문학교에서 교수를 지낸 법률 전문가인 동시에 1938년 흥업구락부 사건으로 잠시 옥고를 치른 인물이기도 하다. 법률적 전문성과 수형 생활에 대한 경험을 모두 갖춘 인물이기에 예방구금에 대한 의견을 개진하기에 더없이 적합한 인물이었던 것으로 보인다.

이상의 논설들은 언론에 대한 통제가 엄격해지면서 잡지 발간자의 시각에도 일정한 제약이 작용했다는 점을 실감할 수 있는 요소들이 있으며, 시간이 경과할수록 사상통제 법령의 필요성과 효과를 홍보하는 일변도의 논설로 변화하는 모습도 확인된다.

1 사상범 수형자 통계

1) 특수범죄자에 대한 죄명별, 형무소별 조사

(1) 1931년 6월 말

자료 278 | 《사상월보》 제1권 제5호, 1931. 8. 15.

특수범죄자에 관한 죄명별 조사·특수범죄자 형무소별 조사

○ 특수범죄자에 관한 죄명별 조사[1931년(昭和 6) 6월 말 현재, 법무국 행형과 조사]

(단위: 명)

죄명		종별		무정부주의			공산주의			민족주의			노동운동			농촌운동			합계			
				내지인	조선인	외국인	내지인	조선인	외국인	내지인	조선인	외국인	내지인	조선인	외국인	내지인	조선인	외국인	내지인	조선인	외국인	계
형법범	황실에 대한 죄	피고인	남		1													1		1
			여																	
		수형자	남		1			(1) 1			1							(1) 3		(1) 3
			여					1										1		1
	소요	피고인	남					17			36							53		53
			여					1										1		1
		수형자	남								10			1				11		11
			여																	
	방화	피고인	남																	
			여																	
		수형자	남								(1)14							(1)14		(1)14
			여								1							1		1
	문서위조	피고인	남																	
			여																	
		수형자	남								(1) 1							(1) 1		(1) 1
			여																	
	살인	피고인	남					1			1							2		2
			여					1										1		1
		수형자	남								(6) 62							(6) 62		(6) 62
			여								1							1		1

죄명		종별		무정부주의			공산주의			민족주의			노동운동			농촌운동			합계			계
				내지인	조선인	외국인	내지인	조선인	외국인	내지인	조선인	외국인	내지인	조선인	외국인	내지인	조선인	외국인	내지인	조선인	외국인	
	상해	피고인	남																			
			여																			
		수형자	남					1			1						1			3		3
			여																			
	절도	피고인	남																			
			여																			
		수형자	남								(1) 1									(1) 1		(1) 1
			여																			
	강도	피고인	남								(4) 7									(4) 7		(4) 7
			여								4									4		4
		수형자	남								(44) 104									(44) 104		(44) 104
			여																			
	사기	피고인	남																			
			여																			
		수형자	남								(2) 2									(2) 2		(2) 2
			여																			
	소계	피고인	남		1			(1) 18			(4) 44									(5) 63		(5) 63
			여					1												1		1
		수형자	남		1			(1) 2			(55) 196			1			1			(56) 201		(56) 201
			여																			
특별법범	정치에 관한 범죄 처벌	피고인	남																			
			여																			
		수형자	남								22									22		22
			여																			
	치안 유지법	피고인	남		2		4	567			64			19			4			652		656
			여					9												9		9
		수형자	남				1	183			190						1			381		382
			여					3												3		3
	보안법	피고인	남					10			19									29		29
			여																			
		수형자	남					4			49			1						54		54
			여					1												1		1
	폭발물 취체 벌칙	피고인	남																			
			여																			
		수형자	남								2									2		2
			여																			

죄명	종별		무정부주의			공산주의			민족주의			노동운동			농촌운동			합계			계
			내지인	조선인	외국인	내지인	조선인	외국인	내지인	조선인	외국인	내지인	조선인	외국인	내지인	조선인	외국인	내지인	조선인	외국인	
폭력행위등처벌에관한건	피고인	남								35			7						42		42
		여																			
	수형자	남								16									16		16
		여																			
출판법	피고인	남								2									2		2
		여																			
	수형자	남								4									4		4
		여								1									1		1
소계	피고인	남		3		4	577			120			26					4	726		730
		여					9												9		9
	수형자	남		8		1	187			283			1					1	478		480
		여					4			1									5		5
합계	피고인	남		3		4	595			164			26					4	788		792
		여					10			4									14		14
	수형자	남		9		1	189			479			2			1		1	680		681
		여					4			55									59		59

비고: 1. 괄호 안의 숫자는 적구범(籍口犯: 시국표방범죄)을 거듭 표시한 것임.
     2. 전기[1931년(昭和 6) 3월 말 현재]에 비하여 피고인 46명 증가, 수형자 24명 증가, 합계 70명 증가하였음.

○ 특수범죄자 형무소별 조사[1931년(昭和 6) 6월 말 현재, 법무국 행형과 조사]

(단위: 명)

형무소별	성별	무정부주의		공산주의				민족주의		노동운동		농촌운동		합계				계
		피고인	수형자	피고인		수형자		피고인	수형자	피고인	수형자	피고인	수형자	피고인		수형자		
		조선인	조선인	내지인	조선인	내지인	조선인	조선인	조선인	조선인	조선인	조선인	조선인	내지인	조선인	내지인	조선인	
경성	남						3		109				1				113	113
	여																	
서대문	남	8		4	421	1	61	15	172					4	436	1	241	682
	여				7		3								7		3	10
춘천	남																	
	여																	
공주	남	3	1				1	9	2						12		4	16
	여																	
청주	남																	
	여																	
대전	남						4		(12)18*						(12) 22		(12) 22	
	여																	

형무소별	성별	무정부주의 피고인 조선인	무정부주의 수형자 조선인	공산주의 피고인 내지인	공산주의 피고인 조선인	공산주의 수형자 내지인	공산주의 수형자 조선인	민족주의 피고인 조선인	민족주의 수형자 조선인	노동운동 피고인 조선인	노동운동 수형자 조선인	농촌운동 피고인 조선인	농촌운동 수형자 조선인	합계 피고인 내지인	합계 피고인 조선인	합계 수형자 내지인	합계 수형자 조선인	계
함흥	남				68		28	90	(4) 42						158	(4)	70	(4) 228
	여																	
원산	남				17		1	1		1					17		3	20
	여				1										1			1
청진	남						8										8	8
	여																	
평양	남				7			18	(2) 59	7	1				32	(2)	60	(2) 92
	여						2										2	2
진남포	남																	
	여																	
금산포	남																	
	여																	
신의주	남			(1)	50	(1)	45	(4) 17	(24) 24					(5)	67	(25)	69	(30) 136
	여																	
해주	남								2								2	2
	여																	
서흥	남																	
	여																	
대구	남						23	13	(3) 6						13	(3)	29	(3) 42
	여																	
안동	남																	
	여																	
부산	남							2	7						2		7	9
	여								1								1	1
마산	남							2							2			2
	여								2								2	2
진주	남																	
	여																	
광주	남				4		21								4		21	25
	여						1										1	1
목포	남				10		2	1							10		3	13
	여																	
전주	남				10			(5) 8	1						11	(5)	8	(5) 19
	여																	
군산	남				8			1	18						26		1	27
	여																	
개성	남							(2) 5							(2) 5			(2) 5
	여																	

형무소별	성별	무정부주의 피고인 조선인	무정부주의 수형자 조선인	공산주의 피고인 내지인	공산주의 피고인 조선인	공산주의 수형자 내지인	공산주의 수형자 조선인	민족주의 피고인 조선인	민족주의 수형자 조선인	노동운동 피고인 조선인	노동운동 수형자 조선인	농촌운동 피고인 조선인	농촌운동 수형자 조선인	합계 피고인 내지인	합계 피고인 조선인	합계 수형자 내지인	합계 수형자 조선인	계
김천	남																	
	여																	
계	남	3	9	4	(1)595	1	(1)189	(4)164	(55)429	26	2		1	4	(5)788	1	(55)630	(60)1,423
	여				10		4								10		5	15

비고: 1. 괄호 안의 숫자는 적구범을 거듭 표시한 것임.
2. 전기[1931년(昭和 6) 3월 말 현재]에 비하여 피고인 46명 증가, 수형자 24명 증가, 합계 70명 증가하였음.
* 자료 원문에는 피고인으로 구분되어 있으나 합계 인원 표시를 고려하여 수형자로 판단, 옮겨 표기하였다.

(2) 1932년 6월 말

자료 279 | 《사상월보》 제2권 제5호, 1932. 8. 15.

특수범죄자 형무소별 조사

○ 특수범죄자 형무소별 조사[1932년(昭和 7) 6월 말 현재]

(단위: 명)

형무소별	성별	무정부주의 피고인 조선인	무정부주의 수형자 조선인	공산주의 피고인 내지인	공산주의 피고인 조선인	공산주의 수형자 내지인	공산주의 수형자 조선인	사회주의 피고인 조선인	사회주의 수형자 조선인	민족주의 피고인 조선인	민족주의 수형자 조선인	농촌운동 수형자 조선인	노동운동 피고인 조선인	노동운동 수형자 조선인	합계 피고인 내지인	합계 피고인 조선인	합계 수형자 내지인	합계 수형자 조선인	계
경성	남					7		2			132			4				145	145
	여																		
서대문	남	8	4	535	1	146				33	(2)94			4		568	1	(2)248	(2)821
	여				8								1	1			9		1	10
춘천	남																		
	여																		
공주	남				1		5									5		1	6
	여																		
청주	남																		
	여																		
대전	남				2						(10)24		1					(10)27	(10)27
	여																		
함흥	남		1	326	5					23	33				1	349		38	389
	여									1	1							1	2

형무소별	성별	무정부주의 피고인 조선인	무정부주의 수형자 조선인	공산주의 피고인 내지인	공산주의 피고인 조선인	공산주의 수형자 내지인	공산주의 수형자 조선인	사회주의 피고인 내지인	사회주의 피고인 조선인	사회주의 수형자 내지인	사회주의 수형자 조선인	민족주의 피고인 조선인	민족주의 수형자 조선인	농촌운동 수형자 조선인	노동운동 피고인 조선인	노동운동 수형자 조선인	합계 피고인 내지인	합계 피고인 조선인	합계 수형자 내지인	합계 수형자 조선인	계
원산	남				17													17			17
	여																				
청진	남				5							31	4			5		36		9	45
	여																				
평양	남				16				2			15	(3)50				2	31		(3)50	(3)83
	여				1													1			1
진남포	남																				
	여																				
금산포	남																				
	여																				
신의주	남				70		70						(65)65					70		(65)135	(65)205
	여																				
해주	남											16						16			16
	여																				
서흥	남																				
	여																				
대구	남				25		15						(10)11					25		(10)26	(10)51
	여																				
안동	남																				
	여																				
부산	남	3		1	21								(1)6				1	24		(1)6	(1)31
	여																				
마산	남																				
	여																				
진주	남						2		1									1		2	3
	여																				
광주	남						23													23	23
	여																				
목포	남				26		13									7		26		20	46
	여																				
전주	남				7		2					14	(3)4	4		6				(3)12	(3)37
	여																				
군산	남												(1)1							(1)1	(1)1
	여																				
개성	남						1						4							5	5
	여																				

형무소별	성별	무정부의 피고인 조선인	무정부의 수형자 조선인	공산주의 피고인 내지인	공산주의 피고인 조선인	공산주의 수형자 내지인	공산주의 수형자 조선인	사회주의 피고인 내지인	사회주의 피고인 조선인	민족주의 피고인 조선인	민족주의 수형자 조선인	농촌운동 수형자 조선인	노동운동 피고인 조선인	노동운동 수형자 조선인	합계 피고인 내지인	합계 피고인 조선인	합계 수형자 내지인	합계 수형자 조선인	계
김천	남										17							17	17
	여																		
계	남	3	8	7	1,048	1	287	2	5	6	133	(95)441	4	16	7	9	1,193	1	(95)765	(95)1,968
	여				9					2	2						11		2	13

비고: 1. 괄호 안의 숫자는 적구범을 거듭 표시한 것임.
2. 전기[1931년(昭和 6) 12월 말]에 비하여 피고인 145명 증가, 수형자 83명 증가, 합계 228명 증가하였음.

(3) 1933년 6월 말

자료 280 | 《사상월보》 제3권 제5호, 1933. 8. 15.

특수범죄자표

○ 특수범죄자표 형무소별 [1933년(昭和 8) 6월 말일 현재, 법무국 행형과 작성]

(단위: 명)

형무소별	성별	무정부주의 수형자 조선인	공산주의 피고인 내지인	공산주의 피고인 조선인	공산주의 수형자 내지인	공산주의 수형자 조선인	사회주의 수형자 조선인	민족주의 피고인 조선인	민족주의 수형자 조선인	노동운동 피고인 내지인	노동운동 수형자 조선인	농촌운동 피고인 조선인	농촌운동 수형자 조선인	합계 피고인 내지인	합계 피고인 조선인	합계 수형자 내지인	합계 수형자 조선인	계
경성	남					8			152		2						162	162
	여																	
서대문	남	14	4	333	3	41		165	65		68	17	4	566	3	137	710	
	여			7		2		1						8		2	10	
춘천	남																	
	여																	
공주	남			7		3		6	2					13		5	18	
	여																	
청주	남								6							6	6	
	여																	
대전	남			1		80	1		(9)12			1		1		(9)94	95	
	여																	
함흥	남			(2)284	2	(22)147								(2)284	2	(22)147	(24)433	
	여			3		(1)1								3		(1)1	(1)4	

형무소별	성별	무정부주의 수형자 조선인	공산주의 피고인 내지인	공산주의 피고인 조선인	공산주의 수형자 내지인	공산주의 수형자 조선인	사회주의 수형자 조선인	민족주의 피고인 조선인	민족주의 수형자 조선인	노동운동 피고인 내지인	노동운동 피고인 조선인	노동운동 수형자 조선인	농촌운동 피고인 조선인	농촌운동 수형자 조선인	합계 피고인 내지인	합계 피고인 조선인	합계 수형자 내지인	합계 수형자 조선인	계
원산	남			36												36			36
	여																		
청진	남			150			7									157			157
	여																		
평양	남	2		14		4			35	1		10			1	24		41	66
	여			1												1			1
진남포	남																		
	여																		
금산포	남																		
	여																		
신의주	남			28		80			(37) 37							28		(37) 117	(37) 145
	여			1												1			1
해주	남							13	1							13		1	14
	여																		
서흥	남								2				8			8		2	10
	여																		
대구	남			24		37		2	(10) 11							26		(10) 48	(1) 74
	여																		
안동	남																		
	여																		
부산	남	1		6	1	14			13							6	1	28	35
	여			1												1			1
마산	남																		
	여																		
진주	남			22												22			22
	여																		
광주	남			29		7					13	1				42		8	50
	여																		
목포	남			25		15								1		25		16	41
	여																		
전주	남			44		10			(1) 2		1					45		(1) 12	(1) 57
	여																		
군산	남					1			(1) 1									(1) 2	(1) 2
	여																		
개성	남					3			1									4	4
	여																		

형무소별	성별	무정부주의 수형자 조선인	공산주의 피고인 내지인	공산주의 피고인 조선인	공산주의 수형자 내지인	공산주의 수형자 조선인	사회주의 수형자 조선인	민족주의 피고인 조선인	민족주의 수형자 조선인	노동운동 피고인 내지인	노동운동 피고인 조선인	노동운동 수형자 조선인	농촌운동 피고인 조선인	농촌운동 수형자 조선인	합계 피고인 내지인	합계 피고인 조선인	합계 수형자 내지인	합계 수형자 조선인	계
김천	남					26		(2) 4						1				(2) 31	(2) 31
	여																		
계	남	17	4	(2) 1,002	7	(22) 476	1	193	(60) 344	1	24	3	76	20	5	(2) 1,295	7	(82) 861	(84) 2,168
	여			13		(1) 3		1						14		(1) 3			(1) 17

비고: 1. 괄호 안의 숫자는 적구범을 거듭 표시한 것임.
     2. 이전 기간(1933년 3월 말 현재)에 비하여 피고인 62명 감소, 수형자 113명 증가, 합계 51명 증가하였음.

(4) 1935년 2월 말

자료 281 | 《사상월보》 제4권 제6호, 1934. 9. 15.

통계: 특수범죄자표

○ 특수범죄자표 형무소별[1934년(昭和 9) 6월 말일 현재, 법무국 행형과 작성]

(단위: 명)

형무소별	성별	무정부주의 수형자 조선인	공산주의 피고인 내지인	공산주의 피고인 조선인	공산주의 수형자 내지인	공산주의 수형자 조선인	민족주의 피고인 조선인	민족주의 수형자 조선인	노동운동 피고인 내지인	노동운동 피고인 조선인	노동운동 수형자 내지인	노동운동 수형자 조선인	농촌운동 피고인 조선인	농촌운동 수형자 조선인	합계 피고인 내지인	합계 피고인 조선인	합계 수형자 내지인	합계 수형자 조선인	계
경성	남					78		107										185	185
	여																		
서대문	남	9	2	112	3	56	66	214					44	17	2	222	3	296	523
	여			3		2	1	2						4		4			8
춘천	남																		
	여																		
공주	남					1	16	1								16		2	18
	여																		
청주	남					1												1	1
	여																		
대전	남	3				53	(9) 12											(9) 68	(9) 68
	여																		
함흥	남		1	86		(5) 314									1	86		(5) 314	(5) 401
	여			2		1										2		1	3

형무소	성별	무정부주의 수형자 조선인	공산주의 피고인 내지인	공산주의 피고인 조선인	공산주의 수형자 내지인	공산주의 수형자 조선인	민족주의 피고인 조선인	민족주의 수형자 조선인	노동운동 피고인 내지인	노동운동 피고인 조선인	노동운동 수형자 조선인	농촌운동 피고인 조선인	농촌운동 수형자 조선인	합계 피고인 내지인	합계 피고인 조선인	합계 수형자 내지인	합계 수형자 조선인	계
원산	남			7		2									7		2	9
원산	여																	
청진	남			189		1	7								196		1	197
청진	여																	
평양	남	1		2	1	16	2	29		3					7	1	46	54
평양	여																	
진남포	남																	
진남포	여																	
금산포	남																	
금산포	여																	
신의주	남					(4) 30		(19) 45			1						(23) 76	(23) 76
신의주	여					1											1	1
해주	남						11	3							11		3	14
해주	여																	
서흥	남																	
서흥	여																	
대구	남			32		30		(10) 12							32		(10) 42	(10) 74
대구	여																	
안동	남																	
안동	여																	
부산	남			20	1	19		6							20	1	25	46
부산	여																	
마산	남																	
마산	여																	
진주	남			6		2									6		2	8
진주	여																	
광주	남			59		7									59		7	66
광주	여																	
목포	남					10											10	10
목포	여																	
전주	남		1	59		7		(1) 1		9				1	68		(1) 8	(1) 77
전주	여			2											2			2
군산	남			3											3			3
군산	여																	
개성	남					1											1	1
개성	여																	

주의별 종별 인종 및 성별 형무소별		무정부주의		공산주의				민족주의		노동운동		농촌운동		합계				계
		수형자		피고인		수형자		피고인	수형자	피고인	수형자	피고인	수형자	피고인		수형자		
	성별	조선인	내지인	조선인	내지인	조선인	내지인	조선인	조선인	조선인	조선인	조선인	조선인	내지인	조선인	내지인	조선인	
김천	남			17				(2) 3									(2) 20	(2) 20
	여																	
계	남	12	4	577	5	(9) 647		102	(41) 433		12	1	44	17	4	735	5	(50) 1,110	(50) 1,854
	여			7		4		1	2							8	6	14

비고: 1. 괄호 안의 숫자는 적구법을 거듭 표시한 것임.
2. 이전 기간(1934년 3월 말 현재)에 비하여 피고인 26명 감소, 수형자 83명 감소, 합계 109명 감소하였음.
전년 동기에 비하여 피고인 569명 감소, 수형자 251명 증가, 합계 318명 감소하였음.

2) 사상범 수형자의 형무소별 전향 상황 조사

(1) 1935년 2월 말

자료 282 | 《사상휘보》제3호, 1935. 6.

사상범 수형자의 형무소별 전향 상태 조사

○ 사상범 수형자의 형무소별 전향 상황 조사[1935년(昭和 10) 2월 말일 현재 법무국 행형과 조사]

(단위: 명)

	전향자				준전향자			합계	비전향자	불상	총계
	가	나	다	계	라	마	계				
경성	95	1	21	117	44		44	161	11	9	181
서대문	16	3	6	25	101	4	105	130	41	70	241
춘천											
공주	1			1				1		1	2
청주											
대전	6	7	1	14	12		12	26	24	11	61
함흥	39	9	4	52	80	4	84	136	34	60	230
원산					1		1	1			1
청진						1	1	1			1
평양	15		1	16	14		14	30	11	14	55
진남포											
금산포											

	전향자				준전향자			합계	비전향자	불상	총계
	가	나	다	계	라	마	계				
신의주	6	6	1	13	1	2	3	16	11	3	30
해주	1			1	2		2	3	1		4
서흥		2		2				2			2
대구	7			7	12	5	17	24	5	11	40
안동											
부산	7			7	9	3	12	19	10	6	35
마산											
진주											
광주					1	1	2	2	3	14	19
목포	1			1		1	1	2	1	5	8
전주	5			5	2		2	7	4	9	20
군산											
개성											
김천	6			6				6		5	11
계	205	28	34	267	279	21	300	567	157	246	970
개전 상태 백분비(%)	21.1	2.9	3.6	27.6	28.7	2.2	30.9	58.5	16.2	15.3	
전월 인원	204	31	33	268	262	28	290	558	147	276	981

(2) 1937년 6월 말

> **자료 283** ㅣ 《사상휘보》 제12호, 1937. 9.

사상범 수형자 제표

○ 형무소별 전향 상태 조사[1937년(昭和 12) 6월 말일 현재]

(단위: 명)

형무소별	성별	전향자				준전향자			합계	비전향자	미조사	총계
		가	나	다	계	라	마	계				
경성	남	(27) 73	(3) 3	(7) 17	(37) 93	(27) 48	(1) 2	(28) 50	(65) 143	(5) 5	(3) 4	(73) 152
	여											
서대문	남	(16) 19		(9) 10	(25) 29	(12) 17	(1) 1	(13) 18	(38) 47	(14) 15	(13) 13	(65) 75
	여					(3) 3		(3) 3	(3) 3		(1) 1	(4) 4
춘천	남			(1) 1	(1) 1							(1) 1
	여											

형무소별	성별	전향자 가	나	다	계	준전향자 라	마	계	합계	비전향자	미조사	총계
공주	남					(1) 1		(1) 1	(1) 1		(2) 4	(3) 5
	여											
청주	남	1			1				1	(1) 1		(1) 2
	여											
대전	남	(8) 11	(2) 2	(7) 10	(17) 23	(27) 38	(4) 6	(31) 44	(48) 67	(21) 22	(4) 4	(73) 93
	여											
함흥	남	(40) 44	(6) 7	(4) 5	(50) 56	(34) 42	(6) 6	(40) 48	(90) 104	(57) 59	(64) 64	(211) 227
	여										(2) 2	(2) 2
원산	남	(2) 2		(1) 1	(3) 3	(0) 1		(0) 1	(3) 4		(1) 1	(4) 5
	여											
청진	남											
	여											
평양	남	(2) 3			(2) 3	(4) 4		(4) 4	(6) 7	(6) 6	(7) 8	(19) 21
	여									(1) 1		(1) 1
진남포	남											
	여											
금산포	남											
	여											
신의주	남	(20) 21	(1) 1	(3) 3	(24) 25	(6) 6	(1) 1	(7) 7	(31) 32	(4) 4	(4) 4	(39) 40
	여											
해주	남	(1) 1	(1) 1		(2) 2	(1) 1		(1) 1	(3) 3	(1) 1	(2) 2	(6) 6
	여											
서흥	남											
	여											
대구	남	(2) 4			(2) 4	(1) 1		(1) 1	(3) 5	(1) 1	(7) 7	(11) 13
	여											
안동	남	(1) 1			(1) 1				(1) 1			(1) 1
	여											
부산	남					(1) 1		(1) 1	(1) 1	(2) 2	(5) 5	(8) 8
	여											
마산	남											
	여											
진주	남											
	여											
광주	남			(1) 1	(1) 1	(4) 5		(4) 5	(5) 6		(2) 2	(7) 8
	여											
소록도	남										(1) 1	(1) 1
	여											
목포	남	(8) 8			(8) 8	(1) 1	(1) 1	(2) 2	(10) 10	(1) 1		(11) 11
	여											

형무소별	성별	전향자				준전향자			합계	비전향자	미조사	총계
		가	나	다	계	라	마	계				
전주	남	(4) 4			(4) 4	(2) 2	(1) 1	(3) 3	(7) 7			(7) 7
	여											
군산	남											
	여											
인천	남											
	여											
개성	남											
	여											
김천	남	(1) 1	(1) 1		(2) 2	(1) 1		(1) 1	(3) 3			(3) 3
	여											
계	남	(132) 193	(14) 15	(33) 48	(179) 256	(122) 169	(15) 18	(137) 187	(316) 443	(113) 117	(115) 119	(544) 679
	여					(3) 3		(3) 3	(3) 3	(3) 3	(3) 3	(9) 9
전향 상태 백분비(%)		28.1	2.2	7.0	37.3	25.0	2.6	27.6	64.9	17.4	17.7	
전년 동기 현황	남	(117) 190	(16) 17	(33) 46	(166) 253	(140) 175	(19) 22	(159) 197	(355) 450	(167) 174	(192) 222	(684) 846
	여					(3) 3		(3) 3	(3) 3	(2) 2	(3) 3	(8) 8

(3) 1938년 3월 말

자료 284 | 《사상휘보》제15호, 1938. 7.

사상범 수형자 제표

○ 형무소별 전향 상태 조사[1938년(昭和 13) 3월 말일 현재, 법무국 행형과 조사]

(단위: 명)

형무소별	성별	전향자				준전향자			합계	비전향자	미조사	총계
		가	나	다	계	라	마	계				
경성	남	(26) 70	(1) 1	(9) 18	(36) 89	(22) 43	(1) 2	(23) 45	(59) 134	(6) 6	(4) 4	(69) 144
	여											
서대문	남	(9) 12	(1) 1	(19) 22	(29) 35	(4) 5		(4) 5	(33) 40	(7) 8	(19) 19	(59) 67
	여	(1) 1			(1) 1				(1) 1			(1) 1
춘천	남	(1) 1			(1) 1				(1) 1			(1) 1
	여											
공주	남		(0) 1		(0) 1				(0) 1		(0) 1	(0) 2
	여											

형무소별	성별	전향자				준전향자			합계	비전향자	미조사	총계
		가	나	다	계	라	마	계				
청주	남											
	여											
대전	남	(7) 12		(13) 18	(20) 30	(15) 20	(6) 6	(21) 26	(41) 56	(16) 19		(57) 75
	여											
함흥	남	(44) 48	(7) 7	(2) 3	(53) 58	(23) 28	(3) 4	(26) 32	(79) 90	(82) 84	(40) 40	(201) 214
	여									(2) 2		(2) 2
원산	남	(1) 1			(1) 1				(1) 1			(1) 1
	여											
청진	남										(0) 9	(0) 9
	여											
평양	남	(1) 5		(1) 1	(2) 6	(0) 8		(0) 8	(2) 14	(1) 1	■ 4	■ 19
	여											
진남포	남											
	여											
금산포	남											
	여											
신의주	남	(21) 22	(1) 1	(3) 3	(25) 26	(3) 4		(3) 4	(28) 30		■ 19	■ 49
	여											
해주	남	(5) 5			(5) 5				(5) 5	(1) 1		(6) 6
	여											
서흥	남											
	여											
대구	남	(6) 8			(6) 8				(6) 8	(2) 2	(29) 29	(37) 39
	여											
안동	남											
	여											
부산	남	(6) 6			(6) 6				(6) 6	(2) 2	(7) 7	(15) 15
	여											
마산	남					(0) 1	(0) 1	(0) 1				(0) 1
	여											
진주	남											
	여											
광주	남			(1) 1	(1) 1	(3) 3		(3) 3	(4) 4	(2) 2	(1) 3	(7) 9
	여											
소록도	남											
	여											
목포	남					(1) 2		(1) 2	(1) 2	(1) 1		(2) 3
	여											
전주	남	(3) 3			(3) 3	(1) 1	(1) 1	(2) 2	(5) 5			(5) 5
	여											

형무소별	성별	전향자				준전향자			합계	비전향자	미조사	총계
		가	나	다	계	라	마	계				
군산	남											
	여											
인천	남					(1) 1		(1) 1	(1) 1			(1) 1
	여											
개성	남											
	여											
김천	남	(2) 2			(2) 2	(0) 1		(0) 1	(2) 3		(1) 1	(3) 4
	여											
계	남	(134) 195	(10) 11	(48) 66	(182) 272	(81) 116	(11) 14	(92) 150	(284) 402	(120) 126	(121) 136	(533) 664
	여	(1) 1			(1) 1				(1) 1	(2) 2		(3) 3
전향상태 백분비(%)		29.3	1.7	9.9	40.9	17.4	2.1	19.5	60.4	18.9	20.6	
전년 동기 현황	남	(153) 218	(17) 18	(38) 53	(208) 289	(139) 187	(16) 19	(155) 206	(363) 495	(145) 151	(127) 131	(635) 776
	여					(4) 4		(4) 4	(4) 4	(3) 3	(2) 2	(9) 9

〈범례〉

전향 상태에 있는 약부호[1]는 다음과 같다.

가: 궤격사상을 포기하여 일체의 사회운동으로부터 이탈할 것을 맹세한 경우

나: 궤격사상을 포기하여 장래 합법적 사회운동으로 진출하려는 경우

다: 궤격사상을 포기하고 합법적 사회운동에 대한 태도는 미완인 경우

라: 품고 있는 궤격사상에 동요가 와서 포기할 것으로 예상되는 경우

마: 궤격사상은 포기하지 않았으나 장래 일체의 사회운동으로부터 이탈할 것을 맹세한 경우

---

1 원문에는 'い, ろ, は, に, ほ'로 표기되어 있지만, 이해가 쉽도록 '가, 나, 다, 라, 마'로 변경하여 표시하였다.

3) 치안유지법 수형자에 관한 통계

자료 285 | 《사상휘보》 제20호, 1939. 9.

치안유지법 위반 수형자에 관한 통계

○ 치안유지법 수형자 죄정별 누년 비교
① 신수형자

(단위: 명)

	조직	역원	가입	행위	협의	선동	이익수수	계
1934	119		276	6	99	19		519
1935	78		89	2	48	14		231
1936	68		129	2	56	10		265
1937	53	3	114	25	44	6	2	247
1938	40		41	22	30	3		136

② 연말 수형자

(단위: 명)

	조직	역원	가입	행위	협의	선동	이익수수	계
1934	241		452	8	100	26	1	828
1935	216		360	8	95	21	1	701
1936	194		308	6	93	11	1	613
1937	153	9	249	29	74	7	2	523
1938	135	5	189	30	56	4		419

○ 치안유지법 수형자 범죄지별 누년 비교

① 신수형자

(단위: 명)

	경기	충북	충남	전북	전남	경북	경남	황해	평남	평북	강원	함남	함북	간도	기타	계
1934	74	7	10	20	39	16	24	19	10	4	23	194	49	10	20	519
1935	29	1	1		3	1	2	3	4	4	34	98	29	18	4	231
1936	32			4	13	4	1	2	10		21	101	43	21	13	265
1937	28		1		43		16	2	6	1	1	82	35	4	28	247
1938	23			1	1	25	8		3	3	1	15	37	14	5	136

② 연말 수형자

(단위: 명)

	경기	충북	충남	전북	전남	경북	경남	황해	평남	평북	강원	함남	함북	간도	기타	계
1934	85	7	11	18	38	30	36	24	15	19	23	286	68	51	117	828
1935	75	4	6	10	25	13	21	23	15	20	48	231	51	86	73	701
1936	68	1		8	18	6	8	16	10	17	49	194	74	108	36	613
1937	61		1	4	10	2	16	9	10	14	26	151	83	31	105	523
1938	47			1	4	24	12	6	4	16	9	90	85	93	28	419

○ 치안유지법 위반 수형자 범수별 누년 비교

① 신수형자

(단위: 명)

	초범	재범	삼범	사범 이상	계
1934	458	53	7	1	519
1935	212	19			231
1936	236	25	3	1	265
1937	219	25	3		247
1938	113	20	2	1	136

② 연말 수형자

(단위: 명)

	초범	재범	삼범	사범 이상	계
1934	732	87	7	2	828
1935	618	75	6	2	701
1936	545	59	6	3	613
1937	461	53	7	2	523
1938	362	51	4	2	419

○ 치안유지법 위반 수형자 교육 정도별 누년 비교

① 신수형자

(단위: 명)

	고등	중등	초등	무교육	계
1934	33	182	288	16	519
1935	8	67	152	4	231
1936	8	51	199	7	265
1937	12	42	159	34	247
1938	5	29	98	4	136

② 연말 수형자

(단위: 명)

	고등	중등	초등	무교육	계
1934	59	273	452	44	828
1935	51	325	286	39	701
1936	39	158	381	35	613
1937	33	110	308	72	523
1938	28	86	264	41	419

○ 치안유지법 위반 수형자 연령별 누년 비교

① 신수형자

(단위: 명)

	18세 이하	20세 이하	23세 이하	25세 이하	30세 이하	40세 이하	50세 이하	60세 미만	60세 이상	계
1934	23	61	156	96	119	57	7			519
1935	13	35	70	41	52	17	2	1		231
1936	13	40	87	42	67	14	2			265
1937	6	20	72	59	64	24	2			247
1938	2	12	46	17	41	15	3			136

② 연말 수형자

(단위: 명)

	18세 이하	20세 이하	23세 이하	25세 이하	30세 이하	40세 이하	50세 이하	60세 미만	60세 이상	계
1934	35	96	221	139	209	107	20	1		828
1935	28	87	196	113	178	85	14			701
1936	33	71	173	102	164	60	10			613
1937	19	43	145	104	152	53	7			523
1938	14	37	127	73	118	42	8			419

○ 치안유지법 위반 수형자 생계 상태별 누년 비교

① 신수형자

(단위: 명)

	상류생활	중류생활	하류생활	계
1934	69	141	309	519
1935	46	53	132	231
1936	38	73	154	265
1937	40	62	145	247
1938	7	48	81	136

② 연말 수형자

(단위: 명)

	상류생활	중류생활	하류생활	계
1934	94	223	511	828
1935	81	173	447	701
1936	66	171	376	613
1937	55	125	343	523
1938	36	112	271	419

○ 치안유지법 위반 수형자 전향 상태별 누년 비교

① 신수형자

(단위: 명)

	전향자				준전향자			소계	비전향자 바	미조사	총계
	가	나	다	계	라	마	계				
1934	52	7	2	61	116	21	137	198	85	236	519
1935	22	1	2	25	33	5	38	63	40	128	231
1936	39	2	8	49	53	4	57	106	63	96	265
1937	64	11	12	87	17	13	30	117	32	98	247
1938	55	8		63	11	1	12	75	13	48	136

② 연말 수형자

(단위: 명)

	전향자				준전향자			소계	비전향자 바	미조사	총계
	가	나	다	계	라	마	계				
1934	131	32	15	178	200	26	226	404	137	287	828
1935	128	24	30	182	183	34	217	279	152	170	701
1936	135	13	42	190	136	16	152	342	177	94	613
1937	136	19	41	196	99	14	113	309	118	96	523
1938	156	7	56	219	39	5	44	263	108	48	419

〈범례〉

전향 상태에 있는 약부호는 다음과 같다.

가: 궤격사상을 포기하여 일체의 사회운동으로부터 이탈할 것을 맹세한 자

나: 궤격사상을 포기하여 장래 합법적 사회운동으로 진출하려는 자

다: 궤격사상을 포기하고 합법적 사회운동에 대한 태도를 정하지 않은 자

라: 품고 있는 궤격사상에 동요가 와서 포기할 것으로 예상되는 자

마: 궤격사상은 포기하지 않았으나 장래 일체의 사회운동으로부터 이탈할 것을 맹세한 자

바: 비전향자

2 보호관찰·예방구금 관련 논설

자료 286 | 《중앙》 제4권 제8호, 1936, 82~86쪽.

박상민(朴常民), 〈「사상범보호관찰법」 검토〉

치안유지법을 위반하여 피고로 형기를 마치고 나온 사람과 기소유예, 기소보류, 집행유예 등의 처분을 받고 출소한 자의 사상 및 행동을 감시하기 위한 '사상범보호관찰법'은 지난번 회의에서 '불온문서취체법(不穩文書取締法)'과 아울러 반대론이 백출(百出)하여 일시 심의미료(未了)로 매장될 것이라고까지 전하였으나 결국 정부의 맹운동에 의하여 동 법안위원회로부터 두 조항의 부대결의(附帶決議)[2] 부(付)로서 중의원(衆議院)을 통과하였다.

조선서도 이와 비슷한 내용을 가진 제령을 제정하여 오는 11월경부터 실시하리라고 한다.

그런데 조선서 실시된 법안의 구체적 내용에 대하여는 얼마 전 법무국에서 입안하여 목하 심의실에서 심의 중이라고 하므로 알 수 없으나 일본 내지의 그것을 연장 실시하는 것인 만큼 지난번 심의회에서 통과된 법안에 미루어서 지금 입안 중에 있는 그것도 대개 짐작할 수 있다고 생각한다. 그런데 보호관찰법에 대한 구체적 설명을 하기 전에 먼저 일본 내지 및 조선에 있는 치안유지법 위반 관계자 통계를 알아볼 필요가 있다.

사법성에서 발표한 통계에 의하면 1928년(昭和 3)의 3·15사건 이후 매해 꼬리를 물고 일어난 대량 검거에 의하여 오늘날까지 검거된 사람의 총수는 실로 5만 9,000인으로서 그중 기소 4,189명, 기소유예 2,144명, 징역을 마치고 석방된 사람 929명이라고 하며, 현재 입소 중인 인원은 509명인데, 그중에서 전향 282명, 비전향 120명, 준전향 107명이라고 하는 현상이다.

조선에 있어서의 사상 관계자, 즉 요주의(要注意), 요시찰인(要視察人)의 총수는 2만여 명에 달한다고 하나 실제 전과자라는 낙인이 찍힌 사람은 4,973명이고 다시 이 밖에 기소유예, 소(訴) 보류 등의 처분을 받은 자는 1,227명이 있다.(이상 어느 것이나 작년 말 현재의 관청 통계에 의함) 그러나 이 중에서 금후 계속하여 요시찰인으로 감시할 필요가 있는 사람, 다시 말하면 보호관찰 내에 둘 사람은 2,500명이며, 나머지 4,700명이라는 것은 생활과 기타 사정

---

2 부대결의(附帶決議) : 표결에 조건을 붙여 찬성이나 반대 의견을 표시하는 것.

으로 말미암아 ■■■을 하였거나 혹은 복역 중 의도적으로 사상전환을 하여 이쯤에 와서는 감시할 필요가 없어진 사람들이라고 한다.

그리고 현재 치안유지법 관계 재감자 수는 작년 말 현재 854인으로서 전향을 한 자가 260명, 준전향자 239명, 비전향자 남자 188명, 여자 3명, 기타 불명이 남자 163명에 여자 2명이 있다 한다.

◇

문제의 보호관찰법이란 것은 14개조로 되었는데 그중 중요한 것만을 들어 축약 설명하려 한다.

'제1조. 치안유지법의 죄를 범한 자에 대하여 형의 집행유예의 언도에 있는 경우 또는 소추를 필요로 하지 않기 때문에 공소를 제기하지 않는 경우에 있어서는 보호관찰심사회의 결의에 의하여 본인을 보호관찰에 부(付)할 수 있다. 본인이 형(刑)의 집행을 마치고 또는 가출옥이 허가된 때에도 역시 동일함'

다시 말하면 집행유예나 기소유예 등 처분에 의하여 석방된 사람과 형을 마치고 나온 사람 중에서 보호관찰소가 필요 있다고 인정하는 경우 보호관찰심사회의 결의에 의하여 본인을 보호관찰에 부친다는 것이다.

'제2조. 보호관찰에 있어서는 본인을 보호하고 다시 죄를 범하는 위험을 방지하기 위하여 그 사상 및 행동을 관찰하는 것으로 함'

이 조항은 본 법안의 주요 안목(眼目)으로서 징역을 살지 않고 기소유예, 집행유예 등으로 놓여나온 사람들에게 대하여는 다시 '불온사상'을 포회치 않도록 '보호'한다는 것이며 형을 마치고 출옥했으나 전향을 하지 않은 사람에게 대하여는 사상전환을 하게 하는 동시에 다시 실제 운동에 관계치 않도록 감시하려는 것이다.

'제3조. 보호관찰은 본인을 보호관찰소의 보호사의 관찰에 부하고 또는 보호자에 인도하고 혹은 보호단체, 사원, 교회, 병원, 기타 적당한 자에 위탁하여 이를 행함'

'제4조. 보호관찰에 부하여진 자에게 대하여는 거주, 교우 또는 통신의 제한, 기타 적당한 조건의 준수를 명할 수 있음'

일단 보호관찰에 부쳐지게 되면 보호자인 부모 혹은 가정에 인도하거나 혹은 보호단체, 사원, 교회, 병원 등에 위탁하여 수용한다는 것인데, 일정한 수용소를 설치하고 피관찰자를 수용한다는 것은 독일의 정치범수용(콘트라-ㄹ가-)과 상이한 것으로 독일의 콘트라-ㄹ가-는 정치범만을 수용하는 완전한 감옥인 데 반하여 이 보호관찰제도는 직접 감금하는 것은 아니라는 점에 있어서 구별할 수 있다. 그러나 거주, 교우, 통신의 제한을 받게 되므로 따라서 출입, 독서, 기타 사생활상 자유가 없게 될 것이니 결국 반감금 상태에 불외(不外)한다고 볼 수 있다.

'제5조. 보호관찰의 기간은 2년으로 함. 특히 계속이 필요 있는 경우에는 보호관찰위원회의 결의에 의하여 이것을 갱신할 수 있음'

2년간의 보호관찰 기간 중 전향을 하지 않는 경우에는 예심구류를 몇 번이든지 갱신할 수 있음과 같이 2년의 보호관찰 기간을 몇 번이든지 갱신할 수 있다는 것이다.

'제7조. 제3조 또는 제4조의 처분을 그 집행 중 언제든지 이것을 취소하고 또 변경할 수 있음'

일정한 장소에 수용하여 보호관찰을 집행하는 중일지라도 보호사가 더 보호관찰을 계속할 필요가 없다고 인정하는 때에는 언제든지 이것을 해제한다는 것이다. 바꾸어 말하면 사상 전환을 하지 않는 한 언제까지든지 보호관찰을 계속한다는 말이니, 결국 보호관찰법은 집행유예, 기소유예 등으로 출소한 사람들보다도 징역은 치렀으나 전향치 않는 전기(前記)한 2,500명의 사람이 주요한 대상이 될 것이다.

'제8조. 보호관찰소는 필요 있는 때에는 보호사로 하여금 본인을 동행시킬 수 있음'

'제9조. 보호관찰소 및 보호사는 그 직무를 행함에는 공무소 또는 공무원에 대하여 촉탁을 하고 기타 필요한 보조를 구할 수 있음'

보호관찰소와 보호사는 경찰관 동양(同樣)으로 직권을 가지고 동행을 구할 수 있으며 또는 그 직무 수행에 있어서 필요한 경우에는 행정 관청이나 경찰서로 하여금 대행시킬 수 있으며, 기타 필요한 보조를 구할 수 있다는 것은 예(例)하면 피관찰자가 보호사의 동행 요구에 불응한다거나 혹은 전기한 소정의 수용소에서 탈출하는 경우에 경찰관의 힘을 빌어서 동행할 수도 있으며 또는 행방의 수색도 한다는 것이다.

'제10조. 본인을 보호단체, 사원, 교회, 병원 또는 적당한 자에게 위탁할 때에는 위탁을 받은 자에게 대하여 이로 인하여 발생한 비용의 전부 또는 일부를 급부(給付)할 수 있다'

'제11조. 전조의 비용은 보호관찰소의 명령에 의하여 본인 또는 본인을 부양할 의무가 있는 자로부터 그 전부 또는 일부를 징수할 수 있음. 이 명령에 대하여는 비송사건 수속법 제208조의 규정을 준용함. 전항의 명령에 불복 있는 자는 명령의 고지를 받은 날로부터 1개월 내에 통상 재판소에 출소(出訴)할 수 있음. 이 출소는 집행정지의 효력을 갖지 않음'

사원, 교회, 병원 등에 수용 중에 생긴 피관찰자의 생활비, 기타 비용에 대하여 위탁을 받은 자가 청구할 수 있다. 이 비용은 보호관찰소의 명령에 의하여 본인 또는 본인을 부양할 의무가 있는, 예를 들면 부모나 형제가 지불치 않아서는 안 된다는 것이며, 비송사건 수속법 제208조라는 것은 민사소송법에 있는 과료재판(過料裁判)(註)을 말하는 것이며 과료재판의 집행은 민사소송법 제6편의 규정, 즉 강제집행의 규정에 의하는 것이라고 법률서는 가르친다.

한마디로 말하면 보호관찰에 부쳐진 사람의 수용 중 생긴 비용을 지불치 않는 경우 강제집행의 수속에 의하여 지불시킬 수 있다는 것인데, 이 점에 대하여 이 법안이 중의원의 협의를 받을 때에도 물의를 일으킨 것으로서 중의원 동법 심위원회는 아래와 같은 부대결의 부로서 정부안을 가결하였다.

즉 '정부는 제1조의 비용의 징수에 당하여서는 충분히 본인 또는 부양의무자의 자산상태를 고려하여 가혹한 수취를 하지 않도록 주의할 것이다'라고. 본인이나 부양의무자가 돈푼이나 가진 사람이 아니거든 강제집행까지는 하지 마시오 하는 말이다.

'제12조. 소년으로서 치안유지법의 죄를 범한 자에게는 소년법의 보호처분에 관한 규정을 적용치 않음'

'제13조. 본 법은 육군형법 제8조, 제9조 및 해군형법 제8조, 제9조에 게(揭)하는 자에게는 이를 적용하지 않음'

소년법 보호처분이란 것은 '형사법령에 저촉하는 행위를 하고 또는 형사법령에 저촉하는 행위를 할 우려 있는 소년에게 대하여는' 훈계 혹은 학교장이 훈계를 하거나 또는 소년보호사가 관찰에 부치고 감화원, 교정원에 송치하는 것 등을 규정한 것인데, 미성년으로서 보호관찰을 적용할 필요 있는 경우에는 전기한 소년법을 적용하여 불량소년들과 한군데 수용하지 않고 성년(成年)한 피관찰자와 동양(同樣)의 취급을 한다는 것이다.

그리고 육해군형법 제8, 9조란 것은 육해군 현역군인을 규정한 것으로 조선인에게는 문제 안 되는 것이지만은 현역군인인 일본 내지인으로서 보호관찰에 부칠 필요 있는 사람일지라도 현역 중에는 적용하지 않는다는 것이다.

이상 제1조 내지 제13조까지의 내용을 검토하여 볼 때 이 법안이 목적하는 바는 정치범인에 대한 사상적 교화에 있는 것 같다. 당국에서도 이 법률을 만드는 것은 사상범에 대한 '보호, 지도'에 있고 강압이 목적이 아니라는 것을 누누이 설명하고 있는 바로서, 예(例)하면 '이 법안은 인권을 유린(蹂躪)하고 헌법에 의하여 부여된 자유를 뺏으려 하는 것이 아닌가' 하는 가토 간조(加藤勘十) 대의사(代議士)의 질문에 대하여 법상(法相)은 '본 법안은 힘을 가지고 임하는 것은 아니고 자부(慈父), 자모(慈母)와 같은 사랑을 가지고 그릇된 길을 밟지 말도록 인도하는 데 있다'라고 반복 답변하였으며, 총독부 오하라(大原) 법무과장은 '과반의 회의에서 일부 의원 가운데로부터 관찰소는 사상범 출소자를 감시하는 것은 아닌가 하는 질문도 나왔던 모양이나 결코 감시하는 것은 아니고 어디까지든지 구호, 선도하는 기관으로서 이와 같은 오해는 일소하는 것이 좋겠다. 이 시설은 민간사회사업단체와 협력하지 않으면 안 될 것으로 민간의 원조를 원하고 싶다'고. 그러나 이 법안의 최후 조항인 제14조에는 '보호관찰소 및 보호관찰심사회의 조직 및 권한 아울러 보호관찰의 실행에 관하여 필요한 사항은 칙령을 가지고 이것을 정함'이라는 것이 쓰여 있다.

평범한 일개의 법률 조항일지라도 그 실제상 운용에 있어서 그를 선용(善用)할 수도 혹은 역용(逆用)할 수도 있는 경우인 것이다.

보호관찰의 구체적 실행에 필요한 사항과 이 법안의 실제 운용에 있어서 중요한 역할을 과(果)할 보호관찰심사회의 조직을 칙령에 의한다는 것은 부당한 일이라고 하여 지난번 회의에서도 상당히 논의된 일로서 이 점에 관하여 중의원 의사록에 기재된 가토 간조 대의사의 질문 연설에는 버금과 같은 일절이 있다. '또 본안의 보호관찰소 및 보호관찰심사회의 조직 및 권한 아울러 보호관찰소의 실행에 관하여 필요한 사항은 칙령을 가지고 정한다고 하였는데 칙령에 맡긴다고 함과 같음은 실로 교활한 방법이다. 왜 당당히 본안 중에 정하지 않았는가?'

좌우간 이와 같은 정도의 내용을 가진 법안일지라도 실제상 운용 여하에 따라서는 상술한 콘트라-ㄹ가-와 같은 역할로 시킬 수 있는 것이다. 그러나 이 땅의 사회정세가 콘트라-ㄹ가-를 설치하던 1933년 당시의 독일처럼 절박하여 있지 않다는 것도 사실이다.

따라서 법무국에서는 경성, 평양, 대구의 세 복심법원 소재지에 보호관찰소라는 관청을 설치하고 그 외에 신의주, 해주, 전주, 광주, 부산, 함흥, 청진의 일곱 군데 가운데에서 다섯 곳을 택하여 출장소를 만들리라고 하며, 세 관찰소에는 판검사 중에서 임명되는 전임 보도관을 1명씩 두고 각 출장소에는 검사로서 임명되는 보호사를 둔다고 한다. 당국에서 기대하는바 실제적 효과가 있을런지 혹은 그와 반대의 결과를 초래할는지 그는 물론 우리가 예단할 것은 아니라.

(註) 과료(過料)란 것은 과료(科料)와는 딴 것으로서 일본의 민법, 형법, 기타의 제 법령에 있어서 위규의 행위를 하지 않는 자에게 대하여 간단히 법규를 준수시키는 것만을 목적으로 하여 과하는 제재(制裁)를 말함이고, '범죄행위'에 대하여 과하는 '형벌'이 아님. 이 과료재판의 집행은 검사의 명령을 가지고 이것을 행하는데 그 방법은 민사소송법 제6조의 규정에 의하는 것으로서 이 명령은 집행력을 갖는 '책무명의(責務名義)'와 동일의 효력을 가진다고 한다. 그런데 민사소송법 제6조의 규정이란 것은 강제집행을 말함이라는 것은 상술한 바와 같다.

자료 287 | 《삼천리》 제8권 제11호, 1936. 11. 1.

〈사상범 보호관찰법 6,800명에 11월부터 실시〉

총독부 법무국의 입법 내용은 다음과 같다.

최근에 사회의 주목을 끄는 사상범보호관찰법에 대하야 총독부 법무국에서 입법의 취지, 적용 범위 등을 알리고 있는 바 있는데 그 요령을 표기하면 다음과 같다.

그런데 일본 내지에서는 11월 1일부터 벌써 실시하고 있는바 조선도 특수사정을 참작하야 입법한 초안을 방금 법제국에 회부, 심의 중이므로 가까운 시일 내에 발표되어 시행될 것이다.

(1) 보호관찰제도 및 이유

보호관찰은 치안유지법의 죄를 범하여

① 기소유예, 집행유예의 언도를 받고

② 만기 출옥하고

③ 가출옥을 허한 자

에 대하야 그 재범을 방지하기 위하여 그 사상 및 행동을 관찰하여 적당한 처치를 집행할 수 있는 제도이다.

조선에서의 사상범죄는 매년 증가하여 매우 가엽고 딱한 처지였으나 1932년(昭和 7)을 그 최고조로 일시 창궐한 공산주의운동도 내지에서와 같은 모양, 당국의 끈질긴 검거, 일지사변(日支事變)[3] 이래 사회정세의 변천, 기타 여러 사정에 의해 점차 쇠락의 경향을 밟아왔다. 그러나 아직 공산주의를 품고 있는 자 그 자취가 끊어짐에 이루지는 못했다. 이들 공산주의운동은 수량적으로는 절정기를 지났으나 질적으로는 더욱 집요해지고 지하화되어 그 사찰이 더욱 곤란해졌다. 더욱이 조선은 만주와 소비에트 연방과 접경하여 있으므로 여러 종류의 불온 흉악한 사상이 유입되어 1928년(昭和 3) 이래 치안유지법 위반 사건으로 검거된 자가 실로 1만 6,000명을 넘었으며 그중 기소유예자, 형의 집행유예자, 가출옥 및 만기 석방자는 매년 증가 경향이 있어 그 수 실제로 6,383명에 달하였다. 이들의 심정은 구구하여 그중에는 진실로 전향한 자 있으나 아직 의연히 불령사상을 품고 치열한 투쟁의식을 표시하는 자가 있으며 또는 그 태도 극히 애매하여 전향 의사를 온전히 판명치 못한 자 있으며, 혹은 전향의 의사를 표명했으나 그 지조가 단단하지 않은 자도 있다. 생각건대 비전향자가 다시 죄를 범할 위험이 있는 것은 명백할 뿐만 아니라 그 외의 자도 이대로 방치한다면 그 환경 또는 사회정세에 좌우되어 다시 범행을 더할 자가 적지 않다. 더구나 지식계급과 학생층은 공산주의에 대한 집착이 몹시 강하여 기회만 있으면 공산주의 또는 이 운동에 복귀하려는 기운이 몹시 농후하다. 이를 현재의 대내외 정세와 종합하여 고찰할 때에 지금의 사상범인에 대한 만전의 방책을 수립하여 재범을 방지하는 것은 조선에서의 이러한 종류의 불령 흉악한 사상운동을 근절시키기 위해 아주 긴요한 핵심 업무이다. 그래서 이들의 사상과 행동을 관찰하여 비전향자 및 준전향자에 대하여는 그 전향을 촉진하고 아울러 비위를 범하는 일이 없도록 방도를 강구함과 동시에 전향자에 대하여는 전향을 확보하는 길을 취

---

3 중일전쟁을 말한다.

하야 적법하게 질서 있는 생활을 하게 함에 있다.

(2) 보호관찰처분의 대상

① 보호관찰에 부치는 자는 치안유지법의 죄를 범하여 기소유예, 형 집행유예의 언도를 받거나 또는 형을 마치거나 가출옥을 허한 자로서, 보호관찰심사회의 결의에 의하여 보호관찰에 부친 자이다.

② 보호관찰에 부치는 자의 표준은 각 구체적 사정을 종합 고찰하여 결정할 것이나 요컨대 당사자가 장래 범죄행위를 예상할 징후가 있는 경우에 한하야 보호관찰에 부칠 필요가 있다. 그리하여 이 위험성은 처분 당시에 존재하는 것임을 요한다.

이제 전향, 준전향 및 비전향의 구별을 들어 보면

▲ 전향자

    가. 혁명사상을 포기하고 일체의 사회운동에서 이탈할 것을 맹세한 자

    나. 혁명사상을 포기하고 장래 합법적 사회운동에 진출하려 하는 자

    다. 혁명사상을 포기하였지만 합리적 사회운동에 대한 태도가 미정인 자

▲ 준전향자

    라. 품고 있는 혁명사상에 동요를 일으켜 장래 이를 포기할 희망이 있는 자

    마. 혁명사상을 포기하지 않았으나 장래 일체의 사회운동에서 이탈하기를 맹서한 자

▲ 비전향자

혁명사상을 품고 있으며 그 실현에 노력하는 자로서 본인의 전향 정도, 가정의 사정, 친구 간의 위험성을 가진 자의 유무 등은 본인을 보호관찰에 부치는 가장 중요한 부분을 결정하는 하나의 표준이 될 것이다. 그리고 전향자라 하더라도 일층 전향을 확실히 시킬 요구가 있다고 인정하는 자는 준전향자와 함께 포괄하여 관찰에 부칠 예정인데, 더욱 특히 본인이 희망하는 경우에는 전향, 비전향의 여하에 불구하고 이러한 보호관찰에 부칠 방침으로서 결국 의심스러운 자는 전부 보호관찰에 부칠 예정이다.

그래서 그 대상은 예산이 허하는 범위 내에서 될수록 확장할 의향은 가지고 있다.

③ 조선에 있어서의 사상적 범죄로는 그 특수사정에 의하여 치안유지법의 죄 이외에 대정 8년 제령 제7호 정치에 관한 범죄처벌의 죄와 보안법의 죄가 있으나 앞의 죄는

1925년(大正 14) 5월 12일 조선에 치안유지법이 실시되어 이로 대신하였고, 후자는 단지 정치에 관하야 불온의 언동, 동작을 함으로써 치안을 방해하였음과 같은 정도의 경우로서, 치안유지법 죄와 같은 확신범이 아님으로서 보호관찰의 대상으로 되기에 부족하다. 이외 사상적 경향이 있는 범죄로서는 불경죄를 거론할 수 있으나 이는 단지 감정적 사상범죄에 불과하여 지식적 사상범죄라는 확신범이 아니므로 역시 보호관찰의 대상이 되기에 부족하다.

(3) 보호관찰심사회

보호관찰소: 경성, 평양, 대구

보호관찰지소: 신의주, 청진, 광주, 함흥

심사회는 판사, 검사, 사상보도관, 경찰부장, 형무소 소장, 기타 학식 경험 있는 자로 구성

(4) 보호관찰소와 제 기관

① 사상보도관은 보호관찰의 방법 결정, 제한, 조건 등을 결정

② 사상보호사는 피보호자에게 접섭(接涉)을 하고 시종 그 사상 추이에 유의하여 그의 훈육 지도의 임무를 맡는 외에

　i) 직업소개, ii) 지도의 보도, 기술의 재교육에 관한 주선, iii) 취학 및 복교의 주선, iv) 수양에 관한 주선, 좌담회의 개최, v) 가정과의 연락, vi) 경찰, 학교, 직업소개기관, 재판소, 검사국, 형무소 등과의 연락 등 보호관찰에 필요한 일체의 실행적 임무를 맡는다.

(5) 보호관찰소의 목적

실제 운용에 있어서 외형상으로 보면 의연히 부정 굳세고 강한 사상을 품은 비전향자 또는 준전향자에 대하여는 '관찰'에 중점을 두고, 전향하였지만 환경에 지배되어 재범의 위험성이 있는 전향자에 대하여는 '보호'에 중점을 두는 것 같은 경우가 있음을 예상할 것이다. (중략) 즉 사상범인에 대한 보호의 내용은 '사상 완성과 생활의 확립에 있다' 사상의 완성을 위해 당사자를 훈육 지도하여 국체 및 재산제도 등에 관한 정확한 인식을 획득하는 것

외에 본인과 가정과의 연락 협조를 도모하지 않으면 안 된다. 비전향자, 준전향자에 대한 전향의 촉진은 주로 이 방법에 의할 것이요, 또한 생활의 확립을 위하여는 본인이 정당한 직업이나 생업에 종사할 수 있는 기초를 제공하지 않으면 안 된다. 이 때문에 직업의 보업(輔業), 직업소개, 취학 및 복학 알선 등을 하는 것으로 전향자에 대한 전향의 확보는 주로 이 방법에 의하지 않으면 안 된다.

(6) 보호관찰의 방법

보호자가 있는 자는 대상자를 보호자에게 인도하고, 보호자가 없는 자, 있더라도 보호자의 아래에서는 도저히 본인이 사회복귀를 기대하기 어려운 자는 그를 보호단체, 사원, 교회 또는 적당한 신원 인수인에게 위탁할 것인바

- ▲ 사원, 교회에 위탁할 경우에는 주로 종교적 분위기로 인하여 본인의 사회복귀를 기대할 수 있는 사정의 존재를 요망하며
- ▲ 병원에 위탁하는 경우에는 질병을 치료하는 일이 본인의 사회복귀를 촉진함에 가장 효과적이라고 사료될 때
- ▲ 이 밖에 사상보호사는 어떠한 경우에라도 당사자는 위탁한 보호자 또는 보호단체 등 제 기관을 적어도 월 2~3회는 방문하여 본인의 사상, 성행, 기타 정황을 관찰하여 각종 사무 보고할 것이다.

그런데 현재 조선의 보호단체의 현상을 보건대 일반 범죄자에 대한 보호단체는 그 수 겨우 30개소에 불과하며 특히 사상범에 대한 보호사업으로 경성에 소도회(昭道會) 설치, 충청남도의 논산, 부여, 예산, 청양 및 당진의 각 군 사상선도위원(思想善導委員)의 설치가 있을 뿐 현재 그 발달과 조장에 진력하고자 한다.

(7) 보호관찰처분과 부수 처분

보호관찰소는 보호관찰에 부친 자에 대하야 거주, 교우 또는 통신의 제한, 기타 적당한 조항의 준수를 명할 수 있는바, 그 제한에는 일정의 기한을 정하는 경우와 그렇지 않은 경우가 있다.

거주의 제한은 상당 기한을 정하여 거주 지역 또는 거주하지 못할 지역을 한정하며 혹

은 상당의 기간을 정하여 거주 지역에 도착하며, 혹은 거주하지 못할 지역으로부터 퇴거시키는 것으로 그 제한에는 특정 지구를 지정하는 경우도 있고 또는 포괄적으로 어떠한 도 내, 어떠한 군 내라고 하는 경우도 있다.

교우를 제한하는 것은 사상 악화의 원인이 좌경사상을 가진 교우의 감화에서 기인함이 적지 않은 까닭이다. 조선에서의 1935년(昭和 10) 이전 5개년간에 있어 치안유지법 위반의 유죄자(기소 또는 기소유예 처분을 받은 자)의 범죄 동기를 조사한즉 친구의 감화로 인한 자가 23%를 점하는 상태이다. 그래서 사상전향자 중에는 동지로부터 비겁자 또는 배반자라고 불리는 것을 꺼리는 경향이 있어 항상 어두운 마음을 가지고 있는 자가 상당히 다수에 달하야 이들을 객관적 사정의 영향에 의하여 다시 운동에 복귀하려 하는 가능성이 풍부하므로 마땅히 동지와 교유를 계속함에 있어서는 모처럼의 보호선도도 수포로 돌아갈 염려가 많이 있다. 그러므로 교우 관계의 범위를 충분히 생각하고 제한하여 비전향의 동지와의 교섭을 단절하게 하는 것과 동시에 소위 '명랑한 전향자'로서 아무 거리낌 없는 진실한 전향자가 되게 함에 있다. 또 교우를 제한하는 경우에는 구체적으로 누구누구와의 교유를 금한다고 하는 경우와 단지 추상적으로 좌경 인물과의 교유를 금한다고 하는 경우가 있다.

◇ 통신을 제한함은 교우를 제한하는 것과 동일한 이유에 의한 것이다. 준수할 적당한 조건으로는 예컨대 선행을 지켜 나가겠다는 서약을 하는 것, 단독으로 본인을 외출시키지 않도록 하는 것, 좌경문헌의 독서를 금할 것(조선에서의 기왕 5개년간의 조사에 의하면 좌경화의 원인 중 34%는 좌경문헌의 탐독에 인함) 등 종종의 조건이 있음. 그 조건은 본인의 소질, 환경 등의 각각에 따라 각각 차이가 있어서 각기 다른 종류와 모양으로 놓인다.

이상의 제한 및 조건에 대하여 그중 하나를 선택할까 혹은 여러 가지를 병행할지는 보호관찰소에서 가장 적당하다고 인정하는 데 따라 이를 행하기에 일정하지 않다. 또 그 집행에는 강제력을 쓰지 않는 것을 주된 목표로 하지만 필요가 있는 경우에는 사실상 동행의 형식 또는 경찰에 의뢰하여 현재 주거지에 돌아가도록 하는 등의 수단을 집행하게 할 수 있음.

(8) 보호관찰 기간

보호관찰은 보안처분의 일종으로 보호지도를 목적으로 하는 것이다, 일종의 자유 제한을 실질로 하는 처분이기 때문에 그 처분을 할 때에는 반드시 법률상 그 기간을 정해야 한다. 예컨대 소년에 대하여는 그가 청년에 이를 때까지라 하는 규정이라든지 기타의 경우에는 5년 또는 2년의 기한 내라고 함과 같이 어떠한 제한을 정하는 것이다.

그리고 보호관찰 기간을 특히 2년이라고 한정함은 사상범의 재범자 중 약 70%는 석방 후 2년 이내에 다시 범하는 까닭에 그러하는 것이다. 즉 조선에서는 사상범인이 운동에 복귀하여 다시 재범에 이르는 수가 1928년(昭和 3) 이래 8개년간 233명으로 이들이 형 집행 유예, 기소유예 또는 석방 후 재범에 이르기까지의 기간은 2년 이내 71%에 달하고 5년 이상은 겨우 3%에 불과하다.

2년의 관찰 기간 중에 본인이 아직 완전히 전향치 않는 경우 또는 전향하였지만 아직 재범의 위험성이 있는 경우에는 보호관찰심사회의 결의에 의해 2년의 기간을 갱신할 수 있어서 보호관찰의 철저를 기도하였다. [(9) 보호관찰에 대한 수속은 생략]

(10) 보호관찰소의 가처분, 취소, 변경

심사회의 결의 전 가처분을 할 수 있다. 즉 심의 결정까지는 상당한 시일이 걸리므로 그 전에 본인에 대하여 적당한 처치를 강구할 필요가 있는 때에는 임시로 가처분하여 보호단체, 사원, 교회, 병원에 위탁할 수 있다.

그리고 보도관은 이제는 대상자를 보호관찰에 부칠 필요가 없다고 생각하는 때에는 적당한 시기에 보호관찰을 중지할 것이다. 예를 들면 본인이 진실로 전향하여 다시 범죄를 저지를 위험성이 없고 정당한 생업에 종사하여 완전히 사회에 복귀한 경우에는 이를 그만둘 것이다.[4]

(12) 피보호자에 대한 동행

보호관찰소는 필요 있을 때에는 사상보호사로 하여금 본인을 동행하게 할 수 있다. 본인의 의사 여하에 상관없이 언제든지 필요한 경우에는 이를 보호관찰소에 동행하게 할 수 있다. [(13) 보호관찰처분의 공조는 생략]

---

[4] 11번 없음.

(14) 위탁비 급여, 징수

보호관찰소에서 본인을 보호단체 사원, 교회, 병원 또는 적당한 자에 위탁하였을 때는 그 위탁을 받은 자에 대하야 비용의 전부 또는 일부를 보급한다.

또 그 반대로 위탁 비용은 경우에 따라서는 보호관찰소의 명령으로 그 전부 또는 일부를 본인 혹은 본인의 부양의무자로부터 징수할 수 있다.

◇ 대체로 이상과 같은바 본 관찰소는 1928년(昭和 3) 이래의 사상범 6,300명을 대상으로 하는 것이다.[5]

자료 288 | 《삼천리》 제8권 제12호, 1936. 12. 1.

〈발동하는 사상범 관찰법 일독협정(日獨協定)으로 더욱 강화? 서울에만 사상범 1,000명 초과〉

'사상선도'를 시키기 위하여 1928년(昭和 3) 이래의 좌익사상범 6,800명 중에서 전향을 표명했거나 하지 않았거나 준전향을 맹세했거나 하지 않았거나 결국 의심스러운 자에 대하여 모두 적용하기로 된 사상범보호관찰법은 일본 내지에서는 11월 20일부터 실시된다. 이제 그 내용을 심문하여 보면 사상범이 가장 많이 있기로는 경성으로서 그 수가 1,000명을 초과할 모양인데, 이 중에 아주 비전향자로서 과거에 중형(적어도 5, 6년 이상의 징역)을 치르고 나온 모모 등 여러 명에 대하여는 수용소 수용을 면하지 못할 것이요. 요시찰인물 중 을종 정도에 해당하면서 전향을 표명한 자 중 비교적 위험성이 경미한 자에 대하여는 서울을 퇴거, 고향에 돌아가게 하는 '거주 제한'에 처할 자가 대부분이다. 그리고 그보다도 더 안심되는 온건자에 대하여는 서신 제한, 독서 제한, 교우 제한 정도에 그칠 모양인데, 다만 이 법이 실시되는 즉일부터 이 모든 처분이 곧 실행되기는 곤란하니 거기에는 수용소 건물 준비와 심사회 조직과 소장, 보호사 등 당무자의 임명 등으로 아마 연내는 이 모든 진영의 정비

---

5 참고로 '본토에서 11월 1일부터 실시하는 사상범보호관찰법' 내용을 수록하고 있으나 생략함.

에 허비되고 실상 본격적 활동을 하기는 다음 봄부터나 되리라고 관측되는데 아무튼 일독 방공협정으로 이 관찰법은 더욱 철저히 강화되리라고.

경부보 순사 등 15명 임명
서울에는 누가 보호사가 되나?

총독부 법무국에서 법제국에 회전한 해당 법안의 심사에 일자가 걸린 까닭에 일본 내지보다 발표가 한 달 늦게 되는 조선에서는 우선 그 준비로 전 조선을 연결하는 연결계 경관을 경부보 3명, 순사 12명을 임명하여 12월 초순부터 전 조선에 배치하고 활동을 개시한다고 한다.

그런데 주목을 끄는 것은 평양, 대구, 청진, 함흥, 광주, 신의주의 각지 사정도 사정이려니와 가장 중요한 사상범들이 많이 모여 있는 경성에 대하여 그 보호사로 누가 될까 함이 그 방면의 주목거리가 되어 있는데, 일설에는 도쿄에서도 경시청 특고과장 모리(毛利) 경부 같은 사상사건에 가장 노숙한 수완 있는 사람을 기용한 점으로 보아 경성에서도 김재봉(金在鳳), 강달영(姜達永), 김찬(金燦), 조봉암(曺奉岩), 김약수(金若水) 등의 제1차 공산당 이래 여러 차의 공산당을 검거하였던 ○○ 경시나 ○○ 경부가 재임되지 않을까라고 하는바, 아무튼 사상범들의 재단죄의 일자는 박두하여 있어 세인의 주목을 끄는 바가 많다.

검사 출신의 소장 임명
도쿄는 경시청 모리 과장 취임

사상범 보호관찰법은 끝끝내 11월 20일부터 일본 내지에서는 일제히 실시되었다. 벌써 내지 전부의 관찰소장을 임명하고 11월 25~26일의 양일 하야시(林) 사법대신은 이 모든 관찰소장을 소집하여 여러 가지 구체적 실시 방침을 지령하였다. 더욱 보호사는 촉탁까지 합하여 내지에만 650명의 다수에 달하여 그 대부분이 각 부현 특고과장 다니던 사람 또는 공산당 검거에 종사하던 고등경찰 방면의 경찰관 출신이 다수 기용된 것으로 이 인물 포석을 중심으로 한 진영을 바라볼 때 사법성과 내무성의 용의를 알 수 있다. 그런데 주목을 끄는 것은 사상범이 가장 많은 도쿄에 대한 진영으로서 거기에는 대심원 검사로 보호소장을 삼고 특히 역대 공산당 검거에 가장 재빠르고 수완 좋은 경시청 특고과장 모리 경시를 보호사로 임명한 것인데, 이 모리 경시로 말하면 1923년(大正 12) 5월 사노 마나부(佐野學) 등의 제1차 공산당사건을 검거하고 3·15사건과 4·11사건도 이 사람의 손으로 검거되었고, 1930년(昭和 5)의 무장봉기사건도 역시 사노 씨의 손에 검거되었다. 지난 2·26사건 직후에는 또는 우익적 세력 취체에 나서서 많은 사건을 처리하였는데 특기할 것은 만주 ○○반대를 하려던 재건공산당, 열해(熱海)사건, 1934년(昭和 9) 가을 세정지보(笹政之輔) 등의 전속(戰慄)할린치 공산당사건, 1932년(昭和 7)의 혈맹단 5·15사건, 1933년(昭和 8)의 신병대(神兵隊)사건, 1935년(昭和 10) 12월의 후타미 도시오(二見敏雄)파의 무정부공산당 검거사건 등 일본 내지의 모든 좌익사건에 있어 모리 씨의 손이 안 닿은 것이 없으리만치 그 방면에 유명한 분이다. 모리 씨는 다만 그 일례로서 보호사 중에는 공산당사건 검거에 다년 종사하던 경시와 인물이 다수 배치되었다 한다.

자료 289 | 《삼천리》 제10권 제5호, 1938. 5. 1.

〈사상객(思想客)들은 전시하에 얼마나 전향했는가 -경성보호관찰소에 나타난 현상-〉

1925년(大正 14) 조선에서 비로소 처음으로 공산당을 검거한 이래 1928년(昭和 3), 1929년(昭和 4)에 이르기까지 일시 조선의 좌익사상은 전성기를 이루었다.

그래서 위정 당국으로서도 그의 강압, 박멸에 부단의 노력을 경주하게 되어 이에 대한 검거사건만도 1년에 300~400건에 수천 명의 검거 인원을 내었는데, 1931년(昭和 6) 9월의 만주사변을 계기로 해서 민중의 자각에 의하여 점차 좌익사상은 청산되어 최근에는 거의 그 존재가 없으리만치 반도사상전선에 일대 전환을 보게 되었다.

즉 작년 중 사상범죄 건수는 경무국 조사에 의하면 검거 수는 60건이고 검거 인원은 439명에 불과하다. 이것을 1931년(昭和 6)의 검거 건수 436건, 검거 인원 3,659명에 비하면 실로 검거 건수에 있어서 7분의 1, 검거 인원에 있어서 8분의 1로 격감을 보게 되었다.

검거 건수와 검거 인원이 감소되었을 뿐 아니라 사건의 양적 또는 질적 내용에 있어서도 종래에는 전선적(全鮮的) 대규모의 조직으로 해외와의 연결, 기타 소위 과학적 조직체를 가졌었지만 근래에는 사건이 대개는 지방적 소규모의 것이었다.

그런데 조선의 사상범에 있어서 한 가지 특이한 것은 재범을 하는 사람이 비교적 적어서 이 점은 내지와 훨씬 다르다 하겠다. 이에 최근 4개년 동안의 사상범 검거 건수와 검거 인원수의 통계를 살펴보면 다음과 같다.

연도	검거 건수	검거 인원
1931	436건	3,659인
1934	148건	2,310인
1935	144건	1,678인
1936	110건	2,641인
1937	60건	439인

이상의 비교표로 살펴볼지라도 만주사변이 일어나는 1931년(昭和 6)을 전후해서 얼마나 차이가 있는지 알 수 있다.

□

이렇듯 만주사변을 계기로 해서 조선의 사회운동은 쇠락의 운명을 맞이했다. 국가적인 비상시국이 왔음을 부르짖던 당시에 있어서 그렇게 성하던 좌익사상도 점차로 날이 지남에 쇠퇴함은 시운의 당연한 일이라 하겠다. 물론 그 이전에도 혹은 옥중에서 혹은 출옥해서 이론상 전향을 부르짖는 사람들이 없는 바도 아니었으나 만주사변 뒤에 오는 비상시의 격랑은 이름이 있는 거두들의 전향을 봄에 이르러 각 방면에 적지 않은 반향을 일으켰다.

전향의 물결은 점차 높아져서 그들의 대부분은 지금까지의 생활 방향을 고칠 뿐만 아니라 새로 국가적인 입장에 복귀하였다. 여기에 있어서 한 가지 문제는 양가(良家) 혹은 부호가의 자녀들로 사회적 지위에 의해 비교적 간단히 취직할 수 있는 사람은 문제없으나 장구한 동안 반항 생활을 영위해 왔던 관계로 해서 가정과의 사이는 원만성을 잃어버린 바가 많았고 또는 가정의 빈곤, 주위의 몰이해와 냉대는 그들에게 첫째로 생활상 안정을 주지 못하였다. 더구나 거기에 또한 입옥(入獄), 수형(受刑), 전과자라는 각인은 그들로 하여금 일반 파렴치 죄인과 동일시하기까지 하였다. 그런 까닭으로 그들은 일반 과거의 오진을 시인하고 국민적인 자각을 가지고 사회에 다시 나왔으나 그들에게는 역시 적지 않은 고민이 있었다.

그들에게 일정한 직업을 주지 못했으므로 그들은 정신상 안정을 좀처럼 얻기가 어려웠다.

일단 전향을 성명하고 나오는 그들에게 직업을 주지 못하고 착실한 지도를 못 주는 것은 그들 개인을 위한 문제보다도 사회적 문제였다 이렇게 옥중에서는 비상히 심각한 사상적 고민을 지나 전향을 성명하고 나오는 그들에게 지극히 간독한 보호를 하라는 것이 작년부터 그 실시를 보게 된 '사상범보호관찰법'이다.

사상범보호관찰법이 일본 내지에서 실시되기는 1936년(昭和 11) 11월이었다. 그 뒤 수개월이 지난 조선에서도 즉시 그의 실시를 보게 되었다.

□

조선에 있어서 사상범의 전향은 이 보호관찰법의 실시를 보기 전인 1936년 상반기로부터 사회적 반향 밑에서 비약적인 진전을 보이기 시작했다. 즉 '대동민우회(大東民友會)'의 출현이 그것이다. 일찍이 좌익운동의 거두이던 차재정(車載貞), 안릉(安凌), 이승원(李承元) 등 여러 명은 앞의 단체를 조직한 뒤 '일본제국의 깃발 아래로!', '공산주의 박멸' 등등의 기치를 높이 들고 경성 시내로 시위운동을 하였고 또는 만주국에 있는 육군대의 윤씨 등을 초빙해서 시내 시천교당에서 시국에 대한 강연회를 개최하는 등 실로 이때까지 보지 못하던 전향자들의 활동을 봄에 이르렀다. 이들의 이론적 지도에 의한 전향자의 사회적 복귀는 크게 그 실적을 나타내었다.

그 뒤를 이어 소위 '카프'파(조선프로예술동맹)의 전향을 보게 되었다. '신건설사건'을 계기로 해서 이때까지 가장 이론적 지도자이던 청년 문인 몇몇 분들은 출옥하는 즉시로 이론적 전향을 성명하였다.

이렇듯 전향자들의 수는 각각으로 증가하고 있던 시기에 있어 사상범의 지도와 또는 한 번 전향한 자는 재차로 음참(陰慘)한 투쟁을 일으키지 않도록 만전을 기하기 위하여 생겨진 바, 앞의 사상범보호관찰법의 발령을 보게 된 것은 시의에 온당한 일이었다.

개인적으로 전향자들의 이름을 들자면 한없이 많으나 일찍이 조선공산당의 이론적 지도자이던 김민우(金民友) 씨는 옥중에서 장문의 이론적 전향을 성명했고 또한 김경재(金璟載) 씨도 전향 후 만주로 들어가 협화회(協和會)의 간부로 다대한 활동을 하고 있다.

□

조선 내에 있어서 보호관찰법이 실시된 이래 이에 수용될 자격을 가지고 있는 자가 아직도 1,300여 명의 다수를 헤아린다. 그중에서 경성보호관찰소 구역 내에 한해서만도 150여 명이 현재 보호관찰을 당하고 있다는바, 물론 그들이 수용될 당시에는 완전한 전향을 못 보았던 것이 사실이었다.

그러나 만 1년에 불과한 금일에 와서는 벌써 예상보다 높은 좋은 성적을 나타냈다. 전 인원 150명에서 작년 11월까지의 결과를 보면 보호관찰소 알선으로 생활의 안정을 보게 된 자 17명이요, 학교 복직된 자 6명이요, 새로 관공청에 취직된 자 31명이나 되었다.

이들의 성명, 지명 혹은 사회명을 일일이 정확히 기재하지 못하는 사정은 독자들의 양해가 있기를 바란다.

첫째로 경성부청에는 도시계획과, 토목과 등에 13명이나 취직되었고, 부 내 도서관 여러 곳에도 3~4명이 관원으로 취직되었다. 기타 관청에도 몇 사람이 들어간 분이 있다.

또한 이들 전향자들은 대개 사회의 사물 백반에 걸친 전면적인 연구와 지식이 풍부할 뿐만 아니라 민활한 활동력을 가진 이들이기 때문에 인텔리 전향자의 대부분은 저널리스트로서 절대의 조건을 갖추고 있다. 현재 경성시 내만 하더라도 조선신문사에 한 사람, 《경성일보》에 한 사람, 《매일신보》에 한 사람, 지방 지국에 여러 명이 각기 취직되어 자기의 수완을 발휘하고 있다.

이렇게 각지의 저널리즘 기관에는 거의 대부분의 중견층에 전향자가 산재해 있다고 보아도 좋을 것이다. 신문, 잡지 등 출판기관뿐만 아니라 그들의 예리한 사회적 관찰안은 투자가로, 사업가로, 정치가로 국가사회를 위해서 일익 하는 바가 많다. 또는 자기의 자력과 노력에 의해서 농장, 목장을 경영하고 상업을 경영하는 자도 있다.

그 밖에는 인쇄소, 운수회사, 금속공장 등에 가장 많은 사람이 취직되었는데 그들은 대개 좌익운동 당시에는 노동자급으로 별도로 학식과 지력을 못 가지고 오로지 상층부의 지도를 받던 자이다. 이런 층의 사람을 취직시킴에는 보호관찰 당국으로서도 적지 않은 고심과 노력을 기울이고 있다 한다.

그들은 지금 공장의 기술공으로서 국민정신총동원하에서 성심으로 자기의 업무에 충실하고 있다.

□

경성보호관찰소에서는 매월 2회로 조선신궁에 참배하는데 그 출석 상태를 보면 매회 평균 50명의 인원이 회동한다는바 이들은 대개가 경성부 내의 거주자들로서 전기한바 각기 직업을 가진 이들이다. 이들 50여 명의 보호객들은 이제 완전한 전향자라 볼 것이며 지난 2월 11일 기원절에는 국방헌금으로 각기 10전 이상씩 모은 금액이 300원에 달했다 한다.

그 밖에 무직자가 아직도 86명이나 되는데 이들의 직접 알선에 최선의 노력을 다하여 우선 법률의 제정한 바에 의하여 생활상 보조를 필요하는 자에게는 1일 최저 40전, 1개월 12원의 보조비를 지급하고 있어서 크게 생활고의 완화에 힘쓰고 있다.

그런데 아직도 전향을 부정하는 자가 5~6명 있어서 이들의 보호관찰에 고심하고 있다는바 최근 국제정세의 변화, 동양대국의 추진력으로 말미암아 점차 그들의 태도도 관찰 당국에 접근되어지고 있다 한다.

이상은 경성보호관찰소의 사상범 보도사업의 진보를 얼마간 살폈지만 이로 미루어 보아 조선 내에 있어서 비전향자로 인정되는 1,300명의 사람들 중에는 전시하 국민정신총동원의 운동 선상에 적극적으로 참가, 지지할 뿐만 아니라 지도적 위치에 있는 자가 많을 것을 믿어도 좋을 것이다.

경성보호관찰소 구역 내에는 경성에 경성구호회, 개성에 개성대성회, 춘천에 춘천동포회, 충주에 충북유린회, 대전에 대전자강회, 공주에 공주관업원 등의 각기 각 지방의 사상범을 직접 간접으로 지도, 보호하는 단체가 있어서 관민 일치해서 사상사건 관계자들에게 이해와 구제의 손을 펴고 있다.

자료 290 | 《조광》 제7권 제4호, 조선일보사출판부, 1941.

정촌광현(정광현),[6] 〈조선사상범예방구금령 해설〉

(1) 서언

조선사상범예방구금령은 1941년(昭和 16) 제령 제8호로 금년 2월 12일에 공포하여 3월 10일부터 실시[1941년 3월 1일 부령(府令) 48호]된 불과 26개조의 내용을 가진 간단한 법령이다. 그러나 우리의 사상생활상 이 이상의 긴밀한 관계를 가진 법령은 없다고 할 만한 중요 법령이다.

그런데 이 법령에 의하여 창설된 예방구금제도는 형벌을 목적한 제도가 아니고 정신장애자의 정신적 발작을 감호하기 위하여 감호소(監護所)에 수용함과 같은 정신에서 주정중독자(酒精中毒者), 마약중독자의 그 습벽(習癖)을 교정하기 위하여 교정원(矯正院)에 수용함과 같은 정신에서 또는 부랑자, 노동혐기자(勞動嫌忌者)에게 근로봉사(勤勞奉仕)의 훈련을 시

---

6 정광현(鄭光鉉, 1902~1980): 평양 출생. 호 설송(雪松). 1921년 3월 일본 메이지학원 중학부, 1925년 3월 일본 오카야마 제6고등학교, 1928년 3월 도쿄제국대학 법학부 졸업. 1928년 9월 평양 숭실전문학교 교수, 1930년 연희전문학교, 이화여자전문학교 강사. 1929년 3월 윤치호의 셋째 딸 윤문희와 결혼했다. 1938년 5월 연희전문학교 경제연구회사건에 연루되어 체포되었으나 같은 해 9월 사상전향서를 쓰고 기소유예로 석방되었다. 석방 후 대화숙(大和塾)에 수개월 입소하였다. 1940년 창씨개명의 해설서인 『성씨논고』를 저술했다. 1950년 서울대학교 법학과 교수로 임용되었다.

키기 위하여 노작소(勞作所)에 수용함과 같은 정신에서 나온 소위 보안처분(保安處分)의 일종이다.

사상범예방구금제도가 이와 같이 형벌을 목적한 제도가 아니고 보안처분에 속하는 제도지마는 이 제도의 실시로 인하여 전향을 촉진하는 힘은 실로 위대하리라고 믿는다.

왜 그런가 하면 본 제도 실시 전에는 전향치 않은 사상범 전과자라도 치안유지법 위반 행위만 없으면 보호관찰에부터 보호받고 있었고 신체의 구속은 절대로 받지 않고 있을 수 있었다. 그러므로 그들 중에는 전향의 필요를 그리 절실히 느끼지 않고 있는 자도 있었다.

그러나 누구든지 신체의 자유 구속, 생활의 제한을 즐겨 하지 않음이 인정이다. 그러므로 이 법령의 실시 후는 이기주의적, 개인주의적 입장에서도 그들은 전향의 필요를 긴절(緊切)히 느끼게 하기 때문에 본령은 법령의 공포만으로도 그 농후한 위혁작용(威嚇作用)으로 말미암아 전향을 촉진함에 지극한 효과가 있다고 믿는다. 이러한 견지(見地)로 보아 사상범예방구금제도는 긴박한 현하(現下) 중대 시국에 있어 고도(高度) 국방국가체제를 확립함에 가장 필요한 제도요, 따라서 본령은 참으로 아국(我國) 사법사상 및 사상상에서 획기적 입법이라 하겠다.

개정 형법에서는 사상범 이외의 범죄에 대하여 특히 방화범, 살인범, 강도범의 전과자에 대하여 예방구금제도를 채용하고 있다.(개정 헌법 제139조)

현재 이 사상범예방구금제도는 전국 중에서 조선에만 실시되며 내지, 대만, 화태(樺太)[7] 등에는 아직 실시되지 않는다.

현재 의회에서는 치안유지법 개정안이 통과되었다. 이 개정법률 중에 예방구금제도가 포함되어 있으므로 내지, 대만, 화태 등에서는 이 치안유지법 개정법률의 시행에 의하여 사상범예방구금제도가 실시케 된다.

그러나 이 조선사상범예방구금령은 석정적(暫定的) 법령이다. 개정 치안유지법 개정법률이 시행될 때까지 효력을 가진 임시 구금을 위한 법령이다.

왜 그런가 하면 현행 치안유지법은 조선에도 1925년(大正 14) 5월 12일 이래 시행 중에 있으므로(1928년 칙령 175호) 이 법률이 개정되면 개정된 내용이 조선에 시행케 되는 까닭

---

7 화태(樺太): 사할린.

이다.

(2) 예방구금에 부(附)하는 자와 부하지 않는 자

사상범인이라 하여 누구나 예방구금에 부치는 것은 아니다. 조선사상범예방구금령 제1조에 해당하는 자에 한한다. 이제 이 규정을 중심으로 구체적으로 부연하여 설명하면 다음과 같다.

① 현재 조선총독부 형무소에서 치안유지법 위반으로 복역 중에 있는 자로 만기 출옥할 때까지 비전향자로 인정되는 자.

② 이미 치안유지법 위반으로 형의 집행(복역)을 필하고 출옥하여 현재 조선총독부 보호관찰소의 보호관찰에 부하여 있는 자 중에서 비전향자로 인정되는 자.

③ 치안유지법 위반으로 유죄 언도는 받았으나 집행유예의 은전(恩典)을 입고 현재 조선총독부 보호관찰소의 보호관찰에 부쳐 있는 자 중 비전향자로 인정되는 자를 법정한 수속(후술 참조)에 의하여 예방구금에 부하기로 결정된 자에 한하여 예방구금에 부치는 것이다.

그러므로 아래와 같은 자는 사상범인이나 예방구금에 부치지 않는다.

① 치안유지법 위반의 전과자라도 현재 전향자로 인정된 자는 예방구금에 부치지 않는다. 그는 벌써 반(反)황국사상을 일절 청산하고 충량한 황국신민이 되며 적극적으로 국책(國策)에 협력하여 신도실천(臣道實踐), 멸사봉공하는 자로 인정되었으니 예방구금의 여지가 없다.

② 준전향자도 예방구금에 부치지 않는다. 준전향자라는 것은 반황국사상만은 충분히 청산한 것을 확보할 수 있으나 아직 국책에 적극적으로 협력할 의사가 박약하여 신도실천, 멸사봉공의 표시가 없는 자를 말하는데, 이러한 자는 보호관찰소 보호사의 교도만으로도 완전한 전향자로 촉진할 수 있기 때문이다.

③ 보안법 위반, 대정 8년 제령 제7호(정치에 관한 범죄의 건) 위반에 의한 사상범 전과자는 예방구금에 부하지 않음은 본령 제1조가 치안유지법 위반자에 국한하기 때문이며 이 사상범은 치안유지법 위반의 사상에 비하여 위험성이 적기 때문이다.

④ 현재 보호관찰에 부쳐 있더라도 기소유예 처분을 받은 사상범인은 예방구금에 부치

지 않는다. 원래 기소유예 처분을 받은 자는 검찰관의 생각에 전향자 내지 준전향자로 인정된 자이므로 예방구금의 필요가 없기 때문이다. 그리고 만일 불행히 당국의 인정과 기대에 반하여 후일 비전향자로 인정케 되는 경우에는 기왕의 기소유예 처분을 공소시효 완성 전에 한하여 언제든지 취소하고 기소할 수 있으며 따라서 유죄 판결을 받게 될 수도 있다. 그러므로 기소유예자는 예방구금에서 제외했다 하고 사상생활상 불 근신한 일이 있어서는 아니 될 것이다.

⑤ 가출옥 중에 있는 자도 예방구금에 부치지 않는다. 현재 가출옥 중에 있는 자도 사상범보호관찰에는 부치게 되지만(사상범보호관찰령 제1조 후단) 원래 가출옥을 허한 것은 개전했다고 인정하기 때문이다.(형법 28조) 그러므로 가출옥 중에 있는 자는 예방구금에 부칠 여지가 없을 것이다. 그러나 가출옥 기간 중에 비전향자로 역행하면 언제든지 그 가출옥 허가를 취소할 수 있고(형법 29조) 따라서 다시 형무소에 들어가 만기까지 복역하게 될 것이다. 또 가출옥 기간 경과 후는 그는 치안유지법 위반으로 형의 집행을 종료한 자이므로, 역시 비전향자로 인정될 때는 일정한 수속에 의하여 예방구금에 부칠 수 있다.

⑥ 치안유지법 위반의 사상범인으로 기왕 보호관찰에 부쳐 있었으나 현재 해제된 자 또는 아직 보호관찰에 부치지 않은 출감자는 예방구금에 부치지 않는다. 그러나 이러한 자도 비전향자로 인정되면 언제든지 보호관찰에 부하는 수속을 취해 가지고 그를 예방구금에 부칠 수 있다. 그리고 필요한 경우는 조선총독부보호관찰심사회의 결의 전이라도 보호관찰에 부칠 수 있고(사상보호관찰법 제6조) 또 예방구금 수속 전이라도 가수용하는 경우도 있다.(후술 참조)

⑦ 현재 내지의 보호관찰소의 보호관찰에 부쳐 있는 자는 조선총독부 재판소에서 집행유예의 언도를 받은 자였는지를 불구하고 조선사상범예방구금령은 적용하지 않으며 또 내지의 형무소에서 복역하고 만기 출옥하는 자에게도 본령은 적용하지 않음은 물론이다. 그들은 개정 치안유지법이 실시될 때까지는 원칙으로 예방구금에 부치지 않게 된다. 그러나 그들이 조선에 건너 온 경우에 필요에 의하여는 조선총독부보호관찰소로 전적(轉籍) 수속을 취해 가지고, 예방구금에 부할 수 있으며 그러한 수속 전에 또한 가수용도 할 수 있다.

(3) 예방구금의 수속

예방구금에 부함을 결정하는 수속에 관하여는 상세 정확한 설명이 도리어 복잡하여 일반 독자에게 알기 어렵겠으므로 여기서는 평이하게 그 수속의 윤곽만을 설명하고자 한다.

당국에서 비전향자로 인정하여 예방구금에 부하고자 할 때는 우선 검사가 본인의 관계 형무소 또는 본인의 관계 보호관찰소 등에 조회하여 신분의 조사를 하고 또 관할 예방구금위원회(각 지방법원 검사국에 설치)의 자문을 거친 후에 재판소(관할 지방법원 회의부)로 예방구금의 결정을 청구한다. 이러한 청구를 접수한 재판소는 본인의 진술, 참고인, 보좌인 등의 진술 내지 감정(鑑定) 검사의 의견, 관계 형무소, 관계 보호관찰소의 보고 등을 충분히 참작해 가지고 신중히 혹은 예방구금에 부하기로, 혹은 부하지 않기로 결정하는 것이다. 검사의 청구에 반하여 예방구금에 부하지 않게 결정된 때는 검사 측에서 이와 반대로 본인의 의사에 반하여 예방구금에 부하기로 결정된 때는 본인 측에서 3일 이내로 불복신립(申入)(소위 즉시항고)을 할 권리가 있다. 이 즉시항고권을 포기하면 항생재판소(抗生裁判所)의 결정에 의하여 예방구금에 부치게 되든지 부치지 않게 되든지가 확정되는 것이다. 즉 복심제를 취하고 있다. 그리고 예방구금에 부하기로 확정된 연후에는 예방구금소에 수용케 된다.

그러나 본인이 주소 부정자(不定者)라던가 도피할 염려가 있다고 인정하는 경우에는 예방구금의 결정 전에라도 검사가 예방구금을 청구함과 동시에 예방구금소 또는 감옥에 가수용의 처분을 하는 편법도 있다.(상세는 본령 제2조 내지 제14조 및 조선사상범예방구금령 시행세칙 참조)

(4) 예방구금의 내용

예방구금에 부한 자는 예방구금소에 수용되어 거기에 기거하면서 보도관, 보도관 보(補) 등에게 전향에 필요한 교도 훈련을 받게 된다.(본령 15조) 그리고 독립한 예방구금소가 낙성되기까지는 임시 경성에 있는 현 서대문형무소 구치감을 이용할 예정이라고 전문(傳聞)된다. 그리고 예방구금 생활의 기간은 원칙으로 2개년이나 전향이 현저한 특수인은 2년 이내로 퇴소할 수 있으며, 2개년간의 교도 훈육에 의하여도 전향이 불철저한 자에게는 2년씩 몇 년이든지 전향할 때까지 수용 기간을 갱신, 계속하게 된다.

예방구금제도는 이미 일언(一言)한 바와 같이 형벌제도가 아니고 보안처분이므로 구금자로 하여금 독서, 운동경기 같은 것도 하는 데 상당한 자유를 인정하리라고 한다. 그리고 타인과의 접견, 서신, 기타 필요 물품의 접수 등도 법정(法定)한 범위에서 할 수 있는데 자유의 인정 범위는 본인의 전향의 정도에 따라 다르다 한다. 이와 반대로 예방구금자가 수용설비, 기구 등을 훼손하거나 폭행하거나 협박하거나 또는 도주한 자 또는 이러한 불온한 행동을 취하려 한 경우에는 일반 형법에 의하지 않고 본령의 특별규정에 의하여 중형을 받게 되어 있다.(본령 23조 내지 25조 참조)

(5) 사상범과 보호관찰제도

사상범예방구금제도를 정당히 이해하기 위하여는 수년 전부터 실시 중에 있는 보호관찰제도를 알아야 한다. 보호관찰제도는 치안유지법 위반의 사상범인을 보호하고 재범을 방지케 하기 위하여 창설된 우리나라 형정사상(刑政史上) 획기적 시설이다. 조선에서는 1936년 (昭和 11) 12월 21일부터 내지에서는 동년 11월 20일부터 실시되어 있다.

보호관찰제도의 실시로 말미암아 치안유지법 위반으로 형(刑)에 처하여 ① 만기 출옥한 자 ② 가출옥한 자 ③ 집행유예의 언도를 받은 자 ④ 기소유예 처분을 받은 자는 그중에서 보호관찰에 부할 필요가 없다고 인정하는 예외인을 제하고 대개 보호관찰에 부쳐지게 된다.

보호관찰에 부하게 된 자에게 대하여 보도관 이하 보호사는 사상생활상의 교도를 함은 물론이거니와 무직자에게는 직업 등을 알선해 주고 독신자에게는 적당한 배우자까지 구하여 주며 취학을 원하는 자에게는 입학, 복교를 원하는 자에게는 복교 운동을 성심으로 친절하게 해 준다. 이렇게 친절히 보호해 주며 전향하도록 성의를 다하여 교도하고 있다.

이와 같이 친절한 보도관, 보호사 등의 교도와 훈육이 있음에도 불구하고 전향하지 않는 자를 상대하여 다소 신체의 자유를 구속해 가며 전향하도록 선도할 목적에서 예방구금제도를 창설한 것이다.

보호관찰제도가 실시되기 전야의 상태를 회고해 보자. 사상범 전과자는 사회에서 배척 받고 생활의 안정을 얻지 못하였던 것이다. 보호관찰제도의 실시로 말미암아 상당한 다수의 사상범 전과자가 취직하게 되고 충량한 황국신민으로 각기 직역(職域)에서 멸사봉공하게 된 자 적지 않다. 그러므로 필자는 치안유지법 위반으로 상심(象審)을 경유하여 공판에 회부된 피고인에게 무죄의 판결이 집행유예의 판결에 비하여 반드시 유리한 것이 아니라는 것을 부언하고자 한다.

왜 그런가 하면 무죄의 언도를 받으면 보호관찰에 부치게 되지 못하는 까닭이다. 독자 중에는 무죄의 언도를 받고 보호관찰에 부쳐지지 않는 것이 좋을 것이요, 보호관찰에 부쳐지는 것이 무슨 명예로운 일이겠느냐고 논란할 분도 있을 줄로 믿는다. 그러나 이는 법률 이론에는 통효(通曉)했을지 모르나 사회 실정에는 매우 어두운 분으로 인정할 수밖에 없다.

왜 그런가 하면 적어도 사상범에 있어서는 무죄의 언도를 받은 자를 반황국사상이 추호도 없는 충량한 황국신민으로서 신도실천하며 멸사봉공하는 자로 세인(世人)은 보지 않는다. 더욱이 검찰관 내지 예심판사는 무죄의 언도가 내린 경우에도 불온사상인(不穩思想人)으로 인정하고 있을 것이다. 검찰관 눈으로는 기소유예 처분을 할 정도의 경(輕)한 사상범인(思想犯人)으로 인정하지 않았으며 또 예심판사까지도 유죄자(有罪者)로 인정하였기 때문에 예심 면소의 결정을 하지 않고 유죄 판결을 예상하고 공판에 회부한 것이다. 그러므로 재판관은 공판의 결과 확실한 증거가 없어 현행 형사재판의 원리에 의하여 증거불충분으로 무죄의 언도는 하였으나 불온사상이 전무(全無)한 자로는 보지 않는 경우가 적지 않다고 생각된다. 과연 그러하면 그는 세인에게는 사상범인으로 인정되어 배척받게 될 것이며 보호관찰의 보호도 받지 못하게 되니 본인을 위하여 자못 불리하다 아니할 수 없지 않을까.

물론 유죄로 집행유예의 언도를 받으면 그는 사상범인으로서의 낙인을 받게 되나 그는 후일 보호관찰에 부쳐 명예의 회복과 직업을 회복할 기회를 충분히 갖게 되나 무죄 언도를 받으면 또한 사상범인으로 세인에게 취급당하면서 명예의 회복, 직업의 회복을 하기에 매우 곤란한 입장에 있게 된다.

그러므로 치안유지법 위반 사건의 피고인, 그의 변호인, 기타 관계자 여러분은 결코 무죄의 언도를 받았다 하여 반드시 기뻐할 바 아니며 집행유예의 언도가 내렸다 하여 무죄 언도에 비하여 반드시 비관 낙심할 바 아니라 함을 이해하기 바란다.

(6) 결어

아제국(我帝國)은 목하 세계 신질서 건설의 일대 혁신적 세국(世局)에 대처하여 대동아공영권(大東亞共榮權) 확립의 성업(聖業)에 매진하고 있는데, 이 성업을 완수함에는 병력 충실의 필요는 물론이어니와 총후(銃後) 1억 신민의 거국일치(擧國一致)가 또한 필요하다. 총후 1억 신민의 거국일치는 내선일체의 완벽에 있고 내선일체의 근저는 '충량한 황국신민을 함양'함에 있다.

그러나 현금(現今) 반도 민중의 사상은 만주사변을 계기로 급속도로 호전하여 대다수의 민중은 내선일체의 대도(大道)를 정진하고 있음은 이미 당국에서도 이를 시인하는 바이나, 아직 민중 일부 중에는 공산주의, 민족주의, 민주주의 등 반황국사상을 청산하지 못한 자가 존재해 있음을 당국은 자못 우려하고 있다.

그리하여 당국은 이러한 반황국사상을 가진 자를 계몽 지도하고자 각종 수단과 방책을 강구하고 있으며 또 치안유지법을 적용하여 형벌을 가하면서 전향을 촉진하고 있으며, 또 만기 출옥 후에는 상술한 바와 같이 보호관찰에 부하여 취직, 결혼 등을 알선해 주며, 반황국사상의 청산을 촉진시키고 있음에도 불구하고 전향하지 않는 자가 있다. 이와 같은 비전향자를 사회에 방치해 두는 것은 – 더욱이 제국의 대륙정책행상(大陸政策行上) 병참기지(兵站基地)인 특수한 임무를 가지고 또 소련과 그 경계를 접하여 국방상 중요한 지위에 개재(介在)하고 있는 반도 사회에 산재하여 잡거(雜居)케 하는 것은 – 국가대업 수행상 매우 위험스러운 사태라 아니할 수 없다.

그러므로 그들을 완전히 사회에서 격리시켜 가지고 일본정신을 체득하게 하여 충량한 황국신민이 되도록 교도 훈련 할 필요가 매우 긴절(緊切)하다고 하겠다.

그러므로 본고 모두에서 일언한 바와 같이 당국은 치안유지법의 개정안 통과를 기다릴 여유 없이 우선 석정적이라 할지라도 조선사상범예방구금령을 제정 실시하는 것이다. 만일 현재 반도 민중의 사상이 최후의 1인까지 완전히 충량한 황국신민이 되었더라면 이러한 법령은 제정할 필요가 없을 것을 반성하매 다단(多端)한 국제 난국에 대처한 이때 외환을 극복함에 국민의 총력을 경주(傾注)하여야 될 차제(此際)에 그 일부를 내우퇴치방면(內憂退治方面) 환언(換言)하면 황국신민화를 위한 시설에 유용되는 것을 생각할 때 오인(吾人)은 실로 참회(慚悔)하여 마지않는 바이며 동시에 이 조선사상범예방구금령의 실시를 계기로 반도 민중은 전부 충량한 황국신민이 되어 거국일치하여 신도실천, 멸사봉공을 철저히 함으로써 일본제국을 맹주로 한 '동양인의 동양건설'이 급속도로 전개 실현되기를 기대하여 마지않는다.

IV

옥중기로 본
식민지 감옥의 감시와 통제

해제

　일제강점기 독립운동으로 투옥되었던 인사들은 일반 범죄자와 구분되어 정치범인 이른 바 '사상범'으로 취급받았다. 이들은 1925년 5월을 기준으로 이전에는 보안법이나 소요, 대정 8년 제령 7호 위반 등의 혐의로, 이후에는 치안유지법 위반 혐의로 투옥되었다. 감옥 안에서도 일반 수감자와 달리 먹는 것에서부터 노역까지 차등을 두었으며, 일부는 독방에 수감하는 등 별도의 통제하에 놓였다. 이러한 식민지 감옥의 감시와 통제 양상을 잘 보여 주는 장편의 옥중기 3편과 단편의 옥중기 15편을 선별하여 수록하였다.

　장편의 옥중기는 김광섭, 이규창, 임원근의 기록으로, 체포 및 투옥 과정부터 출옥에 이르기까지 수감되었던 전 기간에 걸친 경험이 서술되어 있다. 이 글들에서 일제의 '사상범' 처우와 관리에서 보여지는 탄압과 사상통제를 살펴볼 수 있다.

　단편의 옥중기는 1910년대 3·1운동기부터 1920년대, 1930년대, 1940년대 투옥된 인사들의 기록을 통해 시기별 식민지 감옥의 항일 독립운동가 탄압 양상을 살필 수 있도록 하였다.

1. 김광섭, 「사상범」

　김광섭(金珖燮, 1904~1977)은 함북 경성 출신으로 중동학교(中東學校)를 졸업하고, 일본으로 건너가 와세다대학 영문학과를 졸업하였다. 시인(詩人)이 되어 해외문학(海外文學), 극예술연구회(劇藝術研究會)의 동인으로 시작(詩作)과 함께 해외문학 번역 소개와 신극운동에 참여하였고, 《시원(詩苑)》의 동인으로 활동하였다.

　1933년 4월부터 모교인 중동중학교(中東中學校)에서 영어 교사로 근무하였다. 재직 중

1935년 유치진(柳致眞)의 작품을 공연하려다가 일제 경찰에 구금되기도 했다. 학생들에게는 민족의식을 고취하고, 수업 시간에도 일제의 민족차별정책, 조선어말살정책, 조선총독부의 《동아일보》·《조선일보》 폐간 등 언론 탄압정책을 비판하여 학생들의 독립사상을 앙양하였다. 그즈음 중동학교 학생 문봉성(文奉成)이 사직공원 입구 국세조사 광고판에 '대한독립만세'라고 쓴 낙서가 원인이 되어 그들에 영향을 끼친 배후 교사로 지목되어 1941년 2월 21일 일제 경찰에 체포되었다.

1942년 9월 경성지방법원에서 이른바 치안유지법 위반으로 징역 2년을 선고받고, 같은 해 10월 경성복심법원에서 상고가 기각되어 형이 확정되었다. 서대문형무소에서 옥고를 치르고 1944년 9월 6일 출옥하였다. 1990년 건국훈장 애국장(1977년 건국포장)이 추서되었다.

그가 서대문형무소에 수감되었던 기간 중 1943년 11월 10일~1944년 9월 5일까지 쓴 일기와 옥중 경험담을 이후 정리한 글, 수기, 수필을 모아 1976년 창작과 비평사에서 『나의 옥중기』로 편찬하였다. 총 390여 쪽의 분량으로 그 구성은 다음과 같다.

제1부 나의 옥중기
옥창일기
사상범
제2부 나의 병상기(病床記)
나의 시적 병상기
병을 미워하지 않는 마음
제3부 시에의 등정(登程)
현대시와 지성에 대한 관견(管見)
시에의 등정
비참한 의식을 안고
태산(怡山)

이 가운데 이 자료집에는 제1부 나의 옥중기 중 일부인 「사상범(思想犯)」을 수록하였다. 총 30여 쪽의 분량으로 서대문형무소에서의 수감 기간 중 1941~1942년 사이 약 2년여의 경험을 출옥 후 기록하였다. 이 글이 최초로 발표된 것은 1972년이다.《사상계》폐간 이후 1970년 9월 창간된 월간《다리》의 1972년 4월호, 5월호에 〈옥중기 시리즈① 사상범〉으로 연재되었다. 이것을 1976년도 『나의 옥중기』에 게재하였다.

"(상략) 무릎을 꿇고 정좌(正坐)하라면 그 딱딱한 널마루 위의 육체적 고통은 더 무어라 말할 수 없으므로 거죽에 나오는 눈물은 막고 가슴속으로 슬퍼하고 우는 것 – 이것이 일제 식민지 치하에 그들이 붙여 놓은 이름의 사상범인 것이다"로 시작하는 「사상범」은 그가 체포되는 1941년 2월 21일의 상황부터 시작하여 취조와 재판 과정 중에 갇혀 있었던 미결감, 이후 "미지의 나라에 간 앨리스"처럼 "일본 식민지의 앨리스"로 수감되어 있었던 기결감에서의 경험을 술회한 것이다.

이 글에는 감옥에서 써 내려간 「옥창일기」에서 밝히 수 없었던 "사상범 중에서 가장 강직하고 투쟁적"이라고 표현한 현산(玄山)과의 일화가 실려 있다. 현산이 "꼭 글로 써서 전해 달라"라고 당부한 '1936년 마포형무소 동지살해사건'의 '투쟁기' 전말을 통해 "현 같은 지사(志士)들이 하루 종일 한두 마디의 말도 없이 여기저기 앉으라는 자리에 쭈그리고 앉아 있다. 그들의 하나하나를 대일본제국 신민으로 만들기 위하여 온갖 교묘한 방법과 수단이 강구되고 또 실천에 옮겨지고" 있는 감옥 내 항일 독립운동가에 대한 감시와 통제 그리고 탄압 실태를 잘 보여 주고 있다.

이 글은 "현이 진술한 마포형무소의 '밥 더 달라'에서 발단된 투쟁기는 나의 형무소에서 얻은 가장 값진 것이다. 그러므로 나는 현에 대한 의리와 사명감으로 이 기록을 정성스럽게 현의 체취가 있도록 여기에 옮겨 그가 원한 대로 동포들에게 전하고자 한다"로 마무리를 짓고 있다. 이는 일제침탈사를 정리하면서 그의 글을 이 자료집에 수록하는 이유 중의 하나이다.

2. 이규창, 「재옥중기」

「재옥중기(在獄中記)」는 독립운동가 이규창[李圭昌, 1913~2005. 이명 이규호(李圭虎)]이 서대문형무소, 경성형무소, 광주형무소에 투옥되어 겪은 감옥생활을 1990년대 초 회고한 기록이다. 『운명(運命)의 여신(餘燼)』(보연각, 1992)이라는 제목의 회고록에 실렸다.

『운명의 여신』은 유년기, 소년기, 청년기, 재옥중기, 총 4개 주제와 부록으로 구성되었다. 총 332쪽 분량이며, 그 가운데 「재옥중기」는 105쪽의 분량이다. '서대문구치소, 마포, 광주형무소에서의 수감생활'이라는 부제가 붙여져 있다. 서대문형무소, 경성형무소, 광주형무소에서 겪었던 수감생활을 뜻한다. 이 자료집에서는 그 가운데 출옥 이후 광주 등지에서 머물다가 서울로 올라와 겪었던 해방 직후의 상황을 제외하고 감옥에 갇혀 있던 내용까지만 수록하였다. 책 제목의 '여신(餘燼)'은 '타다 남은 불기운'이라는 뜻으로 저자 자신의 운명에 남아 있는 불기운, 즉 항일의 기운이 아직도 남아 있음을 표현한 것이다. 간혹 '여진'이라고 잘못 음독되어 '운명의 여진'으로도 알려져 있다.

이규창의 출신지는 중국 만주이다. 아버지 이회영(李會榮)과 숙부 이시영(李始榮) 등이 만주로 망명한 후 태어나 중국 통화현에서 출생하였다. 이후 가족과 함께 북경으로 이주하였다가 1929년 아버지를 따라 상해로 갔다. 아버지 이회영은 1932년 11월에 만주에 독립운동 근거지를 마련하고 주만일본군사령관 등을 처단할 목적으로 대련(大連)으로 가던 중 일제 경찰에 체포되어 옥중에서 순국하였다.

이규창은 상해에서 화랑청년단(花郎靑年團)과 남화한인청년연맹(南華韓人靑年聯盟)에 가입하여 백정기(白貞基), 정화암(鄭華岩), 오면직(吳冕稙), 엄순봉[嚴舜奉, 엄형순(嚴亨淳)], 원심창(元心昌), 이강훈(李康勳) 등과 함께 독립운동을 전개하였다. 1933년 3월 남화한인청년연맹의 행동단체인 흑색공포단(黑色恐怖團)을 조직하여 상해 육삼정(六三亭)에서 주중공사(駐中大使) 아리요시 아키라(有吉明)를 폭살하려는 계획에 관여하였고 군자금 모집 활동을 전개하였다.

1935년 3월 정화암과 협의하여 엄순봉과 함께 상해 조선인거류민회(朝鮮人居留民會) 부회장과 고문을 역임한 친일파 이용로(李容魯)를 사살하였다. 이 일로 체포되어 국내로 압송되어 서대문형무소에 수감되었다. 1936년 4월 24일 경성복심법원에서 징역 13년을 선고받고 경성형무소에서 이감되었는데 1939년 8월 옥중에서 격문을 인쇄하여 배포한 일로 징역 10월 23일을 가형받았다. 이후 광주형무소로 이감되었고 해방 직후인 1945년 8월 17일 출옥하였다. 1968년 건국훈장 독립장이 추서되었다.

이 자료는 독립운동 과정 중 중국에서 체포되어 국내로 압송, 인천에 도착하였을 때부터 시작된다. 미결수로 서대문형무소에 수용되어 재판받는 과정, 기결수가 되어 경성형무소 수감 중 옥중투쟁을 전개하는 과정, 광주형무소에서의 수감생활과 해방 후 출옥 과정이 서술되어 있다. 구어체로 기술되어 있어 문장의 어순이 문법과 다소 맞지 않고, 지금은 잘 쓰지 않는 단어와 한자식 표현이 많아 가독성이 매우 떨어진다. 원문의 느낌을 최대한 살리면서도 가독성을 위해 일부 탈초를 가했다.

「재옥중기」에서 일본과 일본 사람을 줄곧 '왜'와 '왜놈'이라고 표현하면서 일제강점기 당시 그가 품었던 일본에 대한 적대감을 숨김없이 드러내고 있다. 더욱이 그의 아버지 이회영이 일제에 의해 여순(旅順)에서 사망하였기 때문에 일본에 대한 적대감은 평생 지속되었던 것 같다.

이 글에서는 사상범에 대한 일제의 관리 정책과 감옥 내 처우를 살필 수 있다. 취조와 고문, 굶주림, 추위와 더위, 고문이나 질병으로 옥사자(獄死者)가 빈번했던 감옥의 현실이 담겨있다. 또한 오동진(吳東振), 이규채(李圭彩), 정이형(鄭伊衡), 박세영(朴世永), 문갑송(文甲松), 이정규(李丁奎), 이재유(李載裕), 김동삼(金東三), 최양옥(崔養玉), 유정근(兪政根), 이화익(李化翼), 안재홍(安在鴻), 신흥우(申興雨) 등 감옥에서 만난 독립운동가들에 대한 회고를 비롯해 이들과의 일화가 수록되어 있다. 이를 통해 생생하게 묘사된 독립운동가의 수감생활을 접할 수 있다.

광주형무소에 이감되어서는 전남지역에서 신사참배를 거부하다 투옥된 손양원(孫良源), 박용의(朴容儀), 황두연(黃斗淵), 오석주(吳錫柱), 나덕환(羅德煥) 등의 기독교인과 선교사들에 대한 기록도 담고 있다. 감옥생활 중 겪은 각종 에피소드에는 일명 통방이라고 하는 암호통신법 방법과 노역, 옥사한 시신 처리 등 일반에 잘 알려지지 않은 일제강점기 감옥의 실상을 밝히고 있다. 따라서 이 자료는 항일 독립운동가에 대한 감옥 내 처우를 통해 식민지 감옥의 감시와 통제를 밝히고 있다는 점에서 사료적 가치가 있다.

3. 임원근, 「옥중기」

임원근(林元根, 1899~1963)은 박헌영(朴憲永), 김단야[金丹冶, 김태연(金泰淵)] 등과 활동한

공산주의 계열의 독립운동가이다. 독립운동가를 변론한 허헌의 딸 허정숙이 그의 부인이다.

경기도 개성(開城) 출신으로 1920년 2월부터 대전청년회(大田靑年會)의 총무로 활동하였다. 같은 해 10월 중국 상해로 망명하였고, 1921년 5월 안병찬(安秉瓚)이 설립한 사회주의연구소(社會主義研究所)에 참여하여 사회주의 이념을 연구하였다. 한편, 이르쿠츠크파 단체의 상해지부에 가입하여 그 예하의 고려청년회(高麗靑年會) 위원에 선임되어 활동하였다.

1922년 1월 모스크바에서 개최된 극동인민대표대회(極東人民代表大會)에 김규식(金奎植)·여운형 등과 함께 조선대표단의 일원으로 참석하였다. 이후 4월 2일 김단야(김태연)·박헌영과 함께 국내에서 공산주의 사상을 선전하기 위해 귀국 도중 일제 경찰에 체포되었다. 같은 해 5월 30일 신의주지방법원에서 '대정 8년 제령 제7호' 위반 혐의로 징역 1년 6월을 선고받아 옥고를 치르고 1924년 1월에 출옥하였다.

출옥 직후 1924년 2월 신흥청년동맹(新興靑年同盟)의 중앙집행위원장으로 위촉받아 취임하였다. 1925년 4월 17일 조선공산당이 조직되고, 다음 날 박헌영·김단야 등과 함께 그 전위조직인 고려공산청년회를 조직하였다. 중앙집행위원회 선전부 위원으로 선임되어 활동하던 중 같은 해 11월 체포되었다. 이 사건이 이른바 '신의주사건'의 수사 과정에서 고려공산청년회의 조직과 활동이 드러나 지도부 30여 명이 체포된 '제1차 공산당사건'이었다. 미결수로 수년간 투옥된 끝에 1928년 2월 21일 경성지방법원에서 '치안유지법 위반' 혐의로 징역 3년 6월을 선고받아 옥고를 치르다 1930년 1월 1일 출옥하였다.

1931년 2월 이른바 신간회(新幹會) 해소론(解消論)이 비등할 때 〈해소 운운(云云)은 인식착오〉라는 제목으로 해산 시기가 부적절하다는 요지의 비판 논설을 잡지 《삼천리》에 기고하는 등 신간회를 적극 옹호하는 활동을 전개하였다. 이후 1936년 여운형이 사장으로 있던 《조선중앙일보》의 지방 부장이 되어 계몽운동을 전개하였다. 1992년 건국훈장 애국장이 추서되었다.

이 자료집에 수록한 「옥중기」는 임원근이 두 번째 체포되었던 시기 신의주형무소와 경성형무소에서의 옥중생활에 관한 내용이다. 그는 1925년 11월 체포 후 12월 12일 신의주형무소에 미결수로 수용되었다가 1926년 7월 22일 경성형무소로 이송되었고, 1928년 2월에야 판결을 받았다. 출옥 후 당시의 경험을 잡지 《삼천리》 제8호~제10호(1930년 9월~11월)에 총 3회에 걸쳐 연재하였다.

「옥중기」(1)은 1925년 12월부터 다음 해 봄까지의 감상을 수록하면서 주로 체포되어 가는 장면과 신의주형무소로의 입감 상황, 감옥살이의 감상에 대해 서술하였다. 「옥중기」(2)와 (3)부터는 소제목을 설정하여 주제별 또는 에피소드별로 글을 전개하였다.

　「옥중기」(2)는 서열부인(暑熱否認), 격벽천리(隔壁千里), 일국반삼편타(一掬飯三鞭打), 일희일비(一喜一悲)의 경성행, 정성스런 출영(出迎), 총 다섯 가지 주제이다. 여름철의 고통과 병자에 대한 에피소드, 재판소에 간 사람의 밥을 먹다가 매 맞는 사람, 경성형무소로의 이감에 대한 내용이 담겨 있다.

　「옥중기」(3)은 경성형무소 이감 후의 경험이다. 위기일발 낙담천만(危機一髮 落膽千萬), 삼편(三更) 야반(夜半)의 일막풍자극(一幕諷刺劇), 변태성욕(變態性慾)과 사창취체(私娼取締), 교수대상교수혼(絞首臺上絞首魂) 차일차시하처곡(此日此詩何處哭), 나체 행렬과 육체미, 헝거 스트라이크(단식투쟁)와 사뽀타-지(태업), 부르주아 수(囚)와 프롤레타리아 수(囚), 부단(不斷)의 투쟁은 생명의 표현이다, 총 여덟 가지 주제이다. 이 가운데 '나체 행렬과 육체미'는 공장에서 옥사(屋舍)로 이동하는 과정에서 옷을 다 벗고 몸 검사를 받는 장면을 풍자한 것이다. 이는 김광섭이나 이규창의 회고에서도 가장 수치스러웠다는 것 중의 하나였다. '헝거 스크라크와 사뽀타-지'에서는 사상범들의 집단 투쟁이 감옥 안에서도 전개되었음을 보여 준다. 동지였던 김약수(金若水)가 취침 점호 이후에도 잡담하였다는 이유로 감식 징벌 2일을 당한 것에 대한 집단 항의였다.

　임원근은 「옥중기」를 쓰며 그 서두에 옥중생활의 감상 그대로를 적을 수 없는 환경으로 "대강~ 거침없이 될 수 있는 범위 안에서 몇 마디 적어 보려는 것입니다"라고 하여 수감 중 겪었던 모든 일을 다 밝힐 수 없음을 전제하였다. 그래서인지 그의 글은 해학적인 측면이 있다. 감옥살이의 고통스러운 상황을 시(詩)로 표현하거나, 여간수의 미모를 기대하여 몰래 엿보거나, 간수의 심부름을 심술궂게 회피하는 장면 등이 서술되어 있다.

　그러나 열악하였던 수감자 처우와 이에 저항한 사상범들의 투쟁도 놓치지 않고 상세히 서술하고 있다. 이른바 '사상범'이었던 그는 독방에 수감되어 "감옥 내에서도 감옥생활"을 하는 고통을 당했다. 그보다 당면 과제는 '먹는 것'이었고, 신의주형무소에서 배급하는 밥은 '수수밥' 한 덩어리였다. 그는 외부에서 사식을 차입(差入)받아 '먹는 것'을 해소하면서 자신을 부끄러워하였지만, 차입을 끊지는 못했다.[1] 겨울철에는 "몸서리치던 추위"와 여름철에는 "불붙는 여름 볕"에 "미칠 듯이" 괴로웠다고 한다.

4. 기타 옥중기

1919년 3·1운동을 기해 한국 내 감옥은 수감자가 폭증하여 수용 인원이 1평당 5.6명 이상의 과밀현상을 보였다. 일제의 폭압적인 3·1운동의 탄압 결과였다. 여성들의 수감 상태는 더욱 심각했다. 대한민국애국부인회 활동을 하다가 1919년 수감된 황애덕(黃愛德, 황에스더)은 "3칸에서 더 되지도 못하는 구형방(矩形房)에 제일 많이 있을 때에는 24명, 보통 20명이 있었습니다"라고 하였다. 약 3평($10m^2$)의 방에 평당 7~8명이 수용되었던 것이다.

사상범은 일반범보다 적은 양을 배급받았기에 늘 굶주림에 시달려야 했다. 한여름 뙤약볕이 내리쬐는 방 안의 '똥통이 끓는' 상황에서 고문의 후유증에 시달리는 수감자들이 적지 않았다. 그러나 적절한 치료는 제공되지 않았고 끝내 옥사하는 경우까지 발생하였다.

열악한 위생환경과 질병, 그리고 고문의 후유증으로 생사의 기로에 놓인 독립운동가들이었지만 독립에 대한 꿈을 포기하지 않았다. 이른바 '통방'으로 그들 사이의 정보 교환을 통해 바깥소식을 접하며 독립에 대한 희망을 품었다. 상대적으로 일제의 감시는 더욱 강화되고 철저해져 갔다. 감방 안팎에서 수감자 사이의 대화는 공식적으로 일절 금지되었으며, 감방 안에 머무를 때의 자세는 무릎 꿇은 모양인 이른바 '정좌'를 항상 하고 있어야만 했다.

여성도 예외는 아니었다. 대한애국부인회의 일원으로 활동하던 최금봉은 1920년 음력 8월 어느 날 한밤중에 강제로 연행되어 강서경찰서 외양간에서 고문당했다. 그리고는 평양 감옥에 수감되었고, 이후 고문의 후유증으로 생사를 넘나드는 병마에 시달렸다.

이렇게 독립운동가들이 겪은 식민지 감옥의 실태는 다음 15편의 옥중기에 잘 드러나 있다.

---

[1] 판결 이전의 미결수 신분일 경우 사식을 차입받아 먹을 수 있다. 판결 이후 기결수가 되면 일체 사식은 금지되며 오로지 감옥에서 배급하는 관식으로 끼니를 해결해야 한다.

1) 심훈, 「감옥에서 어머님에 올리는 글월」

2) 신석구, 〈3·1운동과 나의 옥중생활〉

3) 최금봉, 〈병마에 시달린 옥살이〉

4) 박일형, 〈무서운 시어미 부산형무소〉

5) 황애덕, 〈대구여감의 0141호〉

6) 송봉우, 〈옴 감옥 서대문감옥〉

7) 원철, 〈해주형무소의 특색〉

8) 이강, 〈평양형무소의 11공장〉

9) 김정련, 〈형무소의 도산 선생-2081호의 오물바가지〉

10) 최정희, 〈여감방과 애절의 창〉

11) 최현배, 〈함흥감옥살이〉

12) 최현배, 〈8·15 전날 밤 – 나의 생활과 처지〉

13) 최현배, 〈형무소에서 해방을 맞음〉

14) 김윤경, 〈옥중생활 소감〉

15) 조풍연, 〈함흥형무소 대파옥 미수사건〉

1)~3)은 3·1운동과 3·1운동 직후 독립운동 단체에서 활동하였던 심훈(沈熏), 신석구(申錫九), 최금봉(崔錦鳳)의 글이다. 1919~1920년대 초반의 상황을 기록하였다. 3·1운동으로 수감되었던 심훈은 서대문감옥에서 어머니께 쓴 안부 편지에 난생 최초로 보는 한 노인의 임종 장면 등 감옥의 고통스러운 상황을 담았다. 민족대표 33인 중 1명인 신석구는 투옥 기간을 신앙으로 극복하였던 경험을 술회하였다. 최금봉은 고문으로 인해 옥중에서 고생했던 경험을 술회하였다.

4)~8)은 동광사(東光社)에서 기획한 〈감옥의 향토색〉에 수록된 글이다. 부산, 대구, 서대문, 해주, 평양형무소에 투옥되었던 박일형(朴日馨), 황애덕, 송봉우(宋奉瑀), 원철(元鐵), 이강(李剛)에게 원고를 의뢰하였고, 이를 한데 모아 1931년 11월 10일 《동광》 27호에 수록하였다. 이들이 감옥을 경험했던 시기는 주로 1919년부터 1920년대 초반 사이로 각 감옥에 겪은 경험을 기록하여 당시 사상범에 대한 감옥에서의 처우와 감시와 통제의 실태가 잘 드

러나 있다.

9)~10)은 1930년대 감옥의 상황이 담겨 있다. 먼저 군자금 마련을 위해 일제 우편수송 차량을 탈취한 일로 서대문형무소에 수감된 김정련(金正連)의 일화이다. '통방'의 방법을 모른 채 수감 된 옆 방의 안창호에게 그 방법을 알려주다가 간수에게 발각되어 모진 매를 맞은 경험담이 수록되었다. 조선프롤레타리아예술동맹(카프)사건으로 투옥된 최정희(崔貞熙)는 전주형무소에 수감되어 여성 사상범에 대한 거친 처우와 아무 일도 못 하게 하는 지루한 감옥생활을 술회하였다.

11)~14)는 1942년 조선어학회사건으로 투옥되었던 최현배(崔鉉培)와 김윤경(金允經)이 함흥형무소에서 겪은 내용이다. 먹는 괴로움을 비롯해 감옥의 힘든 삶과 해방 직전의 감옥 상황, 그리고 동지인 이윤재(李允宰)·한징(韓澄)의 옥사를 기록하고 있다.

15)는 1945년 4월 28일 저녁 10시부터 다음 날 아침 8시 30분 사이에 발생한 함흥형무소 일반범들의 집단적인 탈옥시도와 이에 대응한 일제 경찰·군인의 진압에 관한 기록이다. 일제는 이 사건의 배후를 조선어학회 등 항일 독립운동으로 수감된 사상범으로 지목하고 고문을 가했다. 이 글의 저자는 조풍연(趙豊衍)이지만, 이 사건을 직접 겪은 인물은 조선어학회사건으로 수감되었던 이희승(李熙昇)이다. 해방 후 이희승으로부터 전해 들은 이야기와 일제강점기 함흥형무소 직원이었던 아오키(靑木淸三郞)의 기록 「미증유의 집단 탈옥 폭동 사건」을 입수하여 정리한 것이다. 이것을 1958년 《신천지(新天地)》 2월호에 게재하였다.

이상의 옥중기는 항일 독립운동을 펼치다 체포되어 수감되었던 당사자 자신이 직접 경험한 것이다. 따라서 일제강점기 '사상범'이 감옥에서 어떤 취급을 받았으며, 어떠한 감시와 통제하에 놓여 있었는지 생생하게 보여 주는 사료라 할 수 있다.

1 김광섭, 「사상범」

자료 291 | 『나의 옥중기』, 창작과 비평사. 1976.

김광섭, 「사상범」

널마루요, 비좁지도 않은데 편히 앉지도 못하고, 고개를 숙이고 슬퍼만 해도 '무엇 때문에 슬퍼하는 거냐 이 자식아, 그 생각이 틀렸단 말이다', 더군다나 눈물이 나는 것을 보이면 '이 새끼 아직도 정신을 못 차린다', 무릎을 꿇고 정좌하라면 그 딱딱한 널마루 위의 육체적 고통은 더 무어라 말할 수 없으므로 거죽에 나오는 눈물은 막고 가슴속으로 슬퍼하고 우는 것 – 이것이 일제 식민지 치하에 그들이 붙여 놓은 이름의 사상범인 것이다.

서울 서대문 큰길가, 독립문 옆 산기슭에 크게 자리 잡고 있는 서대문형무소는 그런 의미에서 해방되기까지의 사로잡힌 조국을 눈으로 볼 수 있는 대표적인 것으로서 많은 독립운동의 애국지사들이 거의 빠짐없이 이 유명한 형무소를 거쳐서 다른 곳으로 이감되었던 것이다. 그러므로 서대문형무소 하면 민족의 애수(哀愁)가 깊은 안개처럼 서린다.

이렇게 유명한 서대문형무소 독방에 수감됨으로써 나는 민족 수난의 한복판에 앉게 되어 '죄 없는 죄인'이라는 내가 하나 더 식민지 강압정책 아래서 탄생하게 되었다.

영원히 잊지 못할 1941년 2월 21일, 이날이 월급날이었다. 나는 그때 학예사(學藝社)라는 출판사에서 새로 낸 이태준(李泰俊) 씨의 문고판 단편 소설집에 대한 신간평(新刊評)을 부탁받아서 머리맡에 그 책과 원고지가 놓여 있었다.

그런 상태에 있는 – 아직 자리에서 일어나지도 않은 이른 아침, 마치 수배나 하고 있었던 것처럼 조선인 형사 3, 4명이 무슨 흉악한 살인강도나 잡으러 온 듯이 마루에 서 있고 그중 하나가 나의 방에 들어오니 삽시간에 아이들은 다 벙어리가 되고 집 안에는 그들이 풍긴 살기가 등등했다.

가장(家長)이요, 애비가 붙잡혀 가는 데도 말 한마디 못하고 어안이 벙벙했는지 애들 눈에 눈물만 핑 도는 것을 보고 무의식중에 그만 "걱정 말고 있으라"는 말 한마디 했더니, "무슨 말이야 어서 나가지 않고" 나는 애들 앞에서 발길로 채일까 봐 두려워했다.

나는 한 형사에게 끌려 나오며 의지할 데 없는 애들과 집 안을 나머지 형사들에게 버려둔 채 돈화문 옆 파출소에 예치(豫置)되었다. 1시간쯤 있으니 리어카에 책이 가득히 든 고리짝 두 개가 실려 왔다. 즉각적으로 저걸 다 조사하는 데만도 한참 걸리겠다는 생각이 들었다. 나는 다시 안국동파출소에 가서 맡겨졌다.

중등학교 학생들이 책보를 끼고 지나가며 파출소 안 걸상에 앉아 우두커니 길을 내다보는 나에게 슬쩍 목례하며 지나갔다.

나는 청해 주는 설렁탕을 먹은 뒤에 어디로 가는가 했더니 본정(本町)경찰서 유치장이었다.

그 담에 거기서 또 숙소를 옮긴 것이 지금 중앙청 앞에 있는 경기도경찰국 유치장이었다. 거기서 며칠 있는 동안에는 아침마다 형사에게 끌려 관할서(管轄署)인 종로경찰서에서 취조를 받았다. 그때 종로경찰서 유치장엔 내가 가르치던 중등학교 학생들이 유치되어 있었기 때문에 학생들이 내가 자기들 부주의로 붙잡혀 온 기미를 알까 봐 그렇게 여러 날 동안 빙빙 돌려 가지고 다닌 것을 나중에야 알아채게 되었다.

내가 일본 도쿄에 있을 때, 조선인 학생들을 악질로 보고 경찰서 유치장마다 빙빙 돌려 가지고 다니는 것을 '통돌림'이라는 용어로 표시하던 것이 새삼 기억에 떠올랐다.

학생 애들이 무어라고 했기에 나를 이렇게 중대범인으로 다루게 되었는가 하는 깊은 회의를 품고 취조받으러 취조실로 드나들었다.

난로 옆에 앉혀 놓고 형사들이 쭉 둘러서서 한 사람은 난로에다 부젓가락을 뻘겋게 달궈 가지고 지지기 전에 바른대로 대라면서 학생들이 다 얘기한 거니까 신사적으로 자백하라고 하고 한쪽에서는 주전자에 물을 넣고 팔목을 뒤로 해서 천장에 달아매는 소위 비행기 태우기 준비를 함으로써 공갈 협박하는 것이었다.

나는 그들이 나와 같은 동족이면서 나를 다루는 범죄사실의 윤곽을 대략 짐작하게 되었다.

이렇게 유치장에 백날 있는 동안에 취조를 받고 들어오는 사람들에게서 고문에 대한 여러 가지 이야기를 들었다. 콧구멍에 물 넣기, 비행기 태우기, 전기 찜질….

그때 저 유명한 김두한 씨가 당시 우미관(優美館) 앞에 있는 크라운 카페에서 일본 정복 군인들을 때린 죄로 붙잡혀 와서 내가 있는 방에 며칠 동안 있게 되는 중 하루는 불려 나가서 전기 찜질을 당하고 감방 옆에 놓인 지문을 찍고 손 씻은 물 한 대야를 그냥 든 채로 다 마셨던 것이 김두한 씨의 이름과 같이 지금도 기억되고 있다.

그러니 앞으로 이 지독한 고문들을 버들가지처럼 가늘고 나약한 나의 체질로서 어떻게 담당하느냐 하는 것이 큰 걱정이었다. 그것도 죄가 있는 것을 대란다면 모르되 범죄사실이 없는 것을 대라고 입이니 콧구멍이니 가리지 않고 찬물을 마구 부어 넣어서 배가 딩딩 부어오르고 실신 상태에 이르면 발로 배를 꾹꾹 밟아서 입, 코에서 그 물이 다시 올라와 구역질한다. 미리부터 겁을 집어먹지 말고 대담하게 그때를 당해 보자는 것이 나의 태도였다.

취조실에는 일본인 형사도 있었다. "당신들, 인테리층에 있는 불만과 요구야 조선 사람이면 누구에게나 다 있는 것이 아니겠소? 당신은 그 한 사람으로 붙잡혀 온 것만 불행이지만 그들도 나중에 다 붙잡혀 오게 될 거요. 그러니 마음 푹 놓고, 있는 것은 순순히 있다 하시오. 없는 것이야 있다 할 수 없겠지만…."

때리는 일본 놈보다 그럴듯하게 회유하며 구슬리는 조선 형사 놈 새끼들이 더 밉고 그 말이 더 아팠다.

"창씨개명도 찬성 않겠지요?"

"찬성 안 합니다."

"문학을 하니까 조선어 과목 폐지, 신문사 폐지… 이런 건 한 줄을 들면 다 따라가는 것이니까 물론 반대하시겠지…."

"…………."

"황국신민서사 궁성요배에 대해서도 같겠지요…."

이런 것이 그들이 상투적으로 하는 유도 심문인 줄 뻔히 알면서도 그것을 부인하면 그들 앞에서 나 자신이 없어진다.

이런 건 뺨이나 몇 대 맞으면 될 거라 했는데 그리고 나서 그들은, "조선독립을 희망하시지….", "그렇지만 직접 독립을 쟁취하려고 그러는 것은 아닙니다", "그게 독립을 희망하는 게 아니고 무엇인가?"

고문을 당하면서까지 독립을 희망 안 한다고 할 수는 없었다. 죄가 된다고 전 민족이 원하는 일을 부정한다는 것은 지식인이 취할 태도가 아니라는 것이 내 가슴을 찔렀고 또 희망이라는 것이 무슨 큰 죄가 될 것이냐 하는 순간적인 생각에서 죽일 테면 죽이라는 식으로 독립 희망을 당연하게 주장했던 것이다.

그러고 나니 나중에는 수갑을 차고 지옥으로 간다 하더라도 당장 그 자리에서는 속이 후련했다. 그리고 그들로서는 태도나 희망이라는 것이 죄가 된다는 법은 없지마는 죄질(罪質)

이 안 되는 내용을 가지고 법조문에 맞도록 성문화해서 검사국에 일건 서류와 함께 넘기기 때문에 검사국에 가서 불기소 처분되는 것이 많다. 그러면 취조한 형사의 부실도(不實度)가 높아져서 그것이 성적에 관계된다.

    그러한 일이 가끔 있게 되므로 경찰서 콩나물 유치장에서 오래 고통을 당하지 말고 형사들에게 호감을 주면서 대강대강 해 가지고 검사국에 빨리 넘어가기를 바라는 자들도 많다. 대체로 그런 것은 종신사업처럼 형무소 출입을 하는 좀도둑이나 사기횡령으로 인생사회를 힘들이지 않고 지내려는 지능범 가운데 많다.

    나는 2월 21일부터 5월 31일까지 꼭 백 일 동안 경찰서 유치장 속에서 고통을 당했다. 경찰서 유치장 신세는 일본 도쿄에서도 잠깐이지만 한 번 맛보았고 서울 와서도 그때가 처음은 아니어서 어느 정도 면역성은 생긴 셈이었다.

    나와 학생들 사이에 통방(通房)이 되어 학생들도 부인하고 나도 부인하면 완전히 증거가 인멸(湮滅)되기 때문에 간격을 많이 두기 위해 유치장 저쪽 끝 편에 학생들을 두고 이쪽 끝 편에 나를 두어서 취조받으러 나가고 들어올 때만 엿보던 우리는 형무소로 넘어가던 날 인간사회의 마지막 잔치처럼 한 자리에 앉아 설렁탕 한 그릇씩 먹고 불길하게도 나도 유치장에서 구두를 잃고 맨발로 자동차에 실려 서대문형무소 구치감(미결감)에 호송되면서 5월의 태양에 나부끼는 푸른 가로수 그 밑으로 술이 거나해서 헤매던 추억! 인제 가면 언제 다시 오려나? 하는 아득한 생각에 눈물이 핑 돌아서 호송 순경의 눈에 띄지 않게 손등을 적셨다.

    눈물이란 이상하게도 흐르는 것을 억지로 막고 참으려고 하면 더 슬프게 솟구쳐 오르는 것이다. 잘 씻지도 않은 손때가 눈에 묻은 것 같아 학생 애들을 보기가 거북스러웠다.

    드디어 그들이 꼭 보내야 될 것처럼 속이 환히 들여다보이는 온갖 수단을 다 써가며 조작한 서류상의 목적지에 실제로 도달하게 되었다.

    처음에 빨가벗겨서 각각 분리시켜 공중전화소 같은 비둘기집 속에 넣어서 한참 두었다가 청색관복(靑色冠服)이라 부르는 홑겹옷을 입힌 뒤에 용수를 씌워가지고 가서 문을 철컥 열고 탁 차듯 밀어 넣으니 돗자리 한 장 깔려 있는 조그마한 독방이 황막하기 짝이 없는 벌판 같았다.

    콩나물 유치장이었지만 거기서 하루바삐 그 불쌍한 얼굴들을 피하고 싶었으나, 사람의 얼굴이 죄를 지은 것은 아니니까 사람의 얼굴은 사람에게 희망을 주는 것으로서 유치장에는 서로 보는 그 얼굴들이 있었는데, 이 독방에는 사람이건 짐승이건 얼굴이라는 것이 없고 누가 손톱으로 그린 여자의 얼굴 몇 개가 사람의 고통이 때가 되어 묻은 시멘트벽 위에 가만히 그려져 있었다.

그 얼굴 앞에서 나의 눈은 화끈했다. 그러면서 다른 얼굴로 변해졌다. 나는 변기통을 열고 마렵지도 않은 오줌을 누는 척하다가 그 무실(無實)한 동작을 오래 할 수가 없어 철창 창살을 쥐고 흔들어 보는데 깜짝이야! "왜 도망치려고 흔들어 보는 거야" 하는 소리가 감시(監視)구멍을 통해 들어왔다.

나는 무안해서 아무 말도 못하고 눈으로 마룻바닥을 내려다볼 뿐이었다. 다음 순간 나는 특별히 내 자리라고 지정된 것도 없는데 내가 오랫동안 혼자 앉아 있을 자리라도 마련된 듯이 앉아 간수님에게 미안한 표정을 나타내 보였다. 그는 언제든지 이 감시구(監視口) 쪽을 보고 앉아 있어야 한다고 상전처럼 점잖게 일러 주고 갔다.

간 뒤에 나는 나의 거처를 살펴보았다. 천장은 격에 맞지 않게 높은 데다가 전등은 콩알만 한 것이 혼자 달려 있었다. 그것이 나의 달님이라 해 놓고 그 달 아래 앉아 있는 나!

거기서 나는 두 개의 운명을 생각했다. 하나는 나의 내부(內部)요, 다른 하나는 그 내부의 외측(外側)에 있는 것이다. 내부는 자기의 개인적인 노력으로, 교양과 반성 또는 신앙으로 완전히 고치지는 못한다 하더라도 조절할 수는 있다. 그러나 외측에 자기를 둘러싸고 있는 것은 냉혹한 현실로서 개인의 노력으로 완화되는 것이 아니다. 나에게 있는 나 자신의 운명은 극단의 경우, 자살해 버리면 나 자신은 그 운명에서 완전히 풀려나지만 민족이라는 또는 국가라는 운명은 그 속에 든 개개인의 운명을 이렇게 무참하게 한다.

그러므로 정말 좋은 운명을 타고난다는 것은, 훌륭한 성격이나 좋은 소질을 타고나는 것도 중요하지만 그것보다 좋은 민족, 훌륭한 국가에 태어나는 것이 더 중요하다.

지금 나는 반드시 나의 성격이 약하거나 소질이 나쁜 것도 아닌데 이 허무한 독방에 구금되어 저 비천한 자들의 감시에 굴종해야 하는 민족적 운명에 사로잡혀 죄의 십자가를 짊어지게 되었다. 이 십자가는 민족이기 때문에 나는 그것을 거부하거나 벗어 버릴 수가 없다. 그렇다면 나 혼자 마음속으로라도 우선 나를 일본에 주어 버리면 그만이 아닌가. 그러면 이런 죄 아닌 죄는 없어지고 말 것이다.

기독교에는 아담과 이브의 원죄(原罪)라는 것이 있지만 사람은 죄와 같이 난 것은 아니다. 인간이 사회생활을 영위하는 데 어떤 규범이라든지 제도에 위배될 때 그것을 제재하려는 데서 죄라는 이름이 생겼을 것이다.

어렸을 적에 누우런 복색에 긴 칼을 찬 일본 헌병들이 평화스럽던 우리 동네에 오더니 갑자기 서당 아저씨들을 몰아내고 내가 다리 건너 고모님 댁으로 가는 길을 막고 서서 나를 불렀다. 나는 그 손을 내 몸에 닿을까 봐 징그러운 송충이같이 싫어했다. 그래서 올 때면 그 앞을 멀리 피해서 길을 돌아왔던 것이다.

그때 그 일본 헌병이 자기도 모르게 나에게 무엇을 주었는지, 그로부터 나는 조금씩 달라졌다. 사상(思想)의 씨앗이 그렇게 처음 내게 박힌 것이 차츰 커서 뿌리가 되고 이 옥창이 된 것이다. 바꾸어 말하자면 그 헌병이 사상의 씨앗이 된 셈인데 지금 그는 간수 복장을 하고 나의 옥창 앞에 가만히 서서 감시구멍을 통하여 그 매서운 눈알을 흘기고 있다.

하느님 앞에서 둘이 같이 선다면 그를 처벌할 것이요, 따라서 그를 보낸 일본 제국주의도 벌 받게 될 것이다.

나는 치안유지법이라는 법망에 걸렸어도 그 법에 대해선 아무것도 모르는 백면서생(白面書生)으로 독방 첫날밤을 맞으며 내게 최초의 사상의 씨앗이 된 그때의 누우런 복장에 긴 칼을 찬 일본 헌병이 따라와서 이 밤까지 감시하는 것을 본다.

사람을 죄인으로 보는 데에는 정의(正義)의 눈으로 보아야만 하느님도 그 죄 됨에 공감할 것이다. 사마리아 여인이 간통했다고 예수 앞에 끌고 온 그들에게 예수는 너희 중에 죄 없는 자가 있거든 이 여인에게 돌을 던지라 했다.

일본제국주의는 조선민족 2천만을 그 어린아이들까지 모조리 죄인으로 만들고 있다. 그 법망에 걸린 고기들이 다 죽으면 나중 그 법망은 바닷속에, 다시 추켜올릴 수 없는 정도로 깊은 바닷속에 침몰되고 말 것이다.

나는 앞으로 나에게 전개될 법 절차에 대해 간수 나으리를 붙잡고 물어볼까 하다가 에잇 그까짓 놈들하고 말을 주고받기가 싫어서, 그것도 그렇지만 형사나 간수나 조선 사람이 더 무섭고 미워서… 알면 내게 무슨 수가 나느냐, 모르고 되는 대로 따라가다가 나가라는 날 나가면 너희들 신세보다 나을 텐데 걱정될 게 무어냐, 그냥 인간수업이라 여기고 난리를 피해 온 것처럼 숨이 붙은 데까지 살자, 굶겨서 죽이지는 못할 테니… 하고 말았다.

취침하라는 구호에 따라 누울 채비를 하고 눕는데 신입생이 바로 눕나 해서 또 간수가 들여다본다. 눕는 것만이 제일이고 만사휴(萬事休)라는 위로가 되는 것은 경찰서 유치장에서 부터였다.

나는 내가 장차 어떻게 될지, 징역이라는 것이 얼마나 무서운 것인지 어렸을 때부터 들어온 지옥 같은 것인 줄만 알았던 그 생지옥에 떨어진 데 대해 슬프거나 무섭거나 하는 생각할 틈을 주지 않기 위해서 첫째로 바깥일을 생각지 말자는 결심을 하고 누우니 잘 때에 불을 끄지 않는 높다란 천장에 매달린 10촉 전등이 너무도 야속해서 이불을 푹 쓰고 이렇게 자노라면 언젠가 끝은 있으리라, 어쨌든 살고 보자, 행복해서보다 불행해서 어디 살고 보자는데 더 심장(深長)한 의미가 있는 것이었다.

사선(死線)을 극복하고 지배자들 앞에서 사는 것만이 희망이다. 그러기 위해 한 주먹 콩밥이지만 달게 배부르게 어느 한 알도 값없이 똥으로 내려가지 말게 꼭꼭 씹어서 영양이 되도록 하느님께 감사하며 먹을 일… 잠은 하룻밤 죽은 듯 흙처럼 잘 것… 해결되지 않을 일인데 고민하지 말라… 공범의 패를 달고 온 식민지의 선생과 제자… 어찌 된 일인지 한 지붕 아래 왔으니 꿈에라도 봤으면 하고 있는데 이불을 쓰면 안 된다고 간수가 감시구로 들여다보며 일러 주고 간다.

간수가 다니는 길에는 매트를 깔아 놓아서 발소리가 나지 않는다. 그러니 어느 '지금'에 그 나으리님이 와서 서 있는지 항상 조심해야 한다. 유치장에서 들은 이야기지만 형무소에서는 점잖은 게 제일이요, 간수에게서 꾸중을 듣지 않는 것이 대접을 받는 첫걸음이라는 것을 나는 명심하고 있다. 순사보다도 간수가 죄인에게 가지는 권력은 더 절대적이다.

이렇게 며칠이 지나도 감감무소식이었다.

하루는 어떻게 된 일이냐고 물었더니, 치안유지법이 개정되면서 구류 기간이 10일이던 것이 20일이 되었으니 한 20일 지나야 검사의 취조가 시작될 것이라 한다. 아직도 나는 죄인이 아니고 피의자인데 사람을 가둬놓고 아무 말도 묻지 않고 처박아 둔다… 참 신기한 일이 아닐 수 없다.

세 번만 구류가 갱신되면 60일, 두 달이라는 세월이… 아무 보상 없이 고통만 당하고 마는 것이다. 치안유지법이란 조선민족을 세계의 역사 속에서 아주 말살하자는 목적이요, 사상범이란 아무렇게라도 정신적인 고통을 주자는 것이니 그럴 바에는 나는 고통을 느끼지 않는 돌이 되어야 할 것이 아닌가. 거기에 대비해서 나는 속으로 화석(化石) 작업을 해야 할 결심으로 불교의 경전인 반야바라밀다심경(般若波羅蜜多心經)을 눈감고 정좌하여 입속으로 몇십 번이고 몇백 번이고 송독(誦讀)했다.

문득 간수가 무얼 그리 중얼거리느냐? 했다. 불경을 입속으로 왼다고 했더니 방긋이 웃으며 갔다. 반야심경은 불교의 마지막 도달(到達)인 열반 가는 길을 닦는 것인데 네가 칼 찬 간수로 이 두어 평 되는 방은 감시할지언정 열반 가는 길이야 방해할 수 있나.

그리고 계속해서 나는 더욱 마음 든든히 읽었다.

도일체고액(度一切苦厄)이다. 색불이공 공불이색(色不異空 空不異色), 이렇게 읽어 내려가면 마지막에 사(死)의 승화인 열반의 세계가 열린다.

나는 열반으로 간다
너희들은
칼을 쥐고 어서 망해라

쉰 번이고 백 번이고 이 심경을 읽고 나면 심신이 환하게 트이고 괴로움이 다 삭아진다.

이것이 나의 정신요법 '화석작업'이다. 감옥이란 권선징악보다 인간에게서 태양의 권리를 박탈하고 정서의 샘을 고갈시키는 결과 메마른 인간을 만드는 기계의 작용하는 법으로써 행하는 곳이다. 나는 한걸음 앞질러 나의 가죽을 벗기고 살점을 발라내는 작업을 함으로써 뼈만의 감옥인간을 저들 앞에 드러내고자 한다. 그러면 아무리 제국주의라 하더라도 백골에다 대고 죄를 선고함이 무용할 일인 줄 알 것이다.

나는 더 나아가 반야심경에 있는 무노사역무노사진(無老死亦無老死盡)의 경지에 들어간다. 늙어서 죽는 것도 없고 늙어서 죽는 것으로 끝나는 것도 없다. 이것이 죽은 뒤에 있는 열반의 세계인 것이리라. 이렇게 되면 교수대에서 칼이 목에 들어가지 못할 것이요, 수중(水中)에서 물이 입이나 콧구멍으로 들어가지 못한다.

이것은 잔학한 박해에 대한 나의 정신적 항거가 종교의 신념을 빌어 결정(結晶)된 것이다. 일본의 우리에게 대한 이 무서운 죄악은 우리들의 손에 의하여 세계 역사에 기록되어야 할 것이다. 그러니 우리들이 더 견디는 것만큼 저들의 발악은 더 심해질 것이다. 어디 하늘이 있나 없나 대동아전쟁의 결과를 보자.

나는 그때까지 정의(正義)의 가호를 받으며 이 독방에서 생명에 상처 없이 살아야 할 것이다.

나는 기도하는 대신 마음과 정신 속에 나 자신을 세우는 공부를 계속한다. 그래서 이런 곳에서까지 기쁨을 느낄 때가 있다. 나에게 이 이상의 고난은 없을 것이다. 이 같은 정신적 육체적 자세가 한번 세워지면, 그럴 리는 없겠지만 이보다 더 역경이 오더라도 굴하지 않고 살 수 있을 단련이기 때문이다. 이것은 다른 데서 얻을 수 없는 것을 이 형무소에서 얻은 무형(無形)의 재산일 것이다.

똥오줌과 먹는 것 외에 아무 다른 일 없는 것이 그러한 수양을 하는 것이 정신적 과업같이 싫증 없이 되풀이되는 동안에 몇 달의 세월이 흘러갔다.

언제 시작될 것인지 별로 기다리지도 않았는데 검사의 취조가 시작되었다. 검사는 이토 기요시(伊藤淸)라는 야무지게 생긴 차돌 같은 인상의 인물이었다.

그는 나를 앞에 앉히고 그동안 고생이 어떠냐고 웃으며 물었다. 개발질 해 논 것 같은 경찰 조서는 별로 보지도 않고 다만 미리 접어 논 페이지만 골라 골자만 추려서 물었다. 그뿐만 아니라 학생들 경향도 묻고 학교 형편도 물었다. 처음 만난 친구처럼 부드럽게 대해 주므로 나는 내가 넘어가지 않나 나 자신을 경계하면서도 형사 나부랭이들보다 오래간만에 맛보는 그 지적(知的) 인간미에 얼었던 몸이 풀리는 것 같았다.

날마다 큰 죄를 문초하던 검사의 안목으로 보면 내가 범했다고 하는 1미터 높이나 되는 경찰의 방대한 조서는 머리 둔한 애들의 필기장같이 무의미한 부피만 크게 함으로써 범인에 대해 치밀하게 했다는 자랑을 삼음에 불과한 기록이란 듯, 써 보낸 자의 정성을 초개같이 손가락에 침을 발라 탁탁 넘겨 버리며 혹시는 창밖을 내다보기도 했다. 도대체 이게 검사의 취조냐 형사에 대한 무시냐 분간할 수 없을 만큼 소홀했다.

검사의 첫날은 입학시험에 면접하여 구두(口頭)로 묻고 인상 보거나 하는 그런 종류의 것인 것 같았다. 그로써 또한 구류 기간을 그냥 보내고 구류 갱신을 한다는 서면통고(書面通告)가 온다.

나의 생각으로는 경찰조서는 대충 보고 내 방에서 가져간 책과 곳간 낡은 고리짝 속에서 일본 유학시대의 문예 일기책까지 대강대강 보더라도 범행에 보충 재료가 될 만한 것을 찾아내야 할 테니 지나간 세월의 먼지 낀 것을 털며 보기란 그리 쉬운 일은 아닐 것이고 쉬며 쉬며 눈만이라도 한번 거치자면 여러 달이 걸리리라 생각하니 그의 노고에 동정이 가서 조사가 늦어지는 것을 탓할 생각조차 별로 나지 않았다.

그리고 또 얼마나 불쌍한 노릇이냐, 빼앗긴 제 나라를 찾겠다는 사람들에게 죄를 씌우기 위해서 죄 될 조목을 시간의 먼지를 털며 눈알에 피 지도록 찾으며 월급 푼이나 타 먹는다는 사실의 주인공들… 예수가 살았다면 다시 형틀에 못을 박을 자들….

그렇게 주요한 줄거리만 추려 냈고 또 경찰의 조서를 대체로 긍정했기 때문에 검사의 심문은 예상한 것보다 비교적 빨리 끝났다. 끝나는 날 검사와 나 사이에는 이런 회화가 오고 갔다.

"황국신민서사는 왜 반대했는가?"

"조선 사람들은 일본말을 다 아는 것이 아닌데 일본말 모르는 사람도 붙잡아 세우고 황국신민서사를 읽으라니 감정적으로 반대하는 것이 당연하지 않겠습니까."

"학교 교실에서도 학생들에게 아직도 일본말이라고 하는가?"

"국어라고 하면 학생들이 웃습니다. 나를 비웃는 것 같아서 일본어라고 합니다."

"조선어 폐지에 대하여는 조선어는 그 음이 가장 편하게 기록되는 글자들이지만 역사적으로 잘 정리되지 못해서 근대적 의미에 잘 발달되지 못했는데 지금 교육과정에서 폐지해 버리면 세계 어음학상 대단한 손실이고 또 조선 사람의 혓바닥엔 그것이 가장 자연스러운 어음인데 문화적으로도 폐지할 수 없다고 생각됩니다."

"신문사 폐간은 조선을 일본이 가장 완전히 통치하려면 조선 사람의 의사와 요구가 무엇인지를 알기 위해서만이라도 통치자의 입장에서도 필요 불가결한 존재일 뿐 아니라 우리의 의사와 요구를 일본 신문에 반영시킬 수도 없는 것이 아닐까 합니다."

"창씨개명만 하더라도 조선 사람에게 성은 씨족제도상 가장 중요한 사회적 가치를 나타내는 것이기도 하고 또 종만이 천한 성을 쓰고 살며 또 좋은 성을 갈 수도 있기 때문에 성에 대한 전통적 관념은 조선인의 미덕의 하나인데 이것만은 조선인 모두가 반대하는 겁니다. 미국에 있는 일본 사람을 미국에서 창씨개명하라 한다고 윌리엄이니 헨리니 존스니 하는 것을 찬성할 수 있겠어요? 이런 것은 나 혼자만의 그릇된 견해가 아니고 모든 조선 사람들이 가진 올바른 견해입니다. 이 견해를 표명하지 못하는 것은 나처럼 이렇게 형무소에 잡혀

올까 봐 안 하는 것뿐이지 대일본제국의 식민지 정책을 지지하기 때문이 아닌 것을 일본의 지도부에 있는 분들도 알아야 할 것입니다."

"그리고 검사님, 끝으로 이 조서에 내가 경찰 진술 외에 한 가지 첨부하고 싶은 것은 독립을 희망한다는 진술의 내용인데 독립을 희망 안 한다고 주장하고 싶었지만 그것은 죄는 면할 수 있을 것이나 나의 양심이나 민족적 양심을 부정하는 것으로서 그 지독한—거짓말이라도 꾸며 낼 수밖에 없는 콧구멍에 물 넣기, 비행기 태우기 등등 고문까지 당하면서 독립을 희망조차 안 한다고 할 수 없어서 다만 희망을 부인하지 않은 것뿐입니다.

조선 독립이 한갓 희망한다는 것으로 달성될 것도 아니고 또 이번 반대나 태도로써 이루어질 것이 아닌 것은 어느 누구보다도 잘 알고 있고 또 조선 학생들은 어느 누구보다도 현실의 사정을 목격하기 때문에 정치성이나 사상성이 매우 조숙해서 그들에게 교단에서 선생이 조선어 폐지를 찬성한다든지 창씨개명을 환영한다든지 신문폐간은 당연하다든지 황국신민서사를 열심히 읽어 훌륭한 황국신민이 하루빨리 되라 한다든지 하면 고개를 숙이고 손으로 입을 막고 픽픽 웃어 버리기 때문에 조선인 교육자의 고충이 거기에 있는 것입니다. 그러니까 문화적 각도에서 선의로 본다면 하나의 견해에 지나지 않는, 결국 지식인이 가질 민족의식의 반영입니다."

경찰 유치장이나 형무소에 자주 드나드는 사람들에게서 전해 내려오는 철학이 있다. 형사나 검사가 묻는 말에 대한 것 외에 묻지 않는 말을 섣불리 하다간 큰코다친다는 것이다. 자기로서는 자기에게 유리한 말이라고 생각하고 한 말이지만 형사나 검사의 그 지능적인 머리와 솜씨에 꽁지를 잘못 잡히면 돌이킬 수 없는 화를 당하니 애당초 듣는 말 이외에는 벙어리가 되는 것이 상수라는 것이다.

인간 대 인간으로 자유스럽게 의사를 표시한 것이지만 그가 어떻게 내가 생각한 대로 받아 줄 것인지 갑자기 불안해졌다. 그는 인간이지만 나야 어디 인간인가. 그는 내가 범인이 아니고 자기와 같은 인간 대 인간이라는 비교적 자유스러운 태도에 돌연 안색이 변해지면서 시무룩해지더니 도쿄 유학시대의 문예 일기책에 연필을 끼워서 표해 두었던 것을 피며 여기를 한번 읽어 보라고 했다.

일본 놈들 조선 사람의 피를 짜서 소다수에 타 먹으라고 저주한 대목이었다. 나도 속이 섬뜩했다. 조선 학생들은 어디서나 형사들에게 때를 가리지 않고 수사를 당하기에 항상 일기 쓰는 데 주의하는데, 왜 이렇게 노골적인 욕을 썼을까? 어느 여름방학 때의 일기였다.

이토 기요시 검사는 자기 앞에 앉아 있는 자에게서 바로 자신이 그런 욕을 들은 것처럼 얼굴이 새파랗게 질리면서 쥐었던 펜을 책상에 탁 집어 던지며 너 같은 자를 그냥 두다간 대일본제국이 성립되지 않을 거라고 극언(極言)을 했다.

드디어 그는 약한 나라의 피로 이루어지는 대일본제국의 주구(走狗)의 근성을 냉정한 태도로 임해야 할 법의 앞에서 드러냈던 것이다. 도리어 내 쪽이 담담해졌다. 그까짓 대일본제국은 설립되어 무얼 하나, 그 제국 때문에 나와 같이 너도 징역살이를 하는데, 이렇게 생각하며 나는 나의 독방으로 돌아왔다. 신경이 고달파서 오히려 독방이 좋았다.

미결감에 와서 그 지루한 구류 갱신을 여러 번 거쳐서 검사의 심문이 끝나기까지 거의 반년이 걸렸다. 바깥 같으면 아무리 걸려도 한두 달이면 끝날 걸 가지고… 사상범이란 속에 정신이 든 사람들이니까 될 수 있는 한 고통을 주자는 것이 법에는 없지만 그 법을 다루는 인간 법관들의 심술이니 할 수 없지… 그러나 뻔한 것이지만 말했다가 미움도 더 받고 벌도 더 받을까 봐 다물고 있던 입을 열고 조선 사람이면 모두 가진 그 이야기들을 하고 나니 인정과세처럼 그들에게는 인정(認定)이라는 무기가 있어 붙잡힌 것만 불행이지 결국 마찬가지지만 그래도 어딘가 홀가분한 기분이었다.

검사 놈이 취조결과에 대해 어떤 견해를 조서 뒤 끝에 달아 보낼는지 모르겠지만 치안유지법에 걸린 사상범에 대해서는 변호사도 대나 마나 조선인 변호사들은 사상범을 변론한다는 의심을 받기도 싫어 애당초 서려고도 하지 않고 또 일본인 변호사들도 그렇다. 자기네 국가정책으로 사상범은 중벌을 주는 것이니 변론해도 소용없다.

그러나 내게는 일본인 변호사 하나가 붙었다. 이 변호사도 변론 무용론자지만 나의 선친(先親)께서 날마다 다니며 애원해서 서게 된 것이다. 어쨌든 변호사가 섰다는 것만 해도 변호사는 변론 때문에 오게 되니까 마음이 든든했다.

나를 데리고 오는 간수가 이제부터 예심에 회부되면 또 한참 걸릴 거라 하며 어떤 사상범은 예심에서 몇 해씩 썩는다고 한다. 사상범이 유치장에서부터 검사국 예심까지 거쳐 심판에 회부되어 징역선고까지 받는 절차는 일본 도쿄제국대학에 입학하는 것에 못지않은 예비절차와 수속이 걸린다.

나는 속으로 '중동학교에서 10년 동안이나 민족교육을 했다고 징역을 더 주기보다 예심에서 실컷 짜낼 것이다'라고 생각했다.

나의 중동학교 재직 10년간이라는 기간은 조선 독립운동이 민족주의자와 공산주의자 양편으로 갈라져 굉장히 치열한 시기였다.

나는 약하디 약한 인텔리로서 현실적으로 독립운동의 조직 속에 뛰어들 수는 없으나 현실적인 독립운동에 이바지되는 민족의식에 대한 기본적 토대만은 교단에서도 만들 수 있지 않느냐, 독립운동은 앞서서 몸을 바치는 애국자와 뒤에서 밀어주는 숨은 노력이 필요하다, 이런 견지에서 나의 중동 교단 10년은 나의 민족정신의 단상(壇上)이었다. 거기서 민족의식의 씨앗, 사상의 씨앗이 더욱 심화(深化)되면서 내가 교단에 서면 '조선인'이라는 것을 설명이 없어도 학생들에게 직감케 했다. 감정은 처벌하려 해도 증거가 없는 것이다. 다만 슬픔을 전해 주면 무언중에 그것은 의식화(意識化)되면서 보이지 않는 민족의식의 뿌리가 앞으로 이 학생 애들이 살아 나갈 반세기 동안에 그들이 앉아 있는 가정이나 마당에서나 그들의 고향 느티나무 아래서나 논밭에서나 그 의식이 뻗쳐 나가므로, 이것이 직접운동보다 현실적 효과는 적지만 한 민족이 살아 나가는 데 그 생명, 그 의식이 연장될 뿐만 아니라 일본의 식민지 동화(同化)정책을 막는 데 근본 되는 잠재력이 되므로 나는 교단에서 그러한 힘의 상징이 되고자 했던 것이다. 다시 말하면 나 같은 것이 조선인이라는 것이었다. 이런 교육을 10년 했기 때문에 내가 교단에서 한마디 하면 학생들은 그 암시력에 곧 동감(同感)하며 상응(相應)했던 것이다.

그러니 솔직한 말로 내가 민족을 위해 장기적으로 한 일이 현상적으로는 미미한 것 같지만 이 정도의 고통은 그리 억울한 것이 아니라고 자위하는 생각으로 다음 예심을 기다릴 수밖에 없다고 안도하는 마음을 가지니 차라리 밖에서 시달리기보다 누가 찾아오지도 않는 이 방이 비애(悲哀)의 성지(聖地)같이 변했다.

이토 기요시 검사는 법의 정신이 아니라 법관에게 가장 금물(禁物)인 증오의 정(情)으로 그가 법관으로서 쥐고 있던 냉철한 펜을 책상에 집어던짐으로써 나에 대한 취조를 끝냈고 법관의 관(冠)까지도 내 앞에서 벗어 놓은 것이나 다름없었다. 그는 마치 자기가 아니면 이 불온한 사상범들 앞에서 대일본제국을 지켜 나갈 수 없는 것처럼 착각하는 것 같았다. 나는 그가 그 펜을 다시 집어서 나의 면상에 던지면 어쩌나 하는 생각이 문득 나서 불안했다. 어서 그의 앞에서 일어나야 할 텐데 벌벌 떨면서 일어나면 결례(缺禮)가 안 될까 좀 망설인 것은, 이번 법의 순례(巡禮) 중 한 곳에서 걸상에 그냥 앉았다가 누가 거기 앉으라 했느냐고 호통치는 바람에 앉는 데 대한 자신까지 잃은 일이 갑자기 상기되면서 그 표독스러운 이토 검사의 형사소송법에서 누가 너더러 일어서라 했느냐 호통칠까 봐 겁이 났던 것이다. 그래서 겸손한 표정으로 정중한 인사로써 그의 분노를 풀고 출구로 향했다.

나의 독방에서는 나의 영혼이 정답게 나를 맞아 주었다.

두 손바닥만 한 미닫이가 달린 유리에 어디서 본 듯한 야윈 얼굴이 지나가는 것이 퍼뜩 보였다.

누굴까?

형무소에서는 아는 사람이 들어오는 것을 환영하지 않지만 불행은 불행으로 위로되는 수도 있다.

그런 심리의 작용인지, 누굴까 알고 싶은 생각이 시간이 갈수록 절실해졌다.

그런데 이상하게도 복도를 간수들이 왔다 갔다 하며 그 독방에 새로 들어온 신입생과 무언가 대화를 하고 있었다. 나의 호기심도 옆방에 쏠렸다.

나와 친면 있는 한 조선인 간수가 오더니 김태준(金台俊) 씨를 모르느냐 했다. 그래도 별로 아는 냄새를 풍기지 않고 반신반의하는데, 왜 경성제국대학 강사 김태준 씨를 모르냐고 거듭 묻는다.

형무소의 풍속은 모른다는 것이 제일이요, 안다고 했다가는 크게 코를 다치는 경우가 있다. 집이 가난해서 국민학교도 졸업하나 마나 한 그 간수들에게 경성제국대학도 까마득한데 더군다나 거기 선생이라면 이만저만한 일이 아니다. 그래서 마치 새 동물이나 들어온 것처럼 그 문전에 관광객이 그칠 사이가 없었고 그를 안다는 내 인기도 올라가는 듯했다.

다음부터 그에게서 내 방으로 벽을 뚫고 무전(無電)이 왔다. 그를 존경하는 간수는 우리 두 사상범의 통방을 허락해 주기도 했다.

그 담부터는 두 독방의 시간이 그리 지루하지 않았다. 항상 나는 긴장했다.

그는 공산주의자였다.

자기를 존경함으로써 감시가 늦추어지는 어느 순간도 빼놓지 않고 이용했기 때문에 간수 교습소에서 금방 졸업하고 형무소에 와서 견습하는 신인(新人) 하나를 매수하여 집과의 연락에 성공한 것이 발각되어 멋도 모르고 존경하는 단순한 마음으로 심부름해 드린 젊은 간수가 고랑을 차고 독방에 들어앉았다.

형무소 내에서 경성제국대학의 인기는 그만 폭락되고 말았다. 그도 나는 같은 문학도(文學徒)로 문학적 양식도 본질적으로는 비슷했고 시대의 고민에 대한 것도 같은 테두리 안에 있었는데, 다만 한 가지 그는 공산주의 신봉자요, 나는 민족주의자로서 정신적·사상적 차이가 있었을 뿐인데 판단하고 적응하는 데 있어 그는 기민하고 주의를 위하여서는 수단과 방법을 가리지 않았다.

그 긴박한 사태 중에 통방이 가능하더라도 극히 순간적인 통화와 암시적인 방법밖에 될 수 없는데도 대담하게 공산주의를 나에게 권고했다.

형무소에서는 같은 방에 있다 하더라도 자기의 사상이나 주장을 결코 다른 사람에게 선포하지 않는 것이 수감자의 상식으로 되어 있는 것은 형무소 당국에서 첩자(諜者)를 감방에 집어넣어서 사상범들의 동향을 내사(內査)하기 때문이다. 그러므로 한방에 둘이 있건 셋이 있건 일절 침묵 부답이다.

형무소의 시간은 뱅뱅 돌지만 무엇인가 기다리는 동안에 흘러가서 그 지루한 예심도 끝나게 되었다. 예심판사는 백발이 성성한 신사였다. 그 많은 조서 가운데서 요령만 뽑아낸 심문에 나는 거의 긍정적이었다. 범죄사실이 아니고 민족적 양심에 관계되는 것들이기 때문이었다. 심문이 끝나고 할 말이 없느냐 하는 데 이르러 나는 대담한 진술을 시도했다.

"판사님, 저는 법에 대해서만은 문외한이지만 독방에 종일 앉아서 이런 회의를 가집니다. 만일 대동아전쟁에 그럴 리는 만무하지만 대일본제국이 패해서 미국 놈들이 일본 사람을 넬슨이니 워싱턴이니 링컨이니 페터니 존슨이니 이렇게 창씨개명을 하라면 일본 사람들이 반대하지 않을까요?"

판사가 갑자기 얼굴을 붉히면서 "빠가야로…, 너 같은 불령(不逞) 조선인들이나 그런 생각을 하지 대일본제국 신민 중에는 그런 생각을 하는 사람은 한 사람도 없다."

"판사님 황공하옵니다."

"예심은 이걸로 끝났어…."

개에게 쫓기던 닭이 지붕에 오르듯 시원했다.

얼마 후에 예심판결서(豫審判決書)가 왔다.

이 예심판결서를 받아 들고 한 자 한 자 자세히 읽고 나서 나는 치솟는 분노를 금할 수 없었다. 동시에 앞에 닥쳐올 불안과 공포보다는 예상외로 안도의 감을 느꼈다.

크게 요약하면 네 항목밖에 안 되는 것을 가지고 그것도 무죄를 주장하려면 얼마든지 주장할 수 있는 걸 가지고 경찰에서 3개월 반, 검찰에서 예심까지 1년 6개월… 죄가 크거나 무거워 다루기 힘들어서가 아니라 죄가 바로 되지 않는 걸 치안유지법이라는 악법 조문에 맞추느라고, 말하자면 법을 위해서 인간을 희생시키느라고 보상도 없는 애달픈 세월을 2년 가까이 옥중에서 강제로 구속한 것밖에는 아니었다.

민족은 근원이다. 그러므로 그 민족에 속한다는 가장 단순한 생각 하나만으로도 민족의식은 형성되는 것이다. 한 민족에 속하는, 더군다나 지식인, 그것도 저의 나라 최고학부를 졸업한 데다가 민족의식이 가장 강렬한 시인(詩人)에 대하여 민족을 버리고 1년 10개월 만에 네 가지 항목의 죄를 만든 놈들을 따르란 말이냐.

번뇌의 때가 묻은 이 독방의 시멘트벽에서 무수한 눈이 나와서 나와 같이 예심판결서를 보고 웃는다.

내가 투옥되기에 전기(前記)의 어마어마한 조문들이 이의 없이 적용되면서 검사의 4년 구형에 변호사의 무죄 주장에도 불구하고 공판에서 징역 2년의 선고를 받기까지 그 수속절차에 1년 10개월 걸렸으니 사상범이 일본 궁성에 들어가기보다 몇십 배나 더 어려우랴? 세상에 일본제국주의 치하에서밖에 징역 하기가 이렇게 어려운 나라가 또 어디 있을까.

미결은 법관들의 형편과 사정에 따라 공판까지의 걸린 시간인데 피고만의 일방적 손실이 부당하다 하여 미결통산이라는 것이 미결 기간의 절반 혹은 3분의 1쯤은 계산해서 피고인에게 주는 것이 통례인데도 이놈은 나타난 죄상은 크지도 않고 따라서 형(刑)을 많이 줄 수는 없으나 이놈의 민족주의 사상은 어찌할 수 없는 것이라 해서 그랬는지 검찰에서 예심, 예심에서 공판까지 1년 반이나 걸렸는데도 한달은 커녕 단 하루도 미결통산에 넣어 주지 않았다.

공판을 받고 난 뒤부터는 독방의 혜택이 없어져서 무식한 노인 일본인을 넣어 주었다. 일본인은 구로사키(黑崎)라는 깍쟁이 같은 놈인데 하루는 술 먹던 이야기를 하다가 서울에는 처녀가 없다는 것이다. 그게 무슨 말이냐 즉각 반박하고 나서부터는 나는 그와 일절 말하지 않기로 했다.

그담 들어온 노인은 강원도 감자바윈데 무식하기로는 그냥 흙덩어리였다. 그가 또 사상범으로 구속되었다. 무슨 사상범이라 해도 그것조차 모르고 불교 스님의 안내로 마을 사람들과 금강산에 기도드리러 갔다가 돌아오는 길에 체포되었다는 것이다. 내 생각에 필경 스님이 부처님께 이 민족을 구해 달라고 불공을 드렸던 것이 아닌가 했다. 사기한(詐欺漢)인 구로사키하고 달라서 무어라고 고자질할까 봐 거죽으로 말은 못하고 나는 나 혼자 속으로 흙도 사상범이구나 생각했다.

일생을 농사로 지낸 부농(富農)인 듯한 이 노인은 감자바위를 명동에 갖다 커피를 먹이는 식으로 진짜로 아무것도 모르는 사상범이었다. 그때의 사상범의 의미는 조선인이었다. 무식해도 조선인이 일본인에게 대하여 가지는 악감(惡感)만은 다 가지고 있었다. 그것이 그의 사상범의 내용이었다. 왜 형무소에 왔느냐, 형사들과 검사가 무얼 묻더냐? 해도 어디 사느냐와 이름을 묻고 왜 금강산에 따라갔느냐 불경은 무얼 읽고 빌기는 어떤 것을 빌더냐를 물었다는 것이다. 금강산이 좋다기에 한번 따라간 것이고 금강산을 잘못 구경한 것도 없는데 집에서는 어디 가서 산에서 굴러 죽었는가 할 겁니다고 했다.

나는 그의 편지를 써 주며 속으로 어떻게 웃었는지 간수가 지나가다가 왜 그러느냐고 묻기에 이런 흙도 사상범이 될 수 있는가 하고 반문할 수도 없고 진땀을 뺀 것은 머리에 종기가 났을 때였다.

2년 언도를 받고 미결감에서 기결감으로 진짜 징역 하러 가느라고 그와 갈라질 때 그는 자기는 어떻게 해야 하느냐고 콩알 같은 눈물이 뚝뚝 떨어지는 것을 옷소매로 씻었다. 미결에서 기결로 가는 사이에는 벽돌담 하나가 이승과 저승 사이란 듯이 높이 서 있었다. 미결에서는 사복(私服)이었는데 이 담을 경계로 감옥에서 입는 빨간 수의(囚衣)가 입혀져서 감옥 입문하기 전에 신입생처럼 간수장님의 훈시를 받게 된다.

그 도장(道場)에는 가지각색 고문 도구가 나열되어 공포감을 일으켰다. 나는 영국의 작가 앤드루 랭의 『미지(未知)의 나라에 간 앨리스』[2]를 연상했다. 앨리스는 꿈속에서 이상한 나라를 구경한다.

나는 일본 식민지의 앨리스였다. 그때로부터 나는 진짜 감옥의 독방에서 이불을 앞에 놓

---

2   영국 작가 루이스 캐럴[Lewis Carroll. 본명은 찰스 루트위지 도지슨(Charles Lutwidge Dodgson)]이 1865년 발표한 『Alice's Adventures in Wonderland(이상한 나라의 앨리스)』이다. 앤드루 랭(Andrew Lang)은 스코틀랜드 출신의 동화 작가로, 김광섭이 작가를 혼동한 것 같다.

고 밥 들어오는 시간 외에는 팔짱을 끼고 아무 할 일도 없이 자다가 깨다가 하품하며 빈집의 개처럼 지내다가 명주실로 투망을 뜨는 작업을 하게 되었다. 어떻게 하면 공장으로 나가 사람 구경을 할까 하는데 자개공장 간수가 와서 자기 공장에 나오지 않겠느냐 하기에 사상범이 어떻게 나갈 수 있느냐 했더니 자기 공장 잡역(雜役)이 출감하게 되는데 자개무늬의 도안을 죄수들에게 골라 줄 만한 사람을 구하는 중 내가 하면 그걸 능히 할 수 있으리라 해서 이것은 사상이 아니라 작업상 필요로 작업과장의 이해를 얻으면 되는 것이니 공장에 나올 생각이 있느냐는 것이었다. 거기에 한 가지 곤란은 아침저녁 공장에 나가고 돌아올 때에는 발가벗고 뛰어가고 뛰어오는 것인데 차츰 겨울이 되면 좀 견디기가 어렵지만 그래도 독방에 혼자 있기보다는 징역이란 조금이라도 쉽게 하라는 것이 형무소의 철학이니 보잘것없지만 그런 얼굴이라도 보는 것이 얼마나 위로가 될 것인가.

그래서 나는 제15공장 자개무늬를 놓는 기술공장 잡역으로 취임하게 되었다. 이 잡역이란 담당간수 지휘를 받아 적당한 도안을 골라 죄수들에게 주고 그 작업을 감독하는 학교의 반장 비슷한 것이다.

사상범은 이래서 경계하는 건지 나는 그 15공장에 사상범의 분포를 파악하기로 했다. 아니나 다를까 장기수 세 사람이 있었다. 내가 취임하자 공장 내의 분위기가 날이 갈수록 부드러워졌고 죄수들의 나에 대한 관심도 컸다. 간수의 나에 대한 신임과 태도가 좋았기 때문이었다. 사상범들이 더욱 그랬다. 눈짓조차 못하는 감옥에서 동지를 만났으니 아니 그럴 수가 있겠는가.

그들은 셋이 다 만주 출신들이었다. 무기에서 유기로 잔기(殘期)가 아직도 7, 8년씩 남아 있는데 징역 하는 태도는 참으로 담담했다. 너무도 태연하니 인간 같지 않았다. 사람이 어찌 저럴 수가 있으랴 싶을 정도였다.

저 만주 벌판이나 국경지대에서 일본 놈의 순포막에 폭탄을 던지고 그놈들이 죽으면 그놈들의 것을 빼앗아 가기 때문에 그들의 5척(尺) 단신(短身)에는 100척의 길고 무시무시한 죄명이 씌워졌다. 대체로 독립군에다가 살인강도, 절도강도죄가 붙어서 무기징역이다.

독립운동이라는 것을 신문에서 많이 보았지만 중학교도 못 졸업한 청년들이 만주 벌판에서 제 몸이나 가족을 돌보지 않고 폭탄을 안고 일본군에게 뛰어든 것이 이 사람들이었구나 하며 담박 눈시울이 뜨거워졌다. 나와 같은 단기형(短期刑)으로는 잔기가 얼마나 되느냐

하는 것을 묻기조차 송구했다. 집 소식은 좀 들었나요? 무얼요… 다 죽은 것으로 체념할 뿐이지요. 한 주일이 멀다 하고 면회 오는 나의 처지는 너무 행복해서 그런 이야기조차 하기가 면구스러웠다.

그들에게는 열몇 해 전 가족들의 얼굴만 눈에 선했을 뿐이리라. 그러는 중에 머리가 빠져 젊은 대머리가 되고 눈은 어두워 근시가 되고 얼굴은 백지장처럼 창백해서 몇십 년 동안 한 번 맘 놓고 웃어 본 흔적조차 보이지 않았다. 나는 그때 우리가 상상조차 못한 진짜 독립군이 여기 이렇게 있구나! 무엇을 믿고 자기의 청춘과 정열과 가족을 몽땅 버리고 요원한 독립을 위해 폭탄을 짊어지었던가?

또 한 사람은 너무 여위어서 얼굴이 길어졌고 입술이 바로 다물어지지 않아 말에 바람 한 꼬치만 한 기운도 없었다. 지금은 해방됐지만 한국의 독립운동에는 이같이 서러운 망국의 비애가 숨어 있는 것을 약간의 민족의식 때문에 감옥에 갔던 길가에서 본 것이 지금 이 글을 쓰는 책상머리에서 다시 눈에 떠올라서 그들의 이름이라도 안다면 신문에 광고라도 내서 비록 술을 입에 대면 죽는 병이지만 내 방에서 만나 손을 잡고 술 한 잔 나누고 싶은 마음이다. 해방 당시 내가 주마담이라는 못된 병에 걸려 신음하지 않았던들 그들의 거처나마 알 수 있었을 것인데 한번 그 기회를 잃으면 인간이란 그 생사(生死)를 모르는 경우가 태반이다.

그리고 내가 만난 사상범 중에서 가장 강직하고 투쟁적인 현산이라는 사람이 있다. 15공장 담당간수가 나에게 호의적이기도 하고 존경하기도 했기 때문에 공장 안에서나 밖에서나 그가 있는 곳에서는 나의 행동이 감시적이 아니었다.

현산은 나를 보자 김 선생은 문사(文士)니까 내가 꼭 민족에게 전해 달라고 부탁할 것이 있다고 해서, 현산이 그렇게 말할 때에는 반드시 민족적 항쟁에 값있는 이야기 아닐까, 항상 궁금하게 생각하며 기회를 노리고 있었다.

어느 날 작업을 마치고 방으로 돌아오는 길에서 현을 만났다. 무기징역에서 유기가 된 장기수지만 방울 같은 눈에 정기가 넘치는 미소를 띠며 반가워했다. 그때 우리는 둘이 다 보수(補守)로서, 전쟁 중이라 간수가 부족했기 때문에 사상범 중 가장 성적이 좋은 자들을 얼마 골라서 훈련시켜 보수라는 이름으로 간수의 보좌역을 시켰다. 죄수는 한 사람이라도 그 앞뒤에 간수가 서기 때문에 그 간수 한 사람의 실속 없는 역할을 이 보수가 하기 때문에 독방으로 방도 좀 편한 곳을 주고 감방 출입도 다소 자유스러웠고 내복도 집에서 넣을 수 있고 만년필, 시계 등도 휴대할 수 있는 특전이 주어진 이 기회를 타서 나는 현산에게 한 걸음 다 가서게 되었다.

그는 손에 들었던 '며느리 밥 먹는 꽃'이라는 기다란 처음 듣는 꽃을 다시 보면서 싱긋 웃었다. 나도 따라 웃으면서 시어머니한테 몰리다가 겨우 밥 먹는 꽃 같은데 무슨 전설이 얽힌 꽃이 아닌가 했다. 복도에 들어서서 방에 들어가려는데 현이 그 꽃을 나에게 주면서 점검한 뒤에 틈을 보아 자기 방으로 잠깐 놀러 오라고 했다. 보수들의 방에는 취침 시간까지 문을 잠그지 않는 경우가 많았다. 나는 섣불리 반칙을 하다가 걸리지나 않을까 의심스러운 생각을 하다가 그날 밤 우리 감방 복도의 담당간수가 우리를 냉대하는 간수가 아니라는 것에 유의하자 나는 보수들의 감방을 이방 저방 들여다보는 체하다가 자연스럽게 현산의 방에 슬쩍 들어갔다. 어디서 가져왔는지 그의 방에는 조그마한 화분에 나팔꽃 넝쿨이 노끈을 타고 올라가 피고 있었다.

감방에 핀 꽃이라 꽃도 곱거니와 생명이 형태화(形態化)하는 것이 기이하기도 했다. 그대쪽같이 곧은 사나이의 10년 이상 복역하는 중에도 그런 정취(情趣)가 어떻게 살아 있었는가. 꽃의 아름다움과 함께 새삼 느껴졌다. 고독과 독방의 동경(憧憬)에서 그런 신비가 이루어진 것이 아닐까. 나는 그의 앞에서 도로 외로워졌다.

무슨 이야기인지 기다리고 있는 중 그는 조용한 말소리로 김 선생은 문학을 하시니까 내 얘기를 잘 들어 두었다가 언젠가 꼭 글로 써서 전해 달라고 당부했다. 투쟁만을 생명으로 아는 이 사나이의 눈에 혹시 불안이 스치는 것은 보았으나 오늘 밤처럼 그의 눈에 애수(哀愁)가 깃든 것은 처음이었다. 어느덧 나의 심안(心眼)도 그의 애수에 동감되었다. 그러면서 그가 '꼭 할 이야기'라고 할 때 내게는 형무소의 본능처럼 주위를 경계하는 조심성이 생겼다. 스파이의 눈은 언제나 있다. 사상범에게는 미행(尾行)은 발의 발꿈치와 같은 것이다. 없다고 생각한 것은 다 있었다. 보이지 않은 것이 먼저 가서 밀고를 했다. 그렇기 때문에 사상범일수록 형무소 안에서는 서로 속을 주고 이야기하기를 꺼린다. 그러나 현산은 나를 믿었다. 나의 개인적 인간이 아니라 문학 한다는, 그렇게 용의주도한 안광(眼光)을 가진 사람이지만 문학을 전공한다는, 시인이라는 것을 믿었으리라. 그의 강철같이 강직한 성격에 비하며 갈대같이 나약한 나를 그는 믿어 주었다.

그리고 어떤 중대 사건에 직면하는 듯한 결의의 빛을 보였다. 언제나 태연하게 형무소의 생활자처럼 지내던 그의 얼굴이 약간 상기되었다. 그러는 동안에 사건과 동지들이 그의 눈앞에 모여들었다.

그때 나는 보수복에 달린 포켓에서 메모지를 끄집어냈다. 그는 잠깐 마음을 가다듬고 나서 이야기의 실마리를 풀기 시작했다.

나의 펜이 달리는 대로 내 붓끝을 보며 그의 말은 속도를 가했다.

이 사건은 처음에 극히 사소한 데서 시작된 것입니다. 밥 문제에서 발단된 것인데 밥을 더 달라는 이유로 발가벗기고 어떻게 때렸던지 수형자 3명이 죽고 5명이 뼈가 부러지고 그밖에 또 몇 명인가는 피골이 상접하게 되었습니다.

그래서 치료를 받아도 살 것 같지 못했고 더욱 죽은 자들에 대해서는 병사(病死)로 허위신고 했던 것입니다. 그래서 마포형무소에 일대 소동이 일어났던 것입니다.

그때 서대문형무소에는 비교적 단기수가 많았고 마포형무소에는 장기수가 많았는데 그렇게 소동이 일어나자 드디어 법무 당국과 신문사에서까지 알게 되어 도저히 묵살할 수가 없게 되었습니다. 그래서 그해 8월 7일 결국 치사사건(致死事件)으로 기소되어 소장은 파면되고 간수장 1명은 면직, 1명은 공판에 회부되어 2년 언도를 받고 과장은 3년 언도를 받았는데 그것이 바로 1936년(昭和 11) 마포형무소의 '동지살해사건(同志殺害事件)'이라는 것입니다.

그 결과로 새 소장과 과장이 부임하게 되었고 따라서 형무 당국자들의 태도도 일변하였지요. 그래서 그 사건에 대하여 사과하고 또 밥도 요구하는 대로 주겠다는 성명까지 발표했던 것입니다.

그래 놓고는 70여 명을 투쟁 분자로 규정해서 암암리에 대전형무소로 이감시키기 시작했습니다. 이것이 그들의 소위 대중 분리정책(大衆分離政策)인데 우선 소극적인 분자와 사상범들만을 남겨 두었어요.

그 결과로 그해 연말에 조선형무소 식량에 관한 규정이 개정되어 9등식까지 있던 것을 8등식까지로 한 등급 줄여서 피의자(被疑者)·작업미정자(作業未定者)·사고자(事故者)에게 주던 9등을 8등으로 올렸던 것입니다. 그렇게 거죽으로 등급으로 올렸지만 속으로 양을 줄인 것이 차츰 알려지자 소장은 감언이설로 식량문제는 전체적인 문제이므로 전국적으로 해결될 때까지 잠시 참아 달라고 했던 것입니다.

그런 중에 제1동에 있는 동지들이 당국의 대중 분리정책에 대해서 그와는 정반대로 대중 연락운동을 전개했던 것입니다. 일대 공포가 지나간 뒤라 처음에는 거기에 응하는 자가 적었습니다. 다음 해인 1937년(昭和 12)에 일지사변이 터지자 그것을 빙자하여… 사실상 식량사정도 곤란했지만 작업이 양호한 자들에게 한 주일에 한 개씩 주던 개량 떡과 돼지고기를 없애 버렸어요. 그러자 1937년과 1938년 양년(兩年)에 걸쳐 거기 대한 적극적 투쟁론자와 소극적 투쟁론자의 양 파가 대립되어 장기간 논의되다가 결국 대다수가 적극파에 기울어지게 되었는데, 그때 마침 계호과장(戒護課長)이 새로 부임해 가지고 그것을 수형자의 횡포라 하면서 다시 고문과 구타로 다스리기 시작했습니다. 그러나 그것이 도화선이 되어 과거에도 세 사람이나 고문치사(拷問致死) 했는데 이번에는 구타 절대 반대, 식량감소 절대 반대를 목표로 투쟁이 다시 벌어지게 되었던 것입니다.

그렇게 투쟁이 검은 물줄기처럼 흘러오다가 1939년 7월 24일 석양에 목공소인 제5공장에서 15년의 장기수 사상범이 형정(刑政)의 불합리를 호소하려고 소장에게 면회를 청했습니다. 그것이 불허되자 면회 담당간수를 단도로 찌르려고 했습니다. 그러자 간수가 칼로 그 수형자를 쳤습니다. 다시 달려들어 간수를 찌르려다가 자살하려고 자기를 찔렀습니다. 그래서 간수는 수호해 가고 죄수는 걸채에 실어 갔습니다. 이 사실이 죄수가 간수들에게 타살된 것처럼 전파되어 다시 소동이 일어날까 두려워서 수형자들을 모조리 감방에 집어넣었지요. 사건은 법무 당국에 의하여 일단 해결되었고 따라서 전반적으로 처우가 개선되기는 하였으나 그 수형자가 무엇 때문에 여기서 희생되었느냐 하는 문제가 남았던 것입니다.

그래서 제3동에 비밀본부를 두고 각 동에서 지도자를 선정하되 집행부를 3명 – 그중에서 1명을 책임자로 하였습니다.

그래서 제1동·제2동·제4동에 걸쳐 단식투쟁으로 투쟁방식을 정했으나 그것은 당분간 보류하기로 하고 그 결정권은 전기 집행부 3명에게 일임하고 긴급 시에는 최고 책임자의 지령으로 단행케 했지요. 사실상 단식투쟁은 2일 이상 계속하기 어렵기 때문에 일반투쟁을 강화하기로 했던 것입니다.

어떻게 이 사실을 알아낸 당국자들은 급히 지도자를 분리시키려 했습니다. 거기에 대해서 분리 반대투쟁을 결사적으로 강행할 것을 각 동에 전달함으로써 각 방에서는 동거자들이 절대 분리되지 않도록 결속했던 것입니다. 그러기 위해서는 우선 원시적인 무기나마 없을 수 없어 변기통(주: 똥통) 넣는 궤짝을 뜯어 곤봉을 만들게 했지요.

이로써 투쟁은 힘으로 대결케 되었던 것입니다. 동시에 투쟁 목표를 선언하였지요.

1. 구타 폐지
2. 식량 개량
3. 처우 개선 – 특히 언어, 면회, 편지 등에 대한 자유 보장
4. 의무시설 확충

여기에 대해서 행형국장이 출두하여 전기 조건을 승인하라는 것이었습니다.

형무 당국자의 승인은 무력할 뿐 아니라 언제나 기만적이었기 때문에 행형 당국의 언명(言明)이 있어야 한다는 것이었습니다.

그것이 완전히 승인될 때까지 투쟁을 계속하기로 결의했습니다.

이에 대한 당국의 태도는 1936년 살상사건(殺傷事件)에 자기들이 실형(實刑)을 받았기 때문에 회유적으로 나갔지요. 그래서 소장은 수형자들에게 손을 대지 말고 계호(戒護)만 하라고 명령했습니다.

그때 수형자 측으로서는 전번에도 간수가 수형자를 먼저 찔렀고 또 이번 사건만 하더라도 수형자가 간수를 먼저 찔렀다는 것은 사실을 왜곡한 것이라고 주장하며, 간수가 감방에 접근하기만 하면 발로 구르며 고함을 치고 환기 구멍으로 물을 끼얹으며 분뇨를 떠서 던지는 자까지 있었지요.

이렇게 증오심에 불타는 직접 행동을 취하게 되자 형무 당국으로서는 수형자들에게 양해를 구하는 길밖에 다른 도리가 없었고 소장은 과거의 불상사에 비추어 그 해결책을 사법 당국에 의뢰했던 것입니다. 그 결과 어디까지나 회유책으로 나왔으나 수형자들이 절대 불응했을 뿐 아니라 도리어 부문별로 나누어 3개 동에서 선동 연설을 하며 식통구에 머리를 내밀고,

"우리를 때려 죽이라!"

"우리를 굶겨 죽이라!"

"대한독립만세!"

하고 외쳐 댔습니다.

드디어 문제는 정치적인 데까지 미치게 되었습니다. 그 소리가 밖에 들리자 마포형무소 주위에 살던 사람들이 모여들기 시작하매 그것을 제지하려고 용산경찰서에서 무장출동(武裝出動)까지 하였으나 모였던 사람들이 흩어졌다가도 다시 모여들어 그 일대에까지 큰 소동이 벌어졌습니다.

그러자 감방 안에서는 더욱 흥분되어 나중에는 목이 말라 교대로 연설했습니다. 그러다가도 일제히 세숫대야를 들고 두드리기까지 했던 것입니다.

그것이 6일간 주야로 계속되었지요. 말로는 듣지 않으므로 드디어 당국자들은 최후책으로 밥을 주지 않기로 했습니다. 저절로 단식이 된 셈이지만 이번에는 밥을 주지 않는다는 데 대한 투쟁을 전개했지요.

밥을 주지 않으니 형무소를 부숴야 한다고 외쳤습니다. 이까짓 것쯤은 굶으면서도 능히 부술 수가 있다는 것이었습니다.

이렇게 극도로 악화되던 다음 날 아침 사법 당국과 행형 당국자들이 와서 소장 명의로 삐라를 돌렸습니다.

간수도 살고 수형자도 죽지 않았으니 모든 요구는 사태가 진정되는 대로 합리적으로 결정해서 해결하자는 것이었습니다. 그래서 듣지 않으면 제군에게 불리할 테니 깊이 고려해서 최후의 권고를 들으라는 것이었습니다. 거기 대한 회답을 삐라 뒤에 적으라고 연필까지 넣어 주었지요. 그 삐라를 여러 가지로 검토한 결과 그것이 그들의 회유책이요, 우리의 투항이니 절대 거부키로 결정하고 곧 회답했습니다.

처음 교섭이 그렇게 실패되자 제2의 공문이 왔습니다.

즉 감방 안에 가지고 있는 곤봉 등속을 전부 내놓으라는 것이었습니다. 그러나 그것은 우리의 무기니까 내놓을 수 없다고 재차 거절했습니다. 이 제2의 거부에는 요구 조건이 붙었지요. 즉 당국에서 우리의 요구를 듣겠다는 것을 서명 날인을 하면 곧 무기를 버리겠다는 것이었습니다.

그러자 행형 당국은 드디어 계호과(戒護課) 안에 참모본부를 두고 무조건 무장 해제를 단행키로 하여 서대문형무소에 응원부대를 청하여 간수들이 소방복에 소방모자를 쓰고 총까지 들고 제2동으로부터 우리를 체포하기 시작했습니다.

손을 들라니 손을 들고 한 손목에 하나씩 고랑[3]을 채우니 그것이 바로 무장 해제였지요.

사법 당국의 입회 아래 감옥에서 다시 구속되는 셈이었지요.

간수들 중에는 우리를 미워서 때리려고 하는 자도 있었지만 상부에서 절대로 금했습니다. 그렇게 모조리 체포한 뒤에 한 차에 3명 혹은 4명씩 실어 서대문형무소 미결감(구치감)에 이송해서 처음으로 수의를 입은 기결수가 집단적으로 미결감에 있게 되었습니다.

서대문형무소 소장은 기결수지만 피의자인 우리들에게 고랑과 포승을 풀게 하고 일장 훈시를 했습니다. 법무 당국의 명령으로 제군은 서대문형무소 미결감에 수용하게 된 것이며 오늘까지의 투쟁 대상은 마포형무소요 본 형무소가 아니니, 여기서 다시 투쟁하지 않는다면 고랑을 채우지 않겠으나 그렇지 않다면 부득이 채울 수밖에 없다는 것이었습니다.(감방에서는 사형수밖에 고랑을 채우지 않는다)

본 형무소 내의 규정에 복종할 것을 약속하고 고랑을 차지 않게 되었지요. 그래서 1939년(昭和 14) 7월 24일 발생한 불법에 대한 항쟁은 동년 7월 29일부로 70명이 이송됨으로써 일단락을 지어 관용부(官傭夫)를 제외한 전 수형자에게 비통한 일대 충격을 주었던 것입니다. 그러나 지도부를 잃은 경성(마포)형무소에서는 투쟁의 보복으로 300명이 고랑을 찼고 600명은 일종의 회유책으로 관대히 처분되었던 것입니다.

그러나 우리는 비밀리에 서대문형무소 미결감에서 제2의 투쟁을 전개시켰던 것입니다.

1. 금후의 대책
2. 법정에서 취할 공동태도
3. 급식 및 처우에 대한 근본적 개선

다음에는 법정투쟁에 관한 건으로서,

1. 공개재판을 절대 요구할 것
2. 분리(分離) 공판이 아니고 합동(合同) 공판을 절대 요구할 것

---

3 고랑: 수갑을 말한다.

그다음 투쟁에 대한 내용으로서는,

1. 현재의 행형제도(行刑制度)의 불합리·비인도성 폭로
2. 수형자의 안전을 위한 요구 관철
3. 전기(前記)의 조건이 해결될 때까지 투쟁할 것

이상의 목적을 달성하기 위하여 민첩하고 언론에 밝은 10명을 선정하여 법정투쟁을 지도하도록 했던 것입니다.

한 주일 후부터 취조가 시작되어 전원이 기소되었습니다. 재판은 법정에서 열리지 않고 감옥 안에서 징벌적(懲罰的)으로 분리해서 행해졌는데, 그런 중에서 소위 전향파(轉向派)는 사과했고 비전향파는 항쟁으로 초지를 굽히지 않았던 것입니다. 그러나 형(刑)의 결정은 징벌로써 끝났습니다.

1. 7일, 5일 또는 3일간의 감식(減食)
2. 상여금(賞與金: 작업 임금) 전액 몰수

그렇게 벌을 받는 중에 8월 7일이 왔던 것입니다!

1936년 8월 7일!

3년 전의 이날은 마포형무소에서 동지 3명이 타살된 분노의 날이요, 동시에 항쟁이 시작되던 날이었습니다. 그래서 단식의 날이었습니다. 그래서 이 8월 7일이 해마다 기념되어 왔던 것입니다.

1. 동지가 맞아 죽은 날
2. 야만적이고 원시적인 행형에 반대한 날
3. 적극적 의사표시와 정신적인 시위의 날

그러나 이번에는 단식투쟁을 하지 않고 음식투쟁을 하기로 했습니다. 먹으면서 하는 투쟁입니다.

1. 단체로서 소장에 대한 면회 요구
2. 수형자에 대한 인도적인 처우 개선

이 두 가지의 목적 달성을 위하여 9월 1일까지 전 수형자를 조직화하여 새로운 투쟁을 일으키려 했던 것입니다.

그러나 불행하게도 이 계획이 밀고자 때문에 사전에 탄로되어 그 결과 나와 지도자 4명이 각각 벌방(罰房)의 암흑 속에서 10일간 벌을 받았을 뿐 아니라 강제 분리정책으로 동지들이 분산되어 내가 여기 서대문형무소에 온 거지요.

이야기가 여기까지 오자 그는 문득 한숨을 후~ 쉬었다. 그때 나는 그의 얼굴을 다시 쳐다보았다.

방울 같은 눈에 눈물이 글썽거렸다. 그 속에 또 정신의 빛이 비쳤다. 나는 그가 독립투사인 줄은 알았지만 그의 정신력과 기억력과 그 자그마한 체구 속에 그 가혹한 옥중투쟁기가 숨어 있는 것을 몰랐다. 그래서 그는 그러한 유혈(流血)의 내부에서 고난의 성과로 형성된 투사(鬪士)라는 것을 생각했다. 그러므로 그는 입으로만이 아니라 피부까지도 말하는 사람이었다. 나는 아무 할 말이 없었다.

취침 시간이 다가와서 메모를 집어넣고 나는 무엇엔가 취했던 사람처럼 일어서며 무엇엔가 쫓기듯 급했는데, 그는 나의 손을 다시 잡고 당부했다.

"나는 살아 있는 동지의 증거로서 이 투쟁기를 김 선생에게 전해 드리는 것이니 부디 잊지 말고 동포들에게 전해 주십시오. 그 맞아 죽은 사람들에게 위령(慰靈)이나 되게… 배고파서 밥을 달라다가 매를 맞아 죽은 세 사람의 동지, 그전에도 그렇게 죽은 동지들이 무수했을 것입니다… 나는 지금도 그 애달픈 소리를 듣지요. 그 영혼의 소리가 나에게 힘을 주기 때문에 앞이 어두우나 멀리 보며 사는 것입니다."

그는 영원히 잊지 못할 역사적 비극 앞에 선 인간의 한 그림자였다. 나는 나의 독방에 돌아와서 지금 어디 갔다 왔는가 한참 동안 우두커니 앉아 있었다. 그러는 중에 내 눈에는 현(玄)이 다시 떠올랐다.

국가보다 인간이라는 것이 더 귀중한데 그 국가 때문에 인간은 온갖 참상(慘狀)을 다 당하고 있다. 현은 그 속에서 살고 있다. 암흑과 광명을 품고… 살기 위해서 보복하기 위하여 어찌 보면 그는 기고 있다.

취침! 하는 소리에 변기에 오줌을 누고 자라는 듯 어슴푸레 들려와서 나는 변기 뚜껑을 열었다. 그리고 나는 누웠다.

다시 현을 생각했다. 정의를 위하여, 인도(人道)를 위하여, 사상을 위하여, 민족을 위하여 그는 있다. 그 나름대로 투쟁하는 불덩어리다. 거기에 너무 치우쳤다 하더라도 자기가 된 대로 굽히지 않고 안에 자기의 대(竹)를 세우고 사는 사람이다. 이 형무소에는 현 같은 지사(志士)들이 하루 종일 한두 마디의 말도 없이 여기저기 앉으라는 자리에 쭈그리고 앉아 있다. 그들의 하나하나를 대일본제국 신민으로 만들기 위하여 온갖 교묘한 방법과 수단이 강구되고 또 실천에 옮겨지고 있다. 그러기 때문에 그들은 은폐된 측면을 덮고 형무소를 기계처럼 돌아가는 규칙으로 삼으며 강제로 살고 있다.

그 규칙은 벽을 더욱 두텁게 하고 있다. 그 벽은 그들의 생(生)의 의욕에 움직이려고 하면 살아나서 반작용을 하고 있다. 그러므로 그 벽은 사람을 죽이면서 살고 있다.

밤… 나의 감방, 나의 독방에는 어디선가 그 벽의 모래 눈 같은 구멍을 뚫고 부음(訃音)이 새어 들어오는 것 같았다. 내가 나가기를 기다리는 거기서 오는 부음일지도 모른다.

나는 과거에 독립투사도 만나 보았고 민족주의자도 만난 일이 있지만, 자기가 불기둥이 되어 타는 현 같은 사람은 보지 못했다. 일본 신민을 만들기 위하여 일본제국주의의 노력이 낭비된 그의 앞에 대일본제국은 한시도 서지 못했다.

내가 형무소에 갇혀 있는 동안 현을 만난 것은 나의 옥중생활을 귀중하게 하는 잊을 수 없는 수확이었다. 그는 민족의 산 이미지였다.

여기에 수록된 현이 진술한 마포형무소의 "밥 더 달라"에서 발단된 투쟁기는 나의 형무소에서 얻은 가장 값진 것이다. 그러므로 나는 현에 대한 의리와 사명감으로 이 기록을 정성스럽게 현의 체취가 있도록 여기에 옮겨 그가 원한 대로 동포들에게 전하고자 한다.

2 이규창, 「재옥중기」

자료 292 | 『운명(運命)의 여신(餘燼)』, 보연각, 1992.

이규창, 「재옥중기」(서대문구치소, 마포, 광주 형무소에서의 수감생활)

인천 부두에 당도하니 선내로 왜놈의 형사 2~3명이 와 자기네끼리 말을 하더니 한 놈이 나한테로 와서 나하고 말하자고 하면서 자기를 소개하기를 미와(三輪) 경부라 하며 자기는 우리 집을 잘 안다고 하며 너의 가문은 조선의 유명한 양반의 집이라고 한참 우리말로 유창히 하며 우리 집의 내력을 자기네 동료에게 소개하는 것이다. 그리고 나서 우리 둘을 자동차에 태워 서울로 향하여 드디어 종로경찰서로 와서 서장에게 인계하고 미와라는 자는 나 보고 서장의 말을 잘 듣고 잘 있으라 하며 갔다.

종로서(鍾路署)가 그 당시 신신백화점 자리에 있었던 것으로 기억이 된다. 나는 종로서 유치장 1호 유치방(留置房)에 수용되고 엄(嚴) 선생[4]은 맨 끝 방으로 수용되었다. 하루를 지난 후 엄 선생이 아침 일찍이 취조받으러 형사가 데리고 나가는 것을 보았다. 사실은 우리가 상해에서 한 사건에 대하여 취조를 완전히 하여 진술 서류를 완결하였고 그 외 아리요시 공사(公使)[5] 암살사건도 관련된 분들이 다 일본 내에서 판결을 받고 형(刑)의 언도까지 받았던 관계로 우리도 상해에서 그 사건의 관련에 대하여 취조를 다 완결됐으므로 조선 내에 와서 또 그 사건에 대하여 심문이나 취조할 필요가 없는 것이다.

그러나 그 당시 국내에서 또 한 사건이 발생하여 '제일루(第一樓)사건'[6]이라고 명명하고, 이정규,[7] 채은국(蔡殷國) 두 분을 근 1년간 고문 취조하다가 심사를 종결짓고 서대문구치소

---

4 엄순봉[嚴舜奉, 이명 엄형순(嚴亨淳), 1906~1938]: 경북 영양(英陽) 출신. 아나키스트로 1933년 8월 흑색공포단의 일원으로서 변절자 옥관빈(玉觀彬)을 처단했다. 상해에서 남화한인청년연맹 가입, 상해 공사 아리요시 처단 의거 계획에 참여했으며, 1935년 3월 친일파 이용로(李容魯)를 처단, 국내로 압송되어 1938년 4월 9일 사형으로 순국하였다. 1963년 건국훈장 독립장이 추서되었다.

5 아리요시 아키라(有吉明): 재상해 공사.

6 1934년 10월 서울 관훈동의 제일루에서 아나키즘 운동을 재개하기 위해 회관 이을규, 우관 이정규 그리고 오남기 등이 활동 계획을 수립하던 중 체포되었다. 그 사건에 대해 일제는 "오랫동안 잠잠하던 해내외의 무정부주의자들이 다시 서로 연락을 취하여서 무슨 책동을 하려고 하여 점차 조선 내로 집중하는 기미를 탐지하고 그만 질풍신뢰로 검거를 시작한 것"이라고 선전했다.

7 이정규(李丁奎, 1897~1984): 충남 논산 출신. 1919년 2월 도쿄 재일유학생 독립선언에 참여했다. 임시의정원 의원. 의친왕 망명을 추진했다. 1920년대 초 아나키즘을 수용하여 아나키스트 운동의 선구자로 역할을 했으며, 이회영과

로 송치하였다. 그러다 우리 사건이 발생하자 왜놈들이 억지로 국내 동지들과 연결 지어 사건을 확대 날조하여 전국의 동지가 우리와 관련된 것으로 조작 근 10여 명을 체포하여 각 경찰에 수용하고 우리 두 사람과 억지 사건을 조작하려고 갖은 고문과 악형을 자행했다. 사전의 각본대로 우리를 서울로 압송하자 악독한 짓을 진행하는 것이다. 엄 선생이 취조받고 온 후 내 차례가 되어 취조실로 가니 7~8명의 왜놈인지 조선 놈인지 알 수 없으나 여하튼 나를 포위하다시피 하고 나를 위협하며 공포를 주는 것이다. 나는 그러려니 하지만 겉으론 아주 어린아이같이 무서운 척하며 몸을 덜덜 떨며 무서워하였다. 그중의 한 놈이 나를 보며 한국말로 너는 앞으로 우리의 말을 잘 들으면 징역도 적게 살게 되며 몸도 편안할 터이니 잘 생각하라고 하며, 내일 너의 모친도 면회하게 할 테니 말을 잘 들으라고 하며 오늘은 이만하고 방으로 가라고 하였다.

 그다음 날부터 우리는 국내에서 일어난 사실에 대하여 조금도 그 내용을 모르며 관여된 일도 없고 단지 그간 이정규 선생과 이을규(李乙奎) 선생께서 부친이 재세 시(在世時)[8] 과거 천진(天津) 시절의 관계로나 친자와 같고 동지인 고로 비록 고국에 계시니 과거 생각을 하여 제반 편의를 왜놈의 감시를 피해 가며 상부상조하며 지냈던 것이니 이를 빌미로 나를 국내로 압송하여 국내와 연결을 지어 어마어마한 사건으로 확대하려고 음모를 조작할 작정이었다. 내가 인천에 오자마자 이을규 선생을 동대문서(東大門署)로 잡아다가 유치장에 가두고 그간 우리와 무슨 연락을 하였으며 무슨 음모를 하여 항일 독립운동을 하였느냐고 갖은 악독한 고문을 하기도 하고 동대문서에 있는 동안 30여 번을 실신할 정도로 악형을 당했다는 것은 훗날 안 일이다.

 그러니 엄 선생도 더 말할 수 없이 악독한 물고문을 당하였고 나도 그만 못지않게 물고문을 당한 것이다. 내가 당한 물고문은 이런 것이다. 종로서 지하실에 고문실이 따로 있다. 수도가 있고 수도꼭지에 고무호스를 달아 놓고 나를 목상(木床)[9]에 매어 놓고 왜놈 형사 사쿠라다(櫻田)라는 놈이 내 배에 타고 앉아 수도를 틀어 호수로 내 면상에다 물을 쏟는 것

  함께 독립운동을 전개했다. 독립운동가 이을규(1894~1972)의 형이다.
8 재세 시(在世時): 생존해 있을 때.
9 목상(木床): 나무로 만든 침대.

이다. 이렇게 되니 내 얼굴이 물에 빠진 것이나 다름없이 호흡할 수 없으니 별수 없이 물을 있는 대로 먹고 기절하면 배에 타고 앉아 있던 왜놈이 나를 인공호흡을 하여 물을 토하게 하고 정신을 차리게 한 후 좀 이따가 또다시 그런 짓을 반복하는 것이다. 그러니 그런 고문을 수십 일 동안 당하니 모르는 일도 안다고, 안 한 일도 하였다고 하게 되는 것이다. 그렇게 고문 앞에는 장사가 없다는 말이 왜정 치하에 유행하였다.

고문을 하는데 너는 네 어미와 붙어먹었지 하는 패륜적인 욕을 먹으며 혹독한 고문을 당하면 별수 없이 어미와 붙어먹었다고 한다는 것이다. 이것이 하나의 비유에 속하는 말이지만 왜놈 치하에 어떻게 혹독한 고문을 당하였기에 이런 유행어가 있겠는가.

내가 5월경에 국내로 끌려오자, 이을규 선생이나 최학주(崔學柱) 분들 10여 명도 우리와 같은 고문과 고생을 겪었다. 6월 말경까지 엄 선생과 내가 종로서의 왜놈 형사들에게 아무리 고문당하고 회유를 당하여도 사건을 조작 확대할 만한 말이 우리 입에서 나올 수 없고, 또 모르는 사실을 안다고 할 수도 없고 하여 하는 수 없이 우리 둘을 서대문구치소로 송치하고 그날로 바로 이을규 선생과 최학주 분들 10여 명도 석방되어 귀가 조치되었다는 것을 해방 후에야 비로소 그 당시《동아일보》기사의 보도를 보고 알았다.

만약 우리 둘이 허위로 고문에 못 이겨 그놈들이 조작한 사건대로 진술하였다면 이을규 선생과 최학주 분들도 서대문구치소로 송치하고 검사의 고문을 받았을 것이다. 그러나 우리 둘은 고문에 못 이겨도 위언(僞言)[10]을 안 했고 또 이을규 선생도 마찬가지라 참 장하신 분이라는 생각이 들었다.

먼저 송치한 '제일루사건'의 이정규·채은국 두 분에게도 하등의 관련이 없게 되었다. 참으로 모든 게 다행한 일이었다. 나는 여기에 꼭 한마디 말을 하고자 한다. 내가 사건으로 국내로 압송되지 않았더라면 이런 왜놈 치하에서 항일 독립운동을 하셨던 분들의 그 피나는 고통을 누가 그 속사정을 알면 이해하겠는가. 해방 후 소위 해외에서 독립운동하였다는 위대한 분들이 과거의 동지며, 왜놈 치하에 피눈물의 고통을 겪으면서 생명을 부지하며 생불여사(生不如死)로 해방을 만나서 자유의 몸이 되고 정신적으로도 해방이 되어 기쁜 기분으로 과거 동지를 만났는데 왜놈의 치하에 얼마나 사경에서 헤맸느냐고 위로는 못 할망정 8·15

---

10 위언(僞言): 거짓말.

이전이니 8·15 이후이니 하며 선을 긋고 왜놈에게 매국노 노릇이나 하듯이 패거리를 만들어 작당하고 매장을 하려고 하니 내가 해방과 동시에 그 작태를 보고 그자들이 참으로 위대한 독립운동자라고 자처하였나 하고 개탄을 마지않았다.

사실은 해외에서 독립운동하는 것보다는 국내에서 독립운동하신 분들의 비참한 고통을 어찌 다 형언하겠는가. 1년 365일 하루도 편할 날이 없고 무슨 사건이라고 날조하여 예비검속을 하여 적어도 10일 또는 15일간 유치장에서 소소한 고문이라도 당하고야 오며 만약 우리와 같은 사건이 나면 그것은 생명이 왔다 갔다 하는 판이다. 사람이 죽임을 당할 때도 곧 죽이면 죽임을 당하는 사람도 고통 없이 죽지만 고통만 주고 죽이지 않으면 제아무리 철석같은 심혈을 가진 인간이라도 왜놈 치하 장구한 세월을 두고 그 고통을 겪으면 어떡할까. 자기만 위대한 독립운동자란 생각만 하시면 참으로 한 모퉁이가 빈 인간이라 하겠다. 모든 것을 판단함에 있어 그 사람 그 사람의 인격과 위인을 보고 비판하는 게 옳지 않겠는가. 소감을 간략히 쓰는 바이다.

종로서의 서장은 구로누마(黑沼)라는 왜놈으로 조선 여인과 살며, 고등경부보(高等警部補)는 사이가(齊賀)라는 왜놈으로 주로 치안유지법 위반자만 취급하며 사상범은 민족운동자 또는 공산주의자, 공산주의자 중에도 민족의식이 주가 되는 자, 그렇지 않으면 소비에트 코민테른, 소위 국제공산주의자로 구분하며, '아나키스트', 즉 왜놈이 명명한 무정부주의자로 분류되었으나 경부보인 사이가란 자는 사상범이라고 칭하는 사람에 대하여서는 제일 먼저 그 사람의 사상적 지식이 여하한가와 이론에 대한 경중을 판단하여 A급, B급, C급으로 구분하여 넣은 위험한 인물로 장래 요주의할 것을 정한다. 그러므로 사이가 놈과 같이 공산주의 이론이나 '아나키'의 이론에 능통한 놈도 드물 것이다. 그러니 일개 경부보라는 자가 주의에 대한 이론이 정연하니 사상범 취급에 조금도 빈틈이 없다.

사이가가 나를 취조할 때도 내 사상과 민족의식에 대하여 여러 각도로 질문을 하였는데 민족의식에 대하여 말 몇 마디의 대화에서 확정하였다. 나를 보고 묻기를 '국어(國語)'를 할 줄 아느냐고 하기에 할 줄 안다고 하니 그러면 말해 보라고 하기에 내가 지금 하는 말이 우리나라의 국어가 아니고 무엇이며 또 따로 무슨 국어가 있느냐고 반문하니 사이가 놈이 발끈 화를 내며 '빠가야로'라고 왜놈의 말로 하며 피우던 담배를 수갑을 찬 내 손등에다 비비며 '빠가야로'라는 말을 연발한다. 나는 내 손등이 담뱃불로 지글지글 타서 참으로 참기가 어려웠다. 지금도 내 손등에는 그때 사이가가 담뱃불로 지진 흔적이 남아 있다. 사이가 놈이 말한 국어는 왜놈의 말을 국어라 하고 혹은 내지어(內地語)라고도 하는 것을 내가 알 리도 없고 생전 첨 듣는 말이니 나로서야 우리나라 말이 국어지 왜놈의 말이 무슨 국어란 말인가. 이 몇 마디 대화로 너는 골수에 박힌 민족의식을 가진 놈이로구나 하고 다시는 그 문제를 더 논하지 않고 사상에 대하여 무슨 서적을 보았느냐고 묻는 것이다. 나는 나이가 어려서 사상에 대한 서적을 본 게 그리 없다고 하니 그래도 무엇을 보았느냐고 말하여 보라기에 '아나키'에 대한 서적으로 상호부조론(相互扶助論), 경제학의 면포론(麵麭論), 윤리학 청년에게 고함, 혁명가의 생각 등이라고 하니 너는 나이는 어리지만 책은 많이 보았구나 하며 앞으로 국어는 안 배울 거냐고 하기에 국어는 아는데 또 무슨 국어를 배우라고 하느냐 하니 그때는 전과 같이 화를 안 내고 웃으며 일본어를 배우라는 것이라 하기에 당연히 외국어로 일본어를 배우겠다고 하였다.

나는 왜놈들에게 조선과 일본을 확연히 민족적으로 구별하여 말하였다. 그래서 사이가가 나 보고 "시오가나이야쯔"라고 하였다. 나중에 알았지만 '할 수 없는 놈'이란 말인 것을 알고 검사국에 송치할 때 사이가의 취조서 후면에 자기 의견서를 쓰는데 이놈은 민족의 의식이 강고하여 동화가 어렵다고 생각한다고 썼었다. 사이가가 그렇게 의견을 단 것을 검사가 나를 다 심문하고 나서 네가 어찌하여 사이가 상(相)이 이런 의견을 붙였으니 말해 보라고 하기에 서(署)에서 취조할 때 주고받은 말을 자세히 검사에게 말하니 검사가 신중히 듣더니 네가 해외에서 생장하여 불순한 생각만 하게 됐으나 장차 너도 내선일체라는 사적(史的) 인식을 하여 개과천선하여 훌륭한 황국신민이 되라고 말하는 것이었다. 나는 아무 대꾸를 안 하고 듣기만 하였다. 그때 그 검사가 나를 아주 어린아이로 여겨서인지 심문할 때 내가 쓰던 권총을 자기가 손에 쥐고 나를 향하여 농(弄)을 하며 이 권총으로 살인하였다니 나는 믿을 수가 없다고 하며 파안대소하였다.

서대문구치소에 수감되어 잡방(雜房)으로 입감하였다. 14~5명으로 정원이 되어 있다. 입는 옷은 왜놈의 '하오리'라는 옷인데 하절(夏節)이라 '훈도시(귀저귀 같은 것)'를 아래에 차는 것이다. '하오리'에는 '오비(허리띠)'로 허리를 맬 뿐이다. 아주 간단한 왜놈의 의복을 입는데 색깔은 미결수는 감색(監色)이며 기결수는 적색(赤色)의 수의(囚衣)를 입으며 미결수에게는 자기 집에서 차입(差入)이라고 하여 허락을 받아 사복(私服)을 입는다. 그러나 기결수는 사복

착용을 일체 불허한다. 그리고 미결수의 하루 세끼 밥은 콩밥으로 형(型)에 찍은 콩밥 덩어리인데 7등(等)의 등급 밥이다. 밥 덩어리에 7 자(字)가 배겨 있다. 이 7등이 최하위로 일을 안 하고 먹는 밥이다. 그리고 미결수는 자기 집이 여유가 있는 사람은 사식(私食)도 대어 먹는다. 사식을 세 번 먹는 데도 검열이 엄격하다. 혹시나 외부하고 음식 속에 연락이 되는 암호와 여러 가지 수단으로 사건의 문제를 연관하는가 하여 심하게 주시를 받으며, 사식을 먹는 미결수가 관식(官食)을 먹는 사람과 사식을 나눠 먹는 것을 발견만 하면 양편을 다 혹독한 벌을 주며 절대로 나눠 먹지 못하게 하며 만약 간수에게 들키고 먹지를 않았다고 부인할 때는 지독한 간수 놈은 사식을 아니 먹었다는 미결수를 감방 밖으로 끌어내어 비눗물을 강제로 먹여서 사식을 토하게 하여 사식을 토하게 될 경우 부인한 것을 확인하고 혹독한 온갖 벌을 다 준다.

그러는 곳은 조사실(調査室)로 '시라베소'라고 한다. 미결수나 기결수 전부가 번호로 성명을 대신한다. 나는 661호였다. 감방에 좌정(坐定)하는 것은 번호 순위로 좌정하며 감방 내에서는 절대로 잡담을 못하며 잡담하다가 들키면 벌을 받는 것이다. 앉는 형식은 반드시 '세이자(正坐)'를 한다. 즉 꿇어앉는 것이다. 이렇게 세상에도 없는 혹독한 방법으로 죄수를 다룬다. 이렇게 당하면서도 미결·기결할 것 없이 10년, 근 20년을 이런 별천지에서 생명을 유지하고 살아서 세상에 나오게 되니 참으로 인간은 어떠한 동물인가 하고 다시 생각하게 된다. 아무튼 감옥에 대한 기록은 후일 더 자세히 하겠기에 이만한다.

내 마침 들어간 감방에 의외로 채은국 선생이 있지 않은가. 나와 채은국 선생은 초면이다. 채은국 선생은 채명신[11] 씨의 부친이시다. 종로서에서 사이가가 '제일루사건'을 우리하고 연관을 지으려고 취조당할 때 채은국 선생의 성명을 알게 된 것이다. 감방에 들어와 서로 인사를 하니 채 선생도 이규호[12] 선생에게 들어 알 뿐 이런 감옥에서 상면(相面)할 줄이야 몽중(夢中)에도 생각지 못한 일이다. 그리고 왜놈들이 무슨 착각에 나를 채 선생 감방에다 넣게 됐는지 이것도 천행이라 하겠다. 모든 일이 잘되려면 천우신조라고 하는 것이다. 그러니 우

---

11 채명신(蔡命信, 1926~2013): 1948년 4월 조선경비사관학교(현 육군사관학교 전신) 입학, 5기로 졸업. 소위 임관. 1950년 한국전쟁 참전. 1954년 제3군단 작전참모. 1965년 베트남전쟁 참전, 주월사령관. 1969년 육군 제2군 사령부 사령관. 1972년 전역. 1972년 주스웨덴 한국 대사, 1973년 주그리스 대사, 1977년 주브라질 대사.

12 이규호(李圭虎): 이규창의 이명.

리의 일도 이렇게 풀리게 되는 것이다. 채 선생은 근 1년 이상 미결수로 있어 예심에 계류되어서 이렇게 장구한 세월은 징역도 아닌 미결수로 검사가 직접 기소하지 않고 예심판사에 넘기면 사건의 미진한 내용을 보충하여 정식 기소하면 기소를 맡은 판사가 날짜를 정하여 재판하는데 왜놈의 치하에서는 독립운동의 사건이나 치안유지법 위반에 대한 사건은 으레 예심에 넘겨 시일을 장구히 끄는 것이다.

감방에서 채 선생을 만나 그간의 여러 사건과 사실을 다 말하니 참으로 어이가 없었다. 왜냐하면 우리는 국내의 사건하고는 전연 관련이 없고 왜놈들이 국내에서 발단된 사건이 별로 중요하지도 않으니 놈들로서는 사건을 확대하여 관계가 없는 많은 사람을 붙잡아서 취조하였으나 일을 음모한 것이 없고 세상만 시끄럽게 될 뿐이다. 그러자 상해에서 우리의 사건이 나니 왜놈들은 물실호기(勿失好機)[13]라 하고 우리를 그 '제일루사건'에 억지로 때려 맞춰 보았으나 위조로 만들 수는 없었다. 2일 후 간수가 이르길 밤중에 판사에게서 내일 출정하라는 통지를 받으면 채 선생과 의론하고 여하튼 예심판사 앞에 가면 폐일언하고 '제일루사건'과의 연관은 완전 부인하고 관련이 없다고 단호히 부인하라는 것이다. 경찰서에서 검사국에 송치된 후에는 경찰서와 같이 고문도 못 하고 사건에 대해 부인해도 검사가 가끔 노발대발할 뿐이니 끝까지 부인할 것은 부인하라고 여러 가지 법률의 해석과 법규를 알려 주는 것이다. 그리하여 그 이튿날 재판소에 가서 상해에서 우리가 행한 사건은 전부 승인을 하였으나 국내 사건과의 관계에 대해서는 본시(本是) 서에서도 관련이 없다고 했지만 검사의 심문도 꼭 단정하고 사실을 묻는 것이 아니라 그저 피상적으로 묻는 것이다.

전연 관련도 없는 우리가 국내에 와서 우리가 모든 사건들을 국외로부터 비밀연락이 되어 '제일루사건'이 됐다고 연계를 조작하려고 우리를 무수히 고문하여 자백을 강요하였으나 우리는 사실 모르는 일이었다.

검사도 나의 말을 듣고 별 이의를 않고 우리와는 관계가 없다는 것을 '제일루사건' 기소문에 확정하여 기소 송치하기로 결정을 짓고 1935년 12월 말 예심이 종결되어 1936년 2월 이정규·채은국만 각각 3년 형을 언도받았다. 그리고 미결통산 250일, 이렇게 왜놈들의 가혹한 압박 치하에는 사건도 사건 같지 않은 일로 각 관련자를 옭아매려고 갖은 수단과 고문

---

13 물실호기(勿失好機): 좋은 기회를 놓치지 않음.

과 강제로 사건을 만들어 징역을 3~4년씩 살게 하는 것이 왜놈들의 식민지 정책이었다.

지금 그것을 모르고 자란 청년들이 과거 우리 선인들의 비참한 과거를 조금이나마 알아서 망국의 한이 어떠한가를 생각하는 게 이런 분단된 민족의 전도(前途)를 생각할 때 다소나마 도움이 되지 않을까 하는 것이다.

출정하였다가 감방으로 돌아오니 채 선생이 반가이 대하여 주며 검사에 대한 진술 내용을 대강 듣고 참 잘하였다고 하며 우리하고 관련 없음이 판명되었으니 다행한 일이라고 기뻐하였다. 곧 예심으로 돌렸다고 간수가 나에게 통지하여 주었다. 그러는 동안에 간수가 나의 번호를 부르며 소지품을 다 가지고 나오라고 하는 것이다. 그래서 나는 소지품도 별것 없지만 대강 챙겨 나가면서 채 선생을 보니, 가만히 말하기를 감방을 다른 데로 가는 것이니 몸조심하고 부디 잘 있으라고는 것이다.

3동 5호실의 감방에 수용되었다. 그 당시 서대문구치소는 구 구치소와 신축된 구치소가 있었다. 본소는 목조 2층 건물로 연조(年條)가 오래되었고 교수대도 있으며 기결수도 수용되고 있고 신건물은 간도공산당사건으로 피검자가 700~800명이나 되므로 국내로 송치하여 수용이 불가능하므로 급히 '콘크리트' 2층 건물로 지어 수용하였었다. 내가 들어간 3동 5호실 감방은 독감방으로 한 사람을 수감하는 방에 들어가 보니 나까지 3명이 있었다. 그중 한 사람은 수갑을 차고 쇠줄로 수갑 찬 손을 매서 허리에다 자물쇠로 잠그고 있다. 나는 그 분에게도 인사를 하고 또 한 사람에도 인사를 하였고 수갑을 찬 사람은 김광묵(金光黙)이라고 하며 간도공산당사건의 한 사람으로 1심에서 사형선고를 받고 상고 중이라 하며 미결로 이렇게 전부 5년간이 되는 것이라 한다. 또 한 미결수는 인천 사람인데 학생 신분으로 사상적으로 불미스러워 피검되어 판결을 기다리고 있다고 한다. 성은 한(韓)이고 이름은 기억이 안 난다.

그리고 나를 소개하니 참 고생하였다고 위로하여 준다. 그러니 내가 어이가 없었다. 사형을 받고 수년을 지내는 사람이 나를 되레 위로하니 참으로 어이없어서 무슨 말을 할지 묵묵부답하였다. 그런데 옆 감방에서 벽을 '탁' 치는 것이다. 그러니 김광묵 씨가 입을 창에다 대고 옆방에다 가만히 말하기를 새로 온 사람은 이규호라 하고 상해에서 살인하고 이곳으로 송치되었다고 하니 그쪽 방에서 말을 듣던 사람이 반가이 응답, 내가 이정규라고 하며 이규호가 얘기를 좀 하라고 김광묵 씨에게 부탁하는 것이다. 그래서 김씨가 나를 보고 이정규 씨가 옆 방에 있으니 간수에게 들키지 않게 말하라고 한다. 그래서 나는 창에다 대고 규호라고 하니 나 우관(又觀)[14]이라고 하며 말을 못 잇는 것이다. 조금 있다가 다시 말하며 간수가 오게 됐으니 이따가 다시 말하자며 그만두었다. 만일 우리가 서로 말을 한 것을 간수에게 들키는 때에는 혹독한 벌을 받는다. 그래서 조심조심 서로 망을 봐주며 말을 통하게 된다. 그리고 벽을 사이에 두고 통방(通房)을 하는 통신법(通信法)이 돼 있다. 통방하는 사람이 한 손에 책(冊)을 들고 독서하는 체하고 한 손으로 벽에다 신호를 보내는 것이다. 그 방법은 이렇다. '간다'를 통(通)할 때, '가'자를 칠 때 한 번 '딱' 치면 '가'요, 또 연거푸 '딱딱' 치면 받침 'ㄴ'이 된다. 그러면 '간'이 되고 그다음 '다'를 할 때는 '딱딱딱' 세 번을 치면 '다'가 되어 '간다'는 말로 통하게 된다. 이것은 무선 전신통신과 같은 이치로 되는 것이다. 김광묵 씨하고 이정규 씨 간에 통화하는 것을 보니 참으로 일류선수이며 모든 게 정확하였다.

 내가 종로경찰서에 수감되었을 때 유치장을 지키는 순경이 나에게 너의 죄명이 살인이니 서대문구치소에 가면 예심을 거쳐 장구(長久)한 세월을 지내게 되니 내가 너에게 통방하는 법을 알려 줄 테니 잘 배워서 사용하라 하며 그 방법을 알려주었다. 우리나라 국문은 참으로 훌륭한 문자라고 그 순경이 말하였다. 그 순경은 한국인으로 경기중학을 졸업하고 공시 공부를 한다고 하였고, 성명은 채(영)증식[蔡(榮)增植]이라고 하였다. 그래서 유치장에 있는 사람들이 다 채씨를 가리켜 생각이 다르다고 모두 말하였다. 해방 후 내가 이정규 선생 댁에서 머무를 때 성북경찰서장이 우리를 찾는다고 하여 만나니, 그 서장이 바로 내가 13년 전 종로서 유치장에서 서대문구치소에 가서 통방을 하라고 알려 준 바로 그분이었다. 어찌나 반가운지 눈물이 날 지경이었다. 그리하여 이정규 선생과 나를 서장이 신흥사(新興寺)로 초대하여 한턱 잘 받았다. 이것도 옛날 일이 되고 말았다. 채 서장은 작고하였다. 내가 간수 몰래 이정규 선생하고 말을 하기도 하고 그렇지 못하면 김광묵 씨가 나 대신 통방하여 모든 사실과 사건의 내용을 알렸고 상해의 근황이나 임정(臨政)의 내용이나 우리 남화한인청년연맹의 누구누구가 모여 있으며 그간에 대한 제반 사건도 자세히 알려 주었다. 그리고 이 방에 오기 전에 채은국 선생 감방에 4, 5일 같이 있다 왔다고 하였더니 참으로 다행한 일이라고 하며 다른 문제는 다 무사하게 되었다고 기뻐하였다.

---

14 우관(又觀): 이정규의 호.

그리하여 이정규 선생하고 가끔 대화도 하고 통화도 하면서 1주일에 한 번씩 목욕하러 갈 때 같이 하는 때도 있었다. 절대로 말을 못하게 하였으나 그래도 틈만 있으면 말도 하고 1936년 12월 이정규·채은국 두 분이 각각 3년씩 징역을 받고 기결로 이감할 때까지 그렇게 지냈다가 기결로 간 후 참으로 섭섭하였었다.

이정규 선생과 통화하던 중 내 장래지사(將來之事)를 논할 때 너는 20세가 되었으나 결혼도 못하고 너의 신상에 여하한 결말이 날지 모르나 그리 쉬운 일은 아니니 몸부터 보전하여 건강에 힘쓰고 출옥하여서 모친과 편안히 살도록 하라고 간곡히 말하였다. 나의 재판 결과가 어떤 형(刑)이 될지 알 수 없으므로 우관께서도 나의 인생 장래가 심려가 되었는지 그런 말을 남겼다고 기억된다. 사실 내 죄명이 살인 또는 살인미수로 되었으니 형량이 어찌 될지 사형 또는 무기(無期)가 있으니 가혹한 왜놈들이 어떠한 형량을 내릴 것인가 예측을 못하는 것이다. 여하튼 우관께서 심려해 주신 데 대하여 감사할 뿐이다.

구치소 독방의 제반 규칙이 이러하다. 독방에는 말 그대로 한 사람을 넣게 되는 것이다. 그러나 3인에 한하여 동거하게 되며 절대로 두 사람은 두지 않는다. 그 이유인즉 두 사람만을 두면 합심이 잘되어 무슨 모사(謀事)나 음모를 잘 꾸미고, 세 사람을 두면 절대로 합심이 잘 안 되어 음모가 안 되는 것이다. 사람의 심리 상태라 하여 3인 혹은 1인으로 정하고 사형수가 있을 때는 사형수만을 독거하게 하지 않는다. 그것은 사형수가 자살하는 예가 있었다고 하여 옆에 한 사람씩 더 넣어 사형수를 보호한다고 하나 사실은 감시의 역할을 하는 것이며 또 수갑과 쇠사슬을 매어 두는 것은 자살 예방과 정신이상자의 폭행도 방지하는 것이다.

인천의 한씨라는 청년이 기소유예되어 출감하고 그 뒤로 또 한 사람이 입감하였는데 김삼룡(金三龍)이라는 사람이다. 그때 서울에서는 경성제국대학에서 왜놈 교수 미야케[15]의 공산주의사건이 발생하여 동범으로 이재유(李在裕)와 김삼룡이 주모자가 되어 왜놈과 공산주의사건이 되어 사회에 큰 문제가 되었었다. 그중에 한 사람인 김삼룡이가 우리 방에 입감하였다. 그리하여 우리 방에 입감자가 도로 3인이 되었다. 미결구치소의 사형수가 모두 23, 4명이나 된다고 한다. 그중 간도공산당사건에 관련되어 사형수가 18명이나 되고 공산당사

---

15 미야케 시카노스케(三宅鹿之助, 1899~1982): 일본 출생. 1927년 경성제국대학 법문학부 교수. 일제강점기 한국에서 이재유, 정태식, 권영태 등 공산주의 독립운동가들과 함께 사회운동을 전개했다. 사회운동과 이재유를 자신의 집에 숨겨 둔 혐의로 1934년 체포되어 징역 3년을 선고받아 옥고를 치렀다.

건의 주모자라 하여 주현갑(周現甲)·이동선(李東鮮)이 사형이요, 그 외에 살인, 폭동, 방화죄의 사형수가 5, 6명이요, 그 외는 살부회(殺父會)를 조직하여 자기의 아비가 공산당 폭동 획책을 못 하게 하는 것을 자기네 혁명 수행에 방해자라 하여 아비를 살해하여 존친살해죄(尊親殺害罪)로 사형을 받고 상고 중에 있었다. 무지한 민중을 선동한 공산주의자들의 죄악이 어찌 이 세상에서 용서받겠는가. 허울 좋은 미명 아래 '프롤레타리아' 혁명을 성취한다는 무산대중(無産大衆)의 혁명은 인간의 기본권을 독재의 제물로 하여 무수한 비인간·비도덕·비윤리적 행동으로 자식이 위대한 혁명 과업을 수행하기 위하여 천인공노할 살부회를 조직하여 부모, 형제를 무차별 살육하는 유물론적(唯物論的) 이상사회를 건설한다는 공산주의 광신자의 소행을 나는 혹독한 왜놈의 형무소에서 그들의 비인간적인 소위 이상사회 건설의 악인들을 대하고 천국을 건설한다는 공산주의자들의 소행에 또 한 번 아연실색하였다. 이 지구상 사파세계(沙婆世界)에서 진정한 평등과 자유를 갈구한다는 인류 최고의 이상은 한낱 이상만으로 인류가 지구상에서 멸망할 때까지 이상을 간직하며 악순환으로 영원히 가는 것이 아니겠는가 하고 나는 형무소에서 고독하게 몽상하게 되었었다. 이런 일을 나는 이 지면에 안 쓸려고 하였으나 이것도 인간상의 한 단면이므로 쓰는 것이다.

　동거하는 사형수 김광묵은 함경북도인으로 부모가 서간도(西間島)에 이주하여 살면서 김광묵을 낳아 공부시켜 장생(長生)한 후 학교 선생으로 있으며 공산주의에 물들어 극단적인 행동자가 되어 간도공산당 폭동에 주요 인물이 되어 각 운동과 폭동에 가담한 결과, 왜놈에게 피체되어 1심에서 사형이 언도되고 최종 심의만 남아 있는 형편이다. 그 사람됨이 두뇌라든지 생각이 보통 사람과는 좀 다른 점이 많았다고 하겠다. 그리하여 5, 6년을 옥중에서 더군다나 사형수의 처지임에도 조금도 자세가 흐트러짐이 없이 지낸다는 것부터가 보통 사람과는 좀 다른 데가 있다고 하겠다. 그래서 이 방에 오는 사람마다 김광묵에 대하여 안쓰럽게 생각하며 특별히 대하는 것이다.

　사형수들은 취침 시 꼭 중간에다 자게 한다. 내 옆 중간에 자게 된다. 그런데 이것이 말 못할 딱한 사정이 있다. 인간은 동물이요, 생물이다. 그리고 여러 가지 본능이 있겠지만 성적(性的) 본능이 식(食) 다음에 제일이라 하겠다. 그래서 그런지 이 감옥이란 혹심(酷甚)한 환경에 더군다나 생명이 어찌 될지 예측 불허한 형편이라 과연 아무리 생의 본능이라 한들 생각이 나고 충동이 나겠는가. 참으로 어이없는 짓이라 하겠다. 나도 여러 가지 고심 끝에 잠이 들면 김광묵이 나를 못살게 구는 것이다. 나에게 계간(鷄姦)[16]을 요구하였다. 잠이 깨서 생각하니 화도 나고 어이가 없어 당장 야단을 치겠으나 만약 간수에게 들키면 큰 변이 날 것이고 또 한편 생각하니 인생이 불쌍하게 느껴지는 것이다. 그리하여 내가 괴로우면서도 아무 말 없이 지냈으나 날이 갈수록 그 행동을 자제하지 못하는 것이다. 그리하여 비교적 성격이 온화한 간수에게 김광묵이 출방(出房)한 사이에 나의 고통스러운 사정을 간곡히 말하니 그 조선인 간수가 참 딱하겠다고 하고 오늘부터 너는 김광묵 다음다음에서 잠을 자도록 하라고 명명하여서 김광묵, 김삼룡 그다음이 내 순서가 되었다. 그리고 인간이란 무엇인가 하고 나는 다시 한 번 심사숙고하였다. 인간이란 생명이 붙어 있는 한 본능을 억제하지 못하는구나 아무리 비참한 환경이라도 이성이 다 어디에 있다는 말인가. 감방은 웃지도 울지도 못할, 인간의 말단 욕구가 동물에다 비할 추태로서 한 인간으로 취급 대우를 못 받는 지옥과 같은 세상에서도 성행하여 질투, 모략 심지어는 생명을 걸고 소란을 피우는 것이다. 다름 아니라 성적 본능에 관하여 해결책이 없기 때문에 형기는 장구한 것이므로 10년 이상의 형을 받은 기결수는 마포형무소로 이송하여 복역하게 되니 여하튼 식사는 먹을 수 있고 호불호도 막론하고 생명은 유지하니 그다음 생각하는 것은 성적 해결 방책이다.

　형무소의 음어(陰語)라고나 할까 '삐억'이라고 하는데 '계간'이라는 말이다. 단기수로 나이가 22세 정도의 어린 죄수가 마포형무소로 이감되어 오는데 이러한 어린 죄수는 대개 '쓰리(소매치기)' 혹은 '절도'의 재범 이상의 범죄자들로 서대문형무소의 생활양식이나 생리에 누구보다도 잘 적응하는 사람들이다. 그리하여 만기가 되어 사회로 나갔다가 수일 후면 형무소로 또 다시 오면 장기수들은 반가이 맞이한다. 장기수가 너 또 무얼 하다가 벌써 또 왔는가 하면 사회에서 잠깐 볼일 보고 왔다고 천연덕스럽게 대답하는 것이다. 그러면 몇 번은 누구의 짝이다 하고 소문이 금방 전 공장에 퍼진다. 그리고 그사이 새로 들어온 젊은 재범수(再犯囚)는 다른 장기수가 절대로 가까이 하지 않는다. 그것은 불미스러운 일이 나지 않기 위하여 경계함이다. 그런 기괴하고 독특한 인간사회가 있는 것이다. 그리하여 내가 미결수로 형기가 확정되기 전에 구치소에서 기결수로서 잡역을 하는 사람들은 나를 보고 너도 나이도 어리고 장기수가 될 것이니 마포형무소에 가서도 네 자신을 보호하기 위해서라도 모든

16 　계간(鷄姦): 사내끼리 성교하듯이 하는 짓.

행동을 진중히 하여야 한다고 한다.

첫째로 장기수들을 존중하며 자기를 과시하지 말 것. 또 자기의 형기가 길다고 다른 장기수의 사정을 우습게 여기며 자기만을 형기가 많다고 탄식하는 태도는 절대로 삼가야 할 것이며, 또 너를 고생하였다고 또한 장기수라고 동정하는 어떤 물건이나 아무것도 아닌 음식이라도 절대로 받으면 그것이 문젯거리가 된다는 것이다. 징역을 사는 데 편할 수가 없게 만든다. 그것은 표면으로 '남색(男色)'을 위한 공작이 도사리고 있다는 것을 염두에 두고 물건이나 음식 같은 것을 주거든 거절하는 태도에서도 그 죄수를 존중하며 오래 고생하신 분의 호의를 어찌 나이 어린 제가 받겠습니까 하며 거절하는 태도에도 항상 유념하여 신중하여야 한다고 나에게 주의할 것을 일러주었다. 그러니 나는 그분의 충고를 명심하면서 김광묵 씨에게 당한 지난날의 일들을 새삼 되새겼다.

김삼룡은 1년 반의 형을 받고 기결수가 되어 이감하였고 나도 그간 예심판사에게 수차 심문을 받았으나 별문제 없이 진행되었고 모친께서도 자주 면회를 와 주셨고 사복이나 사식도 대주시니 어찌 모친의 하해(河海)와 같은 은혜를 저버리겠는가. 장단(長湍)에 계신 규용(圭龍) 형님도 면회 오시고 민족의 변호사 소완규[17] 선생이 나의 사건을 맡아서 전력을 다하시며 내 사건에 대한 서류를 규용 형님이 일일이 손수 베껴서 소완규 선생께 드리기도 하였다. 다른 서사(書士)에게 맡기면 비용이 많이 들므로 우리 형편으로는 그 비용을 댈 수가 없었으며 또 사건 서류가 방대하여 재판일 전에 소완규 선생이 검토하여야 변호의 자료가 되는 관계로 규용 형님께서 밤을 새워가며 손수 일을 하시어 서류 일체를 건네주었다고 한다. 모친께서 면회를 오셔서 자세한 말씀을 하여 주셨고 지난날 부친이 북경에 거류하실 때 소완규 선생이 북경에 오셔서 근 1년간을 우리 집에 체류하면서 부친의 지도를 많이 받고 환국하여서도 계속 면학에 힘써 변호사가 된 후 독립운동사건에 대하여는 무료로 민족적 양심으로 변호하여 국민들로부터 존경받고 있었다. 모친이 환국한 후로는 소 선생 도움을 많이 받았었다. 그때 민족적 변호사로는 이인(李仁) 씨, 김병로(金炳魯) 선생 등 분들이 왜놈의 미움을 받아 가면서도 민족적 양심의 발로로 고난을 당하면서도 자진하여 변론하시는

---

17 소완규(蘇完奎, 1902~?): 일제강점기 변호사. 해방 후 과도정부 사법부 차장을 역임했다. 한국전쟁기에 납북되어 행방불명되었다.

분들이시다.

　1936년 2월경 나의 재판이 시작되었다. 아침 일찍이 출정할 준비를 하고 판사가 심문할 사건의 내용들을 가상하여 수일 전부터 답변할 허다한 사실들에 대하여 다시금 되새기며 착오가 안 나도록 심사숙고하느라고 잠도 제대로 자지 못하여 매우 피곤하였다.

　아침 8시경 간수가 661호 나오라 하여 그날 출정하여 공판을 받을 미결수들은 수갑을 채우고 포승으로 명태를 꿰어 묶듯이 5명이 한 조가 되게 하고 두면(頭面)에다가 용수를 쓰게 한다. 그것은 동범 간에 대화는 물론 외부인과의 연락을 방지하는 것으로 주위가 삼엄하다. 대형 자동차에 승차하고 미결수가 공판정에 입정(入廷)할 때까지 유치장에 유치하는데 꼭 한 사람씩 격리 유치하게 되어 있다. 그래서 그 명칭을 비둘기 유치장이라 한다. 대개 9시에 재판이 시작되므로 비둘기장에 있은 지 얼마 안 되어 간수가 661호 나오라고 하여 재판정에 들어가니 나보다 엄순봉(엄형순) 선생이 먼저 입정하여 있었다. 나를 보고 몸이 편안하였나 하시길래 곧 답례하려고 하였더니 간수들이 말을 못하게 막았다. 주위를 살펴보니 모친께서 와 계시고 규용 형님도 오셨고 내 옆에는 소완규 변호사께서 좌정(坐定)하여 있고 법정 정면 중앙에 왜놈 판사가 앉았다. 좌편에 나를 기소한 검사 놈이 앉았으며 판사 옆에 서기겸 통역이 앉아 있다. 시간이 좀 지나서 판사가 개정한다고 선포하였다. 그러니 공판정이 숨소리 하나 안 나는 고요한 광경이 되었다. 간수는 나와 엄 선생 옆에 한 사람씩 우리를 감시하고 있는 것이다. 서기가 우리 둘에 대한 인적 사항을 확인하여 판사에게 고한 후 한 10분쯤 있다가 검사가 기소한 사건의 내용을 약 3시간에 걸쳐 설명하고 검사로서 기소한다고 하였다.

　그다음 판사가 엄 선생에게 검사가 기소한 사실과 너의 범죄사실을 인정하는가의 물음에 대하여 다 인정을 하였으나 이규호가 조상섭(趙尙燮)사건에는 전연 가담한 사실이 없고 나 자신만은 실제로 가담하였다고 반론을 제기하였다. 그다음 판사가 나에게 검사가 기소한 이번 사건에 관하여 확인 심문함에 나도 대체로 사건 내용을 인정하였고 국내에서 일어난 제일루사건 즉 이을규·이정규·채은국 제(諸) 선생의 연계 여부 건에도 심문하였으나 나하고는 전연 무관한 일이며 종로경찰서에서 억지로 우리를 관련시키려고 강제 조작하려고 하였다고 진술하였다. 나의 강도 건에 대해서는 엄 선생은 무관하며 내가 관련이 있다고 끝까지 강조하였다.

소완규 변호사님은 우리 둘에 대한 변론이 있었는데 특별히 나에 대한 변론에 있어서는 나의 부친께서 비참하게도 비명횡사하신 데에 대하여 의미심장하게 설명하며 그런 환경 속에 그 아들로서 또 연소(年少)한 청년으로서 심정의 변화가 아니 일어나겠는가. 판사님께서 이 점을 특히 유의하시어 관대한 판결을 바란다고 열변을 토하였다. 검사가 논고 후 구형에 있어 엄 선생에 대해서는 살인 및 살인미수의 죄를 적용하여 사형을 구형하고 이규호 피고인에게는 살인방조와 살인미수죄 또는 강도죄를 병합하여 연소함을 고려하여 무기형을 구형한다고 하였다.

그러면 살인미수죄는 1933년 백정기(白貞基), 원심창(元心昌), 이강훈(李康勳) 세 분의 주중왜공사(駐中倭公使) 암살미수사건에 대한 공모죄로 살인미수의 죄명이 추가된 것이다. 검사가 이렇게 사형과 무기형을 구형하자, 법정 안은 찬물을 끼얹은 것과 같이 긴장이 감돌며 고요하였다. 이어서 재판장이 우리 두 사람에게 최후로 말할 게 없는가 하며 최후 진술을 요구하였다. 그러자 엄 선생은 자기의 주장과 소신을 조금도 굴하지 않고 그분은 자기 말대로 결심한 것이 있어 죽음을 작정한 것이다. 즉 '시사여귀(視死如歸)'라는 의로운 인간의 최후 결심이므로 왜놈에 대하여 자기의 행동은 국가와 민족에 대한 충(忠)과 의(義)의 행동이요, 전 세계 피압박 민족에 대한 자유와 평등의 이념 행위임을 주장하여 왜놈 판사의 물음에 대한 자기의 떳떳한 애국충정과 자유 평등의 사상이 온 법정 안이 울리도록 침착하고 위엄있게 피력하였다. 그다음 내게 대하여 말할 것이 있거든 하라고 하기에 나는 단지 간단히 이 민족에게 강탈당한 조국을 찾기 위해 독립운동한 것은 당연하지만 사람이 사람을 살해함은 당연히 벌을 받을 각오가 되어 있다고 말했다. 내가 이렇게 말한 뜻은 너희들도 우리 민족을 무수히 살해하였고 또한 나의 부친도 너희들이 살해한 것이니 똑같이 벌을 받아야 한다는 뜻으로 말한 것이다. 그랬더니 왜놈의 판사는 내 말을 통역을 통해 듣고 왜놈의 말로 '와갓다'라고 한다. 후에 알아본즉 우리말로 '알겠다'는 뜻이었다. 이렇게 하여 오후 4시경 우리 재판이 끝났다. 내가 나의 과거를 쓰면서 이 기회에 사실을 정확히 하고자 함이다.

나는 강도라는 죄명이 붙었지만 사실 내가 강도질 한 일은 전혀 없다. 지금에 와서 강도를 했거나 아니했거나 무슨 문제가 되겠는가만은 그 당시 나의 심정을 말하는 것뿐이다. 그것이 어찌하여 강도의 죄명이 붙었나 하며 함께 잡힌 엄순봉 선생이 사형을 받게 되는 것은 확실했다. 그 당시 법률도 모르고 형법이 무엇인지 무식한 나로서는 엄 선생의 죄명이 하나라도 없으면 사형을 면하지 않겠는가 하고 생각하였기에 이르렀다. 그리하여 종로경찰서 고등계 경부 사이가가 취조할 때 엄순봉 선생이 강도 한 게 아니라 내가 하였다고 말했다. 내 자신이 강도를 하였다고 자백하여 죄명 하나가 더 붙게 되었다. 내가 나중에 알았지만 죄인에게 벌을 줄 때 중(重)한 죄, 즉 살인에 중점을 두어 사형의 죄를 주는 것이지 강도죄가 있건 없건 형량에는 큰 관계가 없음을 몰랐었다. 그런데도 강도를 하였다고 자백하여 강도 죄명만 더 붙게 되었다. 그러고 보니 나도 강도를 했거나 안 했거나 살인죄만으로 형량을 정하였다.

그날 공판을 마치고 서대문구치소로 오니 우리 둘은 중죄인이 되어 엄 선생은 사형수가 되기 때문에 손에 수갑을 채우게 되었다. 그리고 구치소 내에는 사형수 하나가 증가하여 간도공산당사건 사형수는 잡범 사형수를 합하여 25명이 되었다고 콩밥을 공급하여 주는 복역수가 밥을 주면서 우리에게 가만히 일러준다. 그러면서 나보고 너도 꽤 고생하겠다고 하며 사형을 당할 사람보다야 좀 낫겠지만 참 안되었다고 동정하는 것이다. 나는 그저 고맙다고 하며 엄 선생에게 대한 심정이야 어찌 형언하겠는가. 52, 3년이 지난 오늘에도 내가 동고동락하던 선생님들 중에 사형 피살된 분이 5~6분이나 되지만 부친이야 나의 지친이시며 무한하고 비참한 환경 속에서도 고생을 낙으로 아시고 지내시면서 굴하지 않고 대의만을 위하여 사시다가 생각지도 않던 왜놈에게 잡히어 노인이 모진 고문 끝에 운명하신 그 광경을 상상할 때, 엄 선생과 장구한 세월을 두고 나를 친동생과 같이 사랑하여 주던 선생이 사형당해 이 세상을 하직한 것을 생각할 때 나는 살아서 세상을 다시 보게 된 데 대하여 생각하면 순국하신 부친과 엄 선생께 더없이 죄송한 마음 금할 수가 없다. 엄 선생은 무후선열(無後先烈)이 되어서 국립묘지에 쓸쓸히 모시게 되었다.

1987년 8월 15일 독립기념관 개관식에 참석해 달라는 초청을 받고 동지 엄순봉 선생을 비롯한 무후선열 합동 추념식에 참석, 선생을 추모하는 마음의 만분지 일이라도 추념할 겸 하여 독립기념관 개관식에 경건한 마음으로 가기로 하였다.

1936년 2월 4일에 제1회 공판을 하고 언도 공판은 바로 두 주일 후인 그해 2월 18일에 개정하여 우리 두 사람은 전심(前審) 공판 때와 같이 재판소에 도착하여 10여 일 만에 엄 선생을 보았지만 나로서는 무엇이라 위안의 말을 드려야 할지 말문을 열지 못하였으나 엄 선생은 아무 일도 없었다는 초연한 자세로 도리어 나를 위로하며 너는 오늘 언도에서 무기징역만은 안 되길 바란다고 하며 나는 이미 각오한 바를 너에게 언명(言明)하였지만 내 마음은 평안하니 조금도 심려 말라고 하시는 것이다. 나는 그런 말을 듣고 하염없이 눈물이 쏟아지는 가운데 다시 한 번 참으로 위대한 분이구나 하는 것을 마음속에 새기며 우러러보게 되었다.

    공판은 개정된 지 불과 30분 만에 모든 게 결심이 났다. 엄 선생은 구형대로 사형이 언도되고 불복할 때는 1주일 내에 상고하라는 판사의 말이 있은 다음 바로 이규호에게는 특별히 모든 것을 참작하여 13년의 징역형을 언도하고 나서 판사의 말이 너는 아직 연유(年幼)하니 개과천선하여 조속 출옥하여 모친을 봉양하라는 아주 친절한 말까지 하였다. 사실 오늘까지 재판사상 살인죄에는 무기 구형 아니면 잘해야 25년에 유기징역형이나 언도되면 천행이라 하였는데 13년이란 언도와 판사의 소위 인정 어린 언사를 반반적(反叛的) 죄인에게 이렇게 관대한 형량을 언도한 일은 전무한 일이라고들 하는 것이었다. 그러나 엄 선생이 사형을 받게 되니 나의 맘은 형언할 수 없이 더 무거웠다.

    엄 선생은 내 손을 잡으며 몸 건강히 있다가 좋은 세상이 오면 정말 자당(慈堂) 모시고 잘 살라고 하며 만면에 희색을 띠면서 말하시는 것이었다.

    나는 눈물만을 흘리면서 아무 말도 못하고 서 있었다. 구치소에 돌아오니 왜놈의 간수나 조선인 간수나 죄수들까지도 나를 보고 너는 참으로 하늘이 도운 행운아라고 이구동성으로 오늘 내게 대한 언도는 의외이며 13년에 처한 데 대하여 축하할 만큼 파격적인 일이라는 것이었다. 그런데 3일 후 나를 기소한 고무라(香村) 검사가 판사가 13년을 언도한 데 대하여 형량이 너무 적다고 하여 불복 공소를 한다고 나에게 통지가 왔다. 이렇게 되니 간수나 여러 사람들이 그러면 그렇지 검사가 가만히 있겠는가 하며 반문들을 하였다. 그러자 소완규 변호사께서 나를 면회하러 와서 말하기를 피고가 원칙은 검사가 불복 공소를 하면 맞고소를 하는 것인데 자기가 검사를 만나서 검사의 의향을 물으니 자기가 불복 공소한 이유는 형량이 13년으로 됐다고 불복 공소한 게 아니라 두 피고가 상해 시 또 하나의 살인사건이 자행되었기 때문에 엄 피고는 더 형량을 가할 수는 없지만 이규호에 대하여서는 살인사건 한 건에 대하여 13년의 형이 확정되었으면 또다시 다른 살인사건을 범한 사실이 있다 하더라도 동일한 살인죄명으로는 가형을 할 수 없으나 검사로서는 부득이 불복 공소하는 것이라고 하니, 네가 또 다른 살인사건에는 무관하다며 맞고소하지 말고 13년 형을 살겠다고 하라고 했다. 공소를 포기하면 공소 기간을 통산하여 주겠다고 검사가 언명을 하였으니 맞고소 하지 말라고 하며 검사가 말하는 살인사건은 다름이 아니라 옥관빈(玉觀彬)이 밀정의 혐의로 처단된 것을 말하는 것이다. 이렇게 되면 엄 선생에게는 일루의 희망도 가질 수 없는 것이다. 그리하여 검사는 엄 선생을 취조하여 옥관빈 살해를 확정하게 되었고 엄순봉 선생도 쾌히 자기가 한 소행이라고 승인을 하므로 검사는 나에게는 옥관빈 살해 건에 대하여서는 심문을 하지 않고 4월 17일 제2차 항소 공판에서 엄 선생은 물론 사형이요, 나는 13년 형 그대로 확정되어 항소 기간을 통산하여 판결이 되었다.

이러니 나는 13년의 징역을 살게 되어 구치소를 떠나게 되었다. 엄순봉 선생하고는 영원히 이별하게 되었고 근 1년간 나를 괴롭게 하였으나 간도공산당 건의 사형을 받고 5년을 지내 온 김광묵도 인간으로는 가련한 신세이며 사형집행이 확정되어 머지않아 불귀(不歸)의 길로 떠나게 되었다. 참으로 모든 게 심적으로 산란(散亂)하여 내 맘을 어찌할지 몰랐다. 운명이 이러니 감수할 수밖에 없는 노릇이다. 그런데 내 감방에 동거하던 누범(累犯)이 나보고 당신이 장기형을 받았으니 필시 마포형무소로 가게 될 것이요, 그곳에 가서 징역을 살되 매사에 주의를 꼭 하도록 하라고 친절히 말해 주었다. 마포형무소는 복심법원에 상고하여 10년 이상의 형을 받은 장기수를 수용하는 곳이요, 외부 사역하기 위하여 단기수 1년 형, 2~3년 형 정도의 수인을 데려와 연와공장(煉瓦工場), 경운농장(耕耘農場) 일 혹은 소제(掃除) 등의 외부 사역을 시킬 단기수를 제외하고는 무기 이하 10년 이상 죄수만을 수용하는 형무소이다. 13년의 형을 받고서 마포형무소로 이송되어 독방에 1주일 동안 있으며 형무소 내 의무실에서 건강진단을 받고 모든 절차를 받은 후 공장에 가서 성실히 일하며 규칙을 잘 준수할 수 있나를 확인하고 공장으로 나가게 하든가 아니면 독방에 두느냐를 결정하기 위하여 1주일이라는 기간을 독방에 두었다가 나는 인쇄공장으로 사역 나가게 되었다.

마포형무소 인쇄공장은 규모가 대단히 큰 설비를 하고 있으며 사역하는 수인도 백수십 명이나 되고 대개가 지식이 있는 수인들이며 형기로 말할 것 같으면 무기, 20년, 15년 등의 수인 백수십 명 내에 70~80명이 되는 것이다. 그러니 나의 13년 징역쯤은 명함도 내밀 수 없는 형편이다. 동거하던 누범 그 사람이 나에게 허다한 충고하는 중에 마포형무소로 가게 되니 그곳에 가서 네가 13년을 어찌 사느냐고 한탄을 하고 네 생각만 하다가는 그곳에 있는 장기수에게 미움을 사서 징역살이가 퍽 곤란할 테니 말조심하라고 미리 충고해 준 것이 퍽 고맙다고 생각하였다.

　인쇄공장에는 잡역(雜役)이란 명의(名儀)를 가진 수인이 공장의 전 인원을 담당간수 대신 모든 수인의 인적 사정과 작업의 능률, 가족 면회 등 수인들의 요구사항을 담당간수에게 보고하여 처리하게 하며, 병의 발생 시에는 의무과에 진단을 요청하는 수속을 취하게 해 주는 역할을 해 준다. 담당간수는 왜놈이 담당이 되고 2시간마다 교대하면 조선인의 간수가 하게 된다. 이런데도 인종차별을 하고 인종차별보다는 조선인의 간수를 담당간수로 정한다는 것은 대개 불신한다는 민족적 감정에 치중하여 수인 전부가 독립운동한 사람이란 점이 더 중요한 요소가 된다. 그러므로 조선인이 제아무리 한술 더 떠서 왜놈보다 더 악하게 행동한다고 해도 '잔반(殘飯)'이나 얻어먹었지, 진정한 왜놈은 되지 못하는 것이다. 그러므로 민족적 차별과 불신은 여전한 것이다.

　공장에 나가서 계호계 간수가 인쇄공장 담당 왜놈의 간수에게 나의 신병을 인도하고 간 후 한 노인수(老人囚)를 불러 나를 맡기고 작업의 위치를 정하게 하였다. 그 노인이 바로 이 공장의 잡역이라는 직책의 수인이다. 이분은 60세가 넘은 노인이다. 형무소에서는 성명은 모르고 번호로 대신하므로 내가 미결에서는 661호였으나 마포형무소에 와서는 1960번이 되었다. 가는 곳마다 성명이 바뀌게 된 것이다. 그 잡역 된 분은 본명은 김봉한(金鳳漢)인데 만주에서 독립군으로 활약하다 벽동(碧潼) 근처에서 왜군과 수십 회 교전하다가 대퇴(大腿)에 총상을 입고 붙잡혀 사형에서 무기수가 되어 마포형무소에서 복역한 지가 15년이라 한다. 다리가 불인(不仁)하여 절룩절룩하는 형편이다. 참 인자한 분이다. 인쇄공장에는 문선계(文選係), 주자계(鑄字係), 인쇄계(印刷係), 교정계(交正係)(사시가에)가 있다. 그리고 해판계(解版係), 제본계(製本係) 이렇게 각 분업의 계가 있었다.

　처음 공장에 온 수인은 제본계에 배치되어 인쇄된 인쇄물을 접는 일을 하게 된다. 근 20명이 인쇄된 전지(全紙)를 접는 것이다. 나에게 작업의 요령을 알려 주며 나의 과거와 어찌하여 이곳에 왔으며 가정은 어떠한가 등을 여러 사람이 알려고 대단하였다. 잡역이 나에게 자세히 가정의 형편을 묻기에 나의 부친은 이회영(李會榮)이라고 하였더니 그분이 나의 손을 잡고 눈물을 흘리며 내가 만주에 가서 신흥무관학교(新興武官學校)에 입학하고 졸업한 후 청산리전투(靑山里戰鬪)를 위하여 여러 전쟁에 참여하였다고 하며 이회영 선생을 왜 내가 모르겠는가 하며 삼촌 이시영(李始榮) 숙부며, 둘째 숙부 석영(石榮)도 다 알고 나에게 과거지사를 소상히 말하며 당신도 고생 꽤 하겠다고 위안하여 주신다. 나도 그분께 얼마나 고생하셨냐고 하니 15년을 살고 무기(無期)라고 하시며 하시(何時)에 새 세상을 볼지 아득하다 하신다. 그러나 나의 13년이 무슨 징역 축에 끼겠는가. 나는 그저 겸손한 말로 저야 무슨 대단한 징역이라고 말하겠습니까 하였더니 그분의 말이 그게 무슨 말이요, 13년이 얼마나 긴 세월인데 아예 그런 말 하지 말고 우리는 이곳에서 눈감고 귀먹고 사는 형편이라 세상 소식이나 차차 알려 달라고 하시는 것이다. 나는 참으로 슬프고 그분들의 가련한 모양을 보고 눈물이 날 지경이었다.

    이런저런 이야기를 하다가 점심때가 되니 취사장에서 점심밥을 운반해다 주는데 콩밥과 국 그리고 반찬이라고는 무 겉절이 그리고 특찬이라고 명태 조린 것 등을 가져왔다. 특찬은 장기수가 규칙을 잘 지키고 개과천선하였다고 인정하면 상장(償狀)을 주는데 1급, 2급, 3급을 탄 이후면 대상(大賞)으로 한 개를 소매 위에다 달아 주면 1주일에 특찬을 2회씩 주는데 1급, 2급, 3급을 탄 수인에게 1주일에 한 번씩 특찬을 준다. 그러면 소상(小賞)이나 대상을 탄 수인 백수십 명 중에 불과 10여 명뿐이다. 다 15년 이상 징역을 산 사람들이니 이러고 보면 놈들이 하는 소행이 얼마나 가혹하고 가소로운 행위인가. 그리고 대상을 탄 수인은 동절(冬節)에 내복을 특별히 입도록 허가한다. 12시 점심을 먹을 때는 마대로 제작한 방석을 마주 보게 깔고 중간에 밥상이란 목판을 놓고 번호 순서로 앉고 잡역이 필두로 반드시 꿇어앉아야 하는 법이다. 그리고 양편으로 하여 인수를 세게 하여 인원의 수를 마친 후 콩밥 한 덩어리와 국이라고 한 그릇, 겉절이 4인에 한 그릇이요, 상을 받은 수인은 특찬으로 찐 북어 한 토막 이것으로 점심을 먹게 된다. 나의 등수는 4등에 해당하는 작업의 등급이다. 전체 통밥의 등급은 특등 중노동을 하는 수인에게 공급하는데, 연와공(煉瓦工)과 경운(耕耘)농사에 종사하는 수인이고, 또 형무소 밖으로 나가서 소제(掃除) 등을 작업하는 수인이고, 그다음에는 1등, 2등, 3등, 4등, 5등, 6등, 7등까지 있고 7등만은 작업도 안 하고 미결에 있는 미결수 또는 독방에 수용하여 방 내에서도 작업을 안 하는 수인에게 주는 것이다.

    해방 후 지금도 왜놈의 제도로 급식을 하는지 모르겠다. 하여튼 특찬을 받은 분들이 나에게 가만히 주며 먹으라고 하는 것이다. 그러나 나는 절대로 그 호의는 감사하나 내가 어찌 먹겠는가 하며 사양하고 도로 그분들에게 주었다. 만약 나쁜 간수에게 들키면 받아먹은 수인이 벌을 서게 되므로 간수에게 들키지 않도록 행동해야 하므로 대단히 난처한 지경이었다. 형무소의 규칙은 일거수일투족이 모두 법에 따라 행동하므로 제 몸과 제 맘이 다 자기의 것이 아니라는 것을 각오하여야 한다. 그러니 인간이 사는 곳이 아님을 알게 된다. 오후 5시면 작업을 파하고 석식(夕食)을 한 후 또 인원을 세고 자기가 밥 먹던 자리에다 작업복을 벗어서 놓고 수건 하나만 가지고 자기가 유(留)할 감방으로 입방하기를 준비하고 있다가 경적이 울리면 전(全) 나체(裸體)로 1열로 감방 입구로 가서 양편에 간수가 있어 수인이 가지고 가는 수건을 간수가 훑어본 후 수인은 전후에 있는 목마(木馬)[18]를 타고 건너며 양손을 들어 손가락을 펴며 입은 크게 벌려 자기의 번호, 즉 나의 번호 1960번이라고 반드시 일본말로 큰 소리로 지르며 수건을 받아서 감방으로 가서 왜놈의 의복 '하오리'를 입고, 잡방에서는 그냥 번호순대로 꿇어앉힌다. 수인이 다 입방하면 간수장은 간수부장과 간수가 감방마다 번호부(番號簿)[19]를 보며 고개를 숙이고 꿇어앉힌 자세로 번호를 불러대면 자기 번호에서는 왜놈 말로 '하이'라고 고개를 들어 답을 한 후 방내에 인원 숫자가 맞으면 부장이 문의 자물쇠를 채운다. 전 감방이 다 수용인 숫자가 맞으면 경적을 울려 무사를 고하고 간수장이 또다시 자물쇠를 검사하면 1일 과업이 끝나는 것이다.

공장에서 나체로 입방하는 것은 사계절 똑같이 한다. 동절기 영하 20도에서도 마찬가지요, 목마를 타는 것은 항문에 불순물을 감추고 입방하는 것을 방지하는 것이요, 입을 크게 벌리고 큰 소리로 자기 번호를 부르는 것은 불순물을 입속에 넣고 입방하는 것 때문이고, 양 손가락을 벌리게 하는 것도 손가락 사이에 불순물을 끼고 입방하는 것을 방지하는 방법이다. 자기가 하는 행동을 자기가 못 보니 잘 모르지만 다른 수인이 하는 짓을 보면 꼭 원숭이 놀음 같기도 하다. 모두 왜놈의 부도덕한 행위요, 야만적 만행이었다.

지금 생존한 사람으로 이런 왜놈의 짓을 당하고 생존한 분은 다 돌아가시고 누가 있는가. 나는 될 수 있으면 감옥 내에 제(諸) 실정을 자세히 기억할 수 있는 한 기록하려고 한다. 감방 내에서는 절대로 잡담을 금하며, 독서는 허락하나 자기네 제국주의에 대한 서적만 허용하고 서적을 차입할 때는 반드시 검열을 하며 검열은 교무과(敎務課)에서 담당 교회사(敎誨

---

18 목마(木馬): 옥사의 출입문 등에 설치한 일종의 허들을 말한다. 수감자에게 이것을 뛰어넘게 하여 몸에 숨긴 것이 없는지 확인하는 용도였다.

19 번호부(番號簿): 얇은 나무 조각에 번호가 새겨진 것. 새겨진 번호는 수형인의 수감번호이다.

師)가 하며, 형무소 내는 불교 승려가 죄수의 개과천선 교화를 담당하며 일본제국의 황도정신(皇道精神)을 조선 죄수에게 동근동조(同根同祖)를 강조하며 왜놈으로 동화교화를 시행하는 역할을 하는 것이다. 전쟁 말기에는 왜놈의 기독교인도 교회사도 있었다. 그러므로 서적도 대개 이런 종류의 것이 전부이다. 나는 형무소에 입소한 지 얼마 안 되어 책이 없고 일본의 말과 글을 알려고 서적을 볼 수 있게 되므로 모친이 면회 오실 때 말씀하여 '일본언해(日本諺解)'라는 책을 차입받고 공부하게 되었다. 그래서 감방에 들어오면 일본언해 책하고 열심히 공부하므로 잡담할 새가 없었다. 수일을 지내고 형무소의 형편도 대략 알게 되었다. 공장의 수는 참 많았다. '대장간', 철공장, 담배 '파이프'공장, 고려청자공장, 목공장, 표구공장, 의류수선공장이 있으며, 이곳에서는 미싱 수십 대가 있어 의복도 제조하여 죄수의 의복과 외부의 주문한 의복을 제조하여 수입도 잡고 죄수에게 의복 제조 기술도 교육하여 출소 후 생계를 하도록 하는 것이다. 형무소 내의 공장이 다 죄수가 출소 후 기술을 하나라도 습득하게 하여 생계를 안전케 하며 재범을 방지한다는 목적이나 그것이 그리 효과가 없다. 내가 있는 인쇄공장만 보아도 인쇄공이 누범이 많다는 것이다. 그 이유는 사회에서 전과자란 불신의 이유가 태반이다. 그러니 다시 범죄를 하고 다시 2, 3년의 형을 받고 도로 인쇄공장으로 오게 된다. 이 모순된 사회의 부산물인 것이다. 내가 10여 년간 있는 동안에 4, 5번씩 재범을 하고 오는 인간이 허다하였다. 그리하여 내가 그 사람을 보고 또 왔구나 하면 태연한 대답으로 사회에서 잠깐 볼일을 보고 왔다고 아무렇지도 않게 말하는 것이다. 사람이 이쯤 되면 더 무슨 말을 하겠는가. 그런데 또 흥미 있는 광경이 있다.

 그 당시 우리 사회에는 공산주의 사상이 만연된 형편이어서 형무소 내도 사상범이 각양각색인데 그중 공산주의자들은 조선의 독립이란 말은 절대로 안 하고 조선혁명운동·무산자계급혁명 투쟁이라고 하는 법이다. 이 공산주의자들은 이 누잡범(累雜犯)에게 '동무'라 호칭하며 모순된 사회여서 그렇지 '동무'들의 죄라고는 할 수 없다고 설교하며 공산주의 사상을 고취한다. 잡범들의 두뇌는 퍽 총명하므로 공산주의 사상의 이론을 전개하면 공산주의자들 뺨을 칠 정도로 누가 '절도', '쓰리(소매치기)'를 하고 입소를 한 것인지 생각을 하게 되며 사상범인 체하는 누범 인간들이 부지기수였다. 참 웃지 못할 일들이다. 그리하여 그 여파가 대단하여 잡범들을 분리하여 감방에 수용하여 공산주의자들의 사상 선전을 못 하게 하였으나 '절도', '쓰리'한 자들은 비록 '절도', '쓰리'를 하였으나 사상범 노릇하는 게 고상한 것임을 잘 알기에 기회만 있으면 간수의 눈을 피해 가며 공산주의 복역자와 접근하였었다.

인쇄공장에는 조선총독 사이토(齊藤) 암살미수인 압록강 시찰 시 습격 미수로 체포되어 무기 15년을 받은 이(李)·김(金) 두 분이 복역하고, 만보산사건(萬寶山事件)의 주모자로 10년 형을 받은 박(朴)이라는 평양(平壤) 분이 있고, 함경도 이원(利原)농민폭동사건 주모자 채수철(蔡洙喆) 공산주의자가 사상을 전환하여 사형을 구형받았다가 무기로 감면된 이, 그리고 길주(吉州)·명천(明川) 공산주의 폭동사건으로 들어온 10년·11년 등 수 명이 복역하고 있다. 그리고 장기천(張基千) 씨라는 분이 만주 독립군으로 활약하다 체포되어 15년 형으로 복역 중인데 이분은 해방되고 대전형무소에서 출감하여 나하고 반가이 재회하였고, 마포형무소 내에는 김동삼(金東三), 이화익(李化翼), 오동진(吳東振), 김보형(金寶炯), 최양옥(崔養玉), 이규채,[20] 유정근(兪政根) 중 오동진·김동삼 두 분은 옥중에서 순사(殉死)하였다. 그리고 오동진 선생의 옥중투쟁에 대한 일을 내가 옥중에서 보고 들은 대로 기록한다.

내가 무슨 도(道)를 구별하고 싶지는 않다. 그러나 해외에 있을 때나 해방 후 이 사회의 양상을 볼 때 이 조그마한 땅에 무슨 도, 무슨 도하고 도별(道別)을 너무 하기에 나도 도의 말을 하게 되는 것이다. 평안도 하면 어떤 인물을 치느냐 하면 으레 해외에서부터 도산(島山) 안창호(安昌浩)를 평안도의 둘도 없는 위대한 인물로 친다. 물론 도산 안창호는 위대한 분인 것만은 사실이다. 그러나 도산 안창호 이외에도 인품이나 행동거지나 인격으로나 왜놈과 투쟁한 역사로나 최후까지 순국하신 분이 그 수를 헤아릴 수 없고 그중에서도 평안북도 분으로 순국하신 오동진 같은 분도 없을 것이다. 해방 후 후손도 없이 고독하게 국립묘지 무후선열의 위패만 모시게 되었다. 가증스럽게 도별을 하는 판에 오동진 이분을 위하여 추념식 한 번 안 하는 이 모순된 사회가 어디 있겠는가.

내가 마포형무소에 입소하여 그분을 감옥 의무실에서 인사하였다. 그분을 상면하니 저런 분이 어찌 왜놈의 군인과 맞서 선두 지휘를 하시며 혈전을 하셨나 할 정도로 그분의 외

---

20 이규채(李圭彩, 1884~1947): 이명 이규보(李圭甫), 이우정(李宇精). 경기도 포천 출신. 1924년 12월 대한민국 임시정부 충청도 의원으로 활동 중 1925년 사임, 1930년 한국독립당 정치부 위원 겸 군사부 참모장으로 활동했다. 1932년 5월 중국자위연합군 제3군 중교참모. 1932년 9월 1차 쌍성보 전투 참전, 승전. 한국독립당 총무위원. 1933년 중국 길림육군 제3군 상교참모. 1934년 10월 중국 상해에서 체포되어 국내로 압송, 징역 10년 형을 선고받고 옥고를 치렀다. 1963년 건국훈장 독립장이 추서되었다.

모가 하도 잘 생기셨고 그 풍채가 관후유덕(寬厚有德) 하시며 인자한 풍기(風氣)가 주위 사람에게 호감을 주실 뿐만이 아니라 인정이 철철 흘러넘친다. 내 일생에 그런 분을 본 적이 없었다. 1,000여 명의 각양각색의 죄수가 다 나와 같이 그렇게 느끼며 왜놈 형무소 소장이 그분을 대할 때 합장예배(合掌禮拜) 하며 '가미사마(일본어로 '신'이라는 뜻)'라 칭할 정도로 숭배하는 형편이니 더 말할 게 있겠는가. 죄수들을 '닝겐까(일본어로 '인간'이라는 뜻)이냐' 하며 부정하는 것이 왜놈들의 관념인데 참으로 위대한 분이었다. 그분이 무기형을 받고 마포에 수감 된 후 왜놈에게 요구 조건을 제시하나 불허하므로 단식투쟁을 선포하고 단식에 돌입하였다. 처음 15일간은 물도 한 잔 안 먹었다. 그러니 소장이 병동에다 수감하고 왜놈 간수로 하여금 감시하게 하고 조선 사람은 얼씬도 못 하게 하고 매일 변기를 검사하였다. 물 한 모금도 안 먹었으니 소변인들 나올 리가 없었다. 그러기를 15일이 지난 후 오동진 선생께서는 물만은 먹겠다고 하여 15일 후에는 물은 먹고 단식하는 동안 조금도 자세가 산만하지 않고 자기의 신념을 필기로 집필을 하고 단식한 지 만 48일을 '단식이 끝났다'고 선언하고 음식을 요구하였다. 세계사상 단식 48일을 한 사람은 지금까지 오동진 선생 이분 이외에는 없으며 저 유명한 인도의 간디 옹도 40일까지 단식한 기록이 있다. 더군다나 15일간은 물 한 모금도 안 먹고 단식했다는 예는 없다. 이렇게 된 결과를 볼 때 오동진 이분이야말로 평안도뿐만 아니라 전 우리 민족 중 가장 위대한 가운데서도 더 위대한 인물이라 아니할 수 있겠는가. 그러니 왜놈 수장이 합장예배하고 '가미사마'라고 칭하는 것이었다. 오동진 그분의 독립항쟁 역사야말로 더 말할 필요도 없는 것이다. 불행히도 경성감옥에서 공주감옥으로 이송돼 1944년경 해방의 기쁨을 못 보시고 공주감옥에서 순국하셨다고 들었다.

　의열단으로 독립운동하시고 내가 1926년경 천진(天津)에 유자명(柳子明)과 나석주(羅錫疇) 의사 사건에 관여하여 유자명과 같이 부친께 온 이화익이 마포형무소에서 15년 형을 받고 옥살이하리라고는 생각지 못하였고 뜻밖에 이화익 이분을 10년 만에 이런 데에서 또다시 보게 되었다. 부친의 안부를 묻기에 1932년에 대련경찰서(大連警察署)에서 고문받다가 순사하셨다 하니 참으로 캄캄하게 모르고 있어 죄송하다고 탄식하였다. 이규채 족형(族兄)이 10년의 형을 받고 '가지야(대장간)' 공장에서 복역 중이다. 1927년 상해, 북경을 거쳐 천진의 족숙(族叔), 나의 부친을 보고 만주로 이청천(李靑天) 등 동지를 보러 가며 만주의 제반 독립운동 상황을 토의하고 작별한 후 또다시 상해로 와 운동의 진전에 토의하다가 상해에서 일경(日警)에게 체포되어 10년 형을 받고 이곳에서 또다시 나하고 상봉하게 되었다. 그리고 같은 공장에 있었던 상해 혹은 만주에서 독립운동하시다가 일경에게 붙잡혀 15년 형을 받고 이 감옥에 계신 유정근 씨도 만났다.

그리고 사형집행 직전에 왜적 일본의 히로히토(裕仁) 왕이 등극한 경사로 1등을 감하여 사형을 면하고 무기형으로 감형되어 복역 중인 쌍공(雙公) 정이형(鄭伊衡)을 만났다. 최장 징역 19년 8개월을 살고 대전감옥으로 이감 갔다가 그곳에서 8월 15일 해방되어 출옥하신 분이요, 해방된 후 정부수립에 노력하시었고 반민특위(反民特委)의 주역이었다. 나에게는 장인이 되시는 분이다. 그분에 대한 독립운동사는 더 말할 것 없고 평북 의주(義州) 분으로 오동진과 둘도 없는 동지였다. 최양옥 이분도 10년의 징역을 받고 이곳에 복역 중이시다. 그분에 대한 감옥의 일화도 참으로 많았다. 김동삼 그분도 병을 앓고도 병보석이 불허되어 감옥에서 순사하였고, 여기서 꼭 확실히 밝혀야 할 일이 있다.

보통의 죄수는 대개 병이 들면 병보석이 되는 게 상례이며 독립운동한 분이 병이 들면 그분의 행장(行狀)에 따라 보석이 되는 법이다. 왜놈의 생각에 독립운동가는 개과천선하고 다시는 독립운동을 안 하겠다는 것이 인정될 때만 병보석이 허락된다. 그러므로 김동삼 선생이나 허다한 열사들이 자기의 기개와 소신을 굴하지 않는 한 절대로 감옥에서 사(死)하여도 보석이 있을 수 없는 법이다.

마포형무소에는 또 한 분 위대한 분이 있다. 그분을 통칭 임장군(林將軍)이라고 하는데 본시 의병(義兵)으로 왜놈과 전투하다가 붙잡혀 무기형을 받고 이 감옥에 수용돼 근 15년간 복역 중 365일 연중 하루도 빼지 않고 감옥에서 15년간 왜놈하고 투쟁을 운명할 때까지 하였다. 그분은 본시 강원도가 고향이요, 기골이 장대하고 힘이 천하장사였다. 수십 명 간수가 포위하고 결박하려다 못하고 방에다 가두어 놓고 소방호스로 수공(水攻)을 하여 만 5일이 지나서야 항복을 받고 수갑을 3개씩이나 채우고 또 게다가 족쇄까지 채우고 암실(暗室) 독방에 무려 3년이나 있다가 풀리고 족쇄도 풀고 수갑 한 개만 채워서 평독방(平獨房)에 수용하고 3년이 또 지난 후 비로소 수갑도 풀어 주고 이렇게 세월을 보내게 되니 제아무리 천하장사이지만 기진맥진하지 않을 수 있으리오. 그러나 신체는 쇠진(衰盡)하였으나 그 기개만은 불쇠(不衰)라. 매일 10시경이 되면 일과로 철창 밖에 대고 일본 천황으로부터 형무소장까지 사형선고를 천지가 진동하게 대성으로 낭독하는 것이다. 그러므로 임 대장이 대노하니 비가 올 거라고 말하기까지 하였다. 15년을 징역을 살고 병감에 가서 치료도 못 받고 독방에서 쓸쓸히 세상을 떠났다. 때는 1939년이었다. 나는 그 분의 성만을 기억하고 이름을 기억하지 못하고 말았다. 나는 지금도 그분의 항일 독립운동의 공적을 만천하에 알리고 불굴의 옥중투쟁을 세상에 밝히지 못하는 것을 애석히 여겨져 각 방면으로 그 사실을 밝히려 하여도 종래 못 밝히고 있다. 언젠가는 밝히게 되리라고 믿는 바이다.

 1개월에 두 번씩 일요일에 휴업을 하고 1일간은 휴식하며 강당에 나가 교회사의 설교를 듣고 종일 감방에서 쉬다가 다음날 공장에 나가 2주일 동안 작업을 하며 징역살이를 하는 것이다. 휴식하는 날을 이용하여 다른 공장에서 사역(使役)하는 분을 상봉하며 과거, 현재, 미래의 일들을 말할 수 있는 절호의 기회라 우리 죄수들은 고대하고 상호정보도 교환한다. 그러나 독방에 수감된 죄수는 강당의 출입을 금한다. 독방 수감자는 대개 범칙을 하였고 사상이 문제가 된 인물로 독립운동한 분 및 사상범들이다. 이런 유의 인물과 죄수들은 강당에 나와 죄수끼리 접촉을 금하게 된다. 사상범은 주로 공산주의자를 말하는데 공산주의자 중에도 두 종류가 있다. 우리가 알기에는 공산주의자들은 사상과 행동이 동일하다고 하지만 내가 형무소에서 상종한 그들은 다 같은 생각과 행동을 하는 게 아니다. 공산주의자를 분류할 때 '국제공산주의 코민테른', '소비에트 코민테른'에 속하고 자기 생각과 육체가 전적으로 소비에트 코민테른 공산주의에 생사를 바친다는 측과 그와 반대로 극소수지만 순수한 민족적 공산주의를 신봉하는 측이 있다. 그 대표로 문갑송(文甲松)이라는 민족적 공산주의자가 있다. 그의 논조는 우리 조선에 공산주의 국가를 건설하더라도 일본제국주의를 타도하고 완전 독립국가로 소련 공산주의의 간섭을 완전 배척하고 우리 민족만의 공산주의 국가를 건설한다고 역설하는 것이다. 그리하여 '코민테른'에 속한 자와 대립하고 있는 것을 처음으로 알게 되었다. '코민테른'의 인물들은 소련을 '프롤레타리아'의 조국이요, 자기네들의 종주국이 된다고 공공연히 자청 자인하므로 모든 독립운동가들에게 대립이 되어 투쟁도 불사한다. 그러나 항일 전선에는 때때로 합작하는 경우도 허다하였다. 그러나 분열·반목의 결과 투쟁에까지 진전하기도 한다. 그자들은 단지 목적을 위해서는 수단과 방법을 가리지 않는 게 공산주의의 철칙이다. 그러므로 민족주의와 합작을 가장하여 항일투쟁 전선에 합류하지만 모든 것이 국제공산당 지령에 의하여 행동하기 때문에 민족이고 독립이고 있을 리가 없는 것이다. 소련의 주구배(走狗輩)들이다.

문갑송으로 말하면 자기 부모가 만주로 이주하여 항일 독립운동을 한 가정에서 출생하여 어렸을 때부터 국가와 민족에 대한 확고한 이념을 가졌고 장성하여 봉천(奉天) 중국 국립 사범대학을 졸업하여 중국학교에서 교편을 잡다가 공산주의에 물들어 운동하다가 피체되어 무기형을 받고 마포형무소에서 절대 타협하지 않고 민족적 공산주의를 표방한 독립운동자로 옥중투쟁을 벌이고 있었다. 원래 마포 경성형무소는 왜놈이 감옥을 설치한 후 수많은 독립투사를 수용하는 관계로 왜놈의 참혹한 대우로 인하여 피비린내 나는 혈투가 끊이지 않는데, 예를 들면 왜놈의 간수가 휴대한 검을 탈취하여 왜놈의 간수를 찔러 죽이고 최후까지 저항하다 자살하는 사건이 속출하므로 대개 왜놈의 간수나 간수장, 부장들이 공장을 감시할 때 반드시 패검(佩劍)을 손으로 단단히 잡고 공장 내를 돌며 훈련소에 신입한 간수들이 마포형무소를 견학할 때 사전에 형무소의 내력을 듣고 오므로 긴장한 태도이며 죄수에게 피살된 자의 피 묻은 간수복이 전시되어 전시장을 견학하고 그 상황을 청취하고서는 더욱 긴장된 태도로 임하는 것이다. 조선 각지에 대소 감옥이 있지만 경성감옥과 같이 비참하고 살벌한 감옥은 없다. 서대문감옥이 같이 참혹한 곳이라고 하나 그곳은 수많은 사형수에 대해 교수형을 집행함으로 더욱 소문이 대단하였다. 유관순(柳寬順)과 같은 여사의 극한 투쟁이 유명하지만 소수의 한 사건이요, 마포감옥소 같이 세계의 유례가 없는 가혹한 왜놈의 행위에 부단히 반항과 혈투의 참사를, 왜놈이 조선을 강탈한 후 수많은 사건이 이 세상에서 역사적으로 알게 된 일이 하나라도 있는가를 묻고 싶다.

근래에 우리 국가의 인권과 민주주의를 위해 투쟁한다는 인사들이 단식 항거하는 풍(風)이 일자《조선일보》의 글을 쓰시는 모 씨가 자고로 세계 각국의 단식의 약사(略史)를 쓰는데 인도의 간디 옹을 예로 들고 단식의 최고 일수였다고 쓴 것을 보고 한탄을 금치 못했다. 자기 나라 독립열사가 단식으로 항일투쟁한 역사에는 깜깜히 무식하니 어찌 식자(識者)라 하겠는가. 경성감옥에서 48일의 단식이야 말로 세계의 비유할 수 없는 일이다. 이분이 바로 위대한 순국열사 오동진 선생이다. 1937년 김동삼 선생이 왜놈과 최후까지 항쟁하다 병보석이 안 되고 비참하게 옥병사(獄病死)로 순국하시게 되었다. 최후까지 왜놈에게 항쟁한 분은 가차 없이 가혹한 운명의 결말을 초래하는 것이다. 이렇게 1936년이 지나고 1937년을 맞았으니 옥중생활이야 하루같이 변함없는 그날이 그날인 것이다. 단지 연말과 연초의 행사로 옥중에서도 왜놈들의 과세형식(過歲形式)에 따라 연말 30일에 종무식을 필하고 30일부터 연초 신정 1일에서 4일 오전 시무식을 거행하기까지 휴식하고 5일부터 사역하는 것이었다. 그리하여 1937년이 시작되었다. 그렇다고 무슨 희망이 있는 것도 아니고 붙어 있는 생명이니 사지가 움직이고 옥중의 가혹한 규칙에 의하여 무의식중에 움직이는 것뿐이다.

그 당시 우리나라의 기후가 동절에는 대단히 혹한이었다. 내가 고국의 땅을 디딜 때인 1935년의 동절은 수십 년래 신기록인 서울이 영하 23도였다. 그리하여 서대문 미결감에서 이런 혹한을 당하여 발톱이 동상에 걸렸던 것이 지금까지도 그때 동상 흔적이 역력하다. 그리하여 광복 후 해방이 되어 출옥할 때까지 겨울철이면 해마다 영하 19~20도가 보통이었다. 요즘에는 이런 혹한이 없다.

나는 인쇄공장의 문선계에서 문선작업을 하였는데, 나는 본래 성격이 치밀하고 무슨 일이든 절대로 등한히 하지 않는 성격이어서 비록 징역살이에 곁들여 일을 하고 있을망정 일상생활에 불성실하게 지내는 법은 없었다. 그리하여 문선계에서 각종 원고에 의하여 문선함에 있어 작업 등급에 1등급의 자격증을 받고 작업기사로부터 칭찬을 받았고 왜놈의 담당 간수의 신임을 받았다. 1일 작업 시간 동안 1만 2,000여 자의 원고문을 문선을 하였다.

그러는 동안 신입 죄수로 공산주의자 박세영(朴世永)이라는 자가 10년의 형을 받고 입소하고 인쇄공장 문선계에 배치되었다. 박세영은 서울 사람으로 관철동(貫鐵洞)에서 한약상을 하는 가정에서 출생하고 학교를 중고등학을 필하고 공산주의 신봉자가 되어 각 방면의 독서회 단체에 가입하여 운동에 참가하다가 소련 국제공산당 '코민테른'의 유인으로 '모스크바' 단기공산대학에 입학하고 6개월 단기과정을 졸업하고 흥남질소비료회사 직공으로 취업하고 '푸로푼데로' 태평양노조 책임자로 활약하다가 피체되어 함흥재판소에서 10년 형을 받고 상고하여 경성에서 10년 형이 그대로 확정되어 경성감옥으로 온 것이다. 오랫동안 바깥세상 소식이 깜깜하던 차에 나에 이어 박세영이 입소하니 공장 내의 사람들이 세계정세와 장래가 어찌 돌아가는지 소식이 궁금하였다. 그리고 때마침 일본제국주의가 만주를 자기 손아귀에 넣고 그 기반을 더 튼튼히 하기 위하여 북지사변(北支事變)[21]을 야기시키려는 전초 공작으로서 트집을 잡아 중국 북지로의 진군을 준비하던 중이라 왜놈들 기세가 중천하였고 자기 행위가 더 정당하다는 것을 우리 민족에게 대대적으로 선전하니 당연히 감옥 내

---

21 1937년 중일전쟁을 뜻함.

에도 왜놈들이 정당함을 인식시키기 위하여 선전이 가열하던 때에 새로 입소한 사람이 있으니 자연 세계가 왜놈의 이런 침략에 열강의 태도가 어떠한가, 왜놈의 기세가 고착될 것인가, 암암리에 의논이 분분하던 판이었다. 같은 문선계에 있으니 자연히 나와 대화가 되어 상호 자기의 과거지사를 말하게 되니 나도 상해에서의 우리 독립운동의 활동과 제반 사건 내용을 말해 주었다. 그러나 박세영은 참으로 자세한 사건 내용이나 국제정세 등 여러 방면에 대해서는 아는 게 별로 없었다. 단지 공산주의 대한 운동의 정세와 방향에만 일방적이지 별도 확고한 방침이 없었다.

그러나 시시각각으로 변동되는 세계정세를 누가 더군다나 이 영어(囹圄)의 몸으로 무엇을 알고 판단을 하겠는가. 그래서 박세영과 나는 사상적 토론은 안 하기로 하고 될 수 있는 한 세상일을 비록 암흑 속에서 살면서도 예의 주시하고 국제정세가 변동이 있을 것이니 우리가 합심하여 항일 독립운동에 노력하자고 둘이 긍정적으로 인정하고 합의하였다. 그러는 동안 1937년 4월에 나는 문선계에서 교정계로 이동하였다. '사시가에'라고 하는 곳이다. 이 계는 인쇄하는 과정 가운데서 매우 중요한 작업이다. 일을 잘하고 신임을 인정받아야 이 교정계 일을 맡기는 것이다. 여하튼 내가 그놈들에게 잘 보여서 이 작업을 맡았다. 작업량이 많아서 대단히 분망하였다.

그런데 경성형무소는 당시 조선 내에서 격이 제일 높은 감옥이다. 그리하여 조선총독부 법무국 형정과에서도 경성형무소장의 관급(官級)이 제일 높은 급이다. 왜놈의 관급은 '주임관(奏任官)'과 '칙임관(勅任官)'[22]이 있는데 '주임관'은 고관의 천거에 의하여 소위 천황이 임명하고, '칙임관'은 천황이 직접 친히 임관한다는 제도이다. 경성감옥의 소장은 정년이 다 된 고등관 검사를 칙임관으로서 임관하여 정년이 될 때까지 소장의 직을 맡게 되며 정년 될 때까지 감옥의 경비 소득을 자유자재로 하여 한몫 먹고 정년을 마치라고 봐주는 곳이다.

그래서 1,000여 명의 식생활 비용을 다 떼어먹으니 먹는 것이나 입는 것들이 그 궁상은 차마 말할 형편이 못 된다. 그리하여 1937년 6~7월경에 대참사가 일어났던 것이다. 이 참사의 사건은 파이프(담배 빨부리)공장에서 발생하였다. 12시 점심때였다. 콩밥에다 국이라고 6~7월 뙤약볕에 자란 상추를 소금물에 삶은 것이다. 그러니 그 맛이 얼마나 쓰겠는가. 그

---

22 원문에는 '친임관(親任官)'으로 되어 있음.

쓴 국이 1,000여 명의 점심 국이었다. 감옥에서는 음식을 먹을 때 반드시 간수에게 검식의 형식으로 밥과 국을 상 위에 갖다 놓는 법이 있다. 그러나 간수가 왜 죄수의 쓴 국과 콩밥을 먹겠는가. 참으로 형식에 어긋난 처사였다. 그때 마침 왜놈의 담당간수는 교대가 되고 조선의 간수가 와 있었다. 죄수들이 점심을 먹기 시작할 판에 한 죄수가 국의 맛을 보니 하도 써서 도저히 먹을 수가 없었다. 그리하여 그 죄수가 그 국을 들고 조선 놈 간수에게 가서 '나리' 이 국의 맛을 좀 보시오 하며 '써서 먹을 수가 없습니다' 하였다. 그러니 그놈이 그 국의 맛을 보고 말하기를 쓰긴 해도 감칠맛이 있구나 하고 국그릇을 돌려주는 것이었다. 국그릇을 받은 죄수가 이 조선 간수의 쌍판에 국을 퍼부으며 말하기를, 감칠맛이 있으면 너나 먹으라 하니 간수의 백색 정복이 온통 국 국물을 전부 뒤집어써 흑색으로 변하게 되고 옆에서 이 광경을 보던 근 200명의 죄수가 일제히 고성을 지르며 요동을 피웠다. 이러자 간수가 당황하여 비상벨을 계호과에 누르니 왜놈 간수부장 이하 30명이 파이프공장으로 출동하여 주동자 10여 명을 조사실로 데려다가 목판에다 엎어 놓고 격금대로 볼기짝을 사정없이 난타하니, 둔부에서 선혈이 낭자하여 사방으로 튀니, 소금을 둔부에 뿌려 가며 난타를 계속하니 얼마 있어 그 죄수는 그만 기절하고 말았다.

　이렇게 하여 5인의 죄수를 같은 방법으로 난타 치사하여 5~6명이 죽지는 않았으나 빈사 상태였다. 이렇게 사태가 발전되어 그놈들도 죄수를 사람으로 안 치는 것이라고 하여도 한꺼번에 5명씩이나 죽게 하였으니 당황하여 극비리에 처치하려고 하였으나 그렇게 마음대로 되는 것이 아니었다. 시간이 흐르자, 전 감옥 내에 죄수를 타살하였다는 소문이 퍼졌다. 감옥의 왜놈 간수장, 부장, 간수 놈들은 감시를 게을리하지 않고 삼엄하게 하였다. 그러나 전 감옥 내는 죽은 듯이 고요한 상태였다. 작업이 끝나고 저녁밥을 다 먹은 후 감방에 입방한 지 30분경 1동 1호 감방에 있는 죄수가 우렁찬 구호를 외치고, 왜놈들의 잔인무도한 행위를 규탄하는 언사로 대성 질타하고 난 후 8동 각 방에서 사전언약이나 한 것 같이 일제히 세면기를 두들기며 고성을 질렀다. 철창 밖에다 대고 감옥에서 사람을 때려죽였다고 고성을 지르니 공덕리 언덕에 거주하는 주민들의 하얀 옷이 석양빛에 비쳐 언덕이 온통 흰빛으로 덮인 채, 그곳에서도 큰 소리로 맞장구를 쳤다. 사태가 이쯤 되니 간수 놈들이 갈팡질팡하고 소장 이하 할 것 없이 퇴소를 못하고 속수 무책한 모양이었다. 그러기를 약 1시간 이상 이런 광경이었다가 전 감방이 고요하였다. 그러자 법무국 형정과장 놈이 급거 출동하여 이 광경과 사유를 자세히 알고 타살한 이유를 다 알고 갔다고 한다. 그 이튿날 죄수 전부를 휴업시키고 형식적으로나마 어제의 소요 동기를 조사한 후 2일간 휴업을 하다가 공장으로 사역시키고 대위(大爲)라는 소장이 경질되고 '미노다'라는 검사가 새 소장으로 부임을 하고 죄수 5명을 타살한 간수부장, 간수장 두 놈은 과실치사로 형사 기소하게 되었다. 그런데 두 놈의 간수가 어째서인지 하필이면 조선 놈이었다. 참 마음이 찢어질 듯 아팠다. 어찌 같은 민족이며 한 핏줄끼리 이런 천인공노 잔인무도한 행위를 감행할 수 있느냐 하는 문제이다. 제아무리 왜놈에게 잘 보이고 신임을 얻어 칭찬받으려고 기를 쓰고 자기 민족에게 야수만도 못한 행동을 하였다고 하자 감옥소 별호로 '잔반'밖에 못 얻어먹는 놈인데 그렇다고 내선일체의 구호뿐이고 왜놈 천황의 진정한 적자(赤子)도 못 되는 주제들이었다. 참 한심한 인간들이었다. 후에 두 놈(조선 간수)은 과실치사죄로 2년, 1년 반의 징역을 받았다고 전하였다.

내가 이런 사실을 더 정확히 하기 위하여 때마침 독립기념관을 건립하는 차제에 왜놈 식민지 치하 지옥에서 비참히 살해된 원혼들을 위로하기 위하여 좀 더 실증을 얻으려고 안양형무소 또 부산형무소를 방문하고 왜정 때의 감옥일지가 있나, 혹은 이런 사실을 간수를 지냈던 사람이 기억하는지를 탐문하였으나 누구도 기억이나 감옥일지라는 게 없다고 하였다. 내가 지금 이 옥중기라고 할 이 글을 좀 일찍이 썼더라면 이승춘·정이형·최양옥·김보형·장기천 제 선생의 증언을 들었을 텐데 지금 다 작고하셨고 외롭게 나 홀로 생존하여 옥중 허다한 사실을 쓸려니 애로가 이만저만이 아니다.

물론 나의 기술이 사실이지만 그래도 방증이 있으면 금상첨화로 더 좋았을 것이 아니겠는가. 그리고 이런 감옥의 대참사인데도 《동아일보》나 《조선일보》에 전혀 기사화되지 못하였다는 데 더 한층 분개한 마음을 금할 길이 없다. 족형 이규채의 수기가 생각이 나서 찾아보니 10년 형을 치렀는데 그 당시의 참사를 간략하나마 기록한 것이 있어 다행이었다. 여기 그 사본과 내용을 쓰는 것이다.

'정축(丁丑) 1937년 옥중사변(獄中事變) 돌개이식료(突皆以食料)도 불충분(不充分) 유대소동(有大騷動) 장재욱(張載旭), 김봉춘(金鳳春) 등(等) 5인 사언(死焉)' 이렇게 간단히 적혀 있다. 이런 이규채 형의 옥중의 간단한 수기라도 있으니 천만다행으로 역사의 한 면을 가하게 되었다. 1937년 3월 김동삼 선생이 옥중에서 병사하여 일생을 만주에서 혁혁한 독립운동을 하시다 왜놈에게 체포되어서 복역 중 득병하여도 병보석이 불허되어 옥중에서 한 많은 최후에 순국하시었다.

　1937년 7월 7일의 노구교사건(蘆溝橋事件)이 전면적인 중일전쟁으로 확대되자 화북(華北)의 일본군은 관동군과 본국 군의 신속한 증원을 얻어 총공격을 펴 북경·천진 일대를 점령하고 보정(保定)·장가구(張家口)·태원(太原)·제남(濟南) 등 화북의 중요 도시를 거의 손에 넣고 8월에 들어와서는 상해에서도 중·일 양군이 정면으로 충돌하게 되었다. 이렇게 되니 감옥 내에서도 왜놈들의 선전이 대단하였다. 흡사 중국 대륙을 금방 다 먹었다는 표현으로 기고만장한 태도로 매일같이 승전 보도를 소내(所內) 라디오로 정오에 죄수에게 방송하는 것이다. 이러니 좀 생각이 있는 죄수로서는 이제 왜놈의 기세로 보아 조선의 장래는 이것으로 끝장나는 게 아닌가 하며 실망하고 낙담하여 각양각색의 표현이 발로되었다. 그도 그럴 것이 일본을 인접한 국가로 러시아·중국 이 두 대국이 언젠가는 조선독립을 위하여 가만히 있지 않겠지 하는 일루(一縷)의 희망을 가졌고 더군다나 공산 러시아는 전 세계의 피압박 약소민족 해방이란 거창한 구호 아래 공산주의 선전의 대단함과 동시에 조선공산당의 선전을 말할 때가 많았다.

　그러니 1919년 세계 제1차 대전이 종식됨에 따라 미국 대통령 '윌슨'이 주창한 민족자결이란 위선의 구호가 식민지 민족과 피압박 약소민족의 희망을 고취하였으나 일시적 행동에 불과하였고, 그 대신 공산주의 러시아가 피압박 약소민족 해방을 내걸고 각국의 국제공산주의 지령하에 조직을 강화하여 제국주의와 대항하여 혁명을 주도하며 금방이라도 식민지가 해방되는 것 같이 아는데, 왜놈의 노력이 만주를 침략하더니 중국까지 진공하여 연전연승하는 기세이니 조선의 독립 해방은 생각할 희망이 무산되고 마는 것으로 생각하는 것도 무리는 아닐 것이다.

　감옥 내 각 공장에서 작업하던 죄수들 삼삼오오 모여 앉아 수군수군대는 말이 모두 이 문제가 화제가 되니 우리 장기수들이야 무슨 희망으로 살아가겠는가. 비단 감옥에의 죄수뿐만이 아니라 조선 전반기에 왜놈의 노력이 욱일중 천지세에 사로잡혀 그 세에 맹종하는 시국이라는 풍문이 감옥 내에까지 전파하는 것이다.

　그리하여 나와 박세영은 이 사태를 면밀히 분석하여 해외에서 세계정세를 종합 검토한 후 이 결론을 얻은 것이다. 만약 일본이 더 전쟁을 확대하여 전 중국을 점령하게 되면 세계의 열강이 절대로 좌시하지 않을 것이요, 일본제국으로 하여금 독식을 불허할 것이 명백하다. 그 이유를 고찰할 때 청 말의 9개국 조약 그 자체만 보더라도 자명한 일이다. 9개국 중 한 놈도 대(對) 중국을 단독 점령하고 독식하지 못하게 하려고 9개국 조약을 체결한 관계로 보아 오늘 왜놈의 침입이 장기화만 된다면 곧 세계전쟁으로 확대 발전되는 요인이 될 것이므로 장기화만 축원한다는 결론을 얻고, 그러면 우리가 이 결론을 낸 내용을 무슨 수를 써서라도 우리 감옥 내에 사람들뿐만 아니라 감옥 외의 사람들에게도 주지함이 타당하다고 하는 글을 작성하기로 하였다. 문선을 하면 조판(組版)되자 바로 교정을 보아 인쇄하도록 하고 감옥 내 전체에 배포하는 것은 왜놈들의 소위 '국어', 일본말을 교육하기 위하여 청년 죄수들을 뽑아 교회사가 교육을 하러 집회하니 그들 청년에게 배포하게 하고, 외부는 소제부 죄수들에게 부탁하여 외부로 산포하게 한다는 계획을 세우고 공작을 시작하였다.

글의 제목은 '전쟁은 동에서 서로 간다'였고 내용은 대개 다음과 같았다.

전쟁의 시작은 동(東)에서 즉 일본이 전쟁을 유발하였으니, 장기화만 되면 세계열강이 일본 제국주의 침략을 묵과하지 않을뿐더러 이해관계로도 가만히 있겠는가. 그러니 필연적으로 세계대전이 일어나면 일본제국의 패전은 불문가지며 그리되면 조선은 독립이 되며 공산주의화하는 것은 목적을 이룬다. 독립된다는 주장은 내가 주창한 것이요, 공산주의화를 주장한 것은 당연히 박세영이가 주창한 것이다. 이 두 주장은 그 당시로는 무리가 아니었다.

1. 파쇼 일본의 중국 침략을 공동 사수하자!
2. 제국주의 침략전쟁을 국내 전쟁으로 전화시키자!
3. 조선의 독립인민정부수립 만세!

이렇게 세계정세와 반드시 세계전쟁이 일어날 것이므로 우리는 정신을 가다듬어 러시아가 피압박민족을 해방하는 데 적극 협조하여 파쇼 일본제국의 패전을 위해 사투하자는 내용을 작성하여 문선·조판하였다. 내가 교정계에서 150장을 찍어서 이미 계획한 대로 일본어 학생 기결수 주명선(朱明善)·이안진(李安珍)에게 배포하게 하고, 제2차로 대외로는 기결수 마중렬(馬仲烈)·이원석(李源錫)에게 배포하게 하였다. 이 모든 사건을 제작 실행하는 과정에서 간수는 모르게 할 수 있어도 같은 죄수끼리는 속일 수가 없는 것이다. 대개 이런 공작을 하는 줄 알면서도 전혀 모두 모른 체 하고 있었다. 여하튼 무사히 대내 대외로 성공하였다고 자부하였다.

그런데 이렇게 암암리에 행사가 끝난 지 2개월이 지나서, 날짜는 확실히 기억나지 않지만, 대개 9월 말경 어느 날 저녁을 다 먹고 감방 안으로 들어갈 무렵 간수장을 위시하여 부장·간수 10여 명이 인쇄공장 안으로 오더니 박세영의 번호와 나의 번호 1960호를 불렀다. 우리 둘을 데리고 감방 4동 독방에 수감하고 경계를 삼엄히 하였다. 이렇게 되자 나는 직감으로 인쇄한 선전문 배부의 비밀이 탄로가 난 게 아닌가 생각되었다. 내일 만약 이 사건에 대해 조사하면 어찌 항변을 하나 하고 밤새워 고생하다가 이왕 탄로가 난 바에야 그놈들의 말을 듣고 또 박세영의 말을 듣고 사실대로 실토하는 게 고생을 적게 받는 것이 상책이라 생각하였다. 그 이튿날 박세영이가 제1차로 조사실로 간 것을 알았다. 그 후 한 3시간가량 뒤에 박세영이 돌아온 후 나를 데리고 조사실로 가니, 왜놈 간수장이 조사 책임자로 비교적 관후하게 대하여 자기가 먼저 사건의 전부를 말하며 박세영도 사실대로 다 말하였고 너는 그 내용을 모르고 박세영이 인쇄를 하니까 따라서 인쇄한 것을 가져갔다고 하니, 너도 솔직히 그 사실을 말하라고 대단히 부드럽게 대하는 것이었다. 그러니 나도 한 것은 하였다고 솔직히 사실대로 말하고 박세영이 말한 대로 내용은 전연 모르고 또 알려고도 안 했다고 하였다. 수량은 얼마나 인쇄하였나 하기에 백지를 갖다주는 대로 찍었고 그것도 범칙인데 경황 없이 일을 하였기 때문에 그 내용을 알 수도 없고 알려고 하지도 않았다고 하니, 알았다고 간수장이 말하고 조선 간수를 보고 수감하라고 명령하는 것이다.

여하튼 박세영 자신이 자기가 다 책임을 지고 나는 내용을 모르는 하수인밖에 안 되게 만든 것이다. 참으로 나는 그이의 도량에 감사를 느끼게 되었다. 2일 후 범칙에 대한 벌을 받는데 감식벌(減食罰) 2주일, 금고벌(禁錮罰) 3개월, 감방은 독방의 반이 되는 암실방에서 수갑을 차고 3개월을 지내게 되는 것이다. 다행히 혹독한 구타나 다른 형벌은 더 받지 않았다. 그 이유는 1937년 죄수를 타살하여서 자기네들도 양심의 가책을 받았음인지는 몰라도 여하튼 우리는 운이 좋아서인지 혹독한 벌은 안 받았다. 그리하여 조선 간수들은 우리보고 너희들은 참으로 재수가 하나님이 주신 것이라고까지 말하였다. 형무소에서의 감식벌은 최고 1주일이 가장 중한 벌인데 우리에게 2주일이라는 것은 유례 없는 가중된 중벌이었다. 감식이라 함은 내가 먹는 밥의 등급이 4등인데 4등의 밥 하나를 3등분하여 3분의 1을 한 끼씩 주며 1주일을 먹이고, 다음 1주일은 다시 시작할 때 하루만은 정상인 4등급의 밥을 그대로 주고 나서, 다시 1주일을 전과 같이 4등급의 밥을 3등분하여 감식벌이 끝날 때까지 주는 것이다. 그리고 또 말할 것은 맨 처음 감식벌을 하기 전에 체중을 달아 기록하고 감식한 후의 체중을 달아서 초일(初日)과 말일(末日)을 비교한다. 2주일간이나 감식을 하니 당연히 전에 비하면 감량되었음은 분명한 것이다.

그러나 전과 감량이 안 되었다든지 그대로 있다면 이는 필유곡절이라 하여 다각적으로 추궁을 받게 되고, 만일 불법이 있었다면 혹독한 처벌을 받게 된다. 우리는 그런 뜻밖의 일이 있을 리가 만무하였다. 독방의 반밖에 안 되는 암실방에서 3개월의 금고형을 살게 되었다. 보통 키 큰 사람은 다리를 펴고 잠을 못하고 웅크린 채 3개월 동안 그런 모양으로 지내야 하는 것이다.

산포에 협조한 수인은 가벼운 벌에 그치고 벌이 끝난 후 다시 공장에 가서 작업을 하게 하였다. 1938년 3월 28일 경성지방법원 검사국으로부터 우리 2명은 구공판(求公判)하고 나머지 4명은 불기소 처분이 되었다.

그리하여 나와 박세영은 징역을 살며 미결수로 서대문감옥으로 이송되어 공판을 받게 되었다. 5월경에 서대문감옥에 수용되어 2층에 있다가 2동으로 내려와 공판일만 기다리는데 2동 감방에 마침 안재홍(安在鴻) 씨가 흥경구락부사건(興京俱樂部事件)과 남경군관학교학생대사건(南京軍官學校學生大事件)으로, 신홍우(申興雨) 씨 등 수인이 기소되어 감방에 있었고, 1936년 엄순봉 선생과 공판을 받을 때 우리들을 여러모로 도와주던 조선인 간수가 나를 알아보고 어째서 또 왔느냐 하며, 너도 조용히 징역을 못하는구나 하며 너의 동지 엄순봉은 참으로 훌륭하셨다 하며 사형을 집행할 때까지 그 행동과 처신이 그야말로 성인(聖人)과 같이 지냈고 사형을 집행하러 감방을 떠날 때 감방에 있는 사람에 대한 그 언행이 참으로 위대하였다고 한다. 그리고 마지막으로 대한독립만세와 '아나키즘'의 자유평등만세를 부르며 사형대로 갔다고 하며, 내가 수많은 사형수를 대하였지만 그분 같은 행위를 처음 보았다고 하며 나에게 감탄하는 것이다.

그해 하절에 혹서가 수년래 초유의 기후라고 하며 한재(旱災)가 심하여 곡식이 흉작이라 하였다. 서편 독방에 수용돼 있었는데 어찌나 더운지 냉수 두 주전자의 물을 먹었는데 이 물이 우리 서울에서 유명한 '압박골' 약수였다. 물을 아무리 마셔도 배탈이 안 난다. 내가 중국 북경에 있을 때 부친께서 고국을 그리며 하시는 말씀이, 우리나라 서울 기후는 낮에 아무리 덥다가도 석양 때만 되면 서풍이 탁 불어 그 더위가 어디로 갔는지 모른다고 하셨다. 덧붙여 '압박골' 약수만 마시면 소화도 잘되고 그 시원한 맛을 어디에 비하랴 하신 말씀이 새삼 기억에 새롭다. 우리나라는 참으로 금수강산인가 보다 하고 생각하였다.

　해방되어 출옥해 보니 참으로 금수강산이다. 1939년 8월 3일 왜놈 경성지방법원 제1심에서의 죄명은 치안유지법 위반·출판법 위반·공무집행법 위반으로 박세영은 1년 6개월, 나 역시 동일 죄명을 적용하여 10개월의 징역에 처한다고 언도하였다. 8월 11일에 확정이 되었다. 그리하여 3일 후 우리는 다시 경성감옥으로 이감하여 독방으로 수용이 되었다. 나의 총 형기는 13년에다 10개월을 가산하게 되었다. 그때 내 생각으로는 13년인데 그까짓 10개월쯤 더 징역을 사는 게 무슨 큰일이냐고 대수롭지 않게 생각하였다. 10개월 동안 의식주 문제를 해결하게 되었으니 다행한 일이 아닌가. 내가 무의식중에 원숭이 놀음을 하면서 독방에 들어갔다가, 이런 말을 하였다고 단단히 구타당한 일이 있었다. 그 이유는 내 팔자가 조선총독도 부럽지 않다고 말하였다가 간수 놈에게 구둣발길로 차이고 뺨을 얻어맞았다. 조선인 간수 놈이 나의 이 말을 듣고 왜놈의 말로 '슈진노 구세이(일본어로 '수인의 주제에'라는 뜻)' 그런 불손의 언사를 하느냐고 때리며 다시는 그런 불경의 말을 하면 큰 벌을 줄 테니 조심하라고 하였다.

　가형을 받고 경성형무소로 다시 오게 되니 이화익·유정근·정이형·최양옥 등 허다한 장기형을 사시는 여러분들이 간접으로나마 나에게 위안의 말을 전하시기도 하였다. 독방에 있는 문갑송 씨가 퍽 좋아하며 왜놈이 머지않아 망할 터이니 굳세게 살자고 위로하였다. 독방에 있는 죄수는 오전, 오후 나누어서 운동을 시키는데 그때 만나서 여러 가지 소식과 자기의 소견을 피력하는 것이다. 독방에 있은 지 1개월 후 박세영은 교무과 도서실에서 사역하게 되었다는 것을 감방 소제부에게 들었다. 그래서 나는 참 잘되었다고 생각하였다.

　그런데 하루는 오전 운동 시간에 문갑송 씨에게서 들으니 박세영은 근자에 형무소장의 권유로 공산주의를 포기하고 사상을 전환하는 서약서를 쓰고, 그 대가로 교무과 도서실에서 일하게 되었다고 하며, 문갑송 씨가 나에게 동지만은 전환하지 말라고 하며 박세영에게 배신당했다고 하는 것이다. 그러나 나의 답은 배신당할 게 뭐가 있느냐며 다 각자 소신대로 행동한 결과의 사건들이니 나는 나대로 최후까지 독립운동을 목적으로 하는 것처럼, 그만큼 각자 행동하는 게 아닌가. 나는 독립운동이야 사상전환이 어디 있겠는가. 박세영은 공산주의자이니 사상전환할 수 있는 게 아닌가. 공산주의운동만 안 하면 되는 것이다. 그 후 왜놈의 교회사가 나를 세 차례 불러 내 마을을 이리저리 떠보고 황국신민의 도를 설명하고 황국은 '학고잇지우['팔굉일우(八宏一宇)'의 일본어 발음]'의 이상으로 세계 평화를 달성코자 하니 너도 황국신민으로 개과천선하여 일본을 위하여 활동해야 한다고 설교하곤 하였다.

독방에 있기를 1937년부터 1940년까지 있었다. 춘하추(春夏秋) 세 계절은 독방에서 그럭저럭 지낼 수 있었지만 동절은 생불여사(生不如死)였다. 북향 방에다 수용하여서 영하 19도가 될 적에는 야반(夜半)의 독방 온도는 영하 14~5도가 되므로 그 추위를 감당하기가 지극히 곤란하였다. 천진에서 '야해자(野孩子, 들아이. 중국어로 '예하이즈'라고 하며 일종의 거지를 의미한다)' 노릇을 하며 지난날 부친을 모시고 석탄을 주워다가 추위를 막을 때보다 더 추위를 감당하기 어려웠다. 나의 독방 맞은편 방에 한 죄수가 수용되었는데, 그 사람의 성명은 박우현(朴宇鉉)이라는 함경북도 청진인(淸津人)이다. 국제공산당 '코민테른'에 속하여 공산주의운동을 하다가 15년 형을 받고 경성감옥 독방에 있게 되었다. 그런데 그 사람의 행동이 반광인(狂人)에 가까워 간수들은 미친놈으로 취급하여서 무슨 말을 하건, 행동을 하건 도외시하는 것이다. 그렇다고 미친 인간은 아니다. 함경도 일대에서는 명성이 난 국제공산주의자로 운동하던 책임자이므로 형을 15년이나 받은 게 아닌가. 사실 형무소의 형무 책임자들의 골칫거리라고 일컬으며 미친놈으로 취급할 뿐이다. 그리고 박우현은 한쪽 다리를 절며 보행을 못하는 편이다. 그리하여 운동하러 갈 때는 꼭 벽에 의지하고 보행하는 절름발이로 모두 다 병자로 취급하는데, 의무과 의사나 일부 사람은 박우현의 다리가 불구라는 것에 대하여 의심을 갖는다. 아무리 진단을 해 봐도 다리에 이상이 없다는 것이다. 그리하여 화제가 되었다. 그러나 자신은 경성형무소에 있을 때부터 그렇다고 하니 의학상으로나 병리학상으로 확정을 못 짓고 있는 것이다. 그런데 박우현에 대해서 향후 할 말이 또 있다.

나는 독방에 있으며 방 안 작업으로 '봉투 붙이기', '걸레 꿰매기', '어망(漁網)', '새 그물 짜기' 등 여러 가지 작업을 하며 소털 같은 날을 보냈다. 그러는 동안 나의 신체가 극도로 쇠약하여 체중이 30킬로그램 내외가 되니 피골이 상접이 되었다. 모친께서는 면회 때마다 위안의 말을 하시며 자식에 대해 안쓰러워하시는 모양을 보면 방에 와서 한참 동안 눈물을 흘리며 나도 내 맘을 가눌 수가 없었다. 규숙(圭淑) 누님은 매부 장기준(莊麒駿)과 만주 한족총연합회(韓族總聯合會)에서 활약하다가 회(會)가 친일 주구와 공산당에 의하여 다수 살해됨에 부득이 가족을 데리고 구사일생으로 도피하여 장춘(長春)으로 와 있었다. 서울에 계신 모친의 생활 형편이 더 지탱할 수가 없어 남매인 규동(圭東)과 현숙(賢淑)을 데리고 장춘 사위에게 의지하게 되어 모친이 면회를 오셔서 장춘에 계신 매부에게 가니 부디 몸조심하고 다시는 다른 생각 말고 규칙을 준수하고 지내라고 천 번 만 번 당부하시고 만주 장춘으로 남매를 데리고 가셨다. 그러니 나로서는 한 달에 3회씩 면회하러 오시던 모친마저 천 리 타국으로 가셨으니 그 외로운 심정을 어찌 형용하리오. 징역 10여 년을 사는 동안 모친 이외는 누구 한 사람 면회 온 적이 없었다. 시영(始榮) 숙부의 자부가 상해에서 국내로 친정에 왔다가 나를 면회하고 가셨을 뿐이다. 아주머니를 본 그때 참으로 기쁜 맘을 지금도 잊지 못하고 있다. 비참하고 외로운 환경에서 모친께서 면회하러 오실 날이 되면 학수고대하는 그 마음, 누가 이러한 심리를 감히 이해하여 줄까.

어느 날인가 신입한 죄수가 독방에 수용되었기에 그 사람의 성명을 알아보니 상해에서 같이 지내는 친구인데, 지금 서울에 있는 이재현(李在賢) 동지의 형인 이재천(李在天)이다. 징역은 4년을 받고 상해에서 체포되어 형을 받고 경성감옥으로 온 것이다. 그런데 이재현 동지 형의 태도가 참으로 불가사의였다. 운동하러 나가서 내가 대화를 하려고 해도 절대로 상대를 안 하려고 피하는 것이다. 이렇게 수개월을 지내도 말 한마디 하지 않고 전혀 우리하고 상대를 안 하니 피차간 상대를 하지 않고 지내는 것이다. 이렇게 되는 기이한 사실도 있었다.

해방 후 이재현 동지에게 형의 소식을 물으니 상해에서 왜놈에 잡혀간 것만 알지 그 후 소식은 어디서 어떻게 되었는지 생사여부를 도무지 모른다고 하였다. 이렇게 행방불명으로 실종 또는 사망한 사람도 그 수를 헤아릴 수 없었다. 일본제국주의자는 중국 남경(南京)을 점령한 후 곧이어 무한삼진(武漢三鎭)으로 진격하여 점령하니, 감옥 내에서도 대전승 축하행사를 거행하며 감방에 있는 죄수에게까지도 '부다시루[일본어로 '돈즙(豚汁)'이라는 뜻]' 돼지국을 주며 '아카(赤)', '시로(白)', '모찌(찹쌀떡)' 즉 홍백(紅白)의 찹쌀떡을 나눠주며 중국을 다 석권하고 전승한 축하를 연일 3일간 계속하였다. 이렇게 되고 보니 전 세계가 모두 왜놈의 세상이 다 된 기분이었다. 그리고 구라파(歐羅巴)에서는 독일 '히틀러'의 전쟁 이야기로 명실상부 동서에 전쟁이 발생한 셈이다.

이러고 보니 내가 선전문에 쓴 제목같이 전쟁은 동에서 서로 가며 장기전을 우리는 원한다고 한 내용과 꼭 합치되는 셈이다. 단지 더 확장해서 세계대전이 일어나길 고대할 뿐이다. 감옥 내에도 왜놈의 정책이 더 내선일체와 천황의 적자로 일신을 바쳐 대일본을 위하여 헌신한다는 구호를 매일 아침 '동방요배(東方遙拜)', 즉 동방을 향하여 궁성요배를 하며 '황국신민의 서사(誓詞)'를 제창하였다. 이렇게 하여 우리 민족의 역사·언어·성명을 완전 말살정책을 강행하며 창씨제도(創氏制度)를 신설하여 왜놈의 성으로 성을 고치도록 하였다.

그런데 재미있는 일이 있었다. 완전 친일 분자는 창씨를 안 하고도 자기 성을 그대로 쓰면서 자기 자신의 동족에게는 창씨를 강권하면서 왜놈보다도 더 심하게 굴었다.

예를 들면 최고 친일 민족반역자인 한상룡(韓相龍) 같은 인물이다. 또 장덕수(張德秀)도 자신은 자기 성을 쓰며 동족에게는 강요하였다. 이런 것이 그 한 예에 불과하다. 장덕수로 말하자면 민족을 위하여 문화사업 항일운동을 하였던 인물이며 그의 형제가 모두 이 민족과 이 국가를 위하여 항일 독립운동을 하다가 순사(殉死)한 분들이다. 그런데 내가 독방에 있을 때 하루는 간수가 나보고 나오라고 하며 교회당으로 가라고 하였다. 유명한 반도인(半島人)이 너희들을 위해 강연하러 왔으니, 이분의 말을 잘 듣고 황국신민의 각오를 한층 더 하라고 하였다. 바로 이때가 1941년 12월경으로 왜군이 진주만(眞珠灣)을 기습하여 태평양전쟁이 발발한 때였다. 교회당에 들어가니 독방에 있는 죄수를 비롯해 전 죄수가 다 입장하여 있었다.

그리고 왜놈 교회사가 강연 온 사람의 경력과 누구라는 소개를 하였다. 첫째로 소개된 사람이 장덕수라고 하며 철학박사요, 학자이며 정치가로 반도의 유명한 사람인데 오늘 이 자리에 와서 너희들에게 황국신민으로서 나갈 길을 말하겠으니, 경청하고 전죄(前罪)를 개과하여 황국에 충성하라 하고, 두 번째 사람은 정백(鄭栢)이라고 소개하면서 '맑스' 공산주의자이며 근간에는 사상전환하여 대동아성전(大東亞聖戰)의 승전을 위하여 전심전력하면서 세계 평화와 '팔굉일우(八宏一宇)'의 이상 전파에 노력하니 경청하라고 하는 것이다. 나는 해외에서 설산(雪山) 장덕수가 우리 사회의 대단한 애국자요, 학자라고 듣고 있었던 차라 훌륭한 분으로 여겼었는데, 지금 소개를 듣고 내심 경악하였다. 이름이 난 애국자가 어찌 저렇게 변심하여서 여기까지 와서 왜놈을 위한 말을 하는가. 국가와 민족을 위하여 일신을 바쳐 구사일생으로 겨우 생불여사로 이 지옥에서 비참한 생을 유지하는 이 감옥에까지 와서 '대동아성전과 반도인의 황국신민으로 나갈 길'이라는 제목으로 열변을 토하니 그날 우리들의 마음이 어떠하였으리오.

모인 죄수 중 한 모퉁이에서 와글와글하므로 간수 놈들이 대단히 긴장하였으나 그날 두

IV. 옥중기로 본 식민지 감옥의 감시와 통제 **485**

인간의 왜놈을 위한 강연을 듣고 나는 독방으로 돌아왔다. 정백은 공산주의 비판과 세계 평화는 황국의 숭고한 이상 '팔굉일우'로 매진하며, 두 인간은 똑같이 '내선일체'를 강조하였다. 그 후에도 '전시 상황과 승전의 무용담을 우리 죄수에게 들려주면서 우리 용감한 황군이 도처에서 백전백승하고 귀축(鬼畜) 미·영을 격멸하며 황군의 위력으로 세계 평화를 이바지하자'고 열렬히 외쳤다. 해방된 후 나는 하도 해괴한 꼴을 보았다. 이러한 몰염치한 인물과 국민에게 낯짝을 들 수 없는 반역자들이 애국자로 둔갑하여 건국이니 뭐니 하면서 온갖 정치에 주역 노릇을 하면서 민족의 정기가 말살되고 주체가 없는 국가가 되어 혼란의 사회가 되고 만 것이다.

내가 감옥에서 나와 이시영 숙부가 거처하신 경교장(京橋莊)에 가끔 유숙하며 백범(白凡) 선생 뵈며 나라가 어찌 되나 하고 근심하며 지내는데, 하루는 외출하였다가 숙부께 오니 한 손님이 열을 올리며 자기가 왜놈 시절에 투쟁한 경력을 토로하며 장차 나라의 건설적 의견을 피력하며 장시간 말을 하고 숙부를 또 찾아뵙겠다고 하며 갔다. 그런데 나는 그 사람을 어디에선가 본 기억이 나므로 숙부께 그 사람이 누굽니까 물으니 그 사람은 재사(才士)요, 박학다식하며 국가에 대단 노력을 한 설산 장덕수라고 하시는 말을 듣고 대경실색하였다. 숙부께서 나의 태도를 보시고 너 왜 그리 놀래느냐 하시기에, 1941년 왜놈이 소위 대동아전쟁을 일으키고 귀축 미국 놈을 파멸하고 성전을 완수하자고 기를 쓸 때 지금 왔던 그자 장덕수가 감옥에 있는 재감자에게 '대동아성전'을 수행하는 데 반도인으로서 황국을 위해 신명을 바치라는 요지의 연설을 하며 왜놈의 앞잡이 노릇을 하였습니다 하였더니, 하도 파렴치한 인간이 많으니 장래 이 나라가 어찌 되는지 걱정이 태산 같구나 하시면서 탄식하셨다.

사실 그때 사회는 극도로 혼란에 빠져 수십 년이 지나도록 '국본(國本)', 즉 국가이념과 민족 관념이 서지 못하고 오직 국시(國是)만 있어 민주화 구호만 만발할 뿐, 혼미를 거듭할 뿐이었다.

1941년(10월경) 감옥 내에도 유화 수단으로 독방에 장구히 있는 죄수를 구분하여 산업 생산을 강화하기 위하여 공장으로 출역을 강요하며 반드시 조건을 붙여 공장에서는 규칙을 절대 준수한다는 것을 확인하였다. 공장으로 가 사역하는데 나는 절대 '오도나시', 우리말로 '얌전히' 한다는데 인정을 받아 고려자기를 제조하는 공장으로 출역하였다. 경성감옥에만 이 공장이 있었다. 기사는 '가와사끼'라고 하는 왜놈인데 근 60이 되는 나이다. 우리 죄수들은 '개새끼'라고 부른다. 성미가 아주 괴팍 맞고 자기가 황국신민이라고 폼 내고 안하무인격의 행동을 한다는 말들이다. 그래도 도리가 없었고 이 공장만은 조선인 간수요, 성은 김씨인데 창씨(創氏)하여 왜놈의 성으로 '가네모토', 김본(金本)이라 하였다. 그런데 비교적 인간성이 자못 유순(柔順)하여 죄수들에게는 다 호감을 사고 있었다. 내가 자기공장으로 나가자 담당간수가 나를 자기 앞에 세우고 설교를 한 1시간 동안 하였다. 설교 취지는 감옥에서 불온 선전문을 제작하여 배포하는 너 같은 죄수는 절대로 공장에서 사역을 안 시키는 법인데 성전을 수행하는 이 시기에 더한층 맘을 고쳐 성전에 헌신하라고 하며 내가 너의 신명을 맡았으니 절대 복종하고 작업에 전심전력하라기에 그렇게 하겠다고 하며 작업을 시작하였는데, 독방에 1937년부터 1941년까지 만 4년을 있었으니 그간의 고생이야 어찌 다 말할 수 있으리요.

　　여러 사람하고 대화도 하고 작업을 하니 지옥 내에서도 좀 살 것 같은 생각이 들었다. 자기공장의 작업순서는 고령토(高嶺土)를 반죽한 다음 반죽한 흙을 '로구로'에 붙이는데 작업하는 사람은 자기만의 기능으로 여러 종류의 모양으로 기물(器物)을 제조하였다. 여기에 고도의 기술을 요하는 것이다. 고려화병(高麗花甁) 등 다기류(茶器類)이며 2~3일간 건조한 후 '마가리'라는 철공구로 화문(花紋)을 새기고 용문(龍紋)과 송학(松鶴)의 문(紋)을 조각한 후 가마니에다 '스야끼[일본어로 '소소(素燒)'라는 뜻]'에 초벌로 구운 후 '우아구스리(일본어이지만 적당한 말을 찾지 못해 부득이 그대로 씀)'를 발라서 가마니에다가 24시간 근 1,000도의 열로 구워내는데, 연료는 반드시 소나무로 때는 게 고려자기를 세계의 명품으로 만드는 전통이며 일종의 비결이라는 것이다. 불을 땐 지 1주일 후에야 개요(開窯)하고 작품을 꺼내는데 사실 기사 '개새끼'의 기술이 대단하다고 조선총독 이하 정무총감, 조선군사령관 등이 부하를 시켜 우수한 작품이 나오면 오동목갑(梧桐木匣)에 넣어서 가져간다.

　　그리하여 '개새끼'는 더 우쭐하고 콧대가 더 높아진다. 이 모든 작업의 제조는 전부 장기수가 하고 있으며 모두 일류 기술자들인 것이다. 그러니 나는 초년생으로 '데쓰다이[일본어로 '수전(手傳)'이며 '견습보조자(見習補助者)'를 뜻한다]', 조력자밖에 안 되는 셈이다. 나는 기본적으로 '로구로' 제조법을 습득하려고 하였으나 손이 부실하여 기술을 습득하지 못하였다. 세계전쟁은 더 가열해지고 물자의 부족으로 극심한 곤란에 처해 가는 식량을 위시하여 점점 통제를 강화하고 소위 정신 무장의 일환이라고 하며 각가지 수단과 방법으로 우리 동포를 들볶기에 혈안이 되어 있으니 그 방법이 가지각색이었다.

　왜놈 총독부에서는 '조선사상범 예비구금령'을 공포하였는데 이 법령은 사상범으로 징역을 사는 도중 사상을 전환한 자는 만기 후 대정익찬회(大政翼贊會)라는 황도(皇道) 수련소로 매일 신사참배하고 궁성요배하며, '황국신민의 서사'를 제창하는 수양회이며 만일 만기가 되어도 사상전환을 안 한 사상범은 예비구금소에 재수용하여 전향하도록 하는 법령이다.

　그놈들이 전에는 전환을 인정하였으나 전시에는 전향을 하였다 하여도 진정한 전환은 있을 수 없다고 새로히 인식하게 되었다. 즉 '이데올로기'는 포기 전환이 있을 수 없다. 그 이유는 공산주의자가 사상을 완전히 전환하였다 하여도, 한 예로 우연히 공산주의 원조인 '맑스'의 사진을 보는 순간 도로 자기가 의식화되어 과거의 공산주의가 도로 살아나므로, 사상전환이라는 것이 있을 수 없는 법이라고 단정하고 이런 법령을 새로 제정하였었다. 그러니 진퇴양난이요, 꼼짝 못하게 하는 가혹한 행위였다. 조선인 학도정신대조직법(學徒挺身隊組織法), 백미(白米)는 말할 것도 없고 미곡통제령(米穀統制令)까지 공포하여 조밥도 맘대로 못 먹게 되었다. 백미야 본시 한인들은 전체가 못 먹었고, 특수한 친일 분자나 먹었으며 그렇지 않은 사람과 빈자(貧者)는 만주에서 수입한 좁쌀이 주식이었으니, 이 법이 공포되자 좁쌀밥도 맘대로 못 먹게 되었다. 이렇게 되니 감옥 내에 죄수의 밥도 점차 그나마 악화되어 가게 되었다. 콩은 대두박으로 변하니 콩의 영양이라곤 전연 없으며 모든 부식도 더 형편없게 되어 갔다. 최양옥 선생은 공장에서 매일 아침 궁성요배를 하는 데에서 '왜놈이 망하소서' 하고 비는 것이다. 황국신민서사를 복창할 때 '황도선양 하자'를 왜놈의 말로 황도를 '고도', 강도도 '고-도'라 함으로 '강도선양 하자'라고 하였다. 그리하여 감옥에서는 큰 문제가 되었다.

　세계대전이 점점 치열해짐에 따라 왜놈의 행패는 날이 갈수록 더 심하였다. 1942년이 되고 3월경 자기공장으로 계호과 간수가 와서 가네모토 담당간수하고 말을 주고받더니, 나보고 작업을 중지하고 이 간수 '도노(殿)'하고 같이 가라고 하여서 그 간수를 따라가 보니 한(韓) 간수장이란 자가 나를 보고 감옥의 형편에 따라 네가 '고슈' 감옥으로 이감을 가게 되었으니 그리 알고 '고슈' 감옥으로 가라는 것이다. 나는 내심 깜짝 놀랐었다. 그러나 무어라고 말할 수도 없고 그놈들이 하는 대로 할 수밖에 없었다. 그런데 조금 있다가 그놈들이 광인으로 취급하던 공산주의자 박우현을 데려와 말하기를 너도 '고슈' 감옥으로 이감을 가니 그리 알고 있으라고 하니, 박우현이 반문하기를 '고슈'라 하니 '도지노 고슈 데스까'라고 왜말로 하는 것이다. 왜말로 하는 까닭은 한 간수장이란 자가 우리말로 안 하고 꼭 왜말로 하므로 왜말로 반문하였던 것이다. 소위 '국어전용' 하는 것이다. 이렇게 왜놈이 되어 가는 것이다.

그런데 왜놈의 말로 광주(光州)도 '고슈'요, 공주(公州)도 '고슈'로 발음하므로 박우현 이 둘 중에 어떤 '고슈'냐고 반문한 것이다. 그 이유는 공주감옥은 전 조선의 정신병자나 광인들을 수용하는 감옥인데 박우현은 자기가 광인으로 취급받았기 때문이었다. 그리하여 박우현은 더 자세히 '히까리(光 자) 고슈'냐 '오야게(公 자) 고슈'냐고 물으나 한(韓)가 말이 '히까리 고슈'라고 하였다. 그러나 박(朴)은 그 말을 불신하였으나 나를 보고 규호야 너는 나같이 미친놈으로 취급을 안 받으니 너 규호만 믿는다고 하고, 간수가 박을 데려가고 나도 곧바로 독방으로 수용하였다. 그러니 죽이든 살리든 그놈들에게 맡길 수밖에 없는 것이다.

감옥 내에서는 이규호와 박우현을 이감을 시킨다고 전 옥내에 소문이 퍼져 오동진 선생을 위시하여 정이형, 최양옥, 김봉한, 이화익, 유정근, 이규채, 김보형, 백세창(白世昌) 등 제 선생이 감방의 소제부를 통하여 광주감옥에 가더라도 몸을 건강히 하고, 세상은 얼마 후 희망이 있을 터이니 부디 잘 있으라고 격려의 말을 내게 전하였다. 이게 얼마나 고마우신 마음들인가. 그런데 1945년 8월 17일 출옥하고 보니 그 인자하고 위대한 오동진 선생은 내가 광주감옥으로 간 후 1년쯤 지나 공주감옥에서 순국하셨다고 한다. 참으로 원통한 일이다.

나는 그 이튿날 아침 교회사 중놈에게 불려 가서 여러 가지 말을 들었다. 다른 말이 아니라 황국신민화의 설교를 하는 것이다. 그러자 사상전향을 하고 도서실에서 사역하는 박세영이 나한테 와서 영치(領置)한 책들을 다 쌌으니 광주에 가서 받아 보라고 하며 자전(字典) 후면에 자기의 서울 집 주소를 써 놓았다고 가만히 중놈이 못 듣게 나에게 말하며, 큰소리로 광주에 가서 규칙을 잘 지키고 건강히 있으라고 한다.

그렇게 경성감옥에서의 생활은 막을 내리고 야간열차로 호남선을 타러 경성역으로 왜놈 간수부장 1명과 조선인 간수 2명이 우리를 압송하는 책임을 맡았다. 의복은 홍색(紅色)이 아니라 청색(靑色)이며 손에는 수갑을 차고 포승으로 우리 둘을 연결하여 묶고 머리에다가는 '용수(죄수의 얼굴을 보지 못하도록 죄수의 머리에 씌우는 기구)'를 씌웠다. 그러니 나는 역 구내에 있는 사람을 볼 수 있지만 그 사람들은 나를 볼 수 없고 죄수들을 이감하나 보다 할 뿐이다.

기차표를 사고 홈으로 들어가서 시침을 보니 9시경이었다. 경성감옥에서 나올 때 전 시가지가 암흑 세계였다. 이것이 등화관제(燈火管制)라는 것이다. 내가 얼마 전 자기공장에서 나와 작업할 때 미국의 B29 폭격기가 최초로 일본 도쿄를 폭격하였다는 말을 들었었다. 그래서 그런지 서울시 전역에 등화관제를 한 모양이다. 그렇다고 누구보고 그런 일을 물어 볼 수도 없는 것이다.

우리는 9시 몇 분 차인지 광주행을 타고 좌석에 앉게 되니 그때야 박우현이 안심을 하고 나에게 정말 광주로 가니 맘이 놓인다고 한다. 만약 광인 감옥 공주로 가게 되면 자기는 죽고 말 것이라고 자기의 생각을 털어놓는 것이다. 밤차인데 승객이 만원이었다. 우리는 자리에 앉았으나 승객들은 서서 가는 것이다. 나는 7세 때 북경으로 가는 기차를 타 보고 이번이 처음이다. 송정리(松汀里)라는 곳에 가서 광주로 가는 기차를 갈아타고 6, 7시경 광주역에 도착하여 광주감옥으로 직행하니, 간수부장들이 우리 둘을 광주감옥 계호과에 인계하였다. 그러니 광주역에서 신상 조사를 간단히 마쳤다.

나의 수인번호는 1991번으로 이것은 나의 성명이 되었고 독방에 수용되었다. 광주감옥은 경성감옥에 비하면 규모가 퍽 작았다. 수용인원이 500~600명에 불과하였고 장기수들은 없고 대개 5년의 징역도 장기수로 치는 것이다. 그러니 나하고 박우현은 최고의 장기수였다. 독방에 수용된 죄수로는 기독교 목사로 신사참배 거부와 자주 민족이 강한 분으로 왜놈이 싫어하는 종교인이요, 더군다나 귀축 미·영과 소위 성전을 한다는 판에 이런 기독교 목사를 혹독히 취급 안 할 수 없다. 5년의 최고형을 받고 독방에서 징역살이를 하고 있었다.

이분이 유명한 '사랑의 원자탄'이라는 손양원(孫良源) 목사님이다. 이 별명을 얻었을 때는 왜놈이 패전한 후 광복된 우리나라 초기에 여수 공산당 반란 때이다. 손양원 목사가 사랑의 원자탄이 된 때이다. 그러나 6·25전쟁 당시 공산주의자에 의하여 참혹하게 피살되었다.

내용인즉슨 손 목사의 아들을 공산주의 청년이 살해하였는데, 국군이 반란을 수습한 후 살해한 공산주의 청년을 나포(拿捕)하고, 하도 악독한 짓을 하여서 총살형에 처할 때, 손 목사가 책임 국군장교에게 사정하기를, 그 청년이 나의 자식을 죽이고 여러 가지 일을 범하였으나 내가 그 청년을 데려가서 나의 자식으로 삼고 하느님의 사랑으로 인간을 다시 선하게 인도하겠으니 나에게 주는 게 어떠한가 하고 간곡히 말하니, 그 장교가 상부의 허락을 받고 손 목사에게 인수하였다. 6·25전쟁 당시 그 공산주의자 청년은 자기의 생명을 구해 주고,

자식을 살해하였지만 손 목사는 자식 대신 전심전력으로 사랑하였던 그분을 천인공노하게 무참히 살해하였다. 오호라!! 이것이 공산주의라는 것이다. 이 거룩한 사랑의 원자탄이신 손 목사를 광주감옥 감방에서 보고 광복 후에는 이러한 위대한 행적을 남겼다는 말을 광주에서 들었었다.

감방에서 1주일 후 의무과의 간수부장이 나의 번호를 부르며 나오라고 하여 나를 데리고 의무과로 갔었다. 의무실 의무과장에게 부장이 나를 데려왔다고 하자 의무과장이 나를 보고 자네 일본말 할 줄 아나 하며 묻기에 잘 모른다고 하자, 과장이 말하기를 내가 소장에게 특별히 청하여 자네를 의무실에서 사역하도록 하였으니, 지금부터 이곳에서 일을 하게 되었다고 하며 부장님의 명령에 복종하여 잘 지내도록 하라고 자세하게 말하였다. 부장은 장재성(張在性)이라는 분이다. 후에 알았지만 1929년 광주학생사건 주모자인 장재성(張載性) 씨의 6촌 동생이 되는 분이다. 그리고 의무과장님은 안동(安東) 권씨(權氏)로 전남 구례(求禮) 분이요, 경성의전을 졸업한 의사로 만주에서 개업했다가 광주감옥에서 의무과장으로 재직하고 있었다.

의무과의 과장을 위시하여 약제사(藥劑師) 일인(日人) '니시이(西井)'와 급사(사환) 박만섭(朴萬燮) 소년 그리고 나까지 합하여 5인이 의무과 전 인구이다. 나는 죄수이므로 열외이다. 감옥에서 의무실 사역을 하는 것이 죄수들로서는 유일무이의 지상낙원과 같은 곳이며 공작(公爵)에 비하는 고귀한 직장으로 알려져 있었다. 그렇게 어렵고 희고(稀高)한 장소에 내가 간병부(看病夫)로 의무실 사역을 하니 모두 다 이상하게 생각하며 부러워하였다. 광주감옥이 생긴 이래 지금까지 치안유지법 위반 죄수를 의무실 간병부로 일을 시킨 적이 없었다는 것이다. 그런데 경성감옥에서 이감되어 온 죄수를 더군다나 감옥 내에서 범법까지 하여 가형까지 받은 자를 간병부로 썼으니 의무과장의 권력이 대단하다는 것이다.

간병부로 한참 있었던 후 하루는 의무실에 아무도 없고 과장과 나 둘뿐이었다. 그러자 과장이 나를 보고 자네의 부친께서 이회영 선생이시고 숙부가 이시영 선생이시지? 하고 물으며, 나는 자네의 가정을 잘 알고 있네, 그러니 그리 알라고 하며 아무쪼록 규칙을 잘 지켜 나의 체면을 세워 주게 하셨다. 내가 과장의 그 말을 듣고 어찌나 감격하였던지 눈물이 날 지경이었다. 과장님에게, 저의 가정을 잘 아신다니 참으로 감사하며 앞으로 선생님의 심려를 안 끼치겠습니다 하고 말을 하니, 알아서 잘하게 하였다.

그러니 권 선생은 보통 왜놈 치하 의사가 아니었다. 내가 불우하게 광주감옥으로 이감한 것이라고 생각했던 것이 전화위복이 된 셈이다. 의외로 이런 분을 만나 가혹한 환경에서도 징역을 살지만 심적으로는 위안이 되는 게 천만 불행 중 다행이었다. 또 간수부장 장재성 씨도 민족적 의식이 강한 분이라는 것을 알게 되니 일본인 약제사만 제외하고는 한집안 같았다.

병동이라고는 독방이 1, 2, 3, 4호의 감방뿐이요, 1, 2, 3의 병감방은 독방과 같고, 4호 병감방만 5, 6명의 병자를 수용하게 되었고, 그 방의 간병부인 내가 동숙하게 되었다. 사실 죄수도 소수인 관계로 병자도 그리 많지 않고, 권 의무과장의 방침은 죄수가 병을 알게 되면 될 수 있는 대로 병보석으로 형 집행유예 되게 하여 가족에게 인계시키게 되니, 간병부는 나 하나로도 족하였다. 아침에 다른 죄수보다 일찍 감방에서 나와 사무실과 모든 곳을 청소하고 외래환자, 즉 각 공장에서 내과환자 혹은 외상환자를 치료할 약을 준비했다. 내과환자에게 줄 약은 약제사가 병명에 따라 조제를 하면, 나는 종이에다 조제한 약을 싸고 죄수의 번호를 써서 줄 준비를 하는 작업을 하는 것이고, 병감에 있는 병자에게는 취사소(炊事所)에서 밥과 죽을 받아 먹을 병자에게는 주었다. 죽이 여유가 있으면 내가 공정하게 분배하여 주니, 그네들이 나를 퍽 좋아하였다. 그리고 나도 죽과 밥을 섞어서 먹었다. 이것도 보통 죄수로서는 못하는 법이다.

나는 광주감옥으로 쫓겨 왔으나 도리어 운이 핀 것이다. 사실 나는 간병부로 있으며 권 선생을 보나 나 자신을 위해서도 6개월이 지난 후 외상 치료나 약제사가 지시한 처방대로 잘 이행하여 권 과장님이나 일인 약사의 칭찬을 받았다. 그렇게 되니 소장이나 그 외의 왜놈 형무관들이 내게 퍽 경계하고 주의 깊게 감시하였던 것이 날이 지나갈수록 점차 해소되어 가고 있었다.

그러는 동안 세계전쟁은 치열화 되고 왜놈들이 소위 성전을 완수하기 위하여 물자 전체에 대하여 통제강화 또는 배급제를 실시하여 부족한 전쟁물자의 통제에 혈안이 되어 있었다. 통제법의 강화로 위법 시에는 가차 없이 엄벌에 처했다. 그렇게 되니 감옥에 죄수만 매일같이 느는 것이다. 대개 전시법을 위반한 사람들이다.

첫째, 주요 물자로서는 미곡의 통제로 매일 삼시 식사를 못하게 되니, 자연 미곡통제법의 위반이 전체 범법의 10의 9를 차지하고, 1년 혹은 6개월의 형을 받고 감옥에 오는 것이다. 죄도 아닌 죄목으로 징역을 사는 것이다. 왜놈들이 전시가 아닌 때에도 우리나라에서 소출되는 백미를 전체 강탈하여 저놈의 나라로 가져갔기 때문에 친일하는 놈이나 자작(自作)을 좀 하는 우리 농민이나 우리 쌀을 먹었지, 그렇지 못한 우리의 가난한 전 백성은 만주의 조로 겨우겨우 명을 이어 가는 형편이었다. 그런데 이 원수 놈이 중국 대륙을 침탈하고 '대동아성전'을 수행한다고 그나마 곡식을 통제하고 법으로 완전히 묶어 아사지경에 이르렀으니 위반을 안 할 수 없게 되었다.

그리하여 죄수가 점점 증가 일로였다. 이러니 병감에도 환자가 증가하여 나의 일에도 조금도 여유가 없고, 의무실 전체가 일손이 부족하게 되었다. 그러나 간병부를 더 이상 증원하지 못하게 되었다. 그것도 죄수 간병부의 정원이 있어 그렇게 되는 것이다. 그러니 부득이 내가 그 많은 일을 하지 않을 할 수 없게 되었다.

1942년에 공산주의자 김삼룡이 광주감옥으로 10년 형을 받고 왔다. 나는 7년 전 김삼룡이 서울 제국대학 공산주의자사건에 연루되어 초범으로 1년의 형을 받을 때 나와 독방에 같이 있어 이미 알았었다. 그런데 광주 옥중에서 상봉하게 되었다. 김삼룡에게 그간 사정을 들으니 1년 반의 형을 다 살고 사회에 나가 또 공산당사건에 관여되어 재범으로 3년의 형을 받고 살다가 만기가 되어 나갔다가, 또 3범의 자격으로 이번에는 최고형으로 10년 형을 받고 광주로 왔다고 하며, 이곳에 와서 동무를 또 보니 옥고가 많겠다고 한마디 하였다.

또 이해에 경성감옥 독방에 있던 공산주의자 문갑송도 광주로 왔다. 그러니 광주감옥에도 장기수를 많이 수용하게 되었고, 이곳 교회과(敎誨課)에 소제부로 있는 김형선(金瀅璇)이라는 사람도 제주도 조천(潮天)에서 공산주의운동을 하다 검거되어 광주지방법원에서 2년 형을 받고 감옥으로 왔다. 그 당시 듣기로는 조천은 제주도 내에 공산주의자의 소굴이라 칭하였다.

이렇게 되고 보니 장기수로 박우현, 문갑송, 김삼룡은 다 공산주의자요, 나 이규호만이 그들에게는 이단자이다. 그러나 별 이의 없이 같은 죄수요, 또 타도 왜놈 제국주의는 동일한 목적이니 별문제가 없지만, 문갑송 같은 공산주의자는 철저한 민족적 공산주의이므로 박우현, 김삼룡 등과 노선에 대한 격심한 논쟁을 하였다. 문갑송은 '노경자(老耕子)', 즉 러시아 사람들의 예속하에 지배를 절대 받아들이지 않고 자주독립의 국가를 건립한다는 이론이요, 박이나 김은 어디까지나 '소비에트', '코민테른'하에 공산주의 사회로 건국해야 한다고 이론으로 맞서고 있다.

　나는 공산주의자 자체도 상이한 이상과 노선이 다름을 새로 발견하였다. 그러니 민족 자주의 독립운동가야 두말할 필요도 없이 대립되는 게 당연한 것이다. 단지 당면 왜적과 투쟁하려고 하니 그때그때 합작 공동으로 항쟁할 뿐이다. 나는 비록 감옥에서 고생하면서도 참 많은 상식과 지식을 배우게 되었다. 사실 내가 무슨 지식과 학식이 있는 것도 아닌데 모든 것을 배우고 공부하였다. 그래서 감옥살이를 하면 벙어리가 말하고 귀머거리가 말을 듣는다는 기가 막히는 곳이라고 하기까지 한다. 사실 내 형편을 보면 그 말도 일리가 있다고 한다. 감옥은 각양각색의 인물이 집합하는 곳인데 인간 말단인 비인간도 있고 가지가지 사회의 비도덕적 인간쓰레기 또는 도덕군자, 학생, 사상가, 의열(義烈)의 애국지사 등 다양하였다. 그러니 인간의 양면 또는 사회의 이면을 배울 수는 있는 것이다. 철학, 이성, 모순 등을 탐구할 수 있는 도장이다.

　1942년 말쯤 되어 전라남도의 기독교 종교인 15명이 신사참배 반대로 최고형 3년, 2년, 1년을 받고 광주감옥에서 복역하게 되었다. 일단 입감하게 되면 의무과에서 장 부장이 독방에서 의무실로 데려다 건강검진을 함으로써 신분장(身分帳)에 의하여 건강의 상태를 내가 다 기재하므로 그 죄수가 무슨 죄를 범하고 왔고 형기가 얼만가도 나는 다 알고 있는 것이다. 3년 형을 받은 목사는 박용의(朴容儀) 씨라 하여 아는 것이라곤 서울 분으로 전라남도의 책임 목사로 있다가 신사참배 거부로 형을 받았고 그 외에 황두연(黃斗淵) 장로, 광복 후 자유당 집권기 자기 고향 전라남도에서 국회의원으로 출마하여 당선되어 정치를 하다가 서거하였다. 그리고 오석주(吳錫柱) 목사, 김(金) 목사, 나덕환(羅德煥) 목사의 이름은 다 기억하지만 나머지는 기억나지 않는다.

　조용택(趙龍澤)이라는 집사가 있었는데 광주시 적십자의원장의 동서였다. 인간의 천품이 충후(忠厚)하였다. 형은 1년이다. 권 의무과장의 호의로 수용하여 치료하게 되었다. 그렇게 되니 내가 있는 4동 병감이 만원이 되었다. 그리고 주봉식(朱鳳植)이란 청년이 3년 형을 받고 감옥에 있으며 작업을 하다가 목에 종기가 나 4동 병감에 수용하였는데 주(朱)라는 청년은 광주에서 청년운동을 하다가 왜놈 헌병대에 검거되어 혹독한 취조를 받다가 지방법원으로 넘겨서 3년 형을 받았다. 인간됨이 정의감이 강한 성격이었다. 광주 국회의원 출신 정성태(鄭成太) 의원의 청년동지였다. 그 사람은 광복된 후 작고하였다.

이렇게 하여 잡범(절도, 사기, 강도 등 범죄)이 아닌 시국사범(전시임시법 위반)에 연이어 형을 받고 징역을 살게 되었다. 점점 전쟁은 치열해지고 미국과 영국을 상대로 전쟁하게 되니 군수품의 조달과 국민 전체의 생필품 공급이 부족하고 식량사정도 점점 궁핍하여 백미는 말할 것도 없고 조도 수급이 불가능하여 할 수 없이 대두박을 식량으로 배급을 주며 메수수를 감옥의 식량으로 충당하니, 메수수는 전연 영양이 없는 곡식이라 게다가 부식이란 단지 소금국에다 해초 '물캐'라는 것을 염수(鹽水)에 끓여 그것을 국이라고 주니 수일만 먹으면 소화불량과 위가 고장이 나서 설사하게 되니 병이 나서 형편이 말이 아니다. 게다가 경제범, 유언비어 죄로 경찰서에서 문초당하며 수개월간 음식을 못 먹어 피골이 상접한 모양이 사람이 아니고 인골귀신(人骨鬼神)이 온 것 같았다. 재판에서 1년 내지 1년 반의 형을 받고 광주감옥으로 징역을 살러 오면 잡방에 1, 2일 있다가 의무실로 건강 상태를 보러 온다. 나는 그네들을 볼 때 정말 목불인견이었다.

순전히 음식을 수개월 동안 못 먹고 아사(餓死) 지경에서 감옥으로 오니 이 꼴이 되는 것이다. 그러니 사람이 허기증이 나서 먹은 밥이라야 메수수 밥 조그마한 덩어리와 해초 소금국을 먹게 되니 며칠 동안은 괜찮다가 위에서 고장이 나 설사를 수없이 하게 된다. 그러다 속이 텅 비면 또 해초국이며 물이며 배가 터지도록 먹고 설사하다가 설사도 그치고 소변도 안 나와 이렇게 수일을 지내면 전신이 부어 수분이 심장까지 침입하면 사망하는 것이다. 이것을 기아부종(饑餓浮腫)이라 하며 흉년에 부어터져 죽는다는 말이다. 이렇게 되는 사람이 수십 명이니 설사를 시키는 '쏠스'라는 약을 먹이고 죽은 소량을 주어 1주일이 지나면 부기가 빠지고 정상으로 되는 것이다. 그러나 그것도 다 그런 것이 아니다. 중태가 되어 생명이 위독하면 권 과장께서 죄수의 집으로 전보를 쳐서 병보석을 하게 한다.

공산주의자 박우현은 목공장으로 김삼룡은 인쇄공장으로 문갑송은 보선(補繕)공장으로 전부를 독방에 두었다가 공장으로 보내 일을 시키니, 박우현은 경성감옥에서처럼 미친 짓을 하지 않고 하고 조용히 있으니, 경성감옥에서 이송할 때 보낸 내용서와 의견서를 보고 박우현의 행색을 수개월 동안 관찰하더니 그곳의 내용 의견하고는 전연 불일치하니 광주감옥에서도 다시 박에 대한 생각이 달라서 수차 소장이며 교회사가 박을 상대로 대화하여 보니 언어며 행동이 조금도 이상이 없고 도리어 이론이 정연하고 이해성이 아주 대단하니, 교회사가 왜 너를 미친 인간으로 취급하게 되었냐고 물었다. 그러니 그것은 그네들이 나를 상대하기가 곤란하니 미친놈으로 취급하는 게 무난하지 않겠는가? 하며 도리어 반문하니, 교회사도 그럴 것이다고 긍정하고 독방에 둘 것이 아니라 공장으로 내보내 향후 그 사람 동정을 더 관찰하기로 하였다. 그렇게 되니 박의 태도도 퍽 쾌활해지고 여러 죄수와 어울려 잘 지내니 더 의심할 여지가 없었다. 그러나 다리는 여전히 잘 못 썼다.

나는 생전 처음으로 죽은 사람 염(殮)을 하였는데 감옥에서 사고무친하고 단지 내가 그 사람의 수족이 되고 친척이 됐다가 운명을 하였는데 운명할 때 옆에 사람 하나 없이 몸부림치다가 혼자 운명을 하였다. 아침에 감방문을 열고 간수하고 죽은 시체의 얼굴이 이불에 가려진 것을 이불을 들고 보니 시체가 두 눈을 딱 뜨고 나를 보는 것이 아닌가. 나는 이런 광경을 보고 기겁하여 감방에서 뛰어나와 아무 말도 못하니 간수가 왜 그러냐고 하기에 한참 있다가 이런 광경을 말하니 너도 참으로 놀랬겠구나 하며 할 수 없이 정신을 가다듬어 일을 치르라고 위안하였다.

그 간수는 안(安)씨인데 구례 사람이요, 사람됨이 퍽 선하였다. 원한이 많은 사람이 죽을 때 눈을 못 감고 죽는다더니 감옥에서 운명을 하니 왜 철천지 원한이 없겠는가. 눈을 감고 죽을 수가 없겠지 하고 나는 몇 번이고 속으로 뇌까렸다. 감옥에서 죄수가 죽으면 그 가족에게 전보를 쳐서 사망을 알리며 가족이 이곳으로 오면 시체를 인도하고, 가족이 안 오면 24시간이 지나서 내가 시체의 수인복을 벗기고 영치해 두었던 자기 의복으로 갈아입히고 관에다 시체를 넣고 또 24시간 두었다가 가족이 오면 관을 인도하고, 안 오면 목공장에 묘비의 나무를 갖다가 내가 먹글씨로 제 몇 호 모모(某某)의 묘라 쓰고 관에다 넣은 후 소제부들이 감옥 공동묘지로 가기 전에 교회사 중이 마지막 사자(死者)를 위하여 불경으로 축원하는데, 내가 촛불을 켜고 향을 피우며 경례를 하며 상주를 대신하였다.

이것들을 다 생각하면 내 운명의 팔자소관인가 하였다. 이것이 10여 년 징역 사는 동안 광주감옥에 와서 1945년 8월 17일 출옥 때까지 총 불쌍한 고혼(孤魂)의 시체 352구를 죽기 전에는 내 손으로 치료도 하고, 죽으면 시체를 염하고 상주 노릇을 하며 저승 극락으로 가라고 축원까지 하였다. 내 손으로 쓴 352개의 묘비가 지금 어디에 있는지, 왜놈 학정 아래 역사의 한 단원이었다.

그 광경을 더 자세히 쓰면, 내가 배종국 동지와 함께 출옥하여 9월 말경에 서울로 와 경험했던 일들이 있다. 우리가 고생하다 살아났으니 점성가(占星家)에게 가서 우리의 운명과 팔자와 생전과 장래가 어떤가 가보자고 하여 출생 후 처음으로 그네들과 점치는 집에 가서 나의 생년월시를 말하고 점쟁이의 말을 들으니, 당신은 이 세상에 태어나면서 갖은 풍파와 고생을 당했을 것이요, 앞으로는 그런 풍파가 없을 것이다. 그런데 당신 일생에 많은 죽은 사람을 치울 것이다. 이것이 당신의 전생 팔자에 꼭 있으니 그리 알라 하기에 나는 속으로 깜짝 놀랐다. 그러니 배종국 동지도 나를 보는 것이다. 그래서 그 사람에게 물었다. 일생의 하년(何年) 하월(何月)에 그런 시체를 치웠느냐고 물으니 이 점괘에는 그런 연월일은 정확히 안 나왔으나 그러나 여하튼 많은 시체를 치우게 되어 있다고 한다. 그러니 나의 과거지사를 볼 때 우연하게도 나의 생전 운명과 팔자를 그렇게 타고 출생하게 되어 있었다고 생각하지 않겠는가. 이 과거지사를 쓰면서 40여 년 전의 기이한 사실이 생각이 나서 쓰는 것이다.

통제경제법 위반 사범이 날로 늘어 수십 명씩 1년의 형을 받고 감옥으로 와 의무실로 와 건강진단을 받는데 그 모양을 볼 때 완전히 골무가 실로 오는 것 같다. 이러니 건강이고 불건강이고 어디에 있는가. 일반 감방에 3~40명을 분배 수용하고 완전히 병자로 임시 병감방으로 정하고 병으로 치료하게 되니 무슨 약을 복용시켜야 병이 나을까. 권 의무과장 이하 나까지 이 사정에 대하여 진지한 의논을 하였으나 묘안이 나올 리 없고 단지 음식으로나마 보약 대신으로 쓸 수밖에, 약이 없으니 해초 염수 국과 메수수 소형(小型)의 밥 덩이로 어찌 그 피골이 상접한 그 많은 죄수들을 보양 보식케 할 수 있나. 시체가 되어 출옥이나 안 하면 천행일 뿐이다.

조선주둔군사령부에서는 전라남도 여수(麗水)에 잠수함 기지와 군항을 축항(築港)하는데 죄수를 강제 동원하게 되어 광주감옥에서 임시 사범들을 비교적 건강한 사람으로 뽑아서 그곳에서 일을 시키기 위해서 의무실에 건강진단을 하지 않고 수감한 감방에서 직접 뽑아 건강이 말이 아닌 사람만 빼고 전부 여수로 보냈다. 이것이 문제가 되었다. 군항 사역에 간 죄수들이 1개월이 지난 후 사경(死境)에 처하여 2~30명씩 광주감옥으로 송치되어 감방에 수용되어 권 의무과장과 내가 그 사람들을 진단이라기보다 그 많은 사람을 보니 하나도 회생할 사람이 없는 것 같았다. 참 맘이 답답할 뿐이다. 사증(瀉症),[23] 이질(痢疾) 그것도 '세균성 이질', '지하균(志賀菌)'이라는 이질병은 장을 균이 급성으로 침식하여 혈농(血膿)이 쉴 새

---

[23] 사증(瀉症): 설사증.

없이 나와 수일 안에 절명하고 전염성이 강하여 감염된 사람이 부지기수라 '에메징'이라는 이 병의 특효약이 전시라서 감옥 내에는 공급이 전혀 두절되었다. 그러니 내가 시체 치울 팔자가 된 것이다.

여수에서 사역하는 죄수들의 식사라야 감옥에서 먹는 것과 대동소이하다고 한다. 일은 힘들고 음식은 형편이 없으니 잡초, 개구리, 쥐 등 잡아먹을 것과 못 먹을 것을 불구하고 막 먹고 불결하기 짝이 없는 물건을 먹으니 이 못된 병에 걸리게 된 것이다.

권 선생이 소장 이하 간부회를 하고 이런 악성 전염병자를 이대로 수감하였다가는 전체가 감염되어 급급한 상태에 있으니 죄수의 가족에 연락하여 병보석토록 결정하였다.

그리하여 나는 곧 그네들의 가족에게 지급 전보를 치고 가족이 오기만을 고대하였다. 한 사람이라도 살려서 가족이 데려가면 그만큼 나는 시체를 덜 치우게 된다. 이질병에 가장 약한 게 왜놈들이라 악성 지하균 이질이라고 하니 소장 이하 이견 없이 병보석 하기로 급속히 결정하였다 한다. 집이 가까운 가족은 그 이튿날이면 감옥에 와서 간단한 수속을 필하고 나와 다른 소제부하고 병자를 업어서 가족에게 인도하니 가족들은 나보고 백배 감사의 뜻을 표하였다. 나는 힘이 들어도 산 사람을 내보내니 그저 기쁠 뿐이다. 권 선생께 감사를 드리는 것이다. 그렇다고 산 사람으로만 출옥시킬 수는 없었고 비참히 약 한 번 못 쓰고 절명하니 참으로 불쌍하였다.

그 시체의 수의를 벗기고 자기 옷을 입힐 때 그 비참한 모습과 그 이질의 오물(汚物)을 내 손으로 전부 처리하게 되니 그 고역일랑 어찌 다 말할 수 있으리오. 내가 지금 글로 쓰니 이렇지, 그때 그 사정을 생각해 보면 겨우 이런 표현과 형용사로만 할 수 있을 뿐이다. 참 기가 막혀 남모르게 울기도 하였었다.

어떤 때는 밤중에 병감으로 간수가 데리러 와서 내 단잠을 깨우고 지금 병자가 다 죽게 되니 나오라 하여 감방문을 열어 주어 간수와 같이 가보니 과연 숨이 넘어간 죄수가 10명이요, 곧 숨이 넘어가려는 자가 4명이나 되니 이 일을 어찌하면 좋을지 도리가 없었다. 사태를 당하는 대로 처리하고 내일 권 선생께 이 밤사이의 광경을 보고할 뿐이다. 그리하여 간수에게 이 시체를 다른 감방으로 옮기기 위하여 내게 조수 1명을 구하여 달라고 하여 소제부하는 죄수 1명을 간수부장의 허락을 받고 잠자던 자를 데려다가 시체를 이동하는데 번호를 기억하지 못하면 시체가 누구인지 분간 못하면 대혼란이 나므로 사자(死者) 가슴에다 그 죄수 번호를 내가 묵으로 ○○○번이라 쓰고 소제부하고 시체를 들어다가 독감방에다 19구의 시체를 쌓아 올려서 이동하고 20명이 곧 숨을 넘어가게 되니 아직 죽지 않은 사람은 이동할 수 없어 죽은 후에 일을 하기로 하였다. 나는 손과 몸을 대강 씻고 내 방으로 돌아오면 새벽 3시가 지난다. 이러니 나도 사람인데 이 광경을 보고 처리하고 왔으니 어떠하겠는가. 왜놈 치하에 징역을 사니 할 수 없이 죽지 못해 하는 고역이라 누구 보고 통사정하여 호소하리오. 그다음 날 6시경 간수가 와서 나를 깨워 4명이 또 숨이 넘어갔으니 산 사람하고 같이 둘 수 없다고 하며 시체를 치워야 하니 빨리 나오라고 한다. 감방을 나와 작업복으로 갈아입고 임시병감으로 가보니 20명의 병자 중 어젯밤에 신음하던 4명이 절명을 하고 그 나머지 중환자들도 자기네의 생명이 언제까지 부지할지 공포에 빠져 있었다. 나를 보는 순간 '간병부상' 나 좀 살려 주오 하며 호곡을 하는 것이다.

이 광경을 보고는 인비목석(人非木石)이 아닐진대 나도 눈물이 한없이 났다. 권 선생이 나오시면 여러분의 댁에 통지하여 병보석 하시게 말씀을 드릴 테니 안심하시고 맘을 단단히 먹고 기다리시오 하고, 시체를 그 감방에서 꺼내어 어젯밤에 쌓아 놓은 시체 방에다 짐짝 쌓듯이 쌓아 놓고 병감에 와서 생각하였다. 죽은 사람은 기왕 죽었으나 명(命)이 경각에 있는 사람을 다 병보석을 하여 출감을 시켜야 하며 이 많은 병자와 시체를 나 혼자서는 처리를 도저히 할 수 없으니, 과장에게 청하여 간병부 수를 늘려야 하겠다고 작정하고 과장이 오기 전 장 부장에게 간병부를 증원하여 달라고 하니 자기도 증원할 것을 과장에 진언하였으니 곧 조치가 있을 것이라고 한다.

그러자 과장이 오니 나는 밤사이에 사망 5명, 새벽에 또 4명이 사망하였고 기타 병자의 명재경각(命在頃刻)의 상태임을 보고하고 살려 달라고 애원하며 과장님께서 병보석을 허락하시어 생명을 구하여야 한다고 하니, 과장이 만면이 웃음을 띠고 자네 말만을 듣고 내가 소장에게 이 광경을 말하고 곧 병보석의 수속을 취하겠네 하였다.

나는 그 말을 듣고 얼마나 감사한지 형언할 줄을 몰랐다. 과장이 한낱 죄수인 내 말만 믿고 병보석 하겠다는데 더 감사하였다. 그리고 간병부의 수를 늘려야 되겠다는 말도 하니 그렇게 하겠으니 장 부장에게 인선(人選)해 보라고 명령을 하였다. 곧 소장에게 갔다 와서 나하고 병자를 보러 가서 일일이 다 보고 가족에게 전보를 급하게 치게 하고 인수할 가족만 오면 내보내기로 하였다.

감옥에서는 의무과장의 권한이 막중한 것이다. 죄수를 병보석으로 출감시킨다는 것은 조선총독도 마음대로 못하는 것이다. 그러나 의무과장은 자기 권한으로 이 병든 죄수는 살 가망이 없으니 가족에게 인계하여 병이 나을 수 있게 된다면 치료 후 다시 복역한다고 되어 있는 것이다. 이러니 의무과장의 권한이 대단한 것이다. 그러므로 나는 과장의 신임을 받고 있으니 매일 일찍이 간수와 병자의 감방으로 가서 수십 명의 병자를 일일이 병의 경중을 기록하여 과장이 출근하면 자세히 보고하고 그중 제일 위중한 환자는 나의 의견을 참작하고 과장 자신이 직접 한 번 보고 병보석을 결정하였다.

장 부장은 간병부로 증원할 사람을 나하고 의논하였다. 사람이 신중하고 소양이 있는 사람을 택하여야 하는 것이다. 앞으로 병자를 돌보는 것보다 시체를 잘 처리할 수 있는 사람이 필요하므로 기독교인이 낫지 않겠는가 하여 박용의 목사님과 광주시 적십자의원장의 동서 조용택 집사, 그리고 전시범으로 1년 형을 받고 타 공장에서 사역하는 사람 중에서 3명을 내정하고 장 부장이 과장에게 품의하니, 다 좋은데 이 사람들은 왜놈이 싫어하는 기독교인 죄수들이라 간병부로 쓴다면 좋아할까? 하며 웃는 것이다. 여하간 소장하고 의논하겠다고 하였다. 시체를 짐짝같이 놓은 지 24시간이 지나 입관 준비를 하는데 9구의 시체를 마저 해야 하니 참으로 기가 막혔다. 하루 종일 걸려서 입관을 다 마치고 관상(棺上)에 죄수 번호를 기록하여 착오가 없도록 하고 또 24시간 동안 두었다가 가족이 오면 인계하려고 하는 것이다. 내가 이런 일을 하는 것을 보는 재소자와 조선 간수들은 물론이요, 왜놈 간수들도 나에 대하여 동정하였다.

왜놈 간수부장 2명이 있는데 별명이 있었다. 한 사람은 두부라 한다. 그 이유는 두부는 네모가 나 있어 분명하다는 것이다. 그 부장의 성격이 융통성이 없어서 그런 별명이 된 것이다. 또 하나는 똥쥐라고 모두 불렀다. 이 사람들도 나에게 퍽 동정을 한다. 이런 데에 나는 잘된 것인지 잘못된 것인지는 분간할 수가 없었다. 이런 비참한 형편에서 병자와 시체와 싸움을 하였다. 수일 후 증원된 간병부로 박 목사와 조 집사, 전시범 등 3명이 배치되어 나는 일하는 데 훨씬 수월해졌다. 내가 총책임자가 되고 박 목사께서는 병자의 간병을 맡게 하였다. 날이 갈수록 전시범이 증가일로였다. 그러니 여수 군항의 사역에 날로 죄수를 증파하니 병자는 날로 늘어나 참으로 가혹하였다.

1943년경 천주교 신부 3명이 최고 3년 형을 받고 입감하였는데 전부가 서양 신부다.

최고 3년을 받은 '도선바트리'라는 애란(愛蘭: 아일랜드)의 사람으로 제주도 책임 신부다. 근 10년간 재직하여 우리의 성명으로 손(孫) 신부라 부르는데 같은 애란 신부는 나(羅) 신부라 하고 또 한 분은 호주인(濠州人)으로 '스위니'[24] 신부라 한다. 우리나라에서는 천주교의 신자, 또는 책임자는 '바티칸' 교황의 명령에 의하여 행동하므로 무슨 운동이나 정치에 연관이 되는 법이 없고 단지 교(敎)의 전파에만 관계할 뿐이다.

왜놈에 의하여 형을 받게 된 데에는 이유가 있었다. 그것은 대동아전쟁이 난 후 미·영에 선전포고를 하게 되니 독(獨)·이(伊) 계통의 천주교 신부는 자기네에 동맹전국(同盟戰國)인 고로 적극 보호하고 미·영 계통의 신부를 박해를 가하여 적국으로 취급하여 구실을 붙여 전범으로 징역에 처하여 광주감옥으로 오게 된 것이다. 이 서양 신부들도 아무리 신앙이 고매하다 해도 역시 인간이고 우리나라가 망하고 왜놈 통치하에 있어서 이 사람들이야 우리 민족같이 비참한 고생이야 안 했을 것이다. 그러나 지금 형을 받고 감옥에 있어 음식이 개·돼지도 안 먹는 식물(食物)을 먹으니 그네들도 별수 없어 기아부증에 걸려 병감에 안 들어올 수 없었다. 그리고 외국인이라는 점에서 그냥 둘 수 없어 내가 유(留)하는 병감에 수용하여 치료하게 되니 분위기가 달라졌다.

그네들은 우리의 말을 잘하므로 비교적 친절하게 지냈다. 3인 중 3년 형을 받은 손 신부는 수양이 많이 된 사람이고 모든 행동에 신중하나, 호주의 신부는 그저 평범한 인간이며 나 신부는 성격이 후덕하였다. 우리나라 목사들 간에는 교리에 대한 이의와 왜놈의 신사참배 문제로 의견대립이 심각하였다. 천주교 신부는 그 나라에 와서 전교(傳敎)를 하려면 그 나라 국법을 준수하여야 한다고 하며 신사참배가 큰 문제가 아니라고 한다. 그러니 처세나 행동 내지 교리에 대해서 다른 각도의 견해를 갖는다. 그러니 어떠한 형태의 국가에 가서도 그 나라 제도하에서 오직 나마교당(羅馬敎堂)의 명에 의하여 제도건 식민지 하건 상관없이 전교만 할 뿐이다.

나도 감옥에서 비로소 구교(舊敎)와 신교(新敎)의 다른 점을 알게 되었고 신교자는 독립

---

24 어거스틴 스위니(Augustin Sweeny, 1909?~1980). 영국 출신. 1932년 2월~1941년 11월 사이 교인들에게 일본의 만행을 비판하고, 패망을 예견하였다. 이 일로 1941년 12월 일제 경찰에 체포되어 1942년 광주지방법원에서 금고 2년을 받고 광주형무소에서 옥고를 치렀다. 이때 광주형무소에서 이규창을 만났다. 1999년 건국훈장 애족장이 추서되었다.

운동에 헌신하였지만, 천주교 책임자들은 내가 징역 13년 동안에 독립운동한 자를 한 사람도 못 보았다. 천주교자들은 교(敎)에만 충실한 자였다. 그런데 개량적 천주교자인지는 몰라도 근자에 와서 인권과 자유를 고창하고 있는 것이다. 진화법칙에 의하여 그런 것일까?

'스위니' 신부의 병세가 중하여 권 의무과장이나 나나 그들을 보고 혼란한 때에도 전력을 하여 간병하였다. 그래서 그랬는지 전신이 부어서 위급하였다가 점점 부기가 내리며 병세가 호전되어 안심이 되어 가나 음식은 소량의 죽으로 조절하니 그 허기증을 참지 못하고 안달하는 꼴은 볼 수가 없었다. 제아무리 성직자니 수양한 인간이라도 배부르고 평안할 때 누구라도 위인과 성자가 못되겠는가. 우리의 속담에 식후에 지예절(智禮節)이란 말이 있다. 이 말이 참으로 철리(哲理)라 하겠다.

그리하여 나하고 그 신부하고 대단한 감정대립이 생겼었다. 그것은 나는 자기의 병을 완쾌시키기 위하여 철저한 절식을 하게 하였으나 신부로서는 이것이 불쾌한 태도였다. 그런데 하루는 밤중에 식기(食器)장 안에 수수밥 한 덩이가 남아서 내가 장에 두었다는 것을 알고 신부가 가만히 일어나서 나의 머리를 스쳐 가며 장에 둔 밥 덩어리를 꺼내다 먹는 것이다. 그러니 나는 본시 신경이 예민하여서 잠을 못 자고 있었다. 내가 그 신부의 하는 광경을 보니 꼭 도둑고양이 모양이었다. 너는 별수 없는 인간이로구나 하고 그 당장 야단을 칠까 하다가 꾹 참고 불쌍한 인간이구나 하며 지나쳤다. 아침 식사 때 식기장에서 식기를 꺼낼 때 사람들이 이구동성으로 어제 남은 밥이 없어졌다고 하는 것이다. 그만큼 모두가 밥 한 덩어리에 이렇게 관심이 큰 것이다. 왜놈의 비도덕적 학정이 원인이니 이 방에 있는 인물만 아니라 전부가 아귀(餓鬼)가 된 것이다.

내노라하는 목사·신부·대중의 면전에서 하나님의 사랑과 진리를 위대한 대변자로 자처한 인물들이 수수밥 덩어리 하나를 가지고 아귀다툼하는 것을 보고 학식·상식이 없는 나로서도 다시 한 번 생각하게 되었다. 내가 천진서 부친을 모시고 토방(土房)에서 영하 25~6도의 동절에 연로하신 부친과 나이 어린 내가 방에 화기도 없고 식사는 2~3일에 한 끼씩 먹을까 말까 하며 3~4개월을 지냈던 과거의 일을 생각하며 감옥에서의 이 광경을 비교하면서 만 가지 생각이 교차하게 되었다. 물론 자유스러운 사회와 가혹한 감옥 안과 양상이 판이하지만 춥고 배고픈 환경만은 같지 않는가. 성인군자로 자처한 인간이니만큼 문제가 된다. 환자 중에 한 방에 둘을 두었는데 하도 인간으로서는 할 수 없는 짓을 하였다. 나는 될 수 있으면 취사장에 부탁하여 밥이며 죽을 수량 외에 많이 부탁하여 먹을 수 있는 병자에게는 많이 주었다. 이것이 다 감옥 규칙으로는 큰 위법이며 범칙이다. 만일 이런 일을 계호과에서 알게 되면 나는 말할 것도 없고 취사장 내도 무사하게 지나가지 못한다. 그러나 우리 죄수끼리 상부상조하며 날이 갈수록 더 협조하여 한 사람이라도 생명을 더 구한다는 맘으로 무사히 처리해 나갔다. 그런데 4시쯤 석식이 끝난 뒤 간수하고 검방(檢房)을 하는데 병자 둘이 있는데 한 자는 일어나 앉았고 한 자는 이불을 얼굴까지 쓰고 있었다. 그래서 내가 이불을 거두고 그 환자를 보니 입에서 거품을 흘리며 절명해 있었다. 그리하여 대경실색(大驚失色)하여 앉은 자에게 이 사람이 언제 절명하였느냐고 물은즉 그자도 역시 놀래는 척하며 금방 나하고 저녁밥을 먹었는데 죽었느냐고 오히려 나에게 묻는다. 절명자의 신체를 만져 보니 죽은 지 오래된 것이다. 나는 매시 한두 번씩은 환자의 동태를 살피며 병세를 물어 과장님께 보고서를 작성하였으므로 밥을 줄 때도 두 사람분 외에도 더 주며 많이 먹고 빨리 나으라는 말을 꼭 하였다. 그런데 벌써 죽은 지 오래인데 어찌하여 밥을 그냥 먹었다고 하는가. 참 어이가 없었다. 이 자가 죽은 자의 몫인 밥과 죽을 더 먹으려고 사람이 죽었는데도 나한테 말을 안 하고 죽은 자의 몫을 타 먹고 그 환자가 먹고 죽었다고 천연스럽게 양심을 속이며 비인간적 언동을 하였다. 나는 하도 화가 나서 간수가 보는데 그 환자의 뺨을 수없이 때렸다. 이래서 나도 범칙을 하였다. 죄수가 죄수를 못 때리는 법인데 사람이 이럴 수가 있나 하고 앞뒤를 가리지 않고 행동하였다.

그리고 내가 말하기를 "내가 그자의 음식 몫을 너에게 더 주지, 그 밥을 무엇에 쓰겠는가. 너 같은 인간은 이 세상에 둘도 없는 법"이라고 하고 나 스스로 분을 못 참았다. 간수도 이 꼴을 보고 기가 막힌 모양이었다. 내가 한 짓을 보고도 도리어 잘했다고 하였다. 이런 광경이 지옥 아닌 인간이 사는 감옥에서 발생하는 것이다. 그날 밤 나는 잠 한숨 못 자고 그 광경을 회상하여 '칸트' 철학자의 오성비판(悟性批判)이니 순수이성 비판이니 하는 인간의 도덕적 진리가 이런 상황에서도 통용될 수 있을까. 인간도 극에 달할 때 무엇을 더 논할 여지가 있을까. 철인(哲人)들의 학설도 일면만 보고 위대한 학설이라 자처할 뿐이다. 참으로 비참한 처지를 말로 다 어찌 표현할 수 있을까. 나는 오늘도 그 시절의 그 광경을 잊지 못하고 항시 회상을 한다. 그리고 모든 현실을 이에 비교하며 비판하고 다각도로 생각하는 습성이 되었다. 나 자신도 잘된 습성인지 모를 지경이다. 내 짧은 흘러간 세월에 당한 수많은 사연들이 나로 하여금 이런 좋지 못한 습성이 되게 하였다고 본다.

우리가 어찌 인간이 먹을 수 없는 수수밥 덩어리 한 개로 이다지도 인간의 본성이 악한지 선한지를 가리게 만들었나 참으로 새삼 생각할 바이다. 내 감방에 수용한 오(吳) 목사들도 청년운동으로 감옥에 온 주봉식 군과도 수수밥 덩어리 하나를 가지고 눈을 부라리고 험악한 언쟁을 하는 것을 볼 때 이를 어떻게 비판하여야 옳을까 생각하게 되어 내가 먹을 밥 한 덩어리를 주며 꼴사납게 떠들지 말고 조용히들 하시라고 하였었다. 이런 광경을 권 의무과장과 장 부장에게 고소(苦笑)하며 말을 하니 두 분이 듣고 있다가 배가 극도로 고프면 성자(聖者)나 선자(善者)나 할 것 없이 이성(異性)이 다 몰락되는 법인가 보다 하며 '잡역이 그 불쌍한 인간을 위하여 재주껏 밥 덩어리나 죽을 많이 얻어다 먹이게 하는 것이 좋다'는 말을 듣고 범칙까지 묵인하며 종용하니 참으로 그분들에 대하여 감사를 드렸다. 그뿐인가, 사람은 지정(至情) 간 육친 간 온정과 사랑은 천륜이라 하였다.

그러나 그런 것이 아니라는 것이다. 김태호(金泰浩)라는 절도 6범으로 7년의 형을 받고 자주 광주 감옥살이를 하다가 이번에는 여수 공사에 사역 갔다가 병이 나게 되어 내 감방 옆방에 수용하여 치료하였는데 근 1개월가량 지나도 병세가 점점 중하여서 소생할 가망이 없어 과장에게 병세를 말하고 가족에게 통지하여 병보석을 요청하였다. 그러나 절도 6범으로는 병보석이 불가능하다는 것이다. 그러나 다 죽게 되었으니, 감옥의 귀신이 되는 것보다는 자기 집에 가서 귀신이 되는 게 낫지 않겠는가 하였다. 과장도 이 절도범의 병세를 보고 법적으로 곤란하지만, 여하튼 가족에다 전보를 치도록 하였다. 2, 3일이 지나서 전보 회답이 왔는데 '요로시꾸 오네가이 시마쓰', 우리말로 '잘 돌봐 주시길 원합니다.' 즉 죽거든 잘 봐 달라는 말이다. 이 죄수는 조실부모하고 형의 집에 의탁하여 살면서 수차 범죄를 저질렀다는 것이다. 그러니 형으로 무슨 애정이 있어 다 죽어 가는 동생을 인수하여 송장을 치겠는가. 그러니 이런 내용의 회답을 보내왔다. 감옥 중의 지정의 표정(表情)도 이렇게 천륜의 윤리로 정의를 정한다. 이런 잡범의 형편으로는 제일은 부모요, 다음은 마누라라고 한다. 다 죽게 되었다고 통지하면 백이면 백이 다 와서 데려가지만, 형제간은 백에 하나 있을까 말까 하다.

그래서 나도 또 한 가지 인류에 대한 윤리도 이렇구나 하고 비로소 깨달았다. 나는 부모께 인류의 윤리를 배울 때 형제는 수족에 비유하시었다. 그러나 근대의 윤리는 시대변천에 따라 변모하고 있는 것이라 하겠다. 성서(聖書)의 전설에 의하여도 인류종족의 역사는 형제끼리 죽이고 죽이는 것으로 시작하였다고 한다. 이런 윤리도덕도 한계가 있는 것이다. 또 6범 김태호 생명의 끈질긴 현상을 나는 증명하였고 부모나 처가 있었다면 죽지는 않을 것이라고 과장과 부장 여러 죄수들도 이구동성으로 한 인간의 사망을 애석히 여겼다. 그 이유는 김태호가 절명한 지 만 2일 후 그러니 사후 3일이 된 날 새벽 내가 잠이 깨서 이 생각 저 생각 하고 있는데 내 옆방 김태호 시체실에서 사람이 대화하는 음성이 들려오기에 퍽 기괴하게 생각하던 중 순시하는 간수가 병동 복도로 들어오는 것을 보고 있는데 복도로 들어오는 문과 김태호의 시체실하고 마주 보이게 되어 있었다. 그리고 순시하는 간수도 병동에 시체가 있다는 것을 알기 때문에 기분이 그리 좋은 편이 아니었다. 간수가 막 복도로 들어오자 김태호의 감방문에 식사를 넣어 주는 조그마한 문에 김태호가 주먹으로 내지르며, 큰 소리로 나 김태호 살아 있다, 이놈들아 하고 소리쳤다.

그러니 간수가 그렇지 않아도 시체가 있다 하여 겁이 나 있는 판에 근 3일이나 죽은 시체가 다시 살아났다고 큰 소리를 지르니 그만 혼비백산하여 계호과로 가서 부장을 데려오고 나를 보고 나오라 하여 김태호 방을 열고 나더러 들어가서 보라고 하기에 들어가서 보니 과연 김태호가 재생하였고 '잡역(雜役)상' 나 좀 살려주시오 하며 애원하는 것이다. 나는 그만 눈물이 나서 어쩔 줄을 몰랐다. 이럴 수도 있는 것일까? 사람의 숨이 끊긴 지 3일인데 회생하다니, 야소(耶蘇)가 3일 만에 부활하였다고 하지 않는가. 그러면 김태호도 부활 아닌 회생을 하였으니 참으로 기적이 아닐 수 없다. 만약 자기 부모가 있어 병보석을 하였더라면 이런 기적이 세상에 전파될 것이요, 절도범의 죄수가 아니었다고 하면 후세에 기적으로 기록이 되었을 것이다.

날이 밝아지고 시간이 지나자 과장이 와서 김태호가 회생하였다는 나의 말을 듣고 과장이 친히 와서 보고 과장도 의외라는 생각이었다. 그러나 세상에 누가 그 인간을 인수할 사람이 있어야 될 게 아닌가. 참으로 비참하였다. 결국은 3일 후 아주 절명하고 말았다. 이 얼마나 가혹한 사연이 아닐 수 없다. 내 손으로 염을 하고 관에 넣고 향을 피워 그자의 명복을 빌고 소제부에 재삼 부탁하며 안장(安葬)을 빌었다. 인간이 이렇게 최후를 마쳤다. 나는 이런 사연들이 사는 한 영원히 기억에 남을 것이라고 생각한다.

매일매일 환자는 증가일로에 있어 나를 위시하여 4인으로는 도저히 그 많은 환자를 돌봐 줄 수 없는 형편이라 때마침 한지의(限地醫)로 전시에 위법을 하였다고 하여 2년 형을 받고 감옥에 온 최경동(崔敬東)이란 의사를 간병부로 더 쓰게 되었다. 환자를 간호하는 데 퍽 편리하게 되었다. 그래서 최경동 씨하고 나는 병자를 전심전력으로 봐주었으나 죽는 사람은 그 수가 줄지를 않았다. 그럴 수밖에 없었다. 왜놈들의 성전(聖戰) 수행이 전역에 점점 확대하고 물자공급은 날이 갈수록 원활치 못하다기보다 완전 부족 상태에 빠져 있는 형편이므로 식량·일용품 더욱이 약품의 부족은 더 말이 아니었다. 그러니 감옥에 있는 죄수들이야 무엇이 중요한 생명이라고 약품을 공급해 주겠는가. 다 죽어도 그놈들이 눈 하나 깜짝하겠는가. 불쌍한 우리 인간만 매일 수 명씩 죽어 가는 것이다. 내가 있는 광주감옥에만 이 수많은 목숨을 앗아 간 게 아닐 것이다. 전국 감옥에서 차이는 있어도 헤아릴 수 없이 죽었을 것이다. 그래서 오동진 선생도 공주감옥에서 순사하였다. 그러니 무명한 인사들이야 얼마나 죽었는지 그 수를 알 수가 없는 것이다. 국가와 민족이 망하면 이런 비참한 꼴을 당하는 것은 당연한 이치가 아니겠는가.

이러던 중 감옥에서는 김삼룡·박우현·문갑송 등 공산주의자들을 전주감옥(全州監獄)으로 이감시켰다. 그 이유는 광주감옥의 수용 인원이 점점 증가하여지고 환자와 사망자가 상상외로 많아지자 의외의 일에 대비하여 전주감옥으로 이감시켰다. 이때 소위 제2차 '서중학교사건(西中學校事件)', 즉 광주학생 독립운동사건이 발생하여 근 25명 정도의 학생이 각처에서 검거되어 경찰에서 취조받다가 기항도(奇恒度)·강한수(姜漢秀) 등 3명이 취조 도중 심한 고문을 당하여 사망하였으나 병사(病死)로 조작하였고, 기타는 검사국으로 이첩하여 전부 기소하여 광주감옥 미결감에 수용하였다. 세칭 광주서중학생 독립운동 '무등회(無等會)'는 비밀조직체였다. 이 조직을 처음 조직한 연도는 1941년 12월 하순이라고 했다. '전남경찰부에서 총독부경찰국에 보낸 수사보고서'이다.

그러니 이 청년들은 1941년부터 1943까지 경찰서에서 근 2년간 취조받다가 검사국에 송국되니 미결감에 수용되었다. 장 부장과 내가 미결감으로 가서 건강진단을 하였는데 박화진(朴和珍)·신균우(申均雨)·배종국·기영도(奇英度)·기원홍(奇源興) 등 5명의 건강이 말이 아니었다. 장구한 시일을 경찰서에서 취조받았고 그들은 대개가 농부이며 전남도에서는 명사의 자제들이었다. 그래서 다른 피의자와는 달리 사식이라도 꾸준히 대어서 비교적 그 속 생활이 좀 나았으나 워낙 가혹하게 취급하였기 때문에 건강이 말이 아니었다. 과장에게 보고하니 곧 병감에 수용하고 가족이 면회 오면 병에 맞는 약을 구하여 차입하면 의무과에서 허가하도록 하였다. 그리하여 5명이 병감으로 왔고 치료하게 되었다.

광복이 되어 1945년 8월 17일 광주감옥에서 같이 출옥한 사람은 배종국 동지로 지금까지 생존하여 대학을 졸업하고 중고등학교 교사로 봉직하며 광복회 대의원으로 있다. 나와는 동지이며 호형호제하며 지내고 있다. 광주감옥 내에서 생사를 같이 한 유일무이의 생존자이다. 이들 중 21명은 기소유예의 처분이 되고, 그리고 5명은 5년간 집행유예로 처분되었다. 단지 남정준(南正俊)은 징역 2년, 기항도와 기영도는 형제로 형 기항도는 경찰에서 고문치사(致死)하였고, 신균우 등은 각각 2년의 단기 장기 4년의 징역에 처하여 김천(金泉)소년감옥으로 이감되어서 광복이 되자 출옥하였고, 대학 졸업 후 전남도 교육계에 종사하다 사망하였다. 애석하게도 주만우(朱萬尤)는 광주감옥에서 사망하여 내 손으로 시체를 가족에게 인도하였다. 젊은 청춘으로 경찰의 고문으로 옥사하였다. 이 기간 중 서울고공학교 내 학생으로 전시사범으로 수 명이 전파기(電波機)를 조작하여 일본 전황의 패색을 암암리에 선전하였다가 왜놈 경찰에 피검되어 최고 징역 3년을 받은 주범 이종세(李種世)라는 청년이 광주감옥으로 이송되어 오고 여타 수 명은 미성년이므로 소년감옥으로 보내졌다.

그때 고등공업학교는 지금의 서울공과대학이 되었다. 공고에 입학하는 것은 대단히 힘이 들었다고 한다. 조선인 학생은 입학이 용이치 않았다. 특재(特才)가 있어야 입학할 수 있었다고 한다. 이종세는 덕수(德水) 이씨(李氏)로 충무공(忠武公) 이순신(李舜臣) 장군의 후손이며 영재로 수학에 천재였다고 한다. 광주감옥 공장에서 사역하다가 모범수로 되어 정신대(挺身隊)라는 대원에 편입되어 간수 대신 당번을 서게 하였다.

이 제도는 왜놈의 간수가 대부분 현역 군대로 입대하게 되므로 간수 인원이 부족하게 되어서 소위 모범 죄수를 복장을 입히고 단기간 훈련을 받은 후 간수와 교대로 근무케 하였다. 그리하여 그들이 병감에도 와서 근무하게 되었다. 그러니 우리와는 심심상통(心心相通)하니 사회의 정세, 세계 상황 소위 대동아성전의 전망을 이종세가 아는 데까지 나한테 말해 주며 모든 게 멀지 않아 결말이 날 테니 꾹 참고 지내자고 하며, 풍문이라고 하며 왜놈이 전 조선인 중 10만 명쯤 되는 지식인·사상가·민족주의자 또는 자기네에게 잘 안다고 하는 인사를 포함하여 학살할 계획을 비밀리에 성안(成案)하고 수원 근처에다 학살 장소를 정하였다고 하는데 이는 공공연한 비밀로 전언되고 있다고 한다.

그러니 감옥에 있는 사람도 이 학살에 속하였을 것이라고 우리들은 말을 하며 장래 귀추를 주시하자고 하였다. 그런데 이 학살한다는 것이 풍문으로만 그치는 게 아니라 사실대로 구체화되어 실행에 옮겨진다는 것이니 이 얼마나 끔찍하고 비인도적인 왜놈들의 악독한 망동이냐 말이다. 감옥에 있는 죄수야 독 안에 있는 쥐지 언제든지 학살할 수 있는 것이지만 전 사회에 걸쳐 그런 끔찍하고 무도하며 잔인한 비인간적 처사가 그렇게 단순하고 순순한 일은 아닐 것이다. 왜놈 단독적으로 거사치는 못할 것이요, 민족으로도 용서 못 받을 왜노(倭奴)의 주구배(走狗輩)의 소행과 합해져서 계획되었을 것이다.

그러면 그 당시 소문으로는 박(朴)·이(李)·한(韓) 등이 왜놈의 충복으로 동족 학살에 암약하고 있다는 말이 낭설이 아니었다. 사실대로 이 사건이 왜놈의 패전이 1년만 더 연장되었더라면 10만의 동포가 무참히 학살되었을 것이라고 하는 것을 출옥해서 들으니, 사실무근이 아니었다. 또 광복 십몇 주년 기념일 날 방송국에서 왜노의 잔학상을 방영할 때 3만 명을 전쟁 말기에 학살할 계획이 있었다고 하였으니 그 당시 10만 명을 학살한다는 소문도 사실이었던 것이다. 이족(異族)에게 학살을 아니 당한 대신 광복 후 잔인무도한 공산주의자들 손에 동족이 무차별 학살을 당하였으니, 이것이 천도(天道)인가 인도(人道)인가 참으로 슬프고 또 슬픈 일이로다.

병도 가지가지였다. 교무과에서 소제부로 사역하는 제주도 조천에서 공산주의운동을 하다 온 김시엽이 딸꾹질을 심하게 하며 연 5일째 계속하니 약도 없지만 무슨 약을 쓸지 방법이 없어 6일 만에 사망하였다. 자기 집에 통지하였지만, 전시로 인하여 기선(汽船)의 왕래가 완전 두절되어 가족이 못 와서 나와 박용의 목사와 둘이서 입관하고 감옥 공동묘지에 안장하였다. 내가 자는 큰 감옥 방에는 병자로 있는 기독교 목사인 간병부 박용의·오석주·나덕환·김 목사 그리고 간병부로 조용택 집사들이 같이 밤을 동숙하는데 1개월에 2회에 휴업을 하므로 일요일에 1일간 휴업을 하고 병자 이외는 다 교회사의 설교를 듣고 감방에서 종일 휴식하게 된다. 그러면 휴식하는 동안 위안을 한다고 '라디오'로 음악을 들려준다. 그런데 이날은 '라디오'가 고장이 나서 죄수에게 못 들려주었다. 나는 한지의인 최경동과 다른 임시 병감을 돌며 병자를 돌봐 주므로 감방에서 휴식을 못하고 저녁밥을 공급하고 우리도 감방에 들어와 하루 일을 끝내고 휴식을 하는데 우리 병감에는 간수가 지키는 게 아니라 1시간에 두세 번씩 순찰하여 병자의 동태를 살피는 것이다.

그런데 감방에 있는 목사님들이 저녁 예배를 보고 설교를 한 후 찬송가를 부른다고 하기에 나는 예배를 보시며 가만가만히 설교 정도는 하여도 무방하나 찬송가만은 하지 말라고 하였다. 그러나 그분들은 내 만류를 듣지 않고 찬송가를 합창하기 시작하였다. 찬송가를 부르는 도중 야마모토(山本) 부장이 마침 뒷담을 돌다가 찬송가 소리를 듣고 병감 복도로 들어오며 왜말로 '야가마시'하며 '다레가 우다얏다가' 하는 것이다. 그렇게 되니 목사님들께서 누구 하나 나서서 내가 했다고 하는 이 없이 가만히 있을 뿐이다. 그러니 왜놈 간수부장이 대노하여 누가 창가(唱歌)를 하였느냐고 소리소리 지르며 누가 했나 바른대로 대라는 것이다. 그래도 한 사람도 나서는 이 없었다. 그러니 그놈이 화가 나서 '시라베소(조사실)'에 가서 때려도 솔직히 말 안 할 것인가 하며 당장 목사님들을 끌어낼 기세였다. 이렇게 되면 목사님들이 혹독하게 매를 맞는 것은 뻔한 일이다. 그리고 병자라 하여 목사님들을 병감에 넣었는데 찬송가를 불러서 문제가 났다 하면 의무과장의 체면이 어찌 되나. 그래서 할 수 없이 내가 나서며 부장에게 서투른 왜말로 '부장 도노' 사실은 내가 창가를 하였습니다. 그랬더니 '오마에가' 너는 감옥에서는 창가를 못하는 규칙인데 어째서 했는가 한다. 오늘은 휴식날이라 음악으로 죄수를 '나구사매' 즉 안위하시는데 오늘은 음악이 없지 않습니까? 그리하여 병자를 '나구사매' 하기 위하여 '와다시가' 창가를 불러 주었습니다 하였다. 부장이 내 말을 듣고 목사들을 한 번 보고 좋다. 이 간병부 잡역이 너희들을 위하여 위안하려 창가를 불렀다니 이 잡역을 보아서 '곤도다케', '유루스' 이번만 용서한다고 하며 곧 가더니 '라디오'로 음악을 들려주는 것이다.

이렇게 하여 위기를 모면하였다. 이렇게 되니 목사님들도 내게 대하여 면목이 없었다. 만약 내가 일어나 내가 했다고 하여 매를 맞아도 내가 맞는 게 낫지, 왜놈 부장이 찬송가를 모르고 가만히 있었겠는가. 더군다나 종교전쟁과 같이 왜놈의 신사참배를 안 한다고 하여 죄수가 됐는데 추호의 용서가 있었겠는가. 나는 이런 일을 다 알기 때문에 제발 찬송가만큼은 부르지 말라고 하였는데 이런 일을 당하고도 한 사람 하였다고 나서지 못하니 감당 못할 짓을 왜 합니까? 제발 이후에는 그런 짓을 하지 마시오 하였다.

여하튼 무사하였으니 다행이었다. 부장도 내가 찬송가를 안 한 줄 알고 있었다. 내가 책임을 지고 나서니 부장도 나를 보아서 관대히 한 것이다. 후에 부장이 의무과장을 보고 목사들의 소행이 솔직하지 못하더라고 하며 간병부 잡역이 자기가 책임을 지고 자진하여 안 한 일도 하였다고 용서를 비니, 내가 잡역에게 탄복을 하였다고 하더라는 것이다. 과장의 말이 '자네 훌륭한 일을 하였어' 하였다. 왜놈에게도 이런 면은 있었다. '앗사리'는 우리말로 '깨끗하다', '뒤가 없다'라는 뜻이다.

이런 일이 있은 후로는 왜놈들의 간수들이 내게 대한 태도가 비교적 관용하였으며 일요일인 때에는 내가 일하는 의무실에 와서 자기가 필요한 약을 좀 달래서 가지고 간다. 그러면서 과장에게 달라고 하기가 안 되어 잡역에게 달라고 하는 것이니 양해하라고 솔직히 말하고 창고에 둔 붕대 혹은 탈지면(脫脂綿)들을 달라고 하여 집에 가져가는 것이다. 감옥은 그래도 배급이 나오니 이런 물자가 좀 있는 편이요, 시중의 실제 약국에는 이런 물품이 품절된 지 오래되었다는 것이다. 나야 그네들이 퍽 미안한 태도로 나에게 사정을 하니 내게 무슨 상관이 있으리오. 달래면 내줄 뿐이다. 그놈들에게도 이런 물품에 대해서는 별수가 없었던 것이다. 그리고 저희들도 내가 그 많은 시체를 치우고 말 못할 두렵고 냄새나는 온갖 일은 내가 다 하는 것을 보고는 아무리 죄수는 사람으로 안 친다고 하는 왜놈들의 관념 속에도 변화가 생겼는지 가끔 나보고 수고한다는 위로의 말을 한다.

광주감옥에 온 지 1년 반 만에 장춘에 가 계신다는 어머님께서 자식인 나를 면회하시러 서울 오셔서 1주일간이나 체류하시면서 광주감옥으로 면회를 오셨다. 계호과장의 호의로 약 반나절 동안 어머님하고 한자리에 있으며 오랜만에 맺혔던 회포를 나누며 점심때가 되자 특별히 계호과에서 모친께 식사 대접까지 하여 드렸다. 참으로 감옥이 생긴 이후 유사 이래 초유의 이변이 아닐 수 없었다. 이것이 다 권 의무과장의 덕택이었다.

내가 광주감옥에 근 5년간 있는 동안 모친께서는 장춘에서 두 번을 면회하러 오셨었다. 경성감옥에 있을 때는 한 달에 두 번씩은 꼭 오셨었지만, 만주 장춘으로 가신 후로는 어찌 면회를 자주 오실 수 있으리오. 편지는 한 달에 두세 번씩 보내 주셨다.

1944년 봄 생전 처음 만나는 규동(圭東) 동생이 외조부님을 모시고 국내로 와 외조부님 고향인 충청남도 공주 이관식(李觀植) 씨에게로 모셔다 드리고 광주감옥으로 생전 처음 보는 이 형을 면회하러 왔었다. 그러니 내 맘은 환희작약(歡喜雀躍) 하다고 할까 비통하다고 할까, 갈피를 잡을 수도 없이 동생을 맞이하게 되었는데 내 눈에서는 눈물만이 한없이 쏟아지는 것이었다. 원래는 면회실에서 면회하는 법인데 특별히 의무과 내에서 그것도 과장, 부장 앞에서 면회하게 되니 나와 동생 사이에는 아무 장애도 없이 기탄없는 말들이 오고 갔다.

과장의 말이 이 전쟁은 오래 못 갈 터이니 그리 알고 장래 준비를 하라고까지 동생에게 일러 주었다. 참으로 고마우신 분이었다. 그날 동생은 장 부장 댁에 가서 머물고 그다음 날 아침에 또 면회하고 경성으로 갔다가 장춘에 계시는 모친 앞으로 갔다. 그리고는 광복 후에도 근 1년 만에 모친, 동생, 누님을 상봉케 되었다. 지금도 생각하면 천륜이란 이런 것이구나 하였다.

1925년에 모친께서 부친과 생이별하시고 이 동생을 포태하고 한때 귀국하시어 출산하셨으니 부친을 뵙지도 못하고 유복자로 태어나 성장하여 20세가 넘어서 비로소 형제라고 출생 후 처음으로 감옥에서 상면하게 되니 나도 부지불각(不知不覺) 중에 눈물이 한없이 쏟아졌다. 이것 또한 천륜이 아니고 무엇이리요. 모든 게 천생 타고난 기구한 운명이라고 체념할 뿐이었다.

전쟁의 양상은 지극히 위급하고 불리한 처지에 놓여 있는데 아무리 전승을 하였다고 총동원하여 극성스럽게 선전하여도 사실 패전 기색만은 감출 수 없었던 것이었다. 학도병, 징병, 퇴역한 노병, 그것도 모자라 종내에는 소년병까지 징집령을 내려 미성년자도 소집하여 병사 훈련에 여념이 없었다. 그리고 식량과 각종 생필품, 의약품 등이 완전 고갈 상태여서 영양부족에다 각종 전염병의 만연으로 날로 사망자는 증가일로에 있었다.

나는 매일같이 병자를 병보석 하는 게 무엇보다도 제일 중요한 일이었다. 그리하여 간병부 최경돈 한지의하고 될 수 있으면 한 사람이라도 감옥으로부터 내보내도록 하는 게 우리들의 생각이라 의무과장만 출동하면 죄수의 병세 보고에서 위급하다는 병세를 말하면 과장은 거의 다 우리 말대로 병보석으로 처리해 줘 구명도 많이 하였고 우리가 직접 사망자를 손에 대지 않도록 하였다. 그렇게 했어도 종전까지 무려 352명이라는 시체를 처리하였다.

1944년 초쯤 장 부장이 여감에 가서 새로 입감한 여죄수의 건강을 점검하고 와서 여수의 신분장을 내게 주며 신장, 체중 등을 기록하라 하기에 그 여죄수의 신분을 보니 제주도 제주시 사람으로 나이는 25세요, 이름은 안응수(安應洙)라 하였다. 죄명은 보안법 위반이다. 여감에는 남간수는 절대로 출입을 못하며 간수부장, 간수장, 의무과장 등에 한하여 출입을 한다. 여간수가 모든 업무를 처리하며 장 부장은 의무과에 있는 만치 자주 여감을 왕래한다. 여간수가 자주 의무과에 와서 약품을 가져가며 나한테 약과 자기들이 필요한 물품을 달라고 사정을 하곤 한다. 그러면 될 수 있는 대로 주었다. 여간수들도 절대로 안 되는 일이지만 사탕 종류를 가만히 나에게 주며 간수들에게 들키면 큰일 나니 잡역이 간병부하고 잘 나눠 먹고 문제없이 하라는 것이다.

감옥의 규칙이 엄하다 하여도 서로 사(私)라는 게 있으며 인지상정이라 생각되었다. 일녀(日女)의 간수가 더 나에게 친절히 대하며 종종 귀한 것이라고 하는 '센베이', 왜놈의 과자를 나에게 주는 것이다. 그나마 살벌한 감옥에서도 의무과 내 의무실에는 인정이라는 희귀한 기풍(氣風)이 감돌았다. 이것이 다 권 의무과장의 인덕의 소치라 하겠고 또 장재성 부장의 인정 어린 성품과 합하여 니시이 약제사도 자연히 이런 분위기 속에서는 악한 것보다는 선한 게 인간생활의 진리라는 것이다. 이런 분위기에서 병자와 시체를 다루면서도 맘에 평화를 갖게 되니 한결 일에도 덜 고통을 느꼈다. 이렇게 나날을 보내는데 과장이 간부회를 마치고 실(室)로 오면서 소장은 좀 특별하다 하며 3개월 전에 입감한 여죄수를 서무과에서 소제부 겸 의무과 사이에 잔심부름을 시키기로 계호과장에게 명하여서 내일부터 출역하기로 하였다고 한다.

그 여죄수는 제주도 사람으로 보안법 위반으로 형을 받은 안응수라고 하였다. 얼굴이 아주 미색이라고 한다. 또 한 이유는 소년들이 각종 사업과 소년병으로 징집되어서 인적 부족의 탓도 있다. 그러나 여죄수를 과대 과라고 하여도 사역은 못 시키는 법이다. 그러나 때는 전시이고 또 소장의 방침이 이러니 그대로 명대로 시행하는 것뿐이다.

여죄수의 준수 사항은 남죄수와는 절대로 가까이 못 하며 대화도 절대 금지한다는 단서가 붙어 있다. 다음 날 안응수 여죄수가 서무과에 나와서 소제를 하는 것을 나는 보았다. 의무과하고 서무과가 마주 보이게 된 건물이었다. 그리하여 나도 아침 일찍이 나와 과 내외를 소제하고 그날 진단할 병자의 외과적 조치 약의 준비에 바빠서 최경동 씨하고 일을 분담하여 처리하였다. 간수들도 이구동성으로 여죄수의 미모를 칭찬하였고 왜 간수는 모두 '뱃빙상'이라 불렀다. 우리말로 '미인'이라는 말이다. 인간이 모여 사는 데는 장소가 어떻든 죄다 동일하였다.

나는 나이 근 30에 환경도 환경이려니와 본래 이성에 대하여 본능적으로 등한하였고, 근 20세 때쯤 중국성 복건(福建) 천주(泉州)에 있을 때 양효영(楊曉影), 오애련(吳愛蓮), 오복옥(吳福玉) 등 여성과 친절히 지내며 서로 '친애'하며 여성 문제의 토의와 조직을 하며 지냈으나 이성에 대한 연정은 전연 느껴본 적이 없었다. 그러다가 사건으로 고향 감옥에서 10여 년을 지내니 당연히 본능으로 성의 고심도 하였으나 비참하고 생지옥의 환경에서 무슨 이성이며, 성적 고심이 있었으리요. 무슨 여유가 있고 안락한 처지라고 그런 방면에는 생각할 여지조차 있을 수 없었다.

그런데 이 또한 기상천외의 일이 나에게 생겼다. 즉 여수인 안응수에 대한 연정이었다. 의무과 상황이 나로 하여금 그렇게 만들었고 장 부장이 이런 사유를 만들어 주었다. 왜놈이 한국을 강탈한 후 감옥에서 여죄수와 남죄수가 만나서 연정을 품고 연애하였다는 것은 유사 이래 없었던 일이요, 사실이 아닌 조작된 일로 여길 것이다.

그러나 사실 이런 기상천외의 사단에 내가 주인공이 되었으니 참으로 놀랠 일이었다. 이것이 다 왜놈이 동양 평화를 위하여 한다는 미명하의 소위 대동아성전의 덕택이었다. 이는 이렇게 시작되었다.

하루는 장 부장이 급사 박만섭을 보고 안응수의 ○○번호를 말하며 서무과에서 ○○○번호 외 2, 3건의 죄수의 신분장을 찾아서 가져오라고 명하는 것이었다. 그래서 박군이 서무과로 가서 안응수에게 장 부장님의 지시라고 말하니 안(安)이 신분장을 찾아서 의무과로 가지고 왔다. 안이 처음으로 의무실로 왔기 때문에 좌우도 살피지 않고 장 부장에게 똑바로 서서 장 부장의 지시만 기다리고 있었다. 나는 부장 반대쪽 책상에 앉아 서류를 정리하고 있었다. 안이 정면으로 온 것을 보니 사실 그대로 미인이었다. 안은 나를 본 체도 않고 신분장을 부장에게 조용히 바치고 조용히 서 있다. 잠시 있다가 부장이 나보고 귀한 손님이 왔으니 인사나 하고 이후 종종 이곳을 올 터이니 대접을 잘하라고 하였다.

그래서 내가 의자를 갖다주며 앉으라고 권하였다. 그러나 안은 대꾸 한마디 않고 의자에 앉지도 않고 있다가 신분장 처리를 다 한 것을 가지고 부장에게만 경례하고 서무과로 갔다. 그도 그럴 것이 남죄수하고는 절대로 대화를 못한다고 되어 있으니 당연히 부장이 인사를 나누라고 하여도 못하는 것이 아니라 안 하는 것이다. 이런 일이 있은 후 매일 한 번씩은 심부름으로 의무실로 오는 것이다. 그래서 자주 오게 되니 자연히 서로 말을 주고받게 되었다. 후로는 친숙히 되었고 약도 부장에게 달라고 하면 나를 보고 약을 주라고 하였고 여감에서 필요로 한 약도 안이 요구하여 가져가는 것이다. 이렇게 되니 날이 갈수록 더 친숙해졌다.

그러니 여러 가지 얘기를 하게 되었다. 사실 처음 부장이 인사를 하라고 할 때 나는 부지중(不知中)에 가슴이 두근두근하였다. 이것이 본능인 것이다. 10여 년 만에 여자와 대면하고 상대에게 말하게 되니 자연히 내 가슴이 두근두근하는 게 당연하다고 생각되었다. 내가 각 임시로 설치한 병감으로 최경동과 병자 간호 후 안이 의무실에 와 서류를 서무과로 가져갈 때 부장에게 나에 대한 경력과 가정 사정에 대한 것과 무슨 죄로 복역하며 징역은 얼마냐고 물었던 모양이었다. 그러니 부장이 나의 가정의 내력과 이 나라 독립운동을 하다 중국 상해에서 잡혀서 13년의 징역을 받고 경성감옥에서 살다가 또 경성감옥에서 독립에 대한 선전문을 인쇄하였다가 발각되어 가형을 받고 광주감옥으로 온 후 의무과장께서 특별히 보아서 의무실에서 사역하여 왔는데 2년간 이 어려운 일을 잘 처리하여서 소장 이하 여러분의 신임을 받고 지낸다고 안에게 자세히 설명한 것이다. 이 모든 말을 들은 후 눈물을 흘리며 내가 퍽 가엾다고 하더라는 것이었다.

부장이 나한테 말하며 자네에게 안이 퍽 맘이 있는가 봐 하였다. 그러나 나는 맘에 하등의 감정을 느끼지 못하였다. 그것은 나의 본래 이런 문제에 소홀하고 내 장래를 생각할 때 남녀관계에 대한 감정이나 생각하고 있을 때가 아니며 우리의 지금 형편과 장래의 귀추가 어찌 될지 왜놈은 우리 동포 10만여 명을 학살한다는 비밀공작이 추진 중이란 풍문 아닌 실화가 벌어지는 이 판국에 인생 문제도 좋지만, 이 모든 예측 불허한 시국에 그저 그런 것으로 생각하였었다.

전세는 점점 왜놈에게 불리하고 구주전쟁(歐洲戰爭)에서도 미·영·불·소 연합의 전세가 유리하여 소위 왜놈의 추축국(樞軸國) 동맹인 독·이 군의 전세가 날로 패색이 농후하여 지금에 왜놈의 정세도 초조하기 시작이었고, 그러는 반면에 우리에 대한 각가지 혹독하고 또 압박이 더욱 심해졌고 식량과 생필품이 완전히 고갈되어 버린 실정이었다.

전남 담양의 부농가로 이혁(李爀) 씨라는 분이 1년 반인가 형을 받고 감옥에 왔다. 권 의무과장하고는 사회에서 지우(知友)인 관계라 병자로 감방에 수용하게 되었다. 내가 그분을 상대하고 보니 교양이 풍부하고 학식도 심오한 인물이었다. 지금 생각하여도 무슨 법을 위반하고 감옥에 왔는지 기억이 안 난다. 감옥에 있을 때 퍽 자별하게 지냈고 종전이 되어서 1945년 8월 17일 같이 출옥하게 되었고 나는 출옥한 후에도 권 의사의 은혜를 잊지 않고 생일날이나 혹 광주로 가게 되면 반드시 권 선생을 방문하고 문안하였고 장재성 부장도 꼭 찾아보았다. 권 선생의 자제는 형제인데 장자는 권흥식(權興植)이라 하며 의사로 '가톨릭'의 대에서 교수로 있다가 사망하였고 차자는 권충식(權忠植)인데 광주 금남로 호남의원을 운영하고 있다.

안응식하고는 매일매일 접촉하며 자별하게 지내는데 하루는 장 부장이 나에게 말하기를 안이 자네에게 맘에 꼭 들으니 자기가 출옥하면 반드시 사회에서 내가 출감하기를 기다려서 결혼하여 살겠다고 부장님이 가서 전하여 달라고 부탁하더라는 것이다. 그러면 자네는 안이 어떤가 괜찮지 하고, 자기가 보기에 맘씨도 착하고 이해성이 풍부하니 그렇게 작정하여 보라고 권고를 하였다. 이 말을 듣고 보니 이성에 대한 감정이 조금 달라졌다. 그 후로 안을 보면 나도 모르게 태도가 달라지는 것을 느끼었고 안의 나에 대한 태도도 전과는 많이 달라지고 있었다. 이런 것을 남녀 간에 연애라고 하는 것인가 하고 생각했었다. 이쯤 되니 자꾸 만나고 싶고 말도 많이 하고 싶으나 장소가 어딘가 감옥이요, 사방에 감시하는 눈초리가 엄하게 보고 있지 않은가. 어쩌다가 이런 지경까지 왔으나 참다운 인간적 행동을 할 수가 있었겠는가. 그저 사모하는 마음뿐이지 손목 한 번 서로 잡아 보지 못하는 형편이었다. 어찌 보면 이것이 참된 남녀 간의 신성한 연애가 아닌가 하였다. 안이 사무실로 오면 서로 미소로 우리의 맘과 맘을 전할 뿐이다. 이심전심이었다.

나는 나이 30에 이성을 알게 되고 남녀 간의 사랑이 이런 것이라는 것을 처음 알게 되니 비록 이 처참한 환경 속에서도 우리 둘의 맘은 날이 갈수록 더 밀착하게 되어 주위 사정이 말로서는 도무지 형용할 수 없는 생지옥이 이런 곳인가 하게 되었다.

사방에서 환자들이 다 죽어 가는 신음소리뿐이니 나만 보면 무슨 수를 써서라도 이 한목숨을 살려 달라고 애원하는 가련한 목소리다. 이러기를 24시간 일월년을 두고 당하며 다 죽어 가는 사람을 가족에게 업어서 갖다주는 일 또는 다 죽은 사람에게 최후의 방법으로 강심제(强心劑)인 '캄풀' 주사를 놔주니 이때 내 심정을 어떻게 형용하여야 할지, 아무라도 이런 처지를 이해하고 생각한다면 인간으로서의 사랑과 정의를 느낄 수 있는 진정한 사람이 아닐 수 없다고 회상하였다. 내가 비록 도덕군자도 아니지만 그때의 모든 사정을 살피고 회고하면 내 일생의 이런 일을 당하고 처리한 것이 나 자신의 성격이나 인생관에 새로운 사람으로 도약시켰다고 하겠다. 사람에 대한 그 사람의 근본원리가 하나가 아니라고 나는 그때 의문을 가진 바 있었다. 사람은 원리가 하나라고 생각한 바 있는데 내가 감옥에서 그 많은 불우하고 비참하였던 그 사람들을 헌신적으로 밤낮을 가리지 않고 산 사람, 죽은 사람을 막론하고 성심껏 돌봐 준 내 행동을 인도적이라고 할는지 아니면 인류애의 발로라고 할는지 그렇지 않으면 징역을 사니 할 수 없이 한다고 할는지 모르나 양면이 다 해당한다고 정의를 내리리라 생각된다.

그런데 내가 안응수에 대한 사랑이나 안응수의 내게 대한 사랑이란 전자에 대비하여 동일한 사랑이라 정의를 내릴 수 있을까? 나는 그 당시 이런 사랑에 대하여 내심 갈등이 생겼다. 사랑이란 명사(名詞)는 동일할지 몰라도 상대방에 대한 유형무형으로 일방적으로 베푼 인류의 애(愛)와 이성에 대한 애가 완전히 분리된다고 생각하였었다. 이성에 대한 애는 무엇인가? 욕구의 발로를 사랑이라고 표현하는 것이 아닐까 하고 생각하며 내 딴에는 이 사랑의 정의에 고심한 경험이 있었다면 무슨 신천지를 발견한 것처럼 의의와 정의가 다르다고 생각하며 고심하였으리! 때마침 지옥 같은 감옥에서 극한의 면면을, 즉 시체가 매일 산적되는 이 환경에 직면하게 되고 이것들을 직접 처리하게 되니 나로서는 신기한 생각이 들었고 사랑에 대한 판이한 생각이 났던 것이다. 그러나 이 비참한 환경에서도 남녀 간에 연모의 정을 억제하려야 할 수 없는 것을 깨닫게 되었다. 매일 안응수를 못 보면 '망안욕아(望眼欲穿)', 즉 눈이 빠지도록 기다리게 된다. 이런 심정은 안도 똑같았다. 그리하여 무슨 구실을 붙여서라도 의무실로 꼭 오는 것이다. 감옥이니까 할 수 없는 것이지 참으로 말 못할 지경이었다.

세계의 사정이나 왜놈의 형편이나 더군다나 우리의 사회 사정도 시간이 갈수록 더 긴박하고 더 죄어 가는 것이었다. 일거일동뿐만 아니라 말 한마디 잘못하였다가는 징역 1, 2년은 보통이고 감옥으로만 오게 되면 생명을 부지할지 누가 보장하리오. 고역은 심하고 먹이는 음식은 생명조차도 부지하기 어려운 판이니 6개월만 되면 기아부증이 나서 한 달 내에 시체가 되는 것이다. 그 당시 그 광경을 보지 못한 사람이야 이 비극을 어찌 상상이나 할 수 있을지! 지금은 다 과거지사로 이 비극을 아는 사람이라곤 손가락을 꼽을 정도이다. 참으로 비참한 역사였다.

그런데 해방이 되고 대한민국의 정부가 수립되어서 내가 감찰위원회(監察委員會)에 재직하던 중 자유당 국회가 감찰위원회를 없애는 바람에 체신부(遞信部)로 전직되어 재직 중 일부 고급 공무원의 탄식하는 소리가 조선총독부 때만 못하다고 대한민국 정부를 못마땅하게 생각하는 것을 보고 나는 내심으로 아연실색하였다. 더 말할 여지가 없었다. 나는 청이불문(聽而不聞)하는 태도였다. 이런 민족하고 무슨 왈가왈부를 하겠는가. 나는 항상 과거의 일들을 생각하고 치를 떨며 지내고 있다. 이 말도 현실에는 무가치한 망언에 불과한 것이다.

    1944년 봄, 안(安)이 의무실로 오더니 자기가 가출옥하게 될 것 같다며 자기가 출옥하면 곧 내가 출옥할 때까지 기다리겠으니 몸 건강하고 맘 편안히 지내도록 하라고 간곡히 부탁하며 눈물을 흘리는 것이다. 이 말을 들으니 내 맘은 어찌할 줄 몰랐다. 참 인간이 이럴 수가 있나 했다. 사랑하는 사람이 이 생지옥에서 구사일생으로 나가면 으레 그밖에 기쁠 데가 있을까. 그러나 그게 아니었다는 말이다. 무엇인가 보물이 손에서 없어진 것 같은 감정이 불현듯이 난다. 참으로 내 자신도 어이가 없었다. 다시 참다운 인간이 되려고 고심하였다. 안에게 참 잘되었다고 하며 부디 나가서 몸 보전할 것을 당부하였다. 내가 이런 말을 하는 것이 참 진심에서 우러난 말인지 후에 곰곰이 몇 번이고 생각하였었다. 나는 지금 그때 심정을 가식 없이 솔직히 털어놓는 것이다. 과연 1주일 후에 안은 가출옥을 받아 당분간 감옥장(監獄長) 집에 가 있게 되었다. 그것은 그때 제주도와의 내왕이 전연 두절 상태였기 때문이다. 객선(客船)은 못 가고 가끔 군함만 왕래한다는 것이다. 근자에 미국의 잠수함이 출몰하므로 일절 객선은 금지하였다는 것이다. 그러니 안은 고향인 제주로도 못 가고 소장 집에 있게 됐다는 것이다. 이런 소식은 급사 박만섭 군이 옥장(獄長) 집에 일로 갔다가 안을 보고 왔기에 내게 자기 소식을 전하는 것이다. 이런 소식만 들어도 내 심정은 위안이 되는 것이다.

    이때 여수에서 사역하던 죄수 100여 명이 다 사경을 헤매게 되어서야 감옥으로 오니 이 생명이 경각에 달린 이 목불인견의 인간들을 어찌할지 나는 정신을 잃을 뻔했다. 박 목사, 최경동, 조용택 등 간병부하고 눈코 뜰 새 없이 구호하느라고 진담을 뺐어도 매일같이 시체가 되어 나가는 것이다. 1945년 1월경 형무소장 구니미쓰(國光)의 알선으로 해군함정으로 안응수는 제주 고향으로 가게 되었다. 광주를 떠나는 날 나에게 편지를 간단히 쓰며 자기 제주 집 주소라고 하며 제주시 일도리(一徒里) 백몇 번지라는 글자를 남겼다. 이 편지를 박 군이 전달해 주어서 이것이 마지막이 되었다. 그래서 나는 광주 감옥으로 이감을 와서 내 생전 팔자에 허다한 시체를 치우며 고생도 하였지만 또 세상에 있을 수도 없는 사랑을 여죄수와도 속삭였으니 이 또한 하느님의 사랑과 부처님의 자비로 내게 복을 내려주셨다고 생각하였다.

    이렇게 나날을 보내고 있는데 1945년 8월 15일 감방을 일찍 나가서 의무실 안팎의 소제를 다 하고 병자를 돌아 볼 준비를 다 하고 의무과장이 오기만을 기다리고 있었는데 9시가 더 지나서 권 과장이 출근하며 나에게 오늘 무슨 중대한 사건이 날 터이니 명심하고 주의를 하라고 일러 주는 것이다.

그래서 나는 내심으로 왜놈들이 무슨 흉측한 짓을 하지 않나 하고 기분이 좋지 못하였다. 그것은 근 2년 전에 왜놈이 우리 동포 10만여 명을 학살한다는 소문이 있었다는 것을 기억하고 생각한 것이다. 그러자 전 감옥의 죄수를 감방으로 다 수감하며 12시경 일본 도쿄로부터 중대한 방송이 있으니 정숙히 경청하라는 것이다. 그러니 나도 다른 간병부하고 감방으로 돌아와서 무슨 중대한 방송을 하나 하며 방에 있는 병자하고 가만히 말을 주고받았다. 그러자 확성기에서 왜놈의 말로 '다다이마 가라 중대(重大)노 방송'이 있으니 경청하라는 것이다. 다름이 아니라, 왜놈이 패전을 하므로 미·영 연합국에 대한 무조건 항복 선포를 왜놈의 천황이란 게 직접 자기네 국민과 식민지 치하에 있는 왜놈에게 비통한 목소리로 약 15분간 항복을 언명하는 바였다.

이런 것을 듣는 우리들은 생시인지 몽중(夢中)인지 어째서 이다지도 빨리 손을 들었을까. 이렇게도 전세와 사정을 깜깜 몰랐었다. 알고 보니 미국의 두 방의 원자탄 투하로 그 악독한 왜놈이 두 손을 들고 만 것이다. 8월 15일 정오의 이 기쁨의 소식을 듣는 순간 나는 이크 살았구나 하고 큰 소리로 감방에서 소리를 쳤다. 감방 내에 있던 병자들이 대경(大驚)하며 나를 보고 왜 이러는가 '전정하라'고 달래려 애를 썼다. 나중에 알았지만, 패전했다는 말을 들은 왜놈 간수들이 악이 나서 무슨 짓을 할지 누가 알겠는가. 그리하여 내가 큰 소리로 나는 살았다. 우리는 살았다 하는 소리를 못 하게 만류하였던 것이다. 3시경 장 부장이 나만을 감방에서 나오게 하고 과장님과 3인이 장차의 일을 의논하였지만, 당시 결말이 안 나는 것이다. 모든 세력이 아직도 총독부하에 있고 모든 사세(事勢)를 누구도 판단할 수가 없으며 감옥에 있는 죄수의 처리나 대우가 어떻게 될지 미지수라 수일을 지나 봐야 알겠으니 될 수 있는 한 조용히 왜놈의 발표만을 주시하라고 하며 죄수에게 신중히 행동하라고 부탁하여 주었다. 사실 나는 왜놈들이 학살할까 봐 무한히 초조하였었다.

그런데 패전 항복한다는 발표를 들으니 왜 나로서는 기쁘고 또 기쁘지 않겠는가. 나는 왜놈들이 학살하리라는 말을 절대로 타인에게 말한 적이 없다. 이런 말이 전파되면 내 자신조차 생명이 어찌 될까 하여 몹시 긴장되었다. 단지 나 혼자서 초조할 뿐이었다. 참 악몽 속에서 헤매다가 깨어난 것 같았다. 그렇게 기승을 부리던 왜놈들이 수두상기(垂頭喪氣)가 되어 고개를 푹 숙이고 생기가 없이 맥이 빠져 있는 꼴을 보니 패전과 망국의 비참함을 다시 한 번 새롭게 각오하였었다. 일제 총독부에서 의논한 결과 우리들에 대한 조치는 독립운동자 사상범과 기타 전시취체법(戰時取締法)의 위반자들은 그냥 방면하는 게 아니라 잔형에 가출옥의 편법을 적용하여 8월 17일 우리들을 출옥시키기로 결정하였다는 것이다.

그러니 칼자루는 아직도 왜놈들이 쥐고 있으니 여하튼 출옥이나 하고 보자고 우리들은 결론을 하고 8월 17일 마지막 감옥의 조반(早飯)을 먹고 출옥할 준비를 서둘렀다. 나는 의외로 광주감옥으로 와 권계수 감옥 의무과장님의 은혜로 생명을 부지하며 팔자에 있다고는 하되 불쌍히 사망한 죄수의 시체를 352구를 염하고 다 죽는 지경에 있는 죄수를 병보석으로 업고 가족에게 넘겨준 반시체만도 수백 명에 달하였으며 장재성 간수부장님 덕택으로 안응수라는 여죄수하고 사랑이 이런 것이구나 하고는 반 토막의 인생관을 경험하기도 하였고 그 외에 선과 악, 비리, 진리, 윤리적, 도덕적, 철학 등을 무학무식한 나에게 실제 경험으로 나를 참다운 인간으로서 깨닫도록 계발하게 해 준 감옥을 영원히 잊을 수 없다.

이런 감옥에서 10여 년을 지내고 뜻밖에 왜놈이 패전해서 가출옥이라는 왜놈의 말 '천황의 은전으로 우리를 특별히 출옥케 했다'는 옥장 구니미쓰의 말을 듣고 12시경 광주감옥소를 나오며 나는 몇 번이고 감옥소를 뒤돌아보았다. 치안유지법 위반자가 도합 20여 명인데 광주에 사는 부호요, 유지명사(有志名士)라는 현준호(玄俊鎬) 씨가 우리를 위하여 자기 집에서 점심을 내며 위로의 뜻을 표한다고 하여 현씨 댁으로 안내를 받아서 10여 년 만에 우리나라의 호화스러운 식사를 대접받았다.

그리고 나의 소지품인 서적이 퍽 많았는데 서적 중에는 의무실에 있는 동안 장래 의사가 될 생각으로 모친께 말씀하여 없는 돈에서도 생리학, 해부학, 의학총서 등 허다한 서적을 권 과장님 특별한 허락으로 차입하여서 공부하게 되었고 그 밖에 월레쓰문화사대계 등 수십 권의 서적이 모친의 품을 팔아 만든 돈에서 정성껏 사서 차입한 서적들이었다. 우리가 감옥을 나온다는 말을 듣고 상해에서 동거하다 행방불명이 되었던 최동철(崔東喆)이 의외로 마중을 왔었다. 최동철 씨는 본시 광주 사람으로 광주에 거주하므로 나를 마중하러 왔다.

그리하여 소지품이라야 서적뿐이므로 자기 집에다 보관하겠다고 하여 최동철 씨에게 맡기고 그 집으로 가서 저녁까지 있다가, 서중 광주고등학교사건의 배종국하고 광주 서석동(瑞石洞) 배의 숙부 댁에 가서 머물게 되었다. 배의 집은 나주에 부모님이 계시고 자기는 숙부 댁에서 서중에 상학(上學)하고 있다가 비밀결사에 가담하였었다. 나는 세상에 처음으로 나온 사람처럼 배하고 밤새도록 광주시를 싸다니며 피로한 줄도 느끼지 않고 새벽 4시경 귀가하여 조금 눈을 붙이고 조반을 든 후 배가 나주의 자기 부모를 뵈러 간다고 하여 나도 동행하기로 하고 나주로 갔었다. 사실 말이지 나는 감옥에서는 나왔지만 서울에 가봤자 있을 곳이 없었다. 모친께서는 장춘 장기준 매부에게 가 계시니 나는 광주감옥에서 나왔으나 어디를 가나 집이 없기는 마찬가지인 것이라 배종국하고 나주로 가는 것이 좋았다. 나는 생전 처음으로 우리나라 시골 농촌에 가니 때가 또 초추(初秋)라 오곡백과가 초가을 벌판에 싱그럽게 익어 가는 것을 보니 10여 년 동안 자연의 풍경이 무엇이며 어떻게 형성되는지를 모르다가 고국의 농촌에 자연의 아름다운 풍경을 대하니 내가 선인(仙人)이 된 느낌이 들었다. 부친께 항상 고국을 그리시며 금수강산이라 하시던 말씀이 과연 허언이 아니었음을 다시금 느꼈다. (이하 생략)

3 임원근, 「옥중기」

자료 293 | 《삼천리》 제8호, 1930. 9. 1.

임원근, 「옥중기」(1)

> 옥중생활의 감상을 적어 보려는 것이 필자의 본의입니다만, 그 또한 거북한 우리 환경이 감상 그대로를 적을 수 없게 되는 점이 많습니다. 그런 까닭에 대강~ 거침없이 될 수 있는 범위 안에서 몇 마디 적어 보려는 것입니다.

내가 세상에서 일어난바 '조선공산당' 사건과 관련되어 신의주 감옥에 수용당하게 된 것은 지금으로부터 6년 전 옛날 1925년 12월 12일 오후 2시경이었다. 국경의 삭풍(朔風)은 오히려 때와 달리 온화한 편이었으나 날씨는 흐리고 눈발조차 드문~ 날리는 날이었다. 우리 일행은 모두 열 사람이었으나 그중에는 만록총중 일점홍(萬綠叢中 一點紅) 격으로 주세죽(朱世竹) 여사 한 사람이 섞여 이채(異彩)를 발(發)하고 있었다. 그날 아침 검사국으로 넘어올 때 신의주 경찰서에서는 특히 우리 일행을 후하게 대우한다고 하여 예에 의한 수갑도 채우지 않고 간단한 포박만으로 그날 아침 비번 순사들을 시켜서 우리 일행을 감옥까지 호송하였다. 거리의 사람들은 우리 일행에게 자못 호기와 공포에 싸인 시선을 던졌다. 더욱이 주

여사의 송낙[25]머리를 바라볼 때 그들은 몹시 수군거리는 모양이었다. "아이고 저것이 무엇이야. 여자가 단발하였네. 그런데 왜 저렇게 붙들려 갈까. 대체 저게 무슨 사람일까?", 혹은 "오 - 이 사람들이 요전에 서울서 붙들려 온 저 - 주의자(主義者)들이로구먼. 옳지 저 단발 여자도 저기 있구먼". 이같이 길 가는 사람들이 제멋대로 지껄이는 말소리가 무거운 발길을 내딛는 우리 귀에도 자세히 들려왔다.

　우리 열 사람을 들여놓기 위하여 감옥 현관의 커다란 쇠문이 열렸다. 한 사람, 두 사람 서로서로 끌고 끌리며 쇠문 아래를 지나치는 우리 일행의 운명! 나의 앞길! 실로 캄캄하기 짝이 없었다. 그래서 나의 입속으로는 무심결에 '아이고, 이제 이 문을 거쳐 들어가면 또다시 어느 날에나 이 문을 거쳐 나오게 되나' 하는 한숨 섞인 말소리가 흘러나오게 되었다. 비록 나의 재감 시일이 그다지 멀지 않으리라는 것은 잘 추량(推量)하고 있다 할지라도 그 당시 같아서는 방금 닥쳐오는 지긋지긋한 국경의 추위, 뒤숭숭한 사건 내용, 그리고 또 개인 신상을 에워싸고 도는 여러 가지 가정 문제, 그 어느 한 가지 무거운 머리를 더욱 무겁게 아니 만드는 것이 없었다.

　우리 일행들은 소정(所定)한 장소에서 입감 수속을 마친 뒤, 각기 지정된 감방으로 흩어지고 말았다. 주 여사만은 입감 수속을 마치기 전에 간수 한 사람에게 인솔되어 어느 곳으로인지 끌려가고 말았다. 아마도 그는 분명히 여감으로 데려가는 것이었다.

　그러나 '잘 있거라! 잘 가거라!' 작별 인사 한마디도 나누지 못하고 그대로 눈물 엉킨 목례만으로써 그를 떠나보내게 되는 것이 매우 한심스러운 일이었다. 더욱이 누구보다도 그의 부군의 쓰라린 가슴이 오히려 추측하기에 나머지가 있었다. 그 순간의 광경은 마치… 가는 어린 병아리의 그것이었다. 나에게 지정된 감방은 여러 사람들이 거처하는 잡거방(雜居房)이었다. 전자에 한 번 옥중생활의 경험이 있는 나는 방 안에 들어가기 전에 우선 문밖에 붙여 놓은 재방자의 명찰 수효만 잠깐 바라보고서라도 즉각적으로 그것이 독방이 아니라는 것을 알게 되었다. 그 순간에 나의 우울한 기분은 반짝하였다. 그것은 다만 한때일지라도 독방 격리를 떠나서 경우가 같은 여러 사람들과 잡거하게 되는 것이 나에게 얼마나 큰 기쁨이 되는 까닭이었다.

25　송낙: 승려가 외출할 때 착용하는 모자.

나와 같이 기거하는 피고인 중에는 각양각색의 범죄 사실이 많이 있었다. 그중에도 평북(平北) 구성(龜城)인가 어디 사는 산골 젊은 사람 한 이가 방중의 인기를 가장 집중시키고 있었다. 그는 아무것도 모르는 질박(質朴)한 농민이었다. 그러기에 오직 지금 시절도 옛날인 줄만 알고 어떤 날 밤에 자기 동리 젊은 과부를 업어다 강제로 살림을 차리려다가 그 목적을 이루지 못하고 애처롭게 영어(囹圄)의 몸이 되어 버렸다. 그래서 방중 사람들은 심심풀이로 그를 가지고 온갖 농소(弄笑)를 다 하였다. 또 그리고는 갖은 평북 산골의 농부로서 요샛말로 가정부원(假政府員)[26] 노릇하다가 잡혀 왔다는 사람이 있었는데, 그 사람이 때때로 자기의 범죄행위에 대하여 극적(劇的) 되풀이하여 가지고는 방 안 사람들을 웃기는 일이 있었다.

　그리고 또 어느 시골 면장 한 분은 자기 집에 재산량이나 조금 있는 모양인데, 어떻게 얽히어 들어와서는 자나 깨나 털두루마기에다 뚱뚱한 몸을 휩싸고 앉아서 공연히 생병을 앓고 있었다. 그야말로 떡 줄 사람은 생각도 아니하는데 김칫국부터 가지고 덤빈다는 격으로 감옥 당국에서는 그의 병에 대하여 '아무렇지도 않게 생각(何とも思はない)'하는 모양인데 그 양반은 늘 밥을 먹을 수가 있네 없네 하면서 비싼 돈 주고 사들이는 차식(差食)을 그대로 내보냈다. 그 사람은 어떻게 그렇게 떼를 써서라도 나가 보려는 희망과 야심이나 있지만 그 옆에서 9등식(等式) 수수밥 한 덩이씩 때마다 조막만 한 관식(官食)이나 얻어먹고 생배를 곯고 앉졌는 많은 피고인들은 그같이 그저 남아 나가는 계란이나 우유, 빵 같은 것을 바라볼 때 입안에서 군침이 마를 새가 없는 것이었다.

　실로 한방 거처를 하고 있으면서 더욱이나 '쓰나다나' 같은 경우에서 같은 고생을 하고 있으면서 다른 사람들은 배가 고파서 군침만 넘기고 있는데 나 혼자만은 차입 음식을 배불리 먹는 것은 실로 막대한 미안이었다. 아무리 감옥규정이 엄해서 상호 간의 분식(分食)을 허락하지 않는다 할지라도 차마 혼자 먹을 수는 없었다. 뿐만 아니라 설혹 밥이 남는다 할지라도 같은 방에 거처하고 있으면서 속소위하후하박(俗所謂何厚何薄)[27]으로 누구는 주고 누구는 아니 줄 수도 없는 형편이었다. 그래서 나는 그때 하루 두 때씩 조석으로는 차입을 먹었었는

26　가정부(假政府): 임시정부를 말한다.
27　'세상에 흔히 말하길, 무엇이 두텁고, 무엇이 얕은가'라는 말로, 상대방에 따라 '누구에는 후하게 하고, 누구에게는 박하게 한다'라는 뜻이다.

데 어느 때든지 밥과 반찬을 조금씩 남겨서는 특별히 누구 한 사람을 정하는 일이 없이 그대로 한편 옆에 내놓고 말았었다. 그리한다면 혹 간수에게 들키는 일이 있다 할지라도 나에게는 아무런 책임이 없게 되는 것이다. '먹기 싫어서 그대로 남겨 놓았더니 그 사람이 먹었습니다' 하면 나에게는 아무 관계가 없고 그 사람만이 톡톡히 꾸중을 당하게 되는 것이다. 그러나 나는 도무지 사식(私食)을 먹을 때마다 몹시 죄송스러웠었다. 이것은 무슨 나에게 특히 남다른 사랑(愛)이 많아 그렇다는 것이 아니라 그 환경에 처해 있는 다수인의 심리는 으레 그렇게 되는 것이다.

여러 사람들이 모두 서늘한 수수밥 한 덩이씩을 얻어먹고 쭈그리고 앉았는데 나 혼자만이 가장 무엇이라도 된 듯이 기름진 – 그다지 기름지지도 못하지만 – 바깥 차입을 먹고 앉아 있는 것이 그들에 대하여 몹시 미안스럽고도 죄송한 일이었었다. 그래서 나는 생각다 못해 잡거방에 있을 동안은 사식을 그만두려고까지 생각하였으나 곧 1주일이 지나가기도 전에 독방으로 격리가 되어 버렸었다. 참, 사람은 적어도 나만은 몹시 간사한 물건인 것 같다. 왜 그들에 대하여 미안한 생각이 있다면 혼자 독방에 와서인들 관식만으로 살아가지를 못하는가. '눈 가리고 아웅'이라는 말은 이에 가장 적절한 말마디인 것 같이 생각된다. 내가 밥 문제를 가지고 이렇게 중언부언하는 것은 '밥' 그 물건이 밖에 있어서도 우리에게 최대 중요성을 가지고 있는 것이지만 더욱이 생활 조건이 극히 단조한 감옥살이에 있어서는 오직 먹는 그것만이 제일 주안(第一主眼)이 되어 있는 까닭이다.

독방! 독방 격리는 사실상 감옥 내에서도 감옥생활을 하는 것이나 다름이 없다 하여도 과언이 아니다. 더구나 그와 같이 얼마 동안 여러 사람들과 잡거 생활을 하다가 별안간 독방 거처를 하게 된 나는 더한층 이 같은 느낌을 가질만 하였다. 전방(轉房) 후의 며칠 동안은 참말로 쓸쓸하기 짝이 없었다. 나의 주위에는 아무도 없었다. 구성 고을 이 서방도 없었고, 예의 가정부원도 생 병쟁이 면장도 없었다. 아침으로부터 저녁까지 다만 홀로이 시찰구(視察口)를 바라보고 정좌하고 있을 뿐이었다. 그리고는 하루 세 차례씩 일본인 소제부(掃除夫)가 갖다 주는 밥이나 받아먹을 뿐이었다.

그러는 동안에 서울로부터 또다시 다수한 사람이 호송되어 왔다. 어떤 날 아침에 나는 우연히 나의 옆방에 노인이 그 전날 밤에 들게 된 것을 알았다. 그래서 나는 간수의 틈을 타 가지고는 그의 방 벽을 향하여 두어 차례 노크하였다. 그 결과 그로부터 귀에 익은 기침소리가 들려왔다. 확실히 그는 노인이었다. '아이구 저 노인이 또 어떻게 여기를 왔나. 글쎄 아무런 별일이나 없어야 할 터인데. 젊은 사람도 아니고 저 노인이 장차 이 추위를 어떻게 겪어 나가나!' 나는 무심중 이와 같은 말을 혼자 지껄여 보았다. 그러고는 귀를 기울여서 중앙 소식을 듣기에 급급하였다. 그것은 낭하(廊下)[28] 중앙에 담당간수의 책상이 있어 어느 때나 신입이 들어오면 그곳에 불러내어다가 신분 조사 같은 것을 하는 까닭이다. 내가 거처하는 방은 다행히 중앙과의 거리가 가까운 까닭에 언제나 이 같은 수단으로 옥내 뉴스를 탐문하기에는 가장 형편이 좋았던 것이다.

그래서 나는 상기하였던바 같이 그날 오전 중에 서울로부터 옆방 노인과 함께 KCS 등 여러 사람들이 새로이 수감된 것을 알게 되었다. 인간의 심리는 이상한 작용을 일으키는 것이다. 나는 이와 같이 여러 지우(知友)들이 같은 감옥에 새로 수용된 사실을 알게 되는 순간 그들의 신상을 염려한다기보다도 도리어 나 자신에 대하여 어떠한 새로운 위안이나 어떤 것 같은 느낌이 떠올랐다. 솔직하게 말하자면 '오냐, 너도 오고, 너도 왔구나. 할 수 없다. 서로서로 다 같이 이 안에서 한세상 살다 나가자꾸나. 무엇 나 한 사람만이 이번 일에 이런 고생을 당하는 것이 아니니 너무 우울한 날을 보내지 말도록 노력하자!'는 것이 그때 나의 직감(直感)이었다. 아무리 한 지붕 아래에서 잠을 자고 한솥밥을 먹는다고 할지라도 몇 푼도 채 되지 못하는 바람벽 한 장 가린 것이 천 리나 만 리 이상의 거리나 다름없는 느낌을 주는 것이 감옥 독방살이이언마는 그래도 그같이 많은 지우들이 이 방 저 방에 나뉘어 있는 것을 생각할 때 나는 졸지에 군중 사이에 섞인 것 같은 느낌이 생겼었다.

해는 이미 저물었다. 1925년도 이제 몇 날이 되지 못하여 최종의 막을 닫게 되었다. 가로의 점두(店頭)에는 이미 연말 기분이 농후하게 떠돌고 있으며 일본 사람들의 문전에는 벌써 송죽장식(松竹裝飾)이 희망 가득한 새해를 맞이하고 있을 때였다.

그 어느 하루 날 나는 한 사람의 간수에게 인솔되어 검사장에 출정하게 되었다. 이날의 추위는 참으로 비상한 추위였다. 피부를 여리고 드는 듯한 국경의 모진 북풍은 두 뺨과 두

---

28 낭하(廊下): 복도.

귀를 떼어 가는 것 같이 몹시 차고도 아팠다. 감옥으로부터 재판소까지의 거리는 상당히 멀었다. 그래서 평소에는 출정용의 양두마차(兩頭馬車)가 비치되어 있지만, 이날은 출정인이 오직 나 한 사람뿐이고 또한 겸하여 토요일이 된다는 구실하에서 나는 찬바람을 마실 대로 마시면서 머리에는 용수를 뒤집어쓰고 손에는 쇠갑을 채운 대로 꼭꼭 뭉친 몸이 되어 번화한 거리 한복판을 뚫고 나가게 되었다.

지나가는 사람들은 누구나 다 한 번씩은 바쁜 걸음을 멈추고 험악하게 차린 나의 모양을 바라보았다. 나도 좀 'さまりか惡ひ(인상이 험악)'하였던 것도 사실이다. 더군다나 간수의 벤또 밥그릇을 수갑 찬 손으로 들고 가는 것이 몹시도 불유쾌하였다. 그래서 나는 그 간수에 대하여 종일토록 몹시 필요한 말이 아니면 절대로 입을 열지 않았었다.

재판소 유치장 안의 송판 벽 위에는 온갖 낙서가 가득하였다. 그것의 필치(筆致)는 그 어느 것이나 모두 혹은 손톱 끝으로, 혹은 젓가락 끝으로, 혹은 쇠 수갑 모서리로 가장 정성스럽게 써 놓은 것이었다. 나는 간신히 몸뚱이 하나밖에 용납할 수 없는 콧구멍 같은 독방 유치장 안에서 소름이 쪽쪽 끼쳐 드는 지긋지긋한 추위와 싸워가면서도 그 같은 낙서 성전(聖典)을 읽어 가는 것이 오직 하나 흥미였다. 한편의 옆을 바라보니 가장 분명한 글자로 '제령(制令) 위반 1년 박근영(朴根永) 1920년(大正 11)'이라는 글발이 기재되어 있었다. 그것을 읽는 순간에 나는 자못 감개무량한 추억에 잠겼었다.

그는 신의주 사람으로서 그 당시 나의 사건과 연좌(連坐)된 혐의를 받아 나와 함께 신의주 제1심에서 1년 역(役)의 판결을 받고, 평양 제2심에서 무죄 석방이 되었던 사람이라 그 후 그는 어찌 되었는지 피차에게 아무런 교통이 없이 지나가지마는 이제 그의 이름을 읽게 되매 그 당시 9년 전 옛날 나의 과거 생활이 몹시 추억에 떠올랐다. 그때 나는 DK 등 두 사람과 함께 SH로부터 조선으로 들어오다가 안동현(安東縣)에서 검거당해 징역을 살지 않겠다고 온갖 변명을 다 해 보았으나 때가 때인 것만치 마침내 1년 반 복역하게 되었던 것이다.

아- 인간의 살림은 참으로 무상한 것이다. 9년 전 옛날에 이곳에 사로잡혔던 몸이 9년 후 오늘에 또다시 이곳에 이 몸이 될 줄 어찌 알았으리.

그때만 해도 나는 몸뚱이와 지혜가 다 같이 몹시 어린 때였다. 그저 어찌하여서든지 더 배우고 싶고, 더 알고 싶었던 것만이 사실상 그 당시의 나의 목적이요, 동경이었다. 그러나 나의 조그마한 정치적 생활환경은 끝끝내 나에게 ○○박약한 철창생활을 강제하였던 것이었다.

　낙서 성전을 모조리 읽는 것과 옛날의 추억으로써 얼마 동안 추위를 잃어버렸던 나는 또다시 새삼스럽게 혹독한 추위를 느끼게 되었다. 수갑 찬 두 손가락은 오리발같이 붉게 되어 신축이 마음대로 되지 못할 만치 얼어들고 일본 버선을 신은 두 발은 거의 감각이 없을 만치 되어 버렸다. 그래서 좀 일어서서 쿠당쿠당 답보(踏步)를 해 보았으나 역시 추위는 한 모양이었다. '어찌해서든지 이 추위를 좀 잊어 볼 수가 없을까?' 여러 방면으로 생각하여 본 나머지 나는 역시 낙서 성전의 집필자가 되겠다는 결심을 하였다. 그래서 간수의 틈을 엿보아 가면서 한편 송판 위에다가 수갑 모서리로 다음과 같은 낙서 작난(作亂)을 하여 놓았다.

　I Am One of the Organizer of Korean C.Y. and it Caused me this Prison-Life.
　Long ×××! Korean ×××
　DEC, 1925 RIM

　'봄이 왔다. 아이구 저 꽃 보아라! 꽃' 이같이 커다란 말소리가 어디로부터인지 들려왔다. 그것은 기역자 형으로 구부려져 있는 저 잡거방의 K우(友)의 부르짖음이었다. 나는 곧 변기 위에 올라서서 감방 밖을 내다보았으나 K우의 얼굴은 철창으로부터 이미 사라져 버렸다.

　감옥 중정(中庭) 한편 모퉁이에는 사실상 온갖 채송화가 가장 아름답게 장식되어 있었다. 다른 꽃도 약간 있었으나 누르고 붉고 흰 채송화의 전폭 화경이 가장 우리의 시선을 이끌어 주었다. 보통시에는 그런 종류의 꽃이야말로 실로 존재를 발견하기도 어려울 만하지만 이러한 인간 사파계(娑婆界)에 있어서야 어느 것에라도 못지 않은 존재를 가지고 있는 것이다. 사막(沙漠) 나라에 핀 한 숨 백합이야말로 천량만량 이상의 값이 있고 천 사람 만 사람 이상의 생명이 있는 것이다.

　꽃이여! 세상에도 이름 없는 꽃이여!

　아무리 더럽고도 못난 꽃일지라도 이리 와서 피어라! 이 철창 나라에 와서 너를 사랑할 자 모두 다 이곳에 모였도다.

　꽃을 본 수인의 그 심정은 무어라고 형언할 수 없을 만치 델리겟 한 것이다. 나는 나의 심정을 미루어 다른 수인의 그것도 나와 방불(彷彿)할 것이라는 것을 알 만하다. 봄은 왔다. 쓸쓸한 철창 나라에도 부드러운 봄소식은 자취 없이 전해 왔다. 자연은 지극히 공평하고 지극히 자비스러운 것이다. 그는 미운 자나 고운 자나, 늙은이나 젊은이나, 사나이나 계집이나 우주 일절을 향하여 그의 풍만한 젖가슴을 내어 맡긴다. 나는 간수의 틈을 엿보아 가지고는 하루도 몇 차례씩 변기 위에 뛰어올라서 창밖을 내다보고 꽃노래를 불렀다. 자연의 봄을 찬미하였다.

아ー 봄은 왔다. 자연의 봄은 금년 이때에도 어김없이 돌아왔다.

아ー 그러나 그러나 우리의 봄은 언제나 돌아오나. 언제나?

우리 인생의 봄! 자연의 봄과 인생의 봄은 그 어느 날에나 한데 합류가 되어 평화천 이루어질 것인가!?

이해 이 봄은 내가 입감 이후에 첫 번 맞이하는 봄이다. 금년 봄이 온 소식은 채송화로 알았건만 다음 해 봄은 또다시 무슨 꽃으로 알게 되나? '호지무화초 춘래불사춘(胡地無花草 春來不似春)'은 우리와 함께 영독(詠讀)할 시구(詩句)였다.

장한(長閑)한 봄날 하루 동안은 어지간히 지리한 것이다. 전등불도 사라지기 전부터 기상을 당해 가지고 해를 맞도록 한자리에 같은 자세로 앉아 있게 되니 너무도 해 긴 것이 걱정이요, 너무도 할 일 없는 것이 걱정이었다. 참으로 철창생활에 있어 여러 가지 고통거리가 많이 있는 것도 사실이지만 나에게 있어서는 무엇보다도 변화 없는 생활ー마치 레일 위를 달리는 기차 같은 극단(極端)으로 단조한 생활이 제일로 고통스러운 것 같이 생각되었다. 글쎄 책을 읽는 것도 공상하는 것도 하루 이틀, 한 달 두 달의 일이지 1년이면 열두 달 언제나 오늘이 내일같이 꼭 같은 살림을 하게 되니 그것이 얼마나 졸산(卒酸)스러운 것인가. 일찍이 철창생활ー그중에도 독방생활의 체험이 있는 사람은 누구나 동일하게 나의 이 같은 말을 수긍하리라고 생각한다.

생활환경이 이러하기 때문에 다만 조그마한 새로운 사실만 있다 할지라도 별안간 기분이 청신(淸新)해지고 심신이 모두 경쾌해지는 것 같은 느낌이 난다. 그러기에 잡거방이 좋다는 것이다. 거기는 한방에 여러 사람이 있고 보니 날마다 신진대사의 작용이 빈번하여 밖으로부터 들어오는 사람에게 늘 새 소식을 들을 수 있게 되는 것이며, 그럴 때마다 웃을 일도 있고, 슬퍼할 일도 있고, 성낼 일도 있는 것이다. 1년 열두 달이 다 지나치도록 한 번 실컷 웃을 일도 없고, 울 일도 없고, 성낼 일도 없는 것이 신체의 완전한 발육을 위하여 생리학상으로 보아 그 얼마나 큰 지장을 주는 것일까.

뉴스! 변화된 일(かわつた事)! 이것만이 몹시 바람이 되는 것이다. 그러기에 지우나 가족들이 보내 주는 비록 한 장 엽서일지라도 그것은 이 지리한 기분을 퇴치시키는 데 있어서 일시적으로 막대한 효과를 나타내는 것이다. 사실상 면회하는 날, 편지 받는 날, 목욕하는 날 등은 재감자 생활에 있어 삼절일(三節日)이라 하여도 과언이 아니며 더욱이나 금상첨화 격으로 같은 면회, 같은 편지일지라도 요새 말로 스윗하트의 그것이면 가출옥 다음가는 좋은 일이라 해도 무방할 만한 것이다. 어느 따뜻한 봄날 정오경이나 되어서 나의 다음다음 셋째 방 Y우(友)의 감방문 소리가 들렸다. 그리고는 신분장(身分帳)을 가지고 온 듯한 조선인 간수의 말소리가 들렸다. 나는 그 자리에서 곧 '옳지 Y에게 아마 도쿄로부터 나와 면회를 온 모양이로구나' 하는 판단을 내렸다. 얼마 후에는 다시 돌아왔다. 또 얼마 후에 먼저 왔던 간수는 그에게로 다시 왔다. 그래서 시찰구를 들여다보고는 "저 이것 봐. 아까 그 면회 왔던 여자가 서울로 향해 가면서 소장에게 전보를 놓아 가지고 기어이 그대에게 하루 두 때씩 사식과 우유를 먹도록 해 달라고 하였는데 어떻게 할 터이야. 그처럼 호의를 써주는 것을 잘 받아야 할 것 아니야 응" 하며 한참 동안 사식 문제로 말을 주고받고 하였다. 나는 이제 확실히 아까 W가 면회 왔던 것을 알았다. 나는 Y를 위하여 몹시 기뻐하였다. 동시에 씨에 대하여 경의를 표하고 싶었다.

연애! 그것은 맹목적이다. 그러나 그것은 이성에 빛나는 그것이라야 한다. 그것은 오직 성욕의 화신이 아니다. 그것은 언제나 고아(高雅)한 인격과의 결합을 전제하는 것이라야 한다. 그러나 현대인의 착오 된 연애관은 오직 감정과 형동(衡動)만을 따라 움직인다. 자유와 방종을 구별하지 않으려 한다. Y와 W! 나는 그들의 장래를 축복하였다. 거친 바다 험악한 산길 끝까지 꾸준한 동반자가 되기를 나는 빌었다.

아 젊은이들이여! 당신들에게 행복이 가득하기를.

여름! 물어 빠질 듯한 여름을 당하고 보니 이가 딱딱 마주치던 지난겨울의 추위가 또다시 은근히 그리워진다. 모기와 빈대가 없는 것은 기적적으로 다행한 일이지마는 한 평 남짓 독방에 통풍이 자유롭게 되지 못하는 것과 한편 구석에 놓인 변기로부터 굴러 나오는 암모니아 냄새가 적지 않은 두통거리가 된다.

'아이고 앞으로 이 더위를 어찌하나?'

- 다음 호 계속 -

자료 294 | 《삼천리》 제9호, 1930. 10. 1.

임원근, 「옥중기」(2)

○ 서열부인(暑熱否認)

지난겨울의 몸서리치던 추위를 회상하면 약간 더위 같은 것쯤이야 세 번 네 번 고두재배(叩頭再拜)를 해 가면서도 감내할 수 있을 것이다. 그러나 인간생활이란 괴로우나 즐거우나 현실의 영역을 초월할 수 없는 것이 숨길 수 없는 사실이라 여름 더위를 당하고 보면 역시 더위에 울며 더위에 시달리며 더위에 죽으려 한다. 그리하여 또다시 지나쳤던 겨울의 추위를 부러워하며 그리워한다.

나는 마침 북쪽 감방에 있게 된 덕택으로 겨울에는 한층

더 추웠고 여름에는 한층 더 더웠다. 오후 2시가량만 되면 자오선(子午線)을 넘은 태양광선이 들어 쪼이기 시작하였다. 맞은편 벽 위에 비춰드는 가냘픈 광선은 곧 굵어지고 넓어졌다. 그리하여 벽면 전폭을 노랗게 물들여 버리고 다다미 반 판을 비추어 내가 앉아 있는 자리에까지 불붙는 여름 볕이 침범하게 되었다. 어제나 오늘이나 똑같은 그 자리에서 뚫고 박아 놓은 듯이 삼복 불볕의 세례를 받고 있는 나는 날마다 이때가 되어 오면 실로 미칠 듯이 괴로웠다. 비록 한 평 독방의 좁은 실내에서일지라도 볕이 든다고 이곳저곳 자리 한 번조차 마음대로 옮겨 앉지 못하고 그대로 전신에 볕을 받으며 궤좌(跪坐)의 자세로 부채질만 펄럭이고 앉아 있으니, 잔등과 가삼과 이마 위로는 수백수천의 땀방울이 쉴 새 없이 떨어졌다. 철창 틈으로 불어 드는 눈먼 바람결에 이따금 코를 찌르고 스쳐 가는 변기통의 암모니아 냄새는 무더운 실내의 분위기를 더 한 겹 무겁게 만들고 불결하게 만들었다. 아무리 선의로 생각해 보아도 그것은 연음(緣陰) 속으로부터 흘러나오는 후레쉬한 퍼품(향수) 냄새와는 다른 것이었다. 처참한 이 장면의 광경은 바람을 타고 물 위에 춤추는 팔자 좋은 인간들의 그것과는 실로 빙탄불상용(氷炭不相容)의 것이었다.

    나는 이따금 압록강 위를 달리는 증기선의 엔진 소리를 들었다. 그리고 또 백운을 타고 천공을 나는 비행기의 프로펠러 소리를 들었다. 그럴 때마다 나는 새삼스럽게 나의 직면한 현실의 더위를 한층 더 날카롭게 느꼈다. 그것들과 나의 '인간살이'를 대조하여 보았다.

    오냐 날아라 날아라!
    하늘을 뚫고 헤치도록
    네 날개 지치고 맥(脈)이 풀어질 때까지
    오냐 날아라 날아라!
    네 기술의 주인이 되고
    네 목적이 이루어질 때까지
    땀아 흘러라! 흘러라! 쉴 새 없이
    있는 그대로 최후의 일적(一滴)까지
    이 적은 몸이 땀 바다에 둥둥 떠돌고
    이 내 슬음 모두 다 씻겨 흘리도록

땀아 흘러라! 흘러라! 쉴 새 없이
있는 그대로 최후의 일적까지
내 땀 물에 논밭 곡식 잘 자라서
주린 창자 메워지고
마른 목이 축여지도록

폐부를 뚫고 드는 시원한 바람을 마시며 백운 간을 날라 가는 조인(鳥人) 외 다행스러운 신세야말로 이 당좌(當座) 같아서는 비할 길 없이 부러웠다. '너도 사람, 나도 사람, 너도 일개 생물, 나도 일개 생물, 그렇지만 너는 저렇게 사는데 나는 이렇게… 왜? 무엇 때문에…?'

○ 격벽천리(隔壁千里)

내 옆 6방에 있는 조이환(曹利煥)은 무슨 병인지 오래전부터 횡와허가(橫臥許可)를 얻어 가지고 늘 누워 있으면서 몹시 신음 중이었다. 문밖에 서 있는 간수와 소제부 사이에서 이야기하는 말소리를 엿들어 보건대, 그는 이미 정신 상태가 어지럽게 되어 국그릇에다 소변을 누려 하고, 마개 닫힌 우유병을 그대로 입에다 대고 마시려 한다는 것이었다. 그리고 10여 일 동안이나 죽식(粥食)도 먹지 못한 것을 담당간수가 상사에게 보고를 안 하였다는 이유로 계호계(戒護係) 간수장에게 담당간수가 한 대 얻어맞았다는 말도 들려왔다.

조(曹)의 증세에 대해, 이 같은 새 사실을 알게 된 나는 그의 전정(前程)에 대하여 새로운 공포와 불안을 느꼈다. 밖에 있을 때부터 그의 건강이 좋지 못한 건 잘 아는바였으나 수감된 지 1년도 못 되어서 그의 몸이 그같이 나빠지리라는 것은 상상치도 못한 바였다.

참 어찌하였으면 좋을까! 다만 한 장 벽을 격(隔)하여 사선에 방황하는 지기를 뉘어 놓고 속수무책으로 앉아 있으니 무능한 나의 신상이 가히 처참할 만치 불쌍하게 생각되었다. 그래서 나는 우선 담당간수에게 속히 그를 병감으로 수용해 달라는 것을 간접으로 요청하는 동시에 더욱 그의 증세의 상세한 것을 물어보았다. 그러면서도 나는 혹시 톡톡한 꾸중이나 아니 들을까 하고 내심으로는 은근히 걱정하였다. 사실상 이런 경우에 '경솔하게 도와주지 마라, 너희가 안다고 하는 것은, 네가 아는 것은, 너 이놈 통방을 했구나' 하는 꾸중 소리가 그들 간수의 입으로부터 항상 흘러나오는 것이었다. 그러나 그는 다행히 나의 온건한 애소(哀訴)에 대하여 동정 있는 표정으로 친절한 대답을 하여 주었다. 그리고 나서 나는 만일에 들키게 되면 징처벌령(懲處罰令)을 당할 것을 각오하고 조의 외벽을 자꾸 두드리면서 "야-체온계를 달라고 해서 열을 재어 보고, 자꾸 병감으로 가게 해 달라고 청원을 하여라! 응 공연히 저 사람들만 믿고 그렇게 누워만 있으면 큰일 난다, 큰일 나. 알아들었냐? 응…" 하는 말을 전하였다. 그럴 때마다 그에게로부터는 "응! 그래" 하는 가냘픈 대답 소리가 어렴풋이 들려 올 뿐이었다. 그 후로 그의 경과는 어찌 되었는지, 몇 날이 못 되어 그는 곧 병감으로 옮겨 가고 말았다.

나는 어찌해서든지 그의 초췌한 얼굴을 한번 다시 대하고 싶었다. 병중에 신음하는 그의 맥(脈) 빠진 손길을 한번 다시 쥐어 보고 싶었다. 그러나 불과 몇 푼(分) 두 치(寸)의 벽 한 장을 사이에 두고 그와 나와의 상봉 인연은 길이 멀어지고 말았다. 이제 와서는 그의 생사 소식조차 더욱 묘연하게 되었다. 공들여 억지로 쌓은 한 조각 엷은 벽은 실로 천 리나 만 리의 격감(隔感)이 있었다. 지금 이때 그는 어느 바다 어느 산골에서 표랑(漂浪)의 밤길을 헤매이고 있는지? 오직 그의 건전한 존재만을 힘껏 축원할 뿐이다.

○ 일국반삼편타(一掬飯三鞭打)

어떤 날 아침 아직껏 조반도 마치지 않은 이른 식전이었다. 전일과 같이 세면을 마친 뒤에 식기구(食器口) 문이 열리기만 기다리고 앉아 있노라니 중앙 낭하로부터 마치 커다란 반석 위에 떨어지는 물소리와도 같이 철썩철썩하는 소리가 들려왔다. 그리고 그와 동시에 "너 이놈, 감옥에 들어와서까지 그런 나쁜 짓을 하고, 남의 영령까지 없애다니, 정말 딴전 피우지 마라. 야-이놈아 배가 고파서 까분 나쁜 자식아."

"나으리님 잘못햇습니다… 그저 한 번만 용서해 주십시오. 네! 다시 하지 않겠습니다. 아구아구 담당님… 용서해 주십시오."

"이놈아 재판소에 간 사람이 밥을 못 먹었는데, 그 사람이 감옥소에 와서 무엇을 어떻게 먹어, 개자식 용서 못 해."

나는 노호(怒號)하는 간수의 이 몇 마디 말로써 오늘 아침 사건의 정체를 포착하였다. 그는 잡거방에 있는 피고인으로서 방 안에 남겨 둔 출정피고인의 저녁밥을 그대로 먹어 버린 것이었다. 그래서 한 덩이 좁쌀 밥을 사이에 놓고 이미 먹은 사람과 장차 먹을 사람 사이에 사나운 갈등이 일어나게 되었으며, 그 결과 정의를 무시한 한편 먹은 자에 대하여 오늘 아침 일찍이 그 같은 매 판결이 내려온 것이다.

나는 이 장면을 구경한 뒤에 입가에 떠도는 미소를 앙제(仰制)하면서 혼자 고요히 생각하였다.

'금방 경을 칠 일이 뻔한데 대체 어쩌자고 그 사람이 남의 밥을 먹어 버렸을까. 철모르는 어린아이도 아닌 모양인데… 재판소 갔다 온 사람은 무엇을 어떻게 얻어먹으라고… 아니다 인간의 사회생활에는 언제나 본능을 따르려는 의사 작용과 이성을 따르려는 그것과의 2대 충돌이 있는 것이다. 그리하여 전자에 보다 치중한 살림을 영위하는 사람은 이른바 악인이 되고, 후자에 잘 사는 사람은 그의 반대인이 되는 것이다. 이에 수양의 필요가 있는 것이며 시대 도덕의 표준이 있는 것이며 사회의 질서가 유지되는 것이다. 인간성의 본능은 오직 감정의 충동만을 전한 맹목적인 것이오. 이성은 마치 화학자의 시험관과도 같이 본능에 움직이는 우리의 온갖 행위를 분석 비판하는 정소(精素)이다. 그리하여 우리에게 바른 것을 가르치고 그른 것을 멀리하게 한다. 그런 까닭에 우리는 수양을 거듭하여 우리에게 부여된 이성의 작용을 더욱 활기 있게 만들며 더욱 예리하게 만들 필요가 있다. 그리하여 우리는 우리 생활의 대부분을 이성에 살고 이성에 죽어야 할 것이다.

남의 밥 먹고 매 맞아 우는 저 동무여.
자네 밥 다 먹고도 그다지 배고파 죽겠던가
재판소에서 종일토록 시달린 동무
두 눈이 깔딱해서 돌아오면 어쩌려고

9등 밥 한 덩어리 네 입이면 그만인걸
그것 먹고 어찌 사나 정말이지 배고프네.
아니 보고 없으면은 무관해도
밥 덩어리 옆에 놓고 내 참아 못 견디네

○ 일희일비(一喜一悲)의 경성행

내 살림을 내 마음대로 못하는지라 나는 또다시 우리 일행과 더불어 나의 사건과 함께 경성으로 이송하게 되었다. 떠나기 하루를 앞에 두고 나는 나의 영치(領置) 물품 조사를 마친 후에 의복과 서적 등류(類)를 낡은 담요(毛布) 속에 휩싸 말아서 꽁꽁 뭉쳐 놓았다.

짐을 부지런히 싸고 있는 판에 옆에 섰던 간수부장은 나를 바라보며

"이삿짐이오. 집으로 돌아가는 짐이라면 오직 좋으랴마는 제 – 기…" 하고 동정하는 듯한 작별 인사를 건네었다.

"글쎄올시다. 되는 대로 살아가지요" 하는 것이 그에 대한 나의 간단한 대답이었다. 잠자던 신경에 새로운 흥분을 일으킨 나는 그 하룻밤을 여러 가지 공상에 사로잡힌 몸이 되었었다.

참으로 귀찮기 끝이 없다. 징역을 몇 해나 지우겠는지 콩밥 먹기도 이다지도 힘이 드는 것인가? 그저 묶인 몸이 되어 서울로 시골로 이리 끌려오고 저리 끌려오고 마치 뿌리 달린 나무와도 같이… 이 더위에 또 어떻게 서울을 가나! 두 손에는 무거운 쇠 수갑을 차고 허리에는 포승을 잔뜩 지고… 아 – 참으로 성가시운 일이다. 내가 이다지도 인간사회에 커다란 죄를 지었단 말인가. 대체로 이놈의 사건이 또 어떻게 어떠한 방면으로 새로운 전개를 일으켰단 말인가. 이미 이곳 신의주 예심정에서는 최종 심문까지 마치고 오늘내일 결정서만 고대하고 있는 도중에 또다시 새삼스럽게 경성 이송이라는 실로 머리 쌀 아픈 일이다.

이제 이르러 우리들에게 나에게 아무런 새 사실도 없는 것은 분명하지만 어쨌든지 서울로 가면 어느 편으로 서나 심리 진행이 또다시 몇 달 동안 늦어질 것만은 의심 없는 사실이다. 금년 겨울, 내년 봄, 여름, 가을 아마 모르면 몰라도 내가 붉은 옷[29]을 입게 되려면 그때까지나 피고 생활을 하여야 되겠지….

생각이 이에 미치매 도무지 나의 앞길이 캄캄하고 가슴이 벗겨질 듯이 답답하였다. 밤은 이미 자취 없이 깊어졌다. 죽은 듯이 고요한 감옥 밤은 오직 이곳저곳 감방으로부터 옥중 고초에 시달린 가련한 수인들의 음산한 신음 소리만이 들려올 뿐이었다. 그리고는 이따금씩 부근 인가로부터 농촌 고향의 정서를 자아내는 개 짖는 소리와 닭의 울음이 들려왔다.

---

[29] 기결수가 입는 붉은 수의(囚衣)를 말한다. 즉 재판을 마치고 기결수가 된다는 것을 뜻한다.

어제 하룻밤은 이미 사라져 옛 밤이 되었다. 그는 다시 돌아올 수 없는 영겁의 나라로 영원히 흘러 버리고 말았다.

1926년 7월 22일! 여름 아침의 치열한 햇발은 창백한 나의 얼굴을 엑스광선 같이 들어 비추었다. 컴컴한 나의 가슴에 새로운 광명을 던져 주었다. 8개월 만에 자유인의 사회를 나서는 순간 나의 정신은 마치 번갯불같이 찰나적으로 번득거리고 예(例)와 여(如)히 신경은 흥분되었다. 나는 이날 아침 진병기(陳秉基) 군과 함께 두 사람 경관에게 호위되어 제2차 경성 이송의 도정(道程)에 오른 것이었다.

우리 일행이 탄 기차는 어젯밤 봉천을 출발한 부산행 급행열차였다. '특별'이라고 처음에는 이등 객실로 끌리며 들어갔다가 차장에게 맵시 좋게 거절을 당하고 나서 그래도 또 '특별 특별'이라고 이번에는 3등침(三等寢) 한편 옆에 네 사람 일행이 자리를 정하게 되었다. 신의주 역앞에는 신문기자들과 지우들이 마중 나와 의미심장한 목례만으로써 모자를 벗어 두르며 우리를 보내 주었다.

기차는 코스를 밟아 달아난다. 고열을 무릅쓰고 헐떡이며 가는 기차는 다리를 건너고 터널을 뚫고 산을 넘어 남으로 남으로만 행로를 재촉하였다. 차창을 통하여 외경(外景)만을 바라보고 앉아 있는 나는 마치 넋 잃은 사람과도 같이 오직 기차와 반대 방향으로 달려가는 산과 물과 논과 밖과 사람을 볼 뿐이었다. 그리고는 드문드문 지나친 옛날을 추억하였다.

아마 그때는 확실히 1922년 6월 초순경이었다. 나는 그때 박헌영(朴憲永), 김단야(金丹冶) 두 사람과 함께 제령 위반으로 신의주 제1심으로부터 1년 6개월의 징역 판결을 받고 평양 제2심으로 공소(控訴) 이송을 나왔었다. 그래, 그때에도 지금 이때와 꼭 마찬가지로 수갑 찬 몸에 포승을 채우고 이제 이 기차를 타고 달리던 것이었다. 지금 내가 떠나는 신의주 신감옥은 그때에는 아직 기공(起工) 중이었다. 그래서 우리를 호송하여 오던 조선인 순사 한 사람은 그때 우리들에게 건축 중의 신감옥을 손가락질하면서 '저기 보이는 저것이 새로 짓는 신의주 감옥이라오. 이제 당신 같은 숫한 조선 청년들이 수두룩 몰려들 것이요' 하는 말을 하였다.

나는 지금 이 자리에서 옛날의 그 말을 회상하며 나의 오늘 경우를 다시 한 번 살펴보았다.

'무상한 인간살이, 제멋대로 구르는 역사바퀴, 스스로 전개되어 가는 운명의 길'

5년 전 옛날에 이곳을 지나치던 이 한 몸 5년 후 오늘 이곳 나의 이 같은 존재를 어찌 알았을 것인가? 그때 바라보던 공사 중의 그 신감옥에 이 몸이 들어 있다가 오늘 다시 옛날의 말을 회상할 기회가 돌아올 것을 어찌 짐작하였을 것인가!

아-나는-이 불쌍한 어린 나는 왜 무엇 때문에? 이다지도 늘 울며불며 쫓기는 살림을 해야만 된다는 말인가? 나는 만일 그 어느 곳에 전지전신(全知全新) 하신 신(神)이 계시다면 불원천리하고 그를 찾아가서 나의 목이 터지고 나의 피가 마르도록 억울한 나의 이 심정을 그에게 애소(哀訴)하고 싶었다.

님 그리워 사는 이 몸
님 찾아서 가는 이 몸
괴로웁다 아니 살며
길이 험타 아니 가리

님 그리워 사는 이 몸
삼순구식(三旬九食) 가소롭고
님 찾아서 가는 이 몸
가시 위도 걸어가리

님 만나면 일편단심(一片丹誠)
천리만리 겁 안나니
발병 나서 못 이르면
그만 죽어 한이 없네

○ **정성스런 출영(出迎)**

우리 일행을 실은 급행열차는 어느덧 경성역 하나를 앞에 두고 신촌역(新村驛)에 다다랐다. 때는 이미 황혼의 장막이 대지 위에 뒤덮이고 서울 밤의 불야성을 자랑하게 되었다. 기차가 플랫폼에 부딪친 지 얼마 아니 되자 승객 떼의 일행은 우리가 앉은 침대실로 몰려들어 왔다. 두리번두리번하는 그들의 태도로서 나는 벌써 그들이 누구인지 맞이하러 나온 사람인 것을 짐작하였다. 과연 그들은 우리 두 사람을 맞이하러 나온 지기(知己)들이었다. 그러나 풍진(風塵) 많은 서울에 아직껏 그같이 많은 사람이 남아 있어 신촌역에까지 우리들을 그렇게 뜨겁게 맞아 주리라고는 나는 생각치 못하였다. 사실상 고(故) 이왕전하(李王殿下) 국장을 겪고 난 그해 여름의 서울은 몹시 분요(紛擾)하였던 것이다. 석천권지(蓆天捲地)의 전선적(全鮮的) 대검거풍은 드디어 종래 재경 사회운동자의 대부분을 휩쓸어 가고 말았던 것이다.

출영 지기 수십 인 가운데에는 낯모르는 벗들도 몇 사람 끼어 있었으나 대부분은 모두 평소부터 각별한 교분을 가지고 있는 친우(親友)들이었다. 그때 동무들로 지금 내 기억에 떠오르는 이들은 배성룡(裵成龍), 이극광(李極光), 권태동(權泰東), 정종명(鄭鍾鳴), 조원숙(趙元淑), 심은숙(沈恩淑), 강(姜)아그니야, 김영희(金英熙), 황신덕(黃信德), 누구누구 등 제 씨뿐이다. 차내의 그들은 앉을 자리가 없게 되매 우리 두 사람의 위치를 중심 삼아 이리 몰리고 저리 몰리고 하면서 창백한 우리 얼굴을 한 번, 두 번 자꾸 쳐다보며 안타까운 목례만을 거듭 교환하였을 뿐이었다. 항쇄족쇄(項鎖足鎖)의 나의 꼴을 바라본 조 여사가 '아이구 참 기가 막혀' 하며 한숨 섞인 한마디 탄식을 발하였다. 그리고 이극광 군은 '또다시 많은 동무들이 잡혔다'라는 말을 하다가 호위 순사에게 꾸중을 듣고 말았다.

오랫동안 그리웠던 지기들을 만나는 순간 나의 마음은 불안과 환희에 떨렸다. 낯익은 서울 땅을 밟는 것이 마치 제2 고향을 찾아온 것 같이 느껴졌다. 그러나 나는 여러 친구들 가운데서 역시 나의 늙은 어머니와 아버지의 주름살 잡힌 얼굴을 발견하고 싶었다. 사랑의 결정체인 귀여운 아들 '표'를 안아 주고 싶었다. 어머니 젖꼭지에 매달려 벙실거리는 어린 천사의 얼굴을 기어코 한번 보고 싶었다. 그러나 모든 것은 환상이었다. 그의 어머니와 그는 이미 여러 달 전에 서와 북으로 나뉘고 말았다. 어머니는 미주(米洲)로 아들은 명천(明川)으로 각기 흩어지고 말았다. 아니다. 그의 어머니와 아들은 영원히 서로서로 떠나야만 될 운명을 가지고 있다.

만날 때 감정으로
한평생 이별이란 모를 너니
엇지타 세상사 봄 꿈 같이

반도 못 간 인생길에 작별이 이뤄졌네

만날 때 감정으론
한평생 이별이란 모를 너니
호사(好邪)한 건 사람 마음
어찌어찌 하노라다
그대와의 굳은 맹서 모두 다 잃게 됐네

만날 때 감정으론
한평생 이별이란 모를 너니
사랑으로 만났던 님
사랑 식어 사라지니
낡은 도덕과 거짓 형식
두 사람을 매어 둘 힘이 없어
감각 없는 손길같이 스르르 풀어졌네

나는 되도록 사진반 렌즈의 광선을 피하면서 조그마한 보따리를 손에 들고 경성역 플랫폼에 걸어 나왔다. 구내 뭇 사람의 시선은 우리 두 사람에게로 폭우같이 퍼부었다.

영희(英熙) 씨는 다른 분들과 함께 내 뒤에 따라오면서 '표는 명천(明川)으로 가서 잘 자라요. 그리고 정숙이는 아버지와 (미국)으로 갔어요. 안심하세요! 네.' 하며 자못 걱정스러운 말을 하였다. 호위 순사는 자꾸 그렇게 이야기한다고 화를 내면서 자동차를 기다리는 동안 우리 두 사람을 구내 한 구석으로 데리고 가 버렸다.

–다음 호 완결(次號完結)–

자료 295 | 《삼천리》 제10호, 1930. 11. 1.

임원근, 「옥중기」(3)

○ 위기일발 낙담천만(危機一髮 落膽千萬)(3)

　그 어느 하루 날 중추(仲秋) 10월의 가을볕은 이미 서쪽 하늘 전폭을 황금빛으로 물들여 놓고 그날 행정(行程)의 최후 호흡을 헐떡이고 있었다. 나는 종일토록 접고 앉아 있던 굽어진 무릎을 펴기 위하여 간수의 눈을 도적질해 가면서 이 구석에서부터 저 구석으로, 저 구석으로부터 이 구석으로 불과 5, 6보 내외의 독방실 내를 소요(逍遙)하였다. 무슨 큰 포부나 생각하고 있는 듯이 머리를 앞으로 푹 수그리고는 두 팔로 좌우 쪽 허리를 버티어 짚고 얼빠진 사람 모양으로 그저 왔다 갔다 하였다.

　어디로부터인지 별안간에 진기한 '노티스'가 들려왔다. 그 순간에 나는 거의 본능적으로 발길을 멈추고 정립(停立)하였다. 그리고는 그곳을 향하여 두 귀를 기울였다. 그는 확실히 인간들의 지껄임이었다. 아름다운 일본 여인의 말소리였다. '네… 너…' 하는 귀에 젖은 그 일본 음성 가운데는 때때로 향취(香臭)를 뿜어내는 웃음이 반주 되었다. 고요히 잠자던 나의 성계신경(性系神經)은 졸지에 두 눈을 부릅뜨고 미친 듯이 뛰어 일어났다. '야 – 참 신기한 일이다. 자 – 이게 웬일인가. 여자 금제(禁制)의 이 나라에 일본 여자의 말소리가 웬일이야. 하여간 어디 한번 보자' 나는 조금도 서슴치 않고 가장 용감스럽게 창 밑 한편에 놓여 있는 변기 위에 선뜻 올라섰다. 그리고는 두말할 것 없이 앞문 시찰구의 동정도 살펴보지 않고 머리를 쑥 내밀어 창밖 외정(外庭)을 내다보았다.

아… 있었다. 있었다. 과연 내가 본 그곳에는 말소리의 주인공이 있었다. 머릿속에 상상하였던 일본 미인 한 아이가 남자 간수 틈에 섞여 있었다. 그러나 그는 인생으로서 이미 황금시대를 지나친 늙은 옛사람이었다. 얼른 보기에 그는 분명히 50이 넘은 늙은 할머니였다. 그리고 검게 빛나는 사무복을 입고 있는 것을 보면 그는 필연 어느 여감의 여취체(女取締) 부장급(部長級)쯤에 처해 있는 것 같이 생각되었다.

이 같은 경로로써 어쨌든 그를 발견하던 순간에 그를 배경하였던 나의 아름다운 비전은 완전히 깨져 버리고 말았다. '이번 기회에야말로 몇 해 만에 우연치 않게 큰 미인을 구경하리라' 하던 나의 예기(豫期)는 사실상 머리털 한 개 넓이만 한 좁은 동안에 큰 실망으로 화(化)해 버리고 말았다.

내가 있던 창문 밖에는 극히 적은 국화(菊花)의 묘포(苗圃)[30]가 있었고 그 외에도 여러 가지 종류의 화초가 많이 재암(栽培)되어 있었다. 그래서 여감인 그는 그곳까지 '화초'에 대한 무슨 상의가 있어서 온 것이었다.

나는 그만 화가 버럭 나서 일부러 '쾅' 소리 내면서 올라섰던 변기 위로부터 뛰어내렸다. 다행히 간수의 눈은 그때까지 나의 범칙 행위를 발견하지 못하였다. '에-라 이제는 다음 기회나 또 지켜보기로 하자. 같은 값이면 젊은 여취체나 보내지 말이야. 에-참' 하고 혼잣말로 중얼거리며 껄껄 웃고 말았다.

○ 삼편(三更) 야반(夜半)의 일막풍자극(一幕諷刺劇)

12월 하순의 무서운 설한이 부드러운 살점을 에이고 드는 듯한 어떤 하룻날 깊은 밤이었다. 내가 들어 있는 제10방의 전등불은 깜박하는 찰나에 별안간 까맣게 죽어 버리고 말았다. 이웃 되는 9방에는 어떤 면역소(面役所)에 서기 노릇을 하고 있었다는 일본인이 사기죄로 들어와서 징역살이하고 있었다. 그러나 그는 이미 몸에 붉은 옷을 입고 있는 기결수였

---

[30] 묘포(苗圃): 묘목을 심어 기르는 밭.

고 나는 아직도 반자유를 가진 미결 피고였다.

'자 – 어찌 하나? 소등이 되었으니 물론 한시바삐 이 사유를 간수에게 알려야 새로운 전구를 가져다 다시 점등하고 자겠는데… 그러나 이 추운 밤에 누가 또다시 일어나서 귀찮은 그 시중을 하나. 에라 내 방에서만 켜는 불도 아니요 9방과 연결하여 사용하는 불이니 그 사람이 말할 때까지 모르는 체하리라' 이같이 혼자 생각을 하고서 나는 그대로 모르는 체하고 캄캄한 방 안에 몇 분 동안이나 누워 있었다. 아마 한 10분가량이나 지나쳤다. 그날 밤의 당직인 일본인 간수는 새로운 전구를 가지고 와서 내 방문을 흔들면서 나를 불러일으켰다. 한 번 두 번 연호(連呼)하는 소리를 들으면서도 나는 고의로 모르는 체하였다.

'축생(畜生) – 드디어 나에게 놈이 왔구나' 아니 중앙에서 들어오자면 9방이 노순(路順)되고 또 그 사람은 기결수이고 나는 아직 피고인이니까 감옥 사정에 상세한 점으로 보아도 마땅히 그 사람을 불러일으켜야 옳은 일일 터인데 왜? 저 자식이 나를 부르나 일부러 9방을 지나쳐 와서… '이것도 조선인과 일본인의 차별 문제가 있는 셈인가? 그럴 일이야, 에라 그러면 나는 심술이나 부려 볼 수밖에…' 몇 번 불러도 안 일어나니까 간수는 화를 버럭 내면서 식기구를 딸깍 두드리며 "이놈아 – " 하고 높은 소리를 질렀다.

나는 그가 시키는 대로 변기를 내다 놓고 그 위에 올라서서 전구를 바꾸어 끼려 하였다. 유치원 어린아이들도 가능한 이따위 심부름쯤이야. 본래 아무런 문제도 없는 것이지만 나는 심술궂은 내 계획을 실행하기 위하여 '도무지 이 전구는 잘 들어가지 아니하니 다른 작은 것과 가서 바꾸어 오라'는 말을 하면서 도로 간수에게 그것을 내어 주고 말았다.

'이상하다. 그런 일이 없을 텐데, 똑같은 것인데(おかしいな そんなことは ない筈がねゐな 同じたもの)' 그는 혼잣말로 이렇게 지껄이면서 그대로 사무실로 가 버렸다. 얼마 후에 그는 집어 던지는 어조로 여러 잔말을 하면서 새로운 다른 한 개를 나에게 넣어 주었다. 나는 또 이런 핑계 저런 핑계로 시종 말썽을 부렸다. '아 – 여보세요. 도무지 이것이 들어가지를 않으니 이게 웬일이오. 어디 미안하지만 옆에 방 사람에게 좀 껴 보라고 하시지오' 옆 방 일본인 징역꾼도 어름어름하더니 '나는 키가 작아서 더구나 안 된다' 하였다. 그럴 리가 없을 것이다. 아무리 키가 작다 하여도 똥통을 갖다 놓고 속 상자와 겉 상자를 이중으로 겹쳐 놓고 올라서면 넉넉히 손이 닿고도 남는 것이다. 그의 구실을 들은 나는 더욱 화가 나서 또 끼우는 체하다가 나는 '아니요 담당간수님, 어떻게 해도 안 됩니다. 죄송하지만 당신이 한번 해 보세요' 하였다.

간수나리는 화가 머리끝까지 올랐다. "전く住樣がないおとこたね わけわからんちやないか お前は餘り頭がようすぎるからたらう"[31]

그러노라니 온종일 꽁꽁 얼었다가 이불 속에서 녹았던 몸이 또다시 얼었다. 손과 발가락은 오리발같이 빨갛게 되었다. 특수무대에 출연하는 특수배우의 간난(艱難)이란 여사(如斯)히 특수한 것이다.

얼마 후에 카이젤 수염을 뻗친 조선인 부장이 열쇠를 가져와서 감방문을 열었다. 마침내 그들의 노력으로 방 내는 다시 밝게 되었다.

카이젤 부장은 '이놈 거기서 죽어라' 하는 듯이 무거운 감방문을 쾅 하고 굳게 닫았다.

그리고는 내 얼굴을 유심히 바라보면서 '그래 전구를 어떻게 돌렸기에 안 들어가지… 응', '이렇게 돌렸지요' 하면서 나는 일부러 반대되는 왼편으로 전구를 돌려 보았다. '에라 집이 어디야. 개성? 수고해, 어서 자… 어서' 하면서 그는 사무실로 돌아갔다.

이 같은 장면으로써 밤의 간단한 풍자극의 커튼은 내리고 말았다. 아마 그들은 나더러 전구 하나 바꾸어 끼지 못하는 멍텅구리라고 웃었을 것이다. 그러나 멍텅구리에게 속는 멍텅구리는 그 얼마나 합리(哈利)한 양반들이라 할까. 나는 이로써 조그마한 설분(雪忿)을 하였다.

○ 변태성욕(變態性慾)과 사창취체(私娼取締)

인간생활의 대부분이 유무의식간(有無意識間)에 성적(性的) 움직임이 되어 있는 것만치 감옥이라는 특수사회에 있어서도 그 예외를 이루지 않는 것이 또한 필연적 현상이라 할 것이니, 모든 자유가 박탈되어 있는 감옥 내에서 변태성욕이 가장 왕성히 발달되는 것도 근거 있는 일이라 할 것이다.

일본 국가의 감옥 법률은 그 누구를 불문하고 한번 감옥 문 내에 발을 들여놓게 된 이상은 그의 고유한 이름을 저버리고 제 몇 호라는 번호 칭호를 대용하게 한다. 그리하여 앉을

---

[31] 일본어 문법에 맞지 않는 문구와 비문이 섞여 있어 의미를 파악하기 어렵다. 다만 앞 문장과 연계하고, 몇몇 단어를 근거로 보면 대략 '이 볼품 없는 놈, 뭐가 뭔지 모르잖아, 너 너무 지나치잖아' 정도의 뜻으로 이해된다.

때나 설 때나 잠잘 때나 깰 때나 그 번호의 순서를 따라 자기의 좌석이 지정되는 것이며 위치가 동요되는 것이다. 그런 까닭에 독거방은 무관할지라도 잡거방에 있어서는 그 번호라는 것이 극히 커다란 장애물이 되어 각자의 행동을 제한하게 된다. 예컨대 갑(甲)이 을(乙)의 옆으로 가려 하여도, 병(丙)이 정(丁)에게로 가려 하여도 마침 자기네들의 칭호 번호가 서로서로 순서적으로 되어 있지 않으면 그 목적을 공연하게 수행치 못하게 된다. 만일에 번호 차례만 서로 맞는다면 농즙(濃汁)이 줄줄 흐르는 부스럼쟁이와도 서로 몸뚱이를 맞부비며 자야 되고, 두 뺨이 불그레한 미소년이라도 한옆에 자리를 같이할 수 있다.

　재감자의 입장으로 보아서는 이 같은 규율이 지극히 큰 마물(魔物)이 되지만 감옥 당국자에게 한해서는 이 같은 큰 방편물은 둘도 없는 것이다. 무엇보다도 그것은 사창취체와 소도미[32] 방지에 대하여 위대한 효력을 발생한다. 동실 내에서 거처하는 A와 B가 변태적으로 성교를 맺으려 할 때 반드시 그들의 번호순은 순차적으로 되어 있지 않은 것이 흔히 많은 일이다. 그런 까닭에 그때마다 그 중간에 C나 D라는 제3자가 있어 A와 B의 간선 역할을 맡아보게 된다. C라는 제3자는 자기가 누워 있는 자리를 A나 B에게 임시로 양여하는 동시에 그 두 사람의 동모를 위하여 시찰구를 내다보고 용의주도한 간수의 동정을 정탐하여 준다. 그러나 그들의 이 같은 소도미 연애는 사전 사후에 대개 발각되고야 만다. 그래서 세 사람은 항쇄족쇄의 몸이 되어 각기 독방 구금이 되는 동시에 일금 3원의 과중한 벌금과 3일 내지 4일간의 감식 처분을 당하게 된다. 이 같은 징벌 처분을 당하고서 다시 공장출역을 하게 되면 관계자들은 모두 그날 밤부터 동분서리(東分西離)로 전방이 되어 버리고 그들의 두상에는 뭇사람의 조롱이 빗발치듯 한다.

　그 어느 해 이른 봄철이었다. 높다란 천공(天空)으로부터는 이미 종달새의 노래가 들려오고 남쪽 언덕 밑에서는 옛 봄의 금잔디가 새 옷 단장을 비롯하였다. 나는 연내의 신경쇠약증으로 일시 병감 수용을 당하고 있었다. 어느 날 아침에 '팔선녀(八仙女) 구경하라'는 속살거림이 이곳저곳에서 들려왔다. 과연 홍안(紅顏)의 미소년이 그윽이 수줍은 태도로 낭하를 거쳐 통과하였다. 그러자 그 뒤를 이어서 얼굴이 새까만 수배 놈 같은 차부(車夫) 1명이 지나갔다. 그는 팔선녀의 남편이라는 작자였다. 하나는 8공장에서 일을 하고 또 하나는 취소(炊

32　소도미(sodomy): 남성 간의 동성애.

所)³³에서 밥을 짓고 있었는데, 그같이 서로 눈이 맞아 가지고는 가병청탁(假病請託)으로 휴역(休役)이 되어서 병감 호텔로 와서 화촉의 성전을 이루었던 것이다. 노동하는 공장에 따라 숙사(宿舍)가 다른 까닭에 병감이 아니고는 몇 해를 간다 할지라도 서로 만날 기회는 절무(絶無)한 까닭이다.

내가 있던 감방에도 양복공장에서 어린 소년 한 사람이 왔는데 며칠 후에는 간병부 중 한 사람에게로부터 그 소년에게 새빨간 들보와 새 적삼 한 개의 선물이 들어오고 밥 먹을 때마다 국도 몇 그릇씩을 더 들여왔었다. 그리고는 공장으로 내려간다는 날은 그 소년의 세수수건을 간병부가 가져다가 의사들이 사용하는 사회 비누로 맑고 희게 빨아주었다. 나도 그 덕에 때 묻은 수건을 희게 만들어 가졌다.

취사부 중의 한 사람이 그 같은 범칙을 하고 병감에 올라와 있으니 밥 덩이도 훨씬 굵은 것이요, 고깃국이나 반찬 같은 것도 그 분량이 평시보다는 매우 월등하였다. 나는 잡거방에 있는 동안에 소도미 실천 광경을 많이 목도(目睹)하였다. 그러나 모르는 체하였다. 그 이튿날이 와서도 조금도 그들을 ○○하지 않았다.

위생과 비위생, 야만과 문명은 이 같은 특수지대에서는 문제도 아니 된다. '필요는 모든 것을 강제하고 모든 장애를 파훼(破毁)한다.' 모든 생물은 각기 그 생활환경에 대한 적응성을 가지고 있다. 만일에 뜨거운 피가 뛰는 젊은 청춘으로서 재감 수년 동안에 오직 한 차례의 수음(手淫)이라도 경험하지 못하였다면 그는 확실히 불구자의 이름을 받을 만한 자이다. 비판은 독자 여러분에게 일임한다.

○ 교수대상교수혼(絞首臺上絞首魂)
　차일차시하처곡(此日此詩何處哭)

나는 평양에 있을 때에 우연치 않게 사형장 옆에 놓인 직조공장에서 구사작업(縱絲作業)을 하게 되었다. 본시 내가 출역하던 공장에서는 사형장이라고는 그림자조차 아니 보였지마는 새로 공장을 신축하느라고 임시로 그 옆에 공지 위에다 바라크식³⁴ 공장을 옮겨 놓고

33　취소(炊所): 취사장을 말한다.
34　바라크(baraque): 프랑스어로 임시로 지은 건물, 허름하게 임시로 지은 작은 집, 가건물, 임시 막사 등을 의미한다.

징역살이를 시키게 된 것이었다.

　사형장! 세상 사람들의 상정(常情)은 이런 이름만 들어도 무시무시한 전율을 느끼게 된다. 열 번, 스무 번 죽을죄를 저지르고 마흔 번, 쉰 번이라도 죽어야 마땅할 지위(地位)에 처하여 있는 자라도 그가 최후의 비명을 울리며 기름때가 흐르고 혈흔반점(血痕班點)이 있는 가냘픈 노끈에 매달려 세 치 혀를 내어 물고 허둥거리는 광경을 머릿속으로 상상만 하여도 몸서리가 쪽쪽 끼칠 만하다.

　내가 조석으로 바라보는 사형장은 검은 송판으로 사면을 둘러막은 'ㅁ' 자(字)형의 작은 건물이었다. 본시 그 내부구조의 어떤 것이야 알 길이 없다. 그저 뜬소문으로 상상력으로 판단하여 추지(推知)[35]할 뿐이었다.

　첫 여름의 궂은 빗방울은 이른 아침부터 부슬부슬 덮기 시작하였다. 우리들은 새빨간 알몸뚱이 위에 선뜻선뜻한 빗방울을 맞아 가면서 가장 정오당연(整伍當然)하게 예와 같이 2열 나체 행렬을 지어 가지고 숙사로부터 작업장으로 인솔되었다.

　아침밥을 마치고 나서는 전일과 같이 각기 소정한 과업에 취(就)하였다. 나도 한편 옆에 놓여 있는 조사기(繰絲機)에 매달렸다. 간단(間斷) 없이 덮는 비는 더욱더욱 소리쳐 가며 씩씩하게 퍼부었다. 맞은편 사형장 송판 벽은 비에 맞아 검은빛이 더욱 윤택하게 빛나 번지르르 하였다. 공지 한복판에 놓여 있는 관계로 내리붓는 비를 맞을 대로 맞아서 그 어느 건물보다도 더욱 심하게 물을 흘리고 섰는 검푸른 사형장의 그것은 마치 수많은 교수 혼의 단장의 눈물을 뿜어내는 것 같이 생각되었다.

　오늘 정오의 종업(終業) 종소리는 저기압의 공간을 통하여 더욱 요란히 들려왔다. 오후가 되어도 내려 퍼붓는 비는 오히려 그칠 줄 몰랐다. 먹장같이 시꺼먼 떼구름은 때때로 소나비 한줄기씩을 선사하고야 흩어지고 말았다.

　사형장을 면하고 있는 창문에 휘장을 치라는 담당간수의 명령이 내렸다. 일각을 머물지 않고 그 명령은 곧 실행되고 말았다. 눈치 빠른 징역꾼들의 날카로운 시선은 서로서로 맞부딪쳤다. 이 구석 저 구석에서 수군거리는 소리가 들리기 시작하였다. 전 공장 안에는 불안한 분위기가 가득히 찼다. 50여 명 작업수들의 화제는 '사형집행' 운운의 공통된 몇 마디로 바

35　추지(推知): 추측하여 앎.

꾸어지고 말았다.

　비는 그대로 퍼부었다. 바람에 날리는 모진 빗방울은 사형장 검은 송판 벽을 가장 원망스럽게 힘껏 두드려 부었다. 나는 간수의 눈을 도적질하여 가면서 쉼 없이 휘장을 들썩거렸다.

　문득 저편 구치감으로부터 인영(人影)이 나타났다. 좌우편 두 팔을 소독복 입은 두 사람 간수에게 붙들리고 머리 위에 용수를 푹 숙여 쓴 피고인 1명이 우줄우줄 걸어 나왔다. 그는 물을 것도 없이 분명한 사형수이다. 그의 보조(步調)는 마치 도수장(屠獸場)에 들어가는 우마(牛馬)의 그것과 방불(彷彿)하였다. 한 사람의 간수장은 후방으로부터 그의 뒤를 밀고 갔다. 무서운 사형장을 앞에 바라보며 얼빠진 걸음을 내딛는 그는 본능적으로 앞배를 내밀고 뒤쪽으로 자빠져 걸어갔다. 불과 10분이 못 되어 동일한 운명의 새로운 주인공이 또다시 나타났다. 늠름한 체구에 새로운 홑 당목주의(唐木周衣)를 입은 그는 역시 전인(前人)과 같은 천근보조(千斤步調)로 사형장을 향하여 걸음을 옮겨 놓았다. 이 같은 피 냄새 나는 광경은 얼마 동안 쉴 새 없이 계속되었다. 마지막 다섯째로는 푸른 관복을 입은 키 작은 여인이 같은 운명의 길을 걸어갔다.

　나는 이 같은 살인 장면을 구경하는 순간에 길로틴(斷頭臺)[36]을 배경 한, 먼 옛날 어떤 시대의 터리불 씬을 추상(追想)하였다. 조사기를 힘없이 돌리면서 교수대의 참극을 멀리 원망하는 나의 경우가 마치 편물(編物)을 손에 들고 그것을 둘러싸고 앉은 XX성(城)의 마켓 우먼과 같았다. 그러나 그들과 나의 두 사이에는 도저히 연락할 수 없는 공간이 가로막혀 있다. 그들과 나는 같은 사람이면서도 다른 인간이었다. 30분이 지날 듯 말 듯한 동안에 전후 5명의 사형집행은 무사히 완료되었다. 다섯 개 생물(生物)의 벌떡이는 생명은 이 지상으로부터 영원히 사라지고 말았다. 그중 세 사람은 기미년(己未年) ○○운동[37]에 관련된 정치범인이요, 두 사람은 치정 관계의 호색남녀였다.

　명부(冥府)가 멀다더니

---

[36] 기요틴(guillotin): 단두대.
[37] 1919년 3·1운동을 말한다.

지척(咫尺)에 놓여 있고
명부길이 험(險) 타더니
삼간대로(三間大路) 훌륭하네.

인생 칠십 다 살아도
죽는다면 슬프거늘
꽃봉오리 청춘 몸이
교수 혼 된단 말인가.

우소소(雨蕭蕭) 가을바람
궂은 비 뿌릴 때
한 많은 그대 넋을
그 뉘라서 위안하며

설한풍(雪寒風) 모진 바람
눈보라 휘날릴 때
갈 바 없는 그대 넋을
그 뉘라서 안아 줄까.

죽어 가는 그대 가삼
이내 몸이 아오나니
뒷일일랑 걱정말고
부대 안심 편히 가소.

○ 나체 행렬과 육체미

피고시대를 지나 기결이 되어 복역을 하게 되면 그 누구를 막론하고 각기 지정된 일정한 작업에 취(就)하게 된다. 밤이 되면 자기 숙소 감방으로 돌아오고 낮이면 작업의 종류를 따라 여러 곳 노역장으로 흩어져 버린다. 1년 중 최장 노동으로 1일 11시간 작업을 하는 여름 한 철은 이른 아침에 어둑어둑하여서 감방문을 나가게 되고 저녁때면 전등불이 들어오자 다시 돌아오게 된다. 최단 7시간 반 일을 하는 겨울 중에 있어도 오후 종업 때면 머지 아니하여 곧 전기가 들어온다.

작업장에는 양복같이 만들어진 상의·하의의 작업복이 있고 감방에는 일본 복의 기다란 상의가 있다. 의복 빛깔은 말할 것도 없이 모두 토색(土色)이다. 감방으로부터 공장까지에는 일정한 통로가 있으며 그 도중에는 요소요소마다 간수가 배치되어 있고, 특히 숙소 입구 부근에는 '검신대(檢身臺)'라 하여 검신용의 목제용구가 놓여 있다. 그래서 저녁때 일을 마치고 감방으로 들어올 때는 일제히 작업복을 벗어서 정연하게 자기 일자리에 묶어 놓고 새빨간 알몸뚱이가 되어 가지고 한 척(尺) 되는 목면수건(木綿手巾)으로 앞을 가리고서 보기에도 진기한 나체 행렬을 지어서 검신대를 넘어 뛴다.

검신대까지 오는 도중에서 손에 든 수건 검사는 이미 마쳐버리고, 검신대에 이르게 되면 소리를 크게 질러 입으로 자기 번호를 외치면서 두 팔을 위로 번쩍 들고 서서히 다리를 쩍 벌려서 홍두깨 같이 깎아 놓은 검신대를 넘어간다. 징역살이하는 전중이[38]들은 이 놀음을 가리켜 '원숭이 놀음'이라고 부르니 참말로 감옥세상이 아니고는 꿈에도 볼 수 없는 요절(腰折)할 행동이다. 아침에 감방으로부터 올 때에도 역시 똑같은 과업은 복습된다. 그러나 그때에는 오직 수건 검사에만 그치고 대(臺)를 넘는 수속만은 생략된다.

이 같은 검신(檢身)제도는 물론 여러 가지 범칙행위를 방지하려는 것이다. 작업하는 공장에는 그 작업 성질의 여하에 따라 예리한 칼날도 있으며 톱(鋸)과 연필 같은 것이 파다하다. 그런 까닭에 만일 그 같은 물품을 감방으로 가지고 들어간다면 제일 두려운 파옥(破獄)과 상호 간 통신연락의 우려가 있다. 자기 번호를 부르게 하는 것은 아래위 턱이 벌어지는 동안에 입안을 들여다보려는 것이요, 두 팔을 위로 뻗치고 대를 넘는 것은 각기 겨드랑과 다리 사이를 살피자는 것이다.

그러나 노루 위에도 파리가 있다는 격으로 이같이 주밀(周密)한 검사 속에서도 나는 어떤 장난꾼 전중이들이 연필 토막과 바늘을 물고 들어가고, X알 밑에 고약(膏藥)을 매달아 가지

---

38 전중이: 징역살이하는 사람을 속되게 이르는 말. 이 글에서는 수감자를 말한다.

고 들어가는 것을 보았다. 나 자신도 그 어느 때인가 책장 떨어진 곳이 있어서 찹쌀 풀 한 덩이를 입에 물고 들어갔었다. 만일의 경우에는 그대로 삼켜 버리고 시치미를 뚝 떼려 하였으나 다행히 무사하게 패스가 되었다. 어떤 시찰일(視察日)에 예와 같이 모두 감방 안에서 일본 모찌 두 개씩을 받았는데, 그중 미남자 한 사람이 자기 떡을 먹지 않고 두었다가 그 이튿날 아침 출역 시에 그 떡을 자기 두 겨드랑 밑에다 꼭 끼어 가지고 나가서 한 공장에 있는 자기 소도미 동지를 먹였다는 말을 듣고 나는 그의 재지(才智) 있고 용감스런 행동에 대하여 혀를 내 물었다.

좀 미안스러운 말이지만 이 같은 나체 행렬 속에도 드문드문 나체 미인이나 섞여 있다면 그 눈부신 곡선미와 매력에 굴욕도 수치도 잊으련마는, 나는 바로 말이지 하루 두 차례씩 나체 행렬을 지을 때면 화가 치밀어서 견딜 수가 없었다. 그만 인생에 대한 말할 수 없는 증오와 권태를 느끼게 되었다. 무엇보다도 제일로 시-큼하고 퀴퀴한 냄새나는 그 몸뚱이들이 보기 싫었다. 더구나 모루히네[39]쟁이 침재죽과 옴쟁이 농즙(濃汁), 치질쟁이, 매독(梅毒)쟁이, 골훈품(骨薰品) 같은 늙은이 몸뚱이들이 우심(尤甚)히 구토가 났었다. 늑골이 들쑥날쑥한 가슴에다 푸르둥둥한 볼기짝을 내두르며 걸어가는 양(樣)은 차마 볼 수 없었다. 그러나 영하 14~5도나 되는 겨울 아침에 힉힉 느끼면서 강정걸음을 걸어가는 이 진기한 나체 행렬의 유동체는 뜻깊은 장환곡(長歡聲)과 속힘 없는 눈물 아니고는 도저히 그 정체를 바라볼 수 없었다.

○ 헝거 스트라이크와 사뽀타-지[40]

우리 일행은 공장출역을 하면서도 보통범과 구별을 하여 특히 '공산당 감방'이라는 지명을 받는 한편 구석방에 거처하게 되었다. 그 당시 우리들이 출역하는 공장은 제1공장이었고 작업의 종류로는 그물뜨기와 완초(莞草)[41]공작 두 가지였다. 우리 일행 전원은 불과 30명 미

---

39 모루히네: 모르핀(morphine), 즉 마약을 의미한다.
40 헝거 스트라이크(hunger strike): 단식투쟁.
　사보타주(sabotage): 프랑스어로 노동쟁의의 하나인 태업, 방해 공작 등을 말한다. 겉으로는 일을 하지만 의도적으로 일을 게을리하여 사용자에게 손해는 주는 방법이다.
41 완초(莞草): 사초과의 한해살이풀. 왕골이라고도 한다. 높이는 1.5미터 정도이며, 잎은 뿌리에서 뭉쳐나고 좁고 길다. 9~10월에 줄기 끝에서 꽃줄기가 나와 잔꽃이 핀다. 줄기의 단면이 삼각형으로 질기고 강하여 돗자리, 방석 따위를

만이었다. 그날 하루 동안의 노역을 마치고 감방에 돌아간 우리들은 즐겁기 짝이 없었다. 대부분이 시골 동무들이었으나 그중에는 늘 중앙에서 조석 상봉하던 동무들도 많이 있었다. 우리들은 혹은 노래하며 혹은 춤추며 웃고 즐겼다. 때로는 천하를 장중(掌中)에 놓고 뒤흔드는 커다란 정치문제도 토의되었고 다단(多端)하던 우리들의 옛날 일기로 재론되었다.

인물평, 미인평, 정조론(貞操論), 윤리관, 철학, 종교, 예술, 맑스, 바구닌, 크리스트, 윌슨, 카이제루,[42] 레닌, 간수, 웨드레스 간호부, 교환수 등등.

한 달이면 30일, 어느 날 어느 밤이고 화제가 없어질 때는 없었다. 이 끝으로부터 저 끝으로 넌센스의 실마리는 그칠 줄도 모르고 술술 풀려나갔다.

한번 취침 명령이 내린 뒤에도 역시 규율을 범해 가면서 잡담을 하였다고 김약수(金若水)와 나는 2일간 감식 징벌 처분을 받게 되었다. 우리 두 사람은 물론 우리 전원들에 대하여 이 같은 사태는 실로 천만의외였다.

그날 저녁에 일어난 일은 극히 사소한 것으로 담당간수와 별로 말다툼도 없었고 또한 특별한 주의도 없었다. '우리들 방이 너무 떠들어서 다른 감방에서 잠을 잘 수 없다'라는 간수의 말에 대하여 '그런 거짓말을 하지 말라'라는 우리들의 몇 마디 대답이 있었을 뿐이었다. 그러나 그 같은 행동이 관리에 대한 반항이라는 것이었다. 우리들은 이 같은 무리한 처분은 당할 수 없다는 이유로 일방(一方) 소장의 긴급면회를 요청하는 동시에 일방으로는 징벌 처분의 즉각 취소를 요구하고 일제히 기아동맹(飢餓同盟)을 단행하였다. 일부분 동무들은 즉시 독방 격리가 되어 버리고 나머지 부분은 그래도 공장에 남아 있어 굶어 가면서도 여전히 작업을 끊이지 아니하였다.

만 2일간의 단식 기간은 완전히 종료되었다. 공장에 남아 있으면서 일하던 동무들은 물 한 모금 안 마시면서도 전일과 똑같은 작업능률을 발휘하였다. 물론 운동도 여전히 하였다. 우리들은 이 같은 수단과 행위로써 우리의 뿌리 깊은 XXX을 충분히 발휘하였다.

재감자에게 있어 헝거 스트라이크는 유일한 무기이다. 그리고 그다음으로는 사뽀타-지(怠業)다. 담당간수에 대하여 불평이 있을 때나 혹은 수형자 취급에 대한 일반적 불평이 있을

만드는 데 쓰인다. 한국, 일본, 열대·온대 지방에 분포한다.
42 카이제르(Kayser): 독일 황제.

때 만일에 온건한 교섭이 최후로 결렬되는 때에는 어느 감옥에 있어서나 흔히 이 같은 투쟁 방법은 되풀이된다. 그러나 이 같은 항쟁술은 이미 진부한 유물이다. 일반적으로 부르주아들이 영리해진 것만큼 감옥 당국자들도 그 취급 방법이 날로 교묘하여 간다.

○ 부르주아 수(囚)와 프롤레타리아 수(囚)

'여보 선생님! 이 감옥이야말로 XX이 아니야요. 무엇이나 똑같이 먹고 똑같이 입지 않습니까. XX이 된다면 이렇지 않을까요' 나는 공장출역을 몇 달 동안 하는 사이에 같이 일하는 보통수(普通囚)들로부터 이러한 질문을 많이 받았다. 사실상 재감자에게 한하여 피복이나 음식이나 침구나 기타의 모든 것은 모두 일률적으로 같다. 그런 까닭에 그저 개념적으로 'XX이란 필시 이럴 것이다'라는 의문을 갖는 것도 무괴(無怪)한 일이라 할 것이다.

그러나 만일 이면 생활을 투시한다면 재감자층에게로 넉넉히 두 계급을 나누어 말할 수 있다. 무슨 그렇게 엄격하게 부르니 프로니 하기보다도 차라리 특권이니 보통이니 하는 술어가 가장 타당할 것 같다. 제1로 수형자 가운데는 좌편에 길이가 약 3촌(寸)가량 되는 백색 포편(布片)을 붙인 이른바 '상표(賞票)쟁이'라는 것이 있다. 그는 감옥 당국자로 보아 가장 행장(行狀)이 아름다웁고 소위 개과(改過)의 상(狀)이 현저하다는 자이다. 그리하여 그에게는 여러 가지 특전이 있다. 면회, 수발신(發受信) 같은 것이 보통수와 달리 매월 1회씩 되고 매주 1회씩 증채(增菜)라는 특별한 반찬을 먹고 또한 목욕 같은 것도 제일 먼저 깨끗한 물에 시켜 준다. 같은 붉은 옷이라도 수시로 신조의(新造衣)를 바꾸어 입힌다. 또 같은 일을 하면서도 작업상여금이라는 것이 많이 나온다. 제2로는 취부(炊夫)가 있고 그다음 간병부, 세탁부, 이발부, 잡역, 구내운반 등이 있다. 취부라는 것은 취소(炊所)에서 밥 짓는 징역꾼이다. 그들은 직접 자기 손으로 음식을 항상 만지고 있으니 아무리 감시가 심하다 할지라도 늘 조금씩 훔쳐 먹을 수가 있다. 그리고 또 여름 한 철은 좀 더워도 겨울에는 조금도 추위를 모르고 살아간다. 이따금 몰래 쌀밥을 지어 ■■나 국수 도적질을 해 먹다가 벌금을 몇십 원씩 빼앗기는 일이 파다하다. 간병부라는 것은 제법 인텔리적 노역이다. 늘 병감에 있어 환자의 뒤치다꺼리와 의사의 보조 등을 한다. 약은 얼마든지 마음대로 훔쳐서 자기가 먹기도 하며 이리저리 알심 있게 푸레센트도 한다. 겨울이라도 환자와 함께 6~70도 온도나 되는 페치카를 피워

놓은 감방에서 밤을 지낸다. 참말로 せしのい話だ.[43] 그렇지만 이따금 시체 치우는 것이 좀 안될 뿐이다. 이발부 같은 것도 제법 사회 이발소 같이 설비하여 놓고 이곳에서 날마다 간수 머리만 깎아 주니 의복도 늘 청결하게 바꾸어 입히고 겨울에도 추운 줄을 모른다.

이 외에 소위 양반 징역꾼이라는 우리 같은 인텔리층의 정치범들이 있다. 이것도 말하자면 특권계급에 종속된 징역꾼이라 하여도 무방하다. 그것은 다른 까닭이 아니다. 같은 징역을 살면서도 목도를 메거나 땅을 파지도 않고 그리고 함부로 간수들에게로부터 '이 자식 저 자식' 소리를 들으면서 꽝꽝 얻어맞지를 않는 연고이다. 그러나 곯기는 은근히 혼자 곯는다. 바로 체면을 차린다고 옷자락이나 밥 덩이 같은 것이 좀 부족한 것이 차례에 올지라도 그대로 속가슴만 앓고 있어야 한다. 그리고 보통범들이 와서 '선생님 선생님' 하고 올려바치는 바람에 웬만한 것은 모두 그들에게 양보를 하여야 한다. 나는 독방생활을 하고 있는 동안에 배식하는 일본인 잡역에게 잔뜩 미움을 받고 항상 국이라고는 된장 찌끄럭지만 먹었다. 매년 가을 고구마나 호박국 끓이는 날 저녁에는 으레 소금 국물만 먹게 되었다. 젓가락으로 휘둘러보면 감자껍질이 있었고 호박씨가 하나둘씩 있었다. 나는 혼자 웃었다. '이놈들 보아라. 건더기는 저희들이 다 건져 먹었구나' 하며 혼자 중얼거릴 때도 있었다. 더구나 독방 잡역들은 여간 고기 부스러기나 국수줄기 같은 것은 모조리 횡식(橫食)을 하여 버리는 것이다. 그 나머지의 대부대(大部隊) 징역꾼들은 모두 힘껏 일해야 되고, 힘껏 욕먹고, 힘껏 얻어맞는 보통수들이다. 프롤레타리아 수인들이다. 그들의 대부분은 문맹(文盲)에 속한 대중이다.

○ 부단(不斷)의 투쟁은 생명의 표현이다

내가 있는 독실감방은 극히 정안(靜安)한 곳이었다. 모든 것은 동(動)으로부터 정(靜)이었다. 한편 옆으로부터 질서 있게 놓여 있는 변기와 세면기, 담아(痰啞)[44] 등 그 어느 것이나 모두 한번 놓이면 놓인 그대로 죽음 같이 진영(陣營)을 지키고 있었다. 시찰구를 바라보고 정좌하고 있는 나 자신도 역시 그와 그다지 거리가 멀지 않았다. 사실상 독실감방에는 죽음 같

---

43 일본어 문법에 맞지 않는 문구로 뜻을 알기 어렵다. 다만 앞 문장과 연관지어 보면 'たのしい話した'로 유추할 수 있는데 '즐거운 말이다'라는 뜻이다.
44 원문에는 '담아(痰啞)'로 표기되어 있으나 '담호[痰壺, 담쁘(たんつぼ)]'의 오기로 추정된다. 담호는 가래나 침을 뱉는 그릇인 타구(唾具)를 뜻한다.

은 평화가 떠돌았다. 그러나 그것은 결코 묘지의 평화가 아니다. 그것은 거친 폭풍을 전제한 그것이다.

생명은 뛴다. 걷잡을 수 없이 도도히 흐르는 생명의 조류는 때와 장소의 선택이 없이 기어이 흐르고야 만다. 그의 앞에는 아무런 제한도 장애도 없다.

나는 비(箒)를 가지고 천정으로부터 한 마리의 거미(蜘蛛)를 떨어뜨렸다. 그리고는 그 거미를 몰아다가 방문 상방(上方) 한 모퉁이에 거주제한을 시켜 놓았다. 거미는 이리저리 줄을 벌여 놓고 그만 그곳에서 안주하였다. 빈대(南京虫) 만큼 유명한 서대문형무소는 나의 감방에도 그 예외를 이루지 않았다. 그래서 나는 날마다 빈대 잡이를 한 일과로 삼고 있었다. 자리(蓆) 밑만 들추면 대·중·소의 빈대 떼가 수백을 산(算)하게 되었다. 그중 어떤 놈은 너무 뜯어 먹어서 걸음을 잘 걷지 못하고 부동자세를 취하고 있었다. 부화되지 않은 놈은 마치 새빨간 진주같이 되어 있었다.

-하략 완(完)-

4 기타 옥중기

자료 296 | 심훈기념관 소장.

심훈,[45] 「감옥에서 어머님에 올리는 글월」 (1919. 8. 29)

어머님!

오늘 아침에 고의적삼 차입해 주신 것을 받고서야 제가 이곳에 와 있는 것을 집에서도 아신 줄 알았습니다. 잠시도 엄마의 곁을 떠나지 않던 막내둥이의 생사를 한 달 동안이나 아득히 아실 길 없으셨으니 그동안에 오죽이나 애를 태우셨겠습니까?

그러하오나 저는 이곳까지 굴러오는 동안에 꿈에도 생각지 못하던 고생을 겪었건만, 그래도 몸 성히 배포 유하게 큰 집에 와서 지냅니다. 고랑을 차고 용수는 썼을망정 난생처음으로 자동차에다가 보호 순사를 앉히고 거들먹거리며 남산 밑에서 무학재 밑까지 내려 긁는 맛이란 바로 개선문으로나 들어가는 듯하였습니다.

어머님!

제가 들어 있는 방은 28호실인데, 성명 3자도 떼어 버리고 2007호로만 행세합니다. 두 칸도 못 되는 방 속에 19명이나 비웃 두름 엮이듯 했는데 그중에는 목사님도 있고, 시골에서 온 상투쟁이도 있고요, 우리 할아버지처럼 수염이 잘난 천도교 도사도 계십니다. 그 밖에는 그날 함께 날뛰던 저의 동무들인데, 제 나이가 제일 어려서 귀염을 받는답니다.

어머님!

날이 몹시도 더워서 풀 한 포기 없는 감옥 마당에 뙤약볕이 내리쪼이고 주황빛의 벽돌담은 화로 속처럼 달고, 방 속에서는 똥통이 끓습니다. 밤이면 가뜩이나 다리도 뻗어 보지 못하는데 빈대, 벼룩이 다투어 가며 짓무른 살을 뜯습니다. 그래서 한 달 동안이나 쪼그리고 앉은 채 날밤을 새웠습니다. 그렇건만 대단히 이상한 일이 있지 않습니까? 생지옥 속에 있

---

[45] 심훈(沈熏, 1901~1936): 본명 심대섭(沈大燮). 경기 시흥 출신. 1919년 3월 경성제일고등보통학교 재학 중 3·1운동이 일어나자 서울 시내를 행진하며 만세운동을 전개했다. 일제 경찰에 체포되어 1919년 11월 6일 경성지방법원에서 보안법 및 출판법 위반 혐의로 징역 6월, 집행유예 3년을 선고받았다. 그 사이 미결수로 서대문감옥에서 옥고를 치렀다. 1930년까지《동아일보》,《조선일보》등에서 기자로 활동했다. 1926년 영화소설『탈춤』발표, 1930년 장편소설『동방의 애인』을 신문에 연재했다. 1931년『불사조』를 발표하여 옥중투쟁 문제를 소재로 강렬한 항일 저항의식을 표출했다. 1934년《동아일보》에『상록수』를 연재하여 한국인의 민족의식을 각성시켰다. 1930년 3월 1일 저항시「그날이 오면」을 발표했다. 2000년 건국훈장 애국장이 추서되었다.

으면서 하나도 괴로워하는 사람이 없습니다. 누구의 눈초리에나 뉘우침과 슬픈 빛이 보이지 않고 도리어 그 눈들은 샛별과 같이 빛나고 있습니다그려!

더구나 노인네의 얼굴은 앞날을 점치는 선지자처럼, 고행하는 도승처럼 그 표정조차 엄숙합니다. 날마다 이른 아침 전등불 꺼지는 것을 신호 삼아 몇천 명이 같은 시간에 마음을 모아서 정성껏 같은 발원으로 기도를 올릴 때면 극성맞은 간수도 칼자루 소리를 내지 못하며 감히 들여다보지도 못하고 발꿈치를 돌립니다.

어머님!

우리가 천 번 만 번 기도를 올리기로서니 굳게 닫힌 옥문이 저절로 열려질 리는 없겠지요. 우리가 아무리 목을 놓고 울며 부르짖어도, 크나큰 소원이 하루아침에 이루어질 리도 없겠지요. 그러나 마음을 합하는 것처럼 큰 힘은 없습니다. 한데 뭉쳐 행동을 같이하는 것처럼 무서운 것은 없습니다. 우리들은 언제나 그 큰 힘을 믿고 있습니다.

생사를 같이할 것을 누구나 맹세하고 있으니까요. 그러길래 나이 어린 저까지도 이러한 고초를 그다지 괴로워하여 하소연해 본 적이 없습니다.

어머님!

어머님께서는 조금도 저를 위하여 근심치 마십시오. 지금 조선에는 우리 어머님 같으신 어머니가 몇천 분이요, 또 몇만 분이나 계시지 않습니까? 그리고 어머님께서도 이 땅의 이슬을 받고 자라나신 공로 많고 소중한 따님의 한 분이시고, 저는 어머님보다도 더 크신 어머님을 위하여 한 몸을 바치려는 영광스러운 이 땅의 사나이외다.

콩밥을 먹는다고 끼니때마다 눈물겨워 하지도 마십시오. 어머님이 마당에서 절구에 메주를 찧으실 때면 그 곁에서 한 주먹씩 주워 먹고 배탈이 나던, 그렇게도 삶은 콩을 좋아하던 제가 아닙니까? 한 알만 마루 위에 떨어지면 홀금홀금 쳐다보고 다른 사람이 먹을세라 주워 먹는 것이 버릇이 되었습니다.

어머님!

오늘 아침에는 목사님한테 사식이 들어왔는데, 첫술을 뜨다가 목이 메어 넘기지를 못합니다. 그도 그럴 것이외다. 아내는 태중에 놀라서 병들어 눕고, 열두 살 먹은 어린 딸이 아침마다 옥문 밖으로 쌀을 날라다가 지어 드리는 밥이라 합니다. 저도 돌아앉으며 남모르게 소매를 적셨습니다.

어머님!

며칠 전에는 생후 처음으로 감방 속에서 죽은 사람의 임종을 지켜보았습니다. 돌아간 사람은 먼 시골의 무슨 교를 믿는 노인이었는데, 경찰서에서 다리 하나를 못 쓰게 되어 나와서 이곳에 온 뒤에도 밤이면 몹시 앓았습니다. 병감(病監)은 만원이라고 옮겨 주지도 않고, 쇠잔한 몸에 그 독은 나날이 뼈에 사무쳐 어제는 아침부터 신음하는 소리가 더 높았습니다.

밤은 깊어 악박골 약물터에서 단소 부는 소리도 그쳤을 때 그는 가슴에 손을 얹고 가쁜 숨을 몰기 시작했습니다. 우리는 모두 일어나 그의 머리맡을 에워싸고 앉아서 죽음의 그림자가 시시각각으로 덮어 오는 그의 얼굴을 묵묵히 지키고 있었습니다.

그는 희미한 눈초리로 5촉밖에 안 되는 전등을 멀거니 쳐다보면서 무슨 깊은 생각에 잠긴 듯 추억의 날개를 펴서 기구한 일생을 더듬는 듯합니다. 그의 호흡이 점점 가빠지는 것을 본 저는 제 무릎을 베개 삼아 그의 머리를 괴었더니 그는 떨리는 손을 더듬하여 제 손을 찾아 쥐더이다. 금세 운명을 할 노인의 손아귀의 힘이 어쩌면 그다지도 굳셀까요? 전기나 통한 듯이 뜨거울까요?

어머님!

그는 마지막 힘을 다하여 몸을 벌떡 솟구치더니 "여러분!" 하고 큰 목소리로 무거이 입을 열었습니다. 찢어질 듯이 긴장된 얼굴의 힘줄과 표정, 그날 수천 명 교도 앞에서 연설을 할 때의 그 목소리가 이와 같이 우렁찼을 것입니다. 그러나 우리는 마침내 그의 연설을 듣지 못했습니다. "여러분!" 하고는 뒤미처 목에 가래가 끓어오르기 때문에.

그러면서도 그는 우리에게 무엇을 바라는 것 같아서 어느 한 분이 유언할 것이 없느냐 물으매, 그는 조용히 머리를 흔들어 보이나 그래도 흐려 가는 눈은 꼭 무엇을 애원하는 듯합니다마는, 그의 마지막 소청을 들어줄 그 무엇이나 우리가 가졌겠습니까? 우리는 약속이나 한 듯이 나직나직한 목소리로 그날에 여럿이 떼지어 부르던 노래를 일제히 부르기 시작했습니다. 떨리는 목소리로 첫 절도 다 부르기 전에 설움이 복받쳐서 그와 같은 신도인 상투 달린 사람은 목을 놓고 울더이다.

어머님!

그가 애원하던 것은 그 노래인 것이 틀림없었을 것입니다. 우리가 최후의 일각의 원혼을 위로하기에는 가슴 한복판을 울리는 그 노래밖에 없었습니다. 후렴이 끝나자, 그는 한 덩이

시뻘건 선지피를 제 옷자락에 토하고는 영영 숨이 끊어지고 말더이다.

그러나 야릇한 미소를 띤 그의 영혼은 우리가 부른 노래에 고이고이 싸이고 받들려 쇠창살을 새어서 새벽하늘로 올라갔을 것입니다. 저는 감지 못한 그의 두 눈을 쓰다듬어 내리고 날이 밝도록 그의 머리를 제 무릎에서 내려놓지 않았습니다.

어머님!

생각하면 생각할수록 새록새록 아프고 쓰라렸던 지난날의 모든 일은 큰 모험 삼아 몰래몰래 적어 두는 이 글월에 어찌 다 시원스러이 사뢰을 수가 있사오리까? 이제 겨우 가시밭을 밟기 시작한 저로서 언제부터 이만 고생을 호소할 것이오리까?

오늘은 아침부터 참대같이 쏟아지는 비에 더위가 씻겨 내리고 높은 담 안에 시원한 바람이 휘돕니다. 병든 누에 같이 늘어졌던 감방 속의 여러 사람도 하나둘 생기가 나서 목침돌림 이야기에 꽃이 핍니다.

어머님!

며칠 동안이나 비밀히 적은 이 글월을 들키지 않고 내보낼 궁리를 하는 동안에 비는 어느덧 멈추고 날은 오늘도 저물어 갑니다.

구름 걷힌 하늘을 우러러 어머님의 건강을 비올 때, 비 뒤의 신록은 담 밖에 더욱 아름다 사온 듯 먼 촌의 개구리 소리만 철창에 들리나이다.

자료 297 | 《신동아》 1969년 3월호.

신석구,[46] 〈3·1운동과 나의 옥중생활〉

우리 민족의 천고에 씻지 못할 치욕인 경술합방(庚戌合邦)이 있은 지 불과 10년에 일본

---

[46] 신석구(申錫九, 1875~1950): 충북 청주 출신. 민족대표 33인 중 한 사람으로 3·1독립선언에 기독교계 대표로 참여했다. 1919년 2월 17일 오화영으로부터 3·1운동의 계획을 듣고 10여 명의 기독인들과 이필주의 집에 모여 독립선언서 초안을 검토, 그 취지에 찬성하였고, 1919년 3월 1일 오후 2시경 서울 인사동의 태화관에 민족대표로 참석했다. 이 일로 일제 경찰에 체포되어 서대문감옥에 수감되었다. 1920년 경성복심법원에서 이른바 '보안법', '출판법' 위반으로 징역 2년을 선고받고 경성감옥으로 이감, 옥고를 치렀다. 출옥 후 독립운동을 계속하였고, 천안에서 신사참배와 전승기원예배를 거부하다가 체포, 구속당했다. 1963년 건국훈장 대통령장이 추서되었다.

관리와 조선 주구배의 탄압으로 민족의 사상이 점점 소황(消況)되어 감을 볼 때에 이 모양으로 30년만 경과하면 민족정신은 아주 소멸될 듯한 감이 있어, 은우(隱憂)는 깊어 가나 전도가 망연(茫然)히 보이지 아니하였다.

마침 이때에 세계 1차 전쟁이 끝나고 파리에서 강화회의가 열리는데 미국 대통령 윌슨 씨의 강화조약 14개조 중 민족자결의 소식이 밖으로부터 들어오고, 고종 태황제께서 간신배의 독수(毒手)에 의해 음독, 붕어하셨다는 흉음이 안으로부터 쫓아 나오며 인심이 갑자기 흥분되었을 때에 오화영(吳華英) 목사가 1919년 2월 12~3일경에 만나 보고 말하기를 모모처에서 독립운동을 위해 천도교 측과 연합하고자 하니 거기 참가하겠느냐 하는 것이었다. 내 생각에 두 가지 어려운 것은 첫째, 교역자로서 정치운동에 참가하는 것이 하느님의 뜻에 합(合)할까 하는 것이었고, 둘째, 천도교는 교리상으로 보아 상용(相容)키 어려운데 그들과 합작하는 것이 하느님의 뜻에 합한가 하는 것이어서, 나는 즉시 대답치 아니하고 좀 생각하여 보겠다고 하였다.

그 후 새벽마다 하느님 앞에 이 일을 위하여 기도하는데, 2월 27일 새벽에 이런 음성을 들었다. "4,000년 전하여 내려오던 강토를 네 대에 와서 잃어버린 것이 죄인데, 찾을 기회에 찾아보려고 힘쓰지 아니하면 더욱 큰 죄가 아니냐?"

이 계시에 나는 곧 뜻을 결정하였다. 그러나 우리나라가 곧 독립이 되리라고는 믿지 아니하였다.

예수가 말씀하시기를, 밀알 하나가 땅에 떨어져 죽지 아니하면 그냥 한 알대로 있고, 죽으면 열매가 많이 맺힐 터이라 하셨으니, 만일 내가 국가 독립을 위하여 죽으면 나의 친구는 수천 혹 수백의 심중에 민족정신을 심을 것이다. 설령 친구들의 마음에 못 심는다 할지라도 내 자식 3남매의 심중에는 내 아버지가 독립을 위하여 죽었다는 기억을 깨우쳐 주리니 이만하여도 족하다고 생각하였다. 이 땅에 어느 형제가 나에게 말하기를, "모 선생님께 말한즉 그 선생님의 말씀이 시기상조 합니다" 하기에 내가 대답하기를, "나도 이른 줄 안다. 그러므로 나는 지금 독립을 거두려 함이 아니요, 독립을 심으러 들어가는 것이다"라고 하였다.

그날 오후가 곧 독립선언서에 서명할 사람을 결정하는 날인데, 나는 오화영 목사에게 나의 뜻을 표명하고 곧 참가하였다. 나는 맨 나중에 참가하였기에 한 일은 아무것도 없으나, 당시에 된 일을 대강 기록한다.

일본에 갔던 유학생이 건너와서 민족자결 문제로 기인하여 유학생들도 운동하는 뜻을 말하므로 이것이 동기가 되어 기독교 측에서는 청년회관에서 박희도(朴熙道) 씨를 중심으로, 세브란스 병원에서는 이갑성(李甲成) 씨를 중심으로 몇몇 사람의 운동이 시작되고 천도교 측에서는 손병희(孫秉熙) 씨를 중심으로 하여 시작하였는데, 천도교 측에서 생각하기를 독립운동을 하려면 국내에서만 하여서는 아니 되고 부득불 외교(外交)를 하여야 할 터인데, 외교를 하려면 기독교와 악수를 하지 아니하면 아니 되겠다 하여 최남선(崔南善) 씨를 통하여 정주(定州) 이승훈(李昇薰) 씨를 청래(請來)하여 손씨와 면담한바 양인의 의향이 합하여 이승훈 씨의 알선으로 양 단체는 합작하였다. 처음에는 천도교 측 15인, 기독교 측 15인, 도합 30인이 서명하기로 하였으나, 기독교 측에서 지원자가 16인이 되고, 불교 측에서 2인이 지원하여 33인이 되었으니, 그 서명자는 다음과 같다.

천도교 측
손병희(孫秉熙), 최린(崔麟), 권동진(權東鎭), 오세창(吳世昌), 이종훈(李鍾勳), 이종일(李鍾一), 양한묵(梁漢默), 김완규(金完圭), 홍병기(洪秉箕), 홍기조(洪基兆), 권병덕(權秉悳), 나용환(羅龍煥), 나인협(羅仁協), 임예환(林禮煥), 박준승(朴準承)

예수교 측
이승훈(李昇薰), 길선주(吉善宙), 양전백(梁甸伯), 유여대(劉如大), 김병조(金秉祚), 이명룡(李明龍), 이갑성(李甲成), 이필주(李弼柱), 신홍식(申洪植), 최성모(崔聖模), 김창준(金昌俊), 박동완(朴東完), 박희도(朴熙道), 정춘수(鄭春洙), 오화영(吳華英), 신석구(申錫九)

불교 측
한용운(韓龍雲), 백용성(白龍城)

파리강화회의, 일본 정부, 총독부 등 각처에 보내는 독립선언문 등의 문서는 다 최남선 씨가 작성하고, 27일 밤에 곧 선언서를 인쇄하여 28일 첫차로 경부, 경의, 경원, 경인 각 선로로 각처에 발송한 다음 3월 1일 오후 2시에 일제히 거사하기로 약속하였다. 특별히 3월

1일로 선정한 이유는 3월 3일이 고종 태황제의 인산일(因山日)이므로 각 시골에서 인산을 관람하려고 올라온 사람이 경성 내에 미만(彌滿)하여 전차를 자유 운전치 못할 지경이라 이 시기에 선포하는 것이 가장 절호한 줄로 사료함이었다.

처음에는 탑동(塔洞)공원에 회합하여 선언서를 낭독하려다가 28일 밤에 북간도에서 폭력단이 잠입하였다는 소문을 듣고 갑자기 장소를 태화관(太和館)으로 개정하였는데, 학생단체에는 미처 통지하지 못하여 그들은 탑동공원에 회집하여 거기서 선언문을 낭독한 후 만세를 연창하여 1시간 동안 전 성내에 편만(遍滿)하였고, 우리들은 태화관에 취인(就寅)하였다. 그 후 각처에서 일어난 일은 다 알 수 없으므로 기록하지 못하나, 그때에 특이한 것 두 가지를 기록한다.

1은 단결이다. 그때 세 종교 단체 외에 경성 내 중등 이상 공·사립학교 남녀 학생들이 다 연락하였으되, 그날 정각까지 비밀이 폭로되지 아니한 것은 그 단합한 정신이 어떠하였다는 것을 측지(測知)할 수 있는 일이다.

1은 희생적 정신이다. 그때에는 33인은 물론이려니와 삼척동자까지도 애국심이 충일하여 생명을 불고(不顧)하고 돌진하였던 것이다.

이제 목전에 되는 일을 보고 그때의 일을 회상하매 금석(今昔)의 감이 더욱 깊다.

우리는 경무 총감부에 구류되었다가 13일 만에 서대문감옥으로 이수(移囚)되어 독방생활을 하게 되었다. 들어간 후 그리 오래지 아니하여 동범(同犯) 중에 누가 예심에 갔다 와서 소식을 전하기를 영·불·이(伊)가 우리나라의 독립을 승인하였다고 하더니, 수일 후에는 또 16개국이 승인하였다고 하므로 이같이 속히 되기는 실로 몽상(夢想) 밖이어서 너무 기뻐서 이틀 밤이나 자지 못하였다. 그리하여 하루바삐 동개옥문(洞開獄門)하고 나가기를 고대하고 있는데, 하루는 갑자기 곁방에서 동범 중 양한묵(梁漢默) 씨가 별세하였다고 전하였다. 무슨 병으로 별세하였느냐 한즉, 어제 석반(夕飯)까지 잘 자셨는데 밤에 별세하였다고 한다. 나는 그 말을 들을 때 인생이 이렇게 허무함을 경탄(驚歎)하는 동시에, 스스로 돌아보아 나도 어느 때에 그같이 될지 알지 못함을 생각하매 스스로 맹성(猛省)치 아니할 수 없어 세간의 모든 복잡한 사념을 포기하고 다만 묵도(默禱)하는 중 영혼을 예비하고 앉아 있으니까 감방이 나에게는 천당같이 아름다우며, 자나 깨나 주님께서 늘 내 우편에 계심을 든든히 믿으매 말할 수 없는 환희 중에 잠겨 지냈다.

나는 40여 년의 신앙생활 중 그때 5개월간 독방생활을 할 때같이 기쁨의 생활을 한 때가 없었다고 생각한다. 곁방에 정태용 씨라고 하는 청년이 있어 서로 언어를 통하여 알게 되었는데, 이 청년이 며칠 후부터는 조급한 마음에 번민을 이기지 못해 밤에도 자지 못하고 정신이상이 생길 듯하였다. 그럴 때마다 신앙으로 권론(權論)하여 위로하여 주기를 2, 3일간에 1차씩 하여 그는 마침내 편안히 있다가 나갔다. 나는 하느님께서 그를 나의 곁방으로 인도하셔서 나로 하여금 그를 도와주게 하심을 감사하였다. 또 내가 복중(腹中)에 괴상한 병이 생겨서 어찌할 수 없을 때 기도에 의해 기적적으로 그 병이 완쾌되고 몸이 건강하여서 하느님께 감사하였다. 그때에 이상한 꿈을 몇 번 꾸었기에 기록한다.

한번은 여러 사람과 어디로 대전도(大傳道)를 갔다. 다른 사람은 다 가고 나 혼자 떨어져서 돌아오는 길에 물이 없는 건천 위의 다 무너져 가는 이교(圯橋)[47] 위를 지나는데, 별안간 뒤에서 급한 바람 소리 같은 소리가 나며 내 왼편 귀에 들리는데, "너는 남의 죄만 책망하지 말고 남을 섬기는 자가 되어라" 하신다. 그러나 소리만 들리고 모양은 보이지 아니하므로 내가 묻기를, "누구시오니까?" 한즉, "왜 네가 나더러 누구냐고 묻느냐?" 하시고 내 겨드랑이를 끼시고 공중으로 얕게 떠서 날아갔다. 밑에는 맑은 강물이고 물속에는 많은 사람들이 누워 자는데, 내게 말씀하시기를, "자는 이 사람들은 다 깨워야 하겠다" 하시고 물을 거슬러 상류에 올라가 그치자, 인간에서 보지 못하던 기이함을 보았다. 꿈을 깨어 생각하니 이는 진리의 말씀이었다.

주님께서 이 세상에 계실 때 아무리 더러운 죄인이라도 책망하는 말씀을 하지 아니하시고 항상 남을 섬기는 일을 하신 것이다. 그 후에 나는 한 10년을 두고 퍽 고심하였다. 무엇을 하여 남을 섬기는 일을 할까. 어떤 때는 교역(敎役)을 내놓고 빈민굴에 들어가 그들과 같이 생활해 볼까 하는 생각도 하였다. 그러나 내가 별 계책 없이 들어가면 걸인 한 사람만 더 늘어서 남의 신세를 질 뿐이지 남에게 아무 도움이 되지 못하겠으므로 못하였다. 10년 만에 기도하는 중에 깨닫기를, 무슨 특별한 일을 하여서 남을 섬기는 것이 아니라 날마다 무슨 일이든지 남을 섬기는 마음으로 하는 것이 곧 남을 섬기는 것이라고 느꼈다. 그러나 오늘까지 내가 마음에 만족할 만큼 남을 섬기지 못한 것이 한이다.

---

47 이교(圯橋): 흙다리.

옥중에 있는 동안에 또 한 가지 깨달은 것이 있었다. 옥중에서는 누가 편지하여 주는 것이 퍽 기쁘고 위로가 되었다. 그런데 다른 동범들에게는 여기저기서 편지가 왔다고 하는데, 내게는 편지 한 장을 보내 주는 이가 없으므로 처음에는 이 무정함을 한탄하다가 다시 자문하여 보았다.

이 자리가 어떠한 자리냐? 만일 편지 한 장만 하더라도 그 사람은 큰 주목을 받아 무슨 고로(苦勞)를 당할지 모르니 생사를 같이하려는 마음이 없으면 편지를 하기가 어려울 것이다. 그런즉 남이 너와 사생을 같이하게 되려면 네가 그 사람과 사생을 같이하려는 마음이 있어야 할 것이니, 네가 과연 누구를 위하여 생명을 버리려는 마음이 있었느냐 하고 두루 살펴 생각하여 보니 한 사람에게도 그런 적이 없었다. 그런즉 내가 남에게 애정을 표하지 못하고서 남이 나에게 그렇게 애정을 표하기를 바라는 것은 허망한 생각이다.

생각이 이에 미쳐 과거의 생활을 회고하며 10년 교역이 허사임을 자각하는 동시에 장래에 어떠한 마음으로 교역을 하여야 할까 할 때에 데살로니가 전서 2장 7~8절 말씀, 즉 "오직 우리가 너희 중에서 유순함이 유모가 자기 어린아이를 기름과 같이 하였으니 우리가 이같이 너희를 사모하여 하느님의 복음으로만 너희에게 줄 뿐 아니요, 우리의 생명까지 너희에게 주기를 즐거워함은 너희가 우리의 사랑하는 자가 됨이니라"와 같은 마음으로 하여야만 참된 교역을 하겠다 하고, 이런 마음을 얻기 위하여 지금까지도 기도하나 아직도 그런 마음을 얻었다고 확인할 수 없다.

한번은 선교사 전약슬(全約瑟) 씨에게 묻기를, "내가 남을 위하여 죽기라도 즐거워할 마음을 얻기 위하여 오래 기도를 하여도 얻지 못하니 어찌하면 좋습니까?" 한즉, 씨의 대답이 "어느 어머니가 평일에 자기의 자녀를 위하여 죽더라도 즐거운 마음으로 하겠다고 하지 아니하였지만, 그 자녀가 물에나 불에 들었을 때에는 자기의 생명을 불고(不顧)하고 뛰어 들어가는 것과 같이, 우리가 남을 위하여 죽겠다고 미리 결심하여 하는 것이 아니라 그때를 당하여 자연 애정이 감발(感發)하는 것입니다"라고 하였다. 그 말씀이 과연 유리(有理)의 말씀이다. 그러나 교인들을 나의 자녀와 같이 인정하는 마음이라야 그런 애정도 자연 감발할 것인데, 교인을 꼭 나의 자녀같이 사랑하지 못함이 나의 결점이다.

또한 꿈을 꾼 것이 하나 있었다. 모양은 코끼리 비슷하고 일은 하마의 입 같은데 어찌나 큰지 인간계에서는 보지 못한 동물이었다. 그 동물이 주홍(朱紅) 같은 입을 벌리고 힘을 다하여 부르짖기를 "찢어졌다, 찢어졌다, 찢어졌다" 세 번을 하더니 그 입이 아래위로 찢어지며 무슨 물건을 토하는데, 본즉 곧 땅덩이였다.

이 꿈을 깨고 생각하기를, 일본이 먹은 땅을 토하여 내놓을 징조인데, 세 번 찢어졌다 한 후에 토하였으니 세 번이 무엇일까. 처음에는 독립운동 후 3월인가, 3년인가, 혹 독립운동을 3차 할 때인가 하다가 지나사변이 일어난 후에는 생각하기를, 조선을 먹고 중국을 먹으려다가 토하게 될 줄로 알았더니, 일미전쟁(日美戰爭)이 일어난 후에 확실히 예측하기를 일청전쟁·일로전쟁·일비전쟁의 제3차에 와서 분명 토하게 되리라 하였더니, 과연 조선뿐 아니라 대만·화태(樺太)까지도 토하게 되었다.

또 하룻밤에는 글 한 귀를 얻었는데, 누구 다른 사람이 지었는지 내가 지었는지는 알지 못하나 입으로 읊으니 "북해천군개공사(北海千軍皆悾士) 남정만리우시정(南程萬里又視征)"이라는 것이었다. 이 글귀를 읊다가 눈을 들어 보니 벌써 동창(東窓)이 훤한지라 인하여 그 글을 기억하여 두었더니, 그 이튿날 밤에 누가 와서 말하기를 북해천군의 천(千)자를 삼(三)자로 고치라고 하였다.

이 꿈을 깨고 생각하기를 북간도(北間島) 방면에서 무슨 운동이 있는가 하였더니, 아직까지 특별히 응험(應驗)을 깨닫지 못하나 그대로 기록하여 둔다.

자료 298 | 「기미년 횃불 든 여인들」 중, 《여성동아》 1971년 3월호.

최금봉,[48] 〈병마에 시달린 옥살이〉

치마폭의 태극기

3·1운동이라면 벌써 50여 년 전 일이다. 그렇지만 그때 일을 생각하면 지금도 머리가

---

[48] 최금봉(崔錦鳳, 1896~1983): 이명 최매지(崔梅枝). 평남 진남포 출신. 사립학교 선생으로 재직 중 1913년 9월 항일결사 송죽회에 가입하여 활동, 1916년 송죽회 나포지역 책임자로 선임되어 활동하였다. 1919년 대한민국애국부인회에 가입하여 독립운동을 전개했고, 11월 애국부인회 서기 겸 진남포감리파 지회장에 선임되어 활동하였다. 대한민국임시정부에 군자금 지원을 지원했다. 1920년 12월 체포되어 1921년 평양복심법원에서 징역 2년 6월을 선고받고 평양감옥에서 옥고를 치렀다. 1990년 건국훈장 애국장(1977년 건국포장)이 추서되었다.

아프고 가슴이 울렁거린다.

3·1운동은 왜적의 압박 밑에서 아프고 쓰라린 생활을 하다가 참다못해 죽어도 독립해야 하겠다는 삼천만의 피 끓는 애국심에서 우러난 영원한 역사적 운동이었다.

그때야 어느 누가 독립을 위하는 데에 목숨을 아끼려는 사람이 있었으랴.

너도나도 거리로 뛰쳐나와 만세소리가 천지를 진동하였고, 여인들의 치마폭 속에 숨겨졌던 태극기가 만세소리와 함께 휘날렸다.

왜적이 창과 총으로 사정없이 쏘고 치고 차고, 말할 수 없는 만행을 할 때마다 곳곳에 유혈이 낭자하였고, 심한 곳에는 시체가 즐비하였다. 그 참혹함을 어찌 다 형언할 수 있으랴.

주모자로 인정된 사람들은 유치장 감옥이 좁아라 잡아 가두었다. 나의 삼촌도 6개월의 옥고를 치르는 동안 소화불량증으로 고생하시다 돌아가셨다.

땀 흐르던 수금(收金) 활동

1919년, 평양성에는 오신도[吳信道: 손월일(孫元一) 씨 조모] 씨를 위시하여 박승일(朴昇一)·박정석(朴貞錫)·한영신(韓永信)·박현숙(朴賢淑) 씨 등이 대한애국부인회 비밀결사대를 조직하였다.

나는 이 회(會)가 조직되기 전, 진남포에서 애국 동지들을 모아 여성동우회를 조직하고 한 달에 한 번씩 친목회로도 모이고 저명한 분들을 초청하여 좌담회도 열면서 믿음직한 일을 해 볼 작정이었다. 그러나 비밀결사대라는 이름을 공공연하게 말할 수는 없었으므로 교회 내에서 신임할 수 있는 분들 중 40대의 아주머니들을 만나 우리 목적을 이야기한 후 몇 분을 회원으로 하고 동우회에서도 몇 분을 추려서, 우선 회비를 거두어 상해 임시정부의 군자금으로 보내는 일에 주력하였다. 회비는 그 당시 돈으로 몇십 원에 불과하였지만 지금 돈으로는 몇천 원 될 것이다. 그러나 매월 정한 날에 수금이 되지 않고 선생 노릇하는 몸이니 시간의 여유가 없어 회비를 거두려면 참으로 곤란하였다. 그렇다고 그 위험한 일을 다른 사람에게 시킬 수는 없는 노릇이었다.

그래서 저녁이면 학생을 방문하는 것처럼 하고 가서 수금할 때도 있었고, 다시 가야 될 때면 마음의 초조함이란 이루 말로 다 할 수가 없었다. 연락원이 수금하러 올 날이 가까워 오면 더욱 마음이 고통스러웠다. 자유로이 못 다니는 몸들이라 한 번 오고 가는 길에 피땀이 흐르는 것 같았다.

한밤중에 강제 연행

이 모양 저 모양으로 적의 눈을 피해 가며 일하던 중 1920년 음력 8월 어느 날이었다.

신흥리 감리교회 월례일이 되어 회장인 내가 사회를 하고 있는데, 보지 못하던 남자 3명이 나타나 문 앞에서 한참 들여다보더니 없어진다. 조금 의심스러웠으나 무관심하게 회의를 다 마치고 밤 10시경 귀가했다. 시장한 듯하여 밤참을 먹고 밤 11시가 넘었을 때 남자 목소리가 나를 찾는다. 부친께서 나가 보시니 웬 남자가 나를 나오라고 한다. 부친은 "할 말이 있으면 내일 와서 말하시오"라고 하니, 형사 명함을 보이며 오늘 밤 안으로 경찰서로 가야 한다고 한다.

강서(江西)경찰서로 이 밤에 못 갈 바에는 우리 집에서 자고 내일 아침에 가자고 했으나 부득부득 지금 가야 된다고 우겨 그 밤으로 진남포경찰서로 갔다.

아버님께서는 경찰서 문밖에서 밤을 새우셨다. 유치장에 들어가 밤 2시쯤 되니까 나카무라라는 형사가 불러내어 하는 말이, "네가 하던 일을 지금 몽땅 다 말하면 강서경찰서로 보내지 않겠다"라고 한다. 나는 아무 짓도 안 했다고 주장했다. 형사는 "다 아는 사실을 끝까지 속이면 평안하지 못할걸" 하며 욕설을 퍼붓더니, 나를 유치장에 몰아넣었다.

외양간서 모진 고문

뜬눈으로 밤을 새우고 아침 6시가 되니 집에서 차입이 들어왔으나, 한 술도 못 떠 보고 빈속으로 3명의 형사에게 호위당하여 역으로 향했다. 기차를 타고 40분쯤 걸려 기양역에 도착하였다. 여기서 강서읍 경찰서까지 10리 길을 걸어갔다.

경찰서까지 다 가서는 따라오던 가족들을 쫓아낸다. 그리고 나를 말 외양간으로 데리고 가서 고문하면서 신문하였다. 물론 동지 중 누가 잡혀 왔으니 나도 끌려온 것이겠지만, 내용을 알기 전에는 일체 말을 안 할 작정이어서 처음부터 악형을 당하였다.

아침 10시경 고문실로 끌려가 밤 12시경에야 유치장으로 들어가니, 발 들여놓을 자리도 없이 평안도·황해도의 우리 동지들 106명이 잡혀 와 있는 것이 아닌가. 처음에 눈에 띄는 사람이 박승일이었다. 말은 못하고 손가락으로 형용하여 자기가 나를 불렀는데 진남포 책임자라고 했다는 것이다. 그다음부터 신문받을 때는, "그런 회를 조직하자는 의논이 왔으나 난 바빠서 못한다고 했다. 그래 회는 조직하지 못하고 괜히 나만 회장이라는 소리를 들은 것이다"라고 요령껏 말했다. 그러나 나카야마(中山) 서장은, "회 조직한 사실이 드러났는데, 거짓말만 하는구나. 이런 것들은 이 육혈포로 죽여도 상관없어" 하고 위협하며 이리 치고 저리 치고서 다시 기둥에 달아맸다가 새벽 3시경에야 유치장으로 들여보냈다.

나는 여기서 20일간 고생하다가 진남포 경찰서로 이송되었다. 진남포에서 잡힌 사람은 나 이외에 양진실(梁眞實)·안애자(安愛慈) 씨 등이었다. 우리가 체포된 것은 강서군 증산면에 사는 송성겸(당시 40세가량)이란 여자가 군자금을 임시정부로 보내다가 발각되었기 때문이다.

지독한 병고를 치르고

진남포 경찰서에서는 1년 반의 형을 받았는데, 검사가 우리 동지 전부의 형이 너무 가볍다고 공소하였기 때문에 우리는 평양으로 가서 다시 재판을 받게 되었다.

여기서도 1년 반의 형을 받고 복역하던 중 몸이 쇠약해져 장질부사·늑막염을 앓는 등, 나는 형기(刑期) 동안 몸이 평안해 본 적이 없었다. 병이 심해져서 열이 40도를 오르내리자, 그들은 나를 독방 병실로 보내고 우리 동지 중에서 간호원을 보내 주었다.

처음 간호원이 안신행(安信行)이었는데, 그는 내가 앓기는 하고 먹을 것은 없고 하자 안타까워서 부엌에 가 먹을 것을 달래다가 법을 어겼다고 쫓겨 들어가고, 두 번째 온 간호원이 박승일 동지였다. 이때는 내가 열은 조금씩 내리는데 먹을 것이 없으니, 그는 궁리 끝에 연필 부러진 것을 얻어 감옥에서 쓰는 화장지에다가 감옥 사정을 쓰고, "앓는 사람을 위하여 이 글을 받는 즉시 누구든지 먹을 것을 좀 싸서 몇 시에 이 담으로 넘겨주면 고맙겠다"라고 하며 옆의 사상범 감방으로 몰래 보냈다.

과연 옆의 감방에서는 큰 뭉치를 넘겨 보내 주어 받았으나 다음번에는 물건을 받다가 들켜서 쫓겨나고 말았다.

세 번째 간호원이 박현숙 선생이었으나 몸이 너무 약하여 곧 그만두었다.

그 고생하던 얘기를 다 쓰면 눈물 없이는 못 읽을 것이다. 그처럼 중병을 앓고 나와서도 70 고개를 넘는 오늘날까지 건강을 유지하며 사는 것은 오직 하느님의 은혜라고 하겠다.

그때 조신성(趙信聖) 같은 분은 출옥할 즈음 남자들과 독립운동하던 일이 다시 드러나서 출옥도 못 하시고 다시 형을 받았다. 우리들은 거의가 20여 세의 처녀였지만, 조 선생은 60 노인이셨으니, 독립운동에는 남녀노소의 구별이 없었던 것이다.

오늘에 와서 내게 남은 일은 남북통일이 되어 완전한 독립국가로 영원한 행복을 누릴 수 있게 되기를 기원하는 것뿐이다.

자료 299 | 「감옥의 향토색, 부산·대구·서대문·해주·평양」, 《동광》 제27호, 1931. 11. 10.

박일형,[49] 〈무서운 시어미 부산형무소〉

동광사(東光社)로부터 부산형무소의 특색을 써 달라는 부탁이 왔다.

조선의 형무소를 일본이나 다른 외국의 형무소와 비교한다거나, 자본주의 국가들의 형무소를 소비에트 동맹의 형무소와 비교하여 그 우열의 특색을 찾아보라는 것이 오히려 용이할 것이다. 왜냐하면, 서로가 행형상의 수준이 일치하지 않으며, 또 입법의 근본정신을 달리하여 문제의 기본으로부터 이미 판연한 특색을 지니고 있기 때문이다.

그러나 동일한 입법 정신·동일한 행형 수준·동일한 통솔 기관 밑에 설치된 조선 내의 모든 감옥을 상호 비교하여 그 특색을 찾아낸다는 것은, 서울의 거리거리에 설치되어 있는 공중변소를 일일이 순방하여 그 더러운 악취의 특색을 탐사하는 것만큼이나 어려울 것이다.

물론 그 직접적인 관리자의 인격에 따라서 다소의 차이가 없다고는 할 수 없겠으나, 그 차이가 과연 특색의 정도에까지 이를 것인가는 의문이다.

---

[49] 박일형(朴日馨, 생몰년 미상): 본명 박공표(朴孔杓). 부산 출신. 1919년 부산 기장면 3·1운동에 참여했다. 1922년 기장노동혁신회 창립, 1925년 동래청년연맹 결성, 1928년 동래청년동맹 집행위원으로 활동했다. 1929년 신간회 동래지회 사무재정부 간사, 1929년 《동아일보》 동래지국 기자, 1930년 동래기자단 조직 및 위원 대표로 활동했다. 1930년 4월 '동래기자단사건'으로 부산형무소에 투옥, 부산지방법원에서 징역 6월을 선고받고 항소하여 대구형무소로 이감되었다. 6월 대구복십법원에서 징역 6월, 집행유예 5년을 선고받았다. 1932년 5월 서울에서 메이데이 격문사건에 참여했다가 체포되었으나 무죄 방면되었다. 1933년 9월 조선공산당 재건 적색노조와 적색독서회 활동으로 체포되었다.

나는 최근에 이르기까지 서너 차례 부산형무소에 드나든 일이 있어서 미비하나마 그곳의 시설과 습속(習俗)에 대하여 약간의 지식을 가지고 있다. 그러나 그것이 다른 곳에 비하여 어떠한 특색이 되는지에 대하여는 자신 있게 말할 만한 근거를 가지고 있지 못하다. 부산 이외의 형무소라면 다만 대구에 잠깐 있어 본 일이 있을 뿐이라서, 나는 주로 대구와 부산을 비교하여 그 상이(相異)한 점 몇 가지를 적어 볼까 한다.

대체로 유치장이라 하면 이(虱)를 연상하고, 감옥이라면 빈대를 생각하게 되는 것이 보통이다. 아니, 오히려 그것이 철칙일는지도 모른다. 이렇게도 빈대는 감옥의 명물인 것이다. 그러나 부산형무소만은 불철저하나마 이 철칙으로부터 조그마한 예외를 갖고 있는 셈이다.

기미년(己未年)에 내가 지금은 없어진 옛날의 부산형무소에 가 보았을 때에는, 거기에도 굉장히 많은 빈대가 저장되어 있었다. 그런데 지금의 부산형무소는 신축한 지가 얼마 안 되는 까닭에서인지 벌어진 문틈·벽틈에서 빈대를 잡아내기가 가난뱅이의 호주머니에서 동전을 뒤져내기만큼이나 수월하지 않았다. 그러나 그것도 지금은 벌써 1년이나 지나간 묵은 얘기이다.

다음으로 식사에 대한 얘기를 하자. 부산형무소의 밥은 조(粟) 다섯, 콩(大豆) 셋, 기장(黍) 둘, 이러한 비율로 배합된다. 이것을 조 다섯, 콩 셋, 쌀 둘인 대구의 밥과 비교하면 이름만이라도 쌀이 빠져서 섭섭하게 생각될는지 모르겠다. 그러나 그 맛에 있어서는 쌀 없는 부산형무소의 밥이 훨씬 별미이다. 씹을수록 단맛이 샘솟듯 하는 그 밥맛! 그렇지만 부산은 대구보다 밥의 분량이 훨씬 적다. 즉, 대구에서는 최소 분량이 7등(等)인데 부산은 9등이다. 물론 대구의 7등 밥이 부산의 9등 밥과 동량인 것은 아니다. 그러나 대구의 기본 등급인 7등과 부산의 기본 등급인 9등에는 상당한 분량상의 차이가 있는 것이다. 그리고 부산은 해변이라서 생선 뼈다귀 삶은 물이라도 좀 먹을 수 있겠거니 하고 생각하게 되면 실망이 크다. 대체로 부산의 음식은 깨끗하지 못한 편이다.

음식이 깨끗하지 못할뿐더러 위생 시설도 반반하지 못하다. 원래 나는 건강한 몸이라서 병감에까지는 가보지 못하였으나 조그만 진찰은 받아 보았는데, 의무계원이 반드시 청진기를 들고 어슬렁거리기라도 하는 대구에 비하면, 기껏해야 혓바닥이나 먼발치에서 물끄러미 보고 가는 부산의 의료는 정말 문제가 안 될 지경이다. 그리고 미결수나 감방 작업을 하는 죄수에게는 하루에 한 번 하는 최대의 활력소인 운동도 그 시간이 터무니없이 짧다. 단지 좀 나은 것이 있다면 똥통이 한 감방에 두 개씩이어서 매일매일 깨끗하게 햇볕에 말린 새것을 들여놓는다는 것뿐일 것이다.

　　미결 혹은 기결수에게 차입되는 도서의 검열 기준은 어떠한가? 물론 지극히 고루하고도 무지하다. 즉, 철학 서적으로는 호아시(帆足理一郎)의 『철학개론』도 허용되지 않고, 경제학 서적이면 후쿠다(福田德三)의 『국민 경제학』도 퇴짜 맞을 정도이다. 그런데 이런 곳에서 『헤겔 논리학』이 허용되었으니 가관이고, 하타노(波多野精一)의 『서양철학사』 따위도 일본인에게만 허가되는 형편이다. 그리고 소위 외국어의 원서라면, 수부계(受付係)에서 무조건 각하시켜 버리는 모양이다.

　　이것은 언젠가 내가 재판소의 넓은 비둘기 통에서 조선의 모든 감옥을 거의 빠짐없이 돌아다녀 보았다는 어느 사기꾼 일인(日人)에게서 들은 이야기인데, 규율이 엄격하기로는 부산이 서대문보다 못하지 않으리라는 것이었다. 하기야 독방과 잡거방이라는 차이도 있었겠지만, 나의 경험에 비추어 보면 부산은 무서운 시어머니의 눈앞 같았고, 대구는 내 집 사랑방과 같은 감이 들 정도였다.

　　그리고 '형사 피고인은 서신에 있어서 횟수에 관계하지 아니한다'라는 감옥법의 소정(所定)이 있음에도 불구하고, 부산에서는 보통 주에 1통밖에 편지를 쓸 수가 없다. 이것은 하루에 3통씩의 서신을 허용하는 대구와 비교하면 너무 심한 차이였다.

　　또 특기할 만한 부산형무소의 특색이 한 가지 있다. 이것은 정작 재감 중에는 몰랐으나 다른 동지가 들어갔을 때에 차입도 하고 면회도 하러 다니다가 속속들이 안 일인데, 그것은 그곳의 수부계에 있는 일본 부인이 이상하리만큼 친절하다는 사실이었다. 분명히 하기 힘들고 어려운 일도 그녀의 친절로써 어렵지 않게 해결된 전례가 한둘이 아니었다. 그리고 이러한 그 부인의 친절은 특정한 시간, 특정한 사람에게만 그러는 것이 아니라 언제나 누구에게나 한결같이 그러하였다.

　　내가 근자에 몇 번 서울 근처에 있는 모 형무소에 볼일이 있어서 가본 적이 있는데, 그곳 수부계에 있는 조선 사람의 못된 소행과 처사를 보고는 문득 그 부산의 명물이 생각났다.

자료 300 | 「감옥의 향토색, 부산·대구·서대문·해주·평양」, 《동광》 제27호, 1931. 11. 10.

황애덕,[50] 〈대구여감의 0141호〉

　　1919년 '애국부인회(愛國婦人會)' 사건으로 9명의 동지와 함께 미결까지 합하여 3년 동안을 대구감옥에서 살았습니다. 세월은 흘러서 10여 년이나 지났으니 그간 다소 변화가 없지도 않을 것입니다마는, 인간의 별천지인 감옥에 무슨 큰 변화가 있겠습니까. 그때에 정든 세상과의 인연을 뚝 끊고 끌려간 조그만 세상은 꺼먼 널판장으로 둘러싸여 있었습니다. 그까짓 널판장 하나 성큼 뛰어넘었으면 다시 자유로운 세상에 돌아올 것을… 그러나 판결이 난 후의 나의 이름은 '0141호', 뻘건 옷깃에 이름을 달고 일 잘한다고 상표(賞標)까지 단 충실한 감옥 나라 사람이었습니다.

　　집은 벽돌집, 남감(男監)이 사랑채라 하면 여감(女監)은 안채, 그러나 이 두 집 사이에는 누구나 범접하지 못할 담장이 가로막혀 있습니다. 그 담장의 꼭 닫힌 문을 빙싯 열고서 드나드는 사람은 오직 밥 나르는 무기형수(無期刑囚)들일 뿐입니다. 이 사람들이 밥을 날라다 여감 문 앞에 놓아 주면 옷 입은 여자들이 들고 옵니다.

　　여감의 감방은 일곱인데, 동서로 늘어진 낭하가 다한 끝에는 미결방이 있고, 그 오른쪽에 절도방이 있으며, 낭하를 따라 동쪽으로 꺾이면서 방화방·살인방·강간방 등 다섯 방이 주르르 나란히 해 있습니다. 내가 처음에 들어갔던 방은 절도방인데, 3칸에서 더 되지도 못하는 구형방(矩形房)[51]에 제일 많이 있을 때에는 24명, 보통 20명이 있었습니다. 빗장을 열고 벙싯 감방문을 열었다가 덜컹하고 다시 문이 닫혔다고 상상해 보십시오. 그 덜컹하는 소리가 어떻게 음산하고 처량하고 무서웠던지 모르겠습니다. 그 닫힌 문을 바라보면 밥 구멍이 있고, 그 조금 위에 간수들이 10분 만에 한 번씩 감시하는 감시구멍이 있습니다. 밖에서 쇳조각을 달싹 들고 책(栅)을 통하여 겨우 두 눈을 반짝거리고 보는 일본 여간수가 있습니다.

---

[50] 황애덕(黃愛德, 1892~1971): 이명 황에스더, 황애시덕(黃愛施德). 평남 평양 출신. 1913년 비밀결사 송죽결사대를 조직하고 군자금 모집 활동을 했다. 1919년 2·8독립선언에 참여했다. 대한민국애국부인회 가입, 총무 겸 편집인으로 활동했다. 1919년 11월 일제 경찰에 체포, 징역 3년을 선고받고 대구감옥에서 옥고를 치렀다. 1990년 건국훈장 애국장(1977년 건국포장)이 추서되었다.

[51] 구형방(矩形房): 직사각형의 방을 말함.

문과 마주 대한 담벽에는 높다랗게 유리로 막은 두 구멍이 있을 뿐, 공기구멍도 아무것도 없습니다. 꼭꼭 배기는 나무 판장에 스무 명이나 되는, 빨간 옷 입은 사람들이 머리와 다리를 어긋나게 해서 반대 방면으로 두고 누웠을 때에, 널판 담벽 틈 사이에는 빈대가 일제히 공격을 시작하려는 듯이 횡대(橫隊)로 정렬하고 있는 데다, 말도 마십시오. 이(虱)는 또 어떻게나 많은지, 그리고 옴, 한편 구석에는 똥통이 있습니다. 이것을 매일 한 번씩 여감 문밖에 메다 두면 남감에서 우리가 알지 못하는 새에 내다 버려 줍니다.

우리의 전 재산은 이것이고, 이 밖에 하루에 한두 장씩 주는 휴지가 있습니다. 이 휴지야말로 감방 내의 지폐보다 더 귀한 물건입니다.

우리의 일은 하루에 무려 13시간 동안입니다. 그런데 밥은 콩수수밥에 소금. 그때의 우리 몇 사람은 매일 한 끼씩 차입이라는 특별한 특점(特點)을 받아서, 요행히 한 끼도 식사에 부족을 느끼지 않았습니다마는, 나는 콩밥에 소금국을 먹다가 이를 다쳐서 지금도 성하지 못한 채로 있습니다. 그 밥이야말로 더러운 물건의 쓰레기통, 세상의 부정한 물건은 다 들어 있으니, 그것을 먹고도 사는 사람이 용하지요. 나는 그때부터 위생이란 소용없는 것으로 알게 되었습니다.

내가 또 한 가지 감옥에서 남겨 가지고 온 것은 다리 아픈 증세인데, 하루에 13시간이나 일본 사람같이 꼭 쭈그려 앉아서 일을 하니 죽을 지경이었습니다. 우리가 일하도록 널판장으로 만든 집에는 그냥 흙에다가 가마니 짜던 거적대기를 펴 놓은 것이 방바닥이었는데, 그 습한 것은 둘째로 하고, 깔고 앉는 방석이라는 것이 볏짚으로 엮어져 있어 꼭꼭 배겨서 죽을 지경이었습니다. 그 고통을 잊어버리려고 부리나케 바느질을 하는데, 같은 사건으로 들어갔던 우리 몇 사람은 다른 사람이 두서너 벌 하는 새에 여덟 벌까지 해보았습니다.

목욕은 1주일에 한 번. 한 목욕탕에 여감수(女監囚) 120~130명이 다 하고 나면 맨 마지막에는 흙탕물. 세상 싫은 것이 목욕이었습니다. 겨우 3분 동안이지마는 도리어 1분간도 아니했으면 했습니다.

내가 있는 방은 절도방이었는데, 제일 고약했습니다. 사람들이 어떻게나 더럽고 마음씨가 나쁜지 서로 엇바꿔 누워 있으면서 창자가 꿰지게 쿡쿡 차고 야단이니, 그 광경이야말로 굉장하지요. 싸움과 욕설 – 간수의 말도 듣지 않고 – 하루에 2, 3분씩 운동 겸 바람을 쏘이는 것, 때리는 것, 밥 조금 주는 것 등 어떤 형벌을 가해도 듣지 않았습니다. 사람들이 어떻게나 고약한지 한번은 내가 미결로 있을 때 차입 들인 옷을 입고 있었는데, 내가 잠이 들은 줄 알고 막 코를 비비고 침을 콱콱 뱉었습니다. 암만 일러도 듣지 않기에, 한번은 고약한 것이라고 호령을 했더니 그제야 좀 나아졌습니다. 그 후에는 일요일 오후(오전은 일요일에도 불구하고 일을 했음. 그때에 여간수는 모두 기독교인이었습니다)마다 글도 가르치고 성경 말씀도 하여 주었더니, 그 후부터 선생님, 선생님 하면서 따랐습니다. 그리고 제각기 자기 방 선생님들(우리 아홉 사람)이 좋다고 자랑들을 했습니다.

우리 몇 사람에게는 특별히 공동 면회로 서양 부인이 와서 기도도 하곤 하였습니다. 보통 개인 면회는 면회실에서 담 구멍을 통하여 서로 말하다가 시간이 얼마 되기도 전에 간수가 구멍문을 닫아 버리는 것 같았습니다. 독서는 미결 때에는 언제든지 두 책을 보고 나면 다른 두 책을 들여 주었는데, 기결에서는 일하기에 책 볼 여가가 없었습니다. 감방 내의 통신은 휴지에다 무슨 꼬챙이로 꼭꼭 자리를 내서 쓰면 소제하러 다니는 무기수가 눈치 빠르게 전하여 주는데, 간수의 눈을 숨겨 가면서 밀서(密書)를 전하는 민첩한 수완은 놀랄 만합니다.

간수는 전부 일본 여자로서 6명인데, 그중에 '호랑이'란 별명의 혹독한 여간수가 있어 그녀가 눈만 뜨면 보통 죄수들은 부들부들 떨었습니다. '요호'란 별명의 여간수는 감시구멍으로 들여다보고는 우리가 추워서 머리와 다리를 반대 방향으로 놓고 꼬부라지게 누워 있으면, "큰 생우(새우), 작은 생우 잘 논다" 하면서 놀려 대고 눈을 반짝이며 다녔습니다.

철이 바뀌어 세상에서는 겹것을 입을 때에 홑것을 그냥 입고, 이불 하나 없이 있을 때에는 사실 여간 춥지 않았습니다. 홑것을 벗고는 곧 속옷을 입으니까요. 이때 추운 것과 더러운 목욕, 또 한 가지 더러운 옷 깁는 것 – 옷은 우리가 깁지만, 옴·임질 등 각가지 병균이 진득진득하는 옷 전부를 남감 죄수가 빨아 오면, 그 빨래했다는 것이 안 한 것만 못하게 먼지가 펄썩펄썩 나는 그 옷 깁는 것 – 이 세 가지는 나에게 가장 겪기 어려운 삼대(三大) 고통이었습니다. 빈대·이를 타는 사람은 그것이 제일 괴로웠을 것이지마는….

하루는 100여 명이나 되는 빨간 옷, 퍼런 옷 입은 여죄수가 쭈그리고 앉아서 분주히 바늘을 옮기고 있을 때에, 전옥(典獄)이 들어와서 우리 몇 사람의 이름을 부르고 가출옥을 명하였습니다.

그때 모든 죄수들은 간수의 말리는 소리도 듣지 않고 우리가 나가는 것을 아껴서 목을 놓아 울었습니다.

그들은 우리가 있을 동안 3년 지난 것이 사흘 지난 것 같이 재미있었다고 하였습니다. 나는 그들이 울 때에 서로 정답게 글도 배워 주던 생각을 하고 그들과 좀 더 같이 있었으면 하는 마음마저 들었습니다. 그때 있던 사람 중에 아직도 남아 있는 사람은 없겠지만, 대구형무소를 한번 찾아보고 싶습니다.

자료 301 | 「감옥의 향토색, 부산·대구·서대문·해주·평양」, 《동광》 제27호, 1931. 11. 10.

송봉우,[52] 〈옴 감옥 서대문감옥〉

전국 감옥을 한번 죽 둘러보면서 그것들의 특색을 하나씩 집어낸다면, 신의주감옥은 적수(赤水) 감옥 – 적수란 것은 이 감옥의 물이 붉어서 흰 물건을 물에 담그면 곧 적색으로 변한다는 뜻 – 이고, 경성감옥은 일 감옥, 대전감옥은 몽둥이 감옥, 대구감옥은 싸움 감옥, 함흥감옥은 쌍간나 새끼 감옥, 청진감옥은 생선 감옥, 해주감옥은 외양(外樣) 감옥, 그리고 서대문감옥은 옴 감옥이다.

나는 우선 옴 감옥인 서대문감옥의 이야기를 써 보기로 하겠다.

전면에는 북악산이 우뚝 솟아 있고, 뒤로는 길마재가 굽어 보이는 소위 금계동(金鷄洞)이란 곳에 서대문감옥이 좌정(坐定)하고 있다.

거기는 수많은 혁명가와 지사를 비롯하여 강도·절도·사기 등등으로 잡혀 들어온 수형자들을 수용하고 있는데, 이 속에 들어와 보면 바깥에서 곁눈질로 보던 것과는 아주 딴판으로 조그마한 사회를 이루고 있다. 키 큰 놈·키 작은 놈·잘난 놈·못난 놈·어린이·나이 많은 이·젊은이·여인 등등 가지각색의 인간이 살고 있다.

---

[52] 송봉우(宋奉瑀, 1900~1950): 이명 송덕만(宋德萬). 경북 하동 출신. 1920년 일본 유학 중 조선인고학생동우회를 결성했다. 1922년 일본노동총동맹 주최 메이데이 행사에 흑도회 간부로 참가하고 연설을 하였다. 1922년 김약수 등과 사회주의 단체 북성회를 조직하고 1923년 집행위원으로 활동했다. 8월 국내 귀국 후 각지에서 강연 활동을 했다. 1924년 11월 북풍회 결성, 집행위원으로 활동했다. 12월 경성청년회 조직, 집행위원으로 활동했다. 1925년 4월 조선공산당 창립대회 참석, 중앙검사위원으로 선출되었다. 1926년 '제1차 조선공산당사건'으로 체포, 1928년 2월 징역 2년 6월을 선고받고 서대문형무소에서 옥고를 치렀다.

의복은 이 사람 저 사람 할 것 없이, 사회에서야 돈이 있고 지위가 있었든지 없었든지, 또는 정치범이든지, 잡범이든지 모두가 다 붉은 옷을 입고 있다. 밥은 두말할 것 없이 콩밥이고, 반찬은 거의가 된장국·무말랭이, 또 1주일에 한 번씩 생선토막이 든 미역국·콩기름 등등이요, 가을이 되면 파국·호박국·배춧국도 준다. 이 반찬들 가운데 여름철에는 감자가 맛있다. 그 맛이야말로 명월관 요리나 조선호텔 요리 따위는 명함도 못 내밀 정도이다. 그토록 맛있다는 것은 요리를 잘하여서가 아니라 그 안에 있는 사람들의 입에는 그렇게 맛이 있다는 말이다.

음식으로 말하면 과히 나쁘지는 않은 편이다. 그러나 지금의 소장이 오기 전에는 음식이 형편없었던 모양이다. 밥은 콩밥이 아니라 돌밥이었다는 것이다. 그래서 어느 장난꾼은,

삼식석반(三食石飯) 모두 식(食)
명월철창(明月鐵窓) 쿨쿨 숙(宿)
한조옥산(恨鳥獄山) 뻐꾹 곡(哭)
백의성용(白衣聖容) 줄줄 루(淚)

이란 시를 지었다. '석반'이란 것이 내가 지금 말하는 서대문감옥의 밥이었다. 그러던 것이 먼저 투옥된 동지들이 새로 부임해 온 요코야마(橫山) 소장에게 강력하게 건의하여 음식·위생·운동 등이 개선되었다. 그래서 그 후부터는 밥에 돌도 그리 많지 않았고, 또 반찬 등도 좀 나아졌던 것이다.

빈대도 명물이다. 그러나 이것쯤은 사바(娑婆)에도 있는 곳은 있는 것이니 그다지 대수로울 건 없겠지만, 옴만은 명물임에 틀림없다. 수형자들이 신체검사를 받을 때는 모조리 옷을 벗는다. 그럴 때면 그들의 몸에서 푸릇푸릇하게 멍든 것 같은 자국을 허다히 볼 수 있는데 이것이 바로 옴독이다. 옴독이라도 그처럼 흉한 것은 처음 보았다. 10명 중에 6, 7명은 모두가 옴쟁이이다. 이것을 어떤 사람은 콩독이라고도 말하지만, 콩독이 아니라 옴독인 것이다.

전 조선의 어느 감옥을 물론하고 옴으로는 서대문 감옥이 제일일 것이다. 옴 감옥인 서대문 감옥에 대한 이야기는 수없이 많지만 이만 줄이기로 하자.

자료 302 | 「감옥의 향토색, 부산·대구·서대문·해주·평양」, 《동광》 제27호, 1931. 11. 10.

원철,[53] 〈해주형무소의 특색〉

내가 처음으로 형무소 안에 발을 들여놓을 때가 오후 8시경이었다. 해주에서도 유명한 화강암으로 높다랗게 철벽을 쌓아 놓은 우중충한 감옥 속으로 싸늘한 밤공기를 헤치고 끌려 들어가게 되었다. 삼라만상이 죽은 듯이 고요한 정적 속에, 일찍이 맛보지 못한 음산한 공기와 우울한 기분은 몹시도 예민하던 나의 신경을 여지없이 짓밟는 것 같았다. 해주의 형무소는 건물로도 굉장하지만, 위치에 있어서도 경치 좋기로 유명한 남산 줄기를 타고 내려간 삿갓재(笠嶺)라는 곳에 둘러앉아 있었다. 견고하고 웅장하기로도 전 조선에서 손꼽힐 정도였다. 화강암이 많은 해주이니만큼 형무소의 외벽으로부터 담 안에 있는 조그만 정물(庭物)에 이르기까지 전부가 흰 화강암으로 되어 있었다. 설립 이래 몇 개 성상(星霜)이 흐르기까지 한 번도 파옥(破獄)이 없었고, 탈주수(脫走囚)도 비교적 적은 것을 보더라도, 얼마만큼 견고하게 만들어져 있는가는 상상하고도 남음이 있을 것이다.

총 대지의 평수는 자세히는 모르나 약 3만 평쯤 된다고 했다. 그리고 정문은 북향으로 나 있고 후방은 남산으로 둘러싸여 있었다. 물론 산복(山腹)에는 조그마한 집 속에서 종일토록 간수가 지키고 있었다. 그리고 정문을 향하여 왼편으로 여감(女監)이 있고, 오른편 제일 북쪽 끝에 있는 것이 구치감이다. 이것은 내가 감옥 안에서 생활한 지 약 1개월 후에 안 일이었다.

처음에 조실(調室)이라는 곳으로 들어가서 푸른 옷으로 갈아입고 나서 소위 상관실이라는 방으로 끌려 들어가 주소·성명·직업·전과(前科)의 유무를 확인한 다음, 곧바로 간수부장이 끌고 구치감으로 향했다. 구치감 문을 들어서자 제일 먼저 눈에 띄는 것이 시멘트 바닥에 감방 앞을 따라서 깔아 놓은 멍석 비슷한 것이었다. 아마 이것은 수인들을 지키는 간수들의 발자국 소리가 들리지 않게 하기 위함인 것 같았다.

감방에 들어가기 전에 다시 한 번 의복 전부를 벗겨 보고 심지어는 수건까지도 자세히 훑어본다. 그리고는 감방문을 열어 그 속으로 처넣는데, 그 제꺽 하고 문 여는 소리가 처음 듣는 나에게는 몹시도 듣기에 거북스러웠다.

---

53 원철(元鐵)[이명 원갑철(元甲鐵)]에 대해 알려진 바가 없어 행적을 확인하기 어렵다.

내가 처음 들어간 감방은 12방(잡방)으로, 정면에는 표시기(標示器)가 있고 좌측에는 문이 있었다. 문에는 간수의 눈이 겨우 보일 만하게 구멍이 뚫어져 있고, 아래로 밥을 넣어 주는 구멍이 있었다. 그리고 좌측으로는 얼굴과 상반신이 보일 만하게 또 하나의 구멍이 나 있었다. 그리고 이 두 구멍은 모두 철망으로 막아져 있었다. 후방에는 창이 두 개 있으나 몹시 높이 뚫어져 있어서 외경(外景)은 물론 산도 안 보였다. 이것도 모두 철장으로 무겁게 가로막혀 있었다. 이상은 어느 감옥이나 대체로 같을 줄 안다. 그 이외에는 세면도구와 음료수 통과 그리고 목제로 된 변기가 놓여 있었다.

밤 9시가 되면 취침을 시킨다. 침구는 한 장에 3명씩 덮도록 되어 있는데, 차디찬 마룻바닥에 얇은 자리 한 장을 깔고 자도록 되어 있다. 아침 7시에 종소리를 듣고도 무슨 종소리인 줄 몰랐는데, 알고 보니 기상하라는 것이었다. 형무소에 대한 지식이라든지 경험이라곤 조금도 없는 나에게는 모든 것이 심란하고 괴로울 뿐이었다.

기상한 지 2~3분 후에 점검이 시작되는데, 간수부장이 직접 수인들의 머릿수를 맞추어 보는 것이다. 이때에는 간수부장에게 예(禮)를 해야 되는데, 만약 예를 하지 않는다든지 했다간 그야말로 곤욕을 치르게 되는 것이다.

사상범이 적다 보니 나도 잡범들과 똑같이 난폭한 대우를 받아야만 했다. 점검이 끝난 뒤에 간수가 이 닦으라고 소금을 준다. 세면이 끝나면 식사 시간이어서 콩밥을 들여 주는데, 호미(胡米)와 좁쌀에 콩을 섞어서 지은 밥에 아라비아 숫자의 번호를 박아서 한 덩어리씩 나누어 준다.

우리는 이 콩밥을 한 덩어리씩 먹고 살아가게 되는데, 가끔 들어오는 사식(私食)은 자기 이외에는 아무하고도 나누어 먹을 수가 없다. 만약 다른 사람과 나누어 먹다가 들키게 되면 준 사람이나 얻어먹은 사람이나 똑같이 감방 밖으로 끌려 나가 그야말로 실컷 두들겨 맞고 곤욕을 치른다. 그리고는 벌로써 사식과 사복(私服)을 15일간이나 정지시키고, 이러한 범칙(犯則)을 3~4회 거듭하게 되면 아주 사식을 끊어 버리는 것이다.

식사가 끝난 뒤에는 검방(檢房)이 있고, 검방과 동시에 운동도 시킨다. 운동이라야 고작 구치감 앞의 정원에 서 있는 벚나무를 3~4회 돌고 들어갈 뿐이다.

조선인 간수는 절대로 구치감을 지키지 않는다. 왜 그런지 일본인 간수들만이 구치감 경비를 담당하는 것이다.

그리고 목욕은 1주일에 한 번씩 있으나 5분 동안밖에 시키지 아니한다. 면회도 어느 감옥이나 마찬가지이겠지만, 가족 이외에는 할 수가 없다.

가끔 간수의 난폭한 행동이나 감방 내의 위생상 불철저한 사유를 건의하기 위하여 소장을 면회하려고 하지만, 그들이 끝끝내 들어 주지 않으므로 수인으로서 소장을 면회한다는 것은 불가능하다.

서신에 대해서는 미결감에 있어서는 10일에 1회씩으로 형무소 규칙에 정해져 있지만 실제로는 1개월에 두 번씩밖에 허락하지 않았다. 또 편지에는 영어나 외국어를 쓰지 못하게 하는데, 이것은 해주 형무소의 정책이 그래서인지, 그렇지 않으면 간수들의 지식수준이 천박하여 검열하기에 곤란해서 쓰지 못하게 하는지 알 수 없었다.

서적 차입에 있어서도 학교 교과서 아니면 사전 따위에 한정하고, 사회과학서적 같은 합법적인 출판물도 들여보내 주지 않는 것이 바로 해주형무소의 특색일지도 모른다.

나는 예심에서 약 6개월 동안 있었으나 그동안에 한 번도 출정해 본 적이 없었다. (중략) 이 외에도 하고 싶은 말이 많지만, 자유로운 몸이 못 되는 나로서는 여기에서 졸필(拙筆)하려 한다.

자료 303 | 「감옥의 향토색, 부산·대구·서대문·해주·평양」, 《동광》 제27호, 1931. 11. 10.

이강,[54] 〈평양형무소의 11공장〉

상해 임시정부 의정원 의장이 되었던 것이 그 원인이 되어 제령 및 치안유지법 위반으로 미결까지 합하여 2년 6개월의 형을 마치고 나온 1607호의 술회!

---

[54] 이강(李剛, 1878~1964): 호 오산(吾山). 평남 용강 출신. 1904년 안창호와 함께 미주 공립협회를 창립했다. 1905년 《공립신문》 주필. 1907년 4월 신민회를 창립했다. 1908년 2월 러시아 블라디보스토크에서 《해조신문》 창간에 참여하고, 6월 《대동공보》 편집인 및 주필로 활동했다. 1909년 10월 대동공보사에서 수립된 이토 히로부미 처단 계획에 참여, 안중근과 대동공보사 사이의 연락 업무를 담당했다. 1919년 9월 강우규의 사이토 마코토 조선총독 폭탄 투척 의거에 연루되어 러시아에서 체포, 국내로 압송되어 50여 일 구금되었다. 1919년 대한민국 임시정부 의정원 의원, 부의장, 의장을 역임했다. 1928년 중국 복건성 하문(廈門)에서 강연 중 일제 경찰에 체포되어 평양으로 압송, 징역 3년을 선고받고 평양형무소에서 옥고를 치렀다. 1962년 건국훈장 독립장이 수여되었다.

곳은 평양, 평양의 암정(岩町)형무소, 널판장 한 겹으로 세상과 인연을 끊은 이곳에는 감방 다섯이 있으니, 외부는 목제이지만 내면은 차디찬 시멘트로 되어 있습니다. 마룻바닥 한편 구석에는 변기가 놓여 있고, 뒤에는 쇠 그물로 가리어진 창이 있지만, 통풍구와 밥 구멍이 있는 무거운 문을 덜컥 열고 한번 들어가는 날이면 낮인지 밤인지 구별할 수가 없습니다.

그 죄상의 정도에 따라서 캄캄한 암처(暗處)에 가두는 등 형무소 내의 형벌이 여러 가지 있지만, 한편으로는 그 질서를 유지해 나가기 위하여 품행 단정하고 옥칙(獄則)을 잘 지키는 사람에게는 상표를 붙여 주고, 불량(不良)에서 우(優)가 되어 상표를 많이 달게 되면 가출옥까지 시켜 주는 일이 있습니다. 상표를 붙인 사람은, 음식에의 차별은 없지만 쇠사슬 줄에 매여서 간수에게 끌려다니지 아니하고 '독보(獨步)'의 특점(特點)을 가질 수 있습니다. 그러나 상표고 무엇이고 죄수야 똑같은 죄수이지요.

밥은 호미에 콩밥, 쌀 구경이라고는 하지 못합니다. 반찬이라고는 소금, 그 밖에 아침에는 소금국을 주고 저녁에는 된장국을 얻어먹습니다. 만일 밥 먹을 때에 물을 많이 먹어 두지 않으면 갈증이 나서 견딜 수가 없습니다. 그러나 여름에나 물을 조금 줄 따름입니다.

콩밥을 얻어먹고 하는 일이란 담배 물부리·구두·양복 만드는 것, 그물뜨기·새끼 꼬기, 그 밖에 벽돌찍기·영선(營繕) 등이 있지마는 제일 많은 것은 한 가지가 6할가량이나 차지합니다.

우리 50여 명이 일하던 곳은 11공장으로, 여기서는 마음대로 고집을 부려도 어지간한 일이면 간수들도 할 수 없이 묵인하여 줍니다. 그런데 평양형무소 공장에서는 대변을 못 보게 하여서 그 자리에서 뒤를 보는 희비극도 연출되지마는, 11공장에서는 그렇지 않습니다. 누구나 간수 앞에 뚜벅뚜벅 걸어가서 꾸벅 절을 하고는 자유로이 대변표를 집어 들고 화장실에 갈 수 있습니다.

그러다가 형무소 투쟁이 심해진 까닭에, 처음에는 잡범들과 함께 수감시켰던 정치범도 내가 나온 지 얼마 후에는 선전(宣傳)한다고 하여 따로 갈라 있게 되었다고 합니다.

옥내의 통신은 간수의 눈을 피해 가면서 휴지에다가 감추어 두었던 연필알로 희미하게나마 끄적거리하곤 했습니다. 옥외의 통신은 발신이 2개월에 한 번, 수신은 얼마든지 받을 수 있습니다. 그러나 발신도 특별한 경우에는 특별히 할 수 있으며, 이력만 나면 더 할 수도 있습니다.

면회도 두 달에 한 번, 감방과 떨어져 있는 조그마한 방에 끌려 나가면 휘장이 열리고 거기에 나를 찾아보러 온 사람이 서 있는데, 하던 말이 뚝 끊어지고 서로 쳐다만 보는 때는 30분이라는 면회 시간이 3분도 못 되어서 휘장이 닫혀 버립니다. 더 말하게 하라고 휘장을 열어 주기도 합니다.

감방에서 제일 많은 병은 옴인데, 그것을 왜 그러는지 '다무시'라고들 합니다. 늑막염·감기 등으로 앓는 사람도 많은데, 위생이라고는 1주일에 한 번씩 더러운 물에 불과 10분 동안 목욕하는 것뿐이고, 방 안에 세숫대야 하나 주지 않으니 감방 내의 빨간 옷 입은 생활에 오복(五福)이 있다고 한들 시원한 것이 무엇 있겠습니까?

다른 형무소도 그렇겠지만, 우리가 형무소 내에서 오복이라고 하는 것은 양소(良少)·체소(體少)·언소(言少)·심소(心少)·형기소(刑期少)의 다섯 가지 모두 적은 것만이 큰 복인데, 나는 제소·양소·언소 세 가지 복을 가졌습니다.

자료 304 | 《새벽》 1957년 4월호.

김정련,[55] 〈형무소의 도산 선생 - 2081호의 오물바가지〉

4264년(1932년) 4월 29일, 윤봉길(尹奉吉) 의사가 상해 홍구공원(虹口公園)에서 일본군 최고 지휘관 시라카와(白川義則) 대장 등을 폭살시키려던 사건이 생겨 한국인이 대수색을 당하던 때의 일이다.

---

[55] 김정련(金正連, 1895~1968): 평북 용천 출신. 1919년 전남 광주 숭일중학교(崇一中學校) 교사로 재직하면서 항일 연설을 통해 민족의식을 고취하다가 일제 경찰에 체포되어 징역 8월, 집행유예 2년 6월을 선고받고 옥고를 치렀다. 1920년 10월 부한청년단(扶韓靑年團) 단원 최양옥(崔養玉)·신덕영(申德永)·노형규(盧衡奎)와 함께 대동단(大同團) 단원 전협(全協)과 연락을 취하며 전남 각지에서 군자금 모집 활동을 전개했다. 이후 해외로 망명하여 블라디보스토크에서 '남석동(南石洞)'이라는 한인촌을 건설했고, 중국 산서성(山西省)에서 최양옥·신덕영·안창남(安昌男) 등과 항일결사 공명단(共鳴團)을 조직, 부단장에 선임되었다. 1929년 4월 최양옥·이선구(李善九) 등과 함께 군자금을 모집하기 위해 국내로 잠입했다. 4월 20일 서울 교외 망우리에서 우편물 수송차를 습격, 양주군(楊州郡) 백봉산(白峯山)에서 일제 경찰과 교전 끝에 체포되어 치안유지법 위반 등으로 징역 8년을 선고받고, 서대문형무소에서 옥고를 치렀다. 수감 중인 1932년 윤봉길 의거에 연루되어 체포, 국내로 압송된 안창호가 옆 방에 수감되었다. 안창호에게 '통방'하는 방법인 '타벽통보법'을 알려 주려다 간수에게 발각된 일화를 기록으로 남겼다. 1962년 건국훈장 독립장이 추서되었다.

도산(島山) 안창호(安昌浩) 선생은 마침 친구의 아들 생일에 선물을 주려고 그런 사건이 벌어진 줄도 모르시고 나섰다가, 그 집에서 일본 관헌에게 검거되어 5월 하순에 서울 서대문 왜(日)감옥으로 압송되어 오셨다.

나는 그때 평양에서 세 번, 광주에서 두 번 감옥살이를 하다가 중국으로 망명하였었으나, 다시 천진 일본 외무성(外務省) 감옥을 거쳐, 조선독립군 공명단(共鳴團) 부단장(副團長)으로서 경춘가도(京春街道)에서 일본 총독부 우편차(郵便車)를 습격하였다가 붙잡히어 서대문 감옥에서 2081호의 패를 달고 9년 징역의 복역 중에 있었다.

당시 서대문감옥 안에서도 교수대 북쪽에 있는 신감(新監) 4동 72개 감방들은 전부 왜적의 눈에 개전의 빛이 전혀 없다고 단정된 중대 정치범들만 가두어 두는 특수 감방이었는데 도산 선생은 마침 내가 들어 있는 6호실과 벽 하나 사이인 7호실에 입감되셨다. 5호실엔 도산 선생보다 먼저 투옥되신 몽양(夢陽) 여운형(呂運亨) 씨가 계셨고, 8호실엔 오동진(吳東振) 씨가 계셨으며, 그 상하좌우로 김준연(金俊淵), 최양옥(崔養玉), 신덕영(申德永), 이선구(李善九), 김약수(金若水), 권오설(權五卨) 씨 등 그 밖에도 많은 동지들이 각각 숨 막힐 듯한 좁은 독방 속에서 신음하고 있었다.

독방은 대개가 다다미 한두 장 깔릴 만한 채광이 잘 안 되는 비좁은 방이었는데 그 속엔 조그만 똥통이 하나 놓였을 뿐이다. 겨울엔 얼음 창고 같은 감방 안에서 손발이 전부 동상(凍傷)을 입어 칼로 썩은 살을 베어 내어야 했고, 여름엔 한증막 같은 속에서 땀을 줄줄 쏟으며 피부병으로 고생을 해야 했다.

봉투를 붙이든가 그물을 뜨는 작업으로 하루해를 보내는 우리 홍의(紅衣) 동지들은 비록 생지옥에서 묵묵히 버림받은 생활은 하고 있을망정 말 없는 투쟁을 언제나 계속하고 있었다.

두께가 2척이 넘는 시멘트 감방 벽을 딱딱 두드리는 소위 타벽통보법(打壁通報法)을 극비밀로 사용하여 울분을 푸는 것이었는데, 이를테면, 3·1절이나 국치일(國恥日)엔 작업을 하지 말자든가, 내일은 안중근 의사께서 원수 이등방문을 쏘아죽인 날이니 우리는 작업을 일체 중지하자든가 하는 것을 서로 전파식으로 연락하여 '대한독립만세'를 소리높이 부르고 동맹파업으로 왜적에게 대항 투쟁하는 것이었다.

그런데 당시 본국 내에서 독립운동을 하다가 투옥된 동지들은 타벽통보법에 능숙하여 암호 연락이 잘되었지만, 해외에서 검거 투옥된 동지들은 대개 그 암호법을 모르는 것이었다. 그래서 중간에서 암호 연락이 두절되어 곤란하지 않도록 그 옆방 동지가 그것을 가르쳐주어야 하는데, 유난히 감시가 심한 특수감방에서 암호를 가르친다는 것은 무서운 모험이었다. 그러나 어떤 중대한 사건을 일으키려던 가, 또는 어느 방에 누가 새로 입감되었다든가 하는 소식을 전할 때, 중간에서 두절되면 모르는 동지에게 어서 암호를 가르쳐 드리라는 독촉이 사방에서 빗발치는 것이었다.

그때 일본인 간수는 말할 것도 없고, 조선인 간수 중에도 일본인 간수 이상으로 정치범에게 무지하고 악독하게 대하는 자가 많았는데 그 가운데는 평북 삭주인(朔州人) 차억부(車億富), 평북 창성인 강연명(姜淵明)의 두 교무계 통역간수와 간수장으로 있던 평북 용천인 문치연(文致然)만은 간간히 극비리에 국내의 정세를 알려 주었고, 특히 동지들의 어느 누구가 어느 방에 새로 입감되었다는 등 여러 가지 소식을 알려 줌으로써 우리들을 위로해 주는 것이었다.

나는 쥐를 잡으려는 고양이 눈같이 매섭게 번득이는 순찰간수들의 눈초리를 피해 가면서 두 주일 동안에 여운형 씨에게는 타벽통보법을 가르쳐 드리기에 성공했으나, 도산 선생이 계시는 7호 감방만은 전후좌우에 너무도 감시가 심하여 도무지 엄두를 낼 수가 없었다. 그러다가 한 달에 두 번 작업을 쉬는 어느 일요일, 드디어 나는 결심을 하고, 칼 위에 올라서는 아슬아슬한 기분으로 도산 선생에게 암호법을 가르치기로 하였다.

그중에도 조금 마음이 좋은 편이라고 평이 있는 간수가 교대해 들어온 틈을 타서 감방 안에 있는 변기통의 뚜껑을 열고 그 속에 들어냈다 집어넣다 하게 되어 있는 똥통을 꺼내어 도산 선생이 계시는 7호 감방 벽 쪽에 바싹 대어 놓고 뚜껑을 덮고 그 위에 똥통을 올려놓았다.

그리고 그 위에 올라서니 6호실과 7호실 사이 가장 높은 곳에 5촉 전등알을 끼워 놓고 유리로 꽉 밀폐한 곳에 내 손이 닿았다. 내가 손가락으로 유리를 톡톡 두드리니까 도산 선생은 방 안에 일어서서 발 뒷축을 고이시고 응응 무엇 무엇 하신다. 순간 나는 숨 가쁘게 울렁거리는 가슴을 억제하면서 타벽통보법을 가르쳐 드리기 시작하였다.

2081호 - 미친다나!

그러나 얼마 안 되어 나는 가슴속의 고동이 딱 멎는 것을 느꼈다. 온몸이 후들후들 떨려서 얼결에 뛰어내리다가 똥통을 걷어차서 뒤집어엎고 말았다.

복도에서 지키는 간수에겐 발각이 안 되었는데 바깥으로 순찰 중이던 간수에게 그만 들키고 만 것이었다. 당황한 중에도 우선 변기를 제자리에 갖다 놓는 것은 잊지 않았다. 만약 벽으로 통보한 것이 발각되면 두 사람은 용서 없이 계호계(戒護係)로 끌려가서 팔과 다리가 부러지고, 눈알이 빠지도록 매를 맞고, 두 손을 뒤로 묶여 수갑을 채우고, 발에는 무게가 다섯 관이나 되는 소위 철제 땅방울을 달고 3분지 1의 감식(減食)벌을 받는 동시에, 총독부에 보고하여 2·3년의 가형까지 받게 될 것이다.

달려와서 감시구로 들여다보는 간수에게 나는 눈 딱 감고 두 손으로 똥을 퍼서 확 뿌렸다. 미친 척하자는 것이다. 그럴 수밖에 없었다. 내가 미친놈이 되어 도산 선생에게 화가 미치지 않고 그친다면 그것으로 나는 만족한 것이다. 난 마구 고함을 치며 추태를 부렸다.

왜 간수들은 들어오려다 똥 벼락을 받고 놀라 물러서면서 "아-니센 하찌쥬 이찌 고 (2081호), 미친다나-" 하고 조선말, 일본말을 섞어 가면서 소리를 질렀다. 나는 더욱 광태를 부리며 사방으로 똥을 뿌리고 문밖으로 뛰어나가려니까 간수가 발길로 차서 방 안으로 집어넣고 열쇠를 채우면서 "에-쿠사이 쿠사이" 하고 도망가 버렸다.

한 15분 후에 간수장은 간수들과 전중이[홍의(紅衣)를 입은 기결수의 별칭]들에게 포승을 들려서 데리고 왔다. 지랄 발광하는 나를 나치 도살장에 끌고 가는 돼지 모양으로 결박을 하고 계호계로 끌고 가는 것이었다. 그곳에서 정말 미쳤나 안 미쳤나 엄중하게 심사를 하는데, 취조관이나 의사를 막론하고 막 침을 뱉고 물어뜯고 고함을 치는 나는, 마치 미친개 치듯 뼈가 으스러지게 두들겨 맞으면서도 놈들의 "아-미친다나, 미친다나" 하는 소리를 들을 때마다 도산 선생을 생각하고 오히려 기쁜 마음을 금할 수 없었다.

결국 완전히 미친놈이 된 나는 쇠 땅방울을 달고 수갑을 뒤로 차고 갖은 악형 속에서 3주일을 비참히 지낼 때, 도산 선생께서는 나의 고통을 보다 못해 눈물로 위로해 주시며, "김군, 참으로 미안하다. 너 죽지 말고 살아서 우리 민족의 숙원인 독립을 달성하자. 이를 악물고 살아야 한다" 하고 격려해 주셨다. 그리고 차억부 간수가 올 때마다 저 가엾은 정련이의 뒷수갑과 발에 채운 땅방울을 끌러줄 수 없는가 하고 간청하시어, 3주일 후에 나는 제정신이

든 것으로 인정받고 악형에서 놓여나게 된 것이었다. -〈숭실고등학교 교사〉

자료 305 | 《삼천리》 1948년 8월호.

최정희,[56] 〈여감방과 애절의 창〉

소위 신건설(新建設)사건이라고도 하고, 카프사건이라고도 하는 사건 때문에 나는 전주형무소에서 한 8개월 동안 있어 본 일이 있었다. 그러나 나는 신건설과도, 카프와도 그때 아무 연관도 없었다.

무엇 때문에 형사에게 끌려갔는지 나는 검사의 취조를 받을 때에야 비로소 알았다. 카프와 신건설사건 속에 소형극장(小型劇場)이라고 하는 사건도 끼어 있었다. 검사는 그때 내게 대한 것보다 유진오(俞鎭五) 씨의 얘기부터 물었다. 유씨가 각 본부 책임자였기 때문인 것 같았다. 나는 유씨에 대한 변명을 꽤 많이 한 것 같다. 내가 언제 각 본부원이 되었는지 모르듯이 유씨도 자기가 언제 책임자가 되었는지 모르고 있을 것이라고 하였다. 검사는 또 내게 아리시마(有島武郎)의 책을 읽느냐고 물었다. 읽는다고 대답하였다. 어째서 좋으냐고 물었다.

나는 그분이 옹호할 사람을 옹호하는 것이 유쾌하다고 하였다. 그러자 검사는 눈을 똑바로 뜨고 나를 노려보다가, "네가 사회주의도, 공산주의도 모른다면서 그런 말을 하느냐?" 하고 책상을 '탁' 쳤다. 나는 "사회주의나 공산주의는 모르지만, 약한 사람의 편이 되는 사람은 좋아합니다"라고 하였다. 검사는 더욱 눈이 똥그래지면서, "데려가!" 하였다. 옆에 좀 멀찍감치 서서 대기하고 있던 형사들이 얼른 쫓아와서 나를 데리고 나오면서 왜 그렇게 대답했으냐, 그 모양으로 대답했으니 되겠느냐, 이 추운 때 형무소에 가서 어떻게 살겠느냐, 우리가 너를 붙잡으러 가긴 했지만 너를 보니까 차마 붙잡아 오기가 안 돼서 너의 집에 네다섯

---

[56] 최정희(崔貞熙, 1906~1990): 함북 성진 출신. 1927년 단천여자청년회를 창립했다. 1930년 일본 미카와(三河)유치원 보모로 일하면서 학생극예술좌에 참여했다. 1931년 귀국하여 '삼천리사'에 입사했다. 10월 단편소설 「정당한 스파이」로 문단에 등단했다. 1932년 신흥예술사 창립에 참여, 1934년 2월 조선프롤레타리아예술동맹(KAPF)사건에 연루되어 2차 검거 때 체포, 전주형무소에 수감되었다. 1935년 12월 무죄로 방면되었다. 1940년대부터 일제에 협력하였다. 1941~1942년 조선문인협회 간사, 1941년 9월 조선임전보국단 발기인으로 참여하였다. 1941년 12월 조선임전보국단 결전부인대회에서 '국군의 어머니'라는 제목의 강연 활동을 하였다.

번씩 가서 네게 암시를 주었는데 네가 그건 알아듣지 못하고 조처를 못 하므로 부득이 데리고 온 것이다. 데리고 오긴 왔으나 우리는 검사가 너를 보면 어지간하면 용서할 줄만 알았는데 네가 그렇게 픽픽 새니 검사가 화가 안 나겠느냐 하며 호송차 안에서까지 두 형사는 진심으로 나를 걱정해 주는 것 같았다. 형사와 같은 인간에게도 따사로운 마음이 있는 것을 나는 이때 느꼈다.

형무소 사무실에서 이럭저럭 수속을 끝내고 여감으로 들어가던 때는 해가 다 져서 바로 곁의 사람이 아니고는 보이지 않았다. 남감과 여감 사이를 통행하는 문이 괴상한 소리를 내며 열리자, 나는 춥고 겁나는 마음으로 두 남자 간수의 사이를 걸어서 여감으로 들어갔다.

여감 간수실에는 검은 복장을 내려 입은 여간수가 있었다. 두 남간수는 나를 여간수에게 넘기고 돌아왔다. 여간수는 내게 옷을 벗으라고 하였다. 나는 숙명(淑明)학교에 다니는 동생 정순(貞順)의 자켓을 춥겠다고 어머니가 입혀 줘서 입고 온 것부터 벗기 시작하였다. 음력 설을 지난 정월 초이튿날이었다. 자켓을 벗으라고 하니 눈에서 눈물이 펑펑 쏟아졌다. 두루마기도 없이 학교에 다니는 정순이가 불쌍하였다. 두루마기도 없이 감옥에 잡혀간 나를 생각하고 우실 어머니도 불쌍하였다.

"빨리 벗어!"

여간수는 내 마음을 모르고 호된 소리로 재촉하였다. 나는 눈물을 쏟으면서 저고리·치마·속치마·양말까지 벗었다.

"그것도 마저 벗어!"

"이걸 어떻게 벗어요?"

나는 속바지를 안 벗겠다고 움켜쥐고 서 있었다. 여간수는 내가 하는 모양이 나중에 매우 우스웠던지 웃으면서, "여기선 그렇게 못해" 하며 어린애 달래듯 달래었다.

나는 또 하는 수 없이 일본식 두루마기와 '사루마다'[57]를 입었다. 옷 입기가 끝나자 여간수는 나를 앞세우고 시멘트 복도를 걸어서 한참 가다가 거기 서라고 명한 후, 커다란 열쇠로 감방문을 열더니 나를 그리로 들여보냈다.

방 안은 희끄무레하였다. 쳐다본즉 전등이 천장 저쪽 방과의 사이에 높이 달려 있었다.

---

[57] 사루마다(猿股): 일본의 남성용 속바지. 허리에서 허벅지까지 덮는 속옷. 속잠방이. 이 글에서는 팬티를 말한다.

어떻게 높고 작은지 하늘의 별을 보는 느낌이었다. 또한 어떻게 불이 밝지 못했는지 나는 내가 들어간 방에 나 이외에 네 사람의 여죄수가 있다는 것을 간수가 문을 닫고 간 조금 뒤에야 알았다.

셋은 붉은 두루마기를 입었고, 하나는 비단옷을 곱게 입은 얼굴이 아름다운 여자였다. 아름다운 여자는 변소통에 올라앉아 있었다. 양손에 수갑을 차고 허리에는 가죽띠가 둘러져 있었다. 미쳐서 그렇게 해 둔 것이라 하였다. 연상 변소통에 올라앉은 채 아리랑을 부르고 있었다. 아리랑을 부르다가는 "일수야, 일수야" 하고 부르며 손뼉을 쳤다. 나이는 서른 살 가량 되어 보였다. 일수는 자기가 낳은 아들의 이름이라고 하였다. 아들의 나이는 일곱 살이라고 하였다. 아름다운 이는 남의 첩으로 사는 사이에 그 남편이 큰집에 가서 오지 않는 몇 밤을 혼자 지내다가 어느 밤은 달이 몹시 밝았던 탓이었는지 그 집에 가서 불을 질렀다고 하였다. 아름다운 이는 도무지 후회되는 것이 없고 원통할 것이 하나 없으나, 일수를 두고 온 것이 한이 되며 일수를 못 보는 것이 원통하다고 하였다.

그 외의 세 여자는 남의 색시를 유인해서 팔아먹다가 잡힌 것, 남편을 죽이려다가 들킨 것, 남의 아이가 제 아이보다 더 잘 커가는 것이 시기가 나서 양잿물을 먹여 죽인 것들이었다.

변소통 위에 앉은 이만 제멋대로 가만 놔두고, 그 외의 셋은 무릎 위에 양손을 얹고 앉아 말이 없었다. 나도 그들과 똑같이 그렇게 앉아 있었다. 그러고 있는데 어디 멀리서 바람 소리와도 같은, 혹은 물결 소리와도 같은 소리가 들렸다. 나는 아득히 먼 곳에서 들려오는 소리가 무엇이라고 하는지 분간을 못하였다.

"어디서 왔나유?"

"누가?"

나는 소리가 난 방향을 두리번거리며 내 곁에서 내게 묻는 여자에게 되물었다.

"지금 저 방에서 그러잖아유."

"그게 그런 소린가요?"

나는 내가 할 대답을 잊어버리고 여전히 두리번거리며 소리 나는 방향을 찾았다. 또 무슨 소리가 들려왔다.

"어디서 왔느냐는데유. 저이도 나라일 때문에 들어온 학생이래유."

제일 나이 먹어 보이는 자(색시를 유인해서 팔아먹었다는 자)가 내 대답을 재촉하였다. 나는 어떤 형식으로 어떻게 해야 그쪽에서 내 소리를 알아들을지 그것을 알지 못하였다. 그래서 나이 먹은 여자에게 서울서 왔다고만 간단히 대답하였다. 그랬더니 나이 먹은 여자는 천정으로 향하여 두 손을 입에 대고, "서울서 왔대유" 하고 길게 소리를 빼었다. 그러고 난즉 저쪽에서 또다시 소리가 들려왔다. 이번에는 바람소리나 물결 소리로는 들리지 않았다. 그러나 여전히 먼 데 소리 같기는 하였다.

"뭣하다 들어 왔대여?"

나는 아직도 알아듣지 못하였다. 나이 먹은 여자가 또 대변하였다.

"여기두 학생이여. 나라일 때문에 들어온 상 싶구만" 하였다. 나는 이쪽과 저쪽에서 오고 가는 말을 듣는 사이에 그 '나라일 때문에 들어왔다'는 여자에게 말할 수 없는 호의를 가지게 되었다. 어떻게 좀 그 여자와 만날 수 없을까 하는 생각도 들었다. 그 여자와 한방에서 지냈으면 하는 마음도 있었다. 그러나 그 뒤로 그 여자와 나는 말 한마디 해 볼 기회가 없었다. 간수들은 그와 내가 눈이라도 마주칠까 조심하였다. 결국 나와 그는 방 하나를 두고, 나는 내가 있던 다음 방으로 옮기게 되었다.

그 원인은 내게 있었다. 나는 어느 날 저녁, 밀주(密酒)를 담갔다가 들켜서 들어왔다는 아주 늙은 할머니에게서 그가 생활해 나가는 얘기를 듣고 있다가, 집의 일이 걱정 없으면 가막소(감옥)가 배고프지 않아서 좋다는 할머니 말이 너무 안 되어서 그 늙은 할머니에게 인제 좋은 세상이 올 것이라고 말하였다. 그것을 그때 마침 순시하던 간수장이 엿듣고 그 즉시로, "이봐, 지금 한 말 다시 해 봐" 하고 펄펄 뛰었다. 나는 물론 그 이튿날로 웃방으로 혼자 옮겨 가게 되었던 것이다.

웃방은 본래 방보다 갑갑하였다. 방이 작을 뿐 아니라 감시구가 가려서 밖을 구경할 수가 없었다. 높이가 한 치 폭으로, 겨우 감시인의 눈만 번득일 수 있는 장방형의 그 구멍으로 바깥세상을 보면 얼마나 볼 수 있겠느냐마는, 그래도 아랫방은 그 구멍이 복도에서 밖으로 향한 유리문과 맞대어 있어서 간수가 오지 않는 기미면 그 구멍에 눈을 대고 밖을 내다보는 일이 즐거웠다. 어느 때 봐도 마찬가지의 시멘트 담장과 그 담장과 똑같이 모질게만 생긴 마당 이외에는 아무런 변화가 없는 전망이건만, 하루 종일 보고 있어도 싫지 않을 것 같았다.

또 한 가지 갑갑한 것은, 북쪽으로 조그맣게 뚫린 창이 높은 담장과 여타의 장애물로 인해서 하늘을 조금밖에 못 보게 하는 일이었다. 나는 보자기만 한 하늘을 목을 바싹 젖히고 쳐다보면서 홑이불만 한 하늘을 볼 수 있던 본래 방을 그리워하였다.

그다음 또 한 가지 갑갑한 것은 거울이 없는 것이었다. 본래 방에는 북쪽 창 밑 벽에 거울이 걸려 있었는데 이 방에는 그것이 없었다. 감시구에 눈을 들이대는 일이라도 했으면 좀 낫겠는데, 그것도 못하는 내게 거울조차 없는 방은 쓸쓸하기 그지없었다. 어릴 때부터 나는 거울을 몹시 좋아해서 우리 외할머니는 내가 거울만 들고 있으면 눈을 곧추뜨시고, "계집년이 벌써부터 무슨 비양질을 그리하느냐?"라고 하시며 쥐어 박치곤 하셨다. 다 자라고서도 그 버릇을 버리지 못해 어디서나 거울을 보면 유쾌하였고, 영화관이거나 음식점이거나 찻집이거나 거울 있는 데면 더 좋아하였던 것이다. 나는 거울도 없는, 보자기만 한 하늘 이외엔 아무것도 안 뵈는 방에 혼자 앉아서 추워하였다.

추위는 영하 얼마나 되는지 시멘트벽이 나날이 더 푸르뎅뎅해지더니만, 유리창에는 서리가 하얗게 얼어붙어서 나는 보자기만 한 하늘조차도 볼 수 없었다.

변소통도 얼고 손 씻는 물도 꽁꽁 얼었다. 내 발가락들도 얼어서 발톱이 건들건들 빠지려 들었다.

무엇이고 하고 싶었다. 책을 읽든지 일을 하든지 했으면 싶었지마는, 책도 못 보게 하고 일도 시키지 않았다. 하루가 천 년같이 길다는 말을 비로소 실감하였다.

낮은 그러하였으나 밤은 좋았다. 밤에는 한 주일이나 혹은 한 열흘씩 살고 나가는 잡범 둘씩을 내 방에 넣어 주는 것이었다. 그것은 밤엔 여간수들이 있지 않고 남자 간수들만이 여감을 감시하는 까닭에 어떤 죄수든지 여감에서는 혼자 재우는 일이 없다고 하였다. 옛날에 여죄수 방에 뛰어 들어간 남자 간수가 있었기 때문에 생긴 규칙이라고도 하고, 그렇지 않다고도 하고, 어느 말이 옳은 것인지 모르지만 하여튼 밤에만은 혼자 두지 않았다. (계속 연재 예정이었으나 《삼천리》 폐간으로 중단됨)

자료 306 | 《한글》 1955년 10월호.

최현배,[58] 〈함흥감옥살이〉

옥중생활 찬 세 해에 나의 생각을 가장 많이 차지하여 심하게 괴롭힌 것은 언제나 먹기(食事)에 관한 일이었다.

콩밥 한 덩어리를 받아서 이것을 조금씩 떼어서 입안에 넣는다. 주린 창자는 이 입안에 들어온 콩밥 조각을 얼른 내려보내라고 간절한 전령을 한다. 만약 그 요구에만 응하기로 한다면, 그 콩밥 덩어리는 5분은커녕 2분이나 3분이면 그만 먹어 치우고 말게 될 것이지마는, 살고자 하는 이성의 명령은 그래서는 안 되나니 마땅히 오래 씹어 먹어야만 능히 영양을 유지할 수 있은즉 천천히 오래 먹으라고 추상같은 명령을 내린다. 나는 주린 배를 안고서 이 이성의 명령을 좇는 것이었다. 콩밥 한 조각을 떼어 입에 넣고서는 머릿속으로 하나, 둘, 셋… 하면서 세어서 열이 차면 손가락을 하나씩 꼽아 간다. 그래서 팔십 번도 씹고, 백 번도 씹고, 백열 번, 백스무 번도 씹고, 어떤 때에는 백육십 번까지 씹은 것이 최고의 기록이었다. 이런 모양으로 씹으면서 나는 생각하는 것이었다. 사람은 먹고야 사는 것이로구나. 오십이 되도록 밥을 먹고 살아왔지마는 사람이 밥 먹고 사는 줄을 감옥생활에서 비로소 깨쳐 알았다. 이러기에 이 세상에는 이 귀중한 밥을 얻고자 무엇이든지 아낌없이 바치는 것이다. 정조도 바치고, 절개도 바치고, 제 육체도 바치고, 정신도 바치며, 인격조차도 바친다. 절개를 찾고, 정조를 지키고, 인격을 두호하려면 이 세상에서 밥이 귀한 것은 당연의 귀결이다.

이제 우리는 겨레의 일을 붙들고 나라의 옳음을 지키기 위하여, 적고 모자라는 밥을 가려잡은 것이다. 이 옥중에서 이 이상의 먹이를 구해 얻을 수는 도저히 없다. 사식을 사 먹어 보아도 조금도 더함이 없다. 오히려 배가 더 고프다. 그것도 그만두고, 가을·겨울철에 함흥 사과를 하루 20전어치씩 사 먹기가 허락되었다. 장바닥에서 굴고 굴다가 반쯤 썩었기 때문

---

[58] 최현배(崔鉉培, 1894~1970): 경남 울산 출신. 1926년 일본 교토제국대학 문학부 철학과 대학원 수학 중 한국의 독립 방안을 연구한 「조선민족 갱생의 도」를 저술했다. 1926~1937년 연희전문학교 교수로 재직했다. 1938년 민족주의 단체 흥업구락부에 참여하여 활동 중 일시 구속되어 교수직에서 해임되었다. 1929년 조선어사전편찬회 참가, 1941년 『한글갈』을 간행했다. 1942년 10월 조선어학회사건으로 체포, 함흥형무소에 수감 중 1945년 1월 함흥지방법원에서 징역 4년을 선고받고 옥고를 치르다 1945년 8월 15일 광복으로 출옥하였다. 1962년 건국훈장 독립장이 수여되었다.

에 도저히 돈 받고서 팔 소망이 없는 사과만이 우리 같은 옥중살이하는 사람들에게 팔려 오는 것이었다. 그래서 우리 동지들은 대개가 하루 이 반쯤 썩어 빠진 사과 두세 개를 정한 요식 밖에 받아먹게 되었다. 이것만은 덤의 먹이이다. 참 반가운 것이다. 썩은 사과가 어찌 그리도 맛난지, 세상에 선미란 말이 있지마는 그 자리 그때의 사과 맛이란 과연 선미 그것이었다. 얼 썩은 사과 두셋이 어이 그리도 쉽사리 없어지는지, 꺼풀·심 할 것 없이 마구 먹는 것이다. 나중에는 그 씨까지 먹는다. 사과 씨의 맛은 세상 사람은 다 모를 것이다. 사과 씨의 맛은 사과 맛과는 같지 않다. 씨에는 씨 독특한 맛과 향기가 있어 정말 별미이다. 함경도이라 간혹 명태 대가리를 얻어먹는 일이 있다. 여느 뼈, 관지 뼈는 말할 것도 없이 쉽사리 다 먹어 치운다. 다 먹어 치워도 다만 그 대가리 속에 든 두 쪽의 돌만은 도저히 씹어 먹을 수가 없다. 이 하얀 돌을 들고 앉아서 이놈까지 어떻게 하면 먹을 수 있을까? 하고 안타까워 한다.

한 끼니의 콩밥을, 한 입의 것을 백 번 넘어 씹어서 다 먹고 하릴없이 앉아 있노라면, 간수가 옆의 방을 들여다보고서 "이희승, 아직도 먹고 있나? 벌써 점심이 들어오게 되었다" 하고 놀리는 소리가 들려온다. 이 말소리를 들은 나는 이 님의 먹는 방법을 상상해 보는 것이다. 도대체 이 님은 한 입을 몇 번이나 씹기에 나보다는 2배, 3배의 시간이 드는가? 그는 아마도 200 내지 300번은 씹는가 보아. 이 감옥에서 오래 먹기로는 이희승 님이 유명하였으며, 옥살이 3년에 한 번도 의사의 신세를 지지 아니한 이는 오직 이 님 한 사람이었다. 옥중에서 이슬로 사라지고 만 아무아무 동지들은 아마도 콩밥을 많이 오래 씹지 아니하였던 것이 분명하다고 나중에 생각되었던 것이다.

감옥살이에서 동방 죄수하고 다퉈 보지 아니한 사람은 아마도 없을 것이다. 그 다툰 사유는 다 먹는 것에 관한 일임이 틀림없다. 우리나라 속담에 '남의 밥이 콩이 굵다' 하는 것이 있거니와, 과연 감옥에서 남의 밥의 콩이 굵은 것으로 비친다. 제각기의 밥 덩어리를 받으면서 옆눈으로 살피는 것은 어느 밥 덩어리가 더 큰가 하는 것이다. 젊은이도, 늙은이도, 도둑놈도, 신사도, 누구누구도 다 꼭 마찬가지다. 인간의 동물성은 감옥에서 가장 노골적으로 장난하는 것이었다.

요사이 우리 집에는 강아지 두 마리가 있는데, 밥을 줄 적에는 반드시 두 그릇에 따로따로 담아서, 좌우 손에 각각 한 그릇씩 들고서 활개를 짝 벌리고서 동시에 두 놈에게 준다. 두 놈이 각각 제 것을 부리나케 먹으면서 옆눈을 흘겨 가면서 다른 놈의 밥그릇을 보다가는 한 놈이 제 것을 다 먹기도 전에 반드시 다른 놈의 것을 빼앗아 먹으러 간다. 약한 놈은 제 것을 빼앗기고는 강한 놈이 남기고 간 그 그릇에로 찾아간다. 그러면 빼앗아 먹던 그놈은 다시 제 본 그릇으로 돌아와서 약한 놈을 쫓아낸다.

그러다가 어떤 때는 격분하면 서로 물고 다툰다. 아무리 두드려도 놓지 아니한다. 하다못해, 필경엔 냉수를 끼얹으면 그제야 서로 헤어진다. 물린 자리에는 가죽이 뚫리어 붉은 피가 흐른다. 그러나 조금만 지나면 두 놈은 다시 의좋은 듯이 잘 논다. 놀다가도 먹을 것을 보면 또 으르렁거리고 다툰다. 나는 이것을 볼 적마다, 지나간 때 옥중에서 생각하던 광경을 눈앞에 다시 보는 것 같은 생각이 난다.

자료 307 | 《코메트》, 공군 본부, 1957.

최현배, 〈8·15 전날 밤-나의 생활과 처지〉

일제 통치의 말기에 그놈들이 갖은 간계와 탄압으로써 우리 배달겨레의 생존 능력을 해치며, 문화 의식을 숨 막으며, 자유정신을 뿌리 빼기에 급급하다가, 필경에는 우리의 성명을 빼앗고 말과 글까지를 금하였으나, 그래도 부족해서 우리말·우리글의 연구·통일 및 보급으로써 제 목적을 삼는 당시의 조선어학회(현 한글학회)의 회원들을 독립운동을 하였다는 죄목으로서, 일제의 경찰이 검거한 것은 10월 1일이었다.

우리 회원 30여 명은 함경남도 홍원경찰서에서 1년 동안을 두고 날마다 날마다 갖은 악형의 문초를 받고 나서 함흥형무소로 이송되어, 그중 약간 명은 기소유예란 명목으로 석방되고 그 나머지 16명은 기소되어, 예심으로 1년 넘어를 옥중에서 보내는 중에 동지 이윤재·한징 두 분은 통분하게도 옥중의 이슬로 사라지고, 살아남은 14명 중 둘은 면소로 나가고, 12명은 1944년 12월, 살을 에는 듯한 눈바람을 무릅쓰고 아홉 번이나 재판정으로 끌려나가 공판을 받아, 1945년 2월 16일에 2년 내지 6년의 판결 언도를 받은 이가 12명, 무죄가 1명이었다.

유죄 판결을 받은 사람 중 약간 명은 집행유예로 옥을 나가고, 한 이는 판결대로 복역하고, 네 사람만은 일인 판사의 복종 권유를 물리치고 기어이 불복을 달아 서울고등법원으로 상고를 하였으니, 나도 그중에 한 사람이었다.

상고를 한 것은 1945년 1월 18일이었다. 이 상고를 하고 나서는 다시 별다른 할 일이 없다. 우리는 다만 철창 속에서 세월이 가는 것만 보내고 있을 뿐이었다. 이 동안에 나는 무엇을 하고 지내었나?

나는 이번에 갇힘의 생활을 시작하자 책도 못 읽고 말하기와 듣기의 자유조차 빼앗긴 하염없는 시간을 나의 뜻 이루기에 가장 한 좋은 기회로 이용하기로 하였다. 한글의 가로글씨— 이것은 내가 학생 시절부터 많은 관심과 깊은 포부를 가지고 연구해 오던 과제였다. 이것을 금번 기회에 완성해 내기로 스스로 결심하였던 것이다. 그래서 날마다 밤마다 머리론 생각하고 손가락으론 그리어서 드디어 한 안(벼름)을 완성하였다. 나는 이 수십 년 내의 과제였던 한글 가로글씨체를 완성하기는 하였건마는, 이것을 바깥세상에 내어 전파하여 뒷세상까지 길이 전하는, 나의 이상을 실지에 실현하게 할 길이 꽉 막히었다. 이를 어찌하면 좋을까. 나는 어느 기회에 연필을 손에 넣게 되었다. 이 천재일우의 좋은 기회를 이용하여 무슨 종이쪽에 새로 고안한 한글 가로글씨체를 적어서 이를 입고 있는 솜을 툭툭히 넣은 핫바지의 솜 속에다 쑤셔 넣고서 이를 몰래 꿰매었다. 봄이 되어도 집에서는 옥중 추위를 염려함인지 좀처럼 겨울옷을 찾으러 오지 아니한다. 그래서 나는 가로글씨가 들어 있는 핫바지를 방 안에다가 두고서 날마다 아침이면 점호와 동시에 방 안 수색을 당하게 된다. 나의 가슴은 아침마다 말할 수 없이 조마조마하게 졸리었던 것이다. 늦음 봄에야 나의 핫옷을 겨우 집사람이 찾아간 바가 되었다.

나는 그 전년 가을부터 안(安)과 서(徐)의 두 청년으로 더불어 한방에서 같이 지내게 되었다. 이 두 청년과 같이 지내게 되므로 말미암아, 함흥형무소로 이관된 이래 1개년 넘어의 독방살이의 고독과 고통으로 벗어나게 되었다. 나는 각 중에 부당하게도 명랑해진 감방살이를 다만 소곤소곤의 이야기와 엉글엉글의 밤싸움으로만 보내는 것으로 만족하지 아니하였다. 나는 이 두 청년에게 나의 소원하는 유언을 부탁하기로 작정하였다. 나는 비록 옥중의 고혼으로 사라져 버릴지라도, 아마도 이 두 청년은 언젠가는 반드시 옥을 벗어날 날이 올 것임을 믿었기 때문이다. 그 유언이란 다름이 아니라 나의 이뤄 낸 한글 가로글씨체이다. 나는 나의 가슴에 깊이 감추어 있는 이 비밀을 열었다. 그대들이 내가 죽은 뒤에라도 이 왜놈의 옥살이를 마치고 세상의 광명을 보게 되는 날에는 어김없이 이 나의 가로글씨체를 세상에 전파하여 주겠느냐고 다지어서 그들의 응낙의 확답을 얻었었다.

그래서 나는 감방에 깔고 사는 짚자리의 새끼줄을 가로글씨의 밑줄로 이용하여서 그 두 청년을 가르치는 것이었다. 이런 짓은 낮에는 할 수 없으니까 저녁을 마친 어둠침침한 때를 이용하던 것이었다. 한번은 일인 간수에게 들키어서 너희들이 무엇을 하느냐고 파고든다. 그래서 나는 이 사람들이 영어를 묻기에 그것을 가르치노라고 대답을 해서 겨우 모면한 일이 있었다.

1945년 5월경부터는 형무소의 교무과장 이시우라(石浦)가 날마다 오후 2시쯤 해서 나를 제 방으로 불러내어다가 조선 사회 및 역사에 관한 나의 지식을 짜내는 것이었다. 나는 그저 날마다 한 번씩 감방문 밖으로 나가게 되는 것만을 하나의 즐거움으로 생각하고서 그의 묻는 대로 나의 아는 대로 대답하면 그는 그것을 종이에다 적어 두는 것이었다. 그러더니 한 달쯤 지난 때 어느 날에는 날마다의 그 시간이 다 되었건마는 나를 불러내는 기척은 도무지 없었다. 참 이상하다. 그 이튿날도, 그다음 날도. 그리하여 그다음 다음 날부터 언제까지나 그의 부름은 오지 아니하였다. 나의 의심과 불안은 더욱 커가고 짙어 갔을 뿐이었다. 뒤에 알고 보니 이시우라 자신도 최후 계단과 일선에 끌려 나간 것이었다. 그리고 출감하여서 알려진 바에 의하면, 우리 몇 사람은 8·15보다 사흘 뒤인 8월 18일에 총살하기로 그놈들이 결정하고 있었다 하니, 그 이시우라가 나를 날마다 불러다 놓고 나의 아는 바를 짜는 것은 무슨 뒷날의 소용을 위함이었던 것으로 추측되었다.

아무리 철통같은 감방이라 해도 바깥세상의 전쟁 소식이 들어올 틈까지는 다 막지를 못하였다. 5월에는 독일이 참패하였다는 소식도 들어왔으며, 8·15 전날 밤에는 일본이 무조건 항복하게 되었다는 소식이 새로 들어오기도 하였다. 언제나 언제나 속으로 외던 '시일갈상(是日竭喪)'의 탄원이 필경 온 것인가? 반신반의하면서 취침의 구호에 눕기는 하였지마는 잠 한숨 올 리는 만무하고 꼬리를 물고 달아나는 생각의 구름은 천산 만봉이요, 천리만리일 뿐이다.

자료 308 | 《자유》 1963년 제8호.

최현배, 〈형무소에서 해방을 맞음〉

나는 1942년 10월 1일 이른바 조선어학회사건으로 왜정 경찰에 검거되어 1945년 8월 15일 해방까지 3개년 동안 함흥감옥에서 옥살이를 하였다. 조선어학회사건의 피의자로는 모두 33인이었는데, 그중 2인은 불구속 심문을 받았으며 2인은 병으로 인하여 구금을 면하였다. 증인으로 불리어 심문을 받은 사회 유지 인사가 무려 50인이나 되었다.

우리는 먼저 1년간 홍원경찰서에서 형언할 수 없는 갖은 악형과 천대를 당하고, 다음엔 함흥감옥으로 이감되어 5, 6일이 지난 1943년 9월 18일에 검사의 구금 기한 만기로 12인이 기소유예로 방면되고 16인이 예심에 회부되어 독방 고생을 하는 중에 이윤재·한징 두 동지가 옥중 이슬로 사라지고, 1년이 지난 1944년에 2인이 예심면소로 출감하고 12인이 공판을 받게 되었다.

그네의 붙인 죄명은 치안유지법 위반인데, 곧 조선독립운동이 그 죄상인 것이다. 그 기소 이유서에는, "소위 어문운동은 민족운동의 한 형태로서 민족 고유의 언문의 정리·통일·보급함으로써 민족 고유문화의 쇠퇴를 방지할 뿐 아니라 그 향상 발전을 가져오고, 문화의 향상은 민족 자체에 강한 반성적 의식을 가지게 하고, 강렬한 민족의식을 배양함으로써 민족에게 독립 의욕을 일으키어, 정치적 독립 달성의 실력을 양성함에 그 목적이 있다"라고 하였다.

이러한 죄명과 이유로 공판에 회부된 12인은 1944년 12월 21일로부터 이듬해 1월 16일까지에, 엄동설한에 용수를 쓰고 감옥에서 멀리 떨어져 있는 함흥지방법원까지 도보로 끌려다니면서 무릇 9회의 재판을 받은 끝에 2인은 무죄, 이인·김도연·김양수·김법린·이중화 5인은 징역 2년에 집행유예 4년, 정인승·정태진 2인은 징역 2년, 이희승 2년 반, 최현배 4년, 이아무 6년의 언도를 받았다. 그중 정인승·이희승·최현배·이아무 4인은 그 재판관 니시다(西田勝吾)의 만류 권고를 뿌리치고 1월 15일에 고등법원에 상고하였다.

우리 네 사람은 상고를 하여 놓고, 반년이 넘도록 감방에서 기다림의 세월을 보내었다. 처음에는 상고 재판을 받으러 서울로 올라가기를 기다렸지마는, 지리한 감방에도 세월은 흘러감에 따라 바깥세상의 형편의 변해 감을 기미채게 되었다.

간간히 감방 안에서 공습경보로 불을 끄고서 캄캄한 밤을 새우기도 하다가, 5월 어느 날에는 독일의 무조건 항복의 소식을 새어 듣게 되었다. 그날따라 나를 제 방으로 불러다가 조선의 고래의 사회상의 설명을 들어가면서 적던 감옥 교무과장 이시우라(石浦)가 아무 예고 없이 그 호출을 중단함을 본 나는 무슨 긴박한 상태가 바깥에서 벌어져 감을 느끼게 된 것이다. 우리의 기다림의 애타는 심정은 독일의 뒤를 잇는 일본의 항복에만 쏠리었다.

언제나 올 것인가? 언제나 올 것인가? 가슴 깊이 자나 깨나 한 가지 생각뿐이었다.

1945년 8월 15일 아침, 검방하러 온 두 간수 중 한 사람이 특히 명랑한 기분으로, 검사 받기 위하여 방문 밖으로 나선 동방의 세 사람에게 한번 저기까지 뛰어 보라고 격려 같은 말을 하였다. 참 이상하게 생각했다. 저 평소에 유달리 마음씨 좋은 간수가 우리에게 무언중에 기쁨의 소식을 전한 것이로구나! 낮이 못 되어서 일본의 무조건 항복의 소식이 새어 들어온다. 웅성웅성하는 소리가 감방 복도에 들리기도 한다. 한방에 있던 두 청년이 불려 나가고 돌아오지 않는다.

"됐다. 다 됐다!"

밤이 되니 밥 구멍에서 축하의 소주가 들어온다. 일하는 모범 죄수가 감옥 안의 약품으로 만든 모양이다. 한 잔 마시고 드러누워 있으니 잠이 올 리가 없다. 밤새도록 이런 생각 저런 생각이 구름같이 일어나 그칠 줄을 모른다.

창문이 밝아 16일이 되었건마는 우리 어학회 사람들은 불러 내지 않는다는 소리이다. 상고한 때문이라고 한다. 17일 한낮을 지나서야 불러낸다.

간수장 방에 우리 네 사람은 한자리에 모이었다. 간수장은 미국의 원자탄이 히로시마에 떨어지고 일본이 항복한 이야기를 하고서, 해방을 선언한다.

옥문 밖에 나오니, 내 큰아들이 짚신을 사다가 네 사람에게 신겨 준다. 우리는 현 건국대학교의 지역 사회 개발 초급 대학 학장 김성원 님, 서울대학교 사범대학 교수 김성근 님의 댁에 인도되어 천당같이 생각되는 좋은 집에서 특별한 대접을 받고, 3년 만에 처음으로 한자리에 누운 네 사람은 글자 그대로 온밤을 이야기로 밝혔다.

그 이튿날 8월 18일에는 시내 모기윤 님 댁에 초대되어 각근한 대접을 받고, 또 여러 집을 찾아 인사와 축복을 교환하였다.

그때 모기윤 님 댁의 정원에 찬란히 피어 있던 화초는 아직도 나의 마음에 생생한 추억의 즐거움을 준다. 그리고 시가로 나가서는 군중들과 함께 대한독립만세를 부르면서 만세교까지 가서 한 자리 연설도 하였다. 그리고 오후 4시 지나서 함흥정거장으로 인도되어 기차를 기다렸으나, 좀처럼 오지 않는다. 밤 11시나 되어서 기차가 닿아 우리는 창문으로 들어가서 예비된 자리에 겨우 앉게 되었다. 기차는 사람 속에 파묻혀서 서울로 달아난다. 산천초목이 다 새 빛이다. "동진공화국만세(東震共和國萬歲)"란 깃발이 산골 동네에 휘날린다.

8월 19일 밤 9시쯤에 우리는 서울역에 도착하였다. 각각 마중꾼을 따라 제집으로 돌아가고자 헤어졌다. 나는 행촌동 옛집으로 돌아와서 식구들을 반가이 만났다. 나는 자기 전에 내 공부방으로 가서 철필을 찾아, 내가 감옥 안에서 골똘히 연구를 계속하여 수십 년 내의 숙제인 한글의 가로글씨체를 완성한 것을 종이에다가 써 놓았다. 혹시나 밤사이에라도 무슨 사변이 생기더라도, 그 글씨체를 세상에 전해 남기겠다는 생각에서였다.

그 이튿날 아침에 우리 네 사람은 각각 식구의 부축을 받으면서, 안국동 선학원에 다른 동지들과 모여서 한글학회 재건을 의논하였고, 그다음 날부터는 화동 학회회관에 모여서, 한글과 우리말을 되살려서 민중을 가르칠 의논을 하였다. 아는 친지들은 정치운동에 매우 바쁜 모양이었으나 우리 동지들은, "그 일은 그 사람에게, 이 일은 우리들에게"라고 생각하여 조선어학회 재건 총회를 안국동 예배당에서 열고 재출발의 준비를 갖추었다.

자료 309 | 《한글》 1955년 10월호.

김윤경,[59] 〈옥중생활 소감〉

1. 어머님을 여읜 일

이는 옥중에 있는 동안에는 전혀 모르고 지낸 사실이지마는, 1943년 4월 19일에 옥에서

---

[59] 김윤경(金允經, 1894~1969): 서울 출신. 1921년 12월 조선어연구회 창립 위원으로 국어와 국문 보급 활동을 하였다. 1929년 조선어연구회 조선어사전 편찬위원, 1930년 한글 맞춤법 통일안 제정위원, 1936년 조선어학회 조선어 표준어 사정위원회 위원으로 활동하였다. 1934년 5월 국학연구단체 진단학회를 창립했다. 1937년 수양동우회사건으로 체포되어 옥고를 치렀다. 1942년 10월 조선어학회사건으로 구속되어 함흥형무소에서 옥고를 치르다 1943년 9월 함흥지방법원에서 기소유예 선고를 받고 석방되었다. 1990년 건국훈장 애국장(1977년 건국포장)이 추서되었다.

놓이어 집에 돌아와서 하루라도 속히 뵙고자 그리워하던 어머니를 찾다가 이미 5월 15일에 돌아가심을 알게 된 때의 느낌은 영원히 잊히지 않을 것이다. 날씨가 추움을 당할 때는 아들이 찬 마루방에서 떨게 될 것을 자신이 당하신 듯이 애타게 느끼시었고, 좋은 음식을 대할 때에는 아들의 주림을 생각하시고 음식 맛을 잃으시었다는 사실을 들었다. 그러나 옥중에서 어머니의 작고하신 소식을 들었다면 나의 비애와 고통이 어떠하였을지 헤아릴 수 없을 정도다. 사랑하는 어머니를 여읜 사실 자체가 나에게 격렬한 비통을 주었을 것은 물론이지마는, 그 당시 나의 가정 형편은 호구의 길조차 막연하였던 때니 초종장사(初終葬事)를 치를 길이 어디 있으랴! 가족의 말을 들으니, 과연 한 푼 준비도 없어 장비(葬費) 걱정으로 당황하였다고 한다. 그러하다 뜻밖에 남의 동정으로 무사히 장사를 고향에 모시게 되었다고 들었다.

나는 그때의 '부의록'을 들추어 보고 감격의 눈물을 금하지 못하였다. 그러나 또 한편으로는 당연히 조문(弔問)이라도 왔어야 할 인물들의 이름이 보이지 않음을 발견하였을 때에 또한 섭섭함을 억제할 수 없었다. 그러나 그 이유를 추측하기는 어렵지 않았다. 이는 곧 왜정에 반역한 죄로 잡히어 간 가정을 가까이하다가는 자기도 해를 입을까 하는 심리에서 일어난 행동이라고 생각되었다.

2. 홍원 유지 몇 분에 대한 고마운 생각

옥중에서 고생할 때에는 감정이 날카롭게 된 때문인지 작은 일에 극히 심각한 불쾌도 느끼게 되고, 극히 심각한 고마움도 느끼게 된다. 이러한 감정은 위독한 병석에 누웠을 때에도 종종 경험한 일이 있다.

유치장에서 날마다 고문을 당하러 끌려 나갈 때마다 "오늘은 무슨 악형을 당할꼬?" 하는 압박 관념으로 마치 푸줏간으로 끌려 들어가는 소처럼 떨게 된다. 신문하는 경관들은 피의자에게 털끝만큼도 인정이 없이 목석이나 동물만큼도 여겨 주지 않는다. 야만적으로 고문의 악형만 퍼붓는다. 그 언젠가 어느 간수부장이 우리에게 말하기를, "너희의 사회(옥 밖을 이르는 말)에서는 상당한 지위도 있고 재산도 있었을 것이지마는, 일단 여기에 들어오면 한 개의 고깃덩이에 지나지 않는다"라고 고함치던 것이 기억된다. 이러한 형편에 놓인 우리에게 털끝만큼이라도 인정을 가지고 동정을 표하는 사람이 있다면 그 얼마나 고맙고 감격되랴!

홍원에 사는, 안면도 대한 일이 없는, 유지 도봉수(都奉洙: 도상봉 선생 부친)·김봉수(金鳳洙)·최춘복(崔春福: 이희승 교수에게 수업한 이화여자 전문학교 졸업생) 세 분이 각각 맛난 세찬을 들이어 우리 동지 29명을 극진한 정성으로 대접하여 주었다(1943. 1. 1). 떡국을 준비한 이, 비빔밥을 준비한 이, 곰국에 이밥을 준비한 이, 이렇게 각각 다른 별식을 준비하여 경찰서에 교섭하여 허가를 얻은 것이다. 이만한 대접쯤이야 명절 때 객지 철창에서 고생하는 이를 위하여 있을 수 있는 일이라 할 것이다. 그러나 위에서 말한 바와 같이 배일당(排日黨)으로 몰려 잡혀 갇힌 무리와 가까이한다는 것은 자기도 같은 혐의를 받는다는 기피 사상을 가짐이 당시 인사들의 보통 심리였는데, 그리하여 당연히 하여야 할 인사도 닦지 않는 형편이었는데, 이분들은 당연히 하여야 할 일도 아니므로 그리하지 않았다 하여 조금이라도 섭섭히 생각할 까닭도 없는데, 아니하여도 좋은 일을 적극적으로 동정을 표시함에 대하여 나는 감사하다는 정도를 넘어서 놀랄 정도였다. 혹은, "그런 일쯤이야 '콜럼버스의 알' 같은 쉬운 일이 아니겠느냐?" 할는지도 모르나, 바꾸어 생각하더라도 그러한 경우에 그리 쉽게 실현할 수 있는 일은 아니다.

나는 이날에 석 달 동안 대하지도 못하고 말 한마디 건네지도 못하던 동지 29명과 무언극(無言劇) 배우들같이 한자리에 둘러앉아 이런 음식을 같이 나누게 됨을 무한히 즐겁고 반갑게 느낀 동시에, 이러한 기회를 만들어 준 김봉수·도봉수·최춘복 세 분에게 끝없는 감사의 마음을 보내었다. 이는 그 음식 자체보다도 그 마음씨의 고상하고 순결함에 존경과 감격이 얽혀 일어나게 되었던 것이다. 나는 감격의 눈물을 억제하기 어려웠다. 이는 나 혼자만이 아니라 동지 일동의 공통한 느낌이었을 것이다. 나는 자유의 몸이 되고 평화가 오는 날이면, 꼭 이분들을 찾아 감사의 뜻을 표하려고 하였었다. 평화의 날은 왔다. 그러나 뜻밖에 38선이 가로막아 여태까지 이 뜻을 펼 수 없었을 뿐 아니라, 그분들의 생사 안부조차 알 길이 없음을 애타게 안타깝게 여긴다.

3. 두 동지를 잃은 슬픔

홍원경찰서의 형사부장 안정모[安貞模: 왜명 안전(安田)이라 함]와 김정묵[金正黙: 왜명 시전(柴田)이라 함]은 피의자를 잘 잡아먹는 호랑이라고 이름이 높은 놈들이다. 안정모는 자식을 낳으면 잘 죽어 버리는 고로 그 아내가, "남에게 너무 몹쓸 짓을 한 앙화니 좀 삼가라"라고 권고하여서 좀 고쳐진 것이라고 들었는데, 그렇게 사람을 개돼지 치듯 하니 그전에야 어떠하였으랴, 상상하기도 어려웠다. 또 김정묵도 그만 못하지 않은 악질의 놈이었다. 상해에도 갔던 일이 있어 상해 재류 동포의 사정도 정통하게 아는 놈이며, 배제학교에서 이윤재 씨에게 공부도 한 놈이라 한다. 그리하여 이윤재 씨를 조사하려고 유치장 문 앞에 와서 불러낼 때는 흔히, "이 선생님!" 하고 부른다. 그러나 때로는, "이놈의 자식, 바로 말하여 보아라" 하여 미친놈 같이도 보였다. 이 두 놈은 사람의 피를 빨아먹은 탓인지 양돼지처럼 뚱뚱하게 살이 쪘다.

그러나 천도가 무심치 않아서, 해방이 되자 안(安)가는 강원도 고성으로 도망간 것을 홍원 청년들이 쫓아가 잡아다가 결박을 짓고 북을 지워 이웃 고을들로 조리를 돌리면서 누구든지 원혐(怨嫌)이 있는 사람은 마음대로 치라고 하여서 참혹하게 죽었다고, 그곳에서 간수 일을 보다가 해방 뒤 월남하여 어학회로 우리를 찾아 준 강범모(姜範模) 씨가 말하였다. 그 간수는 우리에게 고맙게 동정하던 사람이다. 그래서 광주경찰서에 취직까지 알선하여 주었던 것이다. 김정묵은 왜정 때 함경남도 경찰부에서 경기도 경찰부로 전근되어 왔다가 해방 뒤에 중부경찰서에 근무하게 되어(미국 군정시대에는 왜정 때 경찰에 일보던 그러한 악마의 형사나 경관들을 하나도 파면하지 않고, 한국 정부가 수립되면 파면이나 처벌을 마음대로 하라고 미루었던 것이나, 한국 정부가 선 뒤에도 왜정 때의 경관이 계속되게 된 것이다), 마침 뇌물을 받은 범죄가 있어 법에 부치게 되었는데, 그때 법관으로 있던 이인(李仁) 씨가 담당하게 되어 그야말로 원수는 외나무다리에서 만나게 되었지마는, 경한 처벌을 받고 나와서 그놈의 고향인 제주도로 갔다가 거기서 백성들에게 맞아 죽었다는 소문을 들었다.

나는 이제 두 놈의 악질의 행장기를 쓰고자 함이 아니라, 우리 동지 이윤재·한징 두 분이 함흥감옥으로 넘어간 지 두 달도 못 되어 목숨을 잃게 한 장본인이 이러한 놈들임을 알리고자 할 뿐이다.

1년 동안이나 이러한 놈들에게 매일같이 갖은 악형을 당하고 보니 건강은 쇠약할 대로 쇠약하게 되었다. 이러한 형편을 본 경찰 당국자들은 매일 칼슘을 주사하여 주었으나 이것으로는 파괴되는 건강을 막을 수가 없었다. 이 주사비는 경찰이 담당한다고 약한 이는 다 맞으라고 권고하였던 것이다. 그러나 조사가 끝나서 함흥검사국으로 넘기려 할 때에 각각 맞은 분량에 따라 주사비를 내라고 하였다. 이는 전후 모순인 사기 행위였다. 이윤재 씨 같은 분은 가정생활이 파괴되어 그 주사비를 낼 수가 없어서 이 사실을 말하매 놈들이, "안 될 때 안 되더라도 전보야 못 쳐 볼 것이 무엇이냐?"라고 호령을 하여 전보를 쳤더니 가족이 행방불명이라고 전보가 되돌아왔던 모양이다. 이것을 가지고 안경모란 형사부장은 옮겨 간 가족의 주소를 알면서도 전 주소로 치게 하여 속인 것이라고 매질을 함을 볼 때 마음이 아팠다.

이윤재·한징 두 분은 동지 중에서도 피골이 상접한, 가장 불건강한 상태였다. 함흥감옥으로 넘어간 지 57일 뒤인 1943년 12월 8일에 환산 이윤재 씨가 55세로 목숨을 빼앗기었고, 다음 해(1944) 2월 22일에는 효창 한징 씨가 또 58세로 목숨을 잃게 되었다. 이 소식을 들을 때에 마음은 쓰리고 아프지 아니할 수 없었다. 저들이 한국을 영구히 먹어 버리는 데 방해되는 학문을 연구하였다고 하여 죄 없는 학자의 목숨을 빼앗는 왜놈들은 반드시 거꾸러지고야 말 날이 오리라고 생각되었다. 구한국 말기에 일어난 한글운동을 왜정기에 들어서 이같이 왜놈들이 피로 물들여 파괴와 박멸에 노력하였지마는, 그 피야말로 한글운동의 거름(肥料)이 되고 양분이 되어 약 반세기 동안 씩씩하게 발전하게 되었던 것이다. 그놈들의 조선어학회 회원 기소 이유의 한 대문에 이러한 말을 적었다.

"본 건 조선어학회는 1919년 만세소요사건의 실패를 거울삼아 조선독립을 장래에 기함에는 문화운동으로 인하여 민족정신의 환기와 실력의 양성을 급무로 하여야 한다고 대두한 소위 실력양성운동이 그 출발의 꽃이었음에도 불구하고, 용두사미로 그치어 그 본령을 충분히 발휘할 수 없이 된 그 뒤를 이어, 1931년(실은 1921년 12월 3월에 조선어연구회란 이름으로 조직된 것이 시작인데, 1931년 1월 10일에 이름을 조선어학회로 고친 고로 이를 이름인 듯함) 이래 피고인들은 (중략) 어문운동을 일으켜서 그 이념을 지도이념으로 하고, 표면적 문화운동의 가면 속에 숨어 조선독립의 실력양성의 단체로서 본 건 검거까지 10여 년에 뻗히어 조선민족에 대한 조선어문운동을 전개하여 온 것으로서, 종시일관하여 진지하고 변함없는 활동은 조선어문에 관심을 가진 조선민족의 기미를 포착하여 깊이 그 마음속에 침투하여, 조선어문에 대한 새 관심을 일으켜 다년간 편협한 민족 관념을 배양하고 민족 문화의 향상, 민족의식의 앙양 등을 기도하여 조선 독립을 위한 실력 신장에 기여함이 실로 적지 않다."

조선어학회는 이같이 민족주의 진영에 단연 분발의 지위를 차지하여, 저 조선 사상계를 풍미한 공산주의운동의 앞에 다 습복하여 아무 한 바 없이 혹은 자연 소멸하고 혹은 사고 단체로 타락하여 겨우 그 여천(餘喘)을 보존하여 오던 민족주의 단체 사이에 있어서 홀로 민족주의의 아성을 사수한 자로서 중시됨에 이르러, 후단 기재 사업 같은 것은 어느 것이든 언문 신문들의 열의 있는 지지 밑에 조선인 사회에 이상한 반응을 일으키었는데, 그중 조선어 사전 편찬 사업 같은 것은 광고의 민족적 대사업으로 촉망되었던 것이다.

그러하나 우리 민족이 자립하게 되면 이러한 압박과 방해가 덜어질 뿐 아니라 적극적 원조와 극진한 애호가 있을 줄로 믿었었다. 그러하나 사실은 이와 반대였음에 놀라지 않을 수 없다. 일반 민중의 이에 대한 애호와 지지는 변함이 없으나 관변에서는 이에 등한·냉정할 뿐 아니라 피의 거름으로 반세기 동안 자라난 이 학술, 이 문화의 탑을 무너뜨리려 함같이 보임조차 없지 않았음에 이상한 느낌을 금할 수 없는 것이다. 또 이 희생된 두 분의 유가족에 대하여는 관민의 무관심함을 마음 쓸쓸하게 느끼지 않을 수 없는 바이다.

자료 310 | 《신천지》 1958년 2월호.

조풍연,[60] 〈함흥형무소 대파옥 미수사건〉

일석(一石) 선생의 이야기

벌써 6·25사변 전의 일이다. 어느 날 나는 일석 이희승[61] 선생을 모시고 점심을 든 일이 있다. 그때 일석 선생은 음식을 몹시 씹어 드시는데, 마주 앉아서 뚝딱 급히 먹어치운 나로서는 민망스러울 정도로 오래 상을 들고 있었다.

"이렇게 하는 것이 소화엔 제일이에요. 이것도 함흥감옥에 있을 때 익힌 습관이지요."

일석 선생은 이런 변명 비슷한 말까지 하였다. 조선어학회 간부는 거의 전부, 게다가 교

---

60 조풍연(趙豊衍, 1914~1991): 서울 출신. 문학가. 1934년 연희전문학교 재학 중 '삼사문학' 동인으로 문학 활동을 시작했다. 1938년 《매일신보》 신춘문예에 소설 「젊은 예술가의 군상」 당선으로 문단에 등단했다. 광복 후 을유문화사 주간, 1954년 《한국일보》 편집국장, 1960년부터 《소년한국일보》 주간으로 13년간 재직했다. 1970년대 어린이를 위해 서양 명작 소설을 번역하여 소개하였다. 단편 동화 및 소설을 집필하였다.

61 이희승(李熙承, 1897~1989): 경기 개성 출신. 1929년 조선어사전편찬회 참가, 1935년 조선어 표준어 사정위원회 위원으로 활동하고 1931~1940 조선어학회에서 활동하였다. 1934년 5월 한국학 연구단체인 진단학회를 창립했다. 1942년 10월 조선어학회사건으로 구속되어 함흥형무소에서 수감 중 1945년 1월 함흥지방법원에서 징역 2년 6월을 선고받고 옥고를 치르다 1945년 8월 15일 광복을 맞아 출옥하였다. 1962년 건국훈장 독립장이 수여되었다.

육계·언론계의 수십 인이 함남의 홍원경찰서가 조작한 치안유지법 위반 사건에 걸려들어서, 그 통에 『큰사전』의 원고도 압수되고, 민족운동의 마지막 선(線)인 어학운동이 바야흐로 쑥밭이 되다시피 하였던 일은 이미 잘 알려진 사실이다.

때마침 일본이 전쟁에서 패색이 농후하여 갈 무렵이었다. 일제는 우리말을 전부 없애려는 판이라 갇혀 있는 분들에 대한 증오는 심하여 갔고, 이들에게 인권이 용인될 리 만무하였다.

홍원으로부터 사건이 함남경찰부로 이첩되매, 아무 죄명도 없이 함흥감옥에서 미결수로 있다가 마침내 이윤재(李允宰)·한징(韓澄)의 두 분 학자는 고문과 기아로 인하여 옥사하고 말았으며, 나머지 동지들도 그 목숨이 경각에 달려 있었음은 능히 상상할 만하다.

일석 선생도 이 중의 한 분이었음은 물론인데, 일석 선생이 우연히 나와 더불어 점심을 같이하다가 음식을 오래 씹어 자시게 된 까닭을 이야기한다는 것이, 그 무시무시하고 흥미진진한 함흥감옥 반란사건에까지 미쳐 한 두어 시간이나 이야기를 들었다.

일석 선생이 – 다른 분들도 그랬겠지만 – 감옥에서 가장 무서워했던 것은 기아와 고문이었다고 한다. 고문은 감옥으로 옮긴 뒤에는 날마다 있지는 않았으나 이따금 불려 나가면 심심풀이하듯이 있었는데, 그것을 당할 전날쯤이면 이상하게도 예감이 들어 밤을 꼬박 새웠으며, 오히려 당하고 난 뒤에는 전신을 뻗고 눕는 편이 잠이 잘 들었다고 한다.

그런데 기아는 늘 시시각각으로 당하는 것이라 매 맞는 것보다도 고통이 심하였다고 한다. 일제가 전쟁을 일으킨 뒤부터는 보통 사람도 먹을 것이 없어서 나무뿌리와 솔잎을 갈아먹는 판이었으니 죄수에게 돌아갈 양식이 어떠했을까는 묻지 않아도 짐작이 갈 만하다. 일석 선생은 어느 날 변소에 갔다가 쥐 한 마리가 죽어 있는 것을 발견하였다고 한다. 그 이야기를 같은 감방의 잡범에게 했더니 그자의 눈이 여우 눈처럼 반짝하면서 슬그머니 자리에서 일어나더라는 것이다. 그자는 변소로 가서 그 죽은 쥐를 먹었던 것이다.

그때는 콩 알맹이 하나, 밥풀 한 알도 목구멍으로 넘기지 않고 되도록 입속에 두고 마냥 씹기만 하는 것이 오직 기아를 위로(?)하는 방법이었다고 한다.

일석 선생은 그때에 생긴 버릇이 오히려 소화에 좋게 되었다고 고소(苦笑)하면서 이야기하였다.

그분이 몸소 겪은 함흥감옥 반란사건은 1945년, 바로 해방되던 해 – 그러니까 일본이 극도로 패망에 직면했던 해 – 의 4월 28일 밤중에 발생하였다고 한다.

이튿날 새벽, 반란에 실패한 모든 죄수들에게 보복하기 위하여 일경(日警)과 일군(日軍)은 죄수들을 빨가벗겨 한군데 몰아 놓고 소방차의 무자위로 물을 뿜어 얼려 죽이려 들었다고 했다.

된 벼락을 맞고 목숨이 용하게 붙었던 일석 선생의 수난의 이야기는 들을수록 몸서리가 쳐지며, 일면 드릴이 가득하여서 나는 듣는 도중에 얼굴을 몇 번이나 찡그렸다.

"일부러 시간을 내어서라도 그런 것을 적어서 발표하시지 않으시렵니까?" 하고 권해 보았다. 일석 선생 자신이 아니 쓰더라도 어느 스토리 텔러가 취재한다면 훌륭한 기록문학이 한 편 될 것이라고 생각되었다.

그런데 최근에 나는 우연한 기회에 당시 함흥감옥의 직원으로 있던 아오키(青木淸三郎)란 자가 12년 전의 이 사건을 회상하면서 '미증유의 집단 탈옥 폭동 사건의 전모'라고 발표한 문헌을 입수하게 되었다. 읽어본 즉 일석 선생이 이야기한 사건을 방증하는 것이어서, 이것을 무슨 방법으로든지 우리 국민들에게 알려 줄 필요가 있다고 여기게 되었는데, 이제 그 기회를 얻은 것이다. 이하는 일석 선생에게서 들은 이야기와, 일인 아오키가 기록한 것을 가지고 내가 엮어 본 사건의 내용이다.

기술(奇術)에서부터 시작

1945년 4월 28일, 즉 29일의 전야는 함흥형무소의 전 죄수들이 오래간만에 '단꿈'을 꿀 만한 날이었다. 왜냐하면, 날이 밝으면 일본 천황의 생일이라 하여 모든 작업을 쉬고 밤에 조금 덤이 붙는 날이기 때문이다.

이날 밤 10시쯤 P라는 간수가 우연히 들창으로부터 감방을 들여다보려니까 절도 상해범 정종명(鄭鍾鳴)이란 자가, "기술(奇術)을 해 보여 줄 테니 들어오지 않겠느냐?"라고 꼬였다. 정(鄭)은 감옥 안에서는 목공 일을 하고 있는데, 꽤 손재주가 있어서 작업 중에 나무를 깎아 열쇠를 만들어 가지고 탈주하려다가 발각된 일이 있었다.

그런데 이 정이 어찌나 재미있게 기술을 부리는지 P간수는 처음에 창 너머로 들여다 보다가 정이, "좀 더 재미있는 걸 보여 주려 해도 방 안이 좁아 못하겠으니 복도에서 하도록 하지 않겠는가?"라고 꼬였을 때, P는 귀신에게 홀린 듯 감방문을 열었다.

이 순간이었다. 문 안쪽에 찰싹 붙어 숨어 있던 죄수 수인이 창살 틈으로 들이민 간수의 손을 바람같이 낚아채서 간수를 쓰러뜨리고 미리 준비했던 끈으로 팔다리를 묶어 버리고 말았다.

간수의 복장을 곧 벗겨서 정이 이를 입고 패검(佩劍)까지 허리에 찼다. 그는 우선 중앙 망루(望樓)로 향하여 걸음을 빨리하였다.

망루에서는 당직 간수가 하품을 참으면서 멀거니 서 있었다. 정은 달려들어 간수의 턱주가리를 한 대 갈기고서, 겁이 나 어쩔 줄 모르는 간수를 동방자(同房者)와 함께 감방으로 끌어들였다. 이 자도 팔다리를 묶인 뒤 복장과 칼을 빼앗겼다. 이리하여 간수로 가장한 수인이 둘이 되었다.

이들은 우선 망루에서 열쇠 꾸러미를 탈취하고서 전 감방의 철문을 개방하고 모든 죄수를 한자리에 모이도록 하였다. 그리고는, "이제 일본은 전쟁에 진 거나 다름없다. 우리는 이 감옥을 탈출하여 우리 자신을 해방시키고 우리 민족을 해방시켜야 한다"라고 외쳤다.

지체 없이 정을 선두로 십수 인이 계호(戒護)사무소로 뛰어들어서 전화란 전화는 모두 줄을 끊어서 외부와의 연락을 막아 버렸다. 그리고는 사무소에 놓여 있던 38식 보병총·권총·탄약을 깡그리 손아귀에 넣었다. 또 날카로운 목제의 모의총도 집어내어 수인들에게 나누어 주고는 그 길로 떼를 지어 숙직실을 습격하였다.

이날 밤 숙직실에는 간수장 이하 10명가량의 간수가 있었으나, 갑자기 당한 일이라 미처 무기에 손을 댈 틈도 없었다. 간수장은 그 자리에서 타살당하고 간수 몇도 몰매를 맞은 뒤 모조리 결박을 당하였다.

물론 간수들에게는 유도와 검도가 정식 과업이 되어 있었으니까 칼만 빼면 검술을 쓸 수도 있었겠으나, 전광석화 같은 습격이라 도대체 칼을 뽑을 새가 없었다. 나중에 판명되었는데, 이날 칼을 뺀 간수가 있기는 하였으나 수인 한 사람도 부상시키지 못하였다고 한다.

그 간수는 검도가 3단인 자인데, "일본도(日本刀)가 너무 짧아서 칼끝이 폭도에게까지 닿지를 않았다"라고 술회하였다 한다.

평소의 원한도 있는지라 죄수들은 쌀가마에 머리를 처박고 있는 간수를 찌르고, 맨홀에 숨어 있는 간수도 위로부터 찌르고 하였다. 어떤 간수는 똥통에 뛰어들기도 하고, 그대로 쪼그리고 앉아 발발 떨고 있는 자도 있었는데, 숙직실은 마치 영화의 난투 장면같이 수라장이 되었다.

배불리 먹은 팥밥

불과 1시간가량에 함흥감옥은 완전히 죄수들의 수중에 떨어졌다.

평소에 서로 격리되었던 수인들이 갑자기 이처럼 단결되어 이와 같은 모험을 감행한 것을 보면 일본의 감옥 제도가 얼마나 가혹하였던가를 알 수가 있다. 게다가 가까운 장래에 미군이 상륙하여 일인을 무찌르리라는 소문이 전황(戰況)의 불리(不利)를 극력 감추고 있던 감옥 안에도 어느 틈에 퍼져 있었기 때문이다.

함흥형무소는 시가지 북단 치마대촌(馳馬臺村)에 있으며 대지는 약 2만 평이고 주로 무기징역 이외의 보통범을 수용하는 감옥인데, 조선어학회사건의 사상범이 여기에 수용된 것은 특이한 예였다. 정문을 들어서면 본관 사무실이 있다. 그 뒤에는 계호사무실, 숙직실, 취사장, 식료창고가 일동(一棟)에 들어서 있으며, 조금 떨어져서 교회실(教誨室)이 있고, 벽돌담으로 막혀서 의무실, 미결감, 여감이 나란히 서 있다. 기결감의 바깥쪽에는 각종 작업실이 큰 담에 대어서 세워져 있었다.

기결감은 선형(扇形)으로 방사(放射)된 5동의 기다란 건물로서 중앙 망루는 그 선형의 꼭지(中心)에 자리 잡고 있었다. 당시에 수인은 모두 400명가량이었다. 이처럼 대규모의 조직을 가졌으면서 쉽사리 점령당한 것에는 여러 가지 원인이 있었겠지만, 무엇보다도 이튿날이 천황의 생일이라고 하여 간수들이 방심한 탓이었다고 한다.

이날은 감옥 안에서도 그네들 식으로 팥밥을 짓고 작업도 쉰다. 따라서 직원도 적어진다. 취사도 전날 밤 담당 간수가 큰 솥에 쌀을 안쳐 놓아두면 아침에 당번인 수인이 일찌감치 일어나 보일러의 고동을 틀기만 하면 되게 마련이었으므로 절호의 기회가 된 셈이다.

밤은 깊었다. 반란 수인들은 전 감방을 순식간에 점령하고 말았다. 그들이 다음에 한 행동은 팥밥을 일어 안쳐 놓은 보일러의 고동을 트는 것이었다. 감옥 담 밖으로 뛰쳐나가는 것보다 더 급한 것이 우선 굶주린 배를 채우는 것이었다. 보통 때의 음식이 얼마나 말이 아니었는가를 이로써 알 수 있다. 즉, 주식이라는 것은 불릴 대로 불린 콩 속에 끈끈이 정도로 쌀과 보리를 섞은 망측한 것이요, 부식은 해변가에 널려져 있는 해초를 소금에 데친 것이었다. 그들은 이리하여 팥밥을 우선 배불리 먹고서 탈출 후의 식량으로서 주먹밥을 만들어서 제

각기 나누어 가졌는데, 쌀 것이 없으므로 잠방이[62]들을 벗어서 싸 들었다.

일경군(日警軍)의 포위

수인들은 정의 지휘로 앞문으로 탈출하려고 문으로 향하였으나, 그곳에는 아직 당직하는 간수가 한 사람 남아 있었다. 정문은 감방 쪽에서 볼 때엔 본관을 지나 반대쪽에 있었으므로 지금까지의 소동을 전혀 모르고 있었다. 정과 다른 수인들은 이 간수더러 문을 열라고 하였으나, 그는 응하지 않았다. 화를 낸 수인 하나가 간수에게 향하여 총을 쏘았다. 간수는 덜컥 땅에 쓰러졌다. 수인들은 정문을 열어젖히려 하였으나, 이 문은 특수한 장치가 되어 있어서 여간해서 열리지 않았다. 극히 단단하게 만들어져 있었으므로 부수려 해도 부서지지 않았다. 하는 수 없이 이들은 측문으로 향하였다.

이때에 수인 하나가 땅에 쓰러진 간수에게 손을 대어 봤으나 아무런 반응이 없었으므로 그대로 가 버렸다. 그러고 나서 측문으로 돌아갔는데, 문을 부수는 데 상당한 시간이 걸려서 가까스로 통로를 만드는 데 성공하였을 때는 새벽 1시가 지났을 무렵이었다.

이때 맨 처음 문으로부터 뛰어나간 수인들은 깜짝 놀라 멈칫하였다. 일본의 경비대들이 잇달아 달려오고 있었기 때문이다. 사실은 먼젓번 정문의 당직으로 있던 간수가 총을 맞고 죽은 줄 알았더니 죽지 않고 죽은 채 엎드려 있었다가 수인들이 측문으로 향한 틈을 타서 함흥경찰부로 연락을 한 때문이었다.

당시 일본은 미군이 상륙할지도 모른다고 겁내어 연안 경비를 전문으로 담당하는 경비대를 조직한 지 얼마 안 되었는데, 급보를 받고 경찰부의 야마모토(山本)라는 경부보는 전 경찰을 비상 소집하는 동시에 이 경비대의 출동을 요청하였다. 그리하여 감옥은 삽시간에 포위되고 말았다. 일본군이 각 어귀를 포위하고 난 것과 수인들이 측문을 파괴하고 난 시각은 거의 같았다. 일경군들은 문으로부터 안으로 들어가는 것을 꺼렸다. 어둠을 뚫고 들어간댔자 불리한 것을 알았기 때문이다. 수인들도 마찬가지였다. 포위를 당한 모양인데 한 구멍으로 밀고 나간댔자 모조리 사살당할 것은 뻔한 일이었다. 이리하여 살기 가득 찬 어둠 속에서 쌍방은 그저 날 밝기를 기다리는 수밖에 없었다.

---

62 잠방이: 곤의(褌衣). 가랑이가 무릎까지 내려오게 짧게 만든 홑바지.

이윽고 먼동이 텄다. 수인들은 문 앞에 집결하여 기세를 올리기 시작하였다. 결사의 각오였다. 모두 머리를 질끈 동이고 그중의 십수 명은 간수장과 간수의 제복을 입고 지휘를 하고 있었다. 북쪽으로 난 문 부근에는 재목 두는 곳이 있고, 거기에는 목공장에서 쓸 일본 나막신을 만들 거리로 재목들이 우물 정(井)자로 쌓인 것이 많이 있었다.

수인들은 이것을 망루처럼 이용하고, 또 토치카처럼 이용하여서 소총과 권총을 대고 있다가 일경군들이 고개를 들기만 하면 탕탕 쏘아서, 중무장한 일경군들도 어찌해 볼 도리가 없었다.

이럴 즈음에 감옥 안에서는 불길이 일어나며 화염이 삽시간에 충천하여 마치 전장과 같은 광경이었다.

순식간에 결판난 승패

감옥 밖에는 수백 명이나 되는 일경군이 들끓고 있었으나, 이 불길을 보기만 하였지 꼼짝도 하지 못하였다. 그러는 중에 정규 군대를 불러오자고 주장하는 자가 있고, 그럴 것 없이 다 타도록 내버려 두면 수인들을 몽땅 잡으리라고 주장하는 자도 있었다.

그러나 이런 것을 방관만 하였다가는 나중에 어떤 죄를 받는다는 것을 잘 아는 그들이었다. 이래 죽으나 저래 죽으나 마찬가지라고 생각한 경찰 간부들은 20명가량으로 돌격할 것을 결정하였다. 그들은 독종의 본질을 드러내어 소위 특공대를 결성한 것이었다. 이 경우 수인 측과 일경군 측을 비등한 실력으로 보더라도 수인 측은 매우 불리하였다. 왜냐하면 수인 측은 하룻밤 사이에 갑자기 된 게릴라에 불과하며 게다가 독 안에 든 쥐나 마찬가지인데, 일경군 측은 조직적이며 이미 감옥을 포위하였고 후속 응원 부대가 얼마든지 있기 때문이었다. 그뿐인가, 일경군은 무장이 또한 완전하였다. 날이 환히 밝으면서 피차의 사기가 확 달라지자 돌격한 일경군은 몇 방의 총을 서로 쏘는 동안에 재빠르게 정형(井型)의 거점을 점령하였다. 그리고 수령 격인 정을 사살하였다. 수령을 잃은 수인들은 금세로 오합지졸이 되고 말아 뒤미처 몰려든 수백 명의 일경군에게 여지없이 체포되고 말았다. 때는 1945년 4월 29일 오전 8시 반이었다.

이 소동의 결과로 간수장 이하 간수 십수 명이 사상하였으며, 수인 측은 정만이 죽고 나머지는 부상만 10여 명 있었다. 그리고 방화에 의하여 기결감 5동과 그 주위의 전 작업장이 불타 버렸다. 이러한 사건은 조선 통치하에서는 물론, 일본의 어느 감옥에도 없었던 전대미문의 사건이었다고 아오키는 기술하고 있다.

그 밖에 부상자의 혈흔이라든지 탄흔이 도처에 물을 들였고, 의복과 밥알이 흩어졌으며, 수인들이 내깔긴 분뇨가 산란하였다.

그런데 이상한 것은 미결감 속의 조선어학회의 간부들과 그 밖의 항일운동가·독립운동가들을 격리시킨 소위 사상범의 감방에는 파옥 수인들이 전혀 가담 요청도 안 했거니와 옥문을 열어 주지도 않았던 사실이다. 이것의 진상은 아무도 아는 사람이 없으나, 좋게 해석하면 파옥 수인들이 사상범을 아껴서 일이 실패에 돌아갔을 때에 화가 그들에게 미치지 않도록 하기 위한 조처가 아닌가도 생각된다. 아오키가 기술한 것을 인용하면, "만약에 경비대의 도착이 조금이라도 늦었더라면, 무기를 가진 폭도가 거리에 펴져서 어떤 사태가 발생했을지 모를 일이었다. 더군다나 이것이 도화선이 되어서 조선 전토(全土)에 어떠한 불측(不測)의 사건이 발생하였을지 생각만 해도 소름이 끼칠 정도다"라고 되어 있었다.

비열한 보복 수단

이 사건 발생으로 천황의 생일이고 개몽등이고 없이 함흥지방법원 검사정 및 경찰 수뇌들은 급히 총독부로 달려갔다. 즉시 대규모의 취조가 시작되어 주모자라고 인정된 십수 명을 기소하고 심리가 개시되었으며, 형무소 당국에서는 소장 이하 책임자들을 징계 처분하였다.

그러는 한편 가만히 앉아서 이 소동을 당한 사상범들에게는 화풀이였던지, 그들이 반란 수인들을 선동했다는 혐의로 한군데 몰아 발가벗긴 다음 소방용 호스로 물을 퍼붓고, 하루 종일 굶기곤 하였다. 이런 지 석 달 남짓한 8월에 해방이 안 되었던들 조선어학회 간부들의 목숨이 어떠했을지 아무도 단언할 사람은 없을 것이다.

아오키는 패전 후에도 함흥에 남아 있어서 제 자신도 관리인의 하나였던 함흥형무소에 수감되었던 듯하다. 그는 "형무소는 함흥교화소라고 이름을 바꾼 뒤, 소군(蘇軍)과 인민위원회의 관리하에 있었는데, 방화로 소실을 면한 기결감 1동과 미결과 3동에 민간인과 더불어 일제의 관료들이 억류되고 보니 참으로 감개가 무량하였다"라고 술회하고 있다.

자료목록

자료번호	자료명	발행일	생산자/발행처	본문쪽수
자료 1	황은여천(皇恩如天)을 군지부(君知否)아	1912. 11. 9	매일신보	39
자료 2	재감수인의 희열	1913. 3. 26	매일신보	40
자료 3	은사 감형의 은택을 입어 원판결의 형기 전에 출옥하는 서대문감옥의 죄수와 서대문 분서장의 성지를 훈유하는 상황	1914. 5. 31	매일신보	41
자료 4	회개하라	1915. 1. 28	매일신보	42
자료 5	독감방 부족으로 간수, 교회사 증원	1927. 10. 11	조선일보	43
자료 6	대전형무소 사상범 양계(養鷄)로 소일	1933. 12. 11	조선중앙일보	43
자료 7	사상범이 양계, 정조(情操)교육의 일단으로서 대전형무소에서 실시	1933. 12. 12	매일신보	44
자료 8	재감자 정서교육, 대전형무소에서	1934. 5. 18	매일신보	44
자료 9	전주형무소에 교회용 신문	1935. 9. 25	매일신보	44
자료 10	7,000여 문맹 수인에 행형 중에 간이(簡易)교육	1935. 11. 28	매일신보	45
자료 11	수인 문맹 퇴치와 기술교육을 실시, 기한 6개월로 시험 결과 따라 전 조선 형무소에 시행	1935. 12. 5	동아일보	46
자료 12	부산형무소의 정신교육	1936. 3. 5	부산일보	46
자료 13	대구형무소도 문맹 퇴치 강습 다시 제2회 개시	1936. 4. 10	매일신보	47
자료 14	30세 미만 죄수에 특별교육을 실시	1936. 11. 19	매일신보	48
자료 15	가정십훈(家庭十訓)으로 형무관리 훈양(訓養), 춘천형무소서	1937. 1. 22	매일신보	48
자료 16	전과자에 온정, 춘천형무소 교회사 열성	1937. 2. 17	매일신보	49
자료 17	형무소 교회당 신축	1937. 3. 20	부산일보	50
자료 18	형무소 죄수들에게 초등교육 실시 결정	1937. 5. 25	매일신보	50
자료 19	수인 교육 확대, 평양형무소 계획	1937. 7. 16	동아일보	51
자료 20	조선 행형제도를 전면적으로 개선	1937. 9. 30	동아일보	51

자료번호	자료명	발행일	생산자/발행처	본문쪽수
자료 21	수인 교육자 강습회 개최	1938. 1. 27	매일신보	53
자료 22	교육칙어 봉대(奉戴), 전 조선 각 형무소에서	1938. 2. 5	매일신보	53
자료 23	전선(全鮮) 형무소에 레코-드 배부	1938. 2. 16	매일신보	53
자료 24	형무소의 노력을 수산에도 돌린다	1938. 3. 16	부산일보	54
자료 25	수인 교육 정도 무식한(無識漢) 반수 이상, 국어·산술·주산 작년부터 교수, 행형과의 새로운 시험	1938. 4. 9	매일신보	55
자료 26	형무소 재감자에도 성인 교육의 서광, 평양서 제1회 종료식	1939. 12. 29	매일신보	55
자료 27	응보행형에서 교육행형에, 전선(全鮮) 1만 9,000 수형자 지도책 획기적 전환	1940. 6. 20	매일신보	56
자료 28	형무소에도 국어강습	1942. 6. 10	매일신보	58
자료 29	체포자 5,000명, 2,000명을 감옥에	1919. 3. 17	매일신보	61
자료 30	취조를 급히 함	1919. 3. 22	매일신보	61
자료 31	경성에 2,500인, 서대문감옥의 소요사건 관계자	1919. 5. 29	매일신보	61
자료 32	현재 1,900인 (1) 서대문감옥의 소요범인들	1919. 6. 10	매일신보	62
자료 33	주도한 감옥의 주의 (2) 서대문감옥의 소요범인들	1919. 6. 11	매일신보	63
자료 34	평양감옥 근황	1920. 4. 27	매일신보	65
자료 35	영어(囹圄) 중의 보안범인	1920. 6. 10	매일신보	65
자료 36	사상범죄자에게 원도형을 부활?	1926. 6. 24	동아일보	66
자료 37	모 중대 사건의 관계자 전후 180여 명	1926. 9. 9	동아일보	67
자료 38	사상범 동수(同囚)는 타 죄수가 감염, 형무소의 대(大) 두통	1926. 9. 18	매일신보	67
자료 39	특수범인(特殊犯人) 격리안	1926. 12. 5	동아일보	68
자료 40	1만 4,000여 명 중 정치범 500여	1926. 12. 26	동아일보	70
자료 41	25일 현재 재감 정치범	1926. 12. 27	동아일보	70
자료 42	경성형무소엔 정치범 100명, 기미년 전후 중대범 대사(大赦), 출감자 전무?	1927. 2. 7	조선일보	71
자료 43	평양형무소엔 정치범 20여 명	1927. 2. 7	조선일보	72
자료 44	공산당사건	1927. 4. 4	동아일보	73

자료번호	자료명	발행일	생산자/발행처	본문쪽수
자료 45	전 조선 옥중에 독감수 500, 이것도 부족하다 하여 독방을 증설, 간수 증치	1927. 10. 10	동아일보	75
자료 46	수용 죄수 700명 중 시국범 근 300인	1928. 2. 18	동아일보	75
자료 47	미결수 우대안과 사상수 독감문제	1928. 6. 5	매일신보	77
자료 48	사상범 26건에 관계자 260명	1928. 12. 26	동아일보	78
자료 49	옥중의 주의자가 군대에 모종선전	1929. 1. 13	동아일보	78
자료 50	사상범 4,000명 돌파, 독감방 급급 증축	1929. 4. 12	조선일보	79
자료 51	형무소 협애(狹隘)를 기회로 행형제도 온화책	1931. 4. 25	매일신보	79
자료 52	사상범 점증으로 경서(警署)와 감옥 증축	1932. 9. 16	동아일보	80
자료 53	첨예화하는 사상운동 피검자 총수 3,000명	1932. 10. 24	동아일보	81
자료 54	출옥 후 재투족(再投足) 염려, 사상범에 중형 방침?	1932. 11. 6	동아일보	82
자료 55	함북사상범 180여 명, 미결수만이 이만한 숫자	1932. 12. 28	동아일보	83
자료 56	대전형무소에 사상범 300여	1933. 3. 7	매일신보	83
자료 57	느는 건 죄수, 사상범이 73% ◇현재 수인 600명을 돌파, 청진형무소 확장?	1933. 6. 9	매일신보	84
자료 58	사상범 격증으로 함흥형무소 증축	1933. 7. 28	조선중앙일보	84
자료 59	형무소 증설난으로 가출옥 경찰 처분 장려(勵行)	1933. 8. 30	조선일보	85
자료 60	간도공산당(間島共産黨) 40명, 대전형무소에 9일과 11일 두 차례로써 엄중 경비리 수용	1934. 8. 12	매일신보	85
자료 61	원산적색사건 남중군 등 수(遂) 송국, 9명 함흥형무소에 수용	1935. 5. 22	조선중앙일보	86
자료 62	서대문감옥 수인 신감방으로 이감	1935. 7. 2	조선중앙일보	86
자료 63	"공산주의운동에 참가한 일은 없소" 여자 피고 박진홍의 사실 부인, 용산노조 속행 공판	1936. 7. 16	매일신보	86
자료 64	허 씨 심문	1908. 7. 16	대한매일신보	89
자료 65	의장 심문	1908. 7. 21	대한매일신보	89
자료 66	내란범 월교(越交)	1908. 10. 25	황성신문	89
자료 67	의장 탄식	1909. 4. 23	대한매일신보	89
자료 68	의병장 호기	1909. 4. 24	대한매일신보	90
자료 69	사형선고	1909. 6. 15	대한매일신보	90

자료번호	자료명	발행일	생산자/발행처	본문쪽수
자료 70	옮겨 가두어	1909. 12. 25	대한매일신보	91
자료 71	행흉자(行凶者) 옥중 현상	1909. 12. 25	황성신문	91
자료 72	윤치호는 경성감옥으로 전용	1914. 2. 20	매일신보	91
자료 73	채응언은 자살코저	1915. 9. 15	매일신보	92
자료 74	강우규의 근상, 매우 회개하고 있어	1920. 1. 13	매일신보	92
자료 75	재감 중의 손병희는 1일 아침부터 입을 열지 않고 고요히 앉았었다	1920. 3. 2	매일신보	93
자료 76	작년 소요의 중심인물인 손병희의 근상, 지금은 병도 아주 나아서 넉넉히 걸어 돌아다니는 중, 3월 1일은 모든 죄수가 지극히 근신하였다, 서대문감옥 미쓰이(三井) 전옥 담(談)	1920. 3. 4	매일신보	93
자료 77	세브란스 원장 손병희 방문, 스코필드 씨도 이번에 고국에 가기 때문에 찾아보았다	1920. 4. 1	매일신보	94
자료 78	출옥자의 감상(1)	1920. 4. 18	동아일보	94
자료 79	출옥자의 감상(2)	1920. 4. 20	동아일보	95
자료 80	손 일파의 안부? 책 보고 글 짓는 것이 오직 47인의 무상한 벗! 17인은 독방 차지	1920. 5. 2	매일신보	97
자료 81	최남선 씨의 모당(母堂) 숙아(宿痾) 위독	1920. 9. 14	매일신보	98
자료 82	손의암 일파 37명의 복역, 서대문감옥에 처음으로 복역은 하나 대우는 달라	1920. 11. 8	매일신보	99
자료 83	19명 만기 출옥, 독립선언서에 들었던 사람 중 19명은 이번에 만기 출옥됨, 다음 4일 아침 경성감옥에서	1921. 11. 3	매일신보	100
자료 84	작일 아침 출옥 당일의 경성감옥(출옥인과 모인 사람들)	1921. 11. 5	매일신보	102
자료 85	악수하고 감루만 종횡, 경성감옥 문 밖에는 5~600명의 고구(故舊) 친척이 산같이 모였다, 어제 아침 감옥에서 출옥된 17인	1921. 11. 5	매일신보	102
자료 86	노채필 씨의 출옥	1925. 6. 22	매일신보	104
자료 87	옥중에서 혈루의 시, 신의주형무소에 이감된 의성단장 편강렬의 근상	1925. 9. 15	동아일보	105
자료 88	오이시 다마키(大石環)의 출옥을 기회로 결사조직의 음모	1926. 1. 15	동아일보	105
자료 89	출옥 동지의 환영회도 금지	1926. 2. 10	동아일보	106
자료 90	치유법(治維法)으로 기소, 도쿄서 호송된 중범 김익환	1926. 6. 5	동아일보	106

자료번호	자료명	발행일	생산자/발행처	본문쪽수
자료 91	'6월사건'과 '6·10만세' 47명만 수감	1926. 6. 16	동아일보	107
자료 92	중앙교(中央校) 생도 수감, 우선 6명을 형무소에 수감	1926. 6. 17	동아일보	110
자료 93	형무소 수용 전부 70명	1926. 6. 20	동아일보	111
자료 94	6월 10일 조선○○만세사건, 제령·출판법 위반으로 수모(首謀) 11명만 기소	1926. 6. 26	동아일보	112
자료 95	기미(己未)에도 철창, 초지(初志)를 불변, 기미년 당시에도 대구에서 복역, 처음 뜻을 그대로 인산 날에 만세, 6·10만세, 홍종현 공판	1926. 6. 26	동아일보	115
자료 96	17명을 각기 독방에 수용, 검사 취조는 명일부터 개시, 일단락된 6월사건	1926. 7. 4	동아일보	117
자료 97	캄캄한 밤중에 무언극(無言劇)의 일 장면(一 場面), 눈물 먹은 얼굴로 출영한 주세죽 씨	1926. 7. 23	동아일보	118
자료 98	임경관 씨와 독고전 씨도 작야 7시에 경성역 착	1926. 7. 24	동아일보	119
자료 99	출옥자 환영 금지	1926. 8. 25	동아일보	120
자료 100	김철중 씨 입감, 작일 오후에	1927. 1. 20	동아일보	121
자료 101	삭풍에 떨리는 "아버지!" 소리 ◇장부의 눈에도 찬 이슬 맺혀, 곽재기 씨 어제 아침 출옥	1927. 1. 23	동아일보	121
자료 102	광한단사건 주범 한대홍 씨 출옥	1927. 1. 26	조선일보	124
자료 103	서대문형무소엔 40여 명 출옥	1927. 2. 7	조선일보	125
자료 104	폭행생 주모자 5명 강제처분으로 수용, 27일 서대문 형무소에 보성고보 맹휴사건	1927. 7. 29	매일신보	128
자료 105	변호인 측에서 암호를 연구	1927. 10. 13	매일신보	128
자료 106	박헌영 보석 아직도 미결	1927. 10. 13	매일신보	129
자료 107	공산당 피고 5인, 요로(要路) 경관을 고소	1927. 10. 17	동아일보	130
자료 108	평남도청 폭파범 안경신 여사 재작 출옥	1927. 12. 16	동아일보	134
자료 109	남양 3·1사건 3명 전부 출옥	1927. 12. 27	동아일보	135
자료 110	호송된 '채' 교수, 서대문감옥에 4일 오후 8시에 도착	1928. 2. 6	동아일보	136
자료 111	입옥 당년에 홍안 소년 출옥 금일에 헌헌 장년, 의열단사건에 파옥사건까지 겹쳐 소년과 청춘시대를 철창에서 지내, 밀양폭탄 수범 이성우	1928. 3. 9	동아일보	137
자료 112	"의성단장(義成團長)" 편강렬 고경(苦境)	1928. 9. 8	동아일보	140
자료 113	유림단(儒林團) 거두 김창숙, 극비리 대전 이감	1928. 12. 31	동아일보	141

자료번호	자료명	발행일	생산자/발행처	본문쪽수
자료 114	의열단사건의 김시현 씨 출옥	1929. 1. 31	조선일보	142
자료 115	평양만세학생 33명 출옥	1930. 2. 6	동아일보	143
자료 116	희비의 교향, 철문 앞 인파	1930. 2. 10	동아일보	143
자료 117	치안유지법 위반으로 35명 예심 회부	1930. 2. 10	동아일보	144
자료 118	전주신흥교생 23명 출감	1930. 2. 10	동아일보	145
자료 119	기소유예된 여학생 24명 당야 출옥	1930. 2. 12	동아일보	145
자료 120	제1차 격문사건 차재정 병세 위독	1930. 3. 8	동아일보	148
자료 121	여운형 이감 대전형무소로	1930. 9. 25	동아일보	148
자료 122	여운형 옥중 소식	1931. 1. 10	동아일보	149
자료 123	청주농교사건 70명 송국, 지난 17일 아침에 청주형무소에 수용	1931. 9. 20	매일신보	149
자료 124	인천소요사건 22명 송국, 지난번 조중출동사건의 피고 서대문형무소에 수용	1931. 9. 23	매일신보	150
자료 125	정신 상태 감정코저 오동진 비밀 이감, 서대문형무소로	1931. 12. 19	매일신보	151
자료 126	오동진 이감, 19일 아침 차로 평양형무소 옮겨	1932. 3. 21	매일신보	151
자료 127	복심 판결도 오동진 무기	1932. 6. 22	동아일보	151
자료 128	○○가를 고창하며 사상범인 25명 대전형무소에 입소	1932. 7. 10	부산일보	152
자료 129	공산당 재건사건 작일 8명 송국, 그중 5명이 공산대학 출신, 신의주형무소 수용	1932. 8. 20	매일신보	152
자료 130	공작회(工作會)사건 오산세 중태	1932. 9. 4	동아일보	153
자료 131	노농학원적화사건 이원식 출감, 지난 22일에	1933. 12. 27	조선중앙일보	154
자료 132	영흥농조사건의 16명 만기 출옥, 16일 함흥형무소에서	1934. 7. 18	조선중앙일보	154
자료 133	간도공당 관계 6인 만기로 출감	1934. 9. 6	조선중앙일보	155
자료 134	안도산 가출옥	1935. 2. 12	조선중앙일보	155
자료 135	태평양노조 관계 박만식 가출옥, 4년역 복역 중	1935. 10. 30	조선중앙일보	156
자료 136	영흥농조사건 우홍구 출옥, 함흥형무소에서	1936. 6. 27	조선중앙일보	157
자료 137	영흥농조사건 장희동 출옥	1936. 7. 2	조선중앙일보	157
자료 138	이씨 통곡	1908. 10. 15	대한매일신보	159
자료 139	의병장 승천	1908. 10. 22	대한매일신보	159

자료번호	자료명	발행일	생산자/발행처	본문쪽수
자료 140	의기 있는 사람	1908. 11. 3	대한매일신보	159
자료 141	의장 사형	1909. 6. 17	대한매일신보	160
자료 142	의장 처교	1909. 9. 22	대한매일신보	160
자료 143	의병장 처교	1909. 12. 28	대한매일신보	160
자료 144	대적 괴수의 사형	1914. 12. 19	매일신보	160
자료 145	불원한 채의 최후, 집행은 평양감옥에서	1915. 10. 13	매일신보	161
자료 146	사형수 5명, (상) 가을의 평양감옥	1917. 11. 8	매일신보	161
자료 147	소안(笑顔)으로 교수대 상에 오른 이진룡·황봉신·황봉운 3명은 1일 오후에 사형집행, 태연한 이진룡의 태도 웃음 속에 죽었다	1918. 5. 4	매일신보	163
자료 148	강우규 사형집행은 언제 될는지 아직 모른다, 종작 없는 세간의 낭설들, 서대문감옥 미쓰이(三井) 전옥 담	1920. 6. 15	매일신보	164
자료 149	폭탄범인 강우규 사형집행 시기 언제, 사형을 집행하려면 서대문감옥으로 옮겨 가는 법이다	1920. 11. 7	매일신보	165
자료 150	경계 엄중한 가운데 사형집행된 최경학 시체 출발	1921. 7. 21	매일신보	165
자료 151	최익룡 유골 도착	1923. 7. 28	동아일보	166
자료 152	일본 밀정을 살해한 채경옥 사형집행	1923. 12. 18	동아일보	167
자료 153	양승우 사형집행	1926. 2. 21	동아일보	167
자료 154	차입(差入)한 석반(夕飯)은 최초의 제찬(祭饌)!	1926. 2. 21	동아일보	169
자료 155	의열단 공범 고인덕은 옥사	1926. 12. 23	동아일보	171
자료 156	자살인가 병사(病死)인가, 옥사 전말은 여차	1926. 12. 25	동아일보	172
자료 157	사형집행, 청진 순사 살해범 3명, 작일 서대문감옥에서	1927. 5. 19	동아일보	174
자료 158	송학선에 사형집행	1927. 5. 22	동아일보	174
자료 159	흑기연맹(黑旗聯盟)사건 홍진유 군 영면(永眠)	1928. 5. 20	동아일보	175
자료 160	의성단(義誠團) 단장 편강렬 장서(長逝)	1929. 1. 20	동아일보	176
자료 161	집안현 설원에서 밀정 3명 사살, 통의부원 전학수의 범행	1929. 2. 12	동아일보	177
자료 162	이수홍과 유택수, 작일에 사형집행	1929. 2. 28	동아일보	178
자료 163	교수대를 앞두고 최후의 일장 연설	1929. 3. 1	동아일보	181
자료 164	신민부(新民府) 간부 홍순갑 옥사	1929. 10. 20	동아일보	182

자료번호	자료명	발행일	생산자/발행처	본문쪽수
자료 165	6년 복역 중 정의부원 옥사	1929. 11. 28	동아일보	183
자료 166	ML당사건 이낙영 영면	1931. 5. 20	동아일보	183
자료 167	이제우 사형집행	1931. 6. 13	동아일보	184
자료 168	홍원(洪原)사건의 박재호 사망	1932. 1. 16	동아일보	185
자료 169	공산당사건 이병의 옥사	1932. 4. 18	동아일보	186
자료 170	공당(共黨) 재건 관계자 장석천 영면, 집행정지로 출옥 정양 중	1935. 10. 20	조선중앙일보	187
자료 171	간도공산당 사형수 18명 전부 형 집행	1936. 7. 24	매일신보	187
자료 172	간공사건 사형수 작일 전부 사형집행	1936. 7. 24	조선중앙일보	188
자료 173	대혁신 중의 충북유린회(忠北有隣會), 면수(免囚) 보호의 일대 복음	1927. 3. 19	매일신보	191
자료 174	치유 개정안의 윤곽	1933. 6. 27	동아일보	192
자료 175	사상전환자 현재 200명	1933. 9. 13	동아일보	194
자료 176	회의의 중심점은 사상범 문제	1933. 9. 29	동아일보	194
자료 177	사상전향 수인은 특별 대우키로 결정	1933. 10. 5	조선일보	195
자료 178	전 조선에 재(在)한 사상범의 전향 격증, 가정애(家庭愛)에 의한 동기가 필두, 총독부 법무국 조사	1934. 5. 19	매일신보	196
자료 179	전향한 사상수 중엔 가정 관계가 수위	1934. 5. 19	동아일보	197
자료 180	사상전향도 색색	1934. 5. 19	조선일보	197
자료 181	사상범보호관찰법(思想犯保護觀察法) 11월부터 조선에 시행	1936. 5. 29	조선중앙일보	198
자료 182	사상전향자엔 가출옥 특전, 함흥 수인 700여 명 중 1월 내 27명 허가	1936. 5. 31	매일신보	199
자료 183	사상범감찰법안	1936. 6. 4	조선중앙일보	199
자료 184	사상범 감찰소 8개소에 설치 계획	1936. 6. 10	조선중앙일보	200
자료 185	사상전향자 5할, 살인은 여수(女囚)가 7할	1936. 10. 6	매일신보	201
자료 186	사상범보호관찰법에 대하여	1936. 11. 14	조선일보	201
자료 187	보호관찰령 실시 12월 20일로 확정	1936. 11. 26	매일신보	203
자료 188	사상관찰령 결정	1936. 12. 9	매일신보	203
자료 189	조선사상범보호관찰령 최근 정식 공포	1936. 12. 9	부산일보	204

자료번호	자료명	발행일	생산자/발행처	본문쪽수
자료 190	사상범보호관찰【상】	1936. 12. 12	매일신보	204
자료 191	사상범보호관찰【하】	1936. 12. 13	매일신보	208
자료 192	조선사상범보호관찰령 금일 공포	1936. 12. 13	매일신보	210
자료 193	드디어 개시된 사상범보호관찰소, 갱생의 문을 나설 때 애호(愛護)의 키를 주는 초대 소장은 사사키(佐佐木) 씨	1936. 12. 23	부산일보	212
자료 194	사상보호관찰소 함흥도 사무 개시, 초대 소장은 오마치(大町) 검사	1936. 12. 24	매일신보	212
자료 195	제도 창설 후 최초의 사상범보호관찰소장회의, 금일 총독부에서 개최【2일간】	1937. 1. 16	매일신보	213
자료 196	가출옥사상범처우규정 공포	1937. 4. 17	부산일보	216
자료 197	사상전향자와 보호관찰사업	1937. 10. 21	매일신보	216
자료 198	행형누진처우규칙을 공포	1937. 11. 10	매일신보	217
자료 199	4등급의 누진처우로 고급자엔 자유 부여, 출소 후 사회생활에 적응토록 수형자들에 희소식	1937. 11. 10	매일신보	218
자료 200	복역, 출감의 치유 위반자 10년간에 2만여 명	1937. 11. 25	동아일보	218
자료 201	적심록(赤心錄) 법무국서 편찬	1937. 12. 16	동아일보	219
자료 202	행형누진처우규칙 시행규칙 결정	1937. 12. 20	매일신보	220
자료 203	영어(囹圄)의 열정 총후적심록(銃後赤心錄)	1937. 12. 25	조선일보	220
자료 204	전선 보호관찰소 작년 중 처리 상황	1938. 3. 1	매일신보	221
자료 205	사상취체의 신방향	1938. 6. 17	동아일보	221
자료 206	전향자 대표 박, 권 양 씨 출발	1938. 6. 18	매일신보	223
자료 207	전 조선 전향자동맹 경성에 지부 설치, 100여 명이 회집 협의	1938. 7. 17	매일신보	223
자료 208	피보호관찰 인물, 경성은 대부분 전향	1938. 8. 2	조선일보	224
자료 209	내지보다 앞서서 사상범예방구금 1940년도(昭和 15) 부터 실시	1940. 1. 5	매일신보	225
자료 210	조선의 사상 불온자 상대로 예방구금제도를 실시	1940. 1. 5	동아일보	225
자료 211	문제 중의 예방구금제도 사상범 전과자에 한정	1940. 1. 8	동아일보	226
자료 212	예방구금자 취급할 사상선도소(가칭) 설치	1940. 1. 19	조선일보	227
자료 213	사상범예방구금령 7월부터 실시 내정	1940. 3. 28	조선일보	228

자료번호	자료명	발행일	생산자/발행처	본문쪽수
자료 214	사상범 방지에 철망, 예방구금령 명일 공포	1941. 2. 12	매일신보	229
자료 215	비전향자 2년간 수용 황민으로 보호 교도, 예방구금령 3월 10일에 실시	1941. 3. 2	매일신보	231
자료 216	공포심을 갖지 마라, 보호교도가 근본정신, 명일 실시를 볼 예방구금령	1941. 3. 9	매일신보	232
자료 217	9명의 취조를 개시, 제1차로 예방구금령 적용 준비	1941. 4. 11	매일신보	234
자료 218	우리나라 최초의 예방구금 창설, 과격사상 취체에 철저 강화	1941. 5. 16	부산일보	234
자료 219	예방구금이 특색, 작일부터 실시된 개정 치안유지법	1941. 5. 16	매일신보	235
자료 220	악질의 비전향자, 전선서 13명 예방구금	1941. 8. 10	매일신보	236
자료 221	합병일에 기념 절식, 함흥형무소에 있는 정치범이	1923. 9. 7	동아일보	239
자료 222	기념만세 부른 자 2명을 형무소에서 악형치사설(惡刑致死說)	1924. 4. 6	동아일보	239
자료 223	죄수 악형치사설, 하늘을 두려워 우리는 부인한다	1924. 4. 7	동아일보	240
자료 224	3월 1일에 기념만세, 서대문감옥에도 만세	1923. 3. 4	조선일보	241
자료 225	평양형무소가 수인 2명을 형살(刑殺)	1924. 4. 6	시대일보	241
자료 226	공소 중의 김지섭 감방에서 단식!	1925. 1. 10	동아일보	243
자료 227	평양감옥 죄수 200명 단식동맹	1925. 12. 10	시대일보	244
자료 228	사설: 수인의 단식동맹	1925. 12. 12	조선일보	245
자료 229	법의 위신과 정의감	1927. 2. 28	동아일보	247
자료 230	진우연맹(眞友聯盟) 절식(絶食)과 대구형무소의 창황(蒼慌)	1927. 2. 28	동아일보	249
자료 231	진우연맹 피고인 옥중에서 단식, 형무소 측은 사실을 부인	1927. 6. 6	매일신보	250
자료 232	진우연맹원 옥중에서 단식	1927. 6. 10	중외일보	250
자료 233	경성형무소 복역 중 장기수 파옥 소동	1928. 3. 9	동아일보	250
자료 234	일한합방 기념일에 200명 미결수 단식	1928. 9. 2	동아일보	251
자료 235	병합기념일에 조선인 수도 단식동맹, 신의주형무소 낭패	1928. 9. 6	조선신문	252
자료 236	함흥형무소서 미결수 100명 단식	1930. 2. 22	중외일보	252
자료 237	유림단 정수기 복역 중 단식 소동	1930. 5. 13	중외일보	253

자료번호	자료명	발행일	생산자/발행처	본문쪽수
자료 238	서대문감옥 제1공장 50여 죄수 단식	1931. 5. 31	동아일보	253
자료 239	사상수(思想囚) 60인 공장작업 정지, 단식 소동 일으킨 결과로, 서대문형무소 소동사건	1931. 6. 10	중외일보	254
자료 240	함흥형무소 수인 단식 의연 계속	1932. 1. 31	중앙일보	254
자료 241	대구형무소 수인 대우 문제로 대소동	1932. 5. 31	동아일보	255
자료 242	경성형무소 재감 중 1,000여 명 수인이 소동	1932. 7. 20	동아일보	256
자료 243	서대문감옥 재감수 30여 사상범 단식?	1932. 10. 5	동아일보	258
자료 244	재감 중의 사상수가 노동제(勞働祭) 준비 중 발각	1933. 5. 4	동아일보	258
자료 245	함흥서 구류범 100여 명 소동	1933. 11. 24	동아일보	259
자료 246	주식(晝食) 불결에 분개하여 외역 함흥 수인 소동	1934. 3. 10	동아일보	259
자료 247	금조(今朝) 함흥형무소 사상수가 일시 소동	1934. 5. 2	동아일보	260
자료 248	정의부 수령 오동진 옥중 단식	1934. 7. 18	조선중앙일보	260
자료 249	복역수 결박이 동기로 240명 소동	1934. 8. 24	동아일보	261
자료 250	해주형무소 수인 등 옥중투쟁을 계획, 불온한 격문을 작성하야 회람 중 미연 발각	1934. 8. 27	매일신보	262
자료 251	서대문형무소에서 수인들이 단식 소동	1934. 12. 17	동아일보	262
자료 252	함흥형무소의 수인 단식 소동	1935. 5. 25	동아일보	263
자료 253	서대문감 사상수 50명 단식 소동	1935. 8. 8	동아일보	264
자료 254	사상범 50명 단식투쟁 결행, 30여 명은 투쟁을 멈추고 경성 서대문형무소 내 소요	1935. 8. 8	부산일보	264
자료 255	이감 중의 사상수 등 역두에서 ○○소동	1936. 1. 26	조선중앙일보	265
자료 256	370명 사상수 만세 부르고 소동	1936. 5. 2	동아일보	266
자료 257	경성형무소 수인 오늘 아침까지 계속 단식	1939. 7. 27	동아일보	266
자료 258	조선행형교육규정	1937. 5. 24	조선총독부관보	275
자료 259	조선행형교육규정 개정	1944. 9. 30	조선총독부관보	277
자료 260	조선행형누진처우규칙	1937. 11. 9	조선총독부관보	281
자료 261	조선사상범보호관찰령	1936. 12. 12	조선총독부관보	291
자료 262	조선총독부보호관찰소관제	1936. 12. 15	조선총독부관보	293
자료 263	조선총독부보호관찰심사회관제	1936. 12. 15	조선총독부관보	294

자료번호	자료명	발행일	생산자/발행처	본문쪽수
자료 264	조선사상범보호관찰령 시행규칙	1936. 12. 18	조선총독부관보	295
자료 265	조선총독부보호관찰소의 명칭, 위치 및 관할구역	1936. 12. 18	조선총독부관보	299
자료 266	조선총독부보호관찰령 시행규칙 개정	1937. 1. 25	조선총독부관보	300
자료 267	가출옥사상범처우규정	1937. 4. 14	조선총독부관보	301
자료 268	조선사상범보호관찰령 시행규칙 제2조에 의한 보호단체 지정	1941. 7. 30	조선총독부관보	304
자료 269	조선사상범보호관찰소관제 중 개정	1945. 8. 4	조선총독부관보	305
자료 270	조선사상범예방구금령	1941. 2. 12	조선총독부관보	307
자료 271	조선사상범예방구금령 시행	1941. 3. 1	조선총독부관보	311
자료 272	조선사상범예방구금령 시행규칙	1941. 3. 7	조선총독부관보	311
자료 273	조선총독부예방구금소관제	1941. 3. 8	조선총독부관보	320
자료 274	조선총독부예방구금위원회관제	1941. 3. 8	조선총독부관보	321
자료 275	치안유지법 개정	1941. 5. 1	조선총독부관보	322
자료 276	조선사상범예방구금령 폐지	1941. 5. 14	조선총독부관보	334
자료 277	조선사상범예방구금규칙	1941. 5. 15	조선총독부관보	334
자료 278	특수범죄자에 관한 죄명별 조사·특수범죄자 형무소별 조사	1931. 8. 15	사상월보	353
자료 279	특수범죄자 형무소별 조사	1932. 8. 15	사상월보	357
자료 280	특수범죄자표	1933. 8. 15	사상월보	359
자료 281	통계: 특수범죄자표	1934. 9. 15	사상월보	361
자료 282	사상범 수형자의 형무소별 전향 상태 조사	1935. 6	사상휘보	363
자료 283	사상범 수형자 제표	1937. 9	사상휘보	364
자료 284	사상범 수형자 제표	1938. 7	사상휘보	366
자료 285	치안유지법 위반 수형자에 관한 통계	1939. 9	사상휘보	369
자료 286	박상민, 〈「사상범보호관찰법」 검토〉	1936	중앙	377
자료 287	〈사상범 보호관찰법 6,800명에 11월부터 실시〉	1936. 11	삼천리	382
자료 288	〈발동하는 사상범 관찰법 일독협정으로 더욱 강화? 서울에만 사상범 1,000명 초과〉	1936. 12	삼천리	389
자료 289	〈사상객들은 전시하에 얼마나 전향했는가-경성보호관찰소에 나타난 현상-〉	1938. 5	삼천리	391

자료번호	자료명	발행일	생산자/발행처	본문쪽수
자료 290	정촌광현, 〈조선사상범예방구금령 해설〉	1941	조광	396
자료 291	김광섭, 「사상범」	1976	창작과 비평사	417
자료 292	이규창, 「재옥중기」	1992	보연각	447
자료 293	임원근, 「옥중기」(1)	1930. 9	삼천리	523
자료 294	임원근, 「옥중기」(2)	1930. 10	삼천리	532
자료 295	임원근, 「옥중기」(3)	1930. 11	삼천리	542
자료 296	심훈, 「감옥에서 어머님에 올리는 글월」	1919. 8. 29		559
자료 297	신석구, 〈3·1운동과 나의 옥중생활〉	1969. 3	신동아	562
자료 298	최금봉, 〈병마에 시달린 옥살이〉	1971. 3	여성동아	568
자료 299	박일형, 〈무서운 시어미 부산형무소〉	1931	동광	572
자료 300	황애덕, 〈대구여감의 0141호〉	1931	동광	575
자료 301	송봉우, 〈옴 감옥 서대문감옥〉	1931	동광	578
자료 302	원철, 〈해주형무소의 특색〉	1931	동광	580
자료 303	이강, 〈평양형무소의 11공장〉	1931	동광	582
자료 304	김정련, 〈형무소의 도산 선생-2081호의 오물바가지〉	1957. 4	새벽	584
자료 305	최정희, 〈여감방과 애절의 창〉	1948. 8	삼천리	588
자료 306	최현배, 〈함흥감옥살이〉	1955. 10	한글	593
자료 307	최현배, 〈8·15 전날 밤-나의 생활과 처지〉	1957	코메트	595
자료 308	최현배, 〈형무소에서 해방을 맞음〉	1963	자유	598
자료 309	김윤경, 〈옥중생활 소감〉	1955. 10	한글	600
자료 310	조풍연, 〈함흥형무소 대파옥 미수사건〉	1958. 2	신천지	605

참고문헌

신문

《대한매일신보》,《동아일보》,《부산일보》,《매일신보》,《시대일보》,《조선일보》,《조선중앙일보》,《중외일보》,《황성신문》.

잡지

《동광》,《삼천리》,《새벽》,《신동아》,《신천지》,《여성동아》,《자유》,《중앙》,《조광》,《한글》.

자료

《조선총독부관보》.

논문·단행본

강성현, 2012,『한국 사상통제기제의 역사적 형성과 '보도연맹 사건'1925 - 50』, 서울대학교 박사학위논문.

국가기록원, 2012,『일제문서해제 - 행형편』.

김경화, 2015,「1930년대 후반 조선총독부의 사상범 행형 교화와 전향 유도 정책」, 고려대학교 석사학위논문.

김광섭, 1976,『나의 옥중기』, 창작과 비평사.

김성연, 2016,「자전문집의 출판과 사회적 정체성의 형성: 김광섭의 나의 옥중기(1976)」,『민족문화연구』71, 고려대학교 민족문화연구원.

김희훈, 2020,「일제강점기 후반 사상전향과 전향 관변단체 그리고 사상전향의 유산」,『한일관계사연구』69, 한일관계사학회.

박경목, 2019,『식민지 근대감옥 서대문형무소』, 일빛.

_____, 2022,「1930년대 경성구치감 설치와 사상범」,『한국사연구』199, 한국사연구회.

오기노 후지오 지음, 윤소영 옮김, 2022,『일제강점기 치안유지법 운용의 역사』, 역사공간.

이규창, 1992,『운명(運命)의 여신(餘燼)』, 보연각.

이승윤, 2021,「1908~1945년 서대문형무소 사형 집행의 실제와 성격」,『서울과 역사』108, 서울역사편찬원.

이종민, 2024, 『식민지 조선의 감옥』, 역사공간.

이현희, 2004, 「서대문형무소에서의 옥중항일투쟁과 성과」, 『서울학연구』 23, 서울학연구소.

임경석, 2014, 「일본인의 조선 연구: 사상검사 이토 노리오의 사회주의 연구를 중심으로」, 『한국사학사학보』 29, 한국사상사학회.

장　신, 1998, 「1920년대 민족해방운동과 치안유지법」, 『학림』 19, 연세대학교 사학연구회.

＿＿＿, 2000, 「1930년대 전반기 일제의 사상전향정책 연구」, 『역사와 현실』 37, 한국역사연구회.

＿＿＿, 2020, 『1930·40년대 조선총독부의 사상전향정책연구』, 성균관대학교 박사학위논문.

＿＿＿, 2023, 「1941년 '조선임시보안령'의 제정과 운용」, 『역사문제연구』 51, 역사문제연구소.

정병욱, 2014, 「경성지방법원 검사국 기록과 사상부 설치」, 『기록학연구』 40.

지승준, 1998, 「1930년대 일제의 '사상범'대책과 사회주의자들의 전향논리」, 『중앙사론』 10-11, 한국중앙사학회.

최선웅, 2014, 「식민지 조선에서 일제의 전향정책 도입과 변화과정」, 『사총』 81, 고려대학교 역사연구소.

＿＿＿, 2019, 「일제시기 사법보호사업의 전개와 식민지적 성격 - 사상범 사법보호단체를 중심으로」, 『동방학지』 186.

한상욱, 2021, 「감금과 통제의 기록 - 서대문형무소 형무요람(1939) 연구」, 대한민국역사박물관.

황민호, 2005, 「전시통제기 조선총독부의 사상범 문제에 대한 인식과 통제」, 『사학연구』 79, 한국사학회.

홍성찬, 2006, 「일제하 사상범보호단체 '소도회'의 설립과 활동」, 『동방학지』 135, 연세대학교 국학연구원.

참고 사이트

공훈전자사료관 https://e-gonghun.mpva.go.kr.

국가기록원 소장자료 https://www.archives.go.kr.

인명색인

ㄱ

가사이(笠井) 213, 257
가키하라(柿原) 62
강(姜)아그니야 62, 540
강기덕(康基德) 62, 98
강달영(姜達永) 62, 129, 130, 390
강범모(姜範模) 62, 603
강병도(姜炳度) 62, 110
강상기(姜相基) 62
강상덕(姜相德) 62, 145
강성리(康聖利) 62, 73
강연천(姜然天) 62, 117
강영균(姜英均) 62, 127
강우규(姜宇奎) 18, 62, 92
강윤희(姜潤熙) 62, 155
강택진(姜宅鎭) 62, 106
강한섭(姜漢燮) 62, 127
강희철(姜熙哲) 40, 62
고두환(高斗煥) 62, 72
고마쓰(小松) 62
고옥경(高玉璟) 62, 145
고운학(高雲鶴) 62, 177
고인덕(高仁德) 23, 62, 171, 172
고진권(高進權) 42, 62
고하경(高河鯨) 62, 187, 188
공성회(孔成檜) 62, 87
곽재경(郭載炅) 62, 112
곽재기(郭在驥) 62, 121, 137
곽재형(郭載炯) 62, 127

곽지엽(郭芝爗) 62, 122
구봉환(具奉桓) 62, 145
구여순(具汝淳) 62, 125, 126
구연흠(具然欽) 62, 117
권동진(權東鎭) 20, 62, 97, 564
권병덕(權秉悳) 62, 564
권오덕(權伍德) 145
권오설(權吳卨) 115, 117
권유근(權遺根) 110
권충일(權忠一) 223
권태동(權泰東) 109, 540
권태산(權泰山) 187, 188
권태성(權泰成) 110
기영도(奇英度) 506
기원홍(奇源興) 506
길선주(吉善宙) 98, 564
김건조(金建曹) 150
김경동(金慶東) 150
김경숙(金瓊淑) 146
김경재(金璟載) 117, 393
김광묵(金光默) 187, 188
김광섭(金珖燮) 406, 416
김귀인복(金貴仁福) 146
김귀임(金貴任) 146
김규봉(金奎鳳) 107
김근배(金根培) 107
김금남(金錦南) 146
김기양(金基陽) 153
김기전(金起田) 109
김낙기(金洛基) 107

김낙환(金洛煥) 108
김단야(金丹冶) 410, 538
김동삼(金東三) 410, 469
김동석(金東石) 114
김동원(金東元) 155
김동필(金東弼) 187, 188
김명산(金明山) 153
김명진(金鳴鎭) 107
김명학(金明學) 255
김명화(金命嬅) 153
김민우(金民友) 393
김병로(金炳魯) 129, 130, 148, 459
김병엽(金柄燁) 73
김병일(金炳一) 109
김보형(金寶炯) 469
김복림(金福林) 145
김봉돌(金鳳乭) 187, 188
김봉춘(金鳳春) 477
김봉한(金鳳漢) 465
김생각(金生刻) 153
김성동(金聖東) 110
김성택(金聖澤) 72
김세진(金世鎭) 107
김수민(金秀敏) 23
김숙(金淑) 242
김순례(金順禮) 146
김순진(金舜鎭) 87
김승주(金承周) 109
김시현(金始顯) 126, 128, 142
김약수(金若水) 390, 412, 553, 585
김연봉(金蓮峯) 146
김영근(金瀛根) 107
김영기(金榮基) 107
김영소(金永昭) 107
김영식(金榮植) 107
김영진(金英鎭) 150

김영철(金永哲) 72
김영하(金永厦) 107
김영희(金英熙) 540
김완규(金完圭) 564
김용무(金用茂) 132
김용진(金龍震) 187, 188
김원조(金元祚) 177
김유선(金有善) 109
김윤경(金允經) 414, 600
김윤근(金潤根) 107
김응수(金應洙) 187, 188
김익두(金益斗) 132
김익환(金翼煥) 106
김인오(金仁梧) 108
김인학(金仁學) 150
김일(金一) 120
김일송(金日松) 174
김재봉(金在鳳) 390
김점권(金點權) 153
김정겸(金丁謙) 73
김정관(金正寬) 154
김정련(金正連) 414, 584
김정익(金貞益) 91
김종렬(金鍾烈) 152, 153
김좌진(金佐鎭) 178, 179
김중식(金重植) 71
김지삼(金持三) 107
김지섭(金祉燮) 36, 128, 243, 622
김진현(金鎭賢) 145
김찬(金燦) 390
김찬종(金燦鍾) 169
김창숙(金昌淑) 141
김창준(金昌俊) 117, 564
김철산(金鐵山) 73
김철중(金徹中) 127
김철중(金鐵中) 121

김최명(金最明) 72
김춘명(金春明) 180
김태영(金泰榮) 129, 130
김태진(金兌鎭) 155
김항준(金恒俊) 117
김형달(金炯達) 173
김형선(金瀅璇) 493

ㄴ

나덕환(羅德煥) 410, 494
나베야마 사다치카(鍋山貞親) 194
나석주(羅錫疇) 124, 470
나용환(羅龍煥) 109, 564
나카무라 요시히로(中村義郎) 235, 236
남영득(南寧得) 126
남정준(南正俊) 507
남정진(南廷鎭) 150
남중군(南仲軍) 86
노응벽(魯應壁) 114
노창호(盧昌浩) 187, 188
노채필(盧採弼) 29, 104, 616
노헌용(盧憲容) 98
누노무라(布村) 42

ㄷ

데라우치(寺內) 73
도야마(富山) 40
도쿠다 규이치(德田球一) 235, 236
독고전(獨孤銓) 30, 119, 617

ㄹ

류재헌(劉載獻) 114
류태순(劉泰順) 187, 188

리키다케 다케이치(力武竹一) 191

ㅁ

마중렬(馬仲烈) 479
맹두헌(孟斗憲) 83
모리우라(森浦) 51, 52, 144, 228
문갑송(文甲松) 410, 472
문상익(文相翊) 71, 135
문창모(文昌模) 114
미나미 지로(南次郎) 275
미쓰이(三井) 29, 32, 93, 99, 163, 164, 616, 619
미야모토(宮本) 213, 230
민영건(閔泳健) 150
민영순(閔泳純) 109
민영종(閔泳鍾) 150
민창식(閔昌植) 117, 187, 188

ㅂ

박계월(朴桂月) 145
박광옥(朴光玉) 111
박금철(朴金哲) 187, 188
박기성(朴己成) 127
박내원(朴來源) 117
박달성(朴達成) 109
박대흥(朴大興) 150
박동완(朴東完) 564
박동필(朴東弼) 187, 188
박두종(朴斗鍾) 108, 127
박만섭(朴萬燮) 491
박만식(朴萬植) 156
박민영(朴珉英) 117
박봉래(朴鳳來) 107
박상민(朴常民) 377
박선봉(朴先奉) 146

박선숙(朴璇淑) 145
박세영(朴世永) 410, 474
박승유(朴承裕) 40
박안근(朴安根) 107
박열(朴烈) 128, 133
박영규(朴榮奎) 107
박영준(朴英駿) 107
박영출(朴英出) 86
박영희(朴英熙) 223
박용규(朴龍圭) 112, 127
박용의(朴容儀) 410, 494
박은혁(朴殷赫) 153
박의양(朴儀陽) 117
박익섭(朴翼燮) 187, 188
박인호(朴寅浩) 98
박일병(朴一秉) 132
박일형(朴日馨) 414, 572
박재호(朴在鎬) 33, 185, 620
박제권(朴濟權) 73
박제영(朴齊榮) 109
박준승(朴準承) 564
박진홍(朴鎭洪) 87
박춘화(朴春和) 73
박태병(朴泰秉) 178, 180
박하균(朴河均) 112, 127
박한상(朴漢相) 250
박항복(朴恒福) 108
박헌영(朴憲永) 23, 118, 119, 129, 410, 538
박형래(朴炯來) 133
박화진(朴和珍) 506
박흥식(朴興植) 155
박희도(朴熙道) 98, 564
방봉준(方奉俊) 174
방정환(方定煥) 109
배성룡(裵成龍) 540
백광운(白狂雲) 177

백규완(白圭完) 72
백명천(白明天) 117
백세창(白世昌) 489
백영무(白英武) 126
백정기(白貞基) 409, 461
변기재(邊基在) 154
변진풍(邊鎭豊) 153

ㅅ

사사키(佐佐木) 34, 40, 212, 621
사이토(齋藤) 173, 174
사토 요시카즈(佐藤義和) 133
손병희(孫秉熙) 93, 564
손양원(孫良源) 410, 490
송계월(宋桂月) 145
송봉우(宋奉瑀) 414, 578
송세호(宋世浩) 109
송용봉(宋用奉) 150
송운순(宋運淳) 107
송재린(宋在獜) 150
송진우(宋鎭禹) 98, 121, 127
송천의(宋天義) 178, 180
송학선(宋學先) 23, 175
스즈키 간타로(鈴木貫太郎) 305
스코필드 29, 94, 95, 616
신균우(申均雨) 506
신기창(申基昌) 110
신덕영(申德永) 584, 585
신봉(申奉) 109
신석구(申錫九) 414, 562, 564
신용표(申鏞彪) 127
신재모(申宰模) 249
신형식(申亨植) 150
신홍식(申洪植) 564
신흥우(申興雨) 410, 481

심계월(沈桂月) 87
심은숙(沈恩淑) 540

ㅇ

아리요시 아키라(有吉明) 409, 447
아베 겐키(安倍源基) 305
아베 노부유키(阿部信行) 278
안경신(安敬信) 134
안릉(安淩) 393
안맥결(安麥結) 155
안민식(安敏植) 110
안병찬(安秉瓚) 411
안세균(安世均) 134
안술식(安述植) 73
안윤선(安允先) 40
안응수(安應洙) 511
안임순(安壬順) 145
안재홍(安在鴻) 18, 410, 481
안창호(安昌浩) 155, 469, 585
안태희(安泰熙) 107
양승우(楊承雨) 23, 168
양원준(梁元浚) 145
양재식(楊在植) 117
양탄실(楊彈實) 169
엄흥섭(嚴興燮) 155
여기용(呂基龍) 73
여용렬(呂龍烈) 73
여운형(呂運亨) 19, 148, 585
여운홍(呂運弘) 149
염창렬(廉昌烈) 117
오근태(嗚根泰) 111
오동진(嗚東振) 31, 76, 151, 252, 410, 469, 585, 618
오면직(嗚冕稙) 409
오복영(嗚福泳) 126
오산세(嗚祚世) 31, 153, 618

오석주(嗚錫柱) 410, 494
오세창(嗚世昌) 98, 564
오숭은(嗚崇殷) 177
오이시 다마키(大石環) 30, 105, 616
오창화(嗚昌化) 150
오하라(大原) 201, 203, 381
옥관빈(玉觀彬) 447, 464
왕광연(王光演) 135
우해룡(禹海龍) 250
우홍구(禹洪九) 32, 157, 618
원봉수(元鳳洙) 153, 262
원심창(元心昌) 409, 461
원종뢰(元鍾雷) 107
원철(元鐵) 414, 580
유면희(柳冕熙) 110, 112, 127
유명준(劉英俊) 132
유병하(柳秉夏) 126
유봉수(劉鳳水) 177
유석현(劉錫顯) 126
유시태(柳始泰) 126
유일환(兪日煥) 155
유자명(柳子明) 470
유정근(兪政根) 410, 469
유택수(柳澤秀) 178, 181
윤덕병(尹德炳) 118
윤성좌(尹成佐) 73
윤소용(尹小龍) 72
윤옥분(尹玉粉) 145
윤우열(尹又烈) 127
윤중걸(尹中杰) 155
윤지련(尹至鍊) 107
윤치호(尹致昊) 20, 91
윤하영(尹河英) 182
윤형도(尹亨道) 73
음상운(陰相雲) 40
이갑성(李甲成) 98, 564

이강년(李康年) 23, 89
이강(李剛) 414, 582
이강훈(李康勳) 409
이계고(李啓高) 153
이관식(李觀植) 510
이관희(李觀熙) 107
이광준(李光俊) 107, 114
이광한(李光翰) 183
이규보(李圭甫) 469
이규창(李圭昌) 408
이규채(李圭彩) 410, 469
이극광(李極光) 540
이금산(李金山) 107
이기영(李基榮) 73
이낙영(李樂永) 33, 132, 183, 619
이단(李團) 109
이덕주(李德柱) 262
이동선(李東鮮) 187, 188, 457
이동일(李東一) 242
이동환(李東煥) 110, 112
이두섭(李杜燮) 154
이두성(李斗星) 109
이명원(李明源) 109
이몽웅(李夢雄) 252
이민준(李民俊) 72
이민흥(李敏興) 180
이병립(李炳立) 127
이병의(李丙儀) 33, 186, 620
이병철(李秉徹) 122
이병환(李秉煥) 127
이복동(李福童) 155
이봉수(李鳳洙) 117
이봉진(李鳳珍) 114
이상우(李相宇) 117
이석영(李錫永) 107
이석준(李錫駿) 254

이선구(李善九) 585
이선호(李先鎬) 110, 112
이성련(李成璉) 138
이성(李星) 126
이성용(李星鎔) 133
이성우(李成宇) 72, 138
이수원(李壽元) 117
이수흥(李壽興) 70, 178, 181
이승원(李承元) 393
이시영(李始榮) 465
이안진(李安珍) 479
이영주(李永周) 126
이옥련(李玉連) 145
이옥윤(李玉潤) 264
이용로(李容魯) 409
이용우(李容禹) 40
이용재(李用宰) 117
이원석(李源錫) 479
이원식(李元植) 154
이윤실(李允實) 40
이은찬(李殷瓚) 23, 89
이은택(李恩澤) 107
이을규(李乙奎) 448
이인(李仁) 130, 133, 459, 603
이인숙(李仁淑) 109
이인영(李麟榮) 23
이인환(李寅煥) 98
이일몽(李一夢) 122
이일영(李日瑩) 179
이재명(李在明) 91
이재유(李載裕) 410
이재천(李在天) 484
이정규(李丁奎) 410, 447
이제우(李濟宇) 184
이종린(李鍾麟) 109
이종립(李鍾立) 187, 188

인명색인 **633**

이종암(李鍾岩) 171
이종일(李鍾一) 98, 564
이종훈(李鍾勳) 100, 564
이준태(李準泰) 109, 130
이지택(李智澤) 117
이지택(李枝澤) 109
이진룡(李鎭龍) 23
이찬(李燦) 155
이천진(李天鎭) 108, 112, 127
이충신(李忠臣) 146
이치모(李致模) 72
이치학(李致學) 40
이택구(李澤九) 265
이토 노리오(伊藤憲郎) 347
이현상(李鉉相) 110
이현준(李賢俊) 126
이호원(李浩源) 71
이홍래(李鴻來) 71
이화익(李化翼) 410, 469
이회영(李會榮) 465
이희승(李熙昇) 415, 605
인동철(印東哲) 132
임경관(林炯寬) 30, 119, 617
임경애(林敬愛) 145
임민호(林民鎬) 265
임병철(林炳哲) 107
임원근(林元根) 119, 410, 522
임표(林豹) 120

ㅈ

장기준(莊麒駿) 483
장기천(張基千) 469
장남섭(張南燮) 72
장덕수(張德秀) 18, 485
장석천(張錫天) 33, 187, 620

장우량(張斗亮) 72
장재성(張在性) 491
장종한(張鍾漢) 265
장형동(張瀅東) 154
장홍식(張弘植) 107
장희동(張羲東) 32, 157, 618
장희주(張喜周) 108
장희창(張熙昌) 107
전기영(全基榮) 180
전영률(全榮律) 120
전일(全一) 72
전정관(全政琯) 130
전학수(田學秀) 177
전해(全海) 117
전협(全協) 72, 584
정광현(鄭光鉉) 396
정두환(鄭斗煥) 155
정수기(鄭守基) 36, 253, 622
정용낙(鄭用洛) 150
정이형(鄭伊衡) 410, 471
정재달(鄭在達) 126
정종근(鄭鍾根) 111
정종명(鄭鍾鳴) 540, 607
정태이(鄭泰伊) 146
정화암(鄭華岩) 409
정환도(鄭煥道) 72
조경도(趙敬道) 40
조경서(曹景敍) 133
조금옥(趙金玉) 146
조대벽(趙大闢) 107
조동율(曺東律) 187, 188
조명재(趙明載) 154
조봉암(曺奉岩) 390
조승업(趙承業) 73
조옥봉(趙玉奉) 109
조용관(趙容寬) 120

조용택(趙龍澤) 494
조원숙(趙元淑) 109, 540
조이환(曹利煥) 133, 534
조종옥(趙終玉) 146
조중만(趙重晚) 150
조진구(趙振九) 150
조철호(趙喆鎬) 113
조풍연(趙豊衍) 414, 605
조황(趙晃) 126
주만우(朱萬尤) 507
주명선(朱明善) 479
주봉식(朱鳳植) 494
주세죽(朱世竹) 114, 118, 523
주요한(朱耀翰) 155
주현갑(周現甲) 187, 188, 457
지산봉(池山奉) 150
지연호(池蓮浩) 187, 188
진병기(陳秉基) 538

ㅊ

차도흥(車道興) 73
차상찬(車相瓚) 109
차재정(車載貞) 31, 144, 148, 393, 618
채경옥(蔡京鈺) 23, 32, 167, 619
채그리고리 23, 136, 137
채성룡(蔡成龍) 136
채수철(蔡洙喆) 469
채수철(蔡洙轍) 154
채우병(蔡祐炳) 107
채은국(蔡殷國) 447
채응언(蔡應彦) 23, 92
천선동(千先東) 150
최경조(崔敬祚) 73
최경학(崔敬鶴) 23, 165
최금봉(崔錦鳳) 414, 568

최남선(崔南善) 19, 29, 98, 564, 616
최단봉(崔丹鳳) 109
최두선(崔斗善) 62
최린(崔麟) 97, 564
최병권(崔秉權) 252
최보하(崔普夏) 150
최복순(崔福順) 145
최봉래(崔鳳來) 89
최상선(崔尙善) 73
최석연(崔碩連) 109
최성모(崔聖模) 564
최성반(崔聖盤) 146
최양옥(崔養玉) 410, 469, 584, 585
최영식(崔永植) 114
최윤숙(崔允淑) 145
최익룡(崔翊龍) 32, 166, 619
최정희(崔貞熙) 414, 588
최제민(崔濟民) 110
최주학(崔周學) 166
최준모(崔駿模) 109
최중호(崔重浩) 110
최창기(崔昌耆) 110
최창선(崔昌善) 99
최창일(崔昌鎰) 107
최현배(崔鉉培) 414, 593, 595, 598
최현수(崔賢守) 145

ㅍ

편강렬(片康烈) 22, 31, 33, 73, 140, 176, 617, 619

ㅎ

하공현(河公鉉) 145
하봉길(河奉吉) 110
하운학(河雲鶴) 146

한광리(韓光履) 39
한국종(韓國鍾) 131
한대홍(韓大弘) 124
한동진(韓東振) 167, 168
한상룡(韓相龍) 485
한수만(韓壽萬) 23, 160
한용구(韓用求) 111
한용운(韓龍雲) 98, 109, 564
한이겸(韓履謙) 73
한정희(韓貞姬) 145
함덕훈(咸德勳) 145
함성호(咸聖鎬) 179
함태영(咸台永) 98
허복록(許福祿) 146
허위(許蔿) 23, 89
허익환(許益煥) 109
허일(許一) 106, 109
허정숙(許貞淑) 145
허헌(許憲) 131
현상윤(玄相允) 98
홍경룡(洪景龍) 40
홍국준(洪國俊) 177
홍기조(洪基兆) 564
홍남표(洪南杓) 117

홍덕유(洪惠裕) 117, 130
홍면옥(洪冕玉) 71, 135
홍명식(洪明植) 107
홍병기(洪秉箕) 564
홍석찬(洪石贊) 177
홍순갑(洪淳甲) 33, 182, 619
홍순무(洪淳茂) 182
홍옥인(洪玉仁) 145
홍일창(洪一昌) 109
홍종우(洪鍾祐) 126
홍종현(洪鍾顯) 115
홍진유(洪鎭裕) 23, 33, 175, 619
황두연(黃斗淵) 410, 494
황세환(黃世煥) 108
황신덕(黃信德) 540
황애덕(黃愛德) 414, 575
황에스더 413, 575, 625
황옥(黃鈺) 126, 142
황일천(黃一千) 174
황정환(黃廷煥) 112, 127
후루야 사다오(古屋貞雄) 130
후세 다쓰지(布施辰治) 128, 130

기타색인

ML당 23, 33, 183, 619

ㄱ

가출옥사상범처우규정 34, 216, 271, 301, 621, 624
가출옥취체규칙 303
간도공산당 28, 33, 85, 155, 187, 457, 462, 464, 615, 620
개벽사(開闢社) 109
개성대성회 271, 300, 395
개성소년형무소 25, 258
경무총감부 61
경북유림단(慶北儒林團) 253
경성감옥 29, 90~92, 100~102, 104, 159, 160, 470, 473~475, 482~484, 486, 489~491, 493, 495, 510, 514, 562, 578, 616
경성고등법원 163, 167, 168, 176
경성구호회 271, 300, 395
경성대화숙 304
경성보호관찰소 216, 223, 224, 271, 391, 394, 395, 624
경성부민관(京城府民館) 224
경성여상 145, 146
경성자유노동자조합 186
경성제국대학 430, 431, 456
경성지방법원 39, 67, 78, 87, 106, 107, 111, 112, 114, 115, 121, 125, 128, 130, 136, 138, 144, 148~150, 155, 174, 178, 183, 185, 213, 234, 236, 346, 347, 407, 411, 481
경성형무소 27, 36, 37, 46, 70, 71, 121, 124, 135, 138, 139, 152, 250, 256, 257, 260, 261, 266, 408~412, 473, 475, 482, 483, 614, 622, 623
경주법원지청 212
고려국민당(高麗國民黨) 182
공명단(共鳴團) 584, 585
공산당재건협의회 83
공작회사건 153
공주관업회 300
공주지방재판소 42
공주형무소 51, 71
광주 보호관찰소 299
광주대화숙 304
광주유린회 300
광주형무소 408~410, 501
광한단(光韓團) 124
교회사 26, 40, 42, 43, 49, 50, 163, 178, 181, 194, 212, 277, 278, 286, 287, 315, 338, 467, 468, 472, 479, 482, 485, 489, 495, 496, 508
국제무산청년데이 262
군산노동청년회 120
군산성지회 300
군산형무소 120
극예술연구회(劇藝術研究會) 406
근우회(槿友會) 119, 145
근화여학교 146
금호문(金虎門) 174, 175

ㄴ

『나의 옥중기』 407, 408, 417, 626

남화한인청년연맹(南華韓人靑年聯盟) 409
노구교사건(蘆溝橋事件) 478
노동총동맹 120, 184, 186, 183
누진준비회 287, 288

ㄷ

단성사 109
단식동맹 13, 16, 25, 36, 241, 244, 245, 251~254, 257, 262~264, 622
대구관찰소 212
대구대화숙 304
대구 보호관찰소 299
대구복심법원 125, 212
대구상성회 300
대구지방법원 111, 115, 171, 212, 249
대구형무소 26, 36, 47, 78, 104, 141, 142, 171, 172, 248~250, 253, 255, 572, 578, 613
대동단(大同團) 72, 584
대동민우회(大東民友會) 393
대전감옥 471, 578
대전자강회 300, 395
대전청년회(大田靑年會) 411
대전형무소 26, 28, 31, 43, 44, 83, 85, 86, 104, 141, 148, 149, 152, 154, 155, 187, 437, 469, 613, 615
대한애국부인회 134, 413
동덕여고보 145
동만청년동맹(東滿靑年同盟) 119
동흥중학교 166

ㅁ

마포형무소 408, 437, 440~442, 444, 458, 464, 465, 469~471, 473
만보산사건(萬寶山事件) 469
만세교(萬歲橋) 134

만주 한족총연합회 483
맹산경찰서 73
명월관 100, 132, 579
목포성미회 300
무등회(無等會) 506
문천적색농민조합(文川赤色農民組合) 265
민중운동자동맹(民衆運動者同盟) 120
민흥회 186
밀양경찰서 166, 171
밀양폭탄사건 72, 137, 138

ㅂ

벽창의용단(碧昌義勇團) 167, 168
보성고등보통학교 128, 187
보안법 11, 16, 66, 70, 71, 115, 127, 135, 144, 145, 235, 236, 265, 347, 354, 384, 398, 406, 511, 512, 559, 562
보호관찰심사회 204, 206, 208~211, 271, 291~294, 296, 297, 378, 381, 384, 385, 388, 399, 623
보호교도소(保護矯導所) 233
보호사 191, 202, 203, 207, 208, 210~213, 216, 271, 291~294, 296~298, 301, 302, 315, 338, 378~380, 382, 385, 386, 388~391, 398, 401, 627
부산보성회 300
부산형무소 26, 46, 50, 414, 477, 572~574, 613, 625
북풍회(北風會) 136
비밀결사 67, 78, 105, 270, 520, 569, 575

ㅅ

사회주의자동맹 183, 186
《삼천리(三千里)》 411
서대문감옥 21, 26~29, 31~33, 36, 39~41, 61~63, 65, 86, 92~94, 97~101, 104, 121, 127, 136, 164, 165, 174, 241, 253, 258, 414, 473, 481, 559, 562,

565, 578, 579, 585, 613~617, 619, 622, 623, 625
서대문형무소　22, 23, 25, 30, 31, 36, 37, 43, 58, 67, 68, 70, 79, 85~87, 106, 108, 110~113, 115, 117~119, 121, 125, 128~130, 136, 143, 146, 148, 150, 151, 153~155, 157, 167, 174~176, 178, 181, 183, 184, 187, 188, 219, 220, 231, 234, 236, 254, 258, 262~266, 398, 400, 407~410, 415, 417, 420, 437, 440, 441, 458, 556, 578, 584, 585, 617, 618, 623
서울청년회　184, 186
수인　253
숙명여고보　146
시국대응준비위원회　223
신간회(新幹會)　411
신민부　33, 182, 619
신민회　74, 582
신의주공산당　118, 119
신의주대화숙　304
신의주자제회　300
신의주지방법원　119, 151, 152, 168, 182, 183, 411
신의주형무소　25, 29, 31, 36, 75, 76, 105, 119, 140, 151~153, 176, 182, 251, 252, 261, 411, 412
신흥무관학교　465
신흥청년동맹(新興靑年同盟)　117, 411
신흥학교(新興學校)　139
실천여학교　146
심전개발(心田開發)　46, 47

ㅇ

애국단사건　186
애국부인단　122
애국부인회　413, 134, 568, 569, 575
여성농우회　114
연희전문학교　107, 110~113, 350, 351, 396, 593, 605

염진온천(鹽津溫泉)　174
영흥농민조합　154, 157, 262
영흥농조사건　31, 32, 154, 157, 618
예비구금위원회　229
오산노농학원적화사건　154
「옥창일기」　407, 408
와세다대학　406
요코하마(橫濱)형무소　235
요타마(豊多摩)형무소　235
용산적색노조　86
원산적색사건　28, 86, 615
유림단(儒林團)　141
육군군법회의법　327
은사령　21, 39
의열단(義烈團)　125, 137, 142, 171, 243, 470
이원(利原)농민폭동사건　469
이치가야(市谷)형무소　244
이화여고보　145
이화전문　145
인천구호원　42
인천분감　42
인천소년형무소　51

ㅈ

적색농민조합　83, 111, 265
적심록(赤心錄)　34, 219, 621
전선사상전향자연맹(全鮮思想轉向者聯盟)　223
전 조선 형무소장회의　43, 195
전주유종회　300
전주형무소　26, 44, 145, 415, 588, 613
절식동맹(絕食同盟)　251
정신여학교　146
정의부(正義府)　73, 76, 151, 184
조선공산당　73, 78, 111, 114, 115, 119, 120, 128, 129, 152, 153, 183, 186, 187, 347, 393

조선노동총동맹 120, 183, 184, 186
조선독립선언서 100
조선사상범보호관찰령 8, 12, 13, 24, 34, 203, 204, 209, 210, 229, 270~272, 291, 293~295, 301, 304, 307, 331, 620, 621, 623, 624
조선사상범예방구금규칙 8, 13, 273, 307, 334, 624
조선사상범예방구금령 8, 12~14, 229, 231, 232, 234, 272, 273, 307, 311, 312, 320, 321, 332, 334, 343, 351, 396~400, 403, 624
조선어학회 130, 415, 593, 595, 598, 600, 601, 604, 605, 612
조선예방구금령 225, 226
조선일보사건 106
조선총독부보호관찰소 271, 293, 299, 305, 399, 623, 624
조선총독부보호관찰심사회관제 271, 294
조선총독부예방구금소관제 273, 320, 624
조선총독부예방구금위원회관제 273, 321, 624
조선프로예술동맹 393
조선학생회 112
조선행형교육규정 8, 12, 13, 271, 272, 275, 277, 623
조선행형누진처우규칙 8, 12, 13, 217, 218, 271, 272, 281, 623
조선형사령 309, 327, 331
종로경찰서 61, 108~111, 117, 131, 132, 418, 447, 455, 460, 462
종로구치감 92, 165
중국공산당 간도총국(間島總局)사건 187
중동학교 108, 112, 113, 145, 406, 407, 428, 429
중앙고등보통학교 108~113
진우연맹(眞友聯盟) 622

ㅊ

참의부(參議府) 179
창덕궁 174

천도교 62, 100, 103, 104, 109, 117, 121, 166, 222, 559, 563, 564
청산리전투 465
청주공립농업학교 149
청주출옥인보호회 191
청주형무소 31, 149, 191, 618
청진대화숙 304
청진제성회 300
청진형무소 28, 84, 137, 138, 166, 615
『총후적심록(銃後赤心錄)』 35, 220, 621
춘천동포회 271, 300, 395
충북유린회 33, 191, 300, 395, 620
치안유지법 11~13, 16, 22, 24, 31, 35, 68, 70, 71, 76, 78, 81, 83, 86, 106, 131, 144, 157, 182, 184, 192, 196, 197, 199, 202, 205, 206, 209~211, 216, 218, 221, 226, 229, 234, 235, 270~273, 291, 292, 301, 307, 312, 322, 332, 333, 335, 343, 346, 347, 349, 369~372, 377, 378, 380, 382~385, 387, 397~399, 401~403, 406, 407, 411, 422, 423, 428, 432, 450, 453, 482, 491, 582, 584, 585, 598, 606, 618, 622, 624, 626

ㅋ

코민테른 205, 214, 450, 472, 474, 483, 493

ㅌ

태극단 73
태평양노조(太平洋勞組) 156
태화여학교 146
통의부(統義府) 124

ㅍ

평양감옥 27, 32, 36, 65, 76, 92, 134, 161~163, 177,

186, 244, 413, 568, 614, 619
평양대화숙 304
평양복심법원 73, 76, 151, 160, 161, 163, 167, 168, 177, 182, 243, 186
평양숭실전문학교 105
평양유항회 300
평양지방법원 92, 124, 134, 161, 163, 239
평양학생만세사건 143
평양형무소 25~27, 31, 36, 51, 55, 70, 72, 73, 105, 143, 151, 167, 168, 177, 182, 186, 239, 240~245, 582~584, 613, 614
포덕문 구호원 40
피어선성경학원 114

홍원농민 데모사건 185
홍원농민조합 185
화랑청년단(花郞靑年團) 409
화폐위조 40
흑색공포단(黑色恐怖團) 409
흥남(興南)사건 260

ㅎ

함남기자대회사건 185
함흥경찰서 80, 259, 260
함흥대화숙 304
함흥박인회 300
함흥사상범관찰소 212
함흥지방법원 86, 154, 157, 255, 598~600, 605, 612
함흥청년동맹 252
함흥형무소 11, 25, 28, 32, 35~37, 80, 84, 86, 130, 154, 157, 199, 201, 212, 239, 252, 254, 257, 259~261, 263, 265, 266, 415, 593, 595, 596, 600, 605, 607, 612, 615, 618, 622, 623, 625
해군군법회의법 327
해주제미회 300
해주형무소 37, 220, 262, 414, 580, 582, 623, 625
허무당(虛無黨) 125
협화의원 183
협화회(協和會) 393
형무관회의 284, 287, 288, 289
형사소송법 309, 310, 314, 324~327, 329~331, 337, 430

동북아역사재단 일제침탈사 자료총서 12
정치편

행형제도 감옥(3)
식민지 감옥의 감시와 통제

초판 1쇄 발행 2024년 12월 31일

기획 | 동북아역사재단 일제침탈사 편찬위원회
편역 | 박경목 · 이승윤
펴낸이 | 박지향
펴낸곳 | 동북아역사재단

등록 | 제312-2004-050호(2004년 10월 18일)
주소 | 서울시 서대문구 통일로 81 NH농협생명빌딩
전화 | 02-2012-6065
홈페이지 | www.nahf.or.kr
제작·인쇄 | (주)동국문화

ISBN 979-11-7161-173-7 94910
      978-89-6187-693-3 (세트)

- 이 책은 저작권법으로 보호를 받는 저작물이므로 어떤 형태나 어떤 방법으로도 무단전재와 무단복제를 금합니다.
- 책값은 뒤표지에 있습니다. 잘못된 책은 바꾸어 드립니다.